» IL CAM...

VOLUME 415

UN ALTRO GIRO DI GIOSTRA

di TIZIANO TERZANI

LONGANESI & C.
MILANO

Il nostro indirizzo internet è: www.longanesi.it

ISBN 88-304-2142-1

UN ALTRO GIRO DI GIOSTRA

Alla memoria di Mario Spagnol
mio editore elettivo
con cui per primo parlai di questo viaggio

PARTENZA

UN CAMMINO SENZA SCORCIATOIE

SI SA, capita a tanta gente, ma non si pensa mai che potrebbe capitare a noi. Questo era sempre stato anche il mio atteggiamento. Così, quando capitò a me, ero impreparato come tutti e in un primo momento fu come se davvero succedesse a qualcun altro. «Signor Terzani, lei ha il cancro», disse il medico, ma era come non parlasse a me, tanto è vero – e me ne accorsi subito, meravigliandomi – che non mi disperai, non mi commossi: come se in fondo la cosa non mi riguardasse.

Forse quella prima indifferenza fu solo un'istintiva forma di difesa, un modo per mantenere un contegno, per prendere le distanze, ma mi aiutò. Riuscire a guardarsi con gli occhi di un sé fuori da sé serve sempre. Ed è un esercizio, questo, che si può imparare.

Passai ancora una notte in ospedale, da solo, a riflettere. Pensai a quanti altri prima di me, in quelle stesse stanze, avevano avuto simili notizie e trovai quella compagnia in qualche modo incoraggiante. Ero a Bologna. C'ero arrivato attraverso la solita trafila di piccoli passi, ognuno di per sé insignificante, ma nell'insieme decisivi, come tante cose nella vita: una persistente diarrea incominciata a Calcutta, vari esami all'Istituto delle Malattie Tropicali a Parigi, altri esami per scoprire la causa di un'inspiegabile anemia, finché un accorto medico italiano, non accontentandosi delle spiegazioni più ovvie, s'era messo con un suo strano strumento – un penetrante serpentaccio di gomma dall'occhio luminoso – a guardare nei recessi più reconditi del mio corpo e, per coltivata esperienza, aveva immediatamente riconosciuto quel che conosceva.

Gli ero grato per essere stato bravo e chiaro. Così potevo, con calma, e ora con una vera ragione, fare i miei conti, ristabilire le mie priorità e prendere le decisioni necessarie. Stavo per compiere cinquantanove anni e mi venne da voltarmi indietro, come si fa per guardare con soddisfazione la salita che si è fatta, una volta arrivati in cima a una montagna. La mia vita fino ad allora? Meravigliosa! Un'avventura dopo l'altra, un grande amore, nessun rimpianto, niente di importantissimo ancora da fare. Se da ragazzo, partendo per questo viaggio, mi fossi dato per meta quella di per sé già agognata da tanti di «piantare un albero, mettere al mondo un figlio e scrivere un verso», più o meno c'ero arrivato. E quasi senza accorgermene, senza sforzo e, strada facendo, divertendomi.

Quella notte in ospedale, nel silenzio rotto solo dal frusciare delle auto sull'asfalto bagnato della strada e da quello delle suore sul linoleum del corridoio, mi venne in mente un'immagine di me che da allora mi accompagna. Mi parve che tutta la mia vita fosse stata come su una giostra: fin dall'inizio m'era toccato il cavallo bianco e su quello avevo girato e dondolato a mio piacimento senza che mai – me ne resi conto allora per la prima volta –, mai qualcuno fosse venuto a chiedermi se avevo il biglietto. No. Davvero il biglietto non ce l'avevo. Tutta la vita avevo viaggiato a ufo! Bene: ora passava il controllore, pagavo il dovuto e, se mi andava bene, magari riuscivo anche a fare... un altro giro di giostra.

Il giorno dopo cominciò come un giorno qualunque. Niente attorno a me era cambiato e niente rifletteva la gran tempesta di pensieri che mi turbinava in testa. A Porretta Terme, dove dovetti cambiar treno per raggiungere Pracchia e da lì Orsigna, mi ricordai persino di andare a ritirare la biancheria che qualche giorno prima avevo lasciato a lavare. Arrivato a casa, proposi ad Angela che mi aspettava di andare assieme a fare una passeggiata nel bosco. Dopo quasi quarant'anni di vita in comune fu semplice parlarsi e tacere. Le promisi di impegnarmi a farcela, e quello, credo, fu l'unico momento in cui mi commossi.

Si trattava di decidere presto cosa fare. Il primo istinto fu quello di un animale ferito: ritirarsi in una tana. D'un tratto mi parve di avere poche forze e di doverle concentrare al massimo. Decisi di non dire niente a nessuno, tranne ai figli e a quegli amici che avrebbero trovato incomprensibile il mio scomparire dal mondo. Volevo mettere a fuoco la mia mente, non essere distratto da nulla e da nessuno.

Innanzitutto dovevo scegliere dove curarmi e in particolare come curarmi. Chemioterapia, radioterapia, chirurgia con tutte le loro – si dice – devastanti conseguenze non sono più le sole alternative. Anzi, oggi che tutto è messo in discussione, che tutto quel che è ufficiale è visto con sospetto, che ogni autorità ha perso prestigio e che ognuno si sente in diritto, senza alcun ritegno, di giudicare tutto e tutti, è diventato sempre più di moda dir male della medicina classica e un gran bene di quella «alternativa».

I nomi, se non altro, suonano più attraenti: ayurveda, pranoterapia, agopuntura, yoga, omeopatia, erbe cinesi, reiki, e – perché no? – i guaritori, filippini o no. C'è sempre un sentito dire, una persona di cui qualcuno racconta, una storia che sembra essere fatta apposta per essere creduta e dare speranza in una di queste sempre più numerose «cure». Non le presi sul serio neanche per un attimo.

Eppure, molte di queste pratiche vengono dall'Asia, dove ho vissuto per trent'anni; alcune hanno le loro radici in India, dove ora ho casa! Io stesso in passato non ho avuto problemi a ricorrerci: in Cina misi mio figlio Folco, allora undicenne, nelle mani di un agopunturista che gli curò l'asma, e solo un anno prima di dover decidere cosa fare con me avevo portato Leopold, il mio amico francese, dal medico personale del Dalai Lama all'Istituto Medico-Astrologico (sì, questa è la combinazione) di Dharamsala, perché gli sentisse i suoi diciassette polsi e gli prescrivesse delle – pare efficacissime – pillole nere, tipo cacherelli di pecora, per un'epatite. E poi: sono stato io a dire e a scrivere che l'uomo occidentale, imboccando l'autostrada della scienza, ha troppo facilmente dimenticato i sentieri della sua vecchia saggezza e che ora, conquistando l'Asia col suo modello di modernità, rischia di far scomparire anche là una grande quantità di conoscenza legata alle tradizioni locali!

Non avevo cambiato idea, ma quando si trattò della mia sopravvivenza non ebbi un momento di esitazione: dovevo affidarmi a ciò che mi era più familiare, alla scienza, alla ragione occidentale. Non era solo una questione di tempo, e in questi casi non se ne ha tanto da sprecare, visto che tutte le cosiddette medicine alternative agiscono, quando agiscono, a lungo termine. Era che nel fondo non mi fidavo. E l'aver fiducia nella cura e in chi la somministra è un fattore importantissimo, direi fondamentale, nel processo di guarigione.

La fortuna nella vita aiuta e io ne ho avuta in generale più della normale dose. Anche questa volta la fortuna fu dalla mia, o almeno io la sentii così; il che è in fondo esattamente la stessa cosa. Fra i colleghi giornalisti, vecchi d'Asia, ce n'era uno, corrispondente del *New York Times*, due volte premiato col Pulitzer, a cui ero legato da un'amicizia nata da alcune esperienze comuni: tutti e due eravamo stati arrestati ed espulsi dalla Cina; tutti e due,

12

contro ogni logica di carriera, avevamo scelto, dopo sedi molto
più « importanti », l'India come paese di cui occuparsi. Ora ci legava un'altra coincidenza: un paio di anni prima l'amico aveva
avuto lo stesso tipo di malanno ed era sopravvissuto. L'andai a
trovare a Delhi e gli chiesi consiglio.

Quelli che avevano aggiustato lui, i « fixers » come li chiamava, erano a suo parere i migliori sul mercato. Gli credetti. Un paio
di telefonate, un fax e nel giro di pochi giorni ero a New York,
diciottesimo nella lista di un nuovo trattamento sperimentale, nella punta probabilmente più avanzata della medicina moderna occidentale: il Memorial Sloan-Kettering Cancer Center o meglio
l'MSKCC, come viene suggerito di scrivere sugli assegni, così
che sulla presenza in quella istituzione possa essere mantenuta
una certa discrezione anche con la propria banca.

Dopo l'uscita di *Un indovino mi disse*,* a chi mi chiedeva che
libro volessi ora scrivere rispondevo che i libri sono come i figli,
che bisogna almeno essere incinta per pensare di farli e che volentieri, se mi capitava l'occasione, dopo tanti anni in Estremo
Oriente mi sarebbe piaciuto fare un gran viaggio di riscoperta
nell'Occidente più estremo: gli Stati Uniti. Con la scusa che
ero andato in America a cercare di « restare incinta », riuscii a
farmi dimenticare.

Negli annunci economici del *New York Times* lessi di un mo-
nolocale da affittare su Central Park, lo andai a vedere e lo presi
all'istante. Quei pochi metri quadrati di moquette grigia, ravviva-
ti immediatamente con un paio di stoffe indonesiane e un piccolo
bronzo cinese di Buddha sul davanzale di una grande, bassa finestra, divennero per alcuni mesi la mia tana.

A parte Angela e quelli dell'MSKCC, nessuno sapeva dov'ero.
Il telefono non squillava mai, nessuno suonava alla porta; la sola
via di comunicazione che avevo lasciata aperta col mondo era
quella della posta elettronica coi suoi messaggi in bottiglia che
approdavano di tanto in tanto sulla spiaggia cibernetica del mio
computer, che poteva essere dovunque. Secondo me questo è or-

* Sì, uno degli indovini, Rajamanickam di Singapore, mi aveva predetto
che fra i cinquantanove e i sessantadue anni avrei dovuto affrontare una
« strettoia » nella vita e forse anche un'operazione, ma era stato il solo.
Gli altri non avevano visto niente del genere nel mio futuro e tutti mi avevano dato generalmente per longevo.

mai il più discreto, il meno invadente, il miglior mezzo di comunicazione se lo si usa quando si ha davvero qualcosa da dire, se non ci si abbandona al linguaggio sciatto imposto dalla velocità e se si stampa, per poterlo sempre rileggere, quel che di buono si riceve.

La situazione era perfetta. Era quella che da tempo sognavo: avevo intere giornate di libertà, nessun impegno, nessun dovere e l'incredibile agio di lasciare vagare la mente, senza interruzioni, senza l'idea – un tempo l'ossessione – che avrei dovuto fare qualcos'altro. Dopo tanto clamore godevo finalmente di tanto silenzio. Per anni, preso da guerre, rivoluzioni, alluvioni, terremoti, grandi mutamenti dell'Asia, ero stato un appassionato osservatore di vite in pericolo, vite distrutte o, più spesso, sprecate: tantissime vite altrui. Ora osservavo semplicemente quella che più mi riguardava: la mia.

E da osservare ce n'era. Dopo nuovi esami e la solita sequenza di «C'è un'ombra di cui non siamo sicuri», «Occorre un altro esame», «Torni la prossima settimana», «Sono spiacente, ma le debbo dare una brutta notizia...», si scoprì che il malanno non era uno solo, ma erano tre, ognuno con le sue caratteristiche, ognuno sensibile a un diverso tipo di terapia. Così, senza dubitare un secondo della loro validità, anzi, aggiungendoci ogni volta una mia psicologica certezza che tutto era giusto e il meglio che potessi tentare, feci l'esperienza della chemioterapia, della chirurgia e della radioterapia.

Mai, prima di allora, mi ero tanto sentito fatto di materia; mai avevo dovuto guardare così da vicino il mio corpo e soprattutto imparare a mantenerne il controllo, a esserne padrone, a non farmi troppo dominare dalle sue richieste, i suoi dolori, le sue palpitazioni e i suoi urti di vomito.

Mi resi conto di come, fino ad allora, avendo lavorato per un settimanale, il mio ritmo biologico e i miei stati d'animo erano stati determinati dalle scadenze – e spesso dall'angoscia – dell'articolo da scrivere: grande gioia il sabato e la domenica quando poteva cascare il mondo ma il giornale era già fatto e io non avevo niente da aggiungere; indifferenza il lunedì quando il numero successivo veniva pianificato; tensione il martedì e il mercoledì quando dovevo pensare al nuovo argomento e cominciare a prendere degli appunti; digiuno e concentrazione il giovedì, giorno della consegna; sollievo guardingo il venerdì in caso di aggiornamenti; per poi ricominciare daccapo, una settimana dopo l'altra, dal fronte di una guerra, da una capitale dove era avvenuto un colpo di stato, in viaggio attraverso un paese di cui dovevo cercare di capire l'anima, o dietro a una storia di cui dovevo ricostruire il filo. Ora tutti i giorni della settimana erano uguali, senza alti né bassi: semplicemente, meravigliosamente piatti. E nessuno voleva niente da me.

Ogni stagione ha i suoi frutti e la mia stagione giornalistica aveva fatto i suoi. Mi succedeva ormai di ritrovarmi sempre più spesso in situazioni simili a quelle in cui ero già stato, ad affrontare problemi che già conoscevo. Il peggio era che scrivevo sentendo l'eco di storie e di parole già scritte vent'anni prima. E poi: i fatti, dietro ai quali un tempo correvo con la passione di un segugio, non mi interessavano più allo stesso modo. Col passare degli anni avevo incominciato a capire che i fatti non sono mai tutta la verità e che al di là dei fatti c'è ancora qualcosa – come un altro livello di realtà – che sentivo di non afferrare e che comunque sapevo non interessare il giornalismo, specie per come viene ormai praticato. Avessi continuato in quel mestiere, al massimo avrei potuto tentare di essere come ero già stato. Il cancro mi offriva una buona occasione: quella di non ripetermi.

Non era la sola. Lentamente mi accorsi che il cancro era diventato anche una sorta di scudo dietro il quale mi proteggevo, una difesa contro tutto quel che prima mi aggrediva, una sorta di baluardo contro la banalità del quotidiano, gli impegni sociali, contro il fare conversazione. Col cancro mi ero conquistato il diritto di non sentirmi più in dovere di nulla, di non avere più sensi di colpa. Finalmente ero libero. Totalmente libero. Parrà strano, e a volte pareva stranissimo anche a me, ma ero felice.

« Possibile che bisogna proprio avere il cancro per godere della vita? » mi scrisse un vecchio amico inglese. Aveva sentito dire del mio essere scomparso e per e-mail mi aveva chiesto notizie. Gli avevo risposto che quella « notizia » era un mio scoop e che sì, dal mio punto di vista quello era, se non proprio il più bello, certo il più coinvolgente periodo della mia esistenza. Viaggiare era sempre stato per me un modo di vivere e ora avevo preso la malattia come un altro viaggio: un viaggio involontario, non previsto, per il quale non avevo carte geografiche, per il quale non mi ero in alcun modo preparato, ma che di tutti i viaggi fatti fino ad allora era il più impegnativo, il più intenso. Tutto quello che succedeva mi toccava direttamente. Gli scrissi che godesse di non avere il cancro, ma che, se voleva fare un esercizio interessante, immaginasse per un giorno di averlo e riflettesse su come non solo la vita, ma le persone e le cose che ci stanno attorno improvvisamente appaiono in una luce diversa. Forse una luce più giusta.

Nella vecchia Cina molti tenevano in casa la loro bara per ricordarsi della propria mortalità; alcuni ci si mettevano dentro quando dovevano prendere decisioni importanti, come per avere una migliore prospettiva sulla transitorietà del tutto. Perché non fingere per un attimo di essere ammalati, di avere i giorni contati – come in verità si hanno comunque – per rendersi conto di quanto preziosi sono quei giorni?

Gli indiani se lo rammentano con la storia dell'uomo che, rincorso da una tigre, scivola in un baratro. Cadendo nel vuoto il poveretto riesce ad aggrapparsi a un arbusto, ma anche quello comincia a cedere. Non ha scampo: sopra di sé le fauci della tigre, sotto l'abisso. In quel momento però, proprio lì, a portata di mano, fra i sassi del dirupo, l'uomo vede una bella fragola rossa e fresca. La coglie e... mai una fragola gli parve così dolce come quell'ultima.

Se a me toccava la parte di quel poveretto, la fragola di quei giorni, di quelle settimane e mesi di solitaria pace a New York era dolcissima. Ma non per questo ero rassegnato a precipitare. Anzi: cercavo ogni mezzo per aiutarmi. Ma come? Potevo io, con la mia mente o con altro, fare qualcosa perché l'arbusto a cui ero aggrappato resistesse? E se ero stato io, come persona, a portare il mio corpo in quella scomoda posizione, cosa potevo fare per togliercelo? I medici, a cui fra un esame e l'altro ponevo queste domande, non avevano risposte. Alcuni sapevano che sarebbe stato importante cercarle, ma nessuno lo faceva.

Allo stesso modo dei giornalisti, anche i miei medici tenevano conto esclusivamente dei fatti e non di quell'inafferrabile «altro» che poteva nascondersi dietro i fatti, così come i cosiddetti «fatti» apparivano loro. Io ero un corpo: un corpo ammalato da guarire. E avevo un bel dire: ma io sono anche una mente, forse sono anche uno spirito e certo sono un cumulo di storie, di esperienze, di sentimenti, di pensieri ed emozioni che con la mia malattia hanno probabilmente avuto un sacco a che fare! Nessuno sembrava volerne o poterne tenere di conto. Neppure nella terapia. Quel che veniva attaccato era *il* cancro, un cancro ben descritto nei manuali, con le sue statistiche di incidenza e di sopravvivenza, il cancro che può essere di tutti. Ma non il *mio*!

L'approccio scientifico, razionale che avevo scelto faceva sì che il mio problema di salute fosse più o meno quello di un'automobile guasta che, assolutamente indifferente alla prospettiva di essere rottamata o accomodata, viene affidata a un meccanico, e non il problema di una persona che, coscientemente, con tutta la sua volontà, intende essere riparata e rimessa in marcia.

A me come persona, infatti, i bravi medici-aggiustatori chiedevano poco o nulla. Bastava che il mio corpo fosse presente agli appuntamenti che loro gli fissavano per sottoporlo ai vari «trattamenti».

Si sa almeno che cosa fa impazzire una cellula nel corpo? Che cosa porta quella cellula ad abbandonare la sua funzione vitale per trasformarsi in una tale minaccia alla vita?

L'andai a chiedere al giovanissimo capo della ricerca dell'MSKCC di cui avevo letto che non solo aveva quella risposta, ma era anche sulla soglia di un'importante scoperta: la chiave del codice che, come un interruttore, fa sì che una cellula sana diventi malata, e viceversa.

«Siamo sulla buona strada, ma arrivarci è un'operazione più complessa che mandare un uomo sulla luna», mi disse.

Quel che riuscii a capire era affascinante. Per pura coincidenza quel giovane si era specializzato proprio nel mio tipo di acciacco, ma più lo ascoltavo più mi rendevo conto che il suo lavoro di esploratore nel misterioso mondo della vita lo portava in tutt'altra direzione da me-persona-totale, ma anche lontanissimo da me-corpo.

Lui, a forza di scavare, a forza di andare di particolare in particolare, dal piccolo nel sempre più piccolo, era arrivato all'interno di uno dei milioni di codici contenuti nel DNA di una dei miliardi di cellule del corpo. Ma io, dov'ero? Avrò pur avuto un ruolo nel far scattare nella maniera sbagliata quel mio interruttore?

«No. Assolutamente nessun ruolo. Tutto era già contenuto nel suo codice e presto saremo in grado di riprogrammare quella parte che in lei sgarra», mi disse.

La conclusione era consolante, anche se me ne andai pensando che lui e i suoi colleghi si illudevano: una volta arrivati a trovare la chiave di quella porta si sarebbero accorti che dietro c'era un'altra porta e poi un'altra e un'altra ancora, ognuna con la sua chiave, perché in fondo quello a cui i miei cari scienziati stavano cercando di arrivare era la chiave di tutte le chiavi, la combinazione delle combinazioni: il «codice di Dio». E come potevano immaginarsi di scoprire quello?

Non persi mai fiducia nei medici a cui mi ero affidato, anzi. Ma più li conoscevo, più sentivo che erano come violini cui mancava una corda e che loro stessi erano intrappolati in una visione estremamente meccanicistica del problema e perciò della sua soluzione. Alcuni capivano le mie perplessità e si divertivano a certe mie osservazioni. Ad esempio: perché non rivedere le parole con cui ci si esprime? Potrebbe servire, dicevo. Tutto il linguaggio che circonda questa malattia è un linguaggio di guerra e io stesso all'inizio l'avevo usato. Il cancro è un «nemico» da «combattere»; la terapia è «un'arma»; ogni fase di un trattamento è una «battaglia». Il «male» è sempre visto come qualcosa di estraneo che viene dentro di noi a far pasticci e che quindi va distrutto, eliminato, cacciato via. Già dopo alcune settimane di frequentazione col cancro, quella visione non mi piaceva, non mi soddisfaceva più.

A forza di starci assieme, quel mio interno visitatore mi pareva fosse diventato parte di me, come le mie mani, i piedi e la testa su cui, a causa della chemioterapia, non avevo più un capello. Più che dargli addosso, a quel cancro, nelle sue varie incarnazioni, mi veniva da parlarci, da farmelo amico; se non altro perché avevo capito che in un modo o in un altro lui sarebbe rimasto lì, magari sonnolento, a farmi compagnia per il resto del cammino.

«La mattina quando vi alzate, fate un sorriso al vostro cuore, al vostro stomaco, ai vostri polmoni, al vostro fegato. Dopo tutto, molto dipende da loro», avevo sentito dire da Thich Nhat Hanh, il famoso monaco buddhista vietnamita, passato una volta da Delhi a parlare di meditazione. Non sapevo, allora, quanto quel consiglio mi sarebbe stato utile. Ogni giorno mi misi a sorridere all'ospite dentro di me.

Più stavo con la scienza e la ragione, più mi cresceva dentro la curiosità per la magia e la follia delle «alternative» che avevo scartato all'inizio. Non certo perché credessi di aver sbagliato strada (è la prima che suggerirei a tutti di prendere in considerazione), ma perché sentivo che quella strada, pur essendo probabilmente la migliore, aveva i suoi limiti e che altrove, percorrendo altre vie, potevo trovare qualcos'altro: non certo qualcosa di «alternativo», ma forse qualcosa di complementare.

E così, appena i medici-aggiustatori di New York mi dissero d'aver completato le loro riparazioni e che per tre mesi non volevano rivedermi – tre mesi! mi parvero un'eternità –, corsi via in quella direzione.

Dopo tutti i colpi che gli avevo inferto, dovevo ridare al mio organismo un po' di pace; dovevo disintossicarlo da tutti i veleni che gli avevo somministrato come cura e soprattutto dovevo rimettere la mia mente, abituata ormai alla solitudine, in sintonia con il mondo. Viaggiare era per me il modo più ovvio di farlo. Così mi misi in cammino con l'idea di andare a vedere tutti gli altri tipi di medicine, di cure e di miracoli che avrebbero potuto servire al mio caso.

La prima cosa che feci fu tornare in India, dove la vita è sempre più naturale, dove l'umanità è ancora la più varia, dove il tempo è più lungo, dove il vecchio sopravvive accanto al nuovo e dove il vivere e il morire sembrano essere un'esperienza più antica che in ogni altra parte della Terra.

Ero stato via da Delhi per quasi un anno e il vecchio gioielliere di Sundar Nagar, che trovai a infilare una collana di profumatissimi fiori di gelsomino da mettere all'immagine di Krishna, quando entrai nel suo negozio mi chiese che cosa m'era successo.

«Sono stato a giro per ospedali. Ho il cancro», mi venne da dirgli, come non avrei fatto con nessun altro.

«Deve essere stato il periodo più divino della sua vita», ribatté quello con assoluta naturalezza.

Sì, lo era stato. Ma lui, come faceva a saperlo?

«Non conosce la storia del musulmano che, cacciato dalla moschea, ruzzola giù per la scalinata?»

«No, non la conosco.»

«A ogni scalino in cui picchiava sentiva male; soffriva e così pensava a Dio. Ma quando finalmente arrivò in fondo gli dispiacque che non ci fossero più scalini. Immagino le sia successo lo stesso.»

C'era un modo migliore d'andare a ricomprarsi un semplice fermasoldi che avevo perso a New York? E potevo avere un migliore viatico per il viaggio che avevo intrapreso alla ricerca di qualcosa che io stesso non sapevo esattamente cosa potesse essere?

Andando da un posto a un altro, con le interruzioni delle visite di controllo a New York ogni tre mesi, sono stato continuamente a giro, ogni volta seguendo un filo, soddisfacendo una curiosità o andando a controllare una storia sentita raccontare.

Ho passato così una settimana nella punta estrema dell'India, in un vecchio e rudimentale centro ayurvedico gestito da un giovane medico che conosce a memoria, per averle imparate da suo nonno che le aveva imparate da suo padre e così via, tutte le scritture sacre della medicina tradizionale. Il posto era bellissimo, in mezzo alle risaie, accanto a un antichissimo tempio ora in rovina, che la leggenda vuole sia stato fondato da Rama quando passò da lì sulla via di Lanka a riprendersi, con l'aiuto delle scimmie, la moglie rapita.

Sempre in India, ho fatto un corso e preso il diploma di reiki. In Thailandia invece ho digiunato per sette giorni di fila in un centro specializzato in un trattamento ora di gran moda: il lavaggio del colon.

Nel Nord delle Filippine sono stato il primo a sperimentare, alla vigilia della sua inaugurazione, la Piramide dell'Asia, costruita per essere il Centro Mondiale della Salute dal più famoso guaritore, che la sera prima mi aveva «operato».

Per giorni sono stato dietro a un «medico-mago» che in un paesino dell'India centrale preparava per me, da fasci d'erbe e di legna, delle specialissime, puzzolenti pozioni verdi. Per giorni sono stato nel più famoso ospedale tradizionale del Kerala dove, come tutti gli altri pazienti, non sono riuscito a chiudere occhio perché nel cortile barriva un elefante e tuonavano le stranissime trombe di un'orchestra venuta con una troupe di attori a celebrare, dal tramonto all'alba, il festival della divinità protettrice dell'ayurveda.

Ho seguito fino a Boston, dove teneva un corso sui «rimedi marini», un giovane ex chirurgo italiano diventato omeopata, che da una vecchia cascina rimessa a nuovo nella più anonima pianura emiliana cerca di dare credibilità scientifica alla sua pratica: una pratica nella quale lui stesso riconosce un aspetto di magia. E io ne ho fatto, positivamente, la riprova su di me!

Sono andato a Hong Kong a incontrare un vecchio cinese, miliardario e filantropo, che volendo, prima di morire, lasciare in regalo all'umanità una medicina contro il cancro, ha investito parte della sua fortuna nello studio e ora nella produzione dell'estratto di un fungo che la tradizione cinese ha sempre visto come «miracoloso».

A Chiang Mai, nel Nord della Thailandia, ho ritrovato il vecchio amico Dan Reid, esperto di taoismo e di qi gong, e ogni mattina sotto la sua guida ho fatto gli antichi esercizi cinesi per «raccogliere le energie cosmiche» su cui Dan aveva appena finito di scrivere un nuovo libro.

In un isolato e ventoso complesso di vecchi edifici arroccati sulla costa alta della California, con una delle viste sull'oceano che più riempiono l'animo di immensità, ho partecipato a un seminario di sostegno per malati di cancro. Eravamo in nove e di ognuno ho commoventi e divertenti ricordi. Subito dopo mi sono accodato a un grande maestro di yoga e a un musicista – tutti e due indiani – che avevano organizzato uno specialissimo corso la cui idea di fondo era che, una volta assunte le varie posizioni yoga e «aperti i canali», la musica sarebbe filtrata nei tessuti e nelle cellule del corpo, stimolandone la vitalità. Mi ha certo fatto bene... se c'è arrivata! La musica era comunque di quelle che parlano direttamente al cuore.

Sempre in India ho cercato anche di vedere Sai Baba, uno dei santoni a cui si attribuiscono tantissimi miracoli, ma il giorno in cui sono arrivato al suo ashram lui era altrove e ho preso questo come un segno che non era necessario incontrarsi.

Strada facendo sono andato a visitare i luoghi sacri del buddhismo. Ho passato giorni e giorni a Benares, dove gli indiani vanno a morire per garantirsi di non dover nascere di nuovo.

Ma, come sempre, cercando una cosa se ne trova un'altra, e così alla già vasta collezione di medici, specialisti e guaritori si sono via via aggiunti dei santi mendicanti, un vecchio gesuita psicologo e ipnotizzatore, un monaco innamorato fin da ragazzo di una statua, e altri strani e bei personaggi.

Dovunque, a volte anche sperimentando alcune delle «medicine» che mi venivano offerte, ho raccolto storie di malati «miracolati», di guarigioni dovute a una qualche pozione o a un qualche strano trattamento, ma anche tante storie di gente che, avendo rifiutato le normali terapie offerte dalla medicina classica occidentale, è ricorsa a una qualche cura alternativa e ne è morta.

Se pensavo che per aiutarmi a guarire da una malattia nata, secondo me, dal tipo di vita che avevo fatto prima, dovevo tagliare col passato e incominciare una vita tutta nuova, allora ero sulla buona strada: frequentavo gente completamente diversa, affrontavo problemi diversi, pensavo pensieri diversi. Io stesso ero diventato, non solo fisicamente, diverso. A questo punto non mi restava che fare un altro passo, varcare un'altra soglia: anche quella ormai soltanto indiana.

Decisi così di passare tre mesi in un ashram a studiare un po' di sanscrito e a riflettere su quella che è ovviamente la sola, grande domanda che l'uomo si è sempre posto e che è al centro del Vedanta, la parte finale dei Veda, il succo filosofico delle più antiche scritture sacre dell'India: «Io, chi sono?» Siccome la risposta non era certo «Io sono il giornalista del tal giornale, l'autore di quel libro, o l'ammalato di quella malattia», provai, anche formalmente, a non essere più quel che ero stato, a non chiamarmi più col mio nome, a non avere un passato e a diventare semplicemente «Anam», il Senzanome: un nome appropriatissimo, mi parve, per concludere una vita tutta spesa a cercare di farmene uno!

È uno strano esperimento quello di non essere più il sé a cui si è abituati, di non poter più ricorrere a quel che si è stati, a quel che si è fatto, a dove si è nati o a chi si conosce, per identificarsi, definirsi e stabilire dei rapporti, anche elementari, con chi si incontra. È un esercizio, questo, da provare: magari durante le vacanze!

Così, passo passo, lentamente, ogni volta ridendo di me e sorridendo di quel che mi capitava, dalla cura di me-corpo, ammalato di cancro in uno dei migliori ospedali del mondo, son finito alla cura di me-corpo più tutto quell'altro-che-mi-par-ci-sia-dietro, in uno spartanissimo ashram a studiare i classici dell'induismo, a cantare gli inni vedici e a mangiare con le mani, seduto per terra, da una ciotola di acciaio: non una delle diete che mi ero tanto accuratamente scelto a New York, ma quel che passava il convento (e qui era proprio il caso!), soprattutto ceci lessi.

«Allora, hai parlato con Dio?» mi chiese un vecchio amico quando andai a trovarlo, passando da Parigi.

«Per parlarci l'avrei dovuto incontrare», risposi... per non rispondere. Probabilmente anche lui aveva pensato che a forza di stare in India mi ero in qualche modo perso. Per niente. Non sono diventato né induista, né buddhista, non sono seguace di nessun guru, né son tornato a credere nella religione di casa, anche se ho riscoperto il piacere di star seduto in silenzio in una bella chiesa, carica di vecchia fede, come quella fiorentina di San Miniato al Monte.

Come tanti altri, sono uno che senza troppi pregiudizi, senza paura del nuovo o del ridicolo, cerca. Cercando, ho forse trovato la cura perfetta per il mio cancro? Certo no, ma almeno ora son sicuro che quella cura non esiste, perché non esistono scorciatoie a nulla: non certo alla salute, non alla felicità o alla saggezza. Niente di tutto questo può essere istantaneo. Ognuno deve cercare a modo suo, ognuno deve fare il proprio cammino, perché uno stesso posto può significare cose diverse a seconda di chi lo visita. Quel che può essere una medicina per l'uno può essere niente o addirittura un veleno per l'altro: specie quando si lascia il campo, in qualche modo collaudato, della scienza e ci si avventura in quello, ormai affollato, di profittatori, ciarlatani e impacchettatori d'aria fritta, delle «cure» alternative.

Son tornato, dopo tanto viaggiare, al punto di partenza? A credere solo nella scienza e nella ragione? Son tornato a pensare che il modo occidentale di affrontare i problemi è il migliore? Niente affatto. Ora più che mai penso che niente è da escludere a priori e che è sempre possibile trovare qualcuno o qualcosa di prezioso nei luoghi e nelle circostanze più imprevedibili. I miracoli? Certo che esistono, ma sono convinto che ognuno deve essere l'artefice del proprio. Soprattutto sono convinto che la nostra conoscenza del mondo e di noi stessi è ancora estremamente limitata e che dietro le apparenze, dietro i fatti, c'è una verità che davvero ci sfugge, perché sfugge alla rete dei nostri sensi, ai criteri della nostra scienza e della nostra cosiddetta ragione.

Indubbiamente l'Occidente ha fatto grandi progressi nel conoscere il corpo, anche se mi lascia sempre più perplesso il fatto che alla radice della nostra medicina c'è l'anatomia, una scienza fondata sulla dissezione dei cadaveri, e mi chiedo come sia possibile capire il mistero della vita partendo dallo studio dei morti. Ma l'Occidente non ha fatto alcun progresso, anzi, forse è andato a ritroso nella conoscenza di tutto quell'invisibile, immisurabile, imponderabile che sta dentro e al di là del corpo, che lo sostiene, che lo lega a tutte le altre forme di vita e lo rende parte della natura. Psicanalisi e psicologia sono scienze che si muovono ancora soltanto sulla superficie di quell'invisibile, come si sentissero imbarazzate davanti al gran mistero che nessuna scienza, proprio perché tale, potrà mai affrontare.

Per questo la ricerca medica non ha altra scelta che quella di scendere sempre più nel particolare, di passare dal piccolo al sempre più piccolo. Ma non dovrebbe una qualche altra ricerca, non necessariamente scientifica, andare in senso opposto: dal piccolo al grande?

Forse perché inconsciamente volevo vedere il mio problema anche in una dimensione diversa da quella della cellula impazzita, e forse perché cercavo una soluzione diversa da quella di un interruttore guasto in un codice del mio DNA, son finito in una piccola casa di pietra dalle pareti di fango nell'Himalaya. E là, col cuore più leggero che abbia mai avuto, senza desideri, senza ambizioni e con una grandissima pace addosso, ho visto sorgere il primo sole del nuovo millennio come fosse quello della Creazione, mentre alcune delle più alte vette del mondo uscivano da un'oscurità cosmica per accendersi di rosa come per ridare speranza nell'eternità del nascere e del morire. Mai prima avevo sentito gli dei così vicini.

Per settimane e settimane, a volte con un sole primaverile, a volte con la neve alta un metro fuori dalla porta e i lecci e i rododendri come immobili giganti di ghiaccio, sono stato ospite di un ultraottantenne, coltissimo indiano che nella sua vita non ha fatto nient'altro che riflettere sul senso della vita e che, dopo aver incontrato tutti i grandi maestri del suo tempo, vive lì da solo, convinto che il vero, grande Maestro è quello che ognuno ha dentro di sé. La notte, quando il silenzio è talmente denso che sembra rimbombare, si alza, accende una candela e ci si siede dinanzi per un paio d'ore. A che fare?

«A cercare di essere me stesso», mi ha risposto. «A sentire la melodia.»

Ogni tanto, dopo la sua passeggiata del pomeriggio nella foresta sulle orme del leopardo che una notte gli aveva mangiato il cane da guardia, saliva le mie scale di legno e io su una piccola bombola a gas riscaldavo l'acqua presa da una fonte vicina per preparare due tazze del tè cinese che mi porto sempre dietro.

«Tutte le forze, quelle visibili e quelle invisibili, quelle tangibili e quelle intangibili, quelle maschili e quelle femminili, quelle negative e quelle positive, tutte le forze dell'universo hanno fatto sì che noi due in questo momento potessimo sederci qui, dinanzi al fuoco del camino, a bere tè», diceva, scoppiando in una risata che di per sé era una gioia. E da lì, citando Plotino o Boezio, le *Upanishad*, un verso della *Bhagavad Gita*, di William Blake o di un mistico sufi, partiva per delle sue personalissime teorie sull'arte e la musica o per una confessione del suo «peccato originale»: quello d'aver sempre considerato l'«essere» molto più importante del «fare».

«E la melodia?» gli ho chiesto un giorno.

«Non è facile. Bisogna prepararsi e a volte la si sente: è la melodia della vita dentro, la vita che sostiene tutte le vite, la vita dove tutto ha il suo posto, dove tutto è integrato: il bene e il male, la salute e la malattia, la vita interna dove non c'è nascita e non c'è morte.»

Col passare dei giorni, da solo a guardare le straordinarie montagne, sempre lì, immobili, simbolo della più grande stabilità, eppure anche loro continuamente diverse e impermanenti come tutto in questo mondo, e con sullo sfondo la presenza di quella bella, vecchia anima incontrata per caso, ho sentito che quel mio lungo e tortuoso viaggio, cominciato nell'ospedale di Bologna, era finito.

Ho deciso di raccontarne la storia, innanzitutto perché so quanto è incoraggiante l'esperienza di qualcuno che ha fatto già un pezzo della strada per chi si trovasse ora ad affrontarla; e poi perché, a pensarci bene, dopo un po' il viaggio non era più in cerca di una cura per il mio cancro, ma per quella malattia che è di tutti: la mortalità.

Ma anche quella, è davvero una « malattia »? Qualcosa di cui temere, un « male » da cui star lontani? Magari no.

« Immagina come sarebbe affollato il mondo se fossimo tutti immortali e dovessimo restare a giro per sempre, e con noi ci dovessero essere, anche loro immortali, tutti quelli che ci hanno preceduto nei secoli! », disse un giorno il mio vecchio compagno durante una passeggiata nella foresta. « Si tratta di capire che la vita e la morte sono due aspetti della stessa cosa. »

Arrivare a questo è forse la sola vera meta del viaggio che tutti intraprendiamo nascendo: un viaggio di cui io stesso non so granché, tranne che la sua direzione – ora ne sono convinto – è dal fuori verso il dentro e dal piccolo sempre più verso il grande.

Le pagine che seguono sono il racconto dei miei passi incerti.

NEW YORK

QUEL TALE NELLO SPECCHIO

LA SITUAZIONE era quella di un acquario. E io ero il pesce. Con gli occhi sgranati, respirando a bocca aperta, in silenzio, protetto da tutte le intemperie, rimpinzato di antibiotici, persino vaccinato contro un possibile raffreddore che i medici dicevano nel mio caso avrebbe potuto essere pericoloso, stavo da solo, al sicuro nella mia vasca a osservare, a volte immobile per ore, il mondo che si agitava appena fuori dalla mia parete di vetro: New York.

L'appartamento era al quinto piano: abbastanza in basso da avere ancora una vista sulla strada, con il suo ininterrotto teatro di vita, e abbastanza in alto da farmi vedere, nel riquadro della grande finestra tutta esposta a nord, la distesa degli alberi di Central Park e, dietro, la silhouette dei grattacieli.

Come deve apparire al pesce, quello strano mondo dall'altra parte del vetro, coi suoi rumori che mi arrivavano ottusi e ovattati, sembrava anche a me lontano e assurdo. Mi sentivo la testa vuota; ero incapace di pensare con precisione; avevo le ossa indolenzite, gli arti senza forza, e quello sgambettare là fuori di tanta gente che si incontrava, si scontrava, si salutava e correva via mi pareva talmente stonato rispetto al mio ritmo che a volte scoppiavo a ridere, come fossi stato lo spettatore di un vecchio film muto di Charlie Chaplin.

Neppure la naturale cadenza del sole che sorgeva e tramontava con rassicurante puntualità ai due lati opposti del mio acquario sembrava collimare col ritmo del mio corpo. Mi veniva spesso da dormire nel mezzo del giorno e da star sveglio durante la notte, quando l'ululare delle sirene della polizia, dei pompieri e delle ambulanze si faceva sempre più ossessivo, aggiungendo un ulteriore velo di angoscia all'oscurità.

Per mesi quella finestra è stata la mia compagnia: da lì ho visto passare la maratona e la neve imbiancare la città; ho osservato gli scoiattoli rincorrersi sugli alberi spogli e poi scomparire fra le fronde verdi messe su in primavera. Da lì ho seguito le vicende di alcuni simpatici barboni che, circondati da fagotti e sacchi di plastica, seduti sulle panchine, si godevano il sole come nessuno dei tanti uomini d'affari che passavano in fretta e distratti davanti a loro. Da quella finestra mi sono immaginato il destino di qualche ragazza che ho visto arrivare in autobus dalla provincia, con un po' di vestiti e tanti progetti in una grande borsa nera tenuta a tracolla. Da lì ho seguito i curiosi rapporti fra i cani e i loro padroni e quelli, a volte ancora più curiosi, fra i padroni dei cani. È sorprendente quanto si possa imparare stando a una finestra e quanto si possa fantasticare sulle vite altrui partendo dall'osservazione di un dettaglio, di un gesto.

Persino un semplice, anonimo posto come quello può diventare « casa » e tante volte, tornando da una passeggiata con le gocce di sudore freddo che sentivo scendermi lungo la schiena, ho contato i passi che mi restavano, pregustandomi la gioia di aprire quella porta di ferro 5/C e di sentire quell'odore di stanza d'affitto che cercavo inutilmente di coprire bruciando bacchette d'incenso di legno di sandalo.

Appena arrivato, avevo coperto con coloratissimi batik indonesiani tutti gli specchi che qualche arredatore aveva fatto installare alle pareti per dare l'illusione che quell'unica stanza fosse più grande di quel che era. Avevo lasciato libero solo quello sopra il lavandino e ogni volta che entravo nel bagno, in quello specchio vedevo un tale gonfio, giallo, glabro che mi guardava e mi faceva delle smorfie come se lo conoscessi. Davvero, quel tipo non lo avevo mai visto prima. Eppure era sempre lì, nello specchio, appena aprivo la porta. A volte mi faceva persino dei sorrisini che me lo rendevano ancora più rivoltante. Ma quello non si scoraggiava e a suo modo continuava a parlarmi. Diceva che ci conoscevamo da quasi sessant'anni. Mi diceva che quello lì ero io. Così, lentamente, anche a quel nuovo me, grasso, esangue e senza un pelo, cominciai a fare l'abitudine.

Per i cinesi, quella di diventare dei bei vecchi è un'arte che han raffinato per secoli e io, essendo vissuto per anni in mezzo a loro, m'ero illuso di averla imparata un po' e di averla messa da parte per quando fosse venuto il mio tempo. Mi piaceva l'idea di invecchiare coi capelli bianchi e magari con delle belle ciglia folte come quelle a cui Zhou Enlai, il raffinato primo ministro di Mao, aveva certo lavorato tantissimo. Non avevo fatto i conti con la chemioterapia. Ma neppure quella lì aveva fatti con me! Per evitarmi lo stillicidio delle manciate di capelli nel pettine, un paio di giorni prima dell'inizio del primo ciclo ero andato da Angelo, il parrucchiere all'angolo e, con la scusa di voler cambiare immagine, gli avevo chiesto di raparmi a zero i capelli che a quel punto mi arrivavano fin quasi alle spalle.

« Sto per chiudere. Torni domani, ci ripensi su una notte », disse Angelo. « Non vorrei che lei poi mi desse fuoco al negozio! »

Il giorno dopo Angelo fece il suo dovere, ma sui baffi restò fermo e quelli dovetti tagliarmeli da solo. Li avevo dal 1968, quando Richard Nixon vinse le elezioni presidenziali americane e io, allora studente alla Columbia University, persi una scommessa. Per quasi trent'anni quei baffi erano diventati parte di me, di come mi ero visto, e mi sorprese come in fondo, nel giro di un attimo, ne feci a meno.

Da un mio vecchio compagno di scuola, Alberto Baroni, diventato un noto gerontologo a Firenze, una volta avevo sentito dire: « I vecchi che nella vita hanno dato molta importanza alla loro immagine sono quelli che più soffrono, e che meno ce la fanno a riprendersi quando un infarto, una paralisi o un qualche altro malanno feriscono quella immagine ». Io volevo farcela. Allora tanto valeva seppellire quel vecchio me coi suoi capelli e i suoi baffi.

L'ultimo giorno fu particolare. Ancora con la mia solita faccia – così che gli impiegati mi riconoscessero e non avessero problemi ad accettare un mio assegno – andai alla Banca Commerciale Italiana a Wall Street per ritirare un pacchetto di soldi da mettermi in casa. Da lì decisi di fare tutta la strada di ritorno a piedi: una lunghissima camminata. C'era un bel sole, tirava vento e io, ancora io, vestito di bianco, ancora pieno di energie, i capelli lunghi, i baffi, risalivo Manhattan lungo la Quinta Strada guardandomi nelle vetrine. Questione di qualche ora e non sarei mai più stato quello lì. L'idea di diventare un altro quasi mi divertiva. Nella vita ho conosciuto varie persone che sapevo conducevano due, a volte tre vite parallele. Sarebbe piaciuto anche a me, ma non ne sono mai stato capace. Ora potevo almeno pensare di avere due vite diverse: una di seguito all'altra. Forse.

« Ehi, Tiziano, che fai a New York? » All'altezza del negozio di Walt Disney, un vecchio collega francese di *Libération*, con la moglie, mi si parò davanti a braccia aperte per salutarmi. « Che sorpresa vederti qua. Sempre vestito di bianco. Ti abbiamo riconosciuto da lontano. Ceniamo assieme stasera? » L'ultima volta c'eravamo incontrati a Ulan Bator e m'aveva detto che stava scrivendo un romanzo storico ambientato lì, in Mongolia.

« L'hai finito? » gli chiesi.

« Macché. Ne ho già scritto più di mille pagine, ma quello

continua a crescere. È peggio di un cancro! Cresce, cresce, ma io continuo. »

Mi venne da ridere, ma né lui né la moglie, una piccola, graziosissima laotiana, capirono perché. Gliela avevo inconsciamente suggerita io quell'immagine? Farfugliai delle scuse per non andare a cena con loro e scappai via.

Prima dell'appuntamento con Angelo avevo da rifarmi il guardaroba, o meglio avevo da decidere come vestire il nuovo me. Su questo non avevo dubbi: se volevo farcela con quel malanno, non dovevo avere rimpianti, non dovevo avere nostalgie per il passato e soprattutto non dovevo illudermi o sperare che, se anche ce l'avessi fatta, sarei mai tornato a essere quello di prima. Allora, tanto valeva chiudere con quel tale, quel me estroverso, desideroso di essere simpatico, leggermente arrogante, socievole e vestito di bianco: tutto sommato quello era il me le cui cellule erano impazzite. E perché impazzite? Magari proprio a causa di quella identità! E allora tanto valeva cambiarla, non restare attaccato al modo di vivere, alle abitudini, ai colori preferiti da quel me. Non è che credessi esattamente a quel che la mia testa pensava, ma la lasciavo pensare, osservandola.

A New York è sempre tempo di « svendite ». L'ultima trovata per spingere la gente a consumare sempre di più e a comprare quel di cui non ha assolutamente bisogno è l'offerta di « Due al prezzo di uno ». Su una delle strade che facevo, cercando ogni giorno di cambiare percorso fra casa e ospedale, avevo scoperto un grande magazzino dal nome che sembrava fatto apposta per i miei gusti: *Duffy's cheap clothes for millionaires*. Milionario non sono mai stato, ma mi sono sempre sentito tale. Quanto ai vestiti, ne ho sempre avuti da poco prezzo, perché andare in un negozio elegante a comprare quelli costosi mi pareva non fosse una gran scoperta. Lì invece, fra gli scarti delle grandi ditte e le cose passate di moda, c'era un sacco da scoprire, e in pochi minuti, per pochi soldi, riuscii a mettere assieme tutti gli elementi per una mia nuova uniforme: due tute da ginnastica, una blu e una nera; scarpe da tennis, calzerotti, guanti e due bei berretti di lana, uno nero e uno viola, per coprirmi la palla da biliardo che presto sarebbe diventata la mia testa.

L'idea della chemioterapia è semplice: le cellule del cancro hanno una loro maligna caratteristica, quella di sdoppiarsi e di riprodursi. La chemioterapia è una mistura – un «cocktail», si dice con un eufemismo – di fortissimi componenti chimici che, introdotti nel sistema sanguigno, vanno a giro per il corpo e distruggono tutte le cellule di quel tipo. Il problema è che le cellule del cancro non sono le sole ad avere quella caratteristica. Le cellule dei capelli, del palato, della lingua e di altre superfici mucose, come quelle all'interno dell'intestino, sono dello stesso tipo, per cui anche loro, pur utili e sane, vengono aggredite allo stesso modo di quelle malate. «Insomma, è come bombardare col napalm una giungla e distruggere migliaia di alberi per cercare di uccidere una scimmia appollaiata su una palma», dicevo all'infermiera intenta a preparare con cura il primo cocktail con cui mi avrebbe bombardato.

Avevo detto una scimmia, ma in verità avevo pensato ai vietcong e a come gli americani in Vietnam, durante la guerra, avevano defogliato intere foreste, distrutto enormi distese di vegetazione, semplicemente per impedire ai guerriglieri di nascondersi e alimentarsi. La logica era la stessa. In Vietnam l'avevo odiata, ma ora mi affidavo a quella stessa logica per cercare di salvarmi. E già alle prime gocciole rosso fuoco che osservavo, una a una, scendere da un sacchetto trasparente, passare per un tubo di plastica ed entrarmi lentamente nelle vene attraverso un ago infilato nel dorso della mano sinistra, mi pareva che funzionasse.

L'effetto fu immediato e travolgente: la bocca mi si riempì di un fortissimo sapore di ferro, la testa mi si avvampò come investita da una zaffata di napalm e in ogni angolo del corpo, nella punta di ogni dito, sentii arrivare quella fiamma. Stavo seduto in una comoda poltrona che pareva quella di un'astronave, godevo di un vasetto di fiori, modesti ma veri, sul davanzale della finestra e ascoltavo la carissima, giovane infermiera che mi raccontava del suo sogno di andare a vivere in una casa al mare in California. Mi sentivo a mio agio, in buone mani; mi piaceva quel colore forte, quasi fosforescente, del liquido che entrava nel mio corpo – mi pareva un segno della sua efficacia – e restai male quando, finito quello, la ragazza attaccò all'alimentatore un nuovo sacchetto, l'ultimo componente del cocktail, con dentro una roba incolore come l'acqua che non riuscivo a immaginare potesse farmi alcunché. Suggerii che tingessero quel liquido scialbo di un bel verde smeraldo o di viola per aggiungere una sua forza psicologica a quella chimica. L'infermiera rise. «È un'idea!»

Era una attenta. Osservava i pazienti e aveva notato come

ognuno ha un suo modo di affrontare la chemioterapia. C'è chi la fa meditando, chi si porta dietro un walkman per farla ascoltando la sua musica preferita; c'è chi invece si agita, ne soffre come di una tortura perché psicologicamente non la vede come una possibile cura e soprattutto non ne accetta le conseguenze, gli effetti negativi che – si sa – verranno.

« Lei sembra si diverta », disse.

Non avevo scelta e « far bella faccia a cattiva sorte » mi pareva naturale.

Per me la chemio era la prima fase di una « strategia » che dopo settimane di esami, di controlli, di consulti con specialisti ai vari piani di quella vasta istituzione che è l'MSKCC, avevo deciso essere la migliore per sopravvivere. Come tale mi era stata presentata dalla ferma ed essenziale dottoressa incaricata del mio caso: cinquant'anni, segaligna, dritta come un fuso, dura e di poche parole, ma ogni tanto con un delicatissimo sorriso. Già al primo incontro avevo sentito di potermi fidare e, senza alcun ripensamento, mi ci ero affidato. Dopo la chemio – il cocktail adatto al mio caso, mi disse, era stato messo a punto da un gruppo di medici milanesi di cui lei aveva un gran rispetto – dovevo subire un'operazione. Una volta rimarginata quella ferita, sarei passato alla radioterapia, fatta con un sistema ancora in fase di sperimentazione e messo a punto da un medico israeliano, diventato capo del reparto di radiologia dell'ospedale.

Piccolo, forte, con un pizzetto freudiano, curioso anche di tutto quel che era al di là della medicina, il radiologo sembrava irradiare guarigione anche senza le sue macchine. Almeno questa fu l'impressione che ebbi quando lo vidi la prima volta e lì, sui due piedi, decisi di far parte del suo « esperimento ». Ero il diciottesimo paziente.

« E gli altri diciassette? » gli chiesi.

« Tutti sopravvissuti. »

« Per quanto? »

« Due anni... Ma è solo da due anni che abbiamo cominciato con questa terapia. »

Da allora l'ho sempre chiamato l'Irradiatore.

Il chirurgo mi si presentò con dei pantaloni kaki e una camicia di blue-jeans. Era piccolo, grasso, biondo e con una pancia da buon bevitore di birra tedesco, come doveva essere la sua origine. Il suo cognome voleva dire « Signore ». Mi colpirono subito i suoi occhi azzurri e fermi e le sue mani minuscole, dalle dita affilate e taglienti. Mi venne da pensare che se fossi stato Luigi XVI e avessi dovuto andare alla ghigliottina, tanto valeva che fosse uno preciso a tagliarmi la testa. Lui dava questa impressione: era assolutamente sicuro del fatto suo, di quel che doveva portar via e di quel che doveva lasciare dentro di me, una volta fatto un taglio che da sopra l'ombelico sarebbe arrivato fino alla schiena. Ciò che non mi disse è che nel corso del lavoro si sarebbe poi portato via anche una costola.

« Sopravvivenza? » gli avevo chiesto.

« Ottima, se lei sopravvive all'altro cancro. »

Be', meglio che nulla. Poi detto da lui, il Signore, The Lord, come dentro di me l'avevo già ribattezzato!

Ognuna di queste fasi sarebbe stata preceduta dall'intervento dello « Speleologo », un giovanissimo esperto di endoscopia, capace di andare con la sua minitelecamera là dove era necessario a prelevare i tessuti da analizzare. Sono stato oggetto delle sue discese nelle caverne del mio corpo una decina di volte e nessuno, credo, può ormai vantare di conoscermi, dal di dentro, meglio di lui.

Grosso modo, l'intero lavoro degli « aggiustatori » mi avrebbe preso sei o sette mesi. Con la dottoressa che coordinava tutta la « riparazione » avevo cercato di contrattare, di ridurre i tempi, di rimandare alcune fasi. « Non potrei aspettare un anno a fare l'operazione? » avevo chiesto. Ma quella, fissandomi negli occhi, non mi aveva lasciato scampo:

« Mister Terzani, you wait – you die ».

Se aspettare significava davvero chiudere con questo mondo, non avevo scelta e così smisi anche di discutere.

Per questo la chemio mi piaceva e mi ci attaccavo come a una corda che qualcuno mi aveva gettato per salvarmi dalla tigre che avevo sopra di me e dal baratro che avevo sotto. Per questo intendevo farla prendendo coscienza di ogni goccia, osservando ogni suo effetto, partecipando alla sua azione con tutta la mia concentrata attenzione. La chemioterapia era l'inizio di un possibile altro pezzo di esistenza, un altro giro di giostra. E mi piaceva che nel gergo dell'ospedale il giorno dell'iniezione fosse chiamato « Day One », e che a cominciare da quello si stabilissero le scadenze dei vari esami e dei vari altri trattamenti da fare. Anche per me quello era il « primo giorno »... della nuova era, della mia seconda vita.

Quando la ragazza dopo un paio d'ore mi fece alzare, mi sentii stanchissimo, le ossa mi facevano male come fossi stato bastonato, ma ero stato avvisato e mi feci forza per tornare a casa a piedi attraverso Central Park. Di solito quella è una camminata di mezz'ora. Ce ne misi una. Mi pareva di planare, come fossi drogato, ma provavo soddisfazione a farcela. La dottoressa mi aveva incoraggiato a non interrompere, se potevo, la mia routine quotidiana di ginnastica e di moto. Fra le tante altre cose da fare e non fare, mi aveva chiesto di bere più che potevo – anche tre, quattro litri di acqua al giorno – per eliminare le cellule che la chemio uccideva. Feci tutto alla lettera.

C'era, in questo credere nei medici, nel seguire le loro istruzioni, qualcosa di consolante che, avevo l'impressione, m'era di grande aiuto. Come il pregare, son certo. Io quello però non lo sapevo fare e comunque mi sarebbe parso un po' ridicolo scomodare Iddio, o chi per lui, perché si occupasse del mio malanno e perché, fra le tante cose dell'universo di cui doveva prendersi cura, facesse anche guarire me.

Fra un cocktail e l'altro c'erano due settimane di intervallo nel corso delle quali dovevo prendere, a precise scadenze, varie medicine. Dovevo anche farmi da solo, infilandomi l'ago di una piccola siringa nel grasso della pancia, delle iniezioni di steroidi. Gli steroidi dovevano aiutare la riproduzione dei globuli bianchi ma provocavano un dolore nelle ossa, specie al bacino e allo sterno. L'intervallo di due settimane era soprattutto inteso a smaltire gli effetti del bombardamento e a far tornare il corpo a una qualche forma di normalità per potergli dare la prossima bastonata.

Corpo. Corpo. Corpo. È curioso come normalmente, quando si è sani, quasi non ci si rende conto di averne uno e come si danno per scontate le sue funzioni. Basta ammalarsi, però, e il corpo diventa il centro di tutta la nostra attenzione; il semplice respirare, orinare e «l'andar di corpo», come dicevano i vecchi, diventano fatti essenziali che determinano gioia o dolore, che fanno insorgere sollievo o angoscia. Secondo le istruzioni che mi erano state date, seguivo ogni funzione di quel mio corpo e ne correggevo via via le irregolarità, ma così facendo mi rendevo conto ogni giorno di più di quanto io dipendevo da lui, di come il suo umore determinava il mio e di quanto grande fosse lo sforzo che io (io-mente, io-coscienza, io-quell'altro, insomma) dovevo fare per non diventare suo schiavo.

Ho sempre trovato convincente l'idea che con una forte volontà si possa essere *liberi* anche in una prigione. Uno degli esempi più belli è quello recente di Palden Gyatso, il monaco tibetano che è riuscito a sopravvivere a trentatré anni di torture e di isolamento nelle galere cinesi, restando libero di spirito. Ma in che misura si riesce a essere liberi quando si è prigionieri del proprio corpo? E comunque, che cos'è questa benedetta *libertà* di cui oggi tutti parliamo così tanto? In Asia la risposta sta in una storia vecchia di secoli.

Un uomo va dal suo re che ha grande fama di saggezza e gli chiede: «Sire, dimmi, esiste la libertà nella vita?»

«Certo», gli risponde quello. «Quante gambe hai?»

L'uomo si guarda, sorpreso della domanda. «Due, mio Signore.»

«E tu, sei capace di stare su una?»

«Certo.»

«Prova allora. Decidi su quale.»

L'uomo pensa un po', poi tira su la sinistra, appoggiando tutto il proprio peso sulla gamba destra.

«Bene», dice il re. «E ora tira su anche quell'altra.»

«Come? È impossibile, mio Signore!»

«Vedi? Questa è la libertà. Sei libero, ma solo di prendere la prima decisione. Poi non più.»

E io, che scelta avevo? Fino a che punto io ero il mio corpo? Che rapporto c'era fra noi due? Ma eravamo davvero due? O la mia mente, con la quale io-io preferivo identificarmi, era semplicemente una delle tante funzioni di quel corpo, per cui assolutamente legata a lui? Il pormi queste domande, con la morte sempre più presente come una reale possibilità, coi dolori, gli smarrimenti, le malinconie da affrontare, faceva un gran senso, anche se ovviamente non avevo le risposte.

Mi piaceva pensare che il mio corpo fosse un costume che, nascendo, avevo preso in prestito e che prima o poi avrei potuto (dovuto) rendere, senza che mi facesse paura il restar nudo. Ma sarebbe stato davvero così? Una cosa era certa: io-mente ero cosciente del mio corpo, ma lui era cosciente di me? Allora, che lo fosse, che riconoscesse che c'ero e che non poteva fare sempre quel che gli pareva!

L'effetto più immediato della chemio era sullo stomaco che, non avendo autocontrollo, a suo modo cercava di buttar fuori quel che giustamente gli pareva essere un veleno. Per evitare questo, in ospedale mi avevano dato una boccetta piena di costosissime pasticche da inghiottire quando non avessi resistito. Riuscii a non prenderne neppure una. Appena sentivo che lo stomaco stava per impormi le sue rivoltanti reazioni, mi sedevo per terra, a gambe incrociate, davanti al mio piccolo Buddha di bronzo che stava sul davanzale della finestra. Chiudevo gli occhi e concentravo la mia mente sullo stomaco, mi immaginavo di carezzarlo, gli parlavo e lo calmavo. Almeno questa era l'impressione che avevo. Forse ero semplicemente fortunato e non mi ingannai certo a pensare che quel che avevo imparato alcuni anni prima da John Coleman, al corso di meditazione Vippasana in Thailandia, potesse sostituire i miei medici, le loro pasticche e tanto meno potesse rimpiazzare quel malefico-benefico liquido rosso fosforescente. Ma quel concentrarmi mi aiutò molto.

Nonostante le mie aspirazioni a essere qualcos'altro oltre al corpo, qualcos'altro magari di meno materiale, meno soggetto ai mutamenti e alla decomposizione, corpo ero e corpo restavo. Tanto valeva allora che facessi più attenzione a ciò che manteneva in funzione quel corpo da cui tutto ora sembrava dipendere.

«Il 97 per cento di quel che siamo è quel che mangiamo», mi disse, a mo' di introduzione, la giovane dietologa dell'MSKCC da cui ero stato mandato per farmi consigliare una dieta che mi aiutasse ad affrontare meglio la chemioterapia. «L'industrializzazione del cibo ha creato grandi disequilibri nel nostro corpo e sta seriamente minando la nostra salute. Per cui mangi il più naturale possibile.»

Se volevo aiutare il mio corpo, dovevo bere molti infusi d'erbe, evitare il latte perché troppo grasso e accontentarmi di quello di soia. Potevo mangiare yogurt magro e tanta frutta. Se insistevo a essere vegetariano, come ero diventato per osmosi vivendo in India, che mangiassi allora tante noci, pinoli, mandorle e semi – ottimi quelli di zucca e quelli di girasole – purché non fossero troppo salati.

«Faccia in modo che i suoi piatti siano coloratissimi, metta assieme verdure rosse, gialle, verdi, nere. Mangi tanti broccoli, porri e aglio a volontà. Due o tre volte al giorno si faccia dei frullati e metta dentro di tutto: carote, mele, spinaci e tutti i frutti di bosco che trova, specie i mirtilli. Mi raccomando: delle arance e dei pompelmi mangi anche la parte bianca. Tutto ciò che è fibra fa bene al suo caso e serve a regolare l'intestino », mi disse e io, come fossi stato ancora il me-giornalista, prendevo appunti.

Io, che nella vita non avevo mai fatto molta attenzione a quel che trangugiavo, che non mi ero mai preoccupato se il piatto dinanzi a me era salato o no, se la roba era bollita o fritta, feci presto a diventare coscientissimo di tutto quel che mettevo in bocca. Divenni un assiduo visitatore dei negozi di prodotti biologici e un attento lettore di tutto ciò che era scritto sulle confezioni. Imparai a diffidare delle etichette con vignette di laghi e montagne, intese solo a turlupinare l'acquirente, e a guardare invece quel che, per legge, i produttori dovevano dichiarare come componenti dei loro prodotti. Tutto ciò che aveva conservanti o additivi di odore, sapore o colore non lo toccavo. Improvvisamente ero ossessionato dal pericolo di mangiare cose inquinate. Buttai via tutte le pentole e le padelle di teflon che avevo trovato nell'appartamento, ricomprai tutto in ferro e misi una gran cura a cucinarmi ogni pasto nella maniera più semplice e naturale possibile.

Ciò che mi faceva istintivamente più ribrezzo era il cibo fatto con elementi modificati geneticamente. Le grandi, malefiche aziende alimentari che si sono buttate a capofitto su questo tipo di manipolazione della natura per trarne enormi profitti si son forse chieste quali possono essere le conseguenze, sul corpo umano e sull'ambiente, di questo loro giocare a fare la parte di Iddio? Nel frattempo la roba è in vendita, la gente la mangia e chi sa quali diavolerie provocherà. Un giorno ce ne renderemo conto e per tanti sarà tardi.

Se è vero che il corpo è in gran parte quel che mangia, forse anche il cancro, che era parte del mio corpo, era dovuto a quel che avevo mangiato. Il ragionamento non faceva una grinza e ripensavo con orrore agli anni di meravigliosi pasti cinesi che uscivano da cucine puzzolenti e lerce, alle zuppe mangiate per strada in Indocina, alle mille cose che uno per fame, per noia o per compagnia ingurgita nella vita. E le ciotole e i piatti malrigovernati da cui uno mangia? E quelli pulitissimi dei grandi alberghi, lavati e lucidati non con la sanissima cenere delle nostre nonne, ma con ogni sorta di detersivo dannoso alla salute?

In India ci sono gruppi di persone – i bramini più ortodossi ad esempio – che mangiano solo quello che loro stessi han cucinato, in recipienti che loro stessi hanno lavato; altri che considerano la scelta di un cuoco una questione spirituale e non una questione pratica. Questi bramini pensano che chi prepara il cibo proietta in esso, anche inconsciamente, il suo influsso e se il cuoco è persona d'animo basso metterà nelle sue pietanze una carica negativa che irrimediabilmente passerà in chi le mangia. Scientificamente tutto questo è assurdo, perché nessuna scienza è in grado di verificare l'esistenza di quella carica negativa e neppure di misurarne l'intensità, ma non per questo certe persone ci credono di meno. Non per questo quella carica è *inesistente*.

I medici si divertivano a sentire questi miei discorsi fra un esame e l'altro, ma nessuno si soffermava a riflettere sul fatto che forse anche in questo diverso modo di vedere il mondo c'è qualcosa di vero. Qualcosa che magari sfugge alla scienza. Dopo tutto, anche la loro – la nostra – vantatissima scienza lascia molto a desiderare: specie su temi come il cibo e la salute.

Per anni tutte le ricerche scientifiche hanno sostenuto il grandissimo valore delle vitamine nella cura di varie malattie. Ora però vengono resi noti i risultati di nuovi studi secondo cui le vitamine servono a poco o nulla. Per quasi vent'anni siamo stati convinti che il sale fosse pericoloso nella dieta dei malati di cuore. Ora si scopre che anche questo non è esattamente vero. Per anni i medici ci hanno detto che una dieta con un alto contenuto di fibre era un'ottima prevenzione del cancro al colon. Ora viene fuori che non è affatto così.

Quasi ogni giorno usciva nella stampa americana un articolo che, citando studi fatti da questa o quella università, dimostrava come questa o quella verdura era più adatta di altre a combattere il cancro: una volta erano le cipolle, una volta i cavolini di Bruxelles, un'altra volta le carote, i pomodori o i germogli dei broccoli, ma quelli non più vecchi di... tre giorni. Lo stesso si scopriva per la frutta (importantissime le prugne e i mirtilli) e le spezie (soprattutto la curcuma e il cumino). Viste nell'arco di qualche anno, tutte queste ricerche lasciano il tempo che trovano e finiscono per essere semplicemente ridicole come quella di cui lessi un giorno nel *New York Times*: chi è stressato è molto più soggetto al... raffreddore di chi non è stressato.

E allora? Il fatto che la scienza non riesca – almeno per ora – a dimostrare il buono o il cattivo influsso che un cuoco può mettere nel cibo è un motivo sufficiente per escludere che quella influenza esiste? Perché non pensare che all'origine del morbo della mucca pazza ci sia il fatto che per anni abbiamo costretto l'animale più vegetariano del creato, quello per eccellenza non-violento e per questo il più sacro agli occhi degli indiani, a nutrirsi quotidianamente d'un mangime fatto tra l'altro di carne e ossa di altri animali? Scientificamente questo può sembrare un argomento poco valido, ma secondo me è il più convincente: il ruminare cadaveri riciclati di altri esseri viventi assassinati ha fatto impazzire la mucca. Semplice. E non rischieremmo noi umani di impazzire se un giorno scoprissimo che il caffè del mattino ci è stato preparato con gli scheletri tostati dei nostri parenti, o che la bistecchina nel piatto è la coscia del figlio ammazzato del nostro vicino di casa?

Come hanno fatto le vacche ad accorgersene? Be', anche questa è una domanda alla quale certo la scienza non è – almeno per ora – in grado di rispondere, ma ciò non vuol dire che non sia giusto porsela. Abbiamo forse scientificamente capito perché i cani sono così attaccati all'uomo o perché i salmoni, dopo essere stati per anni in pieno oceano, sanno ritrovare la foce del fiume nel quale sono nati e sanno risalirlo per andare a depositarci le uova e morire? E come facevano le mamme coniglie, tenute in gabbia su una nave, a sapere che in un sottomarino in immersione i loro figli-conigli venivano ammazzati a intervalli mai uguali, nel corso di un esperimento condotto ancora ai tempi dell'Unione Sovietica, appunto per provare che la morte di ogni conigliolino provocava una reazione nella madre?

La più divertita da queste mie elucubrazioni a ruota libera era la mia dottoressa-aggiustatrice. Ma certo non si lasciava intrappolare. Né io lo volevo; non volevo certo che lei ammettesse che anche la sua scienza era relativa e che la storia della scienza è tutta una sequela di verità che si dimostrano presto errori alla luce di nuovi fatti e nuove verità. No, no! La mia testa si divertiva semplicemente ad arzigogolare, ma dentro di me volevo fidarmi di quella scienza, perché su quella avevo messo la mia posta; con quel numero contavo di vincere.

«Mi dica, signor Terzani, ho sentito che lei ha dato dei nomignoli a tutti i suoi medici. Qual è quello che ha dato a me?» mi chiese un giorno la mia dottoressa. Fortunatamente non dovetti mentire. Giocando sul suo cognome e cambiando una vocale l'avevo chiamata «Bringluck», Portafortuna.

Se il corpo è in gran parte quel che ci si mette dentro, il cibo era la cosa principale di cui mi ero dovuto occupare ma l'altra era certo l'aria. Senza mangiare, il corpo può andare avanti per giorni

– e gli fa anche bene ogni tanto –, ma senza immetterci aria non dura più d'un paio di minuti. Siccome non potevo scegliere la qualità dell'aria che respiravo, potevo almeno imparare come respirarla meglio.

L'idea mi venne da un annuncio pubblicitario che lessi nel giornale: un «maestro» cinese, durante il fine settimana, avrebbe tenuto un seminario di qi gong (letteralmente «lavoro dell'aria»). Potevano partecipare «persone di tutte le età e in qualsiasi condizione fisica». Mi ci iscrissi, pagai, e alle nove di un sabato mattina mi ritrovai in uno stanzone dal pavimento di legno e le colonne di ferro in uno dei grandi edifici ex industriali in quello che è oggi uno dei quartieri più simpatici e alla moda di New York: la Bowery. Vecchie fabbriche tessili e magazzini dalle belle facciate del primo Novecento sono ora diventati grandi negozi di moda, soprattutto per giovani, gallerie d'arte, centri di cultura «alternativa» e palcoscenico delle più varie attività e affari legati alla new age.

Il seminario di Master Hu era un ottimo esempio di questo nuovo tipo di consumismo. Al posto di centinaia di ragazze neoimmigrate messe davanti ad altrettante macchine per cucire, che un tempo in quelle «fabbriche del sudore» avevano fatto la fortuna dell'industria americana delle confezioni, c'erano ora una cinquantina di donne giovani e di mezza età – io e un altro tipo eravamo l'eccezione – intente ad ascoltare Master Hu che in un elementarissimo inglese, spesso con interventi integrativi di un suo assistente-imbonitore, spiegava «uno dei più antichi segreti della Cina». Dall'accento capii subito che l'imbonitore era italiano; la ragazza coreana alla cassa era la sua compagna.

Il qi gong, allo stesso modo del pranayama praticato in India, è l'arte di controllare il proprio respiro e di indirizzarne la forza vitale nelle varie parti del corpo, al di là, ovviamente, dei polmoni. Essendo vissuto per tanti anni in mezzo ai cinesi, avevo visto nei giardini pubblici, all'alba, molta gente, specie anziana, fare quei lenti, concentratissimi movimenti e avevo sentito dire delle loro grandi qualità terapeutiche. A Pechino, un'amica di Angela, dopo essere stata operata di cancro, era stata mandata dalla sua unità di lavoro a un corso di qi gong e raccontava di averne tratto un gran beneficio.

Quando venni arrestato e poi espulso dalla Cina avevo appena incominciato a prendere lezioni di questa antica ginnastica del corpo e dello spirito. Mi sarebbe stato utile aver finito quel corso a Pechino tenuto da un vecchio operaio che aveva praticato quell'arte tutta la vita. Invece mi ritrovavo nel mezzo di New York a sentire le banalità di Master Hu che diceva: «Il qi gong che vi insegno, se praticato correttamente, cambia il vostro carattere, vi rende più amabili e, nel caso delle donne, rende loro molto più facile trovare marito». Povero Master Hu: era arrivato in America da poco e non si era ancora reso conto che lì quel ragionamento non funzionava, anzi era «politicamente scorretto».

Trascorsi la giornata imparando vari esercizi: i primi per rendersi conto che si respira perché si allarga il petto e non viceversa; altri per imparare a respirare non solo aprendo la cassa toracica, ma anche la pancia e il basso ventre. Un esercizio particolare fu quello di stare con le ginocchia leggermente piegate, i piedi separati, così da essere in linea con le spalle, e di tenere un'immaginaria palla di energia fra le mani immobili, sospese all'altezza dell'ombelico. Dopo una decina di minuti bisognava immaginare che la palla girasse prima in un senso, poi nell'altro. «Ora provate a separare le mani e vedrete quanto è difficile. Per alcuni di voi sarà impossibile», disse Master Hu. Alcune donne, entusiaste, riconobbero che era davvero così. Le loro mani si erano immobilizzate in «un campo magnetico». Non le mie.

Un ultimo esercizio fu quello di chiudere gli occhi e, tenendo sempre le ginocchia leggermente piegate, immaginare d'essere coi piedi per terra e con la testa altissima per aria. Questo mi piacque perché quello era il mio ideale di uomo realizzato: radicato nelle cose, ma sognatore.

Alla fine della prima giornata mi presentai al Maestro, gli chiesi di raccontarmi la sua storia e presto mi ritrovai a far parte del suo seguito, assieme all'italiano-imbonitore e alla ragazza coreana, in un ristorante vegetariano. Per strada l'imbonitore mi raccontò di essere venuto negli Stati Uniti subito dopo il servizio militare, a cercare lavoro come orafo. Non c'era riuscito, ma aveva scoperto, come mi disse lui stesso, che «fare il guaritore era più interessante». Certo era anche più facile e redditizio. Aveva frequentato vari corsi di arti marziali, dal kung fu al judo, dall'akido al tai ji quan; poi aveva incontrato Master Hu e i due si erano appaiati, usando bene l'uno dell'altro. La ragazza coreana si era accodata. Era stata appena licenziata da un'azienda farmaceutica e ora aspirava anche lei a diventare guaritrice.

L'imbonitore mi parlò molto dei «miracoli» del Maestro. Mi disse che era capace di muovere cose a distanza e di far volare fogli di carta e altro semplicemente con la sua energia. «Io ho appena imparato a curare l'emicrania, ma lui è capace di tutto», concluse. La cura del cancro era ovviamente una delle specialità vantate dal Maestro e l'imbonitore giurò di aver visto personalmente dimezzare, già alla prima seduta, il volume di certi tumori sottoposti alla «energia» di Master Hu. Il Maestro, sempre secondo l'imbonitore, sarebbe stato in grado di curare il Parkinson del Papa. Il problema era come comunicarlo al Vaticano. Il Maestro era ugualmente convinto di poter aiutare Giovannino Agnelli, che proprio in quelle settimane era lì, a New York, all'MSKCC, ma non sapevano come mettersi in contatto con lui. Mi guardai bene dal dire che anch'io ero un cliente di quella istituzione e che era un caso ben strano quello di ritrovarmi col giovane Agnelli, dopo il nostro bell'incontro-intervista in India e dopo tutta una serie di inspiegabili coincidenze, sotto lo stesso tetto, con un simile malanno, nelle mani degli stessi aggiustatori.

Il Maestro e il suo seguito erano ovviamente alla ricerca di un'occasione per diventare famosi; avevano bisogno di fare un «miracolo» e volevano «miracolare» qualcuno la cui notorietà potesse dar loro prestigio. Potevo avercela con loro? Tutto il mondo funziona ormai così: il mercato è tutto quel che conta, la sola moralità è quella del profitto e ognuno arranca come può per sopravvivere in questa giungla. Al momento pare impossibile cambiare alcunché. Posso solo dire che non mi piace.

In fondo, la storia di Master Hu era bella e patetica. Nato nella provincia di Gansu, una delle più remote e povere della Cina, era cresciuto in un villaggio dove la famiglia da secoli era vissuta grazie a un suo «segreto»: la cura contro le bruciature. Il segreto era semplice: prendevano le bucce dei meloni e le mettevano in otri di terracotta. Gli otri, ben sigillati, venivano messi tre metri sotto terra e lasciati lì per mesi. Il liquido prodotto dalle bucce era miracoloso. Bastava passarlo sulla pelle bruciata e quella guariva.

Mi immagino la strada di un vecchio, classico villaggio cinese: le case basse coi tetti di lavagna e i pavimenti di terra battuta, i contadini che passano, quelli con le bruciature che arrivano da lontano per farsi curare. Tutto aveva un senso, tutto era a misura d'uomo e aveva una sua magia. E ora, ecco la globalizzazione, il libero mercato, la libera circolazione delle idee e dei desideri che hanno spinto il giovane Hu a diventare «Master Hu» e a mettersi sulla piazza del mondo a vendere il bene più richiesto: la speranza. La speranza di guarire le bruciature? Ovviamente no. Per quelle ci sono ormai pomate in ogni farmacia. La speranza di guarire il cancro, contro cui non è ancora stato trovato niente di sicuro.

«Ha notato quella donna in fondo alla stanza, proprio vicino a lei?» mi chiese l'imbonitore. «Non vuole che lo si sappia, ma a lei posso dirlo: quella ha il cancro al seno. Ha deciso di non farsi operare, di non fare la chemioterapia e di affidarsi alle cure di Master Hu.» Certo che l'avevo vista: pallida, impaurita. All'ora del pranzo si era seduta per terra contro la parete, da sola. Dalla borsa aveva tirato fuori una ciotola con dentro una brodaglia verdastra, probabilmente frutto di qualche altra saggezza cinese o macrobiotica, e in silenzio, senza gioia, si era messa a sorseggiarla. Che mondo!

Il giovane imbonitore italiano avrebbe forse fatto bene l'orafo al suo paese, il giovane Hu avrebbe potuto continuare la tradizione di famiglia, la ragazza coreana sarebbe forse rimasta felicemente nella sua Corea; invece, spinti dall'orribile vento dei tempi, erano tutti finiti come naufraghi su una spiaggia lontana, momentaneamente uniti a cercare di sopravvivere vendendo fumo in un loft di New York e dando a una povera donna sola l'illusione che la loro ciarlataneria era meglio della chemio e di quello che la scienza occidentale, pur coi suoi limiti, poteva offrirle.

Il secondo giorno fu impiegato a ripetere gli esercizi del primo e ad assistere ad alcuni «miracoli» del Maestro che l'imbonitore italiano mi aveva preannunciato. Il Maestro metteva una persona seduta su una seggiola e le misurava la pressione. Poi si metteva dietro, faceva i suoi esercizi, le trasferiva la sua energia e le rimisurava la pressione per far vedere che era calata.

Io non riuscivo a togliere gli occhi di dosso alla piccola donna magra e pallida nell'angolo della stanza poco lontano da me che, come in trance, seguiva ogni gesto del Maestro nelle cui mani aveva riposto la sua vita. Era la sua vita e aveva il diritto di scegliere come viverla o terminarla, ma era libera? Non avesse avuto quella possibilità, quella «alternativa», sarebbe certo andata da un chirurgo, avrebbe fatto la chemioterapia e forse ora sarebbe di nuovo a correre in un parco.

Colpa del qi gong? Ovviamente no. Il qi gong era saggio, c'era qualcosa di sano, di vero, di antico in quel prendere in mano il proprio respiro, nel fare «l'esercizio della palla», nell'immaginarsi con la testa fra le nuvole, e forse anche in quel cercare di aiutare qualcuno trasmettendogli le proprie energie o semplicemente calmandolo. Quel che era insopportabile – almeno per me – era il suo essere fuori luogo, quell'essere trapiantato da un mondo in un altro, quell'essere isolato dal suo contesto, quell'essere diventato una merce da supermercato con tanto di pamphlet pubblicitario e l'elenco di tutte le malattie, «acute e croniche», che Master Hu col suo qi gong prometteva di trattare con successo.

A Pechino, nel Parco della Terrazza del Cielo, quei gesti, fatti al levar del sole da vecchi cinesi con le loro ciabatte di stoffa, al canto dei loro usignoli nelle belle gabbie appese ai salici piangenti, avevano un senso; in un loft di New York, nessuno. Lì, Master Hu stesso mi pareva a disagio.

Tutte le antiche civiltà hanno studiato il «potere del respiro» e hanno intravisto il rapporto fra il respiro e la mente, e forse l'anima. Alcune, come quella indiana, hanno pensato che è possibile, usando il respiro, prendere consapevolezza di quella forza che sostiene l'intero universo e di cui il respiro è l'espressione più grossolana. Gli yogi, avendo notato che certi animali capaci di respirare lentamente, come l'elefante e il serpente, vivono molto più a lungo di quelli, come il cane o la scimmia, che invece respirano velocemente, hanno speso anni a escogitare specialissimi esercizi intesi a rallentare il ritmo della propria respirazione, prolungando così – si dice – la propria vita fino a centocinquanta, duecento anni.

L'altra idea, anche questa molto indiana, è che il tempo assegnatoci dal destino non si misura in anni, giorni e ore – dopo tutto queste sono nostre invenzioni – ma in respiri. In altre parole, non nasceremmo coi giorni, ma coi respiri contati. E siccome un uomo respira normalmente 21.000 volte al giorno, 630.000 volte al mese e circa sette milioni e mezzo di volte all'anno, rallentare questo ritmo significherebbe allungarsi la vita. Basterebbe impratichirsi!

Il fatto è che queste pratiche – se hanno un valore – ce l'hanno se restano difficili, esoteriche, irraggiungibili ai comuni mortali e se si conquistano al costo di grandi sacrifici e dedizione. Una volta che diventano accessibili a tutti, perdono il loro significato e con ciò tutta la loro eventuale efficacia. Per mantenere la sua forza un mistero deve restare un mistero, un segreto un segreto.

Eppure il qi gong piaceva.

Uscendo sentii alcune ragazze entusiaste. «Io ho fatto yoga e reiki, ma questa è la prima volta che provo davvero qualcosa», disse una.

Al banco accanto alla porta stavano l'imbonitore e la coreana che vendevano T-shirt con il simbolo dello yin e yang, videocassette con le lezioni registrate e boccette coi sali del Maestro da mettere nella vasca da bagno per guarire il raffreddore e lo stress. Gratis c'erano manciate di volantini che annunciavano l'apertura di uno studio di Master Hu nel quartiere di SoHo a Manhattan. Una consultazione, 150 dollari.

Ero contento di avere una sessantina di strade da fare a piedi (in media un blocco al minuto) e di rimettermi l'indomani nelle mani dei miei medici che non pretendevano di guarire nulla, ma solo di provarci.

La ragione per la quale avevo dovuto fare la chemioterapia era che il malanno originale, le cui cellule si riproducevano lentamente e la cui natura non era particolarmente aggressiva, aveva improvvisamente subito una « mutazione » e che nella nuova versione era velocissimo e particolarmente aggressivo. La chemio avrebbe dovuto bloccare quella mutazione. Il problema era che nel frattempo la chemio stava « mutando » me.

Dopo alcune settimane di trattamento, il mio corpo non era assolutamente più quello che conoscevo e ogni giorno mi accorgevo di qualcosa che cambiava, prima impercettibilmente, poi sempre più marcatamente. Ero un mutante come il protagonista di un banale film di fantascienza. I miei sensi avevano perso il loro senso: il tatto si era ottuso e così la mia capacità di sentire sapori e odori. Le dita delle mani mi parevano fragili e precarie, come fossero di vetro. Le unghie non erano più capaci di intaccare la buccia di un'arancia. Presto mi diventarono marroni come quelle dei fotografi di un tempo. I denti ingiallirono e le gengive diventarono così sensibili che anche il più soffice degli spazzolini mi faceva l'effetto di una grattugia. Le dita dei piedi erano spesso informicolate, a volte insensibili. Una cominciò a piegarsi stranamente. Le unghie degli alluci diventarono nere e caddero. La mia faccia era costantemente gonfia; così la mia pancia.

Il peggio era la testa: avevo l'impressione che non quagliasse più, che non fosse più in grado di pensare. Non sono mai stato particolarmente intelligente e nella vita ho sempre ammirato quelli che con un argomento o un'idea erano capaci di fare quattro, cinque capriole, quando a me ne riuscivano al massimo due. Ma ora la mia testa era incapace degli esercizi più elementari, come ricordarsi di togliere la chiave dalla porta, non lasciare il fuoco acceso sotto una pentola vuota o bere la camomilla calda, che avevo fatto prima di andare a letto e che invece ritrovavo, fredda nel bicchiere, il mattino dopo.

A volte avevo l'impressione di essere in una sorta di trance: credevo di tenere saldamente in mano una cosa che invece mi scivolava via. Vari piatti e scodelle ne fecero le spese. Pensavo che la distanza fra il divano e la cucina fosse di tre passi, ma per farli mi ci volevano tre minuti. Tutto il mio corpo era diventato più lento e aveva come perso il suo senso dell'equilibrio. Spesso avevo la sensazione di galleggiare nell'acqua, non di avere i piedi per terra. Vivevo in poco più di quaranta metri quadri e perdevo in continuazione la penna o gli occhiali.

Gli occhiali: godevo di averne un paio con cui leggere sdraiato sul divano e l'idea di perderli davvero divenne un'ossessione. Di tutte le cose che avevo accumulato nella vita – tappeti, mobili, statue, calligrafie cinesi, dipinti – la sola cosa a cui mi pareva di tenere più di ogni altra erano diventati gli occhiali. Mi veniva spesso da pensare – chi sa perché – a un vecchio, allampanato eremita, seguace del Dalai Lama, che con Folco eravamo andati a trovare sulle montagne nel Nord dell'India. Stava, solo e sereno, in una minuscola capanna di sassi a leggere le scritture sacre, disteso in una cassa di legno che era il suo letto e che sarebbe poi stata la sua bara. E se gli fossero venuti a mancare gli occhiali? Forse, un giorno, un giovane monaco sarebbe sceso a Dharamsala a prendergliene un altro paio. Ma il vecchio eremita avrebbe dovuto attendere settimane, forse mesi, forse avrebbe dovuto aspettare la fine dell'inverno, quando i sentieri chiusi dalla neve riaprono: senza cedere al desiderio, senza mai farsene un cruccio, accettando che tutto è impermanente, tutto è passeggero. Mesi per avere un paio di occhiali e poter leggere con gioia i suoi libri ingialliti dal tempo e dal fumo.

Guardavo i miei occhiali e mi parevano un tesoro. Leggevo molto, ma senza digerire, senza ricordare. Col solo piacere del momento. Leggevo libri di poesia e poi come a diciotto anni, in sanatorio, ero vissuto con *La montagna incantata*, anche ora leggevo racconti di malattia: William Styron e la sua depressione, Norman Cousins e la spondilite anchilosante che lui si cura con una personalissima terapia a base di risate e grandi dosi di vitamina C.

Il sole. Tutta la vita ho adorato stare al sole, in cima ai monti,

al mare, ai tropici o in riva al Mekong. Ora mi veniva automatico
scegliere, d'una strada, il marciapiede che era all'ombra. Evitavo
il sole come la peste. La mia aggiustatrice, la dottoressa Portafortuna, spiegandomi che la chemioterapia avrebbe irreversibilmente danneggiato il sistema di pigmentazione della mia pelle, non
aveva lasciato dubbi di sorta: « Lei non dovrà mai, mai più prendere il sole in vita sua ». Io avevo sorriso e lei, pensando che volessi dire: « Va bene. Staremo a vedere », aveva aggiunto in quel
suo modo apparentemente sadico, ma in fondo premuroso: « Signor Terzani, lei stia al sole e il suo cervello friggerà ».

La cosa più strana era che anche il mio carattere mi pareva
mutasse. Ero diventato titubante nel prendere decisioni, mi sentivo fragile, vulnerabile. Quei liquidi avevano il potere di cambiare le mie disposizioni d'animo. Per tutta la vita, a dispetto
di Angela che li odia, mi son sempre divertito a vedere film del-
l'orrore, quelli con le porte che cigolano e gli assassini in agguato in castelli abitati da fantasmi. Con la chemioterapia quel piacere era finito: mi facevano paura. Impossibile guardarne uno anche per pochi minuti.

La mia mente diventava sempre più ottusa, ma anche più calma. E questo era un grande piacere. All'inizio della terapia ero
psicologicamente molto instabile: un pensiero negativo che mi
veniva in testa diventava presto una tempesta, ogni voce mi pareva un grido, la difficoltà di uno scalino mi appariva quella di
una montagna. Una semplice conversazione con qualcuno mi lasciava scosso, non per quel che era stato detto, ma perché avevo
l'impressione di essere come un barile pieno a metà: una volta
toccato, continuavo a sciaguattare e a sciaguattare.

Con la meditazione avevo imparato che, per acquietare la
mente, la cosa importante non è resistere ai pensieri che insorgono, ma prenderne coscienza, accettare che ci sono: è più facile
che se ne vadano così piuttosto che cercando di cacciarli. Volevo
fare lo stesso con quello stato d'animo iniziale, e lentamente, forse anche grazie al ridursi delle forze fisiche, riuscii a trovare uno
strano, precario, ma piacevolissimo equilibrio. Persino i sogni mi
diventarono leggeri, distesi, senza angosce, come in fondo ero diventato io che li sognavo.

A volte, alzandomi, la mattina sentivo in agguato l'ombra della depressione. Ma era solo una sfumatura scura che presto passava, non quell'orribile buco nero nel quale mi pareva di cadere
ogni giorno in Giappone, mai quel peso del mondo sulle spalle,

quella ossessione di inutilità. Ora era piuttosto un senso di distanza che mi rendeva il mondo irrilevante, non più tanto interessante da volerci vivere dentro. Così, anche il cancro non era affatto un dramma. Un giorno, in un film alla televisione sentii una frase su cui in altri tempi non mi sarei soffermato: «So che morirò, ma non so quando, e questo mi uccide». La notai e mi venne da sorridere. Una diversa versione della famosa battuta di Woody Allen: «Morire? Non mi preoccupa. Vorrei solo non esserci quando avviene».

Un altro aspetto interessante di quel mio nuovo stato era il diverso rapporto che avevo col tempo. Affascinato, come sono sempre stato, dalla ricca certezza del passato, e confuso dall'incertezza del futuro con le sue troppe possibilità, avevo preso il presente solo come materiale di cui godere una volta che fosse diventato passato. E così, il presente m'era spesso sfuggito. Adesso non più. Godevo del presente, ora per ora, giorno dopo giorno, senza troppe aspettative, senza piani.

Se ero stanco, dormivo, leggevo, guardavo semplicemente fuori dalla finestra. Godevo di quella mia esistenza miniaturizzata, come se tutto quel che succedeva fuori da quelle quattro mura non avesse sapore, odore, come se tutto il resto non avesse alcuna importanza. Leggevo il *New York Times*, che ogni mattina veniva infilato sotto la mia porta, con lo stesso distacco con cui l'avrebbe letto una formica o un'ape. Il mondo di cui parlava m'era lontanissimo.

In ogni paese avevo avuto un mio modo di leggere i giornali. In Cina cominciavo con l'editoriale, perché avevo imparato che lì erano le novità. In Giappone, dove mi ero messo a giocare in Borsa, leggevo innanzitutto le pagine economiche. A New York mi scoprii a guardare con curiosità le pagine che non esistono più nei giornali europei: quelle dei necrologi, gli articoli con cui la comunità ogni giorno fa il bilancio delle persone, note nel bene o nel male, che hanno lasciato questo mondo. Era un modo per rendermi conto che la differenza fra i miei cinquantanove anni e quelli dei morti «dopo una lunga malattia», «a causa di un infarto» o «dopo aver perso la sua battaglia col cancro» non era tanta. A volte, anzi, nessuna.

Mi incuriosiva l'insistenza giornalistica con cui la morte di ognuno veniva attribuita a una causa specifica. Di nessuno si scriveva: «È morto perché è nato».

Anche nei giorni di grande stanchezza – il decimo dopo il

bombardamento era il peggiore – facevo di tutto per mantenere la routine che mi ero imposto come segno del mio non mollare. Ci sono ammalati che smettono di lavarsi i denti, di pettinarsi, come se niente più valesse la pena o come se quel corpo, causa di tutti i malanni, non potesse essere più amato e diventasse oggetto di disprezzo e di odio. Non volevo essere di quelli. Per cui: passeggiata a Central Park, mezz'ora immobile sotto un albero, un po' di ginnastica, colazione, l'iniezione nella pancia. E poi una camminata più lunga possibile, anche di cinquanta strade: avanti e indietro a passo svelto, finché ce la facevo. Quello, anche se a volte stentavo a riconoscerlo, era dopo tutto il solo corpo che avevo e tenerlo in esercizio era il meglio che potessi fare.

C'erano giorni in cui, rientrato a casa, ero così stanco che non riuscivo neppure ad accendere il computer per mandare ad Angela quel messaggio quotidiano che era uno dei miei legami più autentici col mondo. Il solo a cui veramente ancora tenevo. La decisione di passare questo periodo da solo, lontano dalla famiglia, senza nessuno accanto di cui avrei goduto, ma di cui avrei anche dovuto tener conto, era stata istintivamente saggia. Non avevo da preoccuparmi delle preoccupazioni altrui e potevo concentrare meglio tutte le mie energie, tutta la mia attenzione.

Come un vecchio veliero che, cercando di non andare a fondo in mezzo a una tempesta, butta a mare tutta la zavorra – le casse della polvere, i barili del rum e tutto quel che prima era sembrato indispensabile –, io riducevo all'essenziale i rapporti umani e tagliavo via tutti i legami inutili, quelli tenuti per abitudine, per opportunismo, o per semplice cortesia.

Il mio era diventato un mondo di silenzi, di ore vuote, di piccoli gesti, di rigiri inutili, di un'instabile pace mantenuta tenendo a bada ogni soffio dei tanti venti che si agitavano fuori da quelle belle finestre. Passavo ore a guardare il mutare di un grattacielo nell'East Side: nero all'alba, come un birillo contro il cielo arancione e terso, grigio poi nella grande luminosità del giorno, splendido come un cero ardente la sera, quando, appena dopo il tramonto, gli si accendevano i piani alti, come volesse diventare una torcia per rischiarare le mie notti a volte insonni.

C'erano giorni che passavano senza che dicessi o sentissi una sola parola, e quasi non riuscivo a dare il «buongiorno» o la «buonasera» al portiere dominicano di turno quando uscivo per la mia passeggiata o per andare a fare la spesa.

Godevo di una testa che era sempre più vuota, di un cuore che

50

era sempre meno conflittuale e di quel tempo che passava così velocemente come mai prima. Per giunta, senza darmi angosce di inutilità e sensi del dovere. Non avevo nulla da fare, nulla da sognare, nulla da sperare, tranne stare lì dov'ero: in silenzio. Adoravo questo non dover parlare, non dover andare a cena o a pranzo con qualcuno, non dover ricorrere alla parte che avevo fatto tutta la vita. Che gioia non dover recitare lo stesso repertorio! Quante chiacchiere ho fatto! Quanta gente, tornando da un viaggio, ho intrattenuto a cena con storie e impressioni che andavano via come le bottiglie di vino! Ce l'avevo con l'essere stato giornalista, con quella continua necessità di farsi accettare da un ministro o da un presidente per avere un'intervista, da un ambasciatore per ottenere un visto per il suo inospitale paese. Mi pareva che la professione mi avesse deformato: sempre quel mettere il piede nella porta, ingraziarsi, essere ricordato, accettato, quel raccogliere informazioni, aneddoti o semplicemente una citazione con cui rimpinzare un articolo! Era finalmente finita. Quel Tiziano Terzani (quel me lì) non c'era più, finalmente bruciato via dal bel liquido rosso fosforescente della chemio.

Non dovevo più fare telefonate, non dovevo più andare a una qualche «colazione di lavoro»! Che assurda abitudine, questa nostra, di socializzare, conoscere gente, o lavorare... mangiando! Perché, se si ha bisogno di vedere qualcuno o di conoscere una nuova persona, lo si deve fare biascicando qualcosa? Perché non facendo una passeggiata lungo un fiume o andando assieme a giocare a bocce?

Avevo cominciato *Un indovino mi disse* scrivendo: «Una buona occasione nella vita si presenta sempre. Il problema è saperla riconoscere». Nel 1993 l'avevo riconosciuta nella profezia che mi voleva morto in un incidente aereo se avessi volato – e non volai. Mi pareva che il cancro fosse un'altra buona occasione. Avevo spesso scherzato dicendo che il mio sogno era quello di chiudere la mia bottega giornalistica, tirare giù il bandone e metterci il cartello «Sono fuori a pranzo». C'ero finalmente riuscito. Ero ormai definitivamente «fuori a pranzo». Quel cancro era come se me lo fossi andato a cercare.

Presto diventai fisicamente come Marlon Brando in *Apocalypse Now* e proprio come lui mi sentivo «una lumaca che scivola lungo il filo del rasoio». Ero obbiettivamente orripilante, ma mi costrinsi a dirmi che non ero poi così male, che ero in forma, e questo, ne sono certo, mi fece bene davvero. Entravo in ospedale tenendomi il più dritto possibile e sorridendo. A chiunque mi chiedesse come stavo rispondevo: «Meravigliosamente», e il sorriso divertito di chi non era costretto a compiangermi e poteva risparmiarsi le solite banalità vagamente consolatorie contribuiva a farmi star meglio. D'altro canto che alternative avevo, a parte quella di fare o non fare la vittima? Per istinto preferivo non farla.

Visto che mi capitava, tanto valeva che facessi buon uso di quell'esperienza. Per ricordarmelo m'ero attaccato sul tavolo, dove ogni giorno cercavo di tenere il mio diario, i versi di un monaco zen coreano del secolo scorso:

Non chiedere di avere una salute perfetta
Sarebbe avidità
Fai della sofferenza la tua medicina
E non aspettarti una strada senza ostacoli
Senza quel fuoco la tua luce si spegnerebbe
Usa della tempesta per liberarti.

Cominciai a prendere quel malanno come un ostacolo messomi sul cammino perché imparassi a saltare. La questione era se ero capace di saltare in su, verso l'alto, o solo di lato o, peggio ancora, in giù. Forse c'era un messaggio segreto in questa malattia: m'era venuta perché capissi qualcosa! Arrivai a pensare che quel cancro, inconsciamente, l'avevo voluto io. Da anni avevo cercato di uscire dalla routine, di rallentare il ritmo delle mie giornate, di scoprire un altro modo di guardare le cose: di fare un'altra vita. Ora tutto quadrava. Anche fisicamente ero diventato un altro.

Vestito con una tuta da ginnastica, le scarpe da tennis, un berretto di lana e i guanti, mi aggiravo per la città divertendomi a immaginare tutti i colleghi che avrei potuto incontrare e che così non mi avrebbero riconosciuto. Avrei potuto benissimo fermarmi a un angolo di strada, tendere la mano e ripetere uno di quei ritornelli che sentivo ogni giorno: «Ehi, fratello, hai degli spiccioli che ti avanzano?», «Sono un veterano del Vietnam. Mi vuoi aiutare?» Sono sicuro che, se l'avessi fatto, il caporedattore di *Der Spiegel* in visita a New York per gli acquisti di Natale mi avrebbe distrattamente dato una moneta da venticinque centesimi, senza render-si conto che ero io.

Io? Quale io? Non certo quello che uno dei miei più vecchi amici – uno dei pochi che sapeva perché ero a New York – aveva conosciuto e visto regolarmente per trent'anni. Era appena arriva-to da Hong Kong ed era sceso all'Essex House, un albergo sullo stesso marciapiede e a due passi da casa mia. «Ti vengo incontro. Cammina in direzione del Columbus Circus», gli avevo detto al telefono.

Io, da lontano, lo vidi subito, ma lui non vide me. Mi passò accanto, mi sfiorò e continuò a guardare avanti, cercando di rico-noscermi fra la gente che veniva verso di lui.

LA DOPPIA LUCE DELLA CITTÀ

IN INDIA si dice che l'ora più bella è quella dell'alba, quando la notte aleggia ancora nell'aria e il giorno non è ancora pieno, quando la distinzione fra tenebra e luce non è ancora netta e per qualche momento l'uomo, se vuole, se sa fare attenzione, può intuire che tutto ciò che nella vita gli appare in contrasto, il buio e la luce, il falso e il vero non sono che due aspetti della stessa cosa. Sono diversi, ma non facilmente separabili, sono distinti, ma «non sono due». Come un uomo e una donna, che sono sì meravigliosamente differenti, ma che nell'amore diventano Uno.

Quella è l'ora in cui in India – si dice – i rishi, «coloro che vedono», meditano solitari nelle loro remote caverne di ghiaccio nell'Himalaya caricando l'aria di energie positive e permettendo così anche ai principianti di guardare, appunto in quell'ora, dentro di sé, alla ricerca della spiegazione di tutto.

Non so dove meditassero i rishi americani, ma l'alba era anche per me a New York l'ora più bella, quella in cui davvero l'aria mi pareva più carica di qualcosa di buono e di speranza. Certo era così perché i primi, rassicuranti bagliori del nuovo sole scioglievano, specie per un ammalato, le paure della notte, ma anche perché, affondata ancora in un relativo silenzio, la città, senza le folle dei suoi abitanti, era al suo poetico meglio: con le cartacce che svolazzavano come gabbiani per le grandi, dritte strade deserte, qualche raro taxi che lentamente andava in cerca di un primo cliente, e i barboni ancora raggomitolati nelle loro coperte sui bocchettoni di sfiato della metropolitana. Misteriosi buchi qua e là nell'asfalto soffiavano in aria strane colonne di vapore bianco, come fossero le narici dei draghi ancora addormentati nelle viscere calde di quello straordinario cuore di New York che è Manhattan.

Nella doppia luce di quell'ora la città stessa sembrava meditabonda, raccolta su di sé, concentrata sul suo essere, prima di diventare il campo di battaglia delle infinite guerre che ogni giorno si celebrano sulle scrivanie e nei letti dei suoi palazzi, ai tavoli

54

dei suoi ristoranti, per le strade e nei suoi parchi: guerre di sopravvivenza, di potere, di avidità.

New York mi piaceva moltissimo. Adoravo, quando ero in
forze, attraversarla in lungo e in largo, a piedi, a volte per ore
di seguito. Ma mi era anche impossibile in certi momenti non
sentire il carico di lavoro, di dolore e sofferenza che ogni suo
grattacielo rappresentava. Guardavo il Palazzo delle Nazioni
Unite e pensavo a quante parole e quante menzogne, a quanto
sperma e quante lacrime venivano versate nell'inutile tentativo
di gestire una umanità che non può essere gestita, perché il solo
principio che la domina è quello dell'ingordigia e perché ogni individuo, ogni famiglia, ogni villaggio o nazione pensa solo al *suo*
e mai al *nostro*. Camminavo davanti al Plaza Hotel, passavo davanti al Waldorf Astoria, i grandi, famosi alberghi di New York,
dove sono scesi e scendono ancora i dittatori, i capi di stato e di
governo, le spie e i rispettabili assassini di mezzo mondo, e ripensavo alle decisioni prese, ai complotti che, orditi in quelle stanze,
hanno cambiato i destini di vari paesi rovesciandone i regimi, uc-
cidendone gli oppositori o facendo sparire nel nulla qualche dis-
sidente prigioniero.

Guardavo le insegne delle banche, le bandiere che sventolava-
no sugli edifici delle grandi società di varie nazionalità e di vari
intenti, ma tutte, immancabilmente, con radici qui, e immaginavo
come qualche signore incravattato – uno per il quale nessuno ha
votato, del quale i più non han mai sentito pronunciare il nome,
uno che sfugge al controllo di tutti i parlamenti e di tutti i giudici
del mondo – avrebbe da lì a qualche ora deciso, in nome del sacrosanto principio del profitto, di ritirare miliardi di dollari inve-
stiti in un paese per metterli in un altro, condannando così intere
popolazioni alla miseria.

La razionale follia del mondo moderno era tutta concentrata lì,
in quei pochi, meravigliosi, vitali chilometri quadrati di cemento
fra l'East River e l'Hudson, sotto un cielo terso, sempre pronto a
riflettere l'increspato splendore delle acque. Quello era il cuore di
pietra del dilagante, disperante materialismo che sta cambiando
l'umanità; quella era la capitale di quel nuovo, tirannico impero
verso il quale tutti veniamo spinti, di cui tutti stiamo diventando
sudditi e contro il quale, istintivamente, ho sempre sentito di dovere, in qualche modo, resistere: l'impero della globalizzazione.

E proprio lì, lì nel centro ideologico di tutto quel che non mi
piace, ero venuto a chiedere aiuto, a cercare salvezza! E non era

la prima volta. A trent'anni c'ero arrivato, frustrato da cinque anni di lavoro nell'industria, per rifarmi una vita come la volevo. Ora c'ero tornato per cercare di guadagnare tempo sulla scadenza di quella vita. Anche la prima volta avevo sentito forte la profonda contraddizione fra la naturale gratitudine per ciò che l'America mi dava – due anni di libertà pagata per studiare la Cina e il cinese alla Columbia University per prepararmi a partire da giornalista in Asia – e il disprezzo, il risentimento, a volte l'odio, per ciò che l'America altrimenti rappresentava.

Quando nel 1967 Angela e io, entusiasti, sbarcammo a New York dalla *Leonardo da Vinci* che ci aveva presi a bordo una settimana prima a Genova, l'America cercava, con una guerra sporca e impari, di imporre la sua volontà a un misero popolo asiatico armato solo della sua cocciutaggine: il Vietnam. Ora l'America, con una ben più sofisticata, meno visibile e per questo meno resistibile aggressione, stava cercando di imporre al mondo – assieme alle sue merci – i suoi valori, le sue verità, le sue definizioni di buono e di giusto, di progresso e... di terrorismo.

A volte, vedendo entrare e uscire dai grandi, famosi edifici della Quinta Strada o di Wall Street eleganti signori con le loro piccole valigette di bel cuoio, mi veniva il sospetto che quelli fossero gli uomini da cui bisognava guardarsi e proteggersi. In quelle borse, camuffati come «progetti di sviluppo», c'erano i piani per dighe spesso inutili, per fabbriche tossiche, per centrali nucleari pericolose, per nuove, avvelenanti reti televisive che, una volta impiantate nei paesi a cui erano destinate, avrebbero fatto più danni e più vittime di una bomba. Che fossero loro i veri «terroristi»?

Con le strade che si popolavano subito dopo l'alba, New York perdeva ai miei occhi la sua aria incantata e a volte mi appariva come una mostruosa accozzaglia di tantissimi disperati, ognuno in corsa dietro a un qualche sogno di triste ricchezza o misera felicità.

Alle otto la Quinta Strada, a sud di Central Park, a un passo da casa mia, era già piena di gente. Zaffate di profumi da aeroporto mi riempivano il naso a ogni donna che, correndo col solito cartoccio della colazione in mano, mi sfiorava per entrare in uno dei grattacieli. Che modo di cominciare una giornata! Pensavo ai fiorentini che entrando al Bar Petrarca di Porta Romana non ordinano semplicemente «un caffè», ma un caffè «alto», o uno «macchiato», uno «in bicchiere» o «in tazza», «un cappuccino cre-

moso senza schiuma» o «un cuore di caffè in vetro» e pensavo
anche al giovane Francesco che fa attenzione ai gusti di tutti. Per
i più, a New York, il caffè è una brodaglia acida messa in un bicchiere di carta con un coperchio di plastica a forma di ciuccio per
poterla sorbire, ancora scottante, camminando.

La folla a quell'ora era di gente per lo più giovane, bella e dura: una nuova razza cresciuta nelle palestre e alimentata nei Vi-
tamin-shops. Alcuni uomini più anziani mi pareva di averli già
visti in Vietnam, allora ufficiali dei marines, e ora, sempre dritti
e asciutti nell'uniforme di businessman, sempre «ufficiali» dello
stesso impero, impegnati a far diventare il resto del mondo parte
del loro villaggio globale.

Quando stavo a New York la città non era ancora stata ferita
dall'orribile attacco dell'11 settembre e le Torri Gemelle spicca-
vano snelle e potenti nel panorama di Downtown, ma non per
questo, anche allora, l'America era un paese in pace con se stesso
e col resto del mondo. Da più di mezzo secolo gli americani, pur
non avendo mai dovuto combattere a casa loro, non hanno smesso di sentirsi, e spesso di essere, in guerra con qualcuno: prima
col comunismo, con Mao, con i guerriglieri in Asia e i rivoluzio-
nari in America Latina; poi con Saddam Hussein e ora con Osa-
ma bin Laden e il fondamentalismo islamico. Mai in pace. Sempre a lancia in resta. Ricchi e potenti, ma inquieti e continuamente insoddisfatti.

Un giorno, nel *New York Times* mi colpì la notizia di uno studio fatto dalla London School of Economics sulla felicità nel
mondo. I risultati erano curiosi: uno dei paesi più poveri, il Bangladesh, risultava essere il più felice. L'India era al quinto posto.
Gli Stati Uniti al quarantaseiesimo!

A volte avevo l'impressione che a goderci la bellezza di New
York eravamo davvero in pochi. A parte me, che avevo solo da
camminare, e qualche mendicante intento a discutere col vento,
tutti gli altri che vedevo mi parevano solo impegnati a sopravvivere, a non farsi schiacciare da qualcosa o da qualcuno. Sempre
in guerra: una qualche guerra.

Una guerra a cui non ero abituato, essendo vissuto per più di
venticinque anni in Asia, era la guerra dei sessi, combattuta in
una direzione soltanto: le donne contro gli uomini. Seduto ai piedi di un grande albero a Central Park, le stavo a guardare. Le donne: sane, dure, sicure di sé, robotiche. Prima passavano sudate, a
fare il loro jogging quotidiano in tenute attillatissime, provocanti,

con i capelli a coda di cavallo; più tardi passavano vestite in uniforme da ufficio – tailleur nero, scarpe nere, borsa nera con il computer –, i capelli ancora umidi di doccia, sciolti. Belle e gelide, anche fisicamente arroganti e sprezzanti. Tutto quello che la mia generazione considerava « femminile » è scomparso, volutamente cancellato da questa nuova, perversa idea di eliminare le differenze, di rendere tutti uguali e fare delle donne delle brutte copie degli uomini.

Folco, mio figlio, anche lui cresciuto in Asia, mi aveva raccontato che, pochi giorni dopo essere arrivato da studente alla New York University Film School, aveva cercato di aprire la porta di un'aula per lasciar passare una sua compagna e quella lo aveva freddato, dicendo: «Ehi, tu, credi che io non sia capace di aprire questo cazzo di porta da sola?» Avevo pensato che fosse un'eccezione. No. Era la regola. E più le donne sviluppano muscoli e arroganza, più gli uomini si fanno impauriti e titubanti. Se sono necessari per concepire un figlio, capita loro di essere convocati per la bisogna e rimandati a casa dopo l'uso. Il risultato? Una grande infelicità, mi sembrava, specie se quello che mi capitava di osservare in silenzio, da sotto l'albero o dalla mia finestra, era il secondo atto della stessa storia: tante donne sole, sui quaranta, cinquant'anni, molte con la sigaretta in bocca, a portare a spasso un cane che mi pareva avesse il nome di un qualche loro uomo che non c'era più. «Bill, vieni qui da me», «No, Bill, non traversare la strada da solo», «Avanti. Bill, vieni, ora andiamo a casa». Erano le stesse donne che anni prima correvano per costruirsi dei bei corpi, ora comunque attempati; le stesse donne che avevano investito la loro gioventù nel preteso sogno di una libertà guerriera, finita ora in solitudine, piccoli tic, tante rughe e, almeno per me che osservavo, in una pesante malinconia.

Mi venivano spesso in mente le donne indiane, ancora oggi così femminili, così diversamente sicure di sé, così più donne a quaranta o cinquant'anni che a venti. Non atletiche, ma naturalmente belle. Davvero, l'altra faccia della luna. E poi, le donne indiane, come le europee della generazione di mia madre, mai sole; sempre parte di un contesto familiare, parte di un gruppo, mai abbandonate a se stesse.

Dalla finestra assistevo spesso a un vero e proprio « trasloco »: una ragazza che, da una qualche altra parte d'America, arrivava a New York con tutta la sua vita in una borsa. La immaginavo leggere gli annunci economici di un giornale, trovarsi una camera d'affitto, una palestra in cui fare aerobica e un impiego davanti allo schermo di un computer. La immaginavo nella pausa pranzo, andare in un salad bar a mangiare, in piedi, con una forchetta di plastica, verdure biologiche messe con delle pinze in una vaschetta con coperchio e pagate a peso. E la sera? Un corso di Kundalini Yoga che promette di risvegliare tutte le energie sessuali per quell'atto un tempo potenzialmente divino e ora ridotto, nel migliore dei casi, a una prestazione sportiva... a punteggio: John batte Bob quattro a due.

Alla fine anche quella ragazza, attratta come una falena dalle luci di New York, sarebbe finita nel grande falò di umanità che ricarica in continuazione di energia vitale questa particolarissima città. Fra dieci, vent'anni potrà toccarle di essere una di quelle tristissime donne che osservavo, silenziose e impaurite, senza un amico o un familiare, aspettare nelle poltroncine dell'MSKCC di essere operate o di avere il responso di un qualche preoccupante esame.

Forse, a vivere da soli si perde il senso della misura. A star zitti, in compenso, si diventa più sensibili all'ascolto. Mi capitava così, camminando, di cogliere spezzoni di discorsi, battute che poi mi restavano nelle orecchie per ore. La gente mi pareva parlasse soprattutto di soldi, di problemi, di conflitti. La maggior parte delle conversazioni mi sembravano litigi, le parole sempre cariche di tensione, di aggressività.

«È rivoltante, semplicemente rivoltante. È come un bambino», dice una donna. Parla forse del marito. Comunque non sapevo che i bambini fossero rivoltanti. Una volta tornai a casa con in testa la parola «feroce»: l'avevo sentita in tre diversi discorsi. La cosa più carina fu una mattina, quando sentii uno dei giardinieri del Central Park che, concludendo due chiacchiere con qualcuno, che non vedevo perché era dietro una siepe, gli diceva: «... e mi raccomando, abbi cura del bimbo». Il «bimbo» di cui quello doveva occuparsi era il canino che teneva al guinzaglio.

A prima vista c'è qualcosa di accattivante, di caloroso negli americani. Il funzionario dell'immigrazione che controllò il mio passaporto e la scheda di ingresso quando arrivai all'aeroporto mi chiese che cosa ero venuto a fare negli Stati Uniti. «Per curarmi di un cancro», gli risposi. Mi guardò con simpatia. «Buona fortuna», disse e, gentile, mi stampigliò un normale visto di tre mesi con l'aggiunta di un partecipe sorriso.

Presto però ci si rende conto che questa immediatezza, questo amichevole, quasi familiare modo di relazionare è solo una tecnica, una sorta di trucco che ogni americano conosce e di cui nessuno si meraviglia più. In verità, ogni rapporto è motivo di sospetto e la vita è un continuo proteggersi da qualcuno o qualcosa. Nei grandi magazzini, ogni fazzoletto in vendita ha attaccato un aggeggio elettronico che, se non viene disattivato alla cassa, fa azionare il sistema di allarme alle porte di uscita. Librerie, negozi di dischi e di abbigliamento sono costantemente sotto il controllo di guardie in borghese che si aggirano con un auricolare all'orecchio come fossero gli agenti segreti assegnati alla protezione del Presidente. Ogni transazione è oggetto di meticolosi controlli perché il sospetto è che ognuno sia un impostore e che la carta di credito con cui si paga sia rubata. C'erano negozi nei quali entravo per uscirne immediatamente perché mi si chiedeva di consegnare il mio modesto sacchetto indiano di stoffa che, evidentemente, si supponeva volessi riempire di refurtiva.

Una società i cui membri hanno una profonda sfiducia gli uni degli altri e dove non esiste una coscienza di valori comuni a tutti – valori sentiti ancor prima che scritti – deve ricorrere continuamente alla legge e ai giudici per regolare i suoi vari rapporti. Così è l'America: tutte le relazioni sociali, anche le più intime, sono ormai vissute nel timore di una possibile azione legale. La minaccia è costante e gli avvocati sono diventati lo spauracchio d'ogni legame: d'amicizia, d'amore, di collaborazione o di fiducia. Un nuovo, americanissimo modo per far soldi è denunciare una grande azienda per discriminazione razziale, il proprio capo per molestie sessuali, il proprio amante per stupro, il proprio medico per negligenza.

All'ospedale, prima di ogni esame, dovevo firmare dei fogli che scaricavano l'istituzione di ogni responsabilità in caso di incidente. Prima dell'endoscopia, ad esempio, dovevo guardarmi un video in cui, fra le altre cose, si spiegava qual era, in percentuale, il rischio che non mi risvegliassi dall'anestesia. «Lei ha capito, vero? Firmi qui, per favore», diceva, consapevole dell'assurdità, l'infermiera di origine italiana che poi, per farmi sentire a mio agio, mi cantava *Volare* mentre le prime gocce di quel magico intruglio di sonniferi mi facevano addormentare, felice di essere lì su un lettino pulitissimo, in mezzo a gente esperta, efficiente e superaddestrata. Anche loro frutto di quella società contro la quale a volte, fra me e me, mi accanivo così tanto e alla quale mi ero ora affidato per sopravvivere.

Non ero il solo a essere venuto in America in cerca di una qualche salvezza. Dovunque mi voltassi c'era un compagno di questo cammino della speranza. I portieri del mio edificio erano tutti immigrati: i vecchi eran venuti da Santo Domingo, il più giovane dal Kosovo. Il giornalaio all'angolo era pakistano, il padrone del negozio di frutta coreano, il ragazzo che stava fuori dal negozio al freddo a vendere i fiori era dell'Ecuador. I taxi che prendevo per andare all'ospedale quando il mio corpo era in ritardo per i suoi appuntamenti, o quando pioveva a dirotto e lui non poteva rischiare un raffreddore attraversando Central Park, erano tutti guidati, quasi senza eccezione, da neoimmigrati. Bastava guardare la targhetta con foto e nome che ogni guidatore è obbligato a esporre all'interno della macchina. Molti erano haitiani – felicissimi se si riconoscono subito per tali e si parla loro in francese –, altri del Bangladesh, alcuni africani – importantissimo non prenderli per neri americani – o ebrei russi. Questi ultimi erano – almeno per me – di gran lunga i più interessanti. Ci ero in qualche modo affezionato. Li avevo conosciuti nell'Asia Centrale al momento in cui l'impero sovietico andava a pezzi, le varie repubbliche diventavano indipendenti e loro, trattati come cittadini di seconda classe sia prima che poi, non avevano che una aspirazione: emigrare in Israele o negli Stati Uniti.

«Quando è arrivato dalla Russia?» chiedo a uno.

«Non dalla Russia, dalla ex Unione Sovietica... io vengo dalla Moldavia, noi siamo europei.»

«Come si trova qui? Le piace l'America?»

Mi guarda nel retrovisore per essere sicuro che non sta per fare una gaffe:

«L'America? L'America è un gulag, un campo di lavoro con buon cibo. Se lo dico agli americani alcuni si offendono, ma cosa posso farci: sono americani loro e ora sono americano anch'io».

Aveva cercato di emigrare già nel 1979, ma solo nel 1991 è riuscito a partire. Vive a Brighton Beach a Brooklyn. Prima, quello era un quartiere nero dove persino il McDonald's aveva dovuto chiudere; ora è un quartiere in piena espansione. Gli abitanti sono quasi esclusivamente ebrei di origine russa, coi loro negozi, i loro ristoranti, le loro sinagoghe.

Nella ex Unione Sovietica, come insiste a chiamarla, faceva il businessman. «Compravo dei mobili per ventimila rubli e li rivendevo per cinquantamila: un paio di scarpe a ottanta rubli e le rivendevo a centoventi. E tutto senza tasse sulla vendita, senza tasse sul reddito. Questo era il bello dell'ex Unione Sovietica: non c'erano tasse. Quel che facevo era pericoloso, rischiavo sempre la galera, ma sono riuscito a starne fuori. Là ero libero. Qui mi dicono che sono libero, ma nessuno è libero in America, nemmeno il Presidente. Dicono che sono libero finanziariamente. Non è vero. Questo taxi dicono che è mio, ma in verità è delle banche. Siamo tutti schiavi dei manager che a loro volta sono schiavi di qualcun altro.

«Nella ex Unione Sovietica, una donna faceva un figlio? Stava a casa per mesi. Qui, mia moglie due settimane dopo il parto è stata chiamata dal suo capo ed è dovuta tornare al lavoro: dopo due settimane! Sono grato agli Stati Uniti che mi hanno fatto anche cittadino, così ho evitato la guerra civile del 1994; ho evitato di essere ammazzato e ho evitato di ammazzare, ma quella che faccio qui non è vita. Ieri sono partito da casa alle sei del mattino e son tornato alle nove e mezzo di sera per ripartire stamani alle sei. Avrei fatto meglio a dormire in macchina.

«E non sono il solo: qui tutti vivono così, anche i ricchi che stanno dove sta lei o in Park Avenue. Lo so, perché sono io a portarli in ufficio. Chiamano il taxi e quando salgono non riescono neppure a chiudere la portiera perché in una mano hanno un bicchiere di carta col caffè e nell'altra un bagle, un panino. Quando mi dicono dove li devo portare non li capisco perché mi parlano con la bocca piena.

«Quando scendono hanno ancora tutte e due le mani occupate e non riescono a chiudere la portiera. Nell'ex Unione Sovietica avevamo tempo di stare con la famiglia, di fare lunghe passeggiate, di chiacchierare con gli amici. Qui riesco a prendere al massimo dieci giorni di ferie all'anno, ma anche allora non mi riposo perché so che, mentre son via, la cassetta della posta continua a riempirsi di conti da pagare.»

Dalla fine dell'Unione Sovietica, nel 1991, oltre mezzo milione di ebrei sono arrivati negli Stati Uniti, moltissimi a New York. Per lo più si tratta di persone qualificate. Il segreto della grande vitalità dell'America, e in particolare di New York, è tutto qui:

sempre una nuova ondata di immigranti disposti a grandi sacrifici per farcela. Negli anni Trenta e Quaranta sono arrivati gli ebrei tedeschi ed europei; poi i cinesi, i coreani, i vietnamiti; ora di nuovo i cinesi e gli indiani e ancora gli ebrei, questa volta dell'ex Unione Sovietica.

Per un immenso paese i cui pochi abitanti originari – i pellirossa – furono metodicamente spossessati e massacrati, l'immigrazione è stata una necessità congenita; la multietnicità una ovvia conseguenza. È curioso che questi fatti, in parte dovuti a un vero e proprio genocidio, vengano ora presentati come esemplari, come una virtù, e che gli Stati Uniti propagandino, sulla base di questa loro particolarissima esperienza, il mito della società del futuro come una società globalizzata, multirazziale, multiculturale: un pot-pourri mondiale che, rinnovandosi in continuazione, garantirebbe vitalità e sviluppo.

La verità è che non ci sono ricette globali per i problemi dei popoli e che le migliori soluzioni sono sempre quelle che tengono di conto delle condizioni locali. Ciò che va bene in America non va necessariamente bene altrove e ciò che è nocivo in un posto può non esserlo in un altro.

È vero persino nella medicina. Se un abitante di New York mangiasse come uno del Ladakh, morirebbe prestissimo d'infarto a causa delle enormi quantità di burro e di una mancanza assoluta di frutta e verdura tipica del Nord dell'India. Eppure, in Ladakh le malattie di cuore sono pressoché sconosciute perché la gente vive all'aria aperta, mangia cibi biologici e non ha bisogno di andare in palestra per tenersi in forma. I ladakhi fanno i loro esercizi camminando tantissimo e lavorando, non sanno cosa sia lo stress e hanno una grande pace d'animo. Hanno anche un loro modo di combattere le malattie! A una donna con un'epatite, ad esempio, l'amchi, il medico-sciamano locale, prescrive una cura di «forti e intensi rapporti sessuali». Il risultato sorprende anche l'antropologa inglese Helena Norberg Hodge, che racconta la storia nel suo bel libro, *Futuro arcaico*: «Dopo pochi giorni, la donna era notevolmente migliorata».

Mai come in America mi son sentito europeo, con radici europee e con speranze europee. Ero venuto qui per trovare una soluzione al mio problema di salute, ma sentivo che le soluzioni di questo paese non erano sempre quelle giuste per i problemi degli altri.

L'immigrazione mi pareva un caso tipico. Non c'è dubbio che quello dell'immigrazione sarà uno dei grandi problemi del futuro per l'Occidente, ma l'Europa, con la sua storia e le sue condizioni sociali completamente diverse da quelle degli Stati Uniti, farebbe un grande errore se adottasse soluzioni americane.

Pensavo a Luciano, un vecchio amico le cui radici fiorentine vanno indietro di secoli, che un giorno diceva: «Un po' di marocchini, senegalesi, tunisini e albanesi va bene, ma a un certo punto basta. Oh, come si fa? Se un giorno c'è il referendum per buttar giù il Duomo e farci un parcheggio per le automobili, quelli votano per buttarlo giù». Il razzismo è soprattutto una questione di numeri e questa reazione era tipica.

Nonostante tutta la retorica sulla società globale, il problema è tutt'altro che risolto nell'America stessa. Cosa è successo ai neri americani che ai tempi del mio primo soggiorno, più di trent'anni fa, sembravano finalmente emanciparsi e trovare una loro via per entrare nella corrente della società? Sono sempre più respinti nei loro ghetti, sempre più storditi dalla droga, sempre più emarginati. Ogni nuova ondata di immigrazione non fa che ricacciare indietro la popolazione nera.

Gli immigrati arrivano qui pieni di speranza, disposti a sacrificarsi, a lavorare. L'America dà loro l'impressione che potranno farcela. Se non alla prima generazione, alla seconda o alla terza. Non è così per i neri. Per loro sono passate generazioni dopo generazioni e niente è veramente cambiato. Ormai si sentono vittime. Non hanno più speranza e, come malati che non credono più nella possibilità di guarire, si lasciano andare. Sono sfiniti. Al contrario degli immigrati cinesi, indiani o russi, che affrontano la scalata sociale ed economica potendo contare sulla rete di salvataggio della loro solida famiglia tradizionale, sempre alle spalle, gli afroamericani non hanno più neppure quel sostegno lì. Per loro la famiglia non esiste più: il 75 per cento dei neonati neri sono oggi «illegittimi», nascono cioè fuori dal matrimonio.

Bastava guardarsi attorno per rendersi conto che, nonostante tutte le pretese di democraticità, quella americana è ancora una società profondamente divisa e ineguale. A volte, certe immagini mi ricordavano la Johannesburg dei tempi dell'apartheid, dove ero vissuto agli inizi degli anni Sessanta. Durante il giorno la città era tutta bianca: bianca la gente per strada, bianca la gente negli uffici e nei negozi. Solo alla sera, quando tutto chiudeva e la vita nel centro finiva, dalle viscere della terra usciva la fiumana dei neri che avevano tenuto in funzione il sistema, che avevano spazzato, pulito e che prendevano i loro autobus «solo per neri» per tornare nelle loro townships. Anche a New York era così: certi quartieri della città, interi tratti e fermate della metropolitana sembravano riservati a questa o quella razza, mentre dai portelloni di ferro che lungo i marciapiedi danno accesso ai sotterranei di ristoranti e supermercati vedevo uscire solo neri e ispanoamericani con i carichi di spazzatura. Persino il panorama umano del mio amato Central Park, meravigliosamente mantenuto da una società privata di signore benestanti che ne hanno rilevata la gestione, cambiava colore a seconda dell'ora del giorno: cominciava quasi esclusivamente in bianco con joggers, ciclisti, padroni di cani, bird-watchers o camminatori del mattino, e scuriva progressivamente con la comparsa delle bambinaie nere che, dopo le nove, portavano a passeggio i bambini dei genitori bianchi ormai rinchiusi nei loro uffici.

Una delle più straordinarie capacità dell'America è quella di produrre immagini estremamente positive di sé, di crederci e di fare in modo che anche gli altri ci credano. L'industria cinematografica ha avuto, in questo, un ruolo determinante. Per gli americani e ormai per gran parte dell'opinione pubblica di mezzo mondo, la storia americana non è quella che uno può leggere nei libri, ma quella che uno vede nei film. Gli americani sono sempre i «nostri» che arrivano al momento giusto a salvare la situazione contro i «selvaggi pellirossa»; sono sempre i «buoni» nella lotta contro i nazisti, i comunisti, i guerriglieri, i terroristi o gli alieni.

Hollywood non rifugge dall'affrontare i tanti problemi della società americana, ma ha un modo tutto suo di presentarli e di risolverli con quel lieto fine che è ideologicamente – e anche commercialmente – d'obbligo per ogni storia. Democrazia, eguaglianza, giustizia sono valori che vengono platealmente negati nella realtà, ma costantemente riaffermati nella sua rappresentazione. La finzione prende il posto della notizia. La propaganda quello della verità.

In America l'industria della pubblicità e quella delle pubbliche relazioni sono ormai due sofisticatissimi sistemi di manipolazione della mente e non c'è più nulla, da Dio a un prodotto elettronico a una guerra, che non venga abilmente impacchettato e presentato in una qualche illusionistica formula di parole o in una qualche scatola lucida e colorata da lanciare sul mercato. La verità finisce così per essere sempre schermata, a volte accantonata, dimenticata come il fatto che gli Stati Uniti sono stati il primo e per ora l'unico paese a usare la bomba atomica. È così che ogni rivoltante episodio di ingiustizia, di sfruttamento e di violenza finisce regolarmente per avere una parvenza di lieto fine, come appunto avviene nei film. Un povero immigrato haitiano viene preso una sera da alcuni poliziotti di New York, picchiato, torturato e seviziato con un manico di scopa? Un grande avvocato di Los Angeles verrà in sua difesa, «perché la sua sofferenza non sia stata invano», «perché questo non succeda mai più a nessuno». Molto più probabilmente, perché in ballo ci sono milioni e milioni di dollari che la città di New York finirà per pagare al poveretto... e al suo avvocato.

Ogni paese, a chi ci arriva da straniero, si presenta con una sua qualità, una sua caratteristica che capita di vedere immediatamente riflessa in qualcosa o qualcuno. In India, per me quel tratto caratteristico fu l'assurdità, e ricordo come mi colpì una storia nel giornale che mi arrivò con la colazione la mia prima mattina a Delhi, dove ero appena arrivato a metter su casa. Era la storia di un uomo che in gioventù era diventato famoso ed era riuscito a entrare nel *Guinness dei primati* – un onore a cui gli indiani tengono moltissimo – per aver mangiato più chiodi, vetri rotti e sassi di chiunque altro al mondo e che, ormai vecchio e dimenticato, moriva di fame in un villaggio nello Stato del Bihar e chiedeva al governo un sussidio per campare.

In America, questa volta restavo colpitissimo dalle storie di violenza: un ragazzino di quattordici anni, tutto casa, scuola, computer e giochi elettronici, fa amicizia attraverso internet con un signore di quarant'anni. Quello, dopo varie chiacchierate cibernetiche, un giorno invita il ragazzo a una passeggiata e finisce per violentarlo prima da solo, poi assieme a una banda di suoi amici. Il ragazzino si confida coi genitori, viene affidato a uno psicoterapeuta, ma un giorno che è solo in casa e alla porta bussa un bambino di undici anni, venuto a chiedere soldi per la fiera della scuola, lui lo acchiappa, lo violenta, lo strangola, lo mette in una valigia e nottetempo lo va a buttare in un bosco.

Nel Kentucky, un ragazzino, anche lui di quattordici anni, pallido e smunto, arriva a scuola e con due pistole si mette a sparare all'impazzata, uccidendo tre ragazze. Imitava uno che poco prima aveva fatto la stessa cosa nel Mississippi.

In un quartiere periferico di New York, un ragazzo viene arrestato per avere coscientemente attaccato l'AIDS a «decine» (così scrivono i giornali) di sue compagne, alcune giovanissime. «Io lo amo lo stesso», dichiara una delle vittime. Ha tredici anni.

I grandi giornali si chiedono che cosa sta succedendo all'America, i commentatori dei canali televisivi fanno facce contrite, ma basta guardare quel che i vari canali trasmettono per capire l'ovvio: si accende la TV, si pigia il tasto con cui si passa da un programma a un altro, e immancabilmente si casca su una scena in cui qualcuno picchia, sbatacchia, ammazza, brucia, strangola o violenta qualcun altro. A qualsiasi ora del giorno e della notte! Uno dei soliti studi, che comunque lasciano il tempo che trovano, scopre che un bambino americano vede alla TV nel corso di un anno più di duemila morti ammazzati.

Ma tutto è parte del progresso. È il prezzo che bisogna pagare in nome di un generale andare avanti. Avanti, ma dove? Non viene mai detto. A volte mi pareva di vivere in un mondo sull'orlo del disastro, mi pareva di stare nel cuore d'una sempre più strana società, fatta di gente più «mutata» di me e che stava progressivamente impazzendo. Un giorno lessi che, per neutralizzare i bacilli presenti nella carne che gli americani mangiano in quantità spaventose, la carne era sottoposta a radiazioni. Ma non l'avrebbe, proprio questo, resa ancora più cancerogena? La domanda non veniva posta.

Un giorno lessi che una cittadina nello Stato di New York aveva inventato un sistema di telecamere installate negli asili, così che le madri dal computer in ufficio potevano vedere cosa stavano facendo i loro bambini e lavorare più tranquille. Ma non sarebbe stata una soluzione migliore far stare le madri coi loro figli? Progresso, questo?

Anche Freud, alla fine della sua vita, si chiese se le varie conquiste vantate dall'uomo fossero davvero segni di progresso. In uno degli ultimi saggi, *Il disagio della civiltà*, il vecchio psicanalista comincia con l'elogiare i progressi della tecnologia che gli danno, ad esempio, la gioia di sentire la voce di un figlio lontano migliaia di chilometri. Poi aggiunge: ma se non ci fosse stata l'invenzione delle ferrovie che portano mio figlio lontano, non avrei avuto bisogno del telefono per ascoltare la sua voce; se non fosse stata inventata la nave, non avrei avuto bisogno del telegrafo per avere notizie del mio amico che sta dall'altra parte del mondo.

Guardavo le colonne di fumo che uscivano da alcune gigantesche ciminiere di una centrale elettrica sulla via del mio ospedale e pensavo alla immensa fornace umana che, di generazione in generazione, di immigrazione in immigrazione, manda avanti in questo paese la straordinaria locomotiva del progresso, della modernità... e del cancro. Perché è ovvio: gli americani sono i più grandi esperti di cancro, ma lo sono perché, con la loro industria, col loro cibo, coi loro fertilizzanti, le loro armi, con tutto il loro modo di vivere, sono anche quelli che ne causano di più. Più malati, più medici, più esperienza. Per questo ero venuto lì.

C'erano giorni in cui, dovunque mi girassi, mi pareva non si parlasse che di cancro. Un volantino inserito nel giornale del mattino mi avvertiva che uno dei normali componenti chimici del lavaggio a secco era stato dichiarato cancerogeno e che soltanto un nuovo tipo di lavanderia dava garanzie in merito. Passeggiavo a Central Park e mi imbattevo in una grande manifestazione con migliaia e migliaia di donne impegnate in una « Marcia per la cura del cancro al seno ». Accendevo la radio e sentivo una discussione sui fattori cancerogeni presenti nell'aria e nell'acqua, e sulle polizze assicurative che uno poteva fare per proteggersi in caso di malattia. Andavo all'ospedale, dove un noto collega, giornalista americano, di un anno più giovane di me, cliente anche lui di quella istituzione, era appena morto, e trovavo un messaggio della moglie che voleva incontrarmi perché pensava di aver scoperto qualcosa che legava un certo numero di noi corrispondenti finiti nel giro di poco tempo con lo stesso malanno: eravamo stati tutti in Vietnam durante la guerra e probabilmente, secondo lei, eravamo stati tutti esposti all'Agent Orange, la mistura defoliante usata dagli americani, a cui si attribuiscono le deformità con cui ancora oggi, a trent'anni di distanza, nascono centinaia di bambini in Indocina.*

Non credo che quello fosse il mio caso, ma non c'è dubbio che esiste un terribile legame fra le armi e il cancro, così come ne esistono fra certi prodotti elettronici, certi prodotti chimici, certi cibi e il cancro. L'industria alimentare ha condizionato il corpo uma-

* Si calcola che gli americani riversarono sulle foreste e sulle risaie del Vietnam e del Laos circa cento milioni di litri di questa mistura. Fu la prima volta nella storia dell'umanità che un'arma chimica di distruzione di massa venne impiegata in guerra. Gli americani erano stati anche i primi a usare le armi atomiche: in Giappone nel 1945. E, prima ancora, avevano fatto anche uso di armi batteriologiche con la distribuzione ai pellirossa di coperte intrise di virus del vaiolo.

68

no a una dieta estremamente innaturale, le cui conseguenze sono assolutamente imprevedibili. Ma chi vuole andare a indagare in tutto questo? La ricerca medica, come ogni altra ormai, è finanziata e diretta dai grandi interessi industriali e questi non bruciano certo dal desiderio di scoprire le vere ragioni del cancro. Anzi. «Trovare una cura per il cancro è più facile che trovarne la causa», si dice. È certo meno compromettente. E, alla lunga, anche molto, molto più redditizio: cura significa medicine quindi profitti. Grandi profitti. E poi: la ricerca di una cura è rivolta al futuro, è fatta di speranza, è sostenuta dall'ottimismo che è il grande catalizzatore dell'economia.

Così si continua a mangiare, a respirare, a lavorare, a vivere in condizioni che indubbiamente provocano il cancro, ma non si fa nulla per cambiare queste condizioni. In compenso si spera che qualcuno, da qualche parte, trovi presto una cura per combatterlo. Ovviamente le notizie da quel fronte sono sempre «buone». I titoli dei giornali annunciano regolarmente un'«importante svolta», un «grande passo avanti». Come diceva anche il giovane ricercatore dell'MSKCC, sembra d'essere sempre «alla vigilia» di una grande scoperta, sempre a un passo dalla soluzione. Io stesso, a volte, leggendo distrattamente cadevo nel tranello. Uno studio dimostrava che una dieta a base di cibi non cotti riduceva di oltre l'80 per cento i casi di cancro. Peccato che lo studio riguardasse solo i gatti! Un istituto farmaceutico annunciava la messa a punto di un nuovo preparato antitumorale. Le cifre erano impressionanti. Ma avrei dovuto essere un topo per poterne approfittare. Tutti gli esperimenti erano fatti esclusivamente sui roditori e si sa bene ormai che ciò che funziona su questo tipo di cavie non funziona necessariamente sugli umani.

La verità è che a trent'anni di distanza dalla «guerra al cancro», dichiarata con grande fanfara dal presidente Nixon – forse anche per far dimenticare per un po' quella in Vietnam che uccideva decine di migliaia di giovani americani –, il cancro in generale è tutt'altro che sconfitto. E, pur tenendo conto dei progressi fatti con alcuni tipi di cancro, il numero totale di persone che muoiono oggi negli Stati Uniti a causa di questa malattia non è affatto diminuito, da allora.

Ma anche questa era una «verità» da cui non mi lasciavo prendere. Percentuali di incidenza, di sopravvivenza, di ricaduta non mi interessavano. C'era nelle statistiche qualcosa di sospetto, perché, come diceva De Gaulle: «Se tu mangi due polli e io nessuno, statisticamente risulta che ne abbiamo mangiato uno ciascuno».

Preferivo vedermi come un caso, un soggettivissimo caso, e non come una teorica possibilità matematica.

Nel corso di quei mesi solitari a New York, Angela venne a trovarmi due volte. Come tutte le grandi gioie, fu anche una grande preoccupazione, perché, con tutto quel che avevamo in comune, appartenevamo ormai a due mondi completamente diversi. Io, a quello dei malati, con la loro logica, le loro priorità, i loro dolori, i loro ritmi e soprattutto una particolarissima percezione del tempo. Lei, al mondo di tutti gli altri, il mondo dei sani con i loro programmi, i loro desideri, le loro scadenze e le loro certezze sul futuro.

Un conto era scambiarsi ogni giorno un messaggio e-mail attraverso il computer, un altro era ritrovarsi l'uno dinanzi all'altra in uno spazio di pochi metri quadrati. L'annuncio del suo arrivo mi angosciò. Avevamo bandito il telefono per la sua aggressività e perché dava un'impressione di vicinanza troppo illusoria, tale da rendere ancora più grande il vuoto, una volta messo giù il ricevitore. I messaggi e-mail erano ideali. Quelli di Angela, con i resoconti delle sue giornate a Firenze, erano per me come il diario di bordo di una nave scomparsa in mare secoli fa. Parlavano di cose e persone che mi parevano ombre, fantasmi di cui ricordavo appena le sembianze. Ma quei messaggi erano anche la mia ancora di salvezza. Questo è di nuovo qualcosa che la scienza non è in grado di capire: il solo pensiero di una persona, la cui esistenza giustifica la propria, è di per sé una medicina che prolunga la vita. Di questo non ho dubbi.

Angela era stata magnifica a capire le ragioni del mio voler star solo; di mettere fra lei e me una distanza che sapevamo essere solo fisica. Avevo trovato un mio equilibrio e avevo paura di ogni soffio che lo mettesse in pericolo. Sapevo che lei c'era. Che potevo contare su di lei. Una benedizione!

Fra le storie di malattia che leggevo in quei tempi, una mi aveva profondamente colpito. Era l'autobiografia di Paul Zweig, uscita poco dopo la sua morte. Lo scrittore si ammala. Un giorno, dopo settimane di esami e preoccupazioni, il medico gli annuncia la diagnosi: cancro. Torna a casa, lo racconta alla moglie e quella per tutta risposta gli presenta i documenti con la richiesta di divorzio. «Lei sentì quella diagnosi come un chiodo nella sua bara e volle andarsene a fare la propria vita», scrive Zweig. E l'amore? L'impegno? La lealtà? Un'altra storia «moderna». Un'altra storia americana.

La distanza che si crea fra i sani e i malati mette alla prova i rapporti fra le persone. La malattia rompe un ordine, ma ne crea uno suo e con quel passaporto l'ammalato entra in un altro mondo, dove la logica dei sani, del mondo di fuori diventa irrilevante, assurda, a volte anche offensiva.

Lo capii un giorno quando, mentre aspettavo il mio turno per un esame, vidi entrare in mezzo a noi, malati, mal messi, giallognoli, tutti con le nostre tute e i berretti, tutti coi nostri braccialetti di plastica col nome e cognome e il numero di matricola, un bell'uomo elegante, ben vestito, abbronzato, con gli occhiali da sole, venuto probabilmente a prendere qualcuno. Era una spina in un occhio, una sfida sleale. «Via, via, vattene via», pensavo dentro di me.

Una delle belle conseguenze dell'essere malato è il recedere dei desideri, quell'inconsapevole sapere che davvero non vale la pena comprarsi ancora un paio di scarpe o andare a un'asta di tappeti. Chi è sano non può capire chi è malato ed è giusto che sia così. C'è nel malato, qualunque sia il suo atteggiamento nei confronti della malattia, un torpore fatto di debolezza, ma anche di serenità, che il sano, pur con tutta la simpatia, non può provare. Anzi, il sano prende quell'atteggiamento per rassegnazione e crede sia suo dovere aiutare il malato a combatterlo. Ma la malattia ha una sua logica, forse anche quella di preparare psicologicamente chi l'ha addosso alla sua possibile fine.

Angela veniva da fuori ed entrava in un universo in cui niente le era familiare, niente era riconoscibile, a cominciare da me. Mi aveva lasciato vestito di bianco, coi capelli lunghi e i baffi, mi ritrovò all'aeroporto ad aspettarla vestito di nero, glabro, con una papalina sulla testa pelata e paonazza. Ero ormai di un'altra tribù.

Fra malati c'è una immediata fratellanza. L'«io», che altrove ha sempre bisogno di affermarsi, di difendersi, lì in ospedale era tranquillo. Una volta varcata la soglia e la zaffata d'aria calda che tiene fuori il freddo mondo degli altri, non c'è più bisogno di dire chi si è, o meglio chi si era, il mestiere che si fa o si faceva. La malattia è il grande equalizzatore. Una volta Folco disse: «Quando mi manca qualcosa, penso all'India. Lì a tutti manca qualcosa: a chi da mangiare, a chi una mano, a chi manca il naso. Quel che può mancare a me non è mai così terribile». Provavo lo stesso entrando all'MSKCC. Ogni piano dell'ospedale era dedicato a un tipo di cancro. Il piano più commovente era quello dove c'erano i bambini. Io ero fortunato: avevo già vissuto una vita; loro no. Ma forse anche questo era inesatto. Forse quel che vedevo era il frutto di altre vite, l'effetto di un karma accumulato in altre esistenze. Dinanzi ai corpi emaciati, quasi trasparenti, a volte quasi non più umani dei bambini, mi pareva che l'induismo, fra tutte le religioni, offrisse la spiegazione più consolante di quell'apparentemente mostruosa ingiustizia.

Nelle sale d'attesa dei vari reparti guardavo gli altri pazienti cercando di indovinare le loro storie: riconoscevo quelli che venivano per la prima volta, ancora attaccati al mondo di fuori e che si comportavano come fossero lì per sbaglio; quelli all'inizio della chemio ancora impauriti, e quelli già abituati alle mutazioni; quelli già arresi e quelli di cui si intuisce che ce la faranno.

Ma che cosa ci aveva portati, per tragitti diversi, tutti lì con lo stesso malanno? C'era qualcosa che avevamo in comune?

Un giorno stavo seduto accanto a un uomo sui cinquant'anni, alto, magrissimo, giallo e completamente glabro. Mi osservava e sentivo che voleva parlarmi. Finalmente, con un inglese incerto dal fortissimo accento russo, indicando l'orologio che ho al polso, dice: «Quello è fatto in Russia. Anche lei è rifugiato?»

«In un certo senso lo sono... e l'orologio sì, fu fatto dai sovietici nel 1991, una delle ultime cose che fecero, per regalarlo ai buriati che in quell'anno celebravano il duecentocinquantesimo anniversario della loro conversione al buddhismo. L'ho comprato per cinque dollari da un mongolo alla stazione di frontiera con la Cina», risposi, slacciandomi l'orologio dal polso per fargli vedere la scritta in cirillico.

L'orologio è semplicissimo, non automatico, uno di quelli da caricare ogni mattina o prima di andare a letto. Quel che attira l'attenzione è che non lo si è visto in nessuna pubblicità, non è uno di quelli che costano milioni e che portano al polso gli esploratori al Polo Nord o James Bond nell'ultimo film: al centro del quadrante bianco c'è una immagine di Buddha in meditazione, avvolto in una tunica arancione. Persino il Dalai Lama, durante un nostro incontro a Dharamsala, non gli toglieva gli occhi di dosso, e sapendo che il suo passatempo preferito è riparare orologi avevo detto: «Santità, questo funziona benissimo!» provocando una delle sue magnifiche, inimitabili risate.

La moglie del mio vicino, sana, invadente e procace, interviene nella nostra conversazione e, col suo inglese molto più fluente di quello del marito, vuole monopolizzarla.

«Siete ebrei?» chiedo.

«Io sono ebrea», risponde lei, orgogliosissima. «Lui no, è russo, ma in Uzbekistan hanno detto che i russi non potevano più starci, che quello non era il paese dei russi e così, grazie al mio essere ebrea, siamo riusciti a venire in America come rifugiati, tutti e due: anche lui.»

«Lui» ha uno sguardo bello, dolce e mite, ma è sofferente, imbarazzato, mentre lei, a voce alta, così che tutti la sentano, racconta la loro storia. In Uzbekistan lui era un ingegnere, lavorava nelle miniere d'oro, ma arrivato a New York è riuscito solo a trovare un lavoro come guardiano di notte in un magazzino.

«Niente, niente», dice lui.

«Ma deve essere così», lo corregge lei. «Quando si arriva come rifugiati, non si può pretendere nulla, bisogna incominciare dal basso, come autista, come portiere, come guardiano di notte.»

Lui sorride e ripete: «Niente, niente. Guardiano di notte». L'ha fatto per otto mesi e si è subito ammalato. Cancro ai polmoni.

«È stato lo stress», dice la moglie.

«Niente, niente. Stress», ripete lui.

Certo, lo stress! Lo stress di avere una moglie così, di essere russo in un paese di cui non parla la lingua, di cui non conosce i costumi, dove tutto quel che ha imparato prima con fatica ora non gli serve a nulla. «Stress. Stress», ripete come volesse farci ridere. Gli hanno già tolto un polmone, e ora il malanno è nell'altro. Son convinti che anch'io sia un rifugiato, ma non mi chiedono da dove sono scappato o per quale ragione. «Qui in America siamo tutti così», dice la donna. «Siamo tutti rifugiati.»

Non aveva torto. Fra la gente che aspettava c'erano moltissimi neoimmigrati: cinesi, vietnamiti e molti altri russi dell'ex Unione Sovietica. Forse il cancro ha anche a che fare con lo stress, la dislocazione, il senso di pace mancata. Per quell'uomo era certo così. Si sentiva solo, l'America non aveva molto da offrirgli e le sole parole che ripeteva, mentre la moglie continuava con altre storie, erano: «Niente. Guardiano di notte. Stress»

Uscivo dall'ospedale e anche a me faceva paura il vuoto che mi pareva di sentire tutto attorno. Entravo in un taxi e, con l'avvio del tassametro, partiva la registrazione dell'odiosa voce di una famosa attrice:

«Uaoooo... I gatti hanno sette vite, ma tu purtroppo ne hai una sola...»

Non avevo bisogno che me lo ricordasse lei!

«... per cui fai il bravo e allacciati la cintura di sicurezza!»

Meno che mai uno aveva voglia di farlo.

New York era «niente», ma c'era anche di tutto. Ogni giorno, a farci attenzione, avveniva qualcosa di interessante. Per caso lessi che Robert Thurman, professore di religioni asiatiche alla Columbia University, vecchio frequentatore dell'India e padre di una famosa attrice di Hollywood, che non a caso porta il nome Uma – la donna di Shiva, prima di diventare sua moglie –, avrebbe parlato in uno dei centri «alternativi» nella Bowery.

La sala era piena, soprattutto di donne. Sempre le donne con le loro naturali antenne, pronte a captare le tentazioni del nuovo, con tutti i suoi rischi, ma anche più capaci, più pronte degli uomini a fiutare quel che è vero, autentico: le prime a rendersi conto di quel che umanamente non va. Il tema della conferenza doveva essere il buddhismo tibetano, ma Thurman parlò principalmente dell'America.

«L'Occidente è, al momento, il migliore punto di partenza per raggiungere l'illuminazione. Mai, in nessuna parte del mondo, l'uomo è stato così vicino al Nirvana come lo è oggi in America. Qui si capisce bene il significato del vuoto, del nulla perché qui noi viviamo già nel nulla; siamo nulla, le nostre relazioni umane sono nulla e prendiamo chiunque altro per nulla. 'Hello Jim, hey John!'» Sì, certo, siamo calorosissimi nel salutarci, ma in verità non ci importa assolutamente nulla dell'altro, è come se ci vedessimo questa sola volta e poi mai più. Ma se solo sapessimo che siamo sempre stati assieme e che siamo destinati a stare assieme per l'eternità!»

Mi piaceva la sua ironia.

«Chi di voi sa qualcosa del buddhismo?» chiese alla platea. Molti alzarono la mano.

«Chi di voi ha fatto l'esperienza di lasciare il proprio corpo, di andare altrove, di dimenticarsi, e di avere poi lo shock di tornare?»

Un bel giovane che accompagnava una donna più anziana di lui dai capelli color rame, di cui era chiaramente l'amante, si alzò in piedi e raccontò una incredibile storia che portò la signora sua compagna ad abbracciarlo ancora più stretto quando si sedette di nuovo. Era uno di quelli che avevano fatto un «viaggio astrale».

«No, no», disse Thurman. «Quello di cui parlo non è eccezionale. Tutti fate quell'esperienza di lasciare il corpo. La fate ogni sera: quando vi addormentate.»

Suggerì che anche la morte è forse così, un modo di addormentarsi e non la fine della coscienza, come si è abituati a credere in Occidente: «Yama, il demone dalla testa di toro, viene a tirarci una randellata e a portar via il nostro corpo. Ma noi non siamo il corpo, anche se ci identifichiamo tanto con lui e passiamo un sacco di tempo a tenerlo in forma, a lucidarlo e a ripararlo. Per il corpo spendiamo letteralmente delle fortune, pur sapendo che comunque un giorno o l'altro quello marcirà e diventerà concime...» Il pubblico era attentissimo.

«... ma siamo americani», continuò Thurman, «e il perseguimento della felicità non è solo un diritto garantito dalla Costituzione, è il nostro più importante passatempo nazionale. E va benissimo perché anche la felicità può aiutare a riflettere: quelli che vincono un milione di dollari alla lotteria improvvisamente si accorgono di aver perso tutti gli amici. Perché?»

Il senso di tutta la chiacchierata era che la vita è una occasione per conoscere se stessi, che la società in cui viviamo è demenziale perché il suo nocciolo, fatto di puro materialismo, nega esattamente quello che noi siamo: i resti di tante vite.

«Guardate qui, la mia mascella: anche questa è il risultato di tante, tante vite precedenti, vite di tolleranza, di compassione e di autocontrollo che hanno mutato la mia mascella originaria. Un tempo avevo una mascella con delle grosse zanne, con cui difendermi e attaccare, ora non più...»

La platea sorrideva e un qualche seme di novità mi pareva piantato. Faceva bene sentire una campana così diversa da quelle che ogni giorno ci rimbombano attorno.

Uscii dalla chiacchierata di Thurman con un piacevole senso di leggerezza. Proprio in quei giorni, un carissimo amico, in mezzo a un brutto fallimento professionale e familiare, mi aveva scritto d'aver per la prima volta pensato al suicidio. Tornato a casa, trovai finalmente le parole per rispondergli: i pesi e le misure, i valori dai quali pensiamo che la nostra vita dipenda, sono delle pure convenzioni. Sono dei modi con cui ci regoliamo, ma anche ci appesantiamo, l'esistenza. La nostra vita, a guardarci bene dentro, non dipende affatto da quelli. Successo, fallimento sono criteri estremamente relativi per giudicare un avvenimento, un periodo della vita che comunque è di per sé passeggero, impermanente. Quel che ora ci pare insopportabile fra dieci anni ci parrà irrilevante. Probabilmente ce lo saremo quasi dimenticato. Perché non fare l'esercizio di guardare all'orrore di oggi con gli occhi che avremo fra dieci anni? Mi sentii sollevato, anche se non mi pareva di poter consigliare a me stesso la stessa cosa. Dieci anni...?

Thurman era stato una bella ventata di idee controcorrente e di intelligenti provocazioni. Anche questo era New York: il nulla e l'opposto del nulla. Dentro quella società, tutta tesa verso la felicità, che Thurman aveva ridicolizzato per il suo non poter essere «assoluta» come noi la vorremmo («quel che io provo non può mai essere assoluto e quel che anche mi appare assoluto non può che essere relativo»), c'era tutta una fronda di persone che non accettava la banale materialità del vivere quotidiano, che aspirava ad altro, che, anche assurdamente, cercava altre vie: gente che a suo modo «resisteva».

Non mi ci volle molto per scoprire uno dei principali centri di questa «resistenza». Fu l'odore a portarmici. Una mattina camminavo lungo Spring Street. Un portone di ferro, davanti al quale passavo, si aprì spinto da una ragazza che usciva, e una zaffata di un familiare odore d'incenso mi venne addosso. Guardai, curioso, e, prima che il portone si richiudesse, m'infilai dentro. Avevo trovato il New York Open Center, un misto di università popolare, centro sociale, supermercato dell'alternativo. Alle bacheche erano affisse descrizioni dettagliate dei vari corsi che venivano tenuti, dall'erboristeria alla dietetica, dalla riflessologia a ogni tipo di yoga, oltre ai diversi trattamenti e terapie della medicina alternativa. Il negozio-libreria, da cui uscivano l'odore di incenso e una costante «musica da meditazione», era rifornitissimo di letteratura new age, CD, cassette e materiale «alternativo». Dalle aule entrava e usciva il solito popolo degli «altri», di nuovo soprattutto donne, ragazze grasse, ma serene, donne di mezza età, chiaramente benestanti, ma «spirituali». L'atmosfera era distesa, piacevole.

Mi avvicinai al bancone delle iscrizioni per chiedere informazioni, ma ancor prima che aprissi bocca, la ragazza di turno mi guardò e con un gran sorriso sbottò:

«Uaoooo...»

«Che c'è?» chiesi, non capendo.

«Tu hai un'aria magnifica.»

«Davvero?»

«Sì. Lo sai che hai un alone tutto attorno al corpo? Tu sei uno felice!»

Il ragazzo, magro e grigino, che le stava accanto e che aveva seguito il tutto intervenne:

«Sì, sì, il tuo sorriso è stupendo, tu hai davvero un alone».

Sarà stata la loro tecnica di vendita; lo diranno a tutti quelli che vanno a iscriversi e a pagare per qualche corso, ma lì per lì mi parve davvero di averlo, quell'alone. Finii per iscrivermi a un corso di tarocchi. Ci andai due volte alla settimana per due mesi. L'insegnante era una brava italoamericana. Gli altri «studenti»: soprattutto donne, e uno strano signore che arrivava vestito come un normale impiegato di banca o un avvocato e che, sotto l'uniforme da businessman, aveva già, come fosse una seconda pelle, una tenuta bianca da ginnastica. Prima della lezione si appartava in un angolo e si toglieva pantaloni, giacca, camicia e cravatta, come uno che, camuffatosi per sopravvivere, finalmente si liberava della maschera. Perché in quella strana tribù, in qualche modo clandestina, che aveva bisogno di altro, non c'erano solo giovani che un tempo sarebbero stati hippy, ragazze liberate o divorziati in cerca di un nuovo approdo: c'era gente di cui uno non avrebbe mai sospettato.

Prima dell'operazione dovetti incontrare il medico che sarebbe stato responsabile dell'anestesia. Durante la visita e le solite domande sulle mie precedenti operazioni e le eventuali allergie ai farmaci, lo vidi fermare lo sguardo sul mio orologio.

«Lei è buddhista?» mi chiese.

«No. E lei?»

«No», disse. E dopo una pausa che preparava una rivelazione aggiunse: «Io sono sufi, sufi del Kashmir».

Dio mio, il Kashmir! Ci ho passato settimane e settimane a seguire la sporca guerra che sta distruggendo una delle più belle regioni del mondo, contestata fra India e Pakistan. Sono stato sulle rovine ancora fumanti di una delle più belle moschee, tutta di legno, frequentata un tempo dai sufi, i mistici musulmani influenzati dall'induismo e dal buddhismo, ma là, in Kashmir, non ho incontrato un solo sufi. Forse là, anche se ne esiste ancora qualcuno, i sufi non hanno più il coraggio di rivelarsi tali, perseguitati come sono sempre stati dai musulmani ortodossi che li considerano in odore di eresia. Ma ecco che a New York il mio medico anestesista è sufi e felice di esserlo.

L'avevo davanti in camice bianco, insospettabile, normale come uno si aspetta un medico. Eppure dovevo immaginarmelo, vestito con una lunga tunica di lana (*suf* in arabo vuol dire lana), le mani per aria, a volteggiare, volteggiare, volteggiare su se stesso in uno dei balli dervisci che, grazie alle vertigini provocate dal continuo roteare, creerebbero uno stato d'estasi e metterebbero l'uomo in diretto contatto col divino. Lo capivo: solo, in quella società tutta fatta di materia nella quale viveva senza sentirla sua, cercava qualcosa di più alto, un fine che non fosse esclusivamente quello del sopravvivere, e trovava nel modo dei sufi di «essere nel mondo, ma non parte del mondo» la sua risposta.

«Ci sono mille modi di inginocchiarsi e di baciare la terra», scrive il più grande dei poeti sufi Gialal al-Din Rumi, nato in quel che è oggi l'Afghanistan nel 1207. «Di là dalle idee, di là da ciò che è giusto e ingiusto, c'è un luogo. Incontriamoci là.»

Lui, il mio anestesista dell'MSKCC, aveva trovato quel luogo ideale in un posto che, come tale, non esiste più, il Kashmir: un nome esotico, un paese irraggiungibile. Da lì, nella forma della danza, gli era venuta la speranza di quel «più» senza il quale la vita diventa invivibile. E ogni fine settimana, con altri «noi amici» – come i sufi parlano di sé – si ritrovava in qualche loft di New York o in qualche casa di campagna a leggere poesia e al ritmo di una musica il cui crescendo accompagna «l'ascesa», a ruotare per ore e ore sui suoi piedi in un rito mistico che è il simbolo della vita. Perché ruotare è la condizione fondamentale dell'esistenza: nell'atomo ruotano gli elettroni e i neutroni, nel cosmo ruotano gli astri, i pianeti, le stelle; e noi stessi ruotiamo sulla terra, sorgendo dalla terra e tornando a essere polvere nella terra. Quella danza, mi disse, creava dentro di lui un vuoto nel quale si sentiva davvero libero. Quel vuoto lo toglieva dalla sua vita ordinaria e lo avvicinava al divino.

Già, il divino. Mancava anche a me che, fino ad allora, non ne avevo sentito un gran bisogno. Camminavo per le strade e non mi capitava mai di vedere, di sentire un riferimento al divino: mai una processione, una festa, un Dio che passasse portato sulle spalle dei fedeli. Mai una allusione a qualcosa al di là delle apparenze.

In Asia, a parte la Cina comunista, dovunque sono vissuto il riferimento al divino è continuo: nella lingua, nei gesti della gente, oltre che nelle cerimonie e nei riti. Un pescivendolo in Giappone apre il suo negozio al mattino spargendo sul marciapiede una piccola manciata di sale; a Singapore, in Thailandia, in Malesia i templi fumano continuamente di incenso offerto da qualcuno che vuole propiziarsi una divinità. In India il divino è una presenza costante. Il modo stesso di salutarsi, unendo i palmi delle mani all'altezza del petto, inchinando leggermente la fronte e pronunciando « Namaste », significa « Saluto il divino che riconosco in te ».

Pensavo spesso all'India, all'appartamento di Delhi sotto le cui finestre vedevamo passare file di cammelli o un elefante che portava con la proboscide la sua razione d'erba per la giornata; dove ci capitava di essere svegliati la notte dallo scampanellio di una processione di sikh o di musulmani. A volte, nella folla di New York scorgevo la faccia di un indiano e mi pareva di riconoscere un mezzo parente. Mi era molto più familiare lui di un americano.

Un giorno che pioveva a dirotto, ed ero in ritardo per un appuntamento del mio corpo con gli aggiustatori, presi un taxi. L'autista era un sikh con una grande barba nera e un turbante azzurro.

« Per favore, mi porti al Memorial Sloan-Kettering, Sardar-ji. » E quel chiamarlo « sardar » – capo – con l'aggiunta del rispettoso « ji » basta a legarci. Viene da un paesino poco lontano da Amritsar, sede del Tempio d'Oro, il Vaticano dei sikh. È a New York da dieci anni, guadagna sui tremila dollari al mese. La metà riesce a mandarla a casa. Ha quarantasette anni « e altri tredici da vivere ».

« Tredici? E come lo sa? »

« Me lo ha detto il mio dio. Me lo disse quand'ero ancora a casa mia, in India, vent'anni fa. E sono contento, perché un uomo a sessant'anni non dovrebbe rammaricarsi di morire. Certo, nessuno vuol morire, ma siamo così tanti sulla Terra che dobbiamo lasciare il posto ad altri... e sessant'anni mi pare una buona età per farlo. »

« Ma, Sardar-ji, io ne ho cinquantanove, ho il cancro ed è per questo che vado a questo ospedale. Lei crede che io debba morire davvero a sessanta? »

« Oh no, signore, lei ha un'aria assolutamente sana. Comunque che cosa dice il suo dio? »

« Non lo so, non ne ho uno in particolare, ma alcuni indovini mi han detto che diventerò vecchio. »

« Certo. Certo. Lei ha l'aria così sana! »

Siamo arrivati. Il sardar ferma la macchina, si volta, unisce le mani davanti al naso e, con un inchino a me e al suo dio che vede in me, mi saluta:

« Namaste. Buona fortuna. Buona fortuna ».

« Namaste, Sardar-ji. »

E in un attimo sono dentro al mondo bianco dell'ospedale per il mio appuntamento col liquido rosso e fosforescente.

Al ritorno feci la strada a piedi. Lentamente. Arrivato nella mia tana, ero stanchissimo e mi sedetti alla finestra. L'aria, ripulita dalla pioggia, era fine, cristallina; la vista bellissima, coi gratta-cieli dorati dal sole che tramontava su un lato della finestra e al lato opposto, nell'ombra, quelli freddi, d'acciaio. La strada sotto di me era piena di gente di tutti i colori, di tutte le razze, negli abbigliamenti più strani. Improvvisamente, in cielo, proprio so-pra il mio edificio, a filo dei tetti, arrivarono due grandi elicotteri militari. Un attacco? Un'invasione? I marziani? Fosse anche stato così, nessuno si sarebbe meravigliato. Gli americani vivono or-mai in una realtà che è quella dei loro film di fantascienza, dove tutto è possibile. Gli extraterrestri? Ci sono già stati. Il futuro non può essere diverso dal passato inventato dagli sceneggiatori di Hollywood. Se la televisione annunciasse che il Presidente è stato rapito, anche questo parrebbe normale: è già avvenuto in un paio di film che tutti hanno visto.

Gli elicotteri continuavano a volteggiare. L'umanità in mezzo a cui stavo era già quella del « giorno dopo ». E io, confuso dalla solitudine, serenamente in bilico, senza desideri, senza piani, ero come una conversazione telefonica messa in attesa, col sottofon-do d'una assurda musichina.

A volte mi sentivo davvero un estraneo, in America. Non soppor-tavo la banalità delle chiacchiere, la stereotipa cortesia della gente e quella elettronica delle voci computerizzate al telefono. Non sopportavo i due chili di inserti pubblicitari che dovevo buttar via dalla edizione domenicale del *New York Times* e l'invito standard di tutti i camerieri in tutti i ristoranti e in tutte le caffetterie a «Enjoy it», a godere, qualunque cosa fosse quell'*it*. Sotto Natale alla normale cacofonia della città si aggiunse il suono della banale canzoncina *Jingle Bells*: per le strade, nei negozi, negli ascensori.

Dopo una lunga camminata ero entrato in una libreria, ma non riuscii a starci che pochi minuti. *Jingle Bells* mi perseguitava. Anche lì soffiava, pioveva da ogni soffitto, aleggiava in ogni angolo: *Jingle Bells... Jingle Bells*. Insopportabile, ossessivo. Uscii di corsa e, sul marciapiede, c'era un uomo infreddolito, che, appena riparato da un telo di plastica appeso al suo barroccino, vendeva hot dog.

«Dov'è la prossima stazione della metropolitana?» gli chiesi.

«Alla fine di questo blocco, a sinistra.»

Dall'accento capii che era uno di quei miei cari ebrei russi coi quali anni prima, scrivendo *Buonanotte, signor Lenin*, avevo tanto discusso e riso e bevuto tè nell'Asia centrale.

«Spassiba», risposi.

Mi guardò come fossi un'apparizione. Con un calore che non avevo sentito in tutta la giornata, quasi titubante, ribatté:

«Pagialsta».

E, come rincuorati da un qualche riconoscerci, col sorriso sulle labbra, continuammo le nostre ugualmente strane vite in quel campo profughi, quella fornace umana, quel porto di salvezza, quel gulag dall'ottimo cibo che per tutti e due era New York.

I PEZZI DELL'IO

FRA I VARI esercizi, vecchi di almeno due millenni, a cui vengono sottoposti i giovani tibetani che aspirano a diventare monaci nella Scuola di Dialettica Buddhista a Dharamsala, ce n'è uno che tutti dovremmo fare ogni tanto nella vita: stabilire dove sta quella cosa a cui teniamo così tanto, il nostro io.

«Nel nome?» suggerisce il vecchio lama che presiede su due lunghe file di tavolini dietro ai quali, seduti per terra, stanno gli studenti. No, perché il nome può cambiare senza che l'io cambi. Eppure, quante persone si identificano col proprio nome! E quante si identificano ancora di più coi titoli che lo precedono! Ma è chiaro che l'io non può essere nel nome.

«Nel corpo?» chiede allora il vecchio monaco. Certo, l'io ha molto a che fare col corpo, al punto che si potrebbe dire che senza il corpo non c'è io.

«Ma dove sta nel corpo l'io?» insiste il lama mettendosi, divertito, a mimare i tanti modi con cui i vari popoli, dicendo «io», indicano una diversa parte del loro corpo. I cinesi dicono «io» e mettono l'indice della mano destra sulla punta del loro naso. Ma può l'io essere nel naso? Può essere nel cuore, sul quale di solito mettono la mano gli americani? O forse nella fronte, o nella testa che viene indicata come sede dell'io da quelli che, così facendo, sembrano comunque ritenere l'intelletto più importante dei sentimenti?

Gli studenti ascoltano, alcuni intervengono. La discussione va avanti per un po'. Poi il vecchio lama, dal tavolinetto dietro al quale siede su un'altana di legno, tira fuori una rosa e la tiene dinanzi a sé perché tutti concentrino lì la loro attenzione.

«Questo è un fiore, siamo tutti d'accordo?» e così dicendo ne stacca un petalo. «E questo, è un fiore? No! Questo è un petalo... e questo?» chiede retoricamente, indicando di nuovo la rosa. «Questo è un fiore.» Stacca ancora un petalo, poi ancora uno e un altro ancora, sempre chiedendo: «E questo cos'è?»

Alla fine, sul tavolino c'è un mucchietto di petali e nella mano del monaco il gambo spoglio della rosa. Il vecchio lama lo mostra a giro e chiede: «E questo, è un fiore? No. Questo non è più un fiore... Bene, lo stesso è vero per una mano », dice, alzando la sua sinistra in aria. « Se incominciassi a staccarmi un dito e poi un altro e un altro ancora, nessuna di quelle dita sarebbe la mia mano, e la mia mano presto non sarebbe più la mia mano. Allora? È esattamente così con tutto il nostro corpo. Non siamo anche noi fatti di tanti pezzi, ognuno dei quali però non è veramente noi...? »

Quando una cara, anziana signora, una di quelle che per il bene altrui fanno volontariato negli ospedali, venne, prestissimo al mattino, a chiedermi se volevo dire con lei una preghiera perché la mano del chirurgo, da lì a un'ora, andasse ferma e dritta là dove doveva andare e togliesse quel che doveva togliere, la mia mente risolverò il ricordo di una visita a Dharamsala nel Nord dell'India, dove il Dalai Lama vive in esilio, e si mise – senza che io la controllassi – a fare quell'esercizio. Dov'ero davvero io? E il chirurgo, che avevo ribattezzato The Lord, « il Signore », quanti pezzi poteva togliere dal mio corpo senza che scomparissi anch'io?

La mente non ebbe molto tempo per fare i suoi giochi. Una infermiera venne a chiedermi se, in caso di coma prolungato, intendevo autorizzare mia moglie a decidere quando staccare la macchina (« Sa, questa è la legge dello Stato di New York, deve capire... »), e il sufi del Kashmir venne a farmi una prima iniezione di anestetico con cui la mente prima si calmò, poi perse completamente coscienza di sé.

L'operazione – mi dissero poi – durò sei ore. Dove fosse il mio io in tutto quel tempo davvero non lo so. Era già fuori dal corpo? Oppure era ancora dentro, anche lui addormentato? come avviene nel sonno?... o nella morte? Quando mi risvegliai mi mancavano dei pezzi, ma la maggior parte di me, pur con vari tubi che entravano e uscivano qua e là, c'era ancora e con quella c'ero anch'io.

Il problema di me e dei pezzi era già incominciato all'ospedale di Bologna, dove avevo avuto la prima impressione che la medicina, con la quale non avevo avuto a che fare da molti anni, era notevolmente cambiata da come me la ricordavo e che il suo oggetto non ero tanto io come persona, quanto la mia malattia. A New York il problema era ancora più evidente.

Venivo mandato da un piano a un altro, spesso su una seggiola a rotelle, drogato da una roba che, dopo aver fatto il suo principale

effetto di addormentarmi per qualche ora, mi faceva essere attento e presente per una giornata a tutto quel che succedeva, ma mi
impediva poi di ricordare quel che era successo. Fogli in mano,
una cartolina di plastica con tutti i miei dati da presentare a ogni
fermata per far stampigliare, sulla base di quella, altri fogli – «la
mia carta di credito sulla vita», la chiamavo –, boccali di liquidi
colorati da ingerire, iniezioni che facevano venire grandi vampate
di calore in bocca, tubi, fili, attese... venivo messo davanti a delle
macchine – televisori, aggeggi sonar – o infilato dentro a un tubo
dalle luci fosforescenti in cui, con un rumore di tempesta, venivo
spinto avanti e indietro, disteso su uno stretto lettino, con la raccomandazione di trattenere il fiato il più a lungo possibile. Il tutto
per scoprire cosa c'era che non andava dentro di me. A ogni stazione si esaminava un pezzo del mio corpo: il fegato, i reni, lo
stomaco, i polmoni, il cuore. Ma l'esperto di turno non veniva
a toccarmi o ad auscultarmi. La sua attenzione era rivolta esclusivamente ai pezzi e neppure ai pezzi in sé, ma alla loro rappresentazione, all'immagine che di quei vari pezzi compariva sullo
schermo del suo computer, e ancor più all'elaborazione dei dati
che una stampante gli sfornava alla fine dell'esame.

Io stesso vedevo, ad esempio, il mio fegato ridotto a una tremolante macchia verde e rossa su un televisore; lo vedevo stac-
cato, estraneo, fuori dalla mia pancia, dove invece è stato per sessant'anni a prendersi tutte le botte che, nell'esuberanza della vita,
uno pensa non avranno conseguenze. Ma io, io-tutto, io-anche-
solo-l'insieme-di-quei-vari-pezzi non c'ero mai. Non venivo neppure consultato.

Il medico che nel corso di uno di questi esami scoprì il terzo
cancro, e alla cui accortezza debbo certo un supplemento di vita,
so che era una donna e che aveva i capelli rossi (cercavo di rico-
noscerla fra i tanti nella caffetteria), ma non potei né ringraziarla,
né darle un soprannome perché io quella non la vidi mai. A lei
bastò studiare l'intensità di una macchia che era cambiata nel giro di poco tempo sullo schermo di una delle sue macchine, le bastò notare che c'era una inspiegabile, ma statisticamente accertata
correlazione fra il mio malanno principale e quello nuovo, per tirare le sue conclusioni. Non ebbe bisogno di toccarmi, di parlarmi, o di chiedermi come mi sentivo.

Anzi, se ci fossimo incontrati avrebbe magari detto quel che
molti medici oggigiorno sostengono: che le impressioni del paziente sono inutili e che le immagini, le cifre, i tracciati sfornati

dalle macchine nei vari esami sono molto più affidabili. Per la medicina moderna, la sola ricerca da fare è nell'obbiettività di quei dati e non nella soggettività del malato: quella è la sola realtà. Il mio caso è certo una riprova di questa concezione perché il malanno che quella dottoressa scoprì non mi dava alcun fastidio, non mi provocava alcun sintomo, e quando io, soggettivamente, mi fossi accorto della sua esistenza, sarebbe stato magari troppo tardi. La macchina aveva saputo molto prima e molto meglio di me come stavo.

Indubbiamente c'era in questo approccio distaccato dal paziente e dalle sue reazioni qualcosa di estremamente positivo e di efficiente, ma il fatto che io venissi sempre più trattato come un insieme di pezzi, e mai come una unità, mi lasciava sottilmente insoddisfatto. Mi domandavo se la scienza alla quale mi ero affidato non fosse in fondo cieca come lo sono in una vecchia storia indiana i cinque protagonisti cui viene chiesto di descrivere un elefante. Il primo cieco si avvicina all'animale e gli tocca le gambe: «L'elefante è come un tempio e queste sono le colonne», dice. Il secondo tocca la proboscide e dice che l'elefante è come un serpente. Il terzo cieco tocca la pancia del pachiderma e sostiene che l'elefante è come una montagna. Il quarto tocca un orecchio e dice che l'elefante è come un ventaglio. L'ultimo cieco, annaspando, prende in mano la coda e dice: «L'elefante è come una frusta!»

Ogni definizione ha qualcosa di giusto, ma l'elefante non viene mai fuori per quel che è davvero. E i miei bravi medici non erano forse come quei ciechi? Certo! E lo erano perché erano scienziati, perché la scienza ha i suoi limiti e perché una descrizione *scientifica* dell'elefante – fatta da un fisico, da un chimico, da un biologo o anche da uno zoologo – è nella sostanza ridicola e parziale quanto quella dei vari ciechi.

Questo è il problema della scienza: è esatta, è precisa, è libera, ed è anche pronta a ricredersi sostituendo una teoria con un'altra, una vecchia verità con una nuova; ma resta, proprio perché scienza, irrimediabilmente limitata nella sua comprensione della realtà.

Guardare la realtà solo attraverso la lente della scienza è fare come l'ubriaco di Mullah Nasruddin, il mistico, mitico protagonista di tante belle, ironiche storie, originariamente mediorientali, ma ormai entrate a far parte della cultura popolare asiatica. L'uomo, dopo aver passato la serata a bere con gli amici, si accorge rientrando di aver perso la chiave di casa e si mette a cercarla nel fascio di luce dell'unico lampione lungo la strada. «Perché proprio lì?» gli chiede un passante. «Perché è l'unico posto in cui riesco a vedere qualcosa», risponde l'ubriaco.

Gli scienziati si comportano allo stesso modo. Il mondo che coi loro strumenti ci descrivono non è il mondo, è una sua parzialissima rappresentazione, un'astrazione che in verità non esiste. Come non esistono i numeri: utilissimi alla scienza, ma nella natura i numeri non ci sono.

Il mondo in cui uno si alza al mattino è fatto di montagne, di onde che sbattono spumeggiando contro le scogliere, di prati dove l'erba è verde, di uccelli coi loro gridi, di animali coi loro richiami e di tanti, tanti uomini con le loro vite. E che fanno i poveri scienziati dinanzi a tutto questo? Misurano, soppesano, scoprono delle leggi, analizzano i vari aspetti delle varie manifestazioni del mondo, e di ognuna spiegano tutto, senza però alla fine spiegare nulla. E comunque prendono in considerazione solo ciò che è ovvio, semplice, ciò che viene percepito dai sensi, senza potersi occupare delle emozioni, dei sentimenti, di ciò che impercettibilmente cambia la vita di ciascuno di noi, come l'amore, o cambia il mondo di tutti, come l'ingordigia.

Che fanno, ad esempio, gli scienziati-economisti? Studiano la domanda mondiale di un certo prodotto, fanno previsioni sull'andamento della Borsa di Hong Kong e calcolano a quale tasso di interesse le banche possono garantire i loro prestiti. Ma cosa sanno dirci sull'avidità che sta distruggendo il mondo in nome di quello che loro stessi, magari, definiscono «progresso»? Parole come «ingordigia», «avidità», «egoismo» non compaiono certo nei libri di economia e gli stessi economisti continuano a praticare la loro scienza come se non avesse niente a che fare col destino dell'umanità.

Un vecchio compagno di università che prima della chemioterapia ero andato a trovare a Chicago, dove ora dirige il laboratorio di ricerca di medicina nucleare della Northwestern University, mi aveva riassunto bene le frustrazioni di uno scienziato intelligente. Puntandosi l'indice alla fronte aveva detto: «So tutto su come funziona ogni tipo di cellula che sta qui dentro, ma non so come funziona il cervello». Da Pisa in poi, per più di trent'anni Enrico Mugnaini non ha fatto altro che studiare, prima da fisiologo, poi da biologo molecolare, quel pezzo del corpo; ma a forza di entrare in ogni pezzo dei vari pezzi che assieme fanno il pezzo chiamato cervello, alla fine era al perso. «La medicina è biologia, non è matematica», diceva.

Spesso, avendo a che fare coi miei medici dell'MSKCC, tutti specializzati, tutti bravi, tutti frutto di una dura selezione che portava lì da tutto il mondo i migliori di ogni settore, pensavo al dottor Macchioni, quello che da piccolo, quando ero malato, veniva a visitarmi a casa: il medico di famiglia.

Mia madre, aspettandolo, metteva su una seggiola una bacinella piena d'acqua, una saponetta nuova in un piattino e un asciugamano fresco e profumato sulla spalliera. Lui arrivava, elegante, con gli occhiali cerchiati d'oro, posava sul letto la sua valigetta di cuoio, si faceva raccontare le ultime novità, mi metteva lo stetoscopio di legno sul petto e sulla schiena, mi faceva respirare profondamente, dire «trentatré», mi guardava negli occhi, mi faceva tirare fuori la lingua, contava i battiti del polso, si lavava le mani e poi asciugandosele con grande cura, dito per dito, dava il suo responso. Per me, bambino, c'era qualcosa di magico nel suo modo, sicuro e pacato, di muoversi e di parlare. Lui stesso era una medicina. Mi aveva visto nascere, aveva visto due mie zie morire, giovanissime, di tisi e mia nonna di vecchiaia. Sapeva tutto di tutti e io mi sentivo già meglio quando mia madre lo riaccompagnava alla porta e aspettava finché lui non fosse arrivato in fondo alle scale, ripetendo: «Grazie, dottore, grazie».

Nella vita ho avuto varie volte a che fare con dei medici e, per fortuna, il più delle volte mi sono capitate persone di quel tipo. Quando a diciott'anni mi ritrovai in ospedale con un polmone infetto e, dopo mesi di cure inefficaci, la sola soluzione parve quella di tagliarmelo via, fui ripreso per i capelli da un vecchio primario fiorentino che, usando tutta la sua esperienza e una nuova medicina appena arrivata sul mercato, salvò il mio polmone e con quello il mio progetto di ciò che volevo diventare.

Anni dopo, un altro medico, questa volta svizzero, salvò Angela dalle conseguenze negative di una terapia che scientificamente sembrava inevitabile. Angela aveva trentatré anni, aveva appena avuto il cancro al seno, era stata operata e aveva fatto un ciclo di cobaltoterapia, a quei tempi molto rudimentale, per giunta fatta a Singapore! Si trattava di decidere se doveva cominciare – e continuare poi per tutta la vita – a prendere una serie di diavolerie che non venivano più prodotte naturalmente dai pezzi che il chirurgo aveva dovuto portar via dal suo corpo. Tutti i medici che avevamo consultato erano del parere che questo supplemento era indispensabile, anche se si sapeva che avrebbe provocato degli effetti collaterali. Uno di questi medici mi disse che Angela avrebbe presto sviluppato una peluria facciale e molto probabilmente i baffi!

Istintivamente l'idea di prendere una medicina per tutta la vita non ci piaceva. Finimmo così in una clinica svizzera e lì, dopo alcuni giorni di esami, il vecchio endocrinologo di ottant'anni fece ad Angela una strana domanda: «Lei ha una vita felice? Si sente amata?»

Non so esattamente che cosa Angela gli rispose perché lui mi aveva chiesto di aspettare fuori dalla porta, ma quando chiamò anche me, disse che, a suo parere, Angela non aveva bisogno di prendere niente e che noi due e i nostri figli, allora ancora piccolissimi, potevamo riprendere la nostra vita senza tante preoccupazioni. Un genio! Uno che evidentemente non riduceva tutto a una questione di chimica e che riconosceva alla mente e alla psiche un ruolo importante – forse importantissimo – nel mantenimento del corpo. Dal punto di vista puramente scientifico avremmo dovuto affidarci a una compensazione chimica, ma lui scommise che il ritorno a una normale vita di affetti e di serenità avrebbe avuto un risultato simile a quello delle medicine, senza però tutti gli effetti collaterali. Son passati trent'anni... e in famiglia i baffi li ho avuti finora solo io!

Purtroppo, quella figura di medico che conosce bene non solo la sua materia, ma anche la vita, che ha una solida formazione scientifica, ma concepisce ancora la medicina come un'arte, in Occidente non esiste più e non viene più prodotta. I medici che oggi escono dalle nostre università pensano ormai esclusivamente in termini di malattie, non di malati. Il paziente è il «portatore» di un male; non è una persona inserita in un suo mondo, con o senza una famiglia, felice o infelice del suo lavoro. Nessun medico va più a casa dell'ammalato, vede la sua quotidianità, capisce i suoi rapporti affettivi. Non ne ha più il tempo. Non ha più la curiosità, l'atteggiamento.

Per questo il malato sia in Europa che in America si sente sempre meno capito dal nuovo medico-funzionario che fa domande soprattutto per riempire dei formulari, o dal medico-specialista che è esperto solo di un pezzo del suo corpo e che di quel pezzo si occupa come se non fosse parte di qualcuno.

Succede così che sempre più persone si rivolgono a questa o quella medicina «alternativa», e che in un paese come gli Stati

Uniti, dove la specializzazione è più spinta che altrove, il numero annuo delle visite fatte dagli «alternativi» è già superiore al numero delle visite fatte dai medici normali.

La medicina alternativa promette al paziente un approccio personalizzato, gli dà l'impressione di considerarlo nel suo insieme, cerca magari le ragioni del suo mal di testa nella pianta dei piedi, reintroducendo così nel rapporto medico-ammalato quell'elemento di mistero e di magia che già di per sé sembra avere un effetto terapeutico. Il tutto è più gradevole.

«Mi dica, signora, quando va al gabinetto, le sue feci galleggiano o vanno a fondo?» «Fra un cioccolatino e un limone, lei cosa preferisce mangiare?» «Se in una foresta lei si trovasse davanti a una bestia feroce quale sarebbe la sua reazione? Cercherebbe di scappare o di salire su un albero?» Angela era divertita e rispondeva come meglio poteva.

Eravamo in India da un paio di anni, si era ferita al dito di un piede e tutte le pomate, gli antibiotici e le compresse che le erano stati prescritti da uno dei medici di formazione occidentale raccomandati dalle ambasciate non le erano serviti a nulla. La ferita, anzi, peggiorava. Un amico indiano aveva suggerito di andare a vedere un medico ayurvedico, io avevo telefonato al presidente della loro associazione e quello, gentilissimo, ci aveva ricevuti a casa sua, nel centro di Delhi. Il posto era modesto, l'atmosfera rilassatissima. Il medico si interessò ai sogni di Angela, le chiese che vita faceva, che cosa, quand'era bambina, pensava di fare da grande, le fece disegnare una casa e una barca e le sentì i due polsi. Il piede quasi non lo guardò. Alla fine di questa consultazione, durata circa un'ora, ci dette una ricetta. Andammo in una vecchia farmacia ayurvedica a Connaught Place e lì, sotto i nostri occhi, ci furono preparati tanti involtini di carta bianca, simili a quelli a cui eravamo abituati in Cina, con dentro delle polveri da prendere con l'acqua.

Angela bevette il tutto agli intervalli prescritti, ma il dito non migliorò. La prima esperienza con l'ayurveda non fu così molto incoraggiante e Angela si tenne la sua brutta ferita ancora per alcune settimane... finché una sera un vecchio collega di *Newsweek* venne a cena portando con sé una donna stranissima: quarant'anni, alta, segaligna, bella ma spigolosa, come indurita da una vita difficile che le aveva anche cariato gran parte dei denti. Era au-

straliana. Una decina di anni prima aveva lavorato come giornalista a Hong Kong, lì aveva conosciuto un giovane indonesiano,
l'aveva sposato, e per poterlo seguire in un piccolo villaggio, su
per uno dei fiumi nell'isola di Borneo da dove lui veniva, si era
fatta musulmana. Aveva studiato l'indonesiano e si era adattata
alla strana vita di quel posto dominato, come il resto dell'Indonesia, dalla magia.

Le storie che Nur – «luce», questo era il suo nuovo nome in
arabo – raccontava erano davvero di un altro mondo. Era da poco
arrivata nel villaggio del marito, unica donna bianca che ci avesse mai messo piede, quando al mercato il venditore di ortaggi da
cui aveva cominciato a servirsi un giorno le disse: «Stasera vengo a trovarti. Se vedi un coleottero d'argento non lo uccidere. Sono io». Quella sera Nur vide un insetto entrare dalla finestra, lo
vide fare il giro della casa e rivolare via, ma pensò a una coincidenza. La settimana dopo però, al mercato, l'ortolano le fece una
descrizione esatta delle sue varie stanze e l'avvertì: «Fai attenzione, in casa tua ci sono degli spiriti maligni». L'uomo aveva
ragione: presto il matrimonio di Nur cominciò a fare acqua e il
bomoh, lo stregone locale, e la sua famiglia cominciarono a farle
guerra cercando di costringerla a partire. Le galline di Nur, col-
pite dalla magia nera del bomoh, smisero di fare le uova, i fiori
nel suo giardino appassivano appena fioriti, certi oggetti di casa
improvvisamente scomparivano, mentre dei chiodi arrugginiti
comparivano misteriosamente nei cassetti.

Non volendo darsi per vinta, Nur, con l'aiuto segreto del verduraio-coleottero, si era messa a studiare la magia bianca, aveva
imparato a rispondere, colpo su colpo, alle pratiche nere del bomoh, era rimasta nel villaggio anche dopo la partenza del marito
ed era diventata, grazie ai poteri acquisiti, una guaritrice. Si era
da poco trasferita a Giacarta, dove era già nota per curare vari tipi
di malattie.

Anche una ferita al piede? Certo. Nur venne ogni giorno a casa, fece distendere Angela su un divano in salotto, tirò le tende,
mise della musica indonesiana, bruciò dell'incenso e accarezzò il
piede, raccontando ad Angela della vita in Borneo e chiedendole
della sua. In capo a una settimana la ferita era rimarginata.

Sarebbe piaciuto anche a me farmi curare da Nur, stare semplicemente disteso nella penombra di una bella stanza profumata d'in-

censo ad ascoltare musica gamelan, a seguire altre sue storie e a raccontarle le mie. Ma il mio problema non era esattamente quello di un dito marcito e non avevo tempo per fare esperimenti.

«Prova. La medicina alternativa non ha effetti secondari. Al massimo non ti fa niente», uno si sente dire. E quella può diventare una trappola mortale. Quanta gente, pensando di evitare le mutilazioni della chirurgia, le devastazioni della chemio e i pericoli impliciti nella radioterapia, si affida a soluzioni apparentemente più facili e più promettenti! La madre cinquantenne di un amico si era messa nelle mani di un «guaritore» per un cancro al seno. Quello le faceva bere dei grandi infusi d'erbe e valutava i progressi della «cura» con l'aiuto di un pendolo. Quando, dopo alcuni mesi, la donna si decise a tornare dal chirurgo che le aveva proposto l'asportazione del seno con buone possibilità di sopravvivenza era ormai troppo tardi. Aveva perso del tempo prezioso. Morì.

Negli ultimi anni questo è diventato un problema particolarmente serio perché certe pratiche, che in passato erano limitate a una fascia ristretta della popolazione esposta alle ventate californiane della new age o alla moda dell'esotismo orientale, sono ormai alla portata di tutti e si stanno diffondendo, come la gramigna, in ogni città e quasi in ogni quartiere d'Europa. A Firenze, un semplice artigiano, un tappezziere venuto a casa a rifare un divano, ha cominciato un giorno a parlarmi dei chakra e dei «flussi di energia» coi quali un «pranoterapeuta» gli aveva fatto credere di poter curare il suo cancro al colon evitando così il chirurgo. Persino a Orsigna, il paese di cento anime nell'Appennino tosco-emiliano dove passo le estati, un amico pastore mi ha raccontato recentemente che faceva ogni settimana qualche centinaio di chilometri in macchina per andare da una «maga tibetana». Nel suo caso, fortunatamente, si trattava di un dolore a una gamba che lo faceva zoppicare. Al massimo rischiava che quella donna lo... guarisse.

Il problema è che non ci sono più filtri, non ci sono più controlli. Tutti credono di sapere tutto, tutti si sentono in grado di giudicare. Le leggi sono inadeguate e la caotica, indiscriminata valanga di informazioni prodotta da internet ha creato quell'ormai diffusissimo sapere a metà che è la peggiore e la più pericolosa forma di ignoranza. In questo vuoto di vera e onesta conoscenza, persino il buon senso viene meno e ogni ciarlatano finisce per avere buon gioco con la gente.

Un tempo, il medico, l'avvocato, l'architetto, l'ingegnere esponevano, a garanzia delle loro prestazioni, la pergamena col proclama della laurea firmata dal rettore dell'università che gliela aveva conferita. Oggigiorno, questa non è più, di per sé, una grande garanzia e comunque nessuno ci fa più caso. La storia di una guarigione, il sentito dire, a volte il semplice suono di una parola esotica sostituiscono le tradizionali garanzie. Né giudici, né associazioni professionali sono ormai più in grado di proteggere il cittadino. Il cittadino stesso, «liberato» come si sente, non vuole più essere protetto. Dopo tutto, anche in questo, come ormai in ogni aspetto della vita «moderna», chi decide è il mercato e la speranza è la merce di cui non sembra mai esserci un sovrappiù. Chiunque venda speranza ha clienti. E se poi quelli finiscono per essere delle vittime, affar loro. Anzi, colpa loro!

Uno degli aspetti più attraenti delle terapie alternative è che il paziente deve partecipare al processo di guarigione, che molto dipende da lui, dalla sua volontà. Questo però vuole anche dire che, se qualcosa non funziona, non lo si può imputare alla cura: è lui che non ce l'ha messa tutta. I ciarlatani hanno così una perfetta giustificazione per la loro inefficienza.

Spesso il consiglio di rivolgersi alla medicina alternativa – e già il termine «medicina» è nella maggior parte dei casi una millanteria – è dato assolutamente in buona fede. Certo era in buona fede quello che io ricevetti da Dan Reid, vecchio compagno di studi cinesi in America, diventato esperto di taoismo, di buddhismo, di qi gong, di medicina orientale e di tanti altri aspetti dell'occulto, che lui pratica e su cui ha scritto vari libri tradotti in tante lingue.

Da New York, nel mezzo della chemioterapia, gli avevo scritto un'e-mail per dirgli del mio scoop, di quel che stavo facendo, e per chiedergli aiuto su quel che avrei potuto fare dopo per ristabilire il mio equilibrio, rafforzare il mio sistema immunitario e mettermi alla ricerca dei piccoli tesori che sapevo essere nascosti nelle pratiche di cui lui si occupava. Mal me ne incolse. Nel giro di qualche ora la risposta bruciava sullo schermo del mio computer: ero pazzo a essermi messo nelle mani «degli assassini in camice bianco»! Quelli avrebbero cercato di uccidere il mio cancro avvelenandolo, ma con ciò avrebbero avvelenato me. Certo che era una questione di vita o di morte, ma anche di qualità della vita dopo! L'ultima cosa che dovevo fare era la chemioterapia; che smettessi subito di distruggere il mio organismo, perché con i danni inflitti da quel trattamento, specie al fegato e al sangue, poi non avrei potuto fare nient'altro. Come avevo osato fare tutto questo senza prima consultarmi con lui? Come avevo potuto, dopo una vita spesa in Asia, affidarmi a «quella merda della cosiddetta scienza medica occidentale»?

Cosa suggeriva Dan? Dovevo *immediatamente* chiamare un numero di San Francisco e fissare un appuntamento telefonico con una veggente, una psichica, una grande guaritrice capace di «vedere» tutto anche a distanza. «In trent'anni di pellegrinaggi in Asia alla ricerca di maestri spirituali e grandi guaritori, dall'India alla Cina al Tibet, non ho mai incontrato nessuno che anche minimamente si avvicinasse ai poteri e alla visione di questa donna», mi scriveva Dan. «Te ne accorgerai tu stesso... e se poi vuoi sapere di più su ciò che fanno i tuoi amici dell'MSKCC ai loro pazienti di cancro, leggi...» e qui seguiva una piccola bibliografia che in parte già conoscevo e l'indirizzo di alcuni siti internet in cui avrei trovato altre storie contro il mio, a quel punto ben amato, ospedale.

Il messaggio di Dan non mi toccò. Ero al corrente delle teorie secondo cui l'MSKCC era coinvolto con la grande industria farmaceutica nel negare qualsiasi validità ai trattamenti alternativi da cui quell'industria non traeva profitti; avevo letto che, in passato, alla testa dell'ospedale che cura il cancro c'era stato inspiegabilmente un personaggio legato all'industria del tabacco che contribuisce significativamente all'insorgere del cancro. Ma questo non cambiava la mia convinzione che quella era la migliore scommessa che avessi potuto fare.

Sono certo che se mi fossi messo in contatto con quella donna, avrei fatto un'interessante esperienza. Lei avrebbe «visto» il mio intero io coi suoi sette strati e con l'aura di vari colori attorno al corpo; lei mi avrebbe fatto «pensare positivamente» e mi avrebbe fatto partecipare alla «mia cura». Tutte cose di cui all'MSKCC di New York nessuno voleva sentir parlare.

Avessi avuto la scarlattina o magari anche un raffreddore da fieno, le avrei telefonato, se non altro perché, per una veggente, aveva un nome appropriatissimo: si chiamava Santa Chiarezza.

Ero convinto di aver fatto la scelta giusta, ma al tempo stesso mi rendevo sempre più conto che la medicina a cui mi ero affidato – proprio perché scienza e non magia, perché radicata nella fisica e non nella metafisica, perché fondata sulla ragione e sulla sperimentazione e non sulla intuizione – non poteva andare al di là delle apparenze, dei fatti, di ciò che è percepibile dai sensi. E questo approccio mi lasciava come un vuoto, un vuoto di comprensione perché ero sempre più persuaso dell'esistenza di qualcos'altro dentro le cose, un qualcos'altro che la scienza, per come sono fatte le sue reti, non riesce a pescare nel mare della realtà. Qualcosa che è importante. Forse più importante di tutto il resto.

Il fatto di non poterlo pescare non prova nulla, tranne che le reti non sono quelle adatte. La scienza cerca di capire e di spiegarsi il mondo facendolo a pezzi, misurandolo, pesandolo, osservandolo e possibilmente riproducendolo. Come può allora cogliere il fuoco che è in un pezzo di legno? L'albero che è in un seme, la gioia o la tristezza che covano nel petto di tutti?

Ma non era questo che chiedevo ai miei medici. Capivo che scientificamente non potevano spiegarmi perché un tegolo casca in testa a qualcuno che passa in quel momento sotto casa; perché una pallottola colpisce il mio vicino e non me. Ma come potevano non prendere in considerazione la possibilità di un rapporto di causa ed effetto fra la mia vita, le cose che ho fatto, quelle che ho visto, le mie frustrazioni, la mia depressione, e l'impazzire delle mie cellule?

Se è vero che la faccia di una persona è lo specchio della sua vita, che vi si possono leggere le sue delusioni e le sue gioie, perché allora la vita che uno ha fatto non deve aver lasciato una qualche traccia appunto nel fondo della sua materia: nelle cellule? Quel che volevo dimostrare, se non altro a me stesso, era che il cancro che avevo era il *mio* cancro. Non certo per farmene una colpa, ma piuttosto perché, se avevo avuto un ruolo a scatenarlo, ora ne potevo avere uno a metterlo sotto controllo. Forse era solo una questione di atteggiamento, ma per me era importante.

Il grande mistico indiano dell'Ottocento, Ramakrishna, i cui racconti e le cui parabole sono ancora oggi sulla bocca di tanta gente, diceva che ci sono due modi di salvarsi: il modo del gatto che da piccolo, senza dover far nulla, viene preso per la collottola dalla mamma gatta e portato a spasso, e il modo della scimmia che, appena nata, deve imparare ad attaccarsi con tutte le forze al pelo della madre. C'è sempre una «mamma» – una sorte – a portarci in salvo. Io alla mia volevo con tutte le mie forze dare almeno una mano.

« Lei pretende troppo se crede di essere la causa del suo cancro », mi disse Lucio Luzzatto – sessant'anni, piccolo, magrissimo, genovese, con un lungo passato in Africa prima di diventare il capo della ricerca genetica dell'MSKCC – quando lo andai a trovare per farmi spiegare appunto in che modo nasce un cancro.

Come sanno fare solo i veri intellettuali che non han bisogno, per darsi importanza, di complicare il semplice, Luzzatto semplificò per me quel che era complicato. Se capii bene, le cose stanno così: il cancro è una malattia genetica delle cellule somatiche. Malattia genetica vuol dire che la sua base è nei geni. I geni sono alla base del DNA, il nostro codice di identità. Ognuno ha il suo. Ogni DNA è composto da circa centomila geni. Questi geni determinano quel che siamo e quel che saremo. Nei geni c'è il colore dei capelli che avremo da giovani e da vecchi, la lunghezza del naso e quella della nostra vita. In qualche modo, i geni sono il nostro « destino ». Questi geni si riproducono replicandosi, cioè facendo copie esatte di se stessi. E qui comincia il problema, qui può nascere il cancro, perché è praticamente impossibile che i geni si riproducano all'infinito tutti esattamente alla stessa maniera. La possibilità di un errore – anche di uno solo su un milione di copie – è naturale quanto è naturale che un amanuense, copiando l'intera Bibbia, commetta una svista nella trascrizione. L'errore può essere minimo ma, in quanto ereditabile, costituisce una mutazione che, come tale, si riprodurrà nella prossima replica, poi in quella dopo e così via.

Fra queste mutazioni ci sono quelle che non hanno alcuna conseguenza; altre che rendono la cellula non più funzionante, per cui incapace di riprodursi e la cosa finisce lì. Alcune invece provocano una variazione nella cellula, e queste sono le mutazioni pericolose.

La mutazione – Luzzatto tenne a ripetere – è un errore casuale, non « cattivo », anzi, è un fatto assolutamente naturale. « Se non ci fossero mutazioni non ci sarebbe evoluzione », disse. Di per sé, una mutazione non provoca il cancro. Solo quando a una mutazione ne segue un'altra e poi un'altra ancora, il problema diventa serio. « Nel suo caso ad esempio ci sono volute almeno cinque mutazioni successive e tutte, se lo ricordi, tutte casuali! Casuali! »

Come il giovane capo della ricerca che si credeva sul punto di trovare la combinazione segreta della cellula, anche Luzzatto era convinto che la scienza medica sarebbe presto arrivata a evitare quelle mutazioni.

«Lei capisce che non può aver influito su quelle mutazioni», concluse. «Però, se proprio vuole sentirsi responsabile di qualcosa si occupi del suo sistema immunitario. Quello è altamente personalizzato: persino due gemelli identici hanno due sistemi immunitari completamente diversi. Quello è come lo vuole lei, è *suo*! In qualche modo lei ha a che fare con la risposta immunitaria, quindi con quel che succederà al suo cancro e a lei in generale.»

Finalmente! Non dovevo più essere un semplice spettatore della mia malattia e di quel che la malattia avrebbe fatto di me. C'era qualcosa che io stesso potevo fare! Avevo un ruolo, una responsabilità. Il mio futuro dipendeva anche da me.

Sarei stato ore a fare lo studente con un maestro come lui. Luzzatto era uno scienziato che non mi faceva rimpiangere nessuno sciamano! Lasciandolo gli posi una domanda che in quei giorni mi ronzava in testa: che cos'è esattamente una malattia?

Mi guardò come guarda solo chi ha alle spalle una vecchia cultura che per secoli ha fatto capriole coi suoi migliori cervelli, e con un disarmante sorriso rispose: «È un tema affascinante, ma mi è più facile parlare di cancro. Su quello almeno ho un paio di idee chiare».

La conversazione con Luzzatto mi dette da pensare. Scrivendo *Un indovino mi disse* avevo cercato, con notevole scetticismo, debbo dire, di capire se era possibile che il destino di una persona potesse essere scritto, ad esempio, nelle linee della sua mano e che qualcuno fosse in grado di leggerlo. Ma c'era poco da essere scettici! Se, come sosteneva Luzzatto, il destino è definitivamente scritto nei geni di ogni individuo, e se quelli come lui sono ormai capaci di leggerlo, come non pensare allora che possa essere anche scritto nel palmo di una mano? La sola differenza è che la lettura nei geni è più moderna, non è ammantata di mistero. È scientifica. E con questo è anche molto, molto più inquietante. Il fatto di poter letteralmente «leggere il futuro» di una persona nei suoi geni apre incredibili possibilità di manipolazione, non tutte benvenute come quella di spengere l'interruttore che provoca il cancro. Presto, quando la mappa del genoma umano sarà completata, gli scienziati, o meglio le poche società che si sono impossessate di questa ricerca e dei relativi brevetti, avranno l'esclusiva sul progetto genetico della nostra specie e la proprietà dei vari mezzi di intervento e di clonazione. Alcune aziende si specializzeranno nella produzione di embrioni capaci di soddisfare le richieste dell'ultima trovata consumistica: bambini su ordinazione (maschio, longevo, capelli biondi e occhi blu); mentre altre offriranno i loro servizi ai datori di lavoro che vogliano selezionare fra i candidati da assumere quelli che, dalla lettura del loro futuro nel codice genetico, risulteranno avere la minore predisposizione al cancro alla prostata o al seno.

Le immaginabili e inimmaginabili conseguenze della combinazione di questa nuova scienza genetica con l'uso sempre più sofisticato di potenti computer mi fanno paura. È come se l'uomo fosse davvero arrivato a immaginarsi di poter fare la parte di Dio e fosse sul punto di mettere in scena una sua personalizzata minicreazione. Ma Iddio glielo lascerà fare?

Non ricordo in quale lingua ci parlassimo, ma forse fu in inglese perché in qualche modo Luzzatto, pur avendo fatto medicina in Italia, non era più un medico italiano, di quelli che arrivati alla sua posizione non si abbottonano il camice – simbolo sacerdotale, come per gli sciamani i teschi e le ossa di animali appese al collo – anzi, se lo lasciano di proposito svolazzare, quando incedono per le corsie col loro codazzo di assistenti, e hanno con tutti, compreso il malato, un rapporto di tipo padronale. Li chiamano «baroni», ma loro si prendono soprattutto per dei Padreterni.

Coi medici americani era vero il contrario: si prendevano al massimo per dei meccanici specializzati. Nella grande caffetteria al piano terra dell'MSKCC dove tutti, a colazione o all'ora di pranzo, col vassoio in mano, facevano la coda al self-service, era impossibile distinguere chi era medico, infermiere o tecnico.

Vivendo nel mondo dei malati, mi resi conto che un'altra delle ragioni che portano certe persone ad abbandonare la medicina classica per quella alternativa è proprio l'atteggiamento dei medici, il loro non tener conto della sensibilità del paziente, il loro essere, a volte per fretta, a volte addirittura per esigenze legali, semplicemente brutali.

La storia di Ludovico in questo senso è particolarmente significativa. Per me poi, questa storia ha risvolti che ancora oggi mi lasciano profondamente perplesso.

Ludovico non era il solito amico di amici che telefona per essere invitato a pranzo e avere consigli su dove andare e cosa comprare in India. Lui aveva letto un mio libro, era di passaggio a Delhi e aveva provato a fare il numero che si era fatto dare dal-

l'ambasciata italiana... e io fui fortunato perché, quando già stavo
per mettere il mio solito disco: «Grazie. Sto partendo. Peccato.
Ci vedremo la prossima volta», mi venne da chiedergli:
«Scusi, ma lei che fa nella vita?»
«Io? Faccio il malato esperto.»
Era una risposta insolita, insolito era l'uomo e insolito è stato
da allora il succedersi di eventi che, visti col senno di poi, fanno‘
pensare che forse c'è davvero nelle nostre vite qualcosa che il
senno non capisce, qualcosa che sta dietro all'ovvio e che sfugge
alla ragione.
Quando telefonò, Ludovico aveva quarantasette anni; aveva
fatto vari mestieri ed era arrivato a quello di «malato esperto»
dopo che, essendogli stato diagnosticato un cancro, i suoi medici
italiani gli avevano fatto fare la chemioterapia. L'esperienza era
stata per lui un dramma. Durante l'intera terapia si era sentito un
numero, i medici non gli avevano dato granché per alleviare gli
effetti negativi del cocktail e, quando alla fine dei vari cicli era
andato a chiedere al medico responsabile se poteva considerarsi
guarito, quello prima aveva evitato di rispondere, poi, secco, gli
aveva detto: «Di cancro non si guarisce. Se lo metta in testa una
volta per tutte».
Per Ludovico quella condanna era inaccettabile e da allora si
era messo a cercare qualcosa o qualcuno che non gli togliesse così brutalmente ogni speranza. Un'amica canadese gli aveva suggerito di provare Caisse Formula, una pozione di erbe usata da
una tribù di indiani d'America per curare varie malattie, fra cui
il cancro. Ludovico ne era diventato un convinto, quotidiano con-
sumatore e, lentamente, un propagandista. Attraverso quella indi-
struttibile catena di sant'Antonio che è la speranza, prima alcune,
poi decine di persone, scettiche in partenza verso la medicina ortodossa o bruciate da quella, si erano rivolte a lui per avere consigli su come procurarsi quella «miracolosa» pozione. Era venuto in India per studiare un po' di medicina locale e conoscere medici ayurvedici da far venire eventualmente in Italia.
Angela e io passammo un paio d'ore ad ascoltarlo. Mi piacevano i suoi occhi chiari, il suo calore, la sua sincerità. Ma io in
quel momento non avevo alcun personale interesse alla sua storia, né di malato, né di esperto in terapie alternative. Stavo benissimo, il cancro era «degli altri», e non avevo alcuna intenzione
di scrivere di medicina indiana, visto che quello era ormai diventato un soggetto giornalisticamente di moda di cui avevano già

scritto in tanti. Solo per curiosità, una volta che Ludovico lasciò casa nostra, andai su internet a vedere cosa c'era su quella pozione di cui io non avevo mai sentito parlare prima. Trovai centinaia di pagine, ne lessi alcune e la storia per me finì lì... finché, alcuni mesi *dopo* quell'incontro, anche a me venne diagnosticato un cancro, e uno dello stesso tipo di quello di Ludovico. Coincidenza, si dice. Forse, dico io, che al momento non ho altra spiegazione. Eppure, che strana coincidenza!

Da allora le nostre vite sono rimaste intrecciate. La sua esperienza e la sua presenza mi sono state di grande aiuto. Mentre io stavo ancora a New York, Ludovico, nonostante la «miracolosa» pozione a cui si era affidato, ebbe una ricaduta nel vecchio malanno. Dopo mesi di incertezza fra il continuare a credere in quel che aveva convinto anche tanti altri a credere o ammettere il fallimento e rimettersi in mano alla medicina classica da cui era fuggito, Ludovico finì per tornare alla chemioterapia e a un trapianto del midollo. Nel frattempo ha imparato a non chiedere più se è guarito e sta bene. Per aiutarsi a «credere» continua anche a prendere la sua pozione.

Io invece non posso evitare di chiedermi ancora che cosa davvero ci fece incontrare a Delhi e ho difficoltà a pensare che fosse solo un «caso».

Un giorno, davanti alla porta della mia tana di New York, trovai un pacchetto lasciato dal postino. Dentro c'era, involtato in una carta velina gialla, un kata, uno di quei lunghi e stretti foulard di seta bianca che, una volta toccati, e con ciò benedetti, da un qualche importante lama, i tibetani si mettono addosso come protezione o tengono in casa appesi a un tanka, una pittura sacra, o attorno a una loro immagine di Buddha. Quello veniva direttamente dal Dalai Lama.

Un amico e collega di *Der Spiegel* era andato da Amburgo a Dharamsala per intervistarlo. Alla fine dell'incontro avevano parlato di me, del fatto che non ero lì, ma al Memorial Sloan-Kettering Cancer Center e il Dalai Lama, tenendo quel kata con le due mani, se l'era portato cerimoniosamente alla fronte, ci si era concentrato per alcuni secondi e lo aveva dato all'amico perché me lo recapitasse... con una raccomandazione: «Nel caso le mie benedizioni non bastassero, gli dica anche di prendere tutte le medicine che gli danno».

Sempre lui: grande nella semplicità, ironico anche su se stesso e pieno di quella qualità che, pur non essendo affatto comune, gli inglesi chiamano *common sense* e che forse per questo in italiano si chiama «buon senso».

L'ultima volta che l'avevo incontrato, il Dalai Lama, «l'Oceano di Saggezza», era fortemente raffreddato e aveva da settimane una persistente raucedine che preoccupava molto il fratello dal quale abitavo. «Santità, lei si cura con la medicina tibetana o con quella occidentale?» gli chiesi. Questo gli fece ricordare che era in ritardo. «Con tutte e due», rispose con una delle sue belle e contagiose risate. E si affrettò a mandar giù un occidentalissimo antibiotico, bevendoci su la pozione tibetana che un assistente era poco prima venuto a mettergli, calda fumante, sul tavolinetto accanto al quale stavamo seduti nel suo studio a Dharamsala.

Il kata andò ad avvolgere il piccolo Buddha che stava sopra il davanzale della mia finestra-acquario su Central Park. E così ogni giorno, prendendo le medicine, pensai anche alle benvenutissime benedizioni del Dalai Lama di cui quella striscia di seta bianca era – forse – carica.

Nel 1993 ero stato in ritiro per dieci giorni nel Nord della Thailandia e avevo seguito un corso di meditazione Vippasana tenuto da John Coleman, un carissimo americano, ex agente della CIA, diventato buddhista. A quel tempo «meditare» era ancora una espressione insolita e io stesso, pur vivendo in Asia, ne avevo a malapena sentito parlare come di qualcosa per gente con tempo da perdere, al massimo come un diversivo, un esperimento in spiritualità per hippy in vacanza.

La situazione da allora è notevolmente cambiata: specie in Occidente. «Meditazione» è oggi una parola entrata nel linguaggio comune e tanta gente dice di praticarla, o almeno così crede di fare. La parrucchiera all'angolo medita; medita il guidatore dell'autobus, meditano le segretarie d'azienda, gli impiegati di banca; meditano le donne di mezza età, frustrate dal vuoto nelle loro vite, e meditano i giovani che lavorano in Borsa così che la loro mente – sperano – sia più capace di concentrazione e di successo.

A causa di quel mostruoso e scoraggiante processo di trivializzazione che fa di ogni piccola scoperta l'oggetto di una moda e di ogni piccolo segreto un prodotto da mettere in vendita, la meditazione è ormai arrivata nei supermercati. Gli annunci di nuovi corsi di meditazione stanno accanto a quelli per l'adozione di un cane o una coppia di gatti siamesi. Nelle librerie, i volumi sulla meditazione sono esposti assieme a quelli sullo yoga, il reiki, l'occultismo, i tarocchi, il buddhismo tibetano, il qi gong, il taoismo, l'*I Ching*, la medicina dei pellirossa e quelli sul viaggiare astrale. Nella catena americana Barnes & Noble, dopo le sale dedicate alla storia, alla letteratura, alle scienze e alle biografie, ci sono quelle per i libri di self-help, new age, astrologia e salute. Chi non ha voglia di leggere può imparare a meditare coi libricassetta, da ascoltare magari guidando sull'autostrada. Tutto è ormai alla portata di tutti e con questo tutto ha perso quell'intrinseco valore che, specie nel caso di certe pratiche spirituali, era legato alla difficoltà della scoperta, al senso «segreto» dell'insegnamento.

Un discepolo doveva servire per anni il suo maestro, andargli a prendere l'acqua, tagliargli la legna, spazzargli la capanna, finché quello gli dava una indicazione, gli insegnava qualcosa, lo faceva parte di una parte del «segreto». Oggi tutto è diventato come il caffè in polvere: istantaneo, e con ciò niente è più veramente particolare o prezioso.

A volte mi pare che persino la lingua che parliamo sia stata infettata da un qualche virus che le toglie la sua forza. Certe parole, usate e riusate, specie a sproposito, hanno perso gran parte del loro significato. Parliamo sempre più spesso per cliché, ripetiamo modi banali di dire le cose, parliamo soprattutto distrattamente, tanto per fare conversazione. Amare, ad esempio, è una bella espressione, una parola potente. Ma non si può ogni giorno amare qualcuno o qualcosa, non si può allo stesso modo amare una persona o una cosa. Per questo, chi medita davvero non ne parla.

Dopo il corso di meditazione con John Coleman avevo cercato di mantenere quella pratica nella mia routine quotidiana, ma non sempre ci ero riuscito. Se non si è coinvolti nel suo aspetto spirituale, la meditazione presto cessa di essere una necessità e si finisce per perderne il ritmo. Imporsela come un dovere quotidiano non serve a nulla. Per me il corso era stato un po' come imparare ad andare in bicicletta. Avevo intuito la possibilità di usare la mente per controllare il corpo e questa m'era parsa un'arte da mettere da parte. Mi è stata, infatti, di grande aiuto.

Già a Bologna, durante i vari esami, alcuni dolorosi, ero ricorso a quel che avevo imparato da John: concentrarsi sul respiro, portare la mente al dolore, immaginare il male come un nodo da sciogliere, cercare di vederne il colore, la forma (è tondo o quadro?), la grandezza, contare i colpi che dà. Il tutto per distrarre l'io-corpo dal *suo* soffrire e soprattutto per ricordarsi continuamente che tutto, tutto è impermanente, che tutto viene e va: anche quel dolore.

Una volta una suora, vedendomi seduto sui talloni a occhi chiusi, venne a chiedermi che cosa facevo. Più o meno quello che per secoli si insegnava anche a una come lei – lo si chiamava contemplazione –, ma di cui nei conventi si è persa la tradizione. Abbiamo la mente e non la usiamo, abbiamo l'intelligenza e non la mettiamo a frutto. Anzi, facciamo di tutto ora per produrne una artificiale. Che orrore!

La mente è uno degli strumenti più sofisticati di cui disponiamo, ma non lo prendiamo in considerazione e, con un atteggiamento tipico dei nostri tempi «moderni», facciamo fare alla chimica quel che invece potremmo, almeno in parte, far fare alla mente. La chimica è sempre di più la soluzione di tutto. Si è depressi, si è stanchi, si è sterili, si è magri, si è grassi? C'è sempre una pillola inventata – e messa appunto in vendita – per risolvere il problema. Un bambino è agitato? Non serve andare a capire perché. Il Prozac lo calma sia che all'origine della sua irrequietezza ci siano i genitori divorziati che lo trattano come un pacco postale continuamente rimandato al mittente, sia che la scuola cerchi di far di lui quel che lui non è. Il Prozac viene oggigiorno prodotto in confezioni per l'infanzia e negli Stati Uniti decine di migliaia di bambini dipendono ormai dalla somministrazione quotidiana di questo tranquillante per poter funzionare «normalmente».

Lo stesso avviene col dolore. La sconfitta del dolore è considerata una delle grandi vittorie dell'uomo moderno. Eppure anche questa vittoria non è necessariamente tutta positiva. Innanzitutto il dolore ha una sua importante funzione naturale: quella di allarme. Il dolore segnala che qualcosa non va e in certe situazioni il non avere dolore può essere ancor più penoso dell'averlo. Un orribile aspetto della lebbra è che distrugge i nervi capillari dell'ammalato e quello, non sentendo più alcun dolore, non si accorge quando le sue dita sbattono e si spezzano contro qualcosa o ancora peggio, come avveniva nei lebbrosari dei paesi più poveri, quando le dita gli venivano mangiate dai topi, di notte, mentre dormiva.

E poi: eliminando la sofferenza al suo primo insorgere, l'uomo moderno si nega la possibilità di prendere coscienza del dolore e della straordinaria bellezza del suo contrario: il non-dolore. Perché in tutte le grandi tradizioni religiose il dolore è visto come una cosa naturale, come una parte della vita? C'è forse nel dolore un qualche significato che ci sfugge? che abbiamo dimenticato? Se anche ci fosse, non vogliamo saperne. Siamo condizionati a pensare che il bene deve eliminare il male, che nel mondo deve regnare il positivo, e che l'esistenza non è l'armonia degli opposti.

In questa visione non c'è posto né per la morte, né tanto meno per il dolore. La morte la neghiamo non pensandoci, togliendola dalla nostra quotidianità, relegandola, anche fisicamente, là dove è meno visibile. Col dolore abbiamo fatto anche di meglio: lo abbiamo sconfitto. Abbiamo trovato rimedi per ogni male e abbiamo eliminato dall'esperienza umana anche il più naturale, il più antico dei dolori: quello del parto, sul quale da che mondo è mondo si è fondato l'orgoglio della maternità e l'unicità di quel rapporto forse saldato proprio dalla sofferenza. Ma questa è la nostra civiltà. Ci abituiamo sempre più a risolvere con mezzi esterni i nostri problemi e con ciò perdiamo sempre più i nostri poteri naturali. Ricorriamo alla memoria del computer e perdiamo la nostra. Ingurgitiamo sempre più medicine e con ciò riduciamo la capacità del corpo a produrre le sue.

Ma si può davvero controllare il dolore con la mente? Vivendo in India si sentono tante storie – o leggende – secondo cui ci si può arrivare. La logica sarebbe questa: tutte le nostre sensazioni sono legate alla nostra coscienza; quando noi diciamo di vedere o di sentire, non sono esattamente i nostri occhi a vedere o i nostri orecchi a sentire, ma è la nostra coscienza a prendere atto del fatto che gli occhi vedono e gli orecchi sentono. Per cui basterebbe staccare, con la mente, la coscienza dalle sensazioni per non sentire più il dolore. In verità è esattamente quel che facciamo quando ci addormentiamo: la coscienza si assenta e noi non sentiamo più alcun dolore. Ma come arrivarci da svegli?

La tradizione yoga promette questo *potere* e allude a un altro ancora più interessante: la capacità di trasferire il dolore fuori da sé, eventualmente su un oggetto. Una delle storie più popolari di questa capacità ha quasi mille anni. Il protagonista è Milarepa, un tibetano, storicamente esistito, ma diventato poi leggenda come uno dei grandi yogi. Milarepa è ancora oggi frequentemente raffigurato nei tanka con la mano aperta dietro all'orecchio destro, nell'atto di prestare ascolto alla sofferenza del mondo.

Nato in Tibet a metà dell'XI secolo da una famiglia di ricchi commercianti di lana impoveriti dopo la morte del padre, Milarepa, per vendicare la madre che è stata espropriata di ogni suo avere dai parenti, studia magia nera e riesce a causare loro morte e distruzione. Pentitosi di questo, Milarepa diventa discepolo di un grande maestro del suo tempo, Marpa il Traduttore, e vive per anni da asceta nella foresta, mangiando solo ortiche cucinate in una pentola di terracotta. Col tempo Milarepa diventa famoso ed è rispettatissimo dalla gente per la sua grande saggezza, che non gli viene dai testi sacri imparati a memoria, ma dall'esperienza.

Un monaco suo contemporaneo, uno di quelli libreschi e molto pieni di sé, s'ingelosisce di lui, della sua reputazione e decide di ucciderlo. Manda così una sua concubina con l'ordine di offrire all'asceta un bicchiere di yogurt avvelenato. Milarepa, che fra i tanti poteri acquisiti con la pratica dello yoga ha anche quello di leggere nel pensiero, appena vede arrivare la donna, capisce, ma siccome è già anziano e sa che prima o poi deve pur morire, prende lo yogurt e lo beve.

Quando Milarepa è agonizzante, però, il monaco suo nemico si pente, corre dal vecchio yogi e, per poter espiare la sua colpa, lo implora di passargli tutto il dolore che prova. «Se lo facessi non resisteresti neppure un minuto», risponde Milarepa, che sembra controllare perfettamente la sua sofferenza. Il monaco insiste e Milarepa, per fargli capire come gli sarebbe impossibile sopportare quel dolore, dice che trasferirà solo un po' della propria sofferenza sulla porta della stanza. E subito la porta comincia a scricchiolare, a contorcersi; il legno si spacca. Al monaco cattivo non resta che buttarsi ai piedi di Milarepa, chiedergli perdono e diventare *in extremis* suo discepolo, prima che il vecchio yogi «lasci il suo corpo».

Quando, dopo un'operazione, si incomincia a riprendere conoscenza, una delle prime constatazioni che si fanno, uno dei primi, rassicuranti segni che si hanno del fatto d'essere ancora al mondo, è il dolore. Io ne avevo uno grande nella pancia che mi pareva trafitta da mille alabarde, ma presto imparai a tenerlo sotto controllo. Con la meditazione? Trasferendolo alla porta? Niente affatto: pigiando un pulsante che mi era stato messo in mano e che faceva partire, da uno dei tanti aggeggi attorno al mio letto, una scarica di qualcosa di meraviglioso che entrava automaticamente nelle mie vene attraverso un ago infilatomi da qualche parte. Il male passava e io stavo tranquillo. Appena quello tornava, io ripigiavo il pulsante. Un congegno elettronico teneva il conto di quanta roba mi iniettavo per impedirmi di oltrepassare un limite stabilito e quando io esageravo, chiudeva, a mia insaputa, per un certo tempo il rifornimento. Io pigiavo il bottone... e avevo ugualmente l'impressione di star meglio. È quello che i medici chiamano l'«effetto placebo»: l'effetto, sorprendentemente curativo, di qualcosa che in verità non ha alcun effetto, come bere un bicchiere d'acqua invece di una medicina, o mandar giù una pillola di farina invece che un composto chimico.

Il congegno col pulsante era responsabilità di due giovani medici della «Unità per il controllo del dolore» che ogni giorno venivano a farmi visita. Non so di che cosa fossero quelle scariche, ma mi aiutavano a non sentire il male. Forse erano della stessa roba che il corpo produce automaticamente, per conto suo, quando è assolutamente necessario. Il corpo sa quel che fa. Nell'attimo stesso di un immenso dolore che lo farebbe morire, il corpo mette in circolo un suo anestetico che gli rende possibile resistere. È così che un soldato, a cui una scheggia ha portato via un braccio, continua a correre per un po', come non gli fosse successo nulla.

Ed è forse così che si spiega la bella storia di Sarmad, un mistico del XVII secolo, che le guide raccontano ancora oggi ai turisti in visita alla sua tomba vicino a Jamma Mashid, la grande moschea, davanti al Forte Rosso di Delhi. Sarmad, un ebreo, o forse un cristiano, originario dell'Armenia, si era convertito all'islam arrivando in India ed era diventato famoso per la sua saggezza, le sue poesie in persiano, e perché, «inebriato dall'amore di Dio», ballava in pubblico, nudo, «libero finalmente da tutti i pesi anche quello degli abiti». Era un sufi – un sufi come il mio anestesista – e gli ortodossissimi mullah di corte lo accusarono di eresia. L'imperatore Aurangzeb ordinò che venisse decapitato.

«O grande Amico, oggi tu arrivi nelle vesti di un boia, ma io ti riconosco. Benvenuto!» disse Sarmad, rivolto a Dio, quando vide avvicinarsi, con la scimitarra luccicante in mano, l'uomo incaricato dell'esecuzione. E sorridendo gli porse il collo. Il boia eseguì il suo ordine e Sarmad, con la testa mozza fra le mani, fece ancora due passi di danza davanti alla folla esterrefatta. Era l'anno 1659.

Simile è la storia di al-Hallaj, anche lui un mistico – ma del IX secolo – accusato di sostenere che Dio e la Verità sono la stessa cosa e che l'uomo stesso è parte di quella Verità. Viene portato davanti al Sultano che gli ordina di ricredersi. Hallaj si rifiuta. Il Sultano gli fa tagliare una mano, ma quello ripete la sua bestemmia: «Io sono la Verità». Il Sultano gli fa tagliare un braccio, ma Hallaj ripete la stessa cosa. Gli fa tagliare una gamba e Hallaj dice ancora: «Io sono la Verità». Il Sultano ordina allora che gli venga tagliata la testa e quella rotolando, per terra, continua ancora a muovere le labbra: «Ana 'l-haqq», io sono la verità.

Immobile nel mio letto, non avevo che da far passare il tempo e il ricordo di quelle storie mi teneva compagnia nel gioco che facevo con me stesso, sfidandomi a non pigiare il bottone. Cercando di tenere a bada il dolore, ci meditavo sopra, distraevo la mia mente costringendola a immaginare qualcosa di piacevole come lo stare a galla in un mare calmo e caldo. Mi dicevo che quella gioia provata tante volte era ora bilanciata dal sentir così male, e che c'era qualcosa di giusto in quel far pari.

Mi chiedevo perché siamo fatti in modo che anche un terribile dolore, una volta passato, non riusciamo a ricordarlo. Sappiamo che l'abbiamo avuto, ma non siamo in grado di sentirne l'intensità, quasi neppure la natura. Mi chiedevo perché in varie lingue, come in italiano, la parola «dolore» viene usata indistintamente sia per la sofferenza fisica che per tutte le altre. Pensavo alla psicanalisi come all'Unità per il controllo di quell'altro dolore e a quanto ero fortunato io ad avere sempre il bottone a portata di mano. E a volte, arrendendomi... lo pigiavo.

Sulla via di ritorno dall'ospedale alla mia tana, mi fermavo almeno una volta alla settimana all'angolo tra la Sessantasettesima Strada e la Madison Avenue, salivo dodici piani con un vecchio, scricchiolante ascensore ed entravo, senza dover suonare perché la porta era sempre aperta, in un piccolo appartamento pieno di sole.

Qui, da alcuni decenni, abitava un vecchio, ammirato amico scrittore, uomo di altri mondi, di tante culture; uno di quelli che andrebbero tenuti sotto vetro se non altro per dare alle generazioni che vengono l'idea di come un tempo si poteva essere. Il suo tempo stava per scadere. Da mesi Niccolò Tucci, ormai novantenne, era costretto a letto, dove stava senza lamentarsi, elegante, con una bella barba grigia e dei capelli lunghi che gli davano l'aria d'un nobile ribelle dell'Ottocento.

Mezzo russo e mezzo fiorentino, Nica era arrivato a New York alla fine degli anni Trenta. Qui si era messo a lavorare con altri italiani contro il fascismo e qui era rimasto anche a guerra finita. Scrittore, pamphlettista, Don Chisciotte letterario di tante cause, aveva sempre una bella battuta pronta o una interpretazione non ortodossa delle vecchie e nuove vicende dell'umanità. Ci conoscevamo da più di trent'anni.

Fra le tante belle cose che gli dovevo, c'era l'aver imparato a leggere Dante con l'accento toscano, senza retorica, semplicemente, come fosse l'incredibile racconto che uno fa a un altro in una taverna fiorentina. Fra le cose divertenti gli dovevo il consiglio di dare la mancia ai portieri d'albergo quando si arriva, non quando si parte, e una battuta di Gaetano Salvemini con la quale mi sono consolato ogni volta che cercavo – col passare degli anni con crescente fatica – di imparare una nuova lingua. Salvemini era arrivato da poco negli Stati Uniti e studiava l'inglese a tappe forzate. «Come sta andando?» gli chiesero. «Be', comincio a capire quel che... dico io!»

A Nica dovevo poi un grande incoraggiamento: «Quando la smetti di fare del gior...nalismo e non cerchi di fare un po' di peren...nalismo?»

Sapeva bene che niente è perenne, ma voleva evitarmi di continuare a vivere giorno per giorno – o settimana per settimana – e mi aveva spinto a mettere alcune delle esperienze che facevo nei libri. Lui ne aveva scritti di belli, alcuni in inglese* alcuni in italiano,** ma, come diceva lui stesso, «una volta che hai attraversato l'Atlantico sei sempre sulla sponda sbagliata» e la sua fama letteraria era ugualmente finita così, «fra due seggiole».

Anche morendo era sulla sponda sbagliata. L'appartamento era tutto quello che un uomo come lui poteva desiderare: due piccole stanze, tanta luce, un bel tavolo, tanti libri, un vecchio telefono, una poltrona, ma anche l'ingrandimento di una vecchia foto in bianco e nero dei suoi genitori sulla spiaggia di Forte dei Marmi e un paio di immagini a colori della Toscana, attaccate al mu-

---

* *The Sun and the Moon, Before my Time.*
** *Il segreto, Gli atlantici.*

ro con lo scotch, accanto al ritaglio di un bell'articolo che lui aveva scritto per il *New Yorker* in occasione della morte di Gaetano
Salvemini. Sapeva che da quelle quattro mura non sarebbe più
uscito in piedi.

«Sai, se oggi fossi morto, sarei davvero contento», mi disse
un giorno.

«Ma come faresti a essere contento se tu fossi morto?»

«Non lo so, perché non so cos'è la morte.»

«Ma ti fa paura?» gli chiesi.

Sgranò i suoi occhi birichini sotto le belle, folte sopracciglia
ancora nere: «Mamma mia, sì!»

«Vien via, Nica. Miliardi di miliardi di miliardi di uomini prima di noi ce l'hanno fatta. E ce la faremo anche noi!»

«Sì, ma potessi almeno morire da un'altra parte! Vedi, Firenze, ad esempio, è più...» e non gli veniva la parola.

«Più civile?» suggerii io, tanto per provare un aggettivo.

«Sì, più civile. E poi...» Come continuando un altro discorso
che faceva fra sé e sé, si mise a parlare del pan di ramerino che
quando era ragazzo a Firenze si mangiava il venerdì di Pasqua.

«Oggi lo si può comprare tutti i giorni», gli dissi. «Non è assurdo? E credo anche che l'odore del ramerino glielo mettono
con lo spray! Sai che ora persino a Firenze c'è una catena di pa-
netterie dove entri e dall'odore ti pare proprio che il forno sia lì
dietro la cassa. Macché! È tutto artificiale! Il pane lo fanno da
qualche altra parte, in una fabbrica, e il profumo glielo danno
con le bombolette.» Gli raccontai di un «ingegnere dei profumi»
che avevo conosciuto a Calcutta un anno prima. Era francese e
cercava di vendere all'industria automobilistica indiana quell'o-
dore caratteristico – un misto di plastica, gomma e macho –
che hanno le macchine nuove.

Ma Nica voleva parlare di Firenze e così, chissà perché, mi
venne da descrivergli una camminata che avremmo potuto fare.
Si partì dal Ponte Vecchio, si prese su per l'Erta Canina, poi
per via San Leonardo, ci si fermò davanti alla casa dove era vissuto e aveva dipinto Ottone Rosai, e si finì sul viale dei Colli. Io
parlavo, dicevo dove si voltava, quel che avevamo davanti, e lui
teneva gli occhi socchiusi e sorrideva. Quel gioco, cominciato per
caso, divenne il nostro rito.

«Oggi dove si va?» chiedeva appena entravo in casa. E presto
si era a passeggiare per Firenze. Una volta si andò così da piazza
Torquato Tasso alla Torre di Bellosguardo, dove ci fermammo a

goderci una delle più belle viste del mondo. Una volta dal Torrione di Ponte alle Grazie facemmo in salita Le Rampe fino al piazzale Michelangelo. Ma lì trovammo tutti gli autobus carichi di turisti e andammo a sederci alle «Colonne» per bere qualcosa.

«Tu che prendi, Nica?»

«Uno di quelli... sai?»

«Un Campari? Un vermuth?»

No. Voleva solo un po' di vino bianco, ma in uno di quei bicchieri bassi e tozzi di un tempo, quelli che il vinaio riempiva fino all'orlo e per questo, quando lo si ordinava, si diceva: «La mi dia un raso».

Era bello stare con lui. Basta aver tempo e persino un resto di vita, uno già appannato e distante, può essere una gioia.

Sulla mia chemioterapia non aveva avuto nulla da ridire, ma quando un giorno gli dissi che andavo a operarmi, si arrabbiò.

«Non ti fidare dei medici. Son tutti dei bischeri. E poi, farti portar via dei pezzi? Questo poi no!» Voleva carta e penna per scrivere una lettera di protesta all'ospedale.

«Nica, sei peggio di un giapponese dell'Agenzia Imperiale!» e lo feci ridere raccontandogli come gli alti funzionari di corte dovevano accertare che la fidanzata del principe ereditario, e con ciò la futura imperatrice, avesse ancora tutti i suoi pezzi a posto e che il suo corpo fosse assolutamente intatto. Durante l'ultima selezione, che avvenne ai tempi in cui noi stavamo ancora a Tokyo, una ragazza venne scartata solo perché si era fatta fare i buchi nei lobi degli orecchi per mettere gli orecchini!

Nica era stato fortunato. In tutta la vita non lo avevano mai aperto e ora moriva con tutti i suoi pezzi addosso. Ma moriva, lì, in quel letto con la materassa d'acqua perché non gli venissero le piaghe, curato e accudito in una città che non gli pareva «civile» e dove lui, che aveva parlato benissimo tante lingue e aveva divertito tantissima gente imitando in ognuna l'accento di un'altra, alla fine sembrava capisse solo l'italiano.

E io, avrei voluto morire lì?

No. In fondo non avevo nulla a che fare con quel paese. Tutto quel che era mio apparteneva ad altri posti... magari in Asia o forse, sinceramente, in Europa.

Pensando a questo, gli raccontai di come i cinesi anticamente si facevano seppellire là dove poi le donne partorivano, così che anche simbolicamente si stabilisse una continuità fra le generazioni – da qui nacque il culto degli antenati –, e di come per i cinesi il loro corpo non era in fondo loro, ma apparteneva alla Cina. Da quella terra veniva e a quella terra doveva tornare. E non solo il corpo, ma tutto quel che il corpo produceva! E per farlo ridere gli raccontai che, quando la prima missione diplomatica del Celeste Impero andò negli Stati Uniti, ogni mandarino che ne era membro arrivò con speciali cassette in cui mettere le proprie fatte da riportare a casa. Neppure le cacche di un cinese potevano restare in quella terra di barbari! E Nica sorrideva.

Quelle passeggiate per Firenze furono le sue ultime.

LA MEMORIA DELL'ACQUA

LA MEMORIA, spesso ce lo dimentichiamo, ci fa strani scherzi. Si ricorda e si dimentica quello che vuole. E lo fa apparentemente senza alcuna ragione: almeno non chiara a noi che spesso crediamo di essere la memoria, o che quella ci appartenga, o che almeno ne siamo i controllori.

I vecchi si arrabbiano, a volte si disperano, quando non ricordano il nome di una persona o la parola giusta per un oggetto e prendono questo come un segno del loro decadere, un segno di qualcosa che improvvisamente non va più. Ma, a pensarci bene, è sempre così: fin da piccoli la memoria si fa i fatti suoi, mettendo da parte ciò che le pare e tirandolo fuori, magari distorto e manipolato, quando noi, per una ragione o un'altra, andiamo a frugare nei suoi recessi.

Dopo sessant'anni di lavorio, la mia memoria nella casella « omeopatia » s'era lasciata poco o nulla: la nozione di fondo secondo cui un raffreddore si cura con il freddo, e due strane storie immagazzinate chissà dove e chissà quando.

Ecco la prima: una ragazza soffre di depressione e dice di non sentirsi a suo agio in mezzo alla gente; vuole stare da sola e in posti alti. Spesso scappa sul tetto di casa e sogna di « volare via ». I medici non sanno cosa farci. Viene portata da un omeopata e quello, dopo averla fatta parlare, riconosce in quel « volare via » il sintomo di una natura che non riesce a esprimersi: la natura dell'aquila. Dallo zoo della città si fa dare una goccia di sangue d'aquila; la diluisce in un litro d'acqua, scuote e riscuote la bottiglia; diluisce una goccia di quella mistura in un altro litro d'acqua, scuote e riscuote; diluisce di nuovo una sola goccia in altra acqua, scuote, riscuote, e alla fine prescrive alla ragazza di bere ogni giorno alcune gocce di quella diluizione che del sangue dell'aquila non ha praticamente più nulla, tranne forse... la memoria. Nel giro di alcune settimane la ragazza sta bene.

La seconda storia – almeno come me la ricordavo – era quella di un ragazzino che in un piccolo paese di campagna viene punto da un'ape. La faccia gli si gonfia terribilmente e lui sta male. I genitori telefonano all'omeopata e quello dice loro di procurarsi immediatamente una sostanza chiamata Apis 200; la mettano in una bottiglia d'acqua, scuotano il tutto e diano al ragazzo alcune gocce di quel liquido. Impossibile. La farmacia è lontana e il tempo stringe: il ragazzino sta sempre peggio. Il medico per telefono suggerisce allora di prendere un pezzo di carta, di scriverci sopra Apis 200, di mettere quella carta nella bottiglia, di scuoterla bene e far bere l'acqua al ragazzo. La pinzatura, lentamente, si sgonfia e il ragazzo si rimette.

Quando l'amico Ludovico mi disse d'aver trovato un bravissimo medico che poteva aiutarci col nostro malanno, io di omeopatia sapevo poco o nulla, ma quelle due storie mi avevano in qualche modo colpito – per questo la memoria le aveva messe da parte – e l'idea di andare da un omeopata dopo tutti i mesi passati a New York mi parve ottima. Gli aggiustatori, dopo la chemioterapia e l'operazione, mi avevano dato due settimane di congedo, e io, con una borsa con le rotelle per non dover sollevare alcun peso, e la pancia ancora tutta impunturata, muovendomi sempre attento a chi mi veniva incontro per paura che solo mi sfiorasse, avevo preso un aereo ed ero arrivato a Firenze.

Il medico stava lontano, in provincia di Modena; riceveva solo su appuntamento e il suo calendario era pieno per i prossimi due mesi. Gli telefonai e già a distanza mi piacque. Potevo venire nel tardo pomeriggio della vigilia di Natale? Certo, e mi misi in viaggio.

Usciti dall'autostrada prendemmo una provinciale, poi una strada secondaria, poi una vicinale che sembrava portare nel limbo. Una nebbia fittissima si era posata sulla pianura, ma le indicazioni che il medico mi aveva fatto arrivare per fax erano precise e non ci perdemmo. Ancor prima di incontrarlo, storpiando un po' il suo nome, che in italiano suonava comunque strano, Mangialavori, l'avevo già ribattezzato: Mangiafuoco.

Almeno fisicamente, era tutt'altro: piccolo, di pelo chiaro e con gli occhi verdi. Stava in una vecchia cascina rimessa a nuovo fra le tante villette, senza né stile né pretesa, sparse in una landa piatta e desolata. Tutto sembrava in letargo: la terra, le piante, gli alberi da frutto. Anche gli uomini, perché lungo la strada non se ne vide uno.

Mangiafuoco mi ricevette in uno studio piccolo. C'era – certo per sua scelta – pochissima luce, ma un buon profumo nell'aria. Al muro notai un tanka tibetano di nessuna qualità, sul suo tavolo una bella foglia di ginkgo, semplicemente appoggiata lì, come fosse un ornamento. Lui fu caloroso e attento. Mi chiese di raccontargli di me: chi ero, cosa avevo fatto nella vita, cosa volevo ancora fare, come mi vedevo, cosa sognavo. Mi sentivo a mio agio e parlai senza remore. Solo dopo un po' mi accorsi che, pur tenendo gli occhi sempre su di me, con le mani sotto il tavolo Mangiafuoco prendeva appunti sulla tastiera di un computer discretamente nascosto. Del mio ultimo malanno volle sapere poco. Le malattie che lo interessavano erano quelle prima, dell'infanzia e specialmente le... mie emorroidi. Di quelle volle che gli raccontassi tutto quel che potevo ricordare.

Lo incuriosì molto che durante i mesi di New York avessi dormito con carta e matita accanto al letto per scrivere, appena mi destavo, i sogni che avevo avuto. A parte il mio solito diario delle giornate da sveglio, avevo tenuto anche un diario delle mie notti da addormentato e su questo Mangiafuoco concentrò la sua attenzione.

Poi mi fece spogliare, accomodare su un lettino e mi visitò da capo a piedi, come facevano i vecchi medici, chiedendomi di ogni punto che toccava se faceva male. Mi risparmiò la pancia.

Tornati alla scrivania, io davanti e lui dietro, mi fece una domanda che mi parve molto sottile.

«Cosa si aspettava venendo qui?»

Mi fu facile essere sincero. Non mi aspettavo che mi curasse il cancro. Ero convinto che quelle due parole, «cancro» e «cura», non erano fatte per stare assieme e comunque per fare il possibile avevo già scelto gli aggiustatori dello Sloan-Kettering. Da lui mi aspettavo invece che mi aiutasse a mettere ordine in una cosa che mi stava ugualmente a cuore: le mie emozioni. Il mondo esterno influiva eccessivamente sui miei umori. Ero irritabile, instabile, soggetto a troppi alti e bassi. Gli dissi che mi sembrava di guardare il mondo attraverso un caleidoscopio: una piccola mossa e tutto appariva verde; ancora un leggero tocco e tutto era rosso, poi nero e poi oro. Volevo fermare il caleidoscopio, così che tutto restasse d'un colore. Volevo mettere fine agli alti e bassi, che tutto fosse pari. Volevo poter sentire *Jingle Bells* senza dover scappare dal negozio, gli dissi.

Ci parlammo per più d'un'ora ed ebbi di lui una bella impressione. L'uomo era aperto, dritto. Era colto, intelligente e aveva una grande passione per quel che faceva. Non pretese neppure lontanamente di «curare il cancro». Il mio, secondo lui, era il risultato di un qualche squilibrio nel mio sistema. Lui avrebbe cercato di aiutare la « forza vitale » che ognuno di noi ha dentro – e io a suo parere ne avevo tanta – a ritrovare quell'equilibrio. Notai che parlando del cancro e d'altro usava mal volentieri la parola « malattia ».

« Certo. Malattia fa pensare al male e non è giusto; la parola inglese *disease*, disagio, è molto più adatta », disse. « Il corpo ha un disagio, i sintomi di quel disagio ci segnalano che il corpo è impegnato in uno sforzo per integrarlo. Il nostro compito: il mio e il suo », tenne a sottolineare, « è di sostenere il corpo in quello sforzo. »

Lo seguivo. Ci capivamo. Non c'erano fraintendimenti. E io, sempre un po' curioso, lo feci parlare di sé.

Da giovane aveva fatto molta musica. Poi, seguendo una tradizione di famiglia, s'era messo a studiare medicina, pensando di fare il chirurgo per bambini. Ma la sua vera passione era l'antropologia. Durante un viaggio in America Latina s'era perso, o meglio, s'era trovato. In Perù, fra gli indios, aveva incontrato uno sciamano, l'aveva visto curare la gente e – « come succede ai santi », dissi io – aveva sentito « la chiamata ».

Quella che doveva essere una breve vacanza diventò un lungo soggiorno. Lo sciamano lo prese con sé e lo iniziò alla sua arte. Tornato in Europa, non gli era più possibile fare il medico normale. L'omeopatia fu la risposta. « È una grande medicina », disse, « anche se la cultura dominante non la considera tale. Ma i modi con cui la cultura dominante si esprime non sono necessariamente i migliori, specie quando si tratta dell'uomo che, grazie a Dio, non è sottoposto a leggi esatte... ammesso che queste esistano. »

Ero d'accordo. Quel suo punto di vista mi interessava e lui lo sentiva. « I nostri detrattori dicono che l'omeopatia è magia. E allora? » continuò. « La magia è una cosa molto seria. Spesso noi chiamiamo magia quel che ancora non capiamo, ma la magia è molto di più. È qualcosa che sta sulla stessa linea curva su cui si trovano la religione e la scienza. »

Una volta Mangiafuoco aveva chiesto al suo sciamano indio che cosa fosse per lui la magia. « Un atteggiamento della mente », gli aveva risposto.

« Per me », disse Mangiafuoco, « la magia è un modo diverso di interpretare le cose; un modo molto più interessante e più creativo di quelli soliti perché combina l'arte al piacere di giocare con la materia. La magia è qualcosa che ci trasforma, che ci dà la capacità di aiutare altri a trasformare se stessi.» Si fermò e aggiunse: «Lei fa la stessa cosa scrivendo. Magari con una sola frase dei suoi libri lei ha aiutato qualcuno a migliorare un po' la propria vita. Non è magia questa? Solo con una frase! Basta farlo di proposito, lasciando che le energie della natura scorrano liberamente...»

Dopo tutti i mesi di New York e la logica di me-corpo-macchina-da-riparare, quella era musica per i miei orecchi. Era una voce che veniva da un altro mondo. E quel suono mi allargava il cuore, alleggeriva il peso della mia materia.

«Sì, noi omeopati usiamo delle goccioline per curare la gente», continuò. «Sì. È una questione di poche goccioline. Ma se un saggio ci dice quello che ci serve, è anche una questione di poche parole. E poi, pensi, una gocciolina di sperma crea una vita, bella o brutta che sia, ma una vita!»

Il problema, mi spiegò, è di far ritrovare alla persona che si ritiene malata il suo equilibrio. «Il *suo* equilibrio», insistette, «e non quello che la cultura dominante definisce come equilibrio. Spesso si tratta di eliminare la sofferenza del paziente e non necessariamente di curare tutto a tutti i costi. Se avessimo sempre curato tutto non avremmo avuto l'arte», disse.

L'omeopatia cerca di identificare in ciascun individuo lo stimolo, la spinta che metta in moto il naturale ristabilirsi dell'equilibrio. Questa è la funzione delle goccioline. Per questo non vengono chiamate «medicine», ma «rimedi».

Durante la nostra lunga chiacchierata, Mangiafuoco non disse niente contro la medicina ufficiale, allopatica;* non criticò la mia scelta di andare a New York; anzi, siccome avevo cominciato a curarmi là, che andassi fino in fondo. Lui avrebbe cercato di aiutarmi a limitare i danni che quel tipo di terapia, «curandomi», faceva al mio corpo.

Scrivendo la ricetta mi spiegò che il «rimedio» adatto al mio caso era la Calcarea phosphorica, un estratto minerale derivato dal fosfato di calcio. La diluizione che dovevo prendere era quella di primo grado, Q1, cioè una goccia di quell'estratto per cinquantamila gocce d'acqua. Le istruzioni erano: agitare bene la

---

* Allopatico è il contrario di omeopatico: significa affrontare la malattia con una cura intesa a produrre effetti opposti a quelli provocati dalla malattia.

boccettina, versare venticinque gocce in mezzo bicchiere d'acqua, mischiare, scuotere bene e bere la sera prima di andare a letto. Un'importante raccomandazione: non tenere le gocce vicino a profumi e berle a bocca pulita.

Dovevo continuare a prenderle fino a quando non avessi notato la comparsa di un qualche sintomo avuto in passato o qualcosa che mi insospettiva. Quello sarebbe stato il segno che il mio «sistema» era stato stimolato abbastanza. Da allora sarei entrato nella fase ascendente, curativa. Se dopo quaranta giorni non avessi notato alcun cambiamento, avrei dovuto continuare con lo stesso rimedio, ma in forma più forte, cioè diluito con più acqua: la diluizione di terzo grado, Q3.

Oltre a questo «rimedio», Mangiafuoco mi prescrisse un concentrato di vitamine A ed E, e suggerì che, appena tornato a New York, mi procurassi della clorofilla liquida (in Europa non era facile trovarla) e ne prendessi venticinque gocce tre volte al giorno. Per il resto, che continuassi con tutti i miei esercizi spirituali o meno e facessi dei bei respiri all'aria aperta. Avevo un gran bisogno di ossigenarmi.

Tutto quel che aveva detto m'era piaciuto e lui, come persona, mi parve una bella aggiunta al panorama umano che ciascuno di noi mette assieme nel corso della vita. Mi vennero in mente vari amici e conoscenti che, con la sua «magia», lui avrebbe potuto aiutare.

Salutandolo, dissi che mi ritenevo fortunato: da paziente mi pareva d'aver trovato il medico giusto. E lui, divertito, mi rispose citando un suo famoso collega del passato: «Anche il medico è fortunato se trova il paziente giusto».

Parlammo ancora un po' dell'importantissimo rapporto fra malato e medico. Eravamo d'accordo che non poteva essere paternalistico, del tipo salvato e salvatore; doveva essere un rapporto di collaborazione.

Mangiafuoco si rese conto che non avevo pregiudizi contro la sua «magia», che la sua professione mi interessava e disse che presto sarebbe andato a Boston a tenere un seminario sui rimedi marini in cui si era specializzato. Se volevo, potevo parteciparvi.

S'era fatto tardi. Fuori era buio pesto e la nebbia aumentava il mio senso di disorientamento e l'impressione di essere finito, davvero per magia, in un posto fuori dal mondo. Fortunatamente Mangiafuoco aveva telefonato al farmacista del paese perché mi aspettasse per darmi il «rimedio». E già l'andare, quasi alla cie-

ca, in cerca di quella croce illuminata al neon per ritirare una boccettina marrone col suo contagocce fu un'avventura.

Religiosamente, scuotendo e contando, presi la mia dose quotidiana di rimedio. Feci grande attenzione al mio stato d'animo
per vedere se i «sintomi» aumentavano o no. Un lavoro difficile:
come si fa a dire davvero se un dolore aumenta o diminuisce? Se
ci si sente più o meno irascibili? Più o meno sensibili a una canzoncina o alla stupidità d'un annuncio pubblicitario? Ma forse il
solo ascoltarmi, il fare attenzione a ogni umore contribuì al mutamento. Passarono alcuni giorni e i miei sogni si fecero più frequenti del solito. Molti avevano per tema la mia infanzia: segno,
aveva detto Mangiafuoco, che il rimedio era giusto. Poi, lentamente, ma in maniera chiara, mi sentii tornare «in pari»: stavo
benissimo, non ero più irascibile e mi scoprii a ridere sempre
più di frequente, sempre più con gioia. Proprio quello che volevo.
Mangiafuoco aveva fatto magnificamente il suo lavoro. E io il
mio, con lui.

I suoi riferimenti alla magia, alla «forza vitale» facevano
echeggiare pensieri che mi erano familiari. L'idea che io dovevo
curare me stesso, piuttosto che aspettare qualcuno che curasse il
mio malanno, mi era congeniale. Sentivo forte che al fondo di
questa visione delle cose c'era una verità di cui la logica degli
aggiustatori di New York non teneva di conto. Eppure, una verità
che non poteva essere ignorata.

La storia di come Norman Cousins, un vecchio giornalista
americano, direttore della *Saturday Review*, si salvò gira tutta attorno a quella verità che i romani conoscevano bene e chiamavano
la *vis medicatrix naturae*, la forza curativa della natura. A Cousins
viene diagnosticata una malattia per la quale la medicina allopatica non ha alcuna terapia e lui, con coraggio, con tenacia e soprattutto con un atteggiamento positivo e gioioso, mobilita le proprie
risorse, riscopre il valore terapeutico della risata e stimola quella
spinta alla vita che ognuno di noi ha dentro di sé.

L'idea gliela aveva data anni prima il vecchio Albert Schweitzer. Cousins era andato in Africa, nel Gabon, a trovare il famoso
filosofo-musicista-medico tedesco per scrivere di lui. Una sera a
cena, forse per fare un complimento a quello straordinario europeo che aveva portato la sua scienza in mezzo alla giungla, Cousins gli disse: «Sono fortunati qui ad aver un medico come lei e a
non dover ricorrere agli stregoni».

Schweitzer non prese bene quella osservazione.

«Che ne sa lei degli stregoni?»

Cousins dovette ammettere che non ne sapeva granché. Il giorno dopo il grande medico lo portò in una radura della foresta, poco lontano dal suo ospedale, per presentargli quello che definì un suo «collega», un vecchio stregone, appunto. Schweitzer costrinse l'americano a osservare per due ore il lavoro dello stregone: ad alcuni pazienti, dopo averli ascoltati, dava un cartoccio di erbe; ad altri soffiava semplicemente addosso, recitando formule magiche; ad altri ancora indicava invece il dottor Schweitzer, lì vicino.

Schweitzer spiegò a Cousins che i pazienti del primo tipo soffrivano di un male che lo stregone pensava di curare con le sue erbe; quelli del secondo avevano disturbi che lo stregone riconosceva come di origine psichica e da trattare con la sua forma di psicoterapia. I pazienti invece con problemi decisamente fisici, come un'ernia, una gravidanza extrauterina, un tumore o una frattura ossea, li mandava all'ospedale del dottor Schweitzer.

Ma Cousins insistette: «Come si può pensare d'esser guariti da uno stregone?»

«Lei mi chiede di rivelarle il segreto che tutti i medici, a cominciare da Ippocrate, hanno sempre tenuto per sé.»

«Quale segreto?»

«Gli stregoni guariscono allo stesso modo di noialtri medici. Il paziente non lo sa, ma il vero medico è quello che ha dentro di sé. E noi abbiamo successo quando diamo a quel medico la possibilità di fare il suo lavoro.»

Pochi anni dopo Erich Fromm diceva la stessa cosa a un allievo andato a parlargli di un suo caso difficile. «Non preoccuparti troppo. In fondo non siamo noi a curare i nostri pazienti. Noi semplicemente stiamo loro vicini e facciamo il tifo mentre loro curano se stessi.»

A pensarci bene, è proprio così: non sono le medicine che curano il corpo, ma il corpo che si cura servendosi delle medicine. L'ortopedico rimette a posto l'osso rotto e l'ingessa bene, ma la guarigione è opera del corpo stesso... o della sua «forza vitale», per dirla con un po' di magia. Il fatto è che i medici di oggi si prendono tutto il merito e hanno molto meno rispetto degli stregoni di quanto ne avesse il vecchio Schweitzer.

Tornai a New York decisamente più calmo e sereno. Il caleidoscopio non era sempre fisso sull'oro, ma lo era spesso. Le goccioline erano state magiche; la mia curiosità per l'omeopatia era cresciuta. Tutto ciò che aveva a che fare con questo tipo di medicina sembrava andare contro la ragione, contro ogni buon senso, ma era affascinante. Soprattutto non era aggressivo.

E le domande cominciarono a porsi. Poteva il «rimedio» che aveva agito così bene sul mio umore fare qualcosa per il mio cancro? Potevano quelle goccioline stimolare la mia forza vitale e ridare equilibrio e saggezza al mio sistema immunitario impazzito? Tutte le terapie suggerite dagli aggiustatori avevano effetti secondari devastanti e pericolosi. Quelle omeopatiche erano assolutamente innocue.

Sapevo di non avere tempo per fare esperimenti con la magia, ma i dubbi sulla radioterapia che stavo per cominciare mi vennero. Magari fra duecento anni anche gli aggiustatori dell'MSKCC saranno visti come dei primitivi e le loro terapie come dei supplizi che alla lunga fanno fra i pazienti più vittime di quanti ne salvano, mi dicevo. Avevo cominciato a leggere di omeopatia e mi resi conto che era nata fra il Settecento e l'Ottocento da un senso di repulsione contro il modo in cui i malati venivano trattati: tenuti a letto e sottoposti a un regime di vera tortura a base di salassi e di purghe.

Per quasi quindici secoli la medicina si era fondata sulla convinzione che la malattia fosse provocata da veleni, spesso descritti come «umori», che andavano espulsi dal corpo con ogni mezzo possibile: non solo attraverso i naturali organi di secrezione, ma anche con metodi artificiali. Di questi il più frequente era il salasso, affidato a sanguisughe applicate a varie parti del corpo. A pensarci oggi c'è da rabbrividire, ma questa era la scienza medica ancora duecento anni fa. George Washington subì sette salassi nella sua ultima notte di vita. Pochi in paragone al povero re Luigi XIII, che ne aveva subiti quarantasette. In un solo anno, il 1827, la Francia importò trentatré milioni di sanguisughe perché a forza di dissanguare pazienti la riserva di quelle locali era stata esaurita.

«Aveva così tanto cattivo sangue che, pur avendolo noi dissanguato, è finito per morire», dissero i medici di re Leopoldo II d'Austria a cui avevano diagnosticato una febbre reumatica.

Fu a quel tempo che Samuel Hahnemann, un medico tedesco con una formazione anche di chimico, nato a Meissen in Sassonia nel 1755, indignato a vedere come la sua professione trattava i pazienti, pensò di capovolgere l'intero approccio alla malattia e di sviluppare una terapia che... non uccidesse i malati. Solo mettendo un freno alle pratiche assassine della vecchia medicina, Hahnemann salvò tantissima gente e questo sarebbe stato, secondo i suoi critici, l'unico merito dell'omeopatia. Ovviamente c'era ben altro.

Hahnemann era un attento osservatore della natura, un vero scienziato. Si accorse, ad esempio, che l'insorgere in un paziente di una nuova malattia finiva, a volte, per curargliene una vecchia. Tornò per questo a studiare un principio noto a molti popoli del passato: curare il simile col simile. Lo conosceva Ippocrate nella Grecia del IV secolo prima di Cristo, l'aveva riscoperto Paracelso nel Rinascimento, l'avevano usato i cinesi, i maya e i pellirossa. In India è ancora parte della tradizione ayurvedica e tutti gli indiani conoscono la storia di Bhima, uno dei protagonisti del *Mahabharata*, che si salva da un avvelenamento facendosi mordere da un serpente velenoso.

Il primo esperimento Hahnemann lo fece su se stesso. Scoprì che l'estratto di una certa corteccia (cinchona) produceva in una persona sana gli stessi sintomi prodotti dalla malaria. Dando piccole dosi di quell'estratto a una persona affetta da malaria, vide che quella guariva. La conclusione era ovvia: somministrando una piccola quantità di «malattia» si fanno insorgere i sintomi della malattia stessa, e con ciò si stimola il corpo a difendersi e a guarire. Niente di balordo: i vaccini che oggi diamo per scontati funzionano esattamente così. Forse funziona così anche lo strano sistema con cui le popolazioni tribali del Gujarat, in India, curano l'idrofobia: prendono le zecche dal pelo del cane che li ha morsi e le bevono con un po' d'acqua.

Per Hahnemann si trattava, attingendo all'infinita farmacopea disponibile nella natura, di studiare quali erano i «sintomi» che un elemento animale, vegetale o minerale era in grado di provocare. Scoprire quale elemento provocava quali sintomi poteva significare aver trovato un nuovo rimedio.

Prima i suoi familiari, poi alcuni volontari aiutarono Hahnemann in questa impresa. Ognuno di loro, dopo aver preso una minima dose di un qualche estratto, doveva tenere un diario dettagliato delle proprie reazioni non solo fisiche, ma anche emotive. Da questo materiale Hahnemann trasse l'importante constatazione che ogni persona reagisce diversamente a tutto quello che le accade, compresa la malattia: sia quella spontanea, sia quella indotta da una qualche sostanza. Ogni malattia, è vero, produce alcuni sintomi che sono comuni a tutti, ma non tutti i sintomi della stessa malattia sono uguali in tutte le persone. Questo succede perché ognuno di noi ha un suo modo, unico e irripetibile, di reagire.

«Ogni malato soffre di una malattia che non ha nome, una malattia che non s'è mai verificata prima e non si verificherà mai poi nello stesso modo e nelle stesse circostanze», scriveva Hahnemann. Da qui nacque la regola fondamentale dell'omeopatia: occuparsi del malato, dei suoi sintomi, della sua percezione della malattia; non della malattia in sé. Tanti possono avere il mal di testa, ma ognuno ha le proprie ragioni per averlo. L'aspirina può togliere quel sintomo a tutti, ma ognuno resterà con la propria ragione del suo mal di testa. E quella ragione, prima o poi, troverà altri modi di esprimersi.

Per il medico omeopata è importantissimo capire il paziente. Per questo deve osservarlo attentamente, ascoltarlo. Le parole che un paziente usa nel descrivere la propria condizione, i propri sintomi, specie quelli insoliti, sono molto più importanti dei segni obbiettivi che la malattia gli lascia addosso. L'aspetto di una persona, le sue abitudini, le sue preferenze nel cibo, i suoi umori sono determinanti per la definizione omeopatica della persona stessa.

Fu leggendo di Hahnemann e delle sue ricerche che capii quali ragionamenti Mangiafuoco aveva fatto su di me. Prendendo per particolarmente significativo il mio modo di vedere il mondo come attraverso un caleidoscopio, mi aveva giudicato una persona instabile, soggetta a grandi fiammate e a grandi raffreddamenti, pronta a prendere fuoco come il fosforo e a spegnersi subito dopo. Aveva però anche preso sul serio il mio desiderio di mettere sotto controllo quel caleidoscopio. Per lui ero quindi una personalità «fosforica», ma anche una persona coi piedi per terra, ossia, in termini omeopatici, «calcarea». Da qui il rimedio che mi aveva prescritto. Seguendo il sistema di Hahnemann, che classificava ogni paziente col nome del «rimedio» più indicato per lui, io nella cartella clinica di Mangiafuoco ero un Calcarea phosphorica.

Questo è un punto importante nell'omeopatia: il paziente non viene definito in base alla sua malattia, ma in base ai suoi sintomi e al suo rimedio. Ad esempio: un malato che ha i sintomi sia fisici sia mentali prodotti in una persona sana, diciamo, dal rimedio Belladonna viene chiamato un «paziente Belladonna». In linea di principio, una volta identificato il rimedio adatto a una persona, quello resta il suo rimedio per sempre, qualunque siano le malattie da cui è via via afflitto.

Dunque: a ogni paziente il suo rimedio. E questo del rimedio unico fu un altro notevole contributo dell'omeopatia. La medicina tradizionale usava composti fatti di decine, a volte persino di centinaia di elementi, ognuno con una sua utilità; ma non sapeva se questi elementi erano in contraddizione fra loro e comunque ignorava quali potevano essere le conseguenze della loro combinazione. Succede ancora oggi: si prendono combinazioni di varie medicine, ognuna delle quali è di per sé una combinazione, senza ben sapere quali siano le reazioni che il loro accostamento può scatenare.

Hahnemann mise fine a tutto ciò con la regola di usare un solo rimedio alla volta. Se il primo non funziona, se ne prova un altro e poi un altro ancora. Ma sempre uno per volta, così che se ne possano studiare gli effetti, cioè i sintomi, che produce nel paziente.

La somma di questa conoscenza, frutto di esperimenti fatti con le più varie sostanze su persone sane, non malate,* costituisce *Materia Medica*, la bibbia di ogni omeopata.

L'altro enorme vantaggio dei «rimedi» era ed è che non c'è da preoccuparsi dei loro effetti collaterali. Non ne hanno. Le diluizioni sono assolutamente innocue. Al contrario delle medicine allopatiche, tutte con l'avvertenza scarica-responsabilità di tenerle lontane dalla portata dei bambini, i rimedi non rappresentano alcun pericolo. Un bambino che ne bevesse anche tutta la boccetta non avrebbe bisogno di lavanda gastrica.

Hahnemann aveva una visione antica, e in questo senso anche new age, dell'uomo e del suo essere al mondo. L'uomo era per lui un essere composto, una entità multidimensionale, non solo fatta di materia, ma anche di coscienza e di intelligenza. «La mente è la chiave di volta dell'uomo», scriveva. Per questo anche la malattia, in quanto fenomeno biologico di una vita alterata, era da vedere nell'insieme della persona. «È il paziente a essere ammalato, non i suoi organi.» Aveva detto la stessa cosa Ippo-

---

* Hahnemann aveva capito una cosa importante: non solo che gli esseri umani ammalati reagiscono alla stessa sostanza diversamente dai sani, e che gli animali reagiscono diversamente dagli uomini, ma anche che una specie animale reagisce diversamente da un'altra. La morfina, ad esempio, fa vomitare un cane, ma eccita un gatto; l'aconito uccide una pecora, ma non fa niente a una capra; l'antimonio è letale per gli uomini e per tanti animali, ma non per gli elefanti e le marmotte.

crate; dicono lo stesso oggi gli esponenti di ogni cosiddetta «medicina alternativa», gli olistici.

Per giunta, secondo Hahnemann, il compito medico aveva un fine più alto del semplice ristabilire la salute fisica. «Nell'uomo allo stato normale», scriveva nel 1810, «la forza vitale-spirituale anima il corpo materiale. Questa forza governa l'insieme dell'organismo e ne mantiene le varie parti in un'ammirevole armonia affinché la mente che lo abita possa usare liberamente di questo sano e vitale strumento per il fine superiore della nostra esistenza.» Il corpo, insomma, era per lui molto di più che una macchina.

Un altro aspetto importante dell'omeopatia è, fin dai tempi di Hahnemann, l'uso in piccolissime dosi o in alte diluizioni – le cosiddette «potenze» – delle sostanze che sono alla base dei «rimedi».

All'origine ci fu la necessità di sperimentare veri e propri veleni, come il cianuro o l'arsenico, somministrati in minime quantità. Ma a forza di sperimentare, diluire gli estratti sempre più, Hahnemann si convinse che anche nella diluizione le sostanze continuavano a esercitare sul corpo il loro effetto stimolante. Anzi, si accorse che la potenza di una diluizione aumentava ogni volta che questa veniva ulteriormente diluita e scossa cento volte – «dinamizzata», come diceva lui – e poi di nuovo diluita e di nuovo scossa. Da qui la conclusione cui Hahnemann arrivò negli ultimi anni della sua vita: il rimedio è tanto più efficace, quanto più è stato diluito, persino al punto in cui nell'acqua non resta più alcuna presenza rintracciabile della materia originaria.

Ne resta forse la memoria?

I detrattori dell'omeopatia hanno spesso usato questo argomento per dire che i «rimedi» non sono che acqua fresca e che i cosiddetti successi di questa pratica medica sono da attribuire all'effetto placebo.

Ma anche questa argomentazione non è convincente. Un recente studio, pubblicato dalla rivista medica *Lancet*, ha dimostrato che nel corso di un esperimento fatto, a loro insaputa, su due diversi gruppi di pazienti – uno trattato con prodotti omeopatici, l'altro con sostanze neutre – nel gruppo che aveva ricevuto i rimedi c'erano stati più casi di guarigioni (circa due volte e mezzo) che nel gruppo trattato con nulla.

Eppure i medici classici insistono nell'ignorare tutto ciò che avviene fuori dal ristretto cortile della loro scienza, dicendo che si tratta di «effetto placebo». E usano questa espressione con disprezzo, come se il fenomeno non fosse straordinario: una persona, credendo di venire curata, si cura da sé! Inghiottisce una sostanza assolutamente innocua e, pensando che sia una efficacissima medicina, guarisce! Ma questa è la prova lampante del potere della mente sulla materia! Gli scienziati certo non sono pronti ad accettarla perché con questo si aprirebbe una voragine sotto i piedi della loro attuale concezione del mondo, dell'uomo e del suo corpo.

E poi, come parlare di effetto placebo nel caso di neonati o addirittura di animali curati con l'omeopatia? Sì, perché esistono anche i veterinari omeopati! Mangiafuoco stesso mi aveva parlato di quelli che nella sua regione lavorano coi produttori di formaggio: per fare del buon parmigiano le vacche debbono avere una forma di sub-mastite e, perché quei batteri non vengano eliminati dal loro latte, è preferibile che le loro eventuali malattie non vengano trattate con gli antibiotici.

Il destino dell'omeopatia dopo la morte di Hahnemann, nel 1843, assomiglia molto a quello delle medicine «alternative» di oggi.

La gente era delusa dei medici tradizionali, trovava barbari i loro metodi e poco ispirante il loro trattare un paziente come fosse un oggetto da tagliare, dissanguare e rimpinzare di complicatissime pozioni. L'omeopatia, come tante pratiche che oggi stanno diventando di moda (fra queste di nuovo l'omeopatia stessa), si presentava come una vera alternativa. I suoi medici prestavano grande attenzione al paziente; i loro rimedi non erano né aggressivi, né distruttivi. L'epidemia di colera che colpì l'Europa nella prima metà dell'Ottocento, facendo innumerevoli vittime, contribuì alla buona reputazione dell'omeopatia quando si vide che i seguaci di Hahnemann erano riusciti a far sopravvivere l'80 per cento dei loro pazienti contro il 50 per cento dei pazienti salvati dai medici convenzionali.

Quando Hahnemann morì era famoso, aveva tantissimi seguaci e poteva vantarsi di aver fondato una nuova prassi medica che si basava non sulla diagnosi della malattia ma sulla diagnosi, molto più difficile e comprensiva, del malato; un sistema che non teneva di conto solo di alcuni sintomi, ma di tutti i sintomi. Hahnemann aveva con questo messo le basi di una medicina che, al suo meglio, era potenzialmente in grado di curare malattie ancora sconosciute, come l'AIDS.

L'America fu il terreno inizialmente più fertile per l'omeopatia. La sua medicina era stata dominata da personaggi come Benjamin Rush, un uomo che non credeva assolutamente nella forza curativa della natura, e che era un fermo sostenitore dell'interventismo chirurgico, della somministrazione di purghe da cavallo e soprattutto dei salassi. Di lui si diceva che «aveva sparso più sangue di qualsiasi generale nella storia». L'omeopatia, rovesciando completamente queste posizioni che andavano allora per la maggiore, diventò estremamente popolare. Già all'inizio del Novecento veniva insegnata in ventidue università, centinaia di ospedali la praticavano, più di mille farmacie ne vendevano i rimedi e circa il 20 per cento dei medici americani si dedicavano a questa nuova scienza.

Negli Stati Uniti l'omeopatia era ormai così diffusa e considerata di tale successo che le assicurazioni offrivano il 10 per cento di sconto a chi vi ricorreva per curarsi. Ma fu proprio questo successo a provocare il declino dell'omeopatia. Le associazioni mediche tradizionali videro i loro membri perdere clienti, l'industria farmaceutica calare i suoi profitti – i rimedi erano a buon mercato e venivano spesso preparati dai medici stessi – e identificarono nell'omeopatia un pericoloso rivale da eliminare al più presto. Gli attacchi furono senza tregua e nel giro di poco tempo l'omeopatia venne relegata fra le non-scienze. I corsi universitari di omeopatia vennero chiusi, gli omeopati messi al bando. In Europa successe più o meno lo stesso, anche se molte personalità di rilievo, da Mark Twain a papa Pio X, da Dickens a Goethe, William James e Nathaniel Hawthorne, se ne servivano e la stessa famiglia reale inglese, dal 1830 in poi, era ricorsa a medici omeopatici.

I progressi fatti dalla scienza medica tradizionale furono un'altra ragione del declino dell'omeopatia in Occidente. Il microscopio e la scoperta dei batteri permisero di indagare sulle cause di ogni singola malattia, e con questo di mettere l'accento sempre più sul particolare, sempre più sulle singole parti del corpo anziché sul corpo nel suo insieme.

Solo in India, dove arrivò già al tempo di Hahnemann portata dai missionari tedeschi, l'omeopatia ha avuto una sua storia e un suo quasi autonomo sviluppo. Gandhi la definì «il sistema più raffinato, più economico e meno violento di trattare i pazienti» e suggerì al governo di appoggiarla e diffonderla. Così è stato. Nel 1973 l'omeopatia è stata riconosciuta come uno dei sistemi ufficiali di medicina; 162 università indiane offrono oggi corsi di omeopatia e più di 150.000 medici la praticano in ogni angolo del paese: non come un vezzo per benestanti o alternativi, ma come la soluzione più accessibile e meno costosa per i problemi di salute dei poveri.

In Occidente, dove la scienza è diventata una sorta di nuova religione, l'omeopatia ha sofferto dell'impossibilità di dimostrare scientificamente la propria efficacia. Nessun chimico o biologo è in grado di trovare un rapporto di causa ed effetto fra la quantità di una sostanza presente – e spesso non più presente – in un rimedio e i suoi effetti curativi. Ma è proprio questa interpretazione meccanicistica e molecolare della realtà biologica che l'omeopatia mette in discussione! Scienza e omeopatia parlano due lingue diverse. Come possono intendersi?

Nel dopoguerra, questo dialogo fra sordi si è ulteriormente complicato. La ricerca scientifica ha fatto enormi progressi e la pratica medica ha accettato come un'indiscutibile verità che la malattia è dovuta all'alterazione di un meccanismo molecolare e che la terapia consiste nel modificare o sostituire la molecola con farmaci introdotti nel corpo del paziente: chiunque esso sia, qualunque cosa provi, pensi, creda... o sogni. Giusto il contrario della concezione omeopatica!

L'omeopata non pensa in termini di malattia, ma di paziente, e non concepisce la sua terapia come un intervento dall'esterno nel corpo. Anzi. Il suo rimedio è solo uno stimolo perché il corpo si curi da solo, dall'interno. Nella concezione omeopatica la terapia agisce appunto dall'interno verso l'esterno, dall'alto verso il basso, dagli organi più importanti verso quelli secondari, procedendo nell'ordine inverso a quello del manifestarsi dei sintomi. Un rimedio giusto comincia cioè col far scomparire per primi gli ultimi sintomi provocati dalla malattia; poi gli altri, a ritroso. Per questo la comparsa nel paziente di vecchi sintomi è considerata un buon segno: significa che il trattamento funziona e che il processo di risanamento è nella fase conclusiva.

Tutto questo è strano e interessante, ma è anche inaccettabile per una mente normalmente scientifica. Un medico classico, abituato alla sua prassi, trova assurda la storia raccontata da un omeopata come esempio di una guarigione dovuta alla considerazione del paziente nella sua totalità anziché della sua malattia. Una signora di settant'anni è costretta da una grave osteoporosi a vivere su una sedia a rotelle. Nel corso della conversazione con l'omeopata la signora dice di fare quasi ogni notte lo stesso sogno: si vede cadere da una grande altezza. L'omeopata si concentra sul ricorrere di quel sogno e decide di darle un rimedio che ha a che fare con quel «sintomo» e non con la sua condizione fisica. Dopo qualche tempo la signora lascia la sedia a rotelle e riprende a camminare.

Guarigione dovuta alla diluizione di qualche incongrua sostanza presa a gocce prima di andare a letto? Impossibile, dicono i medici-scienziati, buttando – ingiustamente – l'omeopatia nello stesso calderone delle follie pseudoterapeutiche come la piramidologia, l'automassaggio o la psicoginnastica.

Indubbiamente l'omeopatia soffre della sua reputazione di magia, peggio ancora, di stregoneria. Nel migliore dei casi la sua pratica viene scartata e derisa perché, alla fine dei conti, con le sue diluizioni, non sarebbe che acqua fresca.

Ma cosa sappiamo noi dell'acqua? Positivisti come siamo diventati, ci pare assurdo che l'acqua possa contenere informazioni su elementi o sostanze che nell'acqua ci sono state, ma non ci sono più. Sappiamo forse qualcosa su ciò che un evento lascia nel luogo in cui è avvenuto? Su quel che le cose, le sostanze, o le molecole di quelle sostanze possono comunicare?

Nonostante la nostra pretesa di capire e il nostro altezzoso disprezzo per tutto quel che non è scientifico, continuiamo a sfruttare ciò che ci serve anche se non capiamo come funziona. I medici-scienziati, ad esempio, sono tornati a usare l'elettroshock nel trattamento di certe malattie mentali, pur non avendo ancora un'idea di che cosa provochi gli effetti desiderati. Eppure lo fanno con la stessa fiducia con cui le massaie stendono i lenzuoli sui prati nelle notti di luna piena perché sanno che s'imbiancano meglio che con un detersivo. Allo stesso modo gli indiani continuano a bere al mattino un bicchiere d'acqua che durante la notte è stata in un recipiente di rame dal quale avrebbe tratto una benefica «energia». Cominciarono a farlo secoli e secoli fa, quando forse ne sapevano meglio il perché.

Il primo passo di ogni grande sapere è il sapere di non sapere. È un passo quello che, a suo modo, la scienza più moderna e più spregiudicata sta facendo accettando ad esempio la teoria del caos, secondo cui un insignificante avvenimento in una parte del mondo può avere ripercussioni catastrofiche e non immaginabili in un'altra. La scienza sta accettando anche che, contrariamente a tutto ciò che ha pensato finora, non esiste una osservazione oggettiva, in quanto persino gli oggetti più inanimati non restano indifferenti all'essere scientificamente osservati: reagiscono!

Quel che sappiamo del nostro mondo è una frazione infinitesimale rispetto a tutto quel che non sappiamo. A pensarci bene, nonostante i grandissimi progressi fatti dalle varie scienze, siamo circondati da fenomeni che non capiamo, fenomeni di cui non sappiamo minimamente che cosa possano significare o nascondere.

Libri. Libri. Anche da questo punto di vista New York è magnifica. Qualunque cosa uno voglia leggere c'è e spesso si scopre qualcosa di cui non si conosceva neppure l'esistenza. Il mio terreno di caccia erano i chilometri di scaffalature cariche di libri dello Strand Bookstore, all'angolo fra la Dodicesima e Broadway. Lì si trovano, a metà prezzo, le copie fresche di stampa dei libri appena pubblicati, destinati ai recensori e da loro rivenduti, nonché le copie di vecchi libri altrimenti esauriti.

Un giorno, nei paraggi dei volumi sulla medicina alternativa mi aveva colpito lo strano libro di un biologo inglese. Lessi sul risvolto di copertina che l'autore, Rupert Sheldrake, dopo aver studiato a Cambridge, era finito in India nell'ashram di Bede Griffiths, un frate benedettino, allievo di C.S. Lewis, autore di alcune belle opere sul declino dell'uomo moderno nel materialismo e sulla sua possibile redenzione nella vita spirituale. In quell'ashram, a Shantivanam nel Tamil Nadu, il giovane Sheldrake aveva scritto un interessante saggio, *A New Science of Life*, combinando le sue esperienze e le sue certezze di scienziato con le esperienze e le incertezze di uno che si è messo sulla via dello spirito.

La tesi di Sheldrake è che tutti gli esseri viventi, e molto probabilmente anche i minerali, riescono in qualche modo ad acquisire nella loro memoria fatti avvenuti precedentemente ai loro simili, senza che fra di loro ci sia stata alcuna possibile comunicazione... almeno non un tipo di comunicazione a noi conosciuto. In altre parole, quando il membro di una specie assume un nuovo comportamento, o un modo di reagire a certe esperienze, quel nuovo comportamento, se ripetuto varie volte, incide su tutta la specie, suggerendo con ciò, che molte delle cosiddette immutabili leggi della natura altro non sono che delle mutabilissime abitudini. Abitudini che dipenderebbero da quel che è successo prima e da quanto spesso è successo.

128

Sheldrake racconta ad esempio di un esperimento, fatto nell'arco di diversi anni a Londra, in cui topi di varie generazioni, messi in una vasca che si riempie lentamente d'acqua e da cui esiste solo una via di uscita, imparano progressivamente a mettersi in salvo. Cioè, se più della metà dei topi della prima generazione affoga, molti di meno muoiono delle generazioni successive finché, dopo varie generazioni, tutti si salvano.

Quel che è assolutamente sorprendente è che, ripetendo lo stesso esperimento in Australia, quasi tutti i topi della prima generazione trovano la via d'uscita come se l'esperienza dei topi di Londra si fosse in qualche modo trasmessa anche a loro. Lo stesso succede, secondo Sheldrake, nelle reazioni dei minerali e dei metalli sottoposti a certi processi. Ad esempio, certi cristalli che salinizzano a Londra dopo un certo numero di prove, salinizzano immediatamente quando l'esperimento viene fatto successivamente in un'altra parte del mondo.

La conclusione di Sheldrake è che esiste una sorta di accumulazione dell'esperienza a distanza: sia distanza di tempo che di spazio. Lui la chiama: risonanza morfica.

Che all'acqua succeda qualcosa di simile? Che l'acqua ricordi il contatto, le informazioni di qualcosa che è passato attraverso il suo corpo? Una follia, si direbbe. Eppure, in una visione più spregiudicata della realtà biologica, una visione secondo cui le molecole non sarebbero gli unici fattori determinanti nel funzionamento di un organismo vivente e che altri fattori, come l'energia e le informazioni di tipo bio-elettro-magnetico, potrebbero avere un ruolo ugualmente determinante, quella follia sarebbe plausibile.

Recenti esperimenti dimostrano che il trattamento con onde elettromagnetiche conferisce all'acqua proprietà fisico-chimiche che possono poi essere trasferite ad altri sistemi biologici. In altre parole, qualcosa si imprimerebbe nell'acqua come su un pezzo di carta. L'acqua, cioè, ricorderebbe. Avrebbe una memoria.

La visione omeopatica della medicina mi affascinava. Offriva, se non altro, un'alternativa all'approccio meccanicistico dei miei bravi aggiustatori di New York. E i dubbi aumentarono.

Andavo avanti e indietro fra casa e ospedale, mi sottoponevo a nuovi esami, nuovi interventi, nuove anestesie totali, e pensavo... alla memoria dell'acqua, al rimedio di Mangiafuoco, alla possibilità di rinunciare alla radioterapia e alle sue terapeutiche devastazioni.

La contraddizione che avevo sentita forte già al tempo della chemio, fra l'America i cui valori non potevo condividere e il fatto che ero però venuto in America a cercare di salvarmi, tornò a sfidarmi, specie ora che in qualche modo avevo intravisto una alternativa: una alternativa non americana.

È ovvio che una civiltà si riflette in ogni sua espressione e la medicina americana, certo la più avanzata del mondo, rifletteva quella aggressività imperialistica nei confronti della quale aumentava sempre più la mia ostilità. Con la caduta del muro di Berlino e il suo trionfo nella Guerra Fredda, l'America non aveva più alcun ritegno a mostrarsi come si sentiva: la più alta realizzazione dell'uomo, la più grande potenza mai esistita sulla Terra. Quel concentrato di arroganza produceva ormai una civiltà che non conosce limiti, che sente come naturale il diritto a imperare sugli altri e che non teme di « distruggere per salvare », come ebbe a dire quel generale americano in Vietnam, dopo aver raso al suolo un intero villaggio per liberarlo dai Vietcong.

La medicina americana a cui mi ero affidato era, anche lei, così: interventista, aggressiva, distruttiva. Lo era dagli anni della Rivoluzione. La visione di un paese apparentemente sconfinato da conquistare nella progressiva spinta verso il Far West aveva dato origine all'idea che anche la malattia fosse come terra da conquistare, malattia dopo malattia, senza riguardo per gli eventuali massacri compiuti strada facendo: massacri di indiani o di pazienti. Un giorno lessi che il 40 per cento delle operazioni fatte ogni anno negli Stati Uniti sono inutili e che muoiono più americani sotto i ferri di quanti ne morivano annualmente nella guerra in Corea o in quella in Vietnam.

D'altra parte è stata la medicina americana, sempre pronta a sperimentare, a mettere alla prova nuovi strumenti, nuove tecniche, nuovi farmaci, ad aver sconfitto le vecchie malattie e ad aver allungato la vita media della gente, mi dicevo. Certo: ma l'ha fatto grazie ai suoi grandi mezzi accumulati attraverso un sistematico sfruttamento del resto del mondo e delle risorse altrui di cui anch'io stavo, in fondo, approfittando.

Questi erano i pensieri che mi frullavano in testa mentre mi preparavo alla radioterapia. Avevo finito di fare le analisi e fatto le prove di simulazione. Mi restava un ultimo fine settimana libero. Proprio quello in cui Mangiafuoco teneva il suo seminario omeopatico a Boston.

Ero in crisi con l'America, e anche la vecchia Boston, che ricordavo dai tempi in cui ci avevo marciato contro la guerra in Vietnam, mi deluse. Era carina, civile, contegnosa, ma senza grandezza, senza qualcosa di trascinante o di commovente. Ci arrivai con uno di quei piccoli aerei che ogni ora fanno la spola da New York, come gli autobus che a Firenze vanno da Porta Romana al Duomo. Atterrammo volando su una distesa di casucce tutte uguali, fortunatamente coperte di neve. Tutto era funzionante, in orario, oleato. Solo a guardar bene ci si accorgeva che la grande efficienza della vita americana è fondata su una versione moderna del sistema delle caste. I neri, i portoricani e i latinoamericani gestiscono negli Stati Uniti, come in India, un tempo, gli intoccabili, tutto ciò che è raso terra, ciò che è «sporco», dalla spazzatura ai bagagli, ai gabinetti, ai biglietti degli autobus. Tutti questi lavorano per poco – in media guadagnano qualcosa come sette dollari all'ora – ma il segreto è che tutti sono convinti di essere liberi e cittadini del migliore dei mondi possibili.

Appena sopra gli intoccabili viene una casta tipicamente americana: i falliti. Sono di solito bianchi, con una discreta cultura. Per qualche ragione non ce l'hanno fatta e l'impietoso sistema della continua competizione, che premia l'aggressività e la prevaricazione, li spinge da parte. Frustrati, patetici. Vittime. I tre guidatori di taxi con cui ebbi a che fare nel mio primo giorno a Boston appartenevano a questa casta. Ognuno di loro, poco dopo essersi messo al volante, mi disse di non essere in verità un autista, ma uno sceneggiatore. Ah, l'America!

Il seminario si svolgeva a una sessantina di chilometri dalla città, in uno di quegli alberghi con la moquette sintetica, i mobili di finto legno, una grande piscina in mezzo al nulla. Lontano da tutto, era piantato lì solo perché il terreno costava poco e ci si potevano tenere convegni per la protezione delle balene, corsi di perfezionamento per estetiste e seminari omeopatici.

Il seminario di Mangiafuoco m'incantò. Era come essere atterrato su Marte e scoprire che i marziani erano carinissimi, intelligenti e calorosi più di tanti umani. Un conto era leggere di omeopatia nei libri che mi ero procurato, un altro era stare in mezzo a una cinquantina di discepoli di Mangiafuoco, che fra una sua lezione e l'altra discutevano della loro professione, dei loro pazienti e dei loro misteriosissimi rimedi.

I «marziani», mi resi presto conto, appartenevano anche loro a una casta, quella dei drop outs, come in America si chiamano quelli che sono saltati giù dal treno in corsa della modernità, quelli coi dubbi, quelli con dentro l'aspirazione a qualcosa di più alto delle solite mete materialistiche della società dei consumi.

I cinquanta partecipanti – molte le donne – erano tutte persone con un passato, anche di successo, dal quale scappavano. Alcuni erano stati medici, altri psicologi. C'erano artisti ed ex hippy. Molti uomini avevano la barba come per nascondere le loro facce «di prima».

Ebbi l'impressione che per i più l'omeopatia non fosse semplicemente un'alternativa professionale, ma di vita. «Per aiutare i miei pazienti devo capirli e per capire loro debbo innanzitutto capire me stessa», mi disse una donna sui quarant'anni che era stata bibliotecaria in una università. Una ex pittrice invece mi spiegò che l'omeopatia era il modo «più artistico» di esprimersi che lei avesse trovato. Molti vedevano nella crescente popolarità dell'omeopatia il segno di una possibile grande svolta nella storia dell'umanità. Tutti parevano estremamente motivati. Ognuno aveva un suo particolare impegno.

Quello di Mangiafuoco venne fuori chiaro da ciò che disse: voleva ridare credibilità scientifica alla omeopatia e dignità alla propria professione.

«Siamo medici, ma se vogliamo essere presi sul serio dobbiamo darci da fare», ripeté varie volte. «Non dobbiamo certo abbandonare il nostro approccio analogico, che ha aiutato l'umanità a sopravvivere per migliaia di anni; ma dobbiamo accettare che l'approccio scientifico, pur essendo più giovane, non è necessariamente da rifiutare. Dobbiamo tentare di unire tutte le forze.»

Non fece mistero del fatto che l'omeopatia sta attraversando un periodo cruciale. Proprio perché sta diventando sempre più popolare e di moda, la sua reputazione soffre a causa dei tanti ciarlatani che ora pretendono di saperla praticare. Un altro pericolo, disse, viene dalle grandi case farmaceutiche. In passato sono state ostili alla omeopatia, ma ora, vedendone il successo, cercano di inserirsi in questo mercato in espansione e producono rimedi per questo o quel male, contravvenendo al fondamentale precetto omeopatico: curare il paziente e non la malattia.

Il progetto di Mangiafuoco prevedeva una revisione completa

della pratica omeopatica; l'addestramento di nuovi medici, magari da reclutare fra i medici allopatici insoddisfatti, e lo studio di nuovi rimedi al fine di aumentare i mezzi terapeutici a disposizione.

Diceva che *Materia Medica*, il compendio dei rimedi omeopatici pubblicato ancora durante la vita di Hahnemann, andava rivisto ampliato, ristrutturato con criteri moderni; andava computerizzato. È assurdo continuare a usare solo i vecchi rimedi quando oggi è così facile sperimentarne di nuovi. Il mare, ad esempio, è una miniera di prodotti, ma l'omeopatia finora l'ha sfruttato poco. L'intenzione del seminario era appunto di introdurre alcuni rimedi marini che lui diceva d'aver studiato e usato con successo.

E così per tre giorni, con l'aiuto di grafici, diapositive e piccoli fogli su cui aveva preso appunti, Mangiafuoco parlò dell'inchiostro delle seppie, della corazza dell'Homarus gammarus (l'astice), della vita sessuale delle meduse, del loro veleno, e tanto di stelle marine. Già il nome! Le chiamiamo così perché gli antichi pensavano fossero le stesse stelle del firmamento e mandavano gli epilettici a pescarle perché, secondo loro, quelli avevano in sé qualcosa di celestiale, di divino.

Di ogni animale – o pianta – Mangiafuoco conosceva i miti in cui comparivano, la letteratura in cui se ne parlava e questo aggiungeva alla sua presentazione quell'aura di magia che lui stesso aveva ammesso essere di grande valore. Mangiafuoco ripeté varie volte che, quando si studiano gli effetti di un determinato rimedio, è importantissimo osservare il comportamento dell'animale da cui quel rimedio viene estratto. Ogni essere – diceva – ha un suo modo di sopravvivere nella natura; quel modo si riflette nella reazione del paziente al rimedio.

Parlò dell'astice, l'Homarus gammarus, un animale che non ha rapporti con altri animali. Nella testa ha un organo, simile al nostro orecchio, con dentro una sorta di sassolino che gli dà il senso dell'equilibrio. Quando l'astice cresce e la sua armatura gli diventa stretta, se la toglie di dosso. Ma così facendo resta debole, indifeso e va allora a nascondersi sotto la sabbia fino a quando non gli è ricresciuta una nuova corazza. L'Homarus gammarus ha nello stomaco un liquido che coagula il latte. È da quel liquido che si estrae un rimedio utile alle persone allergiche ai latticini.

Mangiafuoco raccontò uno dei suoi casi Homarus gammarus. Un bambino di nove anni gli viene portato dalla madre, una donna dominante, professoressa di ginnastica, maniaca della fitness. Il figlio è grasso e per niente interessato allo sport. È allergico al latte e a tutti i suoi derivati. Ha crisi asmatiche sempre più frequenti. La madre ricorre all'omeopata perché, dopo aver consultato vari medici allopatici, il ragazzo non può ormai vivere senza un bronco-dilatatore. Dopo una operazione alle tonsille, il ragazzo è cresciuto e ingrassato eccessivamente e ha grandi dolori alle ossa. Il suo cibo preferito sono i gamberetti. Li mangia persino assieme alla frutta. Il suo eroe è Peter Pan, ma quando ha visto il film è rimasto molto colpito dall'episodio in cui quello perde la sua ombra e gli deve essere ricucita. Il bambino ha paura del buio.

Durante la visita è sempre la madre a parlare. Legge da un quaderno in cui ha preso nota di tutto quel che vuol raccontare al medico. Il figlio è intimorito e ogni volta che vuol dire qualcosa la madre lo interrompe. Mangiafuoco riesce però a farlo parlare di qualcosa che la madre non sa: i suoi sogni e lì trova la chiave. Il ragazzino racconta di sognare spesso se stesso accompagnato da una grande ombra. L'ombra non gli fa paura, anzi la sente come la sua protezione. La prescrizione è Homarus gammarus. E perché?

«Sul piano fisico», spiegò Mangiafuoco, «il bambino ha evidenti problemi di allergia al latte. La madre non rappresenta per lui alcun sostegno e per affrontare il mondo cerca di diventare sempre più grasso come se questo fosse garanzia di maggiore solidità. Mangia gamberetti perché istintivamente cerca in quell'animale qualcosa che lo possa aiutare. Nella storia di Peter Pan è interessante che la figura femminile che gli ricuce l'ombra non è una figura materna, ma quella di una bambina, Wendy. Dal punto di vista del ragazzino dunque non è la mamma che lo protegge dal buio, ma la sua stessa ombra. Da qui l'analogia con i gamberetti di cui il bambino ha tanto desiderio; da qui l'analogia con l'astice e l'armatura da cui si sente protetto.»

Mangiafuoco prescrisse al ragazzino l'estratto di Homarus gammarus. Il ragazzino lo prese e dopo alcune settimane smise di essere allergico ai latticini, cominciò a perdere peso e non ebbe più crisi asmatiche.

Medicina questa? E perché no? Medico è chi aiuta a guarire, non chi ha semplicemente una laurea e io non avevo alcuna ragione di dubitare della storia di quel ragazzo e di come era stato curato. Suggestione? Effetto placebo? E allora? Ben venga se fa star bene la gente!

Se la prova del pane è nel mangiarlo, la prova dei rimedi sta nell'usarli. Per tre giorni Mangiafuoco non fece che raccontare storie di pazienti medusa, seppia, Homarus gammarus e altri curati con i rispettivi rimedi marini. Le sue descrizioni delle varie personalità omeopatiche, con le loro abitudini, i loro diversi atteggiamenti sociali, le loro preferenze di cibo, di ambiente e di... musica, erano stimolanti e l'umanità in genere diventava estremamente interessante nell'ottica delle stranissime correlazioni che Mangiafuoco faceva fra persone, animali e piante; fra malattie e rimedi.

Il gruppo pendeva dalle sue labbra e io con loro. Non seguivo tutto quel che diceva; spesso non capivo il legame logico fra le cose (forse non c'era), non vedevo il rapporto di causa ed effetto (e lui metteva in guardia dal cercarlo), ma ero affascinato. Mi si era come aperto uno spiraglio su un pianeta sconosciuto. Mi pareva d'aver inforcato quegli occhiali che una volta da ragazzo, in un cinema, mi avevano fatto vedere in tre dimensioni il mondo sullo schermo.

Ma io restavo fiorentino, razionale, e molte delle sue meravigliose storie mi lasciavano al perso. Mi pareva di capire, ma non capivo. Ovviamente, in un terreno così incerto, fatto di richiami esoterici e mistici, più che il messaggio trascinava il messaggero. E Mangiafuoco era perfetto: intelligente, colto, spiritoso e carismatico. Era convincente; a volte semplicemente brillante.

Un gran seduttore dal piffero magico?

M'era davvero piaciuto essere stato per tre giorni su Marte. Diversa gente, diversi discorsi, diversa logica. Pensai a come era strano quel che mi succedeva. O forse quel che mi facevo succedere? Nel 1993, accettando la profezia di un indovino, avevo rallentato la mia vita, avevo cominciato a guardare il mondo con altri occhi. Ora era il cancro a portarmi a un «seminario» come quello, a stare con quella strana gente. Certo che quel mio «disagio», come lo chiamava Mangiafuoco, aveva una sua faccia oscura, minacciosa; ma ne aveva anche una di luce, di potenzialità, di innovazione. Quel «disagio» mi aveva fatto scoprire l'omeopatia a cui non avrei altrimenti prestato la minima attenzione. Forse qualcosa dentro di me voleva crescere, ed ecco che mi cresce il cancro... per farmi crescere. Dio mio, pensavo già come un omeopata!

Certo, quella non-logica degli omeopati mi era entrata sotto la pelle, quel ragionare all'inverso, non nel piccolo ma nel grande, mi attraeva. Era un po' quel che avevo cercato, anche se a volte mi pareva che nella catena dei loro ragionamenti mancasse qualche anello. Avevo l'impressione d'assistere ai fantastici salti di un acrobata che volteggia per aria fra un trapezio e l'altro... finché una delle sbarre manca al suo appuntamento. Così la mia mente si sentiva precipitare nel vuoto.

Mi resi conto che, pur con tutto l'entusiasmo che mi era venuto per lo sragionare dell'omeopatia, non potevo seriamente prendere in considerazione l'ipotesi di rinunciare alla radioterapia per affidarmi invece alla magia del mio rimedio. Forse ero io stesso vittima dei pregiudizi scientifici, ma ero così: curioso, ma razionale; esploratore sì, ma non temerario. Ero sicuro che la Calcarea phosphorica avesse contribuito a farmi ritrovare la pace, ma non riuscivo a convincermi che avrebbe messo fine anche alla mia produzione di cellule impazzite. E il fatto stesso che non ne fossi convinto aumentava il rischio che il rimedio non servisse a nulla.

Col solito piccolo aereo-autobus, su cui montai all'ultimo minuto, mentre già stava chiudendo il portellone, tornai a New York e mi raggomitolai, felice, nella mia tana.

«Quattro americani su dieci avranno il cancro», annunciò un grande canale televisivo nel notiziario della sera, e raccontò che molti negli Stati Uniti muoiono ancora inutilmente di questo malanno, perché le assicurazioni si rifiutano di pagare i più recenti, costosi trattamenti, con la scusa che sono ancora «in fase sperimentale».

Lo era anche la radioterapia che stavo per incominciare l'indomani: un esperimento di cui sapevo che era, di per sé, cancerogeno.

Ma avevo scelto.

La notte feci due sogni. In uno volavo alto su un mondo che era così lontano da non interessarmi più. Nell'altro invece camminavo lungo il mare e gli oggetti inerti, abbandonati sulla spiaggia, quando ci passavo accanto prendevano vita, sprigionavano una scintilla, una piccola luce e quella diventava un uccello che volava via, libero nell'aria.

Presi tutto quel volare come un buon auspicio.

NELLE BRACCIA DELLA RAGNA

«Signor Terzani, lei è pronto?»

«Si», rispondevo, e tutti scappavano via chiudendosi dietro le porte blindate. Al centro di una stanza semibuia, io stavo sdraiato, a torso nudo, immobilissimo, attento a non fare neanche un respiro più profondo del solito. Dovevo restare esattissimamente nella posizione in cui ero stato bloccato: i punti neri che mi erano stati tatuati sul petto dovevano collimare con i punti di luce rossa che uscivano dagli occhi di fuoco della macchina infernale che stava sopra di me. L'avevo ribattezzata «La Ragna», perché io altro non ero che una piccola mosca impaniata nella misteriosa rete che lei mi tesseva attorno.

La Ragna aveva una grande testa tonda che prima mi guardava dall'alto, poi lentamente girava, si soffermava, sempre alla stessa distanza, a un mio fianco, si piazzava sotto di me per poi tornare a osservarmi dall'alto, emettendo a ogni sua mossa un inquietante sfrigolio, un sibilo, ora quasi un richiamo, a volte un gemito, un sospiro. Prigioniero, al centro della sua magica ragnatela, mi sentivo l'oggetto di una seduzione a cui non avevo alcuna intenzione di resistere. Avevo deciso che quell'amplesso mi salvava.

Avevo accettato la scommessa come avevo fatto tante volte nei casinò di Macao dove, dopo aver perso per una intera serata al tavolo di black jack, puntavo alla fine tutto quel che mi restava, a parte il biglietto di ritorno sull'idrovolante per Hong Kong, sul rosso o sul nero della roulette e aspettavo con controllata trepidazione il ruzzolare della pallina.

Dietro il vetro schermato di un grande oblò, vedevo gli infermieri e i tecnici seguire La Ragna che dal centro della sua testa mi bombardava per interminabili minuti con raggi miratissimi e micidiali. Mi concentravo sul mio respiro, mantenendolo regolare – piccole inalazioni, piccole esalazioni – così che il petto non si alzasse, non si allargasse e le radiazioni centrassero il loro bersaglio. Non avevo dolori. Non sentivo in verità nulla; tranne di essere in balìa di una forza, di una vera e propria *presenza*, che non avevo mai incontrato prima.

È ormai parte del sapere comune che troppe radiografie fanno male alla salute, che una donna incinta deve ricorrerci solo in caso di assoluta urgenza e che anche il dentista deve essere parsimonioso con quel suo facile sistema di reperire le carie. Il rischio è che quelle radiazioni, pur limitate, abbiano come effetto secondario l'attivazione di un qualche cancro. Bene: se una lastra, diciamo del torace, manda tre unità di quella misura con cui vengono contate le radiazioni – e già quelle tre sono ormai giudicate potenzialmente pericolose –, La Ragna, nel corso dei nostri appuntamenti (cinque alla settimana per un mese e mezzo), me ne scaricò addosso più di tremila, di quelle unità.

L'Irradiatore, maestro e domatore della Ragna, sapeva quel che faceva; aveva ben calcolato, nel mio come nei diciassette casi precedenti, i pro e i contro di quei bombardamenti e contava sul funzionamento di un particolarissimo schermo che, per diminuire i danni, controllava esattamente sia la superficie, sia la profondità a cui dovevano arrivare le scariche. Un computer faceva la mappa tridimensionale dell'organo da colpire; un altro computer produceva il modello di uno schermo che, dopo una serie di prove, veniva costruito in una speciale, pesantissima lega di metallo e applicato alla testa della Ragna; un altro ancora, come fosse il computer di un caccia che segue su una carta geografica la traiettoria dei suoi missili, controllava il bombardamento. Perché io rimanessi il più possibile immobile mi era stata costruita su misura una mezza corazza di gesso nella quale venivo adagiato e bloccato.

La terapia sperimentale che avevo accettato di fare consisteva nel distruggere con forti radiazioni le concentrazioni di cellule impazzite in una zona specifica del corpo, senza che ci fossero «danni collaterali», come viene chiamata, in gergo militare, la distruzione di una scuola o l'uccisione di civili nel corso di un bombardamento aereo. Nel mio caso si trattava di bombardare un organo senza che tutti quelli attorno ne facessero le spese.

Il mio love affair con La Ragna fu il periodo più difficile di tutto il trattamento. Forse perché per due settimane ero stato lontano dall'ospedale, ora non ci andavo più con la indifferente curiosità di un tempo. Forse perché dai coloratissimi omeopati avevo tanto sentito parlare di natura e di rimedi, ora il mondo bianco monocolore dei medici e delle loro medicine mi pareva estremamente innaturale. Le radiazioni in particolare.

Pur non toccandomi, La Ragna mi lasciava completamente esausto, a volte così senza forze da non riuscire a stare in piedi a lungo. Alcune ore dopo l'incontro con La Ragna, uno strano fuoco mi bruciava tutte le interiora. Se facevo un respiro profondo, mi pareva di inalare un incendio. Era una sensazione che non avevo mai provato, ma non era in alcun modo insopportabile. Ne prendevo coscienza, ci riflettevo su, e l'incendio era presto messo sotto controllo. Spesso è proprio il dirsi che qualcosa, o qualcuno, è insopportabile che ce lo rende veramente tale.

Una brochure mi rassicurava che le radiazioni non mi facevano diventare «radioattivo», ma in qualche modo La Ragna mi faceva più violenza della chemio e più della chemio riduceva il mio entusiasmo per la vita. Uscivo meno, mi guardavo meno attorno, ero più concentrato su di me e con questo ero sempre meno là dove volevo essere: al piano di sopra.

Sapevo che era una questione di prospettiva. Ogni volta che la visione del mondo si rimpicciolisce, i nostri problemi o i nostri mali ci paiono importantissimi, la nostra morte orribile, impensabile. Se la visione si allarga e si riesce a vedere il mondo nella sua interezza e magnificenza, il nostro stato, pur penoso che sia, diventa parte di quella vastità, di quell'eterno, naturale arrovellarsi dell'uomo.

Me ne accorgevo accendendo la televisione o andando al cinema: se vedevo un film sciocco mi deprimevo; i dolori alla pancia o allo stomaco mi parevano terribili. Se vedevo invece un bel film, come l'edizione restaurata delle *Notti di Cabiria* di Fellini, tutto ciò che mi stava succedendo mi pareva un'espressione di quel «mondo grande e terribile» di cui il vecchio monaco tibetano parla al giovane Kim di Kipling: un episodio di una bella storia. Io, marginale.

Per questo l'arte, quella vera, quella che viene dall'anima, è così importante nella nostra vita. L'arte ci consola, ci solleva, l'arte ci orienta. L'arte ci cura. Noi non siamo solo quel che mangiamo e l'aria che respiriamo. Siamo anche le storie che abbiamo sentito, le favole con cui ci hanno addormentati da bambini, i libri che abbiamo letto, la musica che abbiamo ascoltato e le emozioni che un quadro, una statua, una poesia ci hanno dato.

Un giorno che La Ragna mi aveva messo più alle corde del solito, sperando di alzare il mio umore, andai al Metropolitan Museum. Ma mi accorsi subito che, con tutte le mutazioni che avevo subito, una caratteristica m'era rimasta: l'odio per i musei. Specie quelli enormi, smisurati come il Metropolitan. C'era troppo: troppi quadri, troppa gente, troppe statue, troppa confusione, troppi negozi, troppe guardie, troppe luci, troppe cartoline, penne e magliette. Il Metropolitan stava all'arte come il negozio di Balducci di Downtown stava al cibo. In tutti e due ci si trovava il meglio di ogni angolo del mondo: i dipinti del Rinascimento, come i vari tipi di pasta; la scultura greca e le miniature Moghul, come i vari tipi di formaggio, di olive e di salmone. Mi sentii soffocare, venire l'indigestione, e scappai via.

I soli musei per me possibili sono quelli piccoli, quelli a misura d'uomo come il Mauritshuis all'Aja dove, quand'ero giovane, mi fermavo quasi ogni giorno sulla via di un lavoro che non mi piaceva a rallegrarmi guardando Saskia, la moglie di Rembrandt, bella e rubizza con un bicchiere di vino in mano; o come il museo di Lahore che sembra ancora diretto dal padre di Kipling; o il piccolo museo di Peshawar, dove un solo Buddha di Gandhara, trovato nelle montagne vicine e messo senza alcuna pretesa su un piedistallo da nulla, basta a riempire di gioia una giornata.

Misi il Metropolitan nella lista dei posti che mi deprimevano. Fortunatamente al Paris, il cinema vicino a casa, stava per cominciare la rassegna di tutti i film prodotti dall'accoppiata Merchant-Ivory, compresi quelli ambientati in India. Alcuni bellissimi. Furono la mia salvezza. Li vidi e rividi tutti con grande piacere e sollievo. Il mio umore si alzò e restò alto. La Ragna mi fece sempre meno impressione e cominciai a pensare a come disintossicarmi dai suoi raggi.

Per anni, su una vecchia scatola di cartone in cui buttavo tutto quello che pensavo avrebbe potuto servirmi un giorno per fare un certo viaggio, c'è stata una scritta:

La guarigione viene dalle piante
E dal coltello
Da una persona retta e santa
E dai mantra che uno canta.

Era una frase del VI secolo avanti Cristo, quando in quello che oggi è l'Iran visse un personaggio di cui si sa poco o nulla. Si chiamava Zarathushtra e aveva fondato – o forse solo riportato in vita – una religione al cui centro stava il fuoco: il fuoco che purifica rimanendo sempre puro; il fuoco che è imparziale perché riscalda allo stesso modo un saggio come un folle; il fuoco che fa luce, il fuoco che dà vita; il fuoco che, riducendo ogni cosa in cenere, rammenta all'uomo l'impermanenza di tutto il creato. E il fuoco infatti distrusse anche gran parte di quel che Zarathushtra aveva scritto, fatto e detto.

Gli originali di quelle scritture sacre scomparvero nel 330 avanti Cristo quando Alessandro il Macedone – che noi occidentali, nonostante i suoi misfatti, insistiamo a chiamare «Magno» – dette alle fiamme la biblioteca di Persepoli con tutte le sue collezioni. Il resto scomparve nel VII secolo dopo Cristo, quando gli arabi, da poco convertiti all'islam da Maometto, misero a ferro e fuoco la Persia, ne rasero al suolo i templi, forzarono l'intera popolazione a farsi musulmana e cancellarono sistematicamente ogni traccia della tollerante Religione del Fuoco.

Di Zarathushtra e dello zoroastrismo rimase solo quel che alcuni fedeli, sopravvissuti ai massacri, avevano imparato a memoria e quel che la furia iconoclasta dell'islam non riuscì a distruggere, come quella massima appunto, scolpita nella roccia di irraggiungibili montagne. Quel poco bastò perché lo zoroastrismo, coi suoi Templi del Fuoco e le sue Torri del Silenzio, in cima alle quali i morti, dopo i riti funebri, vengono lasciati in pasto agli avvoltoi, continui a essere la religione di alcune decine di migliaia di persone: i parsi. La loro più grande comunità è quella di Bombay, nell'India, un paese dove i perseguitati di tutte le religioni – ultimi i buddhisti tibetani – hanno sempre trovato rifugio.

Poco dopo essermi trasferito da Bangkok a Delhi, mi ero interessato ai parsi, li ero andati a trovare, e quella frase, «La guarigione viene dalle piante, e dal coltello, da una persona retta e santa e dai mantra che uno canta», era finita, come un viatico, sulla mia scatola di cartone.

Allora non potevo certo immaginare che un giorno avrei *io* cercato, in ognuno di quei mezzi, la *mia* guarigione. A quel tempo ero semplicemente interessato alle piante, o meglio alla pianta delle piante: la mitica pianta da cui – secondo le leggende di tanti popoli – si estrae l'elisir della vita.

L'uomo di tutte le epoche ha sempre pensato che la natura fosse una cassaforte di tesori nascosti ed è andato a cercare, nel folto delle foreste, nei dirupi delle montagne, il fiore, la radice, l'erba magica con cui salvarsi: dalla malattia, dalla vecchiaia, dalla morte. Il mio progetto allora era di rifare, in chiave moderna, quel viaggio e scrivere un libro sulla ricerca di un qualcosa che molto probabilmente non esiste. O forse esiste: la salvezza dalla droga.

L'idea m'era venuta da uno stranissimo libro, pubblicato in Inghilterra nel 1935, scritto da un tale James S. Lee, probabilmente uno pseudonimo. Il libro, *The Underworld of the East*, è la storia dei diciotto avventurosissimi anni passati dall'autore, a cavallo fra Ottocento e Novecento, a lavorare per gli inglesi come ingegnere nelle miniere di carbone della Cina, dell'India e dell'Arcipelago Malese. Quel che rende la storia interessante è che, dopo aver fatto le più incredibili esperienze con ogni tipo di droga, dalla morfina alla cocaina, dall'oppio all'hashish, l'autore, ormai completamente schiavo del vizio e con la salute minata, racconta d'aver trovato un modo di salvarsi. Una sera, in un piccolo insediamento lungo uno dei fiumi nella giungla di Sumatra, un sampan con alcuni malesi a bordo si avvicina alla sua veranda di legno affacciata sull'acqua. Gli uomini vengono dall'interno dell'isola e gli offrono di barattare un fascio d'erbe e di radici con dell'oppio. Lui accetta perché nel mazzo c'è una pianta che lui non ha mai visto: un arbusto con piccoli bocci pieni di semi.

Il Nostro raccoglie quei semi, li fa bollire nell'acqua e fa evaporare la pozione. Il risultato è una polverina bianca che lui sperimenta sui topi di casa, mettendogliela nel cibo. Quando vede che quelli sopravvivono, la prova su se stesso. Il risultato è sorprendente. La polvere bianca estratta da quei semi elimina l'effetto di ogni droga e produce una grande vitalità, sia mentale sia fisica. Con quella polvere il Nostro cura la propria assuefazione e arriva a distruggere siringhe, lampade, pipe e tutto ciò che per anni gli era servito a vivere. Ha scoperto qualcosa di miracoloso. Lo chiama l'Elisir della Vita.

Vero? Impossibile dirlo. Ma la semplice ipotesi che potesse esserlo mi affascinava. Quanti giovani potrebbero essere tirati fuori dal pozzo buio della droga se davvero da qualche parte nell'isola di Sumatra esistesse quella pianta! Il progetto era di andarla a cercare seguendo il racconto di James Lee e le sue descrizioni dei luoghi. Quel filo chissà dove mi avrebbe portato!

L'autore era di per sé un mistero: la casa editrice inglese che aveva pubblicato *The Underworld of the East* non rispose alle varie richieste di informazioni, come se non volesse più avere niente a che fare con quella storia; il secondo libro che James Lee aveva annunciato, con altre avventure sulla sua vita, era introvabile e forse non era mai uscito.

Eppure l'uomo non poteva essere una pura invenzione. Il suo racconto di come, ammalatosi di malaria in un posto isolato dell'Assam indiano, riceve la prima iniezione di morfina e di come poi, diventatone dipendente, passa alla cocaina e al resto suona autentico. Così come sembra autenticamente deluso del tempo in cui vive. Costretto dalla sua professione a calarsi nelle viscere della terra, dove vede alcuni compagni morire per le esplosioni di gas o per il crollo di gallerie, James Lee finisce per avere una visione del mondo che oggi si direbbe molto new age. La terra è per lui – che sembra anticipare di qualche decennio la teoria di Gaia – un grande, complesso essere vivente, di cui l'uomo nella sua avidità non ha alcun rispetto. Anzi, con tutto quel che fa non le infligge che orribili ferite. E la terra, scrive Lee, si difende contro questo parassita scatenandogli contro malattie, terremoti, siccità, inondazioni, carestie, esplosioni, tifoni e incendi.

L'uomo farà grandi progressi con la sua scienza, scrive il Nostro. Inventerà cibi sintetici, vivrà in città sotterranee, riscaldate e ventilate artificialmente, farà buchi sempre più profondi alla ricerca dei mezzi per produrre calore e rimpiazzare il sole che lentamente si va spegnendo. L'uomo cercherà con ogni mezzo di prolungare la sua vita, ma alla fine perderà la battaglia. In tutta questa preoccupazione dell'autore da ecologista *ante litteram* c'è qualcosa di sincero. Possibile che avesse mentito sulla pianta «miracolosa»?

Quel che mi rese ancor più curioso fu la reazione di un esperto. Avevo mandato fotocopia del libro a un chimico italiano che sapevo aver lavorato a lungo sulle piante, chiedendogli cosa ne pensava e se sapeva dell'esistenza di quella pianta. La risposta fu sorprendente: sì, poteva trattarsi di una Mitragyna. Sono piccoli alberi dal legno poco pregiato. Fanno frutti simili a meloncini, pieni di semi scuri. Se ne conoscono dodici diverse specie. Un americano di nome Shellard le ha studiate a lungo negli anni Settanta e ha trovato che contengono strani alcaloidi capaci di produrre esattamente gli effetti descritti da James Lee. «Quel che mi sorprende», concludeva la risposta del mio chimico, «è che nessuna industria farmaceutica abbia sfruttato questi risultati. Non capisco perché.» Accidenti! Quel perché era il perfetto inizio di una storia, il primo passo del viaggio che intendevo fare.

Col chimico ci scambiammo ancora varie e-mail, e il tutto finì nella solita scatola di cartone, assieme ad altri appunti, ritagli di giornali e vecchie carte di Sumatra. Mi piaceva l'idea di andare a indagare in che misura Zarathushtra e, 2600 anni dopo di lui, James Lee avessero avuto ragione sulle capacità guaritrici delle piante, e come mai quella importantissima verità fosse stata dimenticata o volutamente tenuta nascosta.

L'occasione di mettermi sulle tracce di James Lee e del suo miracoloso arbusto non venne mai, ma è ovvio che le erbe furono la prima cosa a cui pensai quando mi misi a cercare, se non proprio un mezzo per «guarire», almeno un modo naturale per disintossicarmi da tutti i veleni che mi ero inflitto con le innaturalissime cure della scienza.

Una sera, andando a una delle ultime lezioni di tarocchi, nella bacheca dell'Open Center vidi annunciato un corso tenuto da una nota erborista. Esattamente quel che mi ci voleva. Le telefonai, le dissi della mia situazione e le chiesi una consulenza. Lei riceveva su appuntamento. Me lo fissò, e una mattina mi misi in viaggio: non per Sumatra, ma per il New Jersey.

Pioveva, e New York era triste come solo le città sanno esserlo sotto la pioggia. Senza l'odore dell'acqua sulla terra secca; con la gente, specie quella senza ombrello, che cerca di rimpicciolirsi per bagnarsi di meno, e senza quella gioia che nella natura accompagna ogni primo diluviare: un giorno perfetto per rendermi conto di quanto fosse parziale l'impressione che avevo della vita newyorkese stando in quel mio privilegiato e protetto osservatorio nel centro benestante di Manhattan.

Già la stazione degli autobus, immensa e pulita, era deprimente con la folla di gente sola, ognuno col suo sacco, la sua borsa o dinanzi al suo piatto di plastica ricolmo di cibo plastificato. Tante persone, eppure un gran silenzio, a parte le voci degli altoparlanti.

Il tragitto nell'oscurità del Lincoln Tunnel fu come l'attraversamento di un confine. Appena usciti dal buio eravamo nell'altra America: un parcheggio dopo l'altro, casucce, ristorantini, albergucci, tutto provvisorio, tutto fatto per durare una stagione. Dovunque guardassi vedevo bandiere americane: enormi davanti ai distributori di benzina, agli uffici postali, alle stazioni dei pompieri; grandi alle finestre e nei giardinetti delle case; piccole su ognuna delle macchine usate, in vendita a centinaia e centinaia lungo la strada.

Anche l'autista dell'autobus, un automa gentile e grassissimo, aveva una bandierina americana cucita sulla manica della sua camicia bianca e ben stirata. Sonnecchiavo e gli dissi di svegliarmi quando fossi arrivato.

Mi addormentai ridendo fra me e me della situazione in cui mi ero cacciato, pensando alle erbe e a come ancora i miei nonni, che venivano da famiglie contadine, avevano una grande familiarità con quello che nella natura serve alla salute. Avevi il mal di pancia, il raffreddore o la diarrea? Qualcuno andava nel campo e tornava con un'erba dicendo: «Bollila e bevila stasera». La natura era il primo medico a cui tutti ricorrevano. Bastava saper riconoscere le foglie, i fiori, i semi, la scorza di una pianta. Tutta quella sapienza l'ho vista scomparire sotto i miei occhi, nel corso della vita. Già mia madre rifiutava gli impiastri che mia nonna preparava da mettermi sul petto quando avevo la tosse. Lei preferiva andare in farmacia a farsi dare qualcosa di più moderno, di chimico. Costava di più, quindi doveva essere per forza migliore.

Tutte le antiche civiltà erano in un modo o in un altro convinte che, oltre a quello che la natura metteva alla portata di tutti, c'era poi qualcosa di speciale, di raro, di miracoloso nascosto nel mistero dei boschi o nelle gole delle montagne. Per i cinesi il ginseng, prima che fosse coltivato artificialmente e diventasse un prodotto industriale, era l'essenza della terra in forma umana, una fata – e ne aveva tutte le sembianze – che cresceva solo a grandi altezze per diventare il toccasana contro mille mali; soprattutto contro l'invecchiamento.

Per gli indiani la soma, l'erba dell'immortalità di cui si parla persino nei Veda e che gli yogi dicono di usare per vivere fino a duecento anni, sarebbe un rampicante che cresce esclusivamente nell'Himalaya al di sopra dei quattromila metri. Oggi nessuno lo trova più, come se anche quella conoscenza, se mai è esistita, fosse scomparsa.

Ma oggi sappiamo forse perché il vischio è da secoli considerato una pianta di buon auspicio? Perché gli antichi druidi lo tagliavano solo con un falcetto d'oro? Perché è entrato nel folklore di tanti diversi popoli come un qualcosa carico di mistero, una pianta sacra e curativa di tanti disturbi, specie quelli dello spirito? Non lo sappiamo. Eppure continuiamo, specie a Natale, ad appendere sopra la porta di casa, come portafortuna, un ramicello di questo strano parassita che si attacca alla cima di piante come la quercia, il pino o la betulla, e resta verde mentre gli alberi di cui si nutre succhiandone la linfa perdono le foglie e vanno in letargo.

Come pianta il vischio non serve a nulla. Sia il legno sia le foglie sono inutilizzabili. Scientificamente parlando, le sue bacche non hanno alcuna speciale proprietà. Eppure, d'inverno quelle bacche tengono in vita i piccioni dei boschi, e in Germania è stata recentemente aperta una clinica in cui alcune forme di cancro vengono trattate con un estratto delle bacche del vischio.

Forse hanno ragione quelli come Erich von Däniken, a ipotizzare che noi umani siamo stati colonizzati tantissimo tempo fa da una civiltà di dei-astronauti che, dopo un soggiorno sulla Terra, delusi dal nostro non saper mettere a frutto le loro vaste conoscenze e la loro saggezza, sono poi ripartiti per il loro lontanissimo pianeta. Noi ci saremmo dimenticati di loro. Eppure solo lo straordinario sapere di una razza extraterrestre estremamente intelligente e tecnologicamente avanzata spiegherebbe l'esistenza sulla Terra di misteriose costruzioni come le piramidi, le pietre di Stonehenge e la presenza di certe strane figure, in mezzo a quelle umane, nei bassorilievi maya e in altre rovine del Centro America.

L'autista non aveva dimenticato di avvisarmi ed ero ancora con la testa nel pianeta degli dei-astronauti quando, scendendo dall'autobus, mi ritrovai sulla strada principale di una cittadina che sembrava essere stata montata la sera prima per girarci un film dell'orrore. Il film veniva forse girato proprio in quel momento con donne malvestite e pallide che camminavano lungo i marciapiedi. Erano le dieci del mattino, ma alcune erano già chiaramente ubriache. Le case erano tutte piccole, a un piano, di legno, per lo più disabitate, molte col cartello « Vendesi » fuori dalla porta. Eppure, sui duecento metri che dovetti fare dalla fermata dell'autobus all'indirizzo dell'erborista, vidi un Centro di benessere olistico, un Centro di meditazione e di yoga, e lo studio di un massaggiatore chiropratico.

La mia erborista stava in un vecchio edificio, anche quello di legno che marciva. La vernice celestina della facciata veniva via a scaglie. Ero arrivato con un po' d'anticipo e così stetti fuori dalla sua porta, seduto su una seggiola di plastica a osservare la pioggia che dal soffitto cadeva tranquillamente sulla moquette dell'ingresso. Da dietro la porta sentivo l'erborista che, concludendo la seduta con la paziente prima di me, le spiegava l'importanza delle « relazioni karmiche » e di come anche per lei la vita era cambiata grazie a quelle relazioni. Una donna le aveva suggerito di dare una spinta alla propria carriera. Lei le aveva dato retta e ora era finalmente una persona « realizzata »: insegnava all'Open Center di New York!

E le mie relazioni karmiche? Da anni progettavo una spedizione alla ricerca dell'Elisir della Vita e ora, invece che nella giungla di Sumatra, mi ritrovavo sotto il tetto bucato della sala d'aspetto d'una erborista sconosciuta, in una cittadina operaia del New Jersey!

L'incontro fu piacevolissimo e inutile. L'erborista era una bella donna sulla quarantina, tutta acqua e sapone, vestita semplicemente con una gonna lunga e larga che copriva una incipiente obesità. Aveva i capelli biondi raccolti in una coda di cavallo che le arrivava alla vita. Mi accolse con grande cortesia, mi fece sedere per terra, si sedette lei stessa su un tappetino nella posizione del loto e accese per me, disse, una bacchetta d'incenso davanti a un modesto Buddha di legno su un altarino. Il suo studiolo era verniciato di bianco e decorato con tutto il bric-à-brac dei negozietti orientaleggianti e new age. Stare per terra era naturale per me – da anni ormai scrivo e leggo così – ma mi chiesi come se la cavassero gli altri suoi pazienti.

Cominciò col fare un punto da femminista: in passato, chiunque avesse una qualche conoscenza della natura era visto con sospetto e molte donne che curavano con le erbe erano state per questo tacciate di stregoneria e messe al rogo. Poi fece un punto antimodernista: l'ortodossia religiosa e la scienza hanno represso tutte le fedi animistiche come quella degli abitanti originari d'America, i pellirossa, e hanno tagliato tutti i nostri legami col mondo che ci circonda.

« Con questo abbiamo perso quella parte di noi che era intuitiva, che relazionava con la natura e le sue forze. Io voglio riscoprirla e riportarla in vita », disse, come per spiegarmi la sua vocazione. « Le piante sono un modo di riprendere contatto col divino. »

La trovavo carinissima, mi piaceva. Quel che diceva mi era familiare; in gran parte lo condividevo. Ma era ovvio che la mia spedizione era fallita. Non era nelle parole giuste o in una persona sincera che avrei trovato quel che cercavo. Lo sapeva anche lei, ma tirammo avanti. Parlammo di cancro, di sistema immunitario e di quello che lei poteva consigliarmi. Mi prescrisse dosi quotidiane di clorofilla, come aveva fatto Mangiafuoco, due estratti di erbe cinesi, e alghe marine che avrei dovuto ordinare da un tale nel New Hampshire. Mi consigliò di bere molti succhi di carote e di mangiare spesso funghi, specie shiitake. Poi, imbarazzata più di me per l'assurdità della situazione, disse che la parte più importante della sua cura consisteva nel mandarmi «energie positive» quando fossi stato lontano. Mi dovetti trattenere dal ridere e, per non offenderla, finii per darle più del dovuto per la consultazione.

Al ritorno l'autobus era guidato da una bella ragazza nera, anche lei con la bandierina americana sulla manica della camicia. I passeggeri erano degli zombi silenziosi e io uno di loro.

La strada dalla stazione degli autobus alla mia tana non è di quelle da fare se uno vuole riconciliarsi con l'America: passa attraverso un brutto quartiere con negozietti di abbigliamento per poveri, caffetterie per solitari e tanti pornoshop «solo per adulti». Per scrollarmi di dosso la tristezza, dirottai verso est in direzione della Quinta Strada e lì tutto cambia: boutique eleganti, librerie, ristoranti chic, farmacie. Ma i miei occhi, come dicono gli indiani, sembravano cogliere solo l'ombra che c'è sotto ogni lampada.

A un semaforo, aspettando il verde, mi colpì la scena al mezzanino dell'edificio che avevo dinanzi: decine di uomini e donne nel riquadro di grandi finestre correvano, correvano, restando però lì dov'erano, sudati e paonazzi, rivolti verso la strada. Non era la prima volta che vedevo una palestra, ma l'immagine di tutti quei giovani che, finito l'orario d'ufficio, erano corsi a smaltire frustrazioni e grasso mi pareva riassumere tutto il senso di quella civiltà: correre per correre, andare per non arrivare da nessuna parte.

Mi parve d'essere uno dei tibetani della storia che mi raccontò una volta il fratello del Dalai Lama. Nel 1950 una delegazione di monaci e funzionari che non erano mai usciti dal Tibet venne invitata a Londra per discutere cosa l'Inghilterra poteva fare per il loro paese. Venivano da un mondo povero, primitivo, ma bellissimo. Erano abituati a grandi spazi vuoti, a una natura coloratissima e loro stessi erano colorati nelle loro tuniche, nei loro cappotti e berretti. A Londra furono ricevuti con grande cortesia e portati a giro a vedere la città. Un giorno, coi loro accompagnatori, i tibetani si ritrovarono nella metropolitana. Erano esterrefatti: tutta quella gente sotto terra! Uomini vestiti di nero, con la bombetta in testa, leggevano il giornale sulle scale mobili, la folla si accalcava nei corridoi correndo per salire sui treni in partenza; nessuno parlava a nessuno, nessuno sorrideva! Il capo dei tibetani si rivolse, pieno di compassione, all'accompagnatore inglese e gli chiese: «Cosa possiamo fare per voi?»

Lo so: quei tibetani non esistono più. Anche loro oggi sognano solo di vivere come a Londra e di correre stando fermi. Ma la domanda di fondo resta: chi è più primitivo?

Avevo in tasca la ricetta dell'erborista ed entrai in un Vitamin Shop, pensando di trovarci qualcosa di quel che lei mi aveva ordinato. Ma la prima cosa che vidi, fra gli enormi bussolotti di plastica con tutte le possibili combinazioni di vitamine in pasticche ed estratti d'aglio, di cipolla e ginkgo, fu un Homeopathic Kit: una scatola attraente con cinque file di boccettine, ognuna con un cartellino colorato col nome del rimedio. C'era anche il mio! Mi caddero le braccia. Il *mio* rimedio aveva valore e funzionava perché ci ero arrivato attraverso una trafila di persone, perché avevo guidato in quella landa affogata nella nebbia, perché l'avevo comprato in quella farmacia felliniana che era rimasta aperta per me. Lì, in quella confezione con tanto di «Istruzioni per l'uso», venduta in un qualsiasi negozio di vitamine nel centro di Manhattan, non valeva nulla. Così come tutto il resto, mi pareva: dal qi gong di Master Hu, al Kundalini Yoga dell'Open Center, alla meditazione in quella cittadina del New Jersey, alle erbe della bella strega.

Tutto quel che vedevo mi pareva perverso: una società in cui non si rispetta niente e nessuno, ma in cui tutti credono di essere liberi e di avere diritto a tutto, per finire soli e tristi.

All'altezza della Cinquantesima Strada vidi un uomo poco più giovane di me, mal messo, malaticcio, probabilmente un provinciale in visita a New York, che si faceva fotografare dalla moglie dinanzi all'insegna di un ristorante vietnamita. Me lo immaginai mettere quella foto accanto a una più vecchia, scattata quand'era soldato in Vietnam. Mi venne da abbracciarlo. Con lui avevo qualcosa in comune: la nostalgia di Saigon, dell'odore di verdure marce, di quel tempo in cui nelle nostre vite tutto era più essenziale.

Passarono le settimane e i mesi e venne il giorno che, per una di quelle strane contraddizioni della vita, i malati di cancro temono di più: l'ultimo giorno da ammalato. Per molti la paura è quella di una ricaduta nella malattia. Per me era la paura di ricadere nel «prima».

«Abbiamo fatto tutto. Ora vada tranquillo. Faccia una vita normale e torni qui fra tre mesi», mi disse la mia meravigliosa dottoressa Portafortuna col sorriso soddisfatto del meccanico che restituisce al proprietario le chiavi della sua macchina riparata.

«Una vita normale»? Era l'ultima cosa che volevo fare. Tornare a vivere come prima? Ricadere nella routine? I giornali, le interviste, le cene coi diplomatici, gli articoli da scrivere, le chiacchiere inutili come quelle che si fanno in un ascensore che sale per trenta piani quando invece si vorrebbe tanto aver preso le scale? La conversazione? Mai e poi mai.

«Accomodato» per questo? Non ne sarebbe valsa la pena. E poi: io ero convinto che, in qualche modo, il mio cancro era legato alla vita che avevo fatto prima e ora ero deciso a farne una diversa. E diverso era già il mio corpo: avevo una grossa ernia che mi sbuzzava nella pancia ricucita poco bene da un assistente del chirurgo, i capelli ricrescevano a malapena e tutti i miei gesti erano rallentati. Diverso ero anch'io: cosciente, ora come non mai, d'essere mortale. Pensavo diversamente, sentivo diversamente. Il mio rapporto col resto del mondo era ormai diverso.

Tutto questo per me era ovvio. Ma non per altri. Questa di voler vivere diversamente era la vera battaglia che avevo da combattere; non la «battaglia» della chemio o della radioterapia. Perché attorno al malato si crea una sorta di benevola congiura di tutti quelli che gli vogliono far apparire la malattia come uno stato transitorio, passato, e il ritorno al «prima» come la cosa più auspicabile. E i congiurati sono tutti: i medici, la famiglia, i migliori amici. Tutti in buona fede. Tutti preoccupati che uno non voglia tornare «normale», tutti a dire in un modo o in un altro: «Forza, fatti coraggio, vedrai, tutto tornerà come prima».

Fu così che la sera stessa del mio addio all'ospedale mi ritrovai ospite di Kofi Annan e di sua moglie. Un vecchio amico che stava scrivendo un libro su di lui era venuto a New York, gli aveva parlato di me e, per farmi una sorpresa, aveva chiesto loro di invitarmi a cena per celebrare il mio «ritorno alla normalità».

Non riuscii a dire di no. La serata fu piacevolissima e i due particolarmente presenti e calorosi. Solo uscendo dal loro appartamento sull'East Side, mi resi conto che davvero non ero più io-giornalista. Invece di fare domande, invece di chiedere che

150

cosa il Segretario delle Nazioni Unite pensava di questo e di quello, forse anche perché ero stato zitto per così tanto tempo, avevo parlato soprattutto io e avevo ripetuto la stessa cosa da tutti i punti di vista possibili, per tutta la serata.

Avevo detto che toccava a lui rimettere la moralità avanti alla politica e all'economia; toccava a lui usare quella sua piattaforma esposta agli occhi del mondo per far risentire la voce che tutti aspettano: la voce del cuore e non solo quella della testa. Il mondo non poteva continuare a essere retto dall'ingordigia e dagli interessi di questo o quel potere. Bisognava che qualcuno parlasse di responsabilità verso istanze più alte della propria famiglia, della propria azienda o del proprio paese. Lui era in una posizione unica per farlo. Tutti i vantaggi erano dalla sua parte: le sue origini, la sua formazione, il colore della sua pelle, il fatto che non doveva essere rieletto. La combinazione era eccezionale. Per il mondo era una fortunata occasione. L'umanità aveva bisogno di un «grande». Toccava a lui.

Scoprimmo che tutti e due eravamo dell'anno della Tigre e che presto avremmo compiuto sessant'anni. Concordammo che questo è il momento nella vita in cui ci si può togliere dalla mischia e si possono guardare le cose più dall'alto. Questo è il momento in cui, qualunque sia il suo ruolo, un uomo deve fare quel che è giusto e non quel che gli conviene. Parlammo anche della morte e io gli chiesi se «dopo» avremmo voluto essere ricordati per essere stati prudenti. Rise divertito e, come confessasse un segreto, aggiunse che l'essere prudente era esattamente quel che gli suggerivano in continuazione i suoi consiglieri.

«Li licenzi tutti», dissi io.

Non credo che mi prendesse per matto. Anzi, ebbi l'impressione che c'eravamo intesi.

Tornai a casa a piedi. Piovigginava, ma mi sentivo nuovo e bene in quella pelle.

INDIA

RITORNO ALLE FONTI

CHI AMA l'India lo sa: non si sa esattamente perché la si ama. È sporca, è povera, è infetta; a volte è ladra e bugiarda, spesso maleodorante, corrotta, impietosa e indifferente. Eppure, una volta incontrata non se ne può fare a meno. Si soffre a starne lontani. Ma così è l'amore: istintivo, inspiegabile, disinteressato.

Innamorati, non si sente ragione; non si ha paura di nulla; si è disposti a tutto. Innamorati, ci si sente inebriati di libertà; si ha l'impressione di poter abbracciare il mondo intero e ci pare che l'intero mondo ci abbracci. L'India, a meno di odiarla al primo impatto, induce presto questa esaltazione: fa sentire ognuno parte del creato. In India non ci si sente mai soli, mai completamente separati dal resto. E qui sta il suo fascino.

Alcuni millenni fa i suoi saggi, i rishi, «coloro che vedono», ebbero l'intuizione che la vita è una, e questa esperienza, rinnovata religiosamente di generazione in generazione, è il nocciolo del grande contributo dell'India all'incivilimento dell'uomo e allo sviluppo della sua coscienza. Ogni vita, la mia e quella di un albero, è parte di un tutto dalle mille forme che *è* la vita.

In India questo pensiero non ha più bisogno d'essere pensato. È ormai nel comune sentire della gente. È nell'aria che si respira. Il solo esserci induce una inconscia assonanza con quella ormai antica visione. Senza difficoltà si entra in sintonia con nuovi suoni, nuove dimensioni. In India si è diversi che altrove. Si provano altre emozioni. In India si pensano altri pensieri.

Forse perché in India il tempo non è sentito come una linea retta, ma circolare, passato, presente e futuro non hanno qui il valore che hanno da noi; qui il progresso non è il fine delle azioni umane, visto che tutto si ripete e che l'avanzare è considerato una pura illusione.

Forse perché qui la realtà percepita dai sensi non è generalmente presa per vera – non è la «Realtà Ultima» –, l'India infonde, anche in chi non crede in tutto questo, uno stato d'animo di distacco che rende il paese così particolare e la sua realtà, a volte proprio orribile, in fondo accettabile. Accettabile perché così è la vita: è tutto e il contrario di tutto, è stupenda e crudele. Perché la vita è anche la morte, e perché non c'è piacere senza dolore, non c'è felicità senza sofferenza.

In nessun altro posto al mondo la contrapposizione degli opposti – bellezza e mostruosità, ricchezza e povertà – è così drammatica, così sfacciata come in India. Ma è stata proprio questa visione dell'inevitabile dualità dell'esistenza che spinse i rishi a cercarne il significato recondito, che ancora oggi sembra agire come un catalizzatore spirituale in chi ci si avventura.

Basta metterci piede, in India, per provare questo mutamento. Innanzitutto ci si sente più in pace. Con se stessi e col mondo. Io in India non avevo più bisogno di «rimedi» per sentirmi in pari, per avere il mio, altrimenti instabile, caleidoscopio fisso su un colore piacevole. Il «rimedio» era tutto attorno. In niente di specifico, ma in ogni dettaglio.

«L'India è una esperienza che ti accorcia la vita», mi disse Dieter Ludwig il giorno in cui, anni fa, arrivai a Delhi per piantarci definitivamente le mie tende. Poi aggiunse: «Ma è anche un'esperienza che dà senso alla vita».

Dieter, un vecchio, carissimo amico fotografo, aveva organizzato una festa per darmi il benvenuto e presentarmi alcuni colleghi che già vivevano lì. A suo modo voleva mettermi in guardia, ma anche congratularsi con me per la scelta che avevo fatto di finire la mia carriera giornalistica in un posto come l'India in cui di solito le carriere incominciano. Dal suo barsati, un appartamento sul tetto con una terrazza piena di piante e rampicanti che Dieter accudiva e di cui parlava come fossero la sua famiglia, la cupola di una vecchia tomba Moghul stagliata contro il cielo turchese del tramonto era di una bellezza che sembrava fatta apposta per consolare la misera umanità che brulicava ai suoi piedi. C'eravamo conosciuti in Indocina durante la guerra e lui molto prima di me aveva deciso di mettersi in cerca del senso della vita a costo di accorciarsela.

Quando, dopo tanti mesi passati nella igienica sicurezza di New York, rimisi piede a Delhi e per prima cosa andai a salutarlo fra le sue piante, gli ricordai quella frase che allora mi aveva così colpito. Per me era ora più vera che mai.

Chemioterapizzato, operato e irradiato com'ero, dovevo fare ancora più attenzione di prima a non ammalarmi e attenermi alle vecchie regole di ogni prudente viaggiatore in India: mai bere l'acqua che non sia stata bollita (per cui mai bere quella che ti

viene offerta); mai mangiare verdure crude e mai niente di fritto e
rifritto in oli dall'incerta natura. Ero debole, vulnerabile. Ma se il
corpo dovette stare attento a quel che beveva e mangiava, lo spirito, o quella parte di noi che non bada a questo – forse perché si
nutre d'altro –, mise le ali.

Tornare a Delhi dopo tutto quel tempo in America fu una gioia
davvero struggente come il rincontrare l'oggetto di un amore.
Venivo dal mondo della benedetta ragione che spiega tutto, dal
mondo dell'efficienza, della perfetta organizzazione, e mi ritrovavo in uno dove la ragione si ferma prestissimo per far posto al-
l'assurdo e subito dopo alla follia; un mondo in cui tutto è precario, un mondo in cui la sola certezza è l'incertezza di tutto.

In India niente può essere dato per scontato: una linea telefonica è quasi sempre muta (per questo, potendo, se ne hanno almeno due); l'elettricità manca per ore e ore; il fax si guasta in continuazione a causa degli sbalzi di tensione, e l'acqua può venire a
scroscio nell'orinatoio pubblico davanti a casa perché qualcuno si
è portato via il rubinetto di plastica, e mancare così per giorni in
tutti gli appartamenti. Ma in India ci si adatta, si accetta, e presto
si entra in quella logica per cui niente è davvero drammatico,
niente è terribilmente importante. In fondo tutto è già avvenuto
in maniera simile tante altre volte prima e si sa che avverrà infinite volte dopo. L'India resta se stessa, e a suo modo questo è ac-
quietante. L'India ti fa sentire semplicemente umano, naturalmente mortale; ti fa capire che sei una delle tante comparse in
un grande, assurdo spettacolo di cui solo noi occidentali pensiamo di essere i registi e di poter decidere come va a finire.

Venivo da un edificio lussuoso nel centro di Manhattan, con
portiere in livrea, lavanderia automatica e un uomo tutto fare,
sempre a disposizione per rimettere in marcia qualunque cosa
non funzionasse; e mi ritrovavo in un vecchio, scortecciato appartamento nel centro di Delhi nell'ingresso del quale una delle
tante vacche che pascolano pacificamente in mezzo al traffico
delle strade aveva scelto di fare la sua stalla.

Anche qui, come a New York, c'erano i cani; ma non quelli di
razza, ben tenuti, che vedevo a Central Park, ognuno al guinzaglio del suo padrone, ognuno con la sua medaglina, alcuni con
nome, indirizzo e numero di telefono incisi sul collare. Qui erano
branchi di bastardi magri e randagi. Di loro si occupava Bhim
Devvarma, un mio vicino di casa, un uomo della mia età, piccolo,
caloroso, nipote del maharajah di Kuchlehar. Da bambino era

cresciuto in un palazzo con centinaia di stanze e centinaia di elefanti. Ora, dal suo piccolo appartamento, andava ogni mattina col suo servo-cuoco a dar da mangiare ad alcune centinaia di cani a giro nel nostro quartiere: ogni mattina, col vento o con la pioggia, puntualissimo, a bordo di una vecchia automobile sulla quale ogni tanto caricava, per portarsela a casa, una bestia ferita o moribonda raccattata per strada.

Roberto Rossellini in un magistrale documentario sull'India di tanti anni fa aveva fatto vedere come nelle campagne uomini e bestie vivono gli uni accanto alle altre, in continua simbiosi. È ancora così persino nel centro della capitale: un costante, naturale rammentarsi che uomini, animali e piante sono tutti aspetti della stessa cosa, fasi diverse della stessa esistenza.

Anche con la differenza di fuso orario, la sveglia automatica che ho dentro di me mi fece alzare all'alba e così già la prima mattina tornai ai Lodhi Gardens, uno dei più bei parchi di Delhi, appena un chilometro da casa. Per anni ci avevo fatto delle lunghe, sudatissime corse, ora ci potevo solo camminare, ma era ugualmente bello. Tutto era ancora come lo avevo lasciato: gli avvoltoi appollaiati sulle cupole della piccola moschea abbandonata; i praticanti di yoga coi loro tappetini distesi sull'erba; quelli che in circolo, con le braccia per aria, si spanciavano dalle risate (un buon esercizio «terapeutico», si dice, e comunque un bel modo per cominciare una giornata!) Centinaia di corvi, piccioni, pappagalli e scoiattoli si contendevano come sempre le croste di pane messe apposta per loro dai passanti sulle rovine delle tombe. E c'era sempre il vecchio, magro, con la barba bianca, che si aggirava per i prati a versare da un sacchettino di stoffa una mistura di farina e zucchero in certi buchi nella terra. Come prima che partissi, lui ogni giorno dava da mangiare alle formiche! Succede solo in India.

In ogni altra parte del mondo la gente reagisce alle formiche sterminandole: fuoco, DDT, acqua bollente sono i mezzi più usati. Ogni volta una ecatombe. In India invece la gente fa con le formiche quel che Lakshmana, uno degli eroi del *Ramayana*, fece con la cognata Sita per cercare di proteggerla quando un giorno dovette partire. Davanti alla porta della sua capanna tracciò per terra con la punta dell'arco una riga e le disse: «Questa non la devi mai oltrepassare». Invece dell'arco, gli indiani usano oggigiorno un gessetto fatto di una combinazione di erbe con cui segnano la soglia di casa e fanno cerchi bianchi attorno alle gambe dei loro letti e delle dispense. Le formiche hanno orrore di quel gessetto e non oltrepassano mai la traccia che lascia. Il gessetto si chiama: la riga di Lakshmana.

Ogni cosa in India sembra riferirsi a un'altra. Di solito il riferimento è a un mito, a una leggenda, a una delle tantissime storie antiche di quel mondo di fantasia in cui gli indiani paiono essere molto più di casa che in quello di tutti i giorni. A volte il riferimento è semplicemente al buon senso. Se le formiche ci sono, perché ammazzarle? Non occorre pensare che siano la reincarnazione di un nonno o di uno zio. Basta rendersi conto che sono parte del creato come lo siamo noi. Allora, perché sterminarle? Anche questa è una importante dimensione dell'India.

L'idea che l'uomo sia superiore alle bestie e che per questo ha il diritto di sfruttarle e di ucciderle a piacimento in India è semplicemente inconcepibile. La natura non è lì perché l'uomo ne faccia quel che vuole. Niente è suo. E se l'uomo si serve di quel che c'è, deve dare qualcosa in cambio: almeno un ringraziamento agli dei che l'hanno creato. E poi, l'uomo stesso è parte della natura. La sua esistenza dipende dalla natura e l'indiano sa che « la rana non beve l'acqua dello stagno in cui vive ».

In qualche modo anche noi in Occidente cominciamo a renderci conto che qualcosa non funziona nel nostro modo di comportarci con la natura. A volte abbiamo persino l'impressione che la nostra vantata civiltà, tutta fondata sulla ragione, sulla scienza e sul dominio di ciò che ci circonda, ci abbia portati in un vicolo cieco, ma tutto sommato pensiamo ancora che proprio la ragione e la scienza ci aiuteranno a uscirne. Così continuiamo imperterriti a tagliare foreste, inquinare fiumi, seccare laghi, spopolare oceani, allevare e massacrare ogni sorta di animali perché questo – ci dicono gli scienziati economisti – produce benessere. E col miraggio che più benessere vuol dire più felicità, investiamo tutte le nostre energie nel consumare, come se la vita fosse un eterno banchetto romano in cui si mangia e si vomita per poter rimangiare.

Quel che è sorprendente è che facciamo ormai tutto questo con grande naturalezza, ognuno convinto che quello è il suo diritto. Non ci sentiamo in alcun modo parte del tutto. Al contrario. Ognuno si vede come un'entità separata, a sé; ognuno si sente forte del proprio ingegno, delle proprie capacità e soprattutto della propria libertà. Ma è proprio questo sentirci liberi, disgiunti dal resto del mondo, a causarci un gran senso di solitudine e di tristezza. Diamo per scontato solo quel poco che abbiamo attorno e con questo limitato punto di vista non riusciamo a sentire la grandezza del resto di cui siamo pur parte. I rishi direbbero che abbiamo perso il nostro «collegamento cosmico», che siamo diventati come kup manduk, la rana del pozzo, protagonista di una vecchia storia indiana.

Un giorno, nel piccolo pozzo in cui una rana è vissuta tutta la sua vita, salta una rana che dice di venire dall'oceano.

«L'oceano? E cos'è?» chiede la rana del pozzo.

«Un posto grande, grandissimo», dice la nuova arrivata.

«Grande come?»

«Molto, molto grande.»

La rana del pozzo traccia con la zampa un piccolo cerchio sulla superficie dell'acqua:

«Grande così?»

«No. Molto più grande.»

La rana traccia un cerchio più largo.

«Grande così?»

«No. Più grande.»

La rana allora fa un cerchio grande quanto tutto il pozzo che è il mondo da lei conosciuto.

«Così?»

«No. Molto, molto più grande», dice la rana venuta dall'oceano.

«Bugiarda!» urla kup manduk, la rana del pozzo, all'altra. E non le parla più.

Anche gli indiani si sentono liberi. Non liberi dalla tela di ragno dell'esistenza cosmica in cui tutti siamo presi, ma liberi di pensare. Dopo essere vissuto per anni in Cina, dove sembrava che ognuno temesse ancora il supplizio dei mille tagli come punizione per avere avuto un pensiero suo, la libertà di testa di cui gli indiani godevano era un sollievo. Per loro è quasi sempre stato così. In tutta la loro storia nessuno è mai stato messo al rogo per le sue idee. A nessuno è mai stato impedito di riflettere su quello che gli pareva. Gli indiani non hanno mai avuto tabù, non hanno mai sentito alcun limite al loro arrovellarsi in cerca di conoscenza. Questo perché sin dall'antichità il vero potere non era mai considerato quello temporale dei re o dei guerrieri, ma quello dei sapienti. In nessun'altra cultura, come in quella indiana, abbondano le storie di saggi ed eremiti che i re vanno umilmente a trovare nella foresta per rendere loro omaggio o per chiedere loro consiglio. I re potevano essere ricchi e potenti, ma i saggi «vedevano» (da qui la parola «rishi»), vedevano al di là delle apparenze e questa loro conoscenza era considerata più importante di ogni ricchezza e di ogni potere.

I rishi, personaggi mitici ma anche storici – di alcuni si conoscono i nomi –, non si interessavano tanto al mondo che avevano attorno, quanto all'essere. E l'essere lo studiavano attraverso se stessi, non in quanto corpo, ma in quanto mente. Quella, la mente, era il loro laboratorio di ricerca, il luogo di tutti i loro esperimenti. Della mente cercarono di capire il funzionamento, le proprietà, e con ciò il modo di controllarla. Rifletterono sui diversi stati della mente a seconda che l'io sia sveglio, sia addormentato o sogni chiedendosi ad esempio quale sia la differenza fra una tigre incontrata nella foresta e una tigre sognata, visto che tutte e due mettono paura e fan sobbalzare il cuore.

Ramakrishna, il grande mistico indiano, lui stesso considerato un rishi moderno, raccontava la storia del taglialegna che sta sognando di essere un re quando viene svegliato da un amico. Si arrabbia.

«Stavo seduto su un trono. Mi occupavo degli affari di Stato; i miei sette figli, esperti di guerra e delle arti, erano al mio fianco; e tu vieni a disturbarmi!»

«Ma era solo un sogno», dice l'amico.

«Tu non capisci», ribatte il boscaiolo. «Essere un re in sogno è vero quanto essere un boscaiolo da sveglio.»

In Cina dicevano la stessa cosa con la vecchia storia del monaco che, essendosi visto nel sonno come una farfalla, una volta sveglio non sa più se è un monaco che ha sognato di essere una farfalla, o una farfalla che sta sognando di essere un monaco.

Dallo studio della mente i rishi erano passati a chiedersi che cosa ci stava dietro, che cosa la sosteneva, e avanti, avanti fino a cercare qualcosa che legasse, che sostenesse il tutto, dando senso e significato alla vita.

Altri popoli hanno avuto per obbiettivo il conquistare, l'arricchirsi, il navigare, lo scoprire. Per gli indiani, che negli ultimi duemila anni non hanno invaso nessun paese, né conquistato terre altrui, l'obbiettivo è sempre stato la conoscenza. E non la conoscenza del mondo, ma la conoscenza di sé. Conoscere quello vuole dire conoscere tutto perché il fondo di quel sé, secondo loro, è ciò che resta immutabile nell'eterno mutare di tutto.

Per questo la storia non li ha mai interessati. Non l'hanno mai scritta; non ci hanno mai riflettuto molto sopra. Per loro quel succedersi di fatti è come sabbia sollevata da folate di vento: mutevole e irrilevante. E proprio perché considerano il mondo che noi chiamiamo reale molto simile a quello del sogno, non si sono mai particolarmente preoccupati di cambiarlo o di migliorarlo. Quel mondo è una realtà parziale, per cui anche la sua conoscenza non può essere che parziale. A loro invece interessa la conoscenza della totalità. Quella è il bene supremo. E su quella hanno riflettuto a non finire.

Sono per questo diventati dei grandi filosofi? Non nel nostro senso. In tutta la lunghissima storia del pensiero indiano non c'è un Aristotele, un Platone, un Kant o un Hegel. E questo perché la filosofia, nel vero senso di «amore del sapere», non è mai stata in India un'attività intesa a costruire astratti sistemi di valori, ma piuttosto intesa a dare sostegno e direzione alla vita.

Penso alla mia esperienza con la filosofia. L'ho studiata per tre anni al liceo. Ero anche bravo, prendevo ottimi voti, ma solo ora mi rendo conto di come non capissi assolutamente nulla. Era un esercizio intellettuale, una «materia» come la fisica, le scienze naturali, qualcosa da imparare per far bella figura alle interrogazioni, per passare agli esami, una roba fine a se stessa. Nessuno di quei bravi professori che mi facevano lezione di filosofia, come fosse un susseguirsi di idee – una che negava l'altra –, riuscì a farmi capire che quella «roba» aveva a che fare con la mia vita.

In India tutti sembrano saperlo. La filosofia qui non è una forma di ginnastica, non è il monopolio dei colti, non è riservata alle accademie, alle scuole, ai «filosofi». La filosofia in India è parte della vita, è il filo di Arianna con cui uscire dal labirinto dell'ignoranza. La filosofia è la religione grazie alla quale gli indiani contano di raggiungere la salvezza che nel loro caso è conoscenza. Non la conoscenza «utile», quella per manipolare, possedere, cambiare, dominare il mondo (la scienza non è mai stata il loro punto forte); bensì, come dicono i testi sacri, «quella conoscenza che una volta conosciuta non lascia più niente da conoscere»: la conoscenza di sé.

A noi occidentali tutto questo ormai suona strano e forse superato. Per noi, la sola conoscenza che conta e che si rispetta è quella «utile», quella applicabile, quella che serve a trovare un lavoro o a procurarsi un piacere. Noi non ci chiediamo più chi siamo e guardiamo a noi stessi e agli altri in termini puramente utilitaristici.

Agli inizi degli anni Trenta un avventuroso inglese di nome Paul Brunton fece un lungo viaggio in India sulle tracce della sua sapienza che lui vedeva minacciata dall'irresistibile avanzare della mentalità occidentale. Uno dei bei personaggi che Brunton incontra è un vecchio yogi che nel corso della conversazione gli dice: «Solo quando i sapienti occidentali rinunceranno a inventare macchine che corrono più svelte di quelle che già avete e cominceranno invece a guardare dentro di sé, la vostra razza scoprirà un po' di vera felicità. Lei non crederà che il poter viaggiare sempre più velocemente renda la vostra gente più felice?»

Sono passati più di settant'anni. Molti indiani son capaci ancora oggi di porci quella stessa domanda. Ma noi ce la siamo mai posta?

Pare proprio di no, visto che il correre sempre più velocemente è diventato il nostro modo di essere. Tutto è ormai una corsa. Si vive senza più fare attenzione alla vita. Si dorme e non si fa caso a quel che si sogna. Si guarda solo la sveglia. Siamo interessati solo al tempo che passa, a farlo passare, rimandando al poi quel che si vorrebbe davvero. Sul «poi», non sull'«ora», si concentra l'attenzione. Nelle città in particolare la vita passa senza un solo momento di riflessione, senza un solo momento di quiete che bilanci la continua corsa al fare. Ormai nessuno ha più tempo per nulla. Neppure di meravigliarsi, di inorridirsi, di commuoversi, di innamorarsi, di stare con se stessi. Le scuse per non fermarsi a chiederci se questo correre ci fa più felici sono migliaia e, se non ci sono, siamo bravissimi a inventarle.

Da ragazzo ho conosciuto uomini che avevano tempo. Erano i pastori dell'Orsigna nell'Appennino toscano, dove andavo in vacanza. Stavano per ore con un filo d'erba in bocca, distesi su un prato in cima a un monte a guardare da lontano il loro gregge e a riflettere, a sognare, a formulare dei versi che a volte scolpivano nelle pietre delle fonti o cantavano la domenica nelle gare di poesia attorno a una damigiana di vino. In India tutti hanno tempo e spesso hanno anche una qualche semplice riflessione da spartire con chi passa, come l'uomo che su una strada di campagna ha un misero baracchino per fare il tè. Te lo porge in una ciotola di terracotta e ti insegna a scaraventarla poi al suolo facendoti notare che torna a essere parte della terra... con cui si faranno nuove ciotole. Come succede anche con noi.

Gli antichi greci, incontrando gli indiani nei bazar dell'Asia Minore, rimasero colpiti da questa loro inclinazione a riflettere e dicevano: «Non sono mercanti. Sono filosofi». Perché il saggio in India oggi, come secoli fa, non è necessariamente un bramino a capo di un tempio o il pandit che conosce a memoria i Veda; può essere chiunque.

Alcuni dei più grandi saggi – o «santi», o rishi – degli ultimi centocinquant'anni sono stati personaggi di origini semplicissime e autodidatti. Nisargadatta Maharaj,* morto solo recentemente, rispettatissimo, era un venditore di sigarette, uno di quelli che in un cubicolo di legno su un marciapiede arrotolano il tabacco in speciali foglie facendo quei sigarini che gli indiani chiamano bidi-bidi. Ramakrishna, il grande rishi dell'Ottocento di cui scrissero personaggi come Max Müller e Romain Rolland, era nato contadino, così come un secolo dopo Ramana Maharishi, l'uomo che considerava il silenzio uno dei più efficaci modi di comunicare. Con quel suo silenzio, Ramana cambiò la vita a migliaia e migliaia di persone. E la sua influenza continua ancora oggi.

Un altro grande «semplice» era Kabir, uno dei più amati poeti dell'India, anche lui un rishi, vissuto nel XVI secolo a Benares dove faceva il tessitore. Fra i suoi discepoli aveva ricchi e potenti personaggi del suo tempo. Alcuni gli offrirono di smettere di lavorare e di non andare più al mercato a vendere le sue stoffe, ma Kabir si rifiutò. «Tessere è il mio modo di pregare», diceva.

Quando Kabir morì, indù e musulmani si contesero il diritto di fargli un funerale secondo la propria tradizione. Ma lui aveva lasciato detto: «Copritemi con un velo e la decisione sarà lì». Così fecero. E quando alzarono il velo, il cadavere era scomparso. Al posto di Kabir c'era un cumulo di fiori e alle due comunità non rimase che dividersi quelli.

Anch'io a Delhi avevo il mio saggio personale. Anche lui era un uomo del bazar: il gioielliere di Sundar Nagar nel suo negozio

* L'essenza del suo pensiero è raccolta in due libri, uno intitolato *Io sono quello* e l'altro, basato su conversazioni con un suo allievo, *The Ultimate Medicine*.

all'antica, sempre in penombra, coi ritratti degli antenati e degli dei ai muri e l'aria sempre magnificamente segnata da un filo profumatissimo d'incenso. Quel vecchio era la sola persona con cui potevo parlare di come stavo e di quel che mi passava per la testa senza suscitare commiserazione. Il modo con cui aveva reagito quando per la prima volta gli avevo accennato al mio malanno era stato delicatissimo e la sua storia del musulmano che, buttato fuori dalla moschea, rotola giù lungo la scalinata, ma a ogni colpo che batte pensa a Dio, e alla fine è dispiaciuto d'essere arrivato in fondo, mi aveva molto colpito.

Ogni tanto passavo a trovarlo. Una mattina arrivai nel momento in cui dal suo negozio stava pomposamente uscendo la moglie di un ambasciatore europeo, con la macchina targata «01», l'autista in livrea con le mostrine del colore della bandiera del suo paese. Mi venne da dire una delle mie solite cattiverie sulla malriposta arroganza di certi funzionari dello Stato e delle loro consorti che, invece di usare di sé per rappresentare i loro paesi, usano dei loro paesi per rappresentare se stessi.

Il gioielliere non commentò. Mi chiese solo se conoscevo la storia del dio Indra e col tono di chi racconta una favola cominciò...

Indra su incarico degli altri dei aveva ammazzato il drago gigante che nel suo ventre teneva imprigionate le acque del mondo. Così facendo Indra aveva ridato vita alla terra e felicità agli uomini, ma, fiero di essere riuscito in quell'impresa, si era montato la testa e aveva chiesto all'architetto, dio delle arti, di costruirgli un grande palazzo adatto a un eroe. L'architetto gliene fece uno bellissimo, ma Indra voleva sempre più stanze e più giardini. L'architetto andò da Brahma a lamentarsi. Questi ne parlò con Vishnu il quale decise di intervenire. Nelle spoglie di un bambino si presentò alle porte della città di Indra e chiese di essere ricevuto dal re. Indra dapprima rise dell'impertinenza di questo piccolo questuante, ma alla fine lo fece venire e dall'alto del suo scanno gli chiese cosa voleva. Il bambino avvicinandosi si mise a ridere perché dietro di lui era comparso un esercito di formiche che stava invadendo la sala del trono.

«E quelle chi sono?» chiese Indra, preoccupato.

«Quelle?» rispose il bambino. «Quelle sono tutte state Indra nelle loro vite precedenti.»

Indra capì.

E capii anch'io: lui, il gioielliere, era il vero diplomatico.

Un'altra volta avevamo cominciato a parlare di figli. Anche lui ne aveva due e io gli avevo chiesto che cosa potevamo ancora dare loro.

«Dare? Dia loro tutto quello che ha. Ne hanno più bisogno di lei. Alla nostra età dobbiamo coltivare ciò che non muore. Il resto, via! Conosce la storia di Guru Nanak?»

Sapevo che Guru Nanak è il grande santo dei sikh. Ma quale storia?

«Guru Nanak era sempre in viaggio...» attaccò il gioielliere.

Un giorno arriva in un villaggio. Vede una bella casa con tante bandiere colorate che sventolano all'ingresso. Gli dicono che lì sta l'uomo più ricco del paese, un prestasoldi. Ogni volta che mette da parte un'altra cassa piena di monete, alza una nuova bandiera e fa una festa. Guru Nanak va alla casa e chiede se possono dare qualcosa da mangiare anche a lui. Il padrone, riconoscendolo come un sant'uomo, gli fa portare cibo e bevande.

Quando ha finito, Guru Nanak chiede al prestasoldi se gli può fare un favore.

«Certo», dice quello, felice di fare un'opera buona e con ciò acquistare dei meriti sul suo karma. «Farò quel che volete.»

Guru Nanak dalla sua saccoccia tira fuori uno spillo di ferro tutto arrugginito: «Tienimelo in deposito. Me lo restituirai quando ci rincontreremo nella prossima vita».

«Lo prometto», dice il prestasoldi. «E non vi faccio nemmeno pagare.»

Guru Nanak si rimette in cammino e l'uomo va dalla moglie a raccontarle la storia.

«Cretino», dice quella. «Come credi di poter mantenere la tua promessa? Quando muori, non potrai portarti dietro nulla, neppure quello spillo!»

L'uomo capisce. Corre dietro al sant'uomo, si butta ai suoi piedi e gli chiede di poterlo seguire come suo discepolo.

Il gioielliere godeva come me delle sue storie e alla fine di questa, come se parlasse a sé, continuò:

«La morte ci toglie tutto. Se riuscissimo ad alleggerirci prima ci sentiremmo più liberi».

Già! Perché aspettare l'ultimo momento per fare un po' di piazza pulita, per buttare a mare la zavorra di cose ed emozioni che ci portiamo dietro? Meglio farlo ora, coscientemente, quando se ne hanno ancora le forze. Questa sì che sarebbe una liberazione!

«Certo», disse il gioielliere. «La morte arriverà. Perché farsi sorprendere? Se non è al mercato è a Samarcanda. Conosce la storia?»

Quella la conoscevo. L'avevo riletta da poco in Robert Musil. È una vecchia storia dell'Asia Centrale, ma feci finta di non saperla per farmela riraccontare da lui.

Un giorno il Califfo manda il suo Visir a sentire cosa dice la gente al bazar. Quello va e nella folla nota una donna magra e alta, avvolta in un gran mantello nero, che lo guarda fisso. Terrorizzato, il Visir scappa via. Corre dal Califfo e lo implora:

«Sire, aiutami! Al bazar ho visto la Morte. È venuta per me. Lasciami partire, ti prego. Dammi il tuo migliore cavallo. Con quello, a tappe forzate, stasera sarò in salvo a Samarcanda».

Il Califfo acconsente e fa portare il suo cavallo più veloce. Il Visir balza in sella e galoppa via a spron battuto.

Incuriosito, il Califfo va lui stesso al mercato. Nella folla vede la donna dal gran mantello nero e l'avvicina.

«Perché hai fatto paura al mio Visir?» le chiede.

«Non gli ho neppure parlato», risponde la Morte. «Ero solo sorpresa di vederlo qui, perché il nostro appuntamento è stasera a Samarcanda.»

Queste erano le mie chiacchierate col gioielliere: il gioielliere indiano.

E dove, se non in India, si trova un dentista come il dottor Siddhartha (il nome di Buddha) Mehta del Khan Market? Per togliermi un dente mi fece un po' di anestesia, prese le tanaglie, mi avvertì che avrei sentito uno scricchiolio, si concentrò, tirò con forza e il dente venne via liscio. Riponendo le tanaglie sul tavolinetto, alzò lo sguardo al cielo.

«Grazie», disse al suo dio. Poi, rivolto a me, aggiunse: «Mi aiuta sempre, sa...»

LA LUCE NELLE MANI

LA PAROLA «reiki», assieme ai suoi due ideogrammi, l'avevo vista per la prima volta alla bacheca dell'Open Center di New York. Il cartellone invitava a iscriversi al corso «Livello Uno» di reiki, che si sarebbe tenuto nel fine settimana.

Fui attratto da quei due caratteri. In cinese significano «energia universale», ma lì si diceva che il corso era sulle «qualità terapeutiche dell'energia spirituale». E già questo mi insospettì. Poi lessi che il fondatore di questa pratica, con cui curare se stessi e gli altri, era stato un giapponese di centocinquant'anni fa e lasciai cadere l'idea di andarci anche solo a curiosare. Ero vissuto a lungo in Giappone e conoscevo bene l'abilità che hanno i figli del Sol Levante nell'appropriarsi di cose e idee altrui, per poi rimetterle sul mercato come prodotti giapponesi. In Hokkaido avevo visitato la «prima piramide del mondo» – giapponese naturalmente! –, la «tomba di Cristo» e la «casa di Babbo Natale». A New York, dunque, non avevo voglia di vedere che cosa un signore giapponese dell'era Meiji, quando il suo paese copiava di tutto per diventare «moderno», era riuscito a combinare col vecchio e cinesissimo concetto del *qi* (scritto anche *ki*), l'energia vitale. Ero stato da Master Hu e questo mi bastava.

Ma a Delhi? Un corso di reiki tenuto da due «maestri» indiani? La combinazione era troppo insolita perché resistessi. Telefonai, mi iscrissi e subito dopo ricevetti per fax le istruzioni: presentarsi con abiti di puro cotone o pura lana, comodi, e non avere addosso alcun profumo perché poteva «interferire con la libera circolazione dell'energia».

Il corso si svolgeva in una scuola appena fuori Delhi, poco lontano dal Qutab Minar, l'altissimo minareto in pietra rossa costruito novecento anni fa dagli invasori afgani come simbolo del dominio musulmano sull'India. Il posto era pulito e piacevole. Grandi stanze vuote davano su un bel giardino assolato. In quella dove eravamo riuniti c'era una stuoia ricoperta da lenzuoli bianchi. Noi studenti o «clienti», visto che avevamo pagato una ragguardevole cifra per i tre giorni, stavamo seduti in fila per terra. I due «maestri», un uomo e una donna sulla cinquantina, tutti e due riciclatisi da chi sa quale passato – forse insegnanti – stavano su una bassa piattaforma di legno, anche loro seduti nella posizione del loto o, come un tempo si diceva in Europa, «del sarto»: una posizione naturale ed elegante... se ci si sa stare. Anche una posizione sana. Io, a forza di sedermi a quel modo anche a leggere e a scrivere, mi son curato il mal di schiena.

Eravamo una trentina, la maggioranza donne, e ognuno dovette presentarsi. Io dissi d'essere pensionato e mi guardai bene dall'aggiungere altro. Nel corso delle presentazioni mi colpì che la scolaresca, pur tutta indiana a parte me, fosse composta di gente molto simile a quella che a New York frequentava l'Open Center: persone particolari ma in crisi; colte ma insoddisfatte. Ognuno era in cerca «d'altro», di una consolazione, di una via d'uscita. C'erano donne di mezza età con problemi matrimoniali e giovani donne «libere», ma sole. Fra gli uomini c'erano un radiologo, un pubblicitario e un fotografo.

Erano tutte vittime della stessa società dei consumi che in America e in Europa manda la gente a consolarsi ai corsi di meditazione, yoga, tarocchi o qi gong, e che aveva spinto il mio anestesista di New York a diventare un «sufi del Kashmir». Questi erano indiani, ma della «nuova» India, l'India urbana e benestante, l'India che da anni persegue sogni di modernità occidentale e che ora comincia a soffrire degli stessi malesseri dell'anima di cui soffre l'Occidente.

Questa «nuova India» è più o meno quella stessa che in passato è stata colonizzata e «ferita», come scrive V.S. Naipaul, dalla sprezzante dominazione inglese e che ora, di nuovo attratta su una strada che non è indiana, cerca di mettersi al passo col dominio della nuova, grande potenza imperiale, gli Stati Uniti d'America. È l'India della emergente borghesia di Delhi, Bombay e Calcutta; l'India che volta le spalle ai milioni di villaggi dove continua a vivere la stragrande maggioranza, mai colonizzata, della popolazione indiana. È l'India che non è più vegetariana, che beve alcool, che si veste in blue jeans, che manda i figli a studiare all'estero e ostenta la sua occidentalizzazione. È l'India che ha voluto la bomba atomica: un suo diritto, naturalmente, ma anche l'abdicazione alla sua tradizionale ricerca di una forza che non fosse quella banale delle armi. L'India che ha rifiutato Gandhi.

I due «maestri» sapevano a che tipo di persone parlavano e il discorso che fecero per presentare il reiki avrebbero potuto farlo esattamente uguale a New York: il mondo intero soffre degli stessi problemi; i rapporti umani sono sempre più inesistenti; si vive sempre più isolati e soli; la Terra è in pericolo a causa del progressivo inquinamento; la razza umana corre il rischio di estinguersi e, se anche sopravvivesse, nel giro dei prossimi vent'anni la società cambierà. Quindi scienziati e santi debbono ora unire le loro forze per salvare il mondo.

Per la stragrande maggioranza degli indiani sarebbe stato un discorso irrilevante. I problemi di cui trattava non erano i problemi delle centinaia di milioni che vivono nelle campagne o lungo le rive del Gange, dove nessuno sembra essersi ancora accorto che l'uomo è andato sulla Luna.

«Come potete continuare ad adorare il sole e la luna come fossero degli dei?» chiede un viaggiatore occidentale a un vecchio bramino. «Il sole, ormai lo si sa, non è che una esplosione di gas. Quanto alla luna, ci sono già arrivati gli americani a piantarci la loro bandiera.»

«Oh... no», risponde il bramino, beato e tranquillo nel suo tempietto in mezzo ai campi. «Il sole e la luna che noi veneriamo sono altri. Sono molto più lontani, sono al di là. Il sole e la luna che vediamo sono i discepoli del Sole e della Luna che veneriamo.»

I miei compagni non erano più di quell'India antica, saggia e sorprendente. Loro appartenevano all'India che ho visto cambiare sotto i miei occhi.

Quando con Angela arrivammo a Delhi nella primavera del 1994, trovammo la città tappezzata di cartelloni che dicevano: «Eccomi, son tornata!» Era la Coca-Cola che annunciava la sua riapparizione sul mercato indiano dopo esserne stata bandita per diciassette anni. Enormi bottiglie di cartone attaccate a tutti i pali della luce deturpavano la città, e solo alcune centinaia di indiani protestavano davanti all'albergo dove si svolgevano i festeggiamenti per questo grande «ritorno».

L'India aveva deciso di rinunciare al suo tentativo autarchico, al voler fare da sé, e stava cedendo alle tentazioni del mercato. Resistere alla spinta della globalizzazione era diventato impossibile senza una ideologia sentita e vissuta. Quella gandhiana era morta più o meno nel momento stesso in cui il paese era diventato indipendente, e con la progressiva modernizzazione era cominciata la progressiva occidentalizzazione.

Qua e là c'erano stati tentativi di resistenza, ma alla fine, specie dopo l'ascesa al potere di Rajiv Gandhi, figlio di Indira e nipote di Nehru, la resa fu pressoché totale. Insieme alla Coca-Cola, arrivarono i telefonini, la catena dei ristoranti McDonald's, il pollo fritto del colonnello Sanders, le confezioni di junk food, la centrale nucleare della Emron, la televisione via cavo e i programmi televisivi americani tradotti nelle varie lingue locali. Le città hanno assorbito il nuovo con voluttà e, assieme al nuovo, nel giro di poco tempo è arrivato anche il resto: più libertà sessuale, meno matrimoni tradizionali (organizzati tra famiglie), più divorzi, più desideri, più inquietudine, più insicurezza.

Non c'era bisogno della globalizzazione per insegnare al paese il Kamasutra, la «gioia del sesso», ma la nuova cultura individualistica dell'Occidente ha sganciato quella «gioia» dalla sua funzione sociale – il mantenimento del matrimonio – e ha fornito tutte le giustificazioni per una rottura con la tradizione. Le riviste femminili indiane hanno cominciato a parlare del «diritto all'orgasmo», di infedeltà, di rapporti omosessuali fra donne, e della nuova moda – tutta urbana, ovviamente – delle feste in cui i mariti finiscono per scambiarsi le mogli pescando a caso, da un vassoio in cui vengono gettate arrivando, le chiavi della macchina con cui tornare a casa.

L'India, la cui base filosofica è stata per millenni il concetto che tutto è uno, ha ora le sue riviste «olistiche» in cui proprio quel concetto, riciclato in chiave new age, viene usato per vendere «corsi di benessere psicofisico» e altre fandonie.

Strani personaggi occidentali approdano ormai regolarmente in India a portarle «l'antica sapienza dei maya» o quella degli egizi. Un americano tiene corsi sugli «insegnamenti di Lemuria», il continente scomparso, di cui proprio lui deterrebbe il segreto «di espandere e rinvigorire i poteri psichici che permettono di rimanere legati alla dimensione di Dio».

Un australiano insegna il metodo Melchizedek (l'Eterno Signore della Luce) con cui «allineare se stessi al battito del cuore dell'universo e creare così un equilibrio fra corpo e mente». Il metodo – si legge nella pubblicità – veniva praticato sulla terra al tempo di Atlantide, dove era stato insegnato all'uomo dai delfini e dalle balene. Dimenticato da tempo, è stato recentemente «rivelato» all'australiano in questione, un seguace di Sai Baba, dal maestro «asceso» Toth. I corsi – ovviamente a pagamento – comprendono «l'attivazione delle olografie orbitali, la merkaba di amore-corpo leggero, il nuovo platino, le magiche energie ermetiche, il ridirezionamento degli elementi in modo da conformarli a ogni partecipante e migliorarne la realtà». Col metodo Melchizedek – e qui è la trappola – in due giorni una donna sarebbe riuscita a guarirsi dal cancro al seno. Anche i malati di AIDS avrebbero molto da sperare.

L'India, dove specie nel secolo scorso erano accorsi tanti occidentali nella speranza di trovarci i «segreti» per una cura dell'anima che poteva essere indispensabile alla sopravvivenza dell'Occidente, si ritrova ora a importare quei «segreti», mercificati e ri-impacchettati, dall'Occidente stesso. Si sa, quel che viene da lontano, quel che è misterioso attrae, molto di più di quel che si ha sottomano.

«Il reiki è la medicina spirituale per molte malattie», disse il maestro durante la prima mattina del corso. «Nelle nostre vite c'è troppo stress, troppa fatica, troppa tensione. Il reiki vuole ristabilire l'equilibrio fra i diversi livelli dell'essere umano: fisico, mentale, emotivo e spirituale. Ognuno di noi possiede una forza di origine divina. Si tratta di imparare a raccoglierla e a trasmetterla attraverso le nostre mani. Il reiki è il metodo segreto per invitare la felicità a entrare nella nostra vita», continuò. «Si può impararlo in tre giorni.»

Ovviamente, perché potesse essere credibile e «potente», bisognava che il reiki avesse una storia, un fondatore, un filo che riconducesse anche questa pratica a una misteriosa fonte di segreti. La Società Teosofica dovette inventarsi dei «maestri» dai nomi esotici che, da chissà dove nel Tibet, davano istruzioni ai suoi fondatori. Gurdjieff, l'originalissimo personaggio che fondò l'Istituto per lo Sviluppo Armonioso dell'Uomo ed ebbe fra i suoi adepti romanzieri come Katherine Mansfield e René Daumal e fra i suoi ammiratori un grande architetto come Frank Lloyd Wright, lasciava vagamente intendere d'aver imparato alcune importanti lezioni viaggiando prima nell'Asia Centrale, poi anche lui in Tibet, e di aver trovato finalmente la risposta ai suoi quesiti in certi segretissimi manoscritti armeni, recuperati nel monastero di Sarmung, fra l'Urmia e il Kurdistan.

Anche il reiki aveva un suo pedigree. Quello raccontato dalla «maestra» del mio corso viene sciorinato più o meno con le stesse parole in centinaia di corsi che si svolgono ormai in tutto il mondo, visto che il reiki è diventato di gran moda e fra tutte le pratiche new age è quella in maggiore espansione. C'è già il Reiki dell'Arcobaleno, il Reiki dello Yin e Yang e il Reiki Trascendentale.

Questa dunque la storia del reiki. Nel 1865 nasce, in una famiglia giapponese di antico lignaggio samurai, Mikao Usui. Dopo aver fatto i suoi studi, Usui va a insegnare in una piccola università cristiana. Lì i suoi allievi lo sfidano a spiegare i miracoli di Cristo, il suo saper curare gli ammalati e risuscitare i morti. Usui non ha la risposta, e decide di andarsela a cercare. Viaggia in Cina, in India e in Tibet. Poi finisce negli Stati Uniti dove vive per alcuni anni e si laurea in medicina all'Università di Chicago.

Tornato in Giappone, Usui va in ritiro sul monte Kurama a nord di Kyoto. Intende restarci per tre settimane a digiunare e meditare. Per tenere il conto dei giorni che passano mette dinanzi a sé ventun pietre e a ogni levar del sole ne butta giù una dalla montagna. Quando arriva all'ultima, Usui vede la pietra che ha appena tirato tornare indietro e venirgli incontro come una grande palla di luce e di energia. Usui cerca di mettersi al riparo, ma non fa in tempo. La palla viaggia a grandissima velocità e lo colpisce in testa. Quando riprende i sensi, Usui ha trovato la risposta che cercava: quella forza luminosa e divina, quella energia universale è la fonte di tutte le guarigioni, di tutti i miracoli e deve essere gestita attraverso l'imposizione delle mani. Il metodo è il reiki.

Il dottor Mikao Usui, sempre secondo la versione del pedigree, dapprima sperimenta il suo metodo fra i mendicanti e i senza tetto di Kyoto; poi, avendo riscontrato grandi successi, si trasferisce a Tokyo dove apre una piccola clinica. Durante il disastroso terremoto del 1923 Usui partecipa ai soccorsi e col suo reiki cura tantissimi feriti. Nel 1926 muore e i suoi discepoli erigono in suo onore una stele nel tempio di Saihoji, fuori Tokyo.

Tutto sarebbe finito lì, non fosse stato per la signora Hawayo Takata, una giapponese delle Hawaii, che attorno al 1970, dopo aver imparato il metodo da Chujiro Hayashi, un allievo diretto di Usui, si mette a insegnare il reiki negli Stati Uniti. Attraverso i ventun allievi (tanti quante le pietre!) della signora Takata, il reiki si diffonde in tutto il mondo, gli allievi di quegli allievi diventano maestri che formano altri allievi, che a loro volta diventano maestri. Decine di libri sul reiki vengono pubblicati in tutte le lingue. In ognuno figura la bella, vecchia foto di un carismatico giapponese di mezza età, con capelli e barba brizzolati, il sorriso

benevolo, lo sguardo profondo, le sopracciglia folte sopra gli oc-
chialini tondi, l'espressione sorniona e consolante: la perfetta immagine della misteriosa saggezza orientale.

Prima di sperimentare su noi stessi il metodo che stavamo imparando, dovemmo fare alcuni esercizi intesi, dicevano i «maestri» del corso, a concentrare la nostra attenzione e a «guardare
al di là». In uno bisognava stare seduti a occhi chiusi e immaginarsi l'esperienza che aveva fatto Usui sul monte Kurama il ven-
tunesimo giorno del suo digiuno; in un altro bisognava guardare
il cielo per cercare di vedere «i pallini di energia» che circolano
nell'aria.

A me faceva ridere, ma per i miei compagni la cosa era seria.
Alcuni dissero di vedere la luce, altri l'energia. Una donna, come invasata, raccontò di essersi sentita avvolgere da un gran bagliore.

«Bene, vi siete fatti un'idea del mondo invisibile», concluse il
«maestro».

Da lì ai miracoli il passo era breve e il «maestro» ne raccontò
uno fatto dalla signora Takata. Era stata chiamata al capezzale di
un'amica, ma quando arrivò quella era ormai morta da mezz'ora.
La Takata non si scoraggiò: le fece il reiki nella zona del cuore e
la donna, mentre stavano già mettendola nella bara, si alzò per
vivere altri cinque anni.

Si trattava dunque di imparare a usare quella forza che, come
ci spiegavano i «maestri», è nell'universo e in ognuno di noi. Il
sistema è facile: si socchiudono leggermente le mani e le si tengono a una distanza di dieci, quindici centimetri dal corpo da trattare.

Per impratichirsi, ognuno dovette «trattare» il proprio vicino
e poi farsi trattare da lui. Non era facile tenere le mani ferme e le
braccia tese per una decina di minuti... finché la corrente di energia fosse passata. Per una «pulizia» del corpo le mani dovevano
agire successivamente sui vari suoi organi. Una seduta durava da
una a due ore.

«Mai fare il reiki sulla testa, dove è localizzato il Chakra della
Corona. E mai sull'ombelico», spiegò il «maestro». «Ai malati
di cancro mai, mai fare il reiki sul Chakra della Radice, quello
alla base della spina dorsale.» Drizzai le orecchie.

«Tutte le malattie», continuò, «nascono da uno scompenso fisico o emotivo. Un grande oncologo è arrivato alla conclusione
che il cancro è causato da una mancanza di amore e per questo

suggerisce come cura una grande dose di abbracci almeno tre volte al giorno. I pazienti che hanno sperimentato questa terapia sono migliorati notevolmente.»

Avrei potuto alzarmi, dargli due schiaffi e andarmene, ma invece dell'energia m'era venuta addosso una gran voglia di ridere e dovetti controllarmi per non mettere tutti in imbarazzo. Il problema si fece ancora più grave quando venne il mio turno di andare a mani giunte alla «cerimonia della sintonizzazione», il rituale con cui il «maestro» sintonizza la forza che ognuno ha dentro di sé con la forza universale.

Entrai in una piccola stanza semibuia; il «maestro» era in piedi davanti a un altarino su cui risplendeva un lume a olio. Disse delle parole che non capii, batté con un legno su una ciotola di bronzo e quel suono, mi spiegò, doveva risvegliare la mia forza interiore e allinearla alla frequenza del reiki. Lui, il «maestro», aveva stabilito quel mistico collegamento e io ero ora in diretto contatto con l'energia dell'universo e potevo usarla per curare altri.

Eravamo lì, l'uno dinanzi all'altro, non c'era modo di sfuggirgli e io avevo solo paura di schiantare in una gran risata. E da ridere ce n'era! Tornato in aula, il «maestro», parlando delle proprietà del reiki, disse che poteva essere fatto con successo anche... al proprio computer!

«Gli strumenti che usiamo sono estensioni del nostro corpo», spiegò. «E avete notato?» si fermò, tenendoci col fiato sospeso. «Avete notato come le macchine che usiamo e da cui dipendiamo hanno la tendenza a non funzionare quando il nostro stato d'animo è negativo e tutto sembra andarci storto?» Questo, secondo lui, era un punto importante: «Quando non siamo mentalmente sintonizzati con l'universo, tutto attorno a noi tende a soffrirne: anche il nostro corpo».

Poi il «maestro» spiegò che il reiki può essere fatto anche alle piante e agli animali. E come se parlasse a me, aggiunse: «Piante e animali non sono scettici. Piante e animali sono molto più aperti di mente di tanti esseri umani».

Resistetti, e alla fine del terzo giorno ricevetti il diploma del Livello Uno. Con quello, dopo ventun giorni di reiki fatto su me stesso per «ripulirmi», avrei potuto iscrivermi al Livello Due, col quale avrei imparato a fare il reiki a distanza, a curare cioè persone lontane, e mi sarei sintonizzato su una frequenza più chiara e più potente della «forza universale». A quel punto avrei potuto proseguire per il Livello Tre, in cui avrei imparato a sintonizzare altri, ossia a essere io un «maestro».

Ma questo non era nei miei piani.

Il corso mi lasciò addosso una strisciante irritazione. Il propagarsi di tanta superficialità, con tutti i pericoli impliciti per chi avrebbe potuto considerarlo una cura per una malattia seria, mi pareva un'offesa all'intelligenza. Eppure il successo mondiale del reiki era innegabile. Soltanto a Delhi c'erano più di duemila «maestri». Il fatto che tutto fosse nato in Giappone mi incuriosiva, perché là, già una volta, ero stato coinvolto in una stranissima storia che aveva a che fare con l'imposizione delle mani.

A metà degli anni Ottanta viaggiavo nel Nord dello Honshu, la principale isola giapponese, con un carissimo collega di Tokyo il cui nome di famiglia, quella davvero di origini samurai, significa Grande Amico. Eravamo arrivati nella cittadina di Takayama a notte fonda e c'eravamo appena accomodati sui tatami di un vecchio ryokan, la tradizionale taverna giapponese, quando sentii, giù in strada, voci di persone che, passando, parlavano in... italiano. Tesi l'orecchio. Parlavano addirittura in toscano! Mi alzai, aprii la finestra e li chiamai. Erano dei giovani di Pistoia arrivati in quell'angolo sperduto del Giappone per le grandi celebrazioni di una «nuova religione» di cui io non avevo mai sentito parlare, ma di cui loro – a Pistoia! – erano adepti.

Rividi i miei programmi e la mattina dopo, invece di tornare a Tokyo, li seguii in uno straordinario, opulentissimo tempio dai tetti immensi che parevano i cavalloni dorati di un mare scintillante. In fondo alla sala del tempio tutta foderata di rosso c'era un palcoscenico che poggiava su un gigantesco acquario illuminato da una luce azzurra e in cui nuotavano, lente, delle grandi carpe bianche e rosse. Quando si alzò il sipario, in mezzo a un paesaggio di finte montagne e di vere cascate d'acqua comparve, avvolta in veli bianchi, la sacerdotessa della setta a dare il benvenuto alle delegazioni arrivate da tutto il Giappone e dal resto del mondo. Avevo scoperto la setta Mahikari.

Era stata fondata negli anni Trenta da un ufficiale giapponese. L'ispirazione gli era venuta, come succede, cadendo da cavallo mentre era di stanza in Vietnam. Il colpo l'aveva illuminato e la chiamata era stata chiara: doveva fondare una religione esclusivamente dedicata ad alleviare il dolore e a curare le malattie dell'umanità. Aveva toccato la corda giusta e in poco tempo il numero degli adepti si era moltiplicato. Lui era morto, la figlia aveva preso il posto di sacerdotessa e il Mahikari era diventato una delle più ricche e una delle più solide sette fra le tante che ogni anno fioriscono – e a volte sfioriscono – in Giappone.

Gli adepti erano ormai alcune decine di migliaia e mi fu facile poi riconoscerli, specie nelle stazioni della metropolitana dove si appostavano per fermare qualcuno nella folla, per mettergli una mano sulla fronte e proporsi come guaritori dei suoi malanni.

Perché questo è il segreto del successo del Mahikari: chi ne diventa membro acquisisce il potere di guarire altri con la semplice imposizione della mano. L'energia è quella dell'universo, viene dal cielo; la setta funge da cabina di smistamento. Ma c'è un trucco: per mantenere questo «potere» ogni membro deve pagare alla setta una quota mensile, una sorta di bolletta che gli permette di rimanere attaccato alla «luce».

Il reiki funziona in maniera molto simile, solo che il pagamento avviene *una tantum* e, una volta «sintonizzati», non c'è più pericolo di vedersi tagliare i fili.

Mi incuriosiva saperne di più. Scrissi al Grande Amico a Tokyo e gli chiesi di trovarmi tutto quel che poteva su Usui e sul suo sistema di guarigione. La risposta arrivò dopo un paio di settimane e fu interessante. In Giappone il reiki non aveva seguaci (il mercato della imposizione delle mani era già occupato dai Mahikari) e Usui era praticamente sconosciuto. La stele al tempio di Saihoji esisteva, ma di Usui il mio amico non era riuscito a trovare altre tracce. Il suo nome non figurava fra i medici dell'inizio del secolo scorso ed era comunque molto improbabile che si fosse laureato a Chicago perché al tempo in cui Usui, secondo la storia, ci sarebbe stato la Facoltà di medicina in quella università non esisteva ancora. L'amico giapponese suggerì che forse il «dottor Mikao Usui» non era mai esistito e che la sua storia, con tanto di vecchia foto, dettagli sulla vita e miracoli, era tutta una abilissima messa in scena per «vendere» una nuova tecnica di guarigione.

Comunque stessero davvero le cose, l'operazione era stata di enorme successo. Il reiki stava facendo adepti in tutto il mondo; alcuni «maestri» stavano diventando ricchi con i loro siti internet, i loro libri e soprattutto col monopolio sulla «discendenza divina», cioè sul loro diretto rapporto col fondatore. Sì, perché il reiki si è strutturato come una catena di sant'Antonio in cui solo chi ha studiato con un allievo, o un allievo di un allievo, o un allievo di un allievo di un allievo di Usui è un «maestro». Solo quella discendenza diretta garantisce l'autenticità dell'insegnamento e la «sintonizzazione con la forza».

Scoprii poi che c'era anche un'altra versione di come il reiki, sempre attraverso Usui, sarebbe arrivato nel mondo: una versione più avventurosa e più... americana.

Secondo questa versione Usui, che fin da piccolo si era interessato alle scritture buddhiste, nel 1899 compra, in un negozio di libri usati di Kyoto, un fascio di vecchi manoscritti. Fra questi c'è un testo che Usui cercava da anni, *Il Tantra del Fulmine che cura il Corpo e illumina la Mente*, sulla trasmissione di energia a fini terapeutici. Il testo, originariamente tibetano, risale al VII secolo dopo Cristo e sarebbe stato portato in Giappone, attraverso la Cina, dal fondatore della setta buddhista Shingon.

Da quel testo Usui impara il reiki e comincia a praticarlo. Dopo il grande terremoto di Tokyo, sentendo la propria salute venire meno, Usui mette tutto quel che ha sul reiki, comprese le sue note e i suoi diari, in una scatola di lacca e poco prima di morire, nel 1926, la consegna al suo allievo prediletto. A questo punto la storia della scatola di lacca diventa rocambolesca. L'allievo, richiamato alle armi nel corso della Seconda Guerra Mondiale, affida la scatola a un tempio. Nel 1942 l'allievo viene ucciso a Manila; subito dopo il tempio viene bombardato e la scatola, messa in salvo da un gruppo di monaci, viaggia per il Giappone, finché un giorno un giovane ufficiale americano delle forze di occupazione interessato al buddhismo la compra. L'ufficiale, diventato generale, porta la scatola in America e se la dimentica nella soffitta di casa sua dove, nel 1994, viene trovata dal figlio che – guarda caso! – si scopre essere la reincarnazione di un importante lama tibetano.

Secondo i documenti nella scatola di lacca il reiki risalirebbe addirittura a Buddha nella sua espressione terapeutica di Signore della Luce di Lapislazzulo. In altre parole, il reiki, che oggi s'impara in un fine settimana, avrebbe una storia non di 150, ma di oltre 2500 anni. Proprio quel che attira la gente.

Allora: il reiki è solo una presa in giro? È da evitare? Per niente. Tutto può servire a innescare un processo di guarigione: la meditazione, la fede in un santo, lo yoga, le preghiere e certo anche il reiki. Basta credere nella sua efficacia. L'imposizione delle mani è una vecchia pratica religiosa e non c'è dubbio che l'avvicinarsi amichevolmente a un'altra persona, il toccarla con calore è consolante, è confortante, è... «terapeutico». Non so quanto possa curare i malati di cancro o far risuscitare i morti, ma certo riduce la tensione, calma la mente, ispira pensieri positivi che di per sé, come le risate, sono sicuro, fanno un gran bene e rafforzano il sistema immunitario.

Il fatto è, però, che in tutte le tradizioni, compresa quella cristiana, l'efficacia dell'imposizione delle mani è sempre stata legata alle qualità della persona che compiva quell'atto e non all'atto in sé. Solo una persona di grande spiritualità e di animo puro poteva avere il «tocco magico».

Il reiki ha stravolto questa verità trasformando il potere magico di guarire in un «metodo» che tutti possono imparare in pochi giorni e che non dipende affatto da chi lo pratica e dalle sue qualità psichiche o morali. Quello che era «un dono di dio» è diventato un semplice prodotto da acquistare.

Funziona lo stesso?

Secondo i taoisti, no. «Se l'uomo sbagliato usa i mezzi giusti, i mezzi giusti agiscono in modo sbagliato», dicevano quei saggi. Ma chi ascolta più i vecchi cinesi?

Alla fine dei conti, qualunque fossero state le qualità dei «maestri», anche quel corso non mi parve completamente inutile. Certo era preferibile a un altro fine settimana passato fra shopping e televisione. Almeno uno aveva avuto la possibilità di uscire dalla routine, di vedersi in maniera diversa e magari di riportare a casa qualcosa di nuovo.

Io ad esempio avevo imparato che se si mastica un boccone trentadue volte si mangia un terzo di meno e ci si nutre molto di più. Almeno così avevano detto i miei «maestri».

Una sera, in casa di amici indiani, raccontai della mia esperienza col reiki e dissi della mia frustrazione: ero venuto in India convinto di trovarci una cultura forte, sicura di sé, capace di resistere alla violenza omogeneizzante della globalizzazione, e invece, vivendo a Delhi, mi pareva che anche l'India non facesse altro che correre dietro ai prodotti, alle idee e alle mode dell'Occidente.

Il padrone di casa, un barbuto, colto produttore cinematografico, moderno di testa, ma ancora ben radicato nella sua tradizione, non condivideva il mio pessimismo.

«Non preoccuparti», disse. «L'India corre dietro a tutto, ma va molto, molto piano. Vedrai che finirà per arrivare tardi anche al funerale della cultura occidentale.» Secondo lui l'India avrebbe digerito l'attuale processo di occidentalizzazione come aveva digerito tutte le altre invasioni del passato, da quelle musulmane a quella inglese.

Per millenni questo paese, come gran parte dell'Asia, Cina compresa, è stato guidato da aspirazioni prevalentemente spirituali e questa inclinazione in qualche modo continuerà a vivere e prosperare. Niente qui viene completamente dimenticato e sepolto; niente viene mai distrutto e sostituito col nuovo. L'India è un'arca di Noè in cui anche ciò che da tempo è morto altrove sopravvive. Qui sono conservati i semi di tutto il meglio che l'uomo abbia mai pensato. Anche nel campo della medicina, come mi resi conto appena cominciai a fare la mia personalissima ricerca di una possibile cura. L'India è il solo paese al mondo in cui si pratica ancora l'unani,* l'antica medicina greca fondata da Ippocrate e arrivata qui al seguito di Alessandro Magno nel IV secolo avanti Cristo.

In India coesistono i più svariati sistemi di medicina. Accanto alla medicina occidentale c'è, ultima arrivata, l'ayurveda, l'antica medicina locale, c'è l'omeopatia, la naturopatia, la medicina cinese e soprattutto quella tibetana.

Nei miei tempi giornalistici avevo aperto un incartamento chiamato Medicina, in cui mettevo tutto quello che la stampa indiana pubblicava sull'argomento. Col passare degli anni avevo accumulato tante storie. Alcune strane come questa. Una volta all'anno, nella città di Hyderabad, migliaia di persone fanno la fila per ingoiare delle sardine di cinque o sei centimetri nella cui bocca è stata messa una misteriosa composizione di erbe: una cura miracolosa contro l'asma. La ricetta è il monopolio della famiglia

---

* L'unani – in urdu significa appunto «Grecia» – cura soprattutto le malattie nervose oltre all'insonnia e all'ipertensione. Il principio di fondo di questa medicina è il mantenimento dell'equilibrio fra i vari elementi del corpo al fine di attivare la capacità di autoconservazione. La terapia si fonda soprattutto su una dieta esclusivamente vegetariana. I medici si chiamano akim. Oggi in India ce ne sono circa cinquantamila.

Goud fin dal 1845, quando un loro antenato ricevette in dono la formula segreta da un sant'uomo che diceva di discendere dal mitico fondatore dell'ayurveda.

Più di mezzo milione di pazienti ricorrono oggi a questa cura che, si dice, funzioni soltanto ai primi di giugno quando una certa costellazione appare in cielo e rende «potente» la combinazione delle sardine con la pozione. L'afflusso di asmatici è ormai tale che i pesci vengono spesso a mancare e il governo deve intervenire per garantirne il rifornimento. Per questo miracolo delle sardine la famiglia non si fa pagare. Le donazioni sono però benvenute.

Fra i miei ritagli c'erano cure ugualmente bizzarre – una a base di musica – per il diabete e l'ipertensione. Fra quelle più antiche c'era la cosiddetta «terapia dell'acqua», un eufemismo giornalistico per descrivere l'abitudine di bere ogni mattina a digiuno un bicchiere della propria urina per combattere ogni sorta di malattia. Fra i più illustri adepti di questa terapia c'era anche un ex Primo Ministro.

Le cure del cancro raccolte nel dossier erano tantissime. A Calcutta c'erano degli omeopati a promettere la salvezza. Nella periferia di Delhi c'era un medico che diceva d'avere messo a punto un vaccino anticancro a base di... cianuro di potassio. «Tre gocce di questo vaccino somministrate a un bambino di tre anni sono la sua migliore assicurazione sulla vita: potrà fumare e mangiare quanto vorrà; non si ammalerà mai di cancro», aveva dichiarato annunciando di voler brevettare il suo ritrovato.

Alla ricerca di qualcosa che facesse per me avrei potuto seguire mille piste, avrei potuto prendere mille direzioni. In quel mio dossier c'erano nomi, indirizzi, numeri di telefono. Ma decisi di cominciare con qualcuno di cui nessuno aveva mai scritto, qualcuno che non era ancora stato «scoperto», che non si faceva pubblicità, ma di cui mi avevano parlato bene degli amici indiani.

Era un giovane medico ayurvedico che stava dall'altra parte dell'India.

LA PERSONALITÀ DELLE ERBE

OGNI volta che un aereo comincia a traballare, immancabilmente penso che quella di volare non è la condizione più naturale dell'uomo e che meglio avrei fatto a restare coi piedi per terra e a prendere il treno. Gli aerei indiani si prestano particolarmente a questo tipo di riflessioni perché sembrano avere una loro speciale predisposizione a scuotere e a scricchiolare più degli altri. Quello su cui volavo, ad esempio, doveva atterrare a Visakhapatnam, una importante città-porto dell'Andhra Pradesh sul golfo del Bengala, ma le nuvole erano così dense e basse che il pilota non riusciva a vedere la pista e così, invece di aspettare una schiarita stando al di sopra della tempesta, lui preferiva starci dentro, dando a tutti i passeggeri una buona occasione per riflettere sul loro destino. Il mio, visto da quelle altezze, aveva una sua ironia: in cerca di una « cura », ero diretto in un posto pressoché sconosciuto, il cui nome non figurava in nessuna guida turistica, a circa duecento chilometri dall'aeroporto, e ancor prima di atterrare stavo forse per trovare « la cura di tutte le cure ».

Quella mi fu risparmiata. Dopo vari balzi e sobbalzi e un ennesimo salto nel vuoto, l'aereo si posò a terra e la solita disperante, meravigliosa India si precipitò ad accoglierci: tassisti scalzi, procacciatori di alberghi, e tanta gente sfaccendata che, in mancanza di altri spettacoli, si mette dinanzi a quello della vita. Scelsi l'autista che a prima vista mi parve il più affidabile: il più anziano e il solo che avesse delle ciabatte.

Visakhapatnam è, per grandezza, il quarto porto del paese e uno dei « poli di sviluppo », cioè una delle città più impegnate nell'attuale corsa alla « modernizzazione ». Una nuova, imponente autostrada si diparte ora dall'aeroporto lasciando al perso decine e decine di piccoli negozietti, baracche, bettole e banchetti di frutta accalcati prima lungo la vecchia strada. Per raggiungere uno di quegli stabbioli gialli che fungono da cabine telefoniche dovetti attraversare cumuli di rena, resti di costruzioni e calcinacci. Da lì chiamai il « medico » per fissare un appuntamento. Gli amici di Delhi lo avevano già avvertito e lui mi aspettava.

La strada correva fra strane colline. Fino a pochi anni prima, mi disse l'autista, erano coperte da grandi alberi. Ora erano come tante teste calve. La storia è sempre la stessa: le foreste vengono tagliate, la terra si erode, cede, il clima cambia, periodi di grande siccità si alternano a grandi alluvioni. L'equilibrio è rotto. Ma la modernità avanza, lastricando di vittime il suo cammino. Quella bella autostrada, ancora senza spartitraffico e senza alcuna barriera di protezione ai lati, era uno dei fronti dell'avanzata. Ogni pochi chilometri c'era un camion ribaltato col suo carico sparso sull'asfalto o un groviglio di macchine da cui era difficile immaginarsi che qualcuno fosse uscito vivo. «Tutti i giorni è così», disse l'autista. Una vera ecatombe.

Nei villaggi che attraversavamo le scene erano quelle solite dell'India: crocchi di uomini oziosi, accucciati a fumare, a chiacchierare, a osservare la strada e i suoi disastri. A un passaggio a livello la macchina dovette fermarsi e lo sguardo mi cadde su degli uomini al lavoro: alcuni caricavano, a mani nude, zolle di terra su un barroccio, altri con arnesi rudimentalissimi aggeggiavano attorno a delle buche; un vecchio cercava di tagliare un grosso tronco d'albero con una piccola scure. Da lontano gli feci cenno di usare una sega. Capì benissimo: sorrise e scosse le mani in aria con un gesto che in India vuole dire: «Non ce l'ho». Ai banchetti lungo la strada i venditori spezzavano le noci di cocco con le accette o affettavano i manghi con piccoli falcini.

A guardare la campagna indiana con occhi occidentali c'è da disperarsi. Mai un campo fatto ad arte. Terra e piante più che coltivate paiono lasciate a se stesse. L'attività prevalente sembra essere quella di aspettare: aspettare che la terra produca qualcosa, che gli alberi facciano frutti da vendere sui banchetti. In India viene spesso da chiedersi se l'attuale miseria del paese non sia anche dovuta a questa ignavia, a questo senso che è inutile far alcunché, che niente cambia, che tutto è già stato fatto, visto, provato, e che impegnarsi non serve a nulla. Il mondo è maya, illusione. Quel che conta è fare tutto il possibile per evitare di rinascerci, e non far qualcosa per viverci meglio.

Era la stagione dei manghi e dovunque non si vedevano che manghi. Cumuli di manghi al margine della strada, cumuli di manghi sulle carrette. Manghi, solo manghi. Mai un cavolo, una mela, una qualche verdura.

L'autista volle fermarsi a bere un succo di canna da zucchero. Il banchetto era avvolto da nugoli di mosche, ma nessuno sembrava preoccuparsi che finissero anche loro spiaccicate fra i denti arrugginiti delle due ruote che strizzavano i tronconi. Un ragazzino faceva girare distrattamente il marchingegno. Poi, da un contenitore di plastica tirava fuori dei pezzi di ghiaccio giallognolo, li metteva in un sacco nero ricavato da un copertone d'auto, ci picchiava sopra con un bastone, e aggiungeva una manciata di quella fresca poltiglia nei bicchieri.

Passammo attraverso una cittadina in cui tantissimi uomini e i bambini erano rapati a zero. « Ci sarà stata un'epidemia di pidocchi », pensai. L'autista mi dette una spiegazione migliore. Il tempio del posto era dedicato a una dea che esige, da chi la va a visitare, una mezza noce di cocco e un taglio completo dei capelli. È certo una buona cosa per la capigliatura della gente... e forse anche una buona cura contro i pidocchi.

Più ci allontanavamo dal « polo di sviluppo » della città-porto, più tutto tornava a essere l'India che conoscevo: costruzioni lasciate a mezzo, una casa abbandonata, una senza tetto. Qua e là, consolanti, vecchi villaggi con le capanne di bambù, i tetti di foglie di palma fino a terra e solo una piccola apertura come porta. In lontananza, le sagome di antichi carri tirati da grandi buoi.

Convinto come sono che basta seguire un filo per arrivare a qualcosa, l'idea di andare a trovare un « medico » là dove nessun straniero ha altrimenti ragione di andare mi piaceva. Ma l'arrivo a Kakinada non fu esilarante. Nonostante il suo strano nome, era una delle solite, sporche cittadine indiane. Per giunta dominata dalle ciminiere di due grandi fabbriche di fertilizzanti che sputavano in aria una pestilenziale nebbia grigiastra. Era appena piovuto e le strade, mancando le fognature, erano ridotte a un pantano su cui caracollavano i carretti carichi di manghi, le donne sempre regali nei sari colorati, gli uomini miseri nei dothi sporchi e altri, ancora più miseri, in pantaloni e camicie sintetiche all'occidentale. Vestito col mio solito kurta pijama* di cotone tessuto a mano come lo si trova in tutti i « Negozi di Gandhi », mi pareva d'essere l'unico indiano a giro.

Il « medico », un giovane, piccolo e magro, sui trent'anni, ci aspettava davanti a casa. Mi colpirono i suoi occhi ardenti, pieni

---

* Camicione a tre bottoni, lungo fino ai ginocchi, con pantaloni semplicissimi legati in vita con un cordoncino.

di calore. Era chiaramente una persona particolare, con una sua carica.

La casa era nuovissima, «moderna», tutta di cemento grigio, neppure imbiancato. La famiglia ci stava da appena due mesi e la prima cosa che mi toccò fare fu sfogliare l'album con le foto dell'inaugurazione. Secondo il rito vedico una mucca e una vitella erano entrate per prime in ogni stanza. Sul tetto-terrazza il «medico» s'era costruito una tettoia di cocco sotto la quale meditava. Lì, diceva, le vibrazioni erano ottime perché venivano riflesse da un vecchio, strano albero che dominava il giardino col suo tronco lucido, color verde bottiglia, e con le grandi foglie spesse e venate, rese brillanti dalla pioggia.

In un angolo del giardino svettava ancora una vecchissima palma di cocco le cui radici erano in gran parte scoperte e che sembrava potesse rovesciarsi da un momento all'altro. No, non era pericolosa, disse il «medico»; anzi, era utilissima. Prese un pezzo di radice e con un sorriso felice mi disse che quella era la migliore medicina per «files... siles». Non capivo. Allora il «medico» mise con molta disinvoltura la sua mano sul mio sedere.

«Ah, sì, per le emorroidi... ho capito!»

«Yes, piles», le emorroidi, ripeté il «medico», staccando un'altra radice dai piedi dell'albero. «La si trita fine fine, la si pesta nel mortaio e la si applica qui», spiegò il «medico», questa volta mettendo, fortunatamente, la mano sul suo «qui» e non sul mio.

Il «medico» viveva nella casa di cemento con la madre e i due fratelli più piccoli. Il padre, un impiegato dell'ospedale locale, era morto alcuni anni prima, ancora giovane. «Improvvisamente cominciò a vomitare sangue: una reazione ai prodotti chimici inglesi... specie all'aspirina!» mi spiegò. Per un medico, quello era uno strano modo di descrivere una malattia, ma non mi c'era voluto molto per capire che il mio era comunque uno strano «medico» e già mi chiedevo con quale scusa sarei riuscito a ripartire il prima possibile, senza imbarazzare nessuno.

Gli accordi, presi per telefono dagli amici di Delhi che me lo avevano raccomandato (dicevano che aveva curato una loro parente ammalata di leucemia), erano che sarei rimasto a Kakinada almeno una settimana per fare innanzitutto la depurazione del corpo mentre lui preparava la medicina vera e propria che avrei dovuto prendere dopo.

Avessi fatto subito marcia indietro, avrei provocato una grande delusione. Perché, se io ero andato fin là con la curiosità, e forse anche con un po' di speranza, di trovare una qualche cura miracolosa, appena arrivato capii che lì la cura ero io. Io ero lo sperato miracolo: un «giornalista internazionale col cancro» (certamente mi avevano presentato così), venuto dall'Italia a farsi curare a Kakinada! I vicini già si affacciavano alle finestre; i bambini s'infilavano in casa senza ritegno per seguire in corteo la visita guidata che il «medico» mi faceva fare.

«Queste sono tutte erbe, solo erbe», disse, indicando due grosse balle di canapa in una stanza che lui chiamava «il laboratorio» e che a me pareva più un polveroso ripostiglio. Da sotto un acquaio il «medico» tirò fuori un grosso mortaio di pietra e il batacchio, anche quello di pietra, con cui le erbe, già fatte arrivare apposta per me, sarebbero state lavorate. Lo «studio», un'altra stanza polverosa, aveva la sua «libreria»: sugli scaffali in muratura stavano pile di vecchie scartoffie e qualche libro.

La madre mi volle offrire un caffè, un tè o dell'acqua, mentre il «medico», per darmi il benvenuto nel salotto di cui erano orgogliosissimi, corse ad accendere un enorme televisore a colori che stava trasmettendo un film di guerra americano, ambientato in Vietnam.

L'inglese del «medico» era molto elementare. Spesso non ci intendevamo, ma anche a questo si erano preparati e la soluzione arrivò presto a bordo di una Vespa. L'uomo si presentò come lo «zio» anche se era solo un paio d'anni più vecchio del «medico». Era stato professore di inglese in una scuola media; poi, avendo sposato una ragazza di casta leggermente inferiore alla sua, ma di famiglia molto più ricca, era dovuto diventare venditore di assicurazioni sulla vita.

A me volle «vendere» innanzitutto il «medico» suo nipote. Dalla sua borsa tirò fuori le lettere plastificate di alcuni pazienti guariti, le ordinazioni di medicine provenienti da varie città dell'India e per ricapitolare fece la lista di tutte le malattie che il «medico» era capace di trattare: dall'obesità all'asma, dall'artrite alla psoriasi. Per le cateratte aveva sviluppato degli impacchi a base di oppio e miele che in tre giorni risolvevano il problema, senza dover ricorrere all'operazione. Quanto al diabete, lui in due settimane era capace di ridurre a zero l'uso dell'insulina. Un'altra sua specialità era la cura della sterilità.

«Ecco la lettera della prima donna curata già nel 1989! Dopo il trattamento fece tre figli. Il tutto le costò solo 3000 rupie. Ovviamente il trattamento del cancro e della leucemia dura molto più a lungo, per cui anche i costi sono più alti», disse lo «zio». Fu il primo riferimento ai soldi.

Il «medico» era chiaramente a disagio dinanzi a questo affondo pubblicitario, ma non poteva farci nulla. Lo «zio» era in qualche modo il suo padrone, il suo controllore, e doveva lasciargli fare la sua parte.

E così quello raccontò che la loro era una vecchia famiglia di bramini «ortodossi», purtroppo ormai messi in disparte dai bramini modernizzati – «sofisticati» li chiamava lui – come i suoi suoceri che si erano dati al commercio arricchendosi. Quanto a lui, aveva rotto con la tradizione. Trovava i complicati rapporti sociali imposti dalla religione assurdi e insopportabili. Quel che contava non era la casta, ma il successo personale di ogni individuo. Si considerava un ateo dichiarato e disprezzava tutto ciò che apparteneva al passato.

«I riti? Le cerimonie? Pura follia», disse. Per darmi un esempio mi raccontò come ogni anno per la festa del Serpente i contadini delle campagne attorno a Kakinada costruivano ancora piccoli tumuli in cui rovesciavano secchi e secchi di latte, invitando i serpenti a venirlo a bere, nella speranza che poi, quando li avessero incontrati nei campi, per riconoscenza non li avrebbero morsi.

«Che atteggiamento è questo?» disse. «Nei campi temono il serpente e cercano di ucciderlo. Al tempio invece lo venerano come fosse un dio, gli si inginocchiano davanti e gli offrono tutto quel latte. Non sarebbe meglio darlo ai bambini per strada? I bramini sono dei terribili egoisti.» Raccontò che quando il padre del «medico» morì, nessun bramino del quartiere andò al funerale perché la credenza è che, tornando dal luogo della cremazione, uno può essere seguito da certi spiriti che poi si installano in casa. Il padre aveva aiutato molta di quella gente quando ancora lavorava all'ospedale, ma all'ultimo ognuno pensò solo a sé.

Il «medico» era imbarazzato dal tanto parlare dello «zio» e fu solo quando quello andò via e noi ci avviammo verso il vecchio centro di Kakinada per visitare la casa dei suoi nonni che riuscì a raccontarmi un po' della sua vita.

La casa dove il «medico» era nato, cresciuto e dove aveva abitato fino a due mesi prima, era parte del racconto. Piccola, buia, cadente, in un vicolo sterrato era stata costruita più di duecento anni fa e sembrava non fosse mai stata né riparata, né rimbiancata. I lastroni del tetto erano sconnessi, le travi marce e, perché non piovesse nella stanza principale dove i due nonni vivevano, un telone azzurro era steso sotto il soffitto. Dovunque c'era un gran disordine. Un cumulo di assi qua, una bicicletta senza ruote là, una moto, una poltrona sgangherata su cui il nonno si riposava. Eppure bastò che la nonna aprisse la puja room, la stanza delle preghiere con la statua di Hanuman, il dio scimmia, i ritratti di altri dei, un cumulo di noci di cocco, le lampade a olio e gli stoppacci con cui tre volte al giorno facevano le offerte, per sentire che quello era un altro mondo, un mondo tenuto assieme da fili che non erano quelli dell'efficienza: il mondo di vecchi bramini «pii e ortodossi» la cui unica, vera attività era quella di celebrare con regolarità e precisione gli immutabili riti.

«Acqua dolce», disse il «medico», indicandomi nel cortile un vecchio pozzo da cui la famiglia aveva attinto da bere per generazioni. Gli occhi gli si illuminarono. «Acqua dolcissima», ripeté prendendone una manciata. Anche lì, in un angolo del cortile, c'era una maestosa palma di cocco, almeno tre volte più alta della casa, con le sue radici terapeutiche mezze scoperte. Lì affondavano anche tutte le radici del mio «medico».

Era il primo di tre figli e in famiglia avevano temuto che non sarebbe stato normale, perché il padre aveva sposato una nipote, la figlia di suo fratello. Da piccolo il «medico» era sempre stato malato e aveva passato gran parte della sua infanzia e dell'adolescenza a letto. Varie allergie, un'asma che gli toglieva letteralmente il fiato e le continue bronchiti gli avevano impedito di giocare con altri ragazzi. Non aveva mai avuto un amico. Più che a scuola, era stato in ospedale dove, grazie al padre che ci lavorava, veniva rimpinzato gratis di medicine occidentali. «Anche tanti ormoni e steroidi», disse.

Nessuno, neppure il fratello del nonno, che era un famoso medico ayurvedico, era riuscito a curarlo. Era cresciuto così, col sogno, un giorno, di trovare da sé la medicina che facesse per lui. Era un avido lettore e aveva divorato tutti i libri che gli erano capitati sottomano. Qualunque cosa leggesse se la ricordava anche a distanza di anni. Un swami, venuto da Rishikesh, poi un altro, di passaggio da Benares, lo avevano aiutato nella lettura dei testi sacri. Fin da ragazzo aveva raccolto ogni foglia di palma con un testo in cui si parlasse di ayurveda, di astrologia o di erbe: tutti aspetti, secondo lui, della scienza medica. Le scartoffie che avevo notato nella libreria della nuova casa erano la sua collezione.

Già a cinque anni aveva cominciato a riconoscere le varie erbe, « a parlarci », come diceva, e a preparare su istruzione del fratello del nonno, l'ayurvedico, i suoi primi decotti. Le erbe erano state i suoi giochi, i suoi amici. Le erbe erano per lui persone: ognuna col suo carattere, le sue qualità, le sue reazioni. A sedici anni era riuscito a identificarne otto utili alla sua condizione e, combinandole nella giusta misura, si era curato di tutti i suoi malanni.

Un medico occidentale, a quel punto della storia, avrebbe detto che era stata la pubertà a guarirlo, ma a osservare con quale passione il « medico » parlava di erbe e del modo di combinarle, non c'era alcun dubbio che la spiegazione più razionale, come spesso avviene, non spiegava tutto. I suoi problemi erano finiti forse anche perché si era convinto di aver preso in mano la propria vita, perché s'era reso conto d'aver trovato la sua strada e che da ammalato era diventato guaritore.

Dopo la sua autocura il ragazzo si era messo in viaggio ed era andato a trovare i vari guaritori e « medici » della regione imparando da ognuno di loro qualcosa e sempre riportando a casa delle erbe. Presto aveva avuto i suoi primi pazienti e i suoi primi successi. Un giorno un ministro dello Stato di Andhra Pradesh lo aveva fatto andare in un « albergo a cinque stelle » per farsi curare un acciacco, e fu allora che il nome del « medico » era cominciato a circolare fuori da Kakinada. Attraverso l'efficiente passaparola, alimentato dalla speranza, era arrivato fino a Delhi e così anche a me.

Lo « zio » ci raggiunse e assieme mi accompagnarono all'Hotel Jaya de luxe che già lungo l'autostrada avevo visto annunciato da grandi cartelloni come il più elegante della città. Era difficile immaginarsi come fossero quelli meno eleganti! Vestito da indiano com'ero, dovetti comunque darmi da fare per avere una camera e non essere messo alla porta come un hippy insolvente, o un viaggiatore col sacco in spalla che aveva sbagliato indirizzo. Le lenzuola erano grigie e grinzose, ma le coprii col sarong che mi porto sempre dietro.

Disteso sul letto a guardare il soffitto fatto di pannelli di amianto – un materiale considerato oggi fra i più cancerogeni – mi venne un gran ridere. Mi immaginavo la faccia che avrebbero fatto i miei aggiustatori di New York se, per un incantesimo, avessero potuto vedermi lì, nell'albergo de luxe di Kakinada, alla vigilia di essere curato da quel loro «collega».

A svegliarmi fu un rivoltante puzzo di cipolle fritte che entrava dalla finestra. La cucina dell'albergo stava preparando i suoi intrugli de luxe per la colazione. Non potei approfittarne perché alle otto il «medico» mi aspettava a stomaco vuoto per l'esame clinico-astrologico, dopo il quale avrebbe deciso i dettagli della terapia.

Nella hall giovani camerieri strusciavano stracci sporchi e bagnati sui pavimenti di grisaglia. Fuori dalla porta dell'albergo, il cumulo di spazzatura che avevo notato la sera prima era nel frattempo cresciuto e cani, maiali, capre, vacche e corvi – i grandi spazzini dell'India – erano già al lavoro.

Decisi di andare a piedi all'appuntamento. La strada era breve, ma era anche la meno adatta a prepararmi psicologicamente ad avere nella cura del «medico» quella fiducia che è indispensabile per la sua efficacia. Il liquame grigiastro nelle cloache a cielo aperto ribolliva e respirava come avesse una sua malefica vita. Una mucca si fermò indolente, bevve placida quella poltiglia e si rimise in cammino, strisciando il muso per terra, come in India sembrano fare sempre tutti gli animali: forse per non perdere mai l'occasione di un boccone. Pensai al latte che avrebbe prodotto e che qualcuno avrebbe bevuto. Pensai che la vita media in India è sui cinquantadue anni e mi tornarono in mente le storie raccontate dallo «zio»: nessuno nella loro famiglia era arrivato a sessant'anni. Anche il famoso medico ayurvedico, fratello del nonno, maestro del mio guaritore, era morto secco a cinquantotto anni di un infarto. Si racconta però che lo avesse preannunciato.

Il «medico» già mi aspettava radioso, sorridente, gli occhi più luminosi che mai. Mi fece sedere su uno sgabello, si mise davanti a me e, tenendomi le braccia alzate, con le mani che stringevano i miei polsi, a occhi chiusi, cominciò con l'ascoltare il pulsare del sangue nelle mie vene. Disse che qualcosa non andava nella parte sinistra del mio corpo. «Una infezione.» Mi fece spogliare e distendere su una stuoia. Sulla sinistra avevo la grossa ernia lasciatami dall'operazione, ma lui non ci fece caso. Gli interessò invece il lungo taglio che mi attraversava il ventre e girava verso la schiena. Spiegai che avevo tre diversi tipi di malanni e che quel taglio era stato fatto per rimuovere quello nel rene.

« L'operazione è stata fatta in India? »

« No, in America », risposi. Era sorpreso. « In India si arriva al rene dal di dietro, non dal davanti », disse.

Mi esaminò con grande attenzione le gambe, le ginocchia e la zona del fegato, poi gli occhi. Guardandomi la lingua s'illuminò. Come avesse fatto una scoperta, disse: « Ecco, ecco l'infezione! » e pose due interessanti domande.

Avevo mai avuto le emorroidi?

Sì, da vent'anni.

Avevo mai avuto mal di schiena?

Sì, spesso, specie negli ultimi tempi, prima di ammalarmi.

Era felice, come avesse trovato la chiave del mistero. All'origine di tutti i miei guai c'erano, secondo lui, le emorroidi.

« Voi occidentali non ci fate caso, ma sono una malattia importante, un segnale da prendere molto sul serio », disse.

Anche Mangiafuoco si era interessato a quelle. E quelle secondo il « medico » avevano causato l'infezione al centro del corpo, attorno allo stomaco. Da lì « l'infezione » era passata nel rene. Il rene – mi spiegò – ha dentro di sé una molla. È così lunga che potrebbe fare il giro del mondo. Quella molla mi si era guastata. Ma che non mi preoccupassi: lui poteva rimetterla in funzione con la medicina adatta. Prima di tutto, per una settimana, dovevo fare una pulizia dello stomaco.

« Al momento è pieno di vermi e in queste condizioni la medicina non farebbe alcun effetto », sentenziò.

« Vermi? Nel mio stomaco? No, i vermi non ci sono! »

« E lei, come fa a saperlo? » chiese come per sfida.

« I medici di New York ci han guardato dentro varie volte. »

Sorrise come se gli avessi detto una bugia, e passò alla seconda parte della visita: quella astrologica. Con una lente d'ingrandimento guardò a lungo le righe, non quelle nel palmo della mano, ma quelle nei miei pollici. Poi, con grande cura esaminò la pelle del mio corpo in cerca di segni, di nei, di macchie nere o rosse. Alla fine fece dei grandi calcoli con la mia data e ora di nascita, sottrasse, moltiplicò e arrivò a un numero: il 2526. Quello era per me importante. Dovevo ricordarmelo e non rivelarlo mai a nessuno.

Secondo lui le varie costellazioni mi erano favorevoli. Solo Marte aveva un cattivo influsso su di me per cui dovevo fare una grande attenzione ai raggi di quel pianeta. Lui conosceva però le piante e le erbe che assorbono i raggi capaci di contrastare i raggi di Marte. Quelle erbe sarebbero state parte della pozione che mi avrebbe preparato. La mia malattia era soprattutto nel sangue, ma sarei riuscito a superarla.

In quanto tempo?

Se avessi preso le erbe in combinazione con dei metalli – lui suggeriva l'oro – sei mesi di cura sarebbero stati sufficienti. Senza i metalli avrei dovuto continuare almeno per un anno.

L'oro?

No. Non dovevo preoccuparmi, spiegò. Prima di somministrarmelo, lo avrebbe ridotto in cenere attraverso un procedimento a caldo. Comunque si sarebbe trattato solo di alcuni milligrammi. Ma quelli avrebbero potenziato la sua formula.

Lo « zio », che durante tutta la visita aveva fatto da traduttore, a questo punto tirò fuori carta e penna per fare dei conti: l'unità di misura di ogni cura è un mandal, cioè la quantità di medicine necessarie per quarantun giorni. Per poterla fare per sei mesi avevo bisogno di quattro mandal e mezzo. Nella combinazione con l'oro, l'intera terapia, a parte la pulizia dello stomaco che avrei cominciato nel pomeriggio, mi sarebbe costata 12.000 rupie, grosso modo 250 euro. Per Kakinada era una bella cifra, ma non una follia.

Il « medico » disse che durante la cura avrei dovuto fare molta attenzione a quel che mangiavo. A parte le cipolle e l'aglio, ingredienti per me benefici perché « raffreddano l'infiammazione », dovevo assolutamente evitare tutto ciò che cresce al buio, sotto terra, come le carote, le patate e le barbabietole. Anche le melanzane, i cetrioli e le zucche non facevano più per me. Mi avrebbe invece fatto bene mangiare qualsiasi tipo di grano e di riso, specie se vecchio di sei mesi o più, qualsiasi tipo di insalata, cavolo, fagioli, ceci e ogni genere di frutta.

Lui consigliava assolutamente l'oro. Con quella combinazione mi garantiva una buona salute vita natural durante. Senza l'oro, invece, la sua garanzia sarebbe stata « solo per vent'anni ».

« Venti? Sono già troppi », dissi io e lui volle ricontrollare le mie mani. Me le fece congiungere e osservò il modo con cui i polpastrelli dei due mignoli e dei pollici combaciavano. Disse qualcosa che lo « zio » tradusse con « radiazioni », ma non capii se si riferiva a quelle di Marte, che mi facevano male, o a quelle di New York, di cui lui non sapeva, ma di cui magari aveva visto lì qualche traccia. Perché certo anche quelle, da qualche parte, dovevano aver lasciato un segno, forse più preciso e più malefico di quelle marziane.

Rimanemmo d'accordo che avrei cominciato con un mandal e che nel pomeriggio sarei tornato a veder preparare le medicine e a prendere la prima pozione per la ripulitura dello stomaco. Avevo deciso di stare al gioco o, meglio, di cambiare punto di vista. Invece d'essere deluso per non aver trovato la medicina che cercavo, volevo approfittare dell'insolita situazione e guardarmi un mondo sul quale altrimenti non avrei mai messo gli occhi. Non pensai più che stavo perdendo tempo e tutto divenne molto più bello e interessante.

Rientrando in albergo avevo una gran fame, ma il ristorante con le sue tende tirate, le finestre chiuse e i tavoli ancora appiccicosi, coi resti lasciati da chi ci aveva mangiato prima, me la fece passare. Seguendo la vecchia regola di ogni viaggiatore che per evitare guai cerca di nutrirsi solo di uova sode e banane (dopo averci tolto le due estremità), chiesi se non potevo avere qualcosa del genere. Uova? Era come se avessi chiesto di mangiare la mano del cameriere. Quello era un ristorante strettamente vegetariano, vegan, e le uova erano « vita ». Se proprio insistevo, però, potevo... mangiarle in camera.

Nel pomeriggio la casa di cemento del « medico » era in fermento. Un paziente, in cura per il diabete e incaricato di trovare alcuni ingredienti per la mia pozione, era venuto con un sacco pieno di erbe che aveva rovesciato sul pavimento polveroso del « laboratorio » e le stava smistando. Una grossa, sformata ragazza di quattordici anni era appena arrivata da Visakhapatnam, accompagnata dalla madre. Ogni settimana tutte e due facevano cinque ore di autobus per curare la ragazza della sua obesità e di una brutta psoriasi. Ora, disse la madre, le erano venuti anche i pidocchi!

Come gli altri pazienti che venivano da lontano, le due donne sarebbero rimaste a dormire lì, e per sdebitarsi dell'ospitalità si erano messe, ognuna con un grosso pestello di legno, a ridurre in polpa manciate e manciate di radici e di erbe buttate nel mortaio di pietra.

Il lavoro si svolgeva tutto per terra, nel cortile, senza che fosse stato spazzato. Durante il ritmico lavorio dei pestelli, capitava che erbe e radici saltassero fuori dal mortaio. Venivano raccolte col palmo della mano e ributtate dentro, polvere compresa. A un certo punto vidi la madre togliere dai capelli radi della figlia obesa quel che doveva essere un pidocchio, spiaccicarlo con l'unghia per terra, e rimettersi al lavoro con le mani nella mia poltiglia. Alla fine del pomeriggio l'impasto verdastro venne diviso in piccole porzioni che, ridotte in tante palline, sarebbero poi state messe al sole a seccare.

Gli unici indifferenti al gran trambusto del «laboratorio» erano i due fratelli minori del «medico». Prima avevano guardato alla televisione un rumoroso film, poi s'erano messi ad aggeggiare con un giochino elettronico. Uno dei due era appena tornato da Hyderabad, la capitale dello Stato, dove aveva partecipato a un concorso per un lavoro in banca. Se non gli fosse andata bene, avrebbe riprovato e riprovato fino a vincerlo. Lui voleva a tutti i costi un lavoro da «colletto bianco», disse.

Quando stavo per rientrare in albergo, il «medico» arrivò sorridente con un bicchiere pieno di un intruglio verde che aveva preparato personalmente e che voleva bevessi lì, davanti a tutti. Era la medicina per ripulirmi dai vermi. Fortunatamente avevo con me una bottiglietta d'acqua. La vuotai, ci misi dentro l'intruglio, e dissi che l'avrei bevuto prima di addormentarmi.

Lo «zio» capì. «Non bisognerebbe mai vedere come vengono preparate le medicine», disse.

Chiesi qual era la composizione della mia pozione anticancro. Era fatta di ventinove diverse sostanze vegetali. Con l'aiuto di due dizionari, il «medico» cominciò a dirmi che fra le erbe c'erano la Anacyclus pyrethrum e la Celosia cristata. Poi, preoccupato, si fermò. Perché volevo sapere la formula? Volevo forse passarla agli «scienziati», come li chiamava lui? Gli giurai che non era nelle mie intenzioni, ma questo non bastò. Invece di continuare col resto della composizione, disse che per produrre il fabbisogno di quarantun giorni, un mandal, c'erano voluti dodici chili di erbe e di radici, ridotti alla fine della lavorazione a cinquanta grammi di pillole.

Accompagnandomi in strada, il «medico» mi pregò di capire la sua reticenza. Non voleva affatto tenere segreta la sua formula anticancro, anzi, aveva un piano in cui io lo dovevo aiutare. Voleva mettere quella formula a disposizione dell'Organizzazione Mondiale della Sanità perché tutti la potessero usare. Io avrei dovuto scrivere al direttore generale, raccontargli della mia visita e

cercare di ottenere dei fondi con cui lui avrebbe potuto continuare le sue ricerche. Questo era il *suo* piano e non era necessario,
disse, che ne parlassimo in presenza dello «zio».

In albergo, dinanzi alla bottiglia con il liquido verde ramarro,
pensai che avrei anche potuto berlo. Almeno assaggiarlo, una
volta! A non farlo mi pareva di tradire la buona fede, l'entusiasmo del «medico». A farlo sarei andato invece contro il mio
istinto e il tutto... finì, gorgogliando, nel lavandino. Fosse anche
stato ottimo e potente, non mi avrebbe fatto granché perché in
fondo non ci credevo. La mattina dopo ovviamente mentii al
«medico».
   Rimasi a Kakinada ancora i giorni necessari perché le pillole
seccassero. Ne approfittai per visitare alcuni vecchi templi della
regione, per vedere quel che resta del porto dove, due secoli fa,
s'erano installati da colonialisti i francesi cercando di far concorrenza agli inglesi, e per parlare ancora un paio di volte, da solo,
col «medico».
   Era un personaggio insolito, con un bel fondo di disarmante
sincerità. Mi disse che da poco era diventato brahmacharya, cioè
aveva preso un impegno di castità, e che non intendeva sposarsi.
Si sentiva votato alla medicina. Era convinto che negli shastra, le
antiche scritture sacre, c'era l'interpretazione di tutti i fenomeni
dell'universo. Si trattava di saperci leggere col cuore.
   La sua visione del mondo era un misto di scienza, astrologia,
religione e filosofia. Questo è qualcosa che scandalizza la mente
occidentale, abituata com'è a separare non solo la scienza da tutto il resto, ma le varie scienze l'una dall'altra. Per un indiano tradizionale invece questo è un normalissimo atteggiamento perché,
ai suoi occhi, tutto è interdipendente, tutto è parte di una totalità
indivisibile e l'uomo, non essendo solo un corpo, ma anche una
mente e un'anima, non può, quando si ammala, esser trattato
esclusivamente in un suo aspetto. Per giunta il più grossolano:
il corpo, appunto.
   Fisica e metafisica non sono nella visione indiana contrappo-
ste; si integrano. L'astrologia, in quanto la prima e la più antica di
tutte le scienze, resta parte della scienza medica; mentre religione
e filosofia, avendo un ruolo regolatore della vita quotidiana attraverso la combinazione di principi etici ed esercizi fisici – basti

pensare allo yoga –, non possono esser tenute fuori dalla diagnosi e dal trattamento di una malattia.

Il «medico» aveva le sue radici in questa tradizione e mi parlava della personalità delle erbe, dei raggi dei pianeti, della molla nel rene, della funzione terapeutica dei suoni e del dio con la testa di maiale, alla cui forza bisogna appellarsi per tenere pulito il corpo, «perché il maiale mangia i magma che escono da tutti i buchi dell'uomo: la cispa degli occhi, il muco del naso, lo sputo, gli escrementi», disse. Poi aggiunse: «La pulizia, sia esterna che interna, del corpo è importantissima per la salute. Ma ancor più importante è tenere pulita l'anima e calma la mente».

Per noi, moderni occidentali, tutto questo è strano da accettare, ma l'idea indiana è che la salute del corpo non è fine a se stessa, ma un mezzo per ottenere la salute dell'anima. Per gli indiani la vita non è fatta per essere semplicemente vissuta, ma per essere capita. In altre parole non si vive per vivere, ma per scoprire il senso del vivere. La salute del corpo è una condizione favorevole per arrivarci, ma non la sola. Il contrario della salute, cioè la malattia, può ugualmente essere un'ottima occasione di elevazione spirituale. Insomma: impossibile, in questa ottica, fare i ragionamenti scientifici a cui noi occidentali siamo abituati. Ma questa è l'ottica della tradizione ayurvedica.

Ayuh in sanscrito è il periodo che intercorre fra la nascita e la morte, *veda* significa la conoscenza. Ayurveda è dunque per estensione «la scienza della vita», è quel che bisogna sapere sul cibo, la respirazione, il moto e le medicine per mantenere sano, o meglio in equilibrio con se stesso e l'universo, il corpo fisico, così che altri nostri «corpi», quello della mente e quello dell'anima, possano sviluppare al meglio i loro poteri. Il fine ultimo? Non quello che noi chiamiamo salute, ma moksha, la liberazione dal ciclo della vita e della morte.

A proposito di «salute» e «salutarsi», il «medico» disse che il modo indiano di congiungere le mani davanti al petto significa anche augurare all'altro benessere fisico perché, facendo quel gesto, si uniscono i propri punti di trasmissione di energia. Il salutare invece una persona più anziana, più colta o di rispetto andando a toccarle i piedi serve a caricarsi della sua energia. Quel gesto toglie forza alla persona e il permetterlo è considerato un gesto di generosità.

«Il corpo sta in piedi grazie ai piedi», disse. «Nei piedi, è tutto il potere. E più è potente colui a cui si toccano i piedi, più è grande la carica di energia che se ne ricava.»

Ascoltavo il «medico» descrivere, infervorato, il rapporto fra suoni sacri, come OM, e salute, fra piante e pianeti, e questi per noi insensati accostamenti mi affascinavano. Sentivo che, a suo modo, il «medico» di Kakinada aveva una visione dell'uomo più vasta, più complessa e anche più magica dei miei bravissimi aggiustatori di New York. Per lui era ovvio che il corpo non è solo una macchina, che la malattia non è solo un fatto fisico e che per questo anche la terapia non può essere solo una questione di chimica. La sua cura per il mio cancro infatti teneva di conto anche degli influssi dei pianeti!

Mi piaceva il suo descrivere le erbe, le piante, gli animali come fossero individui. Ma in fondo mi piaceva lui: un puro, schiacciato fra l'incudine della tradizione e il martello della modernità, fra l'aspirazione di capire il mistero della vita e la spinta a fare di tutto un affare. Senza amici, senza sostegno, con due fratelli banali, diviso fra i nonni bramini, «pii e ortodossi», e lo zio bramino, «sofisticato» e ateo, si sentiva solo e incompreso e pensava di aver trovato in me, che lo stavo ad ascoltare e prendevo note, un legame col mondo di fuori.

Quando partii, mi porse religiosamente, a due mani, come fossero una reliquia, le medicine che aveva preparato. Per un attimo pensai che le avrei prese. Per solidarietà, per simpatia. Ma quei bussolottini di plastica, riciclati da un qualche altro uso precedente, pieni di palline marroni, si persero presto fra le tante cose che uno, tornando da un viaggio, posa da qualche parte e si dimentica.

Non mi sono invece dimenticato di lui, il «medico» dagli occhi ardenti in quella cittadina lontana da tutto, all'ombra di due fabbriche di fertilizzanti, e rimango con un leggero senso di colpa. Non ho fatto niente per aiutarlo. Nemmeno una lettera all'Organizzazione Mondiale della Sanità!

COLUI CHE È PASSATO DA QUI

VIAGGIARE. Il piacere di una vita. Un desiderio d'adolescente diventato un mestiere, un modo di essere. Sempre lo stesso, eppure sempre diverso: prepararsi a partire, andare, scriverne. Ma il senso di tutto questo? Sinceramente, non m'ero mai fermato a chiedermelo.

Ora, seduto sulla terrazza del Ganges View Hotel a Benares, a guardare l'eterno scorrere del fiume più sacro del mondo e quello, qui ugualmente ineffabile, dell'umanità più antica, quel senso m'era chiaro. La ragione di tutto quel muovermi, di quell'andare continuamente fuori in cerca di qualcosa era semplice: io non avevo niente dentro di me. Ero vuoto. Vuoto come è vuota una spugna, pronta però a riempirsi di quello in cui è tuffata. La metti nell'acqua e d'acqua s'imbeve, la inzuppi nell'aceto e diventa acida. Non avessi viaggiato non avrei mai avuto niente da dire, da raccontare; niente su cui riflettere.

Viaggiare mi esaltava, mi ricaricava, mi dava da pensare, mi faceva vivere. L'arrivo in un paese nuovo, in un posto lontano era ogni volta una fiammata, un innamoramento; mi riempiva di emozioni. Ricordo, come fosse ieri, il mio primo varcare una frontiera, a quindici anni, quando andai in Svizzera a fare lo sguattero, anni dopo l'attraversare da solo in macchina il Sud Africa, e poi il primo giorno a Saigon, la vista di Angkor Vat, l'arrivo a Samarcanda, a Kashgar, e a cavallo a Lo Mantang, la capitale del regno del Mustang. Ogni volta la sensazione di una scoperta.

E ora continuavo? In questo la chemio e la radioterapia non mi avevano «mutato». Anzi, mi spingevano a ripetermi. Prima andavo in cerca di avventure e di idee, ora cercavo un medico, un'erba, una formula magica, un miracolo, una soluzione per il mio malanno. Ma allo stesso modo di sempre: fuori, a giro nel mondo. È così che l'uomo ha sempre fatto, mi dicevo. Ha sperato che lontano da sé, in un altro posto o in un altro tempo, ci fosse la chiave che apriva la porta di tutti i segreti. Si trattava solo di trovarla, nascosta magari in una caverna, nel sarcofago di un faraone, sepolta nella sabbia del deserto o fra le rovine di Atlantide negli abissi più profondi dell'oceano.

E ogni tanto qualcuno, a rischio di tutto, si è messo in cammino a cercare. Per questo in ogni civiltà c'è il mito del viaggiatore-eroe; il figlio degli dei che si perde e torna, prodigo, dopo un lungo peregrinare; Gilgamesh, il re sumero che viaggia e viaggia per non morire; Ulisse determinato ad andare oltre le colonne d'Ercole, il limite ultimo del mondo conosciuto.

Il viaggio poi è sempre stato considerato un mezzo di crescita spirituale, come se muovere il corpo contribuisse a elevare l'anima. In India si dice dei sadhu, i santi mendicanti, che debbono essere come l'acqua: muoversi in continuazione, altrimenti stagnano.

Anch'io fossi stato fermo, certamente sarei stagnato.

Ma ora? Già a Kakinada m'ero chiesto se, continuando a viaggiare, non finivo per scoprire sempre di meno. Ogni tanto avevo persino l'impressione che la vecchia emozione dell'andare cominciasse a risuonare fioca come un vaso cinese andato a pezzi e rimesso assieme con la colla. E poi fin dove dovevo andare? Ogni angolo del mondo aveva una sua promessa. Dovevo andare indietro nel tempo delle mie vite precedenti come suggeriva la «terapia regressiva» del dottor Brian Weiss secondo il quale un malanno come il mio di oggi ha le sue radici in qualche trauma subìto secoli fa? O dovevo fare un «viaggio astrale», tipo quelli che avevo sperimentato con Nica? Questo però per raggiungere un posto di cui avevo letto in un altro libro new age. Attraverso dei guaritori brasiliani si fissa un appuntamento con l'Ospedale Astrale, un'area psichica in cui si riuniscono i grandi medici e i guaritori di tutte le tradizioni e di tutte le epoche per elaborare lì, tutti assieme, una «terapia personalizzata a base di colori, profumi, suoni e raggi laser» in grado di curare le malattie di ognuno.

Forse ero solo stanco, ma il pensiero che fosse venuto anche per me il momento di fermarmi non era più così ripugnante. Ero arrivato al Ganges View Hotel per riposarmi di un ennesimo viaggio e affidarmi alle cure del premuroso proprietario Shashank che, dopo essersi occupato ogni mattina all'alba del suo dio Hanuman, il Re delle Scimmie, nel tempietto ai piedi della terrazza, si dedicava per il resto della giornata con altrettanta devozione ai suoi ospiti offrendo loro la sua colta conversazione, semplicissimi ma puliti pasti vegetariani, consigli e concerti serali di sitar.

Ne avevo bisogno. Questa volta venivo dallo Stato del Bihar, uno dei più belli, ma anche uno dei più sudici e disperanti dell'India; una terra dove un tempo erano fiorite ricche repubbliche e grandi imperi governati da saggi, diventata ora una delle regioni più povere, la più banditesca e violenta del paese. Il Bihar è anche stato la culla del buddhismo e per questo c'ero andato.

Avevo visitato Rajgir dove, sulla Collina degli Avvoltoi, ci sono ancora le caverne in cui Buddha e Ananda, il suo discepolo preferito e cugino, si ritiravano a meditare; ero stato sulle rovine di Nalanda, la grande, famosa università buddhista, santuario della vita interiore di un'epoca, da dove fra il IV secolo e il XIII secolo dopo Cristo erano passate le più grandi menti filosofiche d'Asia finché gli invasori musulmani la rasero al suolo, massacrarono i diecimila maestri e studenti spingendo il buddhismo a trovare rifugio oltre la catena dell'Himalaya in Tibet, in Cina e poi in Giappone.

Ero poi stato a Bodhgaya, dove sotto il Ficus religiosa, l'albero che ancora oggi esiste, ributto di un ributto dell'originale, Buddha raggiunse l'illuminazione e da lì avevo fatto la strada per Benares con un autista che s'era però rifiutato di partire prima dell'alba per paura dei briganti che, diceva, col buio fermavano e derubavano le macchine.

Ero voluto andare sui luoghi storici del buddhismo per sentirne lo *spiritus loci*, per vedere coi miei occhi quella minuscola parte di mondo – praticamente solo una pianura circondata da sette colli –, dove 2500 anni fa è nata una leggenda che, come quella di Mosè prima, quella di Gesù e Maometto dopo, ha determinato il corso della storia umana.

Una dopo l'altra avevo voluto ripercorrere le tappe del cammino di Buddha perché anche il suo – mi diventava sempre più chiaro – è sostanzialmente il mito di un viaggio. Un viaggio che parte da ciò che l'uomo ha di più fisico e materiale, il corpo, per arrivare a ciò che ha di più spirituale: nel caso di Buddha il vuoto della mente, il «nulla» del Nirvana. E il mito, siccome comunica quel che inconsciamente tutti sentiamo vero dentro di noi, continua ad avere la sua forza.

Gautama Siddhartha era un principe. Era giovane, ricco e felice. Era sposato a una bella donna e quella aveva dato alla luce un figlio maschio. Suo padre era il sovrano del piccolo regno dei Sakya e a lui sarebbe toccato succedergli. Ma un giorno, uscendo dalle porte della città dove era cresciuto fino allora protetto da tutto, s'imbatté in un malato, in un vecchio e in un morto e si rese conto che il corpo umano – anche il suo – non era solo fonte di gioia, ma anche di dolore.

Quel pensiero non lo lasciò più. Quel pensiero lo spinse ad abbandonare moglie, figlio e regno, a cambiare completamente vita e a cercare, non solo per sé, ma per l'umanità, una via di uscita dalla sofferenza. All'inizio pensò che tutto fosse dovuto al corpo e provò a staccarsi da quello, non ascoltando le sue richieste di cibo, di acqua, di coperte. Per sei anni visse da eremita nella foresta mangiando solo un chicco di riso o di sesamo al giorno. Ma essendo diventato quel macabro e commovente scheletro rappresentato in alcune delle più belle statue del Gandhara, incapace ormai di stare in piedi e d'essere cosciente, capì che non curarsi del corpo significava non curarsi della mente e che questo gli impediva di meditare. Allora decise di recuperare la sua salute.

Vivendo di quel che la gente gli offriva continuò, in silenzio, a cercare e un giorno andò a sedersi sotto l'albero diventato poi l'albero della bodhi, l'illuminazione, deciso a non alzarsi finché non avesse trovato la risposta. Varie furono le tentazioni* cui dovette resistere, ma lui prevalse su tutte, compresa per ultima l'apparizione di tre bellissime danzatrici che cercarono di sedurlo.

All'alba aveva vinto. «Ora so tutto quel che c'è da sapere, ho tutto quel che c'è da avere. Non ho bisogno di nient'altro», disse. Era solo e dovette prendere la terra a testimone della sua «Illuminazione».

Per sette settimane il principe, diventato ora Buddha, l'Illuminato, o il Risvegliato, rimase attorno all'albero a cui doveva così tanto, poi si spostò a Sarnath, alla periferia di Benares e lì, per la prima volta, davanti a cinque discepoli, mise in moto la Ruota della Legge. Cominciò a insegnare che, fra il cieco perseguimento dei piaceri del corpo e l'ascetico rifiuto del corpo e di tutto il resto, c'è una Via di Mezzo, una via che porta al distacco dalle passioni, alla pace interiore e con ciò fuori dalla sofferenza: la via

---

* Oltre a quelle ovvie dei sensi, ne ebbe anche una che mi piace chiamare «la tentazione della politica»: il nemico di Buddha, Mara, il diavolo per intenderci, prese le forme di un messaggero che disse di venire da parte della sua famiglia a implorarlo di tornare a casa. Il trono era stato usurpato, suo padre messo in prigione, i suoi beni, sua moglie e suo figlio erano diventati proprietà degli usurpatori. Solo lui, Buddha, poteva intervenire per riportare la giustizia e la pace.

del dharma, il giusto modo di vedere, parlare, comportarsi, sforzarsi, vivere, avere aspirazioni, essere coscienti e meditare.

Quel che esattamente era stata per Buddha l'illuminazione rimase un mistero. Lui non ne parlò mai con precisione. Non sempre le parole aiutano a capire, diceva. Ognuno doveva fare quell'esperienza per conto suo. Lui aveva indicato la via da seguire. Agli altri percorrerla.

Da tutte le storie che il mito ci ha tramandato, Buddha viene fuori come un uomo di buon senso, contrario al credere fideistico, all'occulto, ai dogmi. A un discepolo che lo tempestava di domande intellettuali e che era tornato alla carica chiedendogli se l'anima già esiste prima della nascita, Buddha rispose con la storia del soldato trafitto dalle frecce che viene portato d'urgenza dal cerusico perché gliele tolga e lo salvi, ma lui insiste a voler sapere prima chi lo ha ferito e con quale intenzione l'ha fatto. Con questo aneddoto Buddha vuole spiegare all'allievo che la sua domanda è irrilevante perché, qualunque sia la risposta, quel che conta è capire il significato del nascere, dell'invecchiare, del morire e del soffrire. A Buddha non piacevano le definizioni. Sapeva che potevano essere trappole, come le parole. Una volta i discepoli gli chiesero se, quando fosse morto, lui ci sarebbe stato ancora. E la risposta fu:

«Se dico di sì, do adito a una confusione, se dico di no a un'altra. Dopo la morte Tathagata sarà senza confini come l'oceano».

Tathagata era il modo con cui lui parlava di sé e il nome con cui voleva essere chiamato. Significa «Colui che è passato da qui». Con questo voleva sottolineare di non essere nessuno di particolare, di non essere né il primo né l'ultimo Illuminato, di non essere dio, ma solo un uomo come gli altri, uno che è passato da qui, da dove possono passare tutti quelli che lo seguono sulla Via.

Morì a ottant'anni, avvelenato dal cibo che gli aveva offerto con sincera devozione un intoccabile. Una versione vuole fosse un piatto di funghi, un'altra della carne di maiale. Le sue ultimissime parole, rivolte ai discepoli, furono: «Tutto ciò che esiste decade e marcisce. Allora lavorate diligentemente alla vostra salvezza».

Nei secoli che seguirono la dottrina dell'Illuminato si propagò attraverso l'India. Vari re si convertirono con tutti i loro sudditi, e si convertì il grande imperatore Ashoka che portò la dottrina del dharma fino nell'isola di Ceylon da dove poi si diffuse nel Sudest asiatico.

Il buddhismo con la sua negazione dei riti, col suo rifiuto delle caste e l'introduzione del concetto di compassione, estraneo all'induismo, rappresentò in India una vera e propria rivoluzione, la sola, forse, che il paese abbia conosciuto nella sua lunga storia. Ma in quanto rivoluzione, pur essendo di natura spirituale, in pratica era una rivoluzione contro il potere religioso, e con ciò il potere politico dei bramini, la casta più alta nell'ordine sociale indiano. La loro reazione fu lenta e solo attorno all'VIII secolo dopo Cristo i bramini, grazie a Shankaracharia, un personaggio santo e studioso, grande commentatore dei Veda, vissuto proprio a Benares, riuscirono a coordinare una controffensiva ideologica e a indebolire la presa del buddhismo sulla popolazione delle caste inferiori. I musulmani fecero il resto. Alla fine del XIII secolo la dottrina dell'Illuminato era praticamente morta nel paese in cui era nata. E così è rimasta fino a oggi.

Buddha è entrato a far parte dell'immenso pantheon induista, il buddhismo è ufficialmente rispettato, concetti buddhisti, come quello di dharma, che avevano comunque origini indù, sono radicati nella comune visione della gente, ma gli indiani hanno praticamente dimenticato che Gautama Siddhartha era uno di loro e io mi ero divertito a chiedere ai tanti venditori di ricordini a Bodhgaya come mai il Buddha delle loro statuette per turisti aveva gli occhi a mandorla.

Buddha è ormai cinese, giapponese, tibetano, indocinese, thailandese, mongolo, ma non più indiano. Specie in India.

Dall'alto della terrazza del Ganges View, guardavo ogni mattina il sole sorgere dall'altra riva del Gange e sulla mia riva la folla dei fedeli chinarsi verso l'acqua, prenderne una manciata, alzare le mani al cielo e offrire ai primi raggi le gocce che cadevano scintillando.

Uno stranissimo spettacolo: su questa sponda del fiume per alcuni chilometri decine di migliaia di persone rivolte all'acqua, ai piedi delle scalinate, dei templi, delle case, e dei palazzi, in mezzo ai canti, le preghiere, e i suoni di campanelle; sull'altra sponda nessuno, niente, solo un velo di misteriosa caligine sulla terra completamente deserta. Il pieno e il vuoto, la luce e l'ombra, il suono e il silenzio: un'altra grande metafora dei due opposti che fanno Uno, della Verità che è armonia di contrasti. Perché Benares è sacra, ma solo a Ovest. E solo chi muore sulla sponda occidentale del Gange, la sponda affollata, rumorosa e assolata, sulla sponda dove notte e giorno bruciano gli avidi fuochi delle pire, si salva dal rinascere. Sull'altra sponda non succede mai nulla, tranne l'approdare di qualche cadavere di bambino o di sadhu* che la corrente deposita sulla sabbia. Là niente esiste o diviene. Là la morte non è liberazione.

È così, da quando l'uomo ricorda. Benares è la più antica città vivente e da quattromila anni milioni e milioni di indiani sono venuti qui a morire, certi di non dover tornare a vivere. Perché quella sponda occidentale del Gange è l'unico posto sulla terra dove gli dei lo permettono. Per questo Benares, la città sacra, la città della morte, è fuori dal mondo, appartiene a una diversa realtà, vive in una diversa dimensione.

A volte avevo davvero bisogno della protettiva distanza della terrazza per non perdermi e cercare di capire. Per noi occidentali è difficile identificare il sacro con lo squallore, lo sporco, il putridume. Ma quella indiana è anche la civiltà che ha come ideale di vita i mendicanti, dovevo ricordarmi, e anch'io ero preso da quel sacro fervore di morte che non aveva in sé alcuna tristezza.

Succede che, osservando un dettaglio, si è colpiti dall'insieme in cui quel dettaglio è insignificante. Una mattina, quasi senza farci caso, seguii con lo sguardo una donna che, premurosa e diligente, annaffiava e accomodava una bella corona di fiori arancioni al collo di una piccola dea di pietra in riva al Gange, sotto la mia terrazza. Arrivò una capra nera e gliene portò via un boccone. Stava per farsene un altro, ma venne cacciata da una mucca che in un sol colpo ingurgitò tutta la bellezza e le preghiere che la donna stava ancora offrendo alla sua dea. Nessuno si ribellò e presto la donna, la capra e la vacca si allontanarono ognuna per la sua strada, avendo ognuna fatto la sua parte nell'immensa commedia-illusione di miliardi e miliardi di persone e animali, esseri visibili e invisibili che in quello stesso momento in miliardi di diversi pianeti nell'eterno tempo dell'infinito universo continuavano a girare nella ruota dell'essere.

Angela, arrivando anni prima su quella terrazza, aveva detto: «Da qui si vede il mondo come lo deve vedere Iddio... e si capisce che non possa occuparsi di tutto quello che succede».

È possibile che parte della nostra inquietudine di occidentali ci

---

* Neonati e sadhu non vengono cremati, ma lasciati alle acque.

venga dal fatto che vogliamo invece occuparci di quel che succede nel mondo e spesso anche cambiarlo? Che ci sia davvero una
grande saggezza nel pensiero orientale secondo cui ciò che è fuori da noi è immutabile e che la sola speranza è cambiare dentro
noi stessi?

Questo era anche il messaggio dell'Illuminato per il quale però il cambiare se stessi doveva essere frutto di uno sforzo, di «un
lavoro diligente». La salvezza non veniva, secondo lui, semplicemente morendo a Benares. E non a caso era andato ad annunciar-
lo a Sarnath.

Camminando dal Gange View Hotel verso Nord, lungo le scalinate che scendono al fiume, si incontrano due campi di cremazione dove il compito di disporre dei corpi, in pubblico, sotto gli
occhi di tutti, non cessa mai. Passai ore a osservare l'andirivieni
dei morti e dei vivi, il continuo affaccendarsi attorno ai fuochi
degli addetti ai lavori e dei parenti. Mi colpì che nessuno, mai,
piangeva. La morte era un fatto contro cui nessuno sembrava ri-
bellarsi. E noi occidentali invece abbiamo tanta difficoltà ad accettarla! Per noi la morte è sempre una sconfitta, qualcosa contro
cui dobbiamo combattere con ogni mezzo e anche *in extremis*
sperare magari in un «miracolo» che induca la natura a cambiare, almeno per una volta, le sue immutabili leggi.

Una volta una donna si presentò all'Illuminato con in braccio
il suo bambino appena morto e gli chiese un miracolo, di ridargli
la vita. Buddha disse che lo avrebbe fatto, ma a una condizione:
che la donna gli portasse un pugno di riso di una famiglia che non
fosse mai stata visitata dalla morte. La donna corse via, andò di
casa in casa, di villaggio in villaggio, ma dovunque si rivolse c'e-
ra stato un morto. La donna tornò da Buddha, rassegnata. Ma
aveva capito e «Colui che è passato da qui» la consolò. Ora erano tutti e due sulla stessa strada.

E il corpo? A guardare quelli che sbrigativamente venivano
mandati in fumo sulle pire pensavo a quanto noi ci identifichiamo
col nostro corpo e a come ci è impossibile staccarcene. Persino le
nostre speranze di immortalità e di resurrezione hanno a che fare
col corpo. Noi non riusciamo come gli indù o l'Illuminato a vedere nel corpo uno strumento che, una volta usato, è da buttar via
senza rimpianti.

Per le strade di Benares si incontrano in continuazione le pro-
cessioni dirette ai campi di cremazione. Il cadavere, avvolto in un
lenzuolo, la faccia scoperta al sole, è disteso su una barella di

bambù portata a spalla da quattro uomini. Il corteo non ha niente di funereo, di lento, di strascicato. Al contrario. Avanza a passo di marcia, quasi correndo, senza tanto riguardo per il morto che, precario nella barella, sobbalza e scuote la testa. Non c'è musica funebre che lo accompagna; solo il veloce, martellante grido di alcuni: «Ram nama satya hey», solo il nome di Ram è verità, e la risposta del coro che ribatte: «Satya hey, satya hey», verità, verità. E avanti, alla svelta verso la pira dove il primogenito del defunto che si è appena rasato la testa, appicca il fuoco, osserva le fiamme che divorano la legna e la carne e alla fine butta sulle ceneri una ciotola d'acqua sacra del Gange; poi, senza voltarsi, va a fare le abluzioni di purificazione e torna nella ruota del mondo.

Il funerale non è di suo padre, ma del suo corpo, una materia ormai inutile, senza alcun valore di cui è necessario e facile sbarazzarsi.

A noi occidentali invece è naturale vedere il defunto nel suo corpo e fare di quel corpo l'oggetto del nostro dolore. Quando poi si tratta del nostro proprio corpo l'identificazione è ancora più grande. Per questo quell'andare in fumo ci fa paura e non ci basta la visione sufi del mio amato Rumi che scrive:

> *Sono già morto minerale e diventato pianta*
> *Son morto pianta e mi sono elevato ad animale*
> *Son morto animale e ora, eccomi uomo.*
> *Perché aver paura?*
> *Quando mai son diventato di meno*
> *Morendo?*

Un giorno Shashank venne a sedersi accanto a me sulla terrazza. Mi aveva portato un libro su Benares che, disse, dovevo assolutamente leggere. Aveva ragione. Fra le tante belle storie su questa città fuori dal mondo, ci trovai anche un passo dei *Brahmana*, parte degli antichi testi sacri dell'India. Sono i versi in cui Indra, il dio protettore dei viaggiatori, incoraggia un giovane di nome Rohita a intraprendere una vita sulla strada:

> *Non c'è felicità per chi non viaggia, Rohita!*
> *A forza di stare nella società degli uomini,*
> *Anche il migliore di loro si perde.*
> *Mettiti in viaggio.*

I piedi del viandante diventano fiori,
La sua anima cresce e dà frutti
E i suoi vizi son lavati via dalla fatica del viaggiare.
La sorte di chi sta fermo non si muove,
Dorme quando quello è nel sonno
E si alza quando quello si desta.
Allora vai, viaggia, Rohita!

Ovviamente Indra aveva trovato un modo di parlare anche a me. Alcuni giorni dopo tornai a Delhi e da lì, avanti. Non ero pronto a fermarmi, tanto meno sotto un albero. In fondo ero sempre solo una spugna e i miei piedi pensavano ancora di poter diventare dei... fiori.

LA FORZA DELLE PREGHIERE

LA STAZIONE della vecchia Delhi di notte è uno di quei posti dove un viaggiatore occidentale che non abbia fatto l'abitudine all'India può essere preso dal panico e aver solo voglia di scappare. Se uno poi ci arriva venendo dal lusso profumato di uno degli alberghi trompe l'œil dove i turisti stranieri di solito alloggiano serviti da camerieri travestiti da maharajah, può credere di aver sbagliato secolo o pianeta; può pensare di esser caduto nella bocca dell'inferno o in una riproduzione animata di quel che per noi è l'era oscura del Medioevo.

Niente, in nessun'altra parte del mondo, è come quella continua fiumana di folla, povera e colorata, che sale e scende per i cavalcavia, i grumi di corpi distesi a dormire sotto pensiline, i poliziotti coi loro minacciosi bastoni di bambù, i contadini sikh nelle loro tuniche azzurre e con al fianco le spade luccicanti, i santoni vestiti d'arancione e armati di tridenti, i facchini con le spolverine rosse e pile di bagagli in bilico sulla testa, i binari cosparsi di spazzatura su cui scorrazzano i ratti, raspano i raccatta-plastiche coi loro sacchi e le picche e le bande di ragazzini che vivono di resti e di furti in quella che è casa loro: la stazione.

Da quella stazione partono tutti i grandi treni del paese; quelli che in una notte di rumoroso sferragliare portano ai piedi dell'Himalaya o nel deserto del Rajasthan, sulle rive del Gange o nelle pianure dell'India centrale; i treni che deragliano, quelli che si scontrano, quelli che saltano in aria, ogni volta con decine di morti che per qualche ora fanno notizia, dopo di che tutto riprende con regolarità: le partenze, i deragliamenti, gli scontri, le esplosioni, la folla medioevale di santoni, poliziotti, contadini e facchini vestiti di rosso.

Il mio treno era diretto a nord e alle sei del mattino sarebbe arrivato a Pathankot, la stazione più vicina a Dharamsala, sede d'esilio del Dalai Lama, centro spirituale e politico della diaspora tibetana nel mondo, meta di tanti giovani occidentali, come la ragazza inglese a cui era stata assegnata la cuccetta sotto la mia.

«Perché vai a Dharamsala?»

« Come tutti. Perché sono infelice », mi rispose.

Non era il mio caso. Io ci andavo a cercare una medicina per il mio malanno. Ma, pur nella diversità di intenti, tutti e due eravamo attirati a Dharamsala dalla stessa forza, la forza del mito: il mito del Tibet rifugio di serenità, ricettacolo di misteri e poteri miracolosi.

Il mito è vecchio. All'inizio era dovuto al fatto che di tutti i paesi del mondo il Tibet, protetto dalla catena himalayana, era il solo inaccessibile; che la teocrazia al potere, con a capo il Dalai Lama, considerato dio e re, impediva a qualsiasi straniero di entrarci; e che i pochi riusciti ad avventurarcisi a rischio della propria vita ne erano tornati con mirabolanti storie di grandi ricchezze e di monaci dai magici poteri come quello di correre alla velocità del vento o di sopravvivere, nudi, nella neve.

L'uomo ha un innato bisogno di pensare che da qualche parte esiste un El Dorado, un paradiso dove gli esseri umani sono in pace con se stessi e dove, non più sottoposti alle leggi della natura, sono liberi da tutto. Magari anche dalla morte. Il Tibet, un immenso altipiano di rara bellezza, con pascoli verdissimi in mezzo a imponenti montagne, misteriosi monasteri aggrappati alle rocce e laghi cristallini sulla cui superficie alcuni lama, si diceva, sapevano leggere il futuro, era il posto ideale per collocare questo sogno. Lì si trovava Shambhala, il mitico regno della purezza, anticamera del Nirvana, ultima meta dei buddhisti; lì era la Valle della Luna con Shangri-La, dove chi ci arrivava e rinunciava a ripartire poteva aspirare all'immortalità. Lì, nel Tibet, tutto era magico e nessuno riusciva a sottrarsi al suo fascino. Neppure un ufficiale dell'impero coloniale di Sua Maestà Britannica!

Nel 1903, quando la prima colonna militare straniera penetra nel paese e arriva alla capitale, il comandante della spedizione, il giovane colonnello Francis Younghusband, smonta da cavallo, sale sulla collina che domina la piana di Lhasa e ha una travolgente esperienza spirituale. « Ero fuori di me dalla gioia, l'intero mondo mi pareva bruciare dello stesso ineffabile amore che bruciava dentro di me. Contro ogni logica sentii la profonda bontà di tutti gli esseri umani e mi convinsi che ogni uomo in cuor suo è divino », scrisse poi. Da allora la sua vita non fu più la stessa e il mito continuò a crescere.

Nel 1959 i comunisti cinesi su ordine di Mao invasero il Tibet, misero a ferro e fuoco i monasteri, massacrarono migliaia di monaci e costrinsero il Dalai Lama a fuggire in India. Il Tibet, come

208

paese misterioso e indipendente, era finito; ora veniva colonizzato, distrutto e rifatto alla cinese. Ma il mito sopravvisse. Anzi, divenne il simbolo della civiltà dello spirito martoriata dal materialismo comunista.

Quando il Dalai Lama, uno dei pochi «grandi» del nostro tempo, nel 1989 riceve il Premio Nobel per la Pace, il Tibet è all'apice della sua popolarità, è la causa di cui si fanno paladini tutti gli idealisti, e Dharamsala, o meglio McLeod Ganj, la cittadina più a monte dove «Sua Santità» risiede, è la meta di tutti quelli in cerca di... felicità.

Arrivano migliaia di giovani europei e americani, e a decine si fanno monaci. Arrivano famosi attori di Hollywood, scrittori, artisti. Arrivano persino tanti giovani israeliani che, brutalizzati dal loro servizio militare, sperano lassù di togliersi di dosso l'odio di cui sono stati imbevuti. Due kolossal vengono girati quasi contemporaneamente sulle vicende del Tibet e la vita del Dalai Lama. Tutto quel che è tibetano, dall'arte al buddhismo, alla medicina, acquista valore e credibilità.

Anche a me Dharamsala era sempre piaciuta. Ci ero stato varie volte per intervistare il Dalai Lama, per scrivere dei tibetani e della loro causa ormai senza speranza. Stavo di solito al Kashmir Cottage, un bungalow che il Dalai Lama, arrivando in India, aveva comprato per sua madre e dove lei era morta. Il bungalow era passato al più giovane dei fratelli, Tenzin Cheogyal, conosciuto da tutti come T.C., che ne aveva fatto la sua residenza e una piccola, quieta pensione.

L'ultima volta c'ero stato nel gennaio del 1996 con Angela e Leopold, vecchio amico e compagno di tante avventure. Eravamo andati lassù apposta per lui. Leopold non stava bene. Aveva venduto la fabbrica di gioielli a Bangkok perché non voleva più, come diceva, «passare la vita a produrre cose inutili»; aveva fondato una rivista, s'era messo a scrivere, ma spesso gli venivano a mancare le forze. Si sentiva debole.

I medici di Parigi gli avevano trovato qualcosa al fegato, forse una epatite. Ma prima di pronunciarsi definitivamente volevano fare altri esami, altri accertamenti e Leopold aveva preferito rimandare tutto questo per mettersi in viaggio. Era venuto a trovarci a Delhi, avevamo parlato di epatite e io gli avevo raccontato di due cure «miracolose» di cui avevo sentito dalle mie parti. Una era praticata a Peshawar, la cittadina pakistana al confine con l'Afghanistan. Mi era stata descritta da un vecchio musulmano, commerciante di tappeti, che giurava di essersi curato così: si prende una capra, la si scuoia, ci si mette nudi nella pelle sanguinolenta e ci si dorme dentro per alcune notti. «In capo a una settimana il fegato è completamente risanato», assicurava.

L'altra cura era quella tibetana somministrata dal medico personale del Dalai Lama. Il fegato era la sua grande specialità. Avevamo deciso di provare quella e così, alloggiati al Kashmir Cottage, raccomandati da T.C., Leopold, Angela e io fummo ricevuti al Men-Tsee-Khang, letteralmente l'Istituto Medico-Astrologico, per incontrare il suo famoso direttore, il dottor Tenzin Choedrak: ultrasettantenne, asciutto, la faccia sganasciata e gli occhi un po' strabici a causa delle tante botte prese dai cinesi in quasi vent'anni di galera.

Con le spalle contro la finestra, avvolto in una coperta rossa, il dottor Choedrak stava seduto a gambe incrociate su una altana di legno che di giorno era il suo ambulatorio, di notte il suo letto. Anche noi, con una giovane tibetana che ci faceva da interprete, ci sedemmo lì. Tutto era semplice e modesto. L'uomo caloroso e sereno.

«Nelle vite passate, noi tibetani dobbiamo aver fatto del gran male ai cinesi. Per questo loro ne fanno così tanto a noi ora», disse.

La sua storia era già una leggenda. Nato in un villaggio a tre giorni di cammino da Lhasa, Tenzin Choedrak era entrato ancora bambino in uno dei grandi monasteri della sua regione e a tredici anni era stato scelto per seguire i corsi della Scuola di Medicina nella capitale. A trent'anni, riconosciuto come uno dei medici più brillanti del paese, era stato assegnato al Potala, la residenza del Dalai Lama, per occuparsi della salute del dio-re del Tibet, di undici anni più giovane di lui.

Nel 1959, quando il Dalai Lama, travestito da semplice soldato, era fuggito in India, molti del suo seguito per non destare sospetti fra i cinesi erano rimasti ai loro posti a Lhasa. Fra questi c'era Tenzin Choedrak che presto, assieme a migliaia e migliaia di altri seguaci del Dalai Lama, venne arrestato, buttato in galera e sottoposto a violenze di ogni sorta.

Il fatto che questo medico conoscesse le formule segrete di certe speciali medicine non aveva alcun interesse per i cinesi. Loro disprezzavano tutto quello che era tibetano e consideravano qualsiasi cosa legata alla religione un ostacolo alla modernizzazione e perciò da spazzare via. I cinesi condannarono Tenzin Choedrak ai lavori forzati e, prendendo possesso del Potala, buttarono via masse di vecchie cose che secondo loro ingombravano il palazzo. Fra queste c'erano 200 chili di una strana polvere nera, apparentemente inutile, che i tibetani però avevano conservato gelosamente da più di tre secoli.

Col passare degli anni i cinesi si accorsero che Tenzin Choedrak, finito in una cava a spaccare pietre, era un personaggio particolare. Innanzitutto, al contrario di tanti altri prigionieri, sopravviveva: per cui era forse al corrente di qualche segreto che poteva tornare comodo anche a loro. Inoltre i cinesi avevano nel frattempo capito che la polvere nera, finita in un torrente, era una preziosissima mistura d'oro e argento, purificata attraverso un complicato procedimento, e che con quella polvere medici come Tenzin Choedrak avevano in passato confezionato la «preziosa pillola di lunga vita».

I cinesi gli offrirono di liberarlo se lui avesse rivelato loro come rifare la polvere nera e, con quella, le famose pillole. Dapprima Choedrak si rifiutò. Seguirono lunghe e segrete trattative alle quali parteciparono anche degli emissari del Dalai Lama, e nel 1980 le autorità di Pechino permisero a Choedrak di lasciare la Cina per andare in esilio a Dharamsala.

Da allora Tenzin Choedrak era tornato a essere il medico personale di «Sua Santità» – lo vedeva due volte la settimana –, aveva preso in mano l'Istituto Medico-Astrologico, aveva avviato la produzione di tre diversi tipi di «pillole preziose» e aveva formato alla sua arte un centinaio di giovani medici tibetani.

Quello era l'uomo che avevamo davanti. Volle sapere i sintomi del malessere di Leopold, lo guardò negli occhi, in bocca; poi gli prese i polsi e, chiudendo gli occhi, si concentrò per sentirne i vari battiti. La consultazione durò poco. Il caso di Leopold secondo il dottor Choedrak era semplice: aveva, sì, un problema col fegato, ma le sue pillole l'avrebbero guarito. E si mise a scrivere la ricetta da portare alla farmacia. Noi però non volevamo andarcene. Avevamo tante cose da chiedergli!

Cominciai io. Come aveva fatto a sopravvivere ai lavori forzati?

«Producendo il fuoco nel mio stomaco», rispose. «Con quello riuscivo a digerire il cibo immangiabile che ammazzava gli altri.» Era un esercizio che gli aveva insegnato il lama nel primo monastero in cui era stato da bambino, ma non poteva dire di più perché quello era «un segreto che si passava solo da maestro ad allievo».

Chiedemmo quali altre malattie era capace di curare. Non si

vantò di nulla. Disse che tanti occidentali, specie americani, venivano da lui in cerca di una cura per l'AIDS, ma quella lui non l'aveva. Tutt'al più riusciva a migliorare la qualità della loro vita.

A quel tempo non mi interessavo di cancro; era un malanno, quello, che capitava solo agli altri. Gli chiesi però se aveva qualche suggerimento contro la depressione, e quella domanda provocò qualcosa di strano che ancora oggi non so spiegarmi. Choedrak rispose che la depressione è una malattia soprattutto occidentale. «E la ragione», aggiunse, «è che voi occidentali siete troppo attaccati alle cose. Siete fissati sulle cose. Uno perde, ad esempio, la sua penna e da allora non fa che pensare alla penna persa, senza dirsi che la penna non ha alcun valore, che si può scrivere anche con un lapis. In Occidente vi preoccupate troppo delle cose materiali.»

Lo ascoltavo e automaticamente prendevo appunti con la mia vecchia Montblanc nera. Parlammo ancora della sua prigionia, delle pillole preziose, dei mantra, le formule magiche, che debbono essere recitate durante la loro preparazione, e io continuavo a prendere appunti con la mia Montblanc. Alla fine ringraziammo, passammo dalla farmacia a ritirare le pillole, tornammo al Kashmir Cottage e lì mi accorsi che... non avevo più la mia penna!

Rimandai immediatamente l'interprete dal medico, chiesi al fratello del Dalai Lama di telefonare all'Istituto. Niente da fare. La penna era scomparsa. E io non feci che pensarci. Non tanto perché c'ero affezionato, ma perché m'era venuto il sospetto che il vecchio medico, sentendo nelle mie domande un fondo di scetticismo, avesse voluto dimostrarmi i suoi «poteri» e darmi una lezione. Possibile?

Leopold cominciò la sera stessa a prendere le sue pillole. Parevano davvero cacherelli di pecora, eppure eravamo tutti convinti che quelle palline nere avessero qualcosa di particolare. E lo avevano. Erano «cariche»: cariche della storia che ci aveva portato a ottenerle, cariche dei mantra che avevano accompagnato la loro confezione, cariche della procedura con cui Leopold doveva prenderle: schiacciandole una a una e mandandole giù con piccoli sorsi di acqua tiepida. Erano cariche di tutto il potere che la mente del paziente attribuiva loro.

La mente, sempre la mente! Lì sta la magia. Anche il «fuoco nello stomaco» di cui ci aveva parlato Choedrak veniva da lì. L'esercizio, chiamato tummo, il fuoco mistico, era parte di una vecchia pratica yoga che i tibetani avevano adattato alle loro condizioni climatiche. Perché i monaci potessero sopravvivere nel gran freddo, si insegnava loro a riscaldarsi concentrando la mente su un fuoco immaginato nel fondo del ventre e le cui fiamme, con l'aiuto della mente e della respirazione, venivano fatte circolare in tutto il corpo. Nel corso dell'addestramento l'allievo doveva sedersi nudo per terra e coprirsi con un telo di cotone, repa, inzuppato d'acqua. Col calore che l'adepto sviluppava, nel giro di poco tempo quel telo doveva completamente asciugarsi. Il grande santo, poeta ed eremita tibetano Milarepa ebbe quel nome, «l'uomo vestito di cotone», perché aveva superato quell'esame asciugando, una dietro l'altra, tre coperte intrise d'acqua.

La sera a cena parlammo di tutto questo con T.C. e lui raccontò che nel 1981 suo fratello – «Sua Santità» come anche lui rispettosamente lo chiamava – aveva permesso ad alcuni suoi monaci di fare il tummo dinanzi a un gruppo di studiosi e medici di Harvard che cercavano la prova scientifica del potere della mente sul corpo. E funzionò. Nel giro di pochi minuti tutti i monaci riuscirono ad aumentare di vari gradi la loro temperatura.

Finimmo per riparlare della penna e io chiesi a T.C. se credeva nel «potere» del vecchio medico di farmela sparire. Non disse né sì né no, chiaramente divertito dal fatto che io, scettico giornalista, prendessi anche solo in considerazione quell'ipotesi. Poi, forse come risposta, ci raccontò la storia della propria nascita.

La madre aveva già avuto quattordici figli – il Dalai Lama era stato il quarto –, quando restò incinta per la quindicesima volta. Quel figlio però morì molto presto e la madre ne fu tristissima. Venne un lama e le disse: «Non ti disperare. Questo figlio rinascerà». E prima che lo portassero via per il funerale, il lama fece con del burro un segno sulla natica del bambino morto. Presto la madre rimase di nuovo incinta e, quando il bambino nacque, sulla natica aveva quella macchia. Era T.C., l'ultimo dei fratelli.

Leopold prese regolarmente i suoi cacherelli di pecora e in capo ad alcune settimane stava bene. Erano state le pillole, o il suo fegato, che forse non era mai stato gravemente malato, si era curato da sé? Impossibile saperlo. Ma a me l'incontro col vecchio medico aveva comunque lasciato un buon ricordo e stavo tornando da lui, questa volta per chiedergli se non aveva qualche suggerimento per il mio malanno.

Il treno arrivò all'alba alla stazione di Pathankot. Dharamsala era a quattro ore di macchina. Affittai un taxi assieme alla ragazza inglese e ad altri due giovani. Loro facevano il viaggio per la prima volta, ma sapevano già che in quei giorni il Dalai Lama dava una serie di «insegnamenti» speciali. Io, non essendomi informato, non ero prenotato da nessuna parte e così, appena misi piede a McLeod Ganj, tutto sembrò andarmi storto. Il dottor Choedrak era ammalato e per alcuni giorni non avrebbe potuto vedermi; il Kashmir Cottage, come gli altri alberghi, era al completo a causa dei tanti stranieri accorsi a sentire gli «insegnamenti».

Stavo quasi per ripartire quando, grazie alla solita fortunata catena di conoscenze e coincidenze, incontrai il principe Rupendra, giovane rampollo di un'antichissima famiglia della regione, e lui mi offrì di essere suo primo ospite in un vecchio bungalow, Hari Kothi. L'aveva ereditato da sua nonna e aveva appena finito di rimetterlo a posto per farne una pensione. I suoi antenati, i raja di Chamba, più di mille anni fa avevano fondato una università buddhista nel Bihar, simile a quella di Nalanda, destinata ai tibetani che venivano a studiare in India.

Rupendra mi assegnò la «Camera dei re», che era stata di sua nonna e dove cento anni prima aveva pernottato anche Vivekananda, il famoso mistico, allievo di Ramakrishna. Quella di Hari Kothi, con le pareti tappezzate di vecchie foto degli antenati, i servi in livrea e lo stendardo dei raja che andava su e giù dal pennone assieme al sole, non era la Dharamsala a cui ero abituato; ma il principe fece di tutto per farmi sentire a casa e una sera, sapendo che mi interessavo alla medicina tibetana, organizzò una cena alla quale invitò una dottoressa olandese.

Anche lei era venuta a Dharamsala spinta dal mito. Aveva voluto contribuire alla causa dei tibetani e imparare qualcosa sul loro modo di vedere le malattie e di curarle. Aveva lavorato per più di un anno all'ospedale tibetano locale e stava per ripartire: delusa e amareggiata. I tibetani, diceva, erano ormai viziati dalla troppa attenzione che gli stranieri avevano per loro.

Ma la loro medicina?

Quel poco che poteva esserci di buono veniva dall'ayurveda, per cui tanto valeva rivolgersi a quella se uno cercava una medicina alternativa, disse. I medici tibetani secondo lei erano i primi a non credere ai rimedi tibetani. Appena uno di loro aveva la tosse o un loro figlio la febbre, correvano da lei a chiedere antibiotici e vitamine. Sì, i tibetani sostenevano che con le loro «pillole

214

preziose» potevano curare l'epatite, o più esattamente trasformare l'epatite B positiva, quella che può dare origine al cancro ed essere fatale, in epatite negativa, ma lei non era riuscita a trovare alcun materiale scientifico che documentasse questo fenomeno.

Aveva mai visto casi di guarigione dovuti al trattamento tibetano?

Sì, quello di un giovane occidentale che si era rifiutato di prendere medicine allopatiche. Ma la sua epatite era forse di origine virale e sarebbe guarito in ogni modo. In compenso però aveva visto morire varie persone solo perché un lama, dopo una cerimonia di divinazione, aveva detto loro di non andare all'ospedale e di non farsi operare dai medici occidentali come lei.

E i «poteri»? le chiesi. Non esistono proprio? Nemmeno quello di far sparire una penna?

«Se li avevano, i poteri magici, perché non li hanno usati per difendersi dai cinesi?» disse.

Questa dei poteri era una trappola in cui i tibetani stessi erano caduti. Al tempo della spedizione inglese del 1903 s'erano convinti di essere invulnerabili alle pallottole ed erano per questo stati falciati dalle mitragliatrici del colonnello Younghusband.

Le impressioni della dottoressa olandese mi dettero molto da pensare. In fondo non erano diverse da quelle dei viaggiatori del passato. Nell'anno 1900 un enigmatico monaco giapponese di nome Kawaguchi Ekai riuscì, fingendosi pellegrino, a entrare in Tibet e a restarci tre anni. Nel libro che scrisse una volta tornato in Giappone, Kawaguchi descrive le penose condizioni igieniche del paese, la assoluta mancanza di una attendibile pratica medica, e racconta come lui fosse ricercatissimo grazie alle poche nozioni che aveva imparato da ragazzo sfogliando i libri di suo nonno medico. Quando nel monastero in cui Kawaguchi alloggia due monaci tibetani se le danno di santa ragione, lui è il solo, fra migliaia di lama, a saper riassestare la spalla lussata di uno dei due litiganti.

Come è possibile che la medicina tibetana venga oggi considerata da tanti come una delle valide pratiche alternative, quando solo cento anni fa era presa così poco sul serio dai tibetani stessi? Un loro detto, riferito da Kawaguchi, era infatti: «In Tibet, ogni mongolo è un dottore».

Lo stesso Heinrich Harrer, l'austriaco autore di *Sette anni nel Tibet*, uno dei pochissimi stranieri vissuti a Lhasa durante la Seconda Guerra Mondiale, non ha una sola parola buona da dire sulla medicina tibetana e racconta di come al suo tempo chi si ammalava preferiva consultare gli indovini o gli impositori di mani piuttosto che i lama della Scuola di Medicina.

Anch'io di quella scuola, durante la mia visita a Lhasa nel 1979, non m'ero fatto un'idea granché positiva. Una mattina, prima ancora dell'alba, essendo riuscito a barattare la mia Polaroid per una bicicletta, riuscii a sfuggire al controllo della mia guida-spia cinese e a salire fino in cima al Colle della Medicina. Da lassù, con la pianura di Lhasa ai miei piedi e la facciata del Potala dinanzi, vidi sorgere il sole e mi accorsi di essere in mezzo a delle rovine: i resti del vecchio edificio della Scuola. I cinesi l'avevano preso a cannonate e raso al suolo, dicendo che era un covo della resistenza. Per i tibetani però era ancora un posto sacro. Nella prima luce vidi decine di persone venire su, raschiare le pietre e raccoglierne la polvere. Non capivo; poi un vecchio che parlava cinese mi aiutò. Quella polvere veniva sciolta nell'acqua e bevuta come medicina contro qualsiasi malattia.

Forse la dottoressa olandese non aveva torto a pensare che la medicina tibetana, se mai aveva avuto una sua tradizione, nell'ultimo secolo s'era ridotta a poco più di una semplice superstizione.

« Se il paziente entra nella stanza del medico col piede sinistro invece che col destro, la cura avrà successo. Se il paziente presenta al medico il polso sinistro invece del destro, la sua guarigione sarà più rapida », avevo letto in uno dei libri di medicina tibetana che m'ero appena comprato a Dharamsala.

Da quel libro avevo anche imparato che i polsi da auscultare sono sei su un braccio e sei sull'altro; che ogni polso corrisponde a un organo e che ci sono poi alcuni « polsi speciali ». Uno ad esempio riflette lo stato della famiglia; un altro è il cosiddetto « polso dell'ospite »: si sente il polso della persona affettivamente più vicina a qualcuno che si aspetta e il medico è in grado di dire se quello è ancora a casa sua, è già in viaggio o sta per arrivare.

C'era da fidarsi di questa « logica »? Lo stesso Dalai Lama sembrava avere i suoi dubbi. Non l'avevo visto io stesso curarsi il mal di gola con occidentalissimi antibiotici, pur mandati giù con una pozione fattagli dal dottor Choedrak?

Tutto un mito allora?

In parte sì. Non c'è dubbio infatti che l'interesse per la medicina tibetana, come alternativa a quella allopatica, è cresciuto in Occidente di pari passo con la simpatia per la causa tibetana e il Dalai Lama stesso. In America ci sono ormai vari centri di terapie tibetane e in ogni paese d'Europa ci sono guaritori, massaggiatori e lama che offrono i loro servizi e le loro costose medicine.

Vari «sistemi di guarigione» e «programmi di salute» si vendono oggi semplicemente perché hanno il marchio tibetano. Uno di questi, presentato come «la combinazione degli insegnamenti filosofici, medici, astrologici e tantrici», promette «la cura delle malattie, il ringiovanimento della persona, la pace interna e quella mondiale». Un altro sistema, detto dell'«autocura» consiste nel negare la malattia. Si riuniscono i malati di cancro e si fa loro ripetere come fosse un mantra: «Non sono malato, non sono malato...» Decine, centinaia, migliaia di volte. E in alcuni casi funziona, perché – di questo sono convinto – tutto, letteralmente tutto «in alcuni casi» funziona.

La richiesta di medicine tibetane è a tal punto aumentata che recentemente l'Istituto Medico-Astrologico di Dharamsala ha dovuto aprire uno speciale ufficio per l'esportazione. A parte le famose pillole, la gamma dei prodotti ora comprende i tè contro lo stress, le creme di bellezza, l'incenso per la meditazione – ottimo anche «per gli squilibri provocati dalle frustrazioni sessuali, la lingua secca, i fischi negli orecchi, i gonfiori di pancia e le vertigini» – e un «tonico della salute» che «ottimizza il vigore fisico, migliora le funzioni renali, aiuta l'energia e l'atto sessuale, impedendo una eiaculazione precoce e allungando il tempo di copulazione», come si legge sulla scatola.

Se il Dalai Lama vedesse come vengono presentati questi toccasana la cui credibilità è in gran parte legata alla sua fama, si farebbe, son sicuro, un paio delle sue inimitabili risate. In fondo lui è il primo a sapere che la causa del Tibet Libero non è più una questione di principi, di giustizia o di moralità internazionale, ma semplicemente di mercato, cioè di pubblicità. Quel che è tibetano vende, ma per vendere deve essere come lo vogliono i consumatori: mitico.

«Prima siamo stati vittime dell'imperialismo cinese. Ora siamo vittime del neocolonialismo californiano, new age, che ci vuole tutti imbevuti di religione e pacifismo a cavalcare yak e a meditare sui picchi nevosi», mi diceva uno scrittore tibetano, laico, che vive a Dharamsala. «L'Occidente è pronto a finanziare tutto quello che ha a che fare col suo Tibet – monaci, artisti, ballerini, mistici –, ma non ad aiutare noi tibetani a riconquistare il nostro Tibet.»

Dharamsala è l'esempio di questa trasformazione. All'inizio

era un centro di esiliati, decisi a mantenere la propria identità e a tornare al loro paese. Col passare degli anni – più di quaranta, ormai – nessuno crede più alla possibilità del ritorno. I tibetani si sono adattati al loro ruolo di trapiantati, e Dharamsala sopravvive perché è diventata una piccola Disneyland, un parco di divertimento in cui i «temi» sono il buddhismo, la spiritualità, la magia, la meditazione, l'astrologia e la medicina.

McLeod Ganj è ormai uno shopping mall per tutto il bric-à-brac new age, dalle borsette decorate con l'immagine di Buddha, alle collanine, ai CD con musica rilassante, ai libri sul tantrismo. Il mercato serve ad alimentare il mito di un Tibet che ha poco a che fare col vero Tibet del passato e sempre di meno col Tibet del presente, ormai fagocitato dai cinesi.

Ma il mito continua.

Una sera, incontrando un gruppetto di stranieri, residenti a Dharamsala, tutti arrivati lì anni prima per aiutare «la causa», mi accorsi di come il bisogno di credere nel magico Tibet fosse più forte di qualsiasi logica. Un americano raccontò di essere stato a Delhi col Dalai Lama per una cerimonia nel parco dedicato a Gandhi e di aver visto come un nugolo di vespe aveva attaccato tutti, mentre «Sua Santità» aveva continuato a parlare senza che una sola vespa lo disturbasse. Una eccentrica signora inglese, Jane Perkins, a Dharamsala da quasi quindici anni, disse che non dormiva più bene perché, nel monastero accanto a casa sua, i monaci stavano imparando a levitare e, quando non ce la facevano più a stare su per aria, cadevano sul pavimento con dei grandi tonfi che la tenevano sveglia.

Fu Jane ad annunciarmi che l'indomani si sarebbe svolta, a dieci chilometri da Dharamsala, una eccezionale cerimonia. Eravamo fortunatissimi! Il Karmapa, il giovane di sedici anni fuggito poco tempo prima dalla Cina, dove era stato tenuto ostaggio in quanto possibile successore del Dalai Lama, sarebbe per la prima volta comparso in pubblico e avrebbe benedetto tutti i presenti conferendo loro «il potere di lunga vita». Proprio quel che mi ci voleva!

E così la mattina dopo mi ritrovai in una di quelle situazioni a cui può condurre solo l'insaziabile curiosità del viaggiatore. Il tempio assegnato al Karmapa era ancora in costruzione, isolato in mezzo a una valle sassosa. Gli indiani, per tema di un colpo di mano da parte dei cinesi, furiosi per essersi fatti scappare questo ragazzo « sacro », avevano organizzato un imponente cordone di sicurezza. Decine di poliziotti armati e agenti del controspionaggio perquisivano chiunque arrivasse, controllavano l'identità, requisivano ogni macchina fotografica, ogni registratore. La combinazione di buddhismo e stato d'assedio, di vecchi lama e mitra spianati era assurda.

Finalmente, dopo ore d'attesa e di controlli, fummo ammessi nella grande sala del tempio: nelle prime file i monaci, fra cui una ventina di occidentali; poi un gruppo di buddhisti venuti apposta da Taiwan; dietro di loro una folla mista di tibetani, residenti stranieri e viaggiatori. C'era anche la ragazza inglese del treno.

Il Karmapa entrò, circondato da anziani lama e guardie del corpo indiane: un ragazzo dall'aria contadina, sano e forte, sorpreso lui stesso di tanta attenzione. Un'attenzione più che giustificata però dal punto di vista dei tibetani. Per loro quel ragazzo era la trentesima reincarnazione di un grande maestro, una reincarnazione molto più antica, e quindi spiritualmente più avanzata, del Dalai Lama stesso che è solo alla sua quattordicesima.

« Io stesso posso non avere questa qualità della lunga vita, ma posso, secondo la tradizione, conferire a voi questo potere, assieme al potere che tutti i vostri desideri vengano realizzati e che ognuno di voi abbia pace, armonia e felicità », disse il Karmapa in un breve discorso tradotto in inglese da uno del suo seguito. Aveva una grande presenza e il fatto che i vecchi monaci gli strisciassero attorno, piegati letteralmente in due, in un atteggiamento di assoluta deferenza, metteva ancor più in rilievo la sua figura. Quel ragazzo potrebbe un giorno essere a capo della diaspora tibetana quando, morto il Dalai Lama, si dovrà aspettare che il bambino in cui si reincarnerà diventi adulto.

La reincarnazione! M'è sempre parso geniale il modo in cui i tibetani hanno saputo adattare alla loro cultura e a loro vantaggio l'antichissima idea che non tutto di noi muore col corpo, e che qualcosa, chiamata anima o altro, passa in uno nuovo. Hanno evitato così la degenerazione implicita in tutte le monarchie ereditarie. I figli dei figli dei figli non possono essere sempre all'altezza di un grande antenato e il modo più sicuro per mantenere la qualità di una dinastia è quello di andare ogni volta a scegliere, come erede del defunto, un bambino brillante in cui qualcuno riconosce appunto la reincarnazione.

Tutto sta nell'abilità di quel riconoscimento. Nel caso del Karmapa e dell'attuale Dalai Lama, i vecchi monaci sembrano aver avuto un gran buon fiuto.

La benedizione del Karmapa non fu, come mi aspettavo, *urbi et orbi*, ma personale. Ognuno ebbe la sua e questo fece durare a lungo l'intero incontro. Pazientemente stetti in fila, arrivai davanti a lui, gli sorrisi, mi sorrise, gli porsi il kata bianco che Jane mi aveva procurato, lui me lo rimise al collo, ovviamente «caricato»; poi, sul mio cranio leggermente abbassato, dette un colpetto con la base di un piccolo stupa d'oro che doveva contenere una qualche sacra reliquia. Un lama mi porse una pallina grigia di tsampa, la farina di malto che i tibetani mettono nel loro tè assieme al burro di yak e che io avrei dovuto mangiare; un altro mi dette un nastrino rosso con un nodo, anche quello carico di benedizioni e che, portato addosso, mi avrebbe protetto.

Andai all'aperto e mi sedetti sulla scalinata al sole. Osservavo gli altri che uscivano. C'era eccitazione in loro, felicità. Ognuno era convinto, come Jane, di essere stato fortunato e d'aver ricevuto dal Karmapa un gran regalo. Io invece, come al solito scettico, razionale e in fondo arrogante, già pensavo a buttar via la pallina grigia che avevo ancora in mano. La guardavo. E se proprio quella fosse stata la buona medicina? Per gli altri lo era, rappresentava il potere di lunga vita. Perché non per me? La misi in bocca e la mangiai. Poi, con cura, legai anche il nastrino rosso al mio sacco.

A volte cambiare punto di vista serve. Improvvisamente mi resi conto che della medicina tibetana non avevo capito nulla e che tutta quella mia visita a Dharamsala l'avevo cominciata col piede sbagliato... il piede destro! Il modo con cui avevo fino ad allora ragionato era quello che io stesso, a New York, avevo sentito il bisogno di superare. Era il modo di ragionare della dottoressa olandese, il solito modo fondato sulla logica, sulla visione scientifica di me come corpo e della malattia come un fatto puramente fisico.

Se ero venuto a cercare dal medico del Dalai Lama una medicina del tipo di quelle degli aggiustatori dell'MSKCC, una medicina che agisse chimicamente sul mio corpo, avevo davvero sbagliato indirizzo. Quelle medicine le avevo provate già tutte. E le migliori del mondo.

Qui le medicine erano di natura diversa. Non erano fatte per avviare nel corpo una reazione, tanto meno una reazione chimica. Erano medicine per la mente, per l'anima. A Lhasa, vedendo i tibetani raschiare le pietre sacre per berne la polvere, li avevo disprezzati, comportandomi come se fossi stato io stesso un commissario politico cinese. In verità loro, i tibetani, sapevano cosa facevano: invocavano un potere che non era quello della chimica, ma il potere delle preghiere e delle benedizioni.

Quello – allora mi parve chiaro – era il solo potere delle cure disponibili a Dharamsala. Potevo rifiutare quel potere, potevo non servirmene, ma non potevo rimproverare alla medicina tibetana di non essere come quella praticata dagli aggiustatori di New York. Il suo valore, se mai ne aveva uno, stava appunto nell'essere diversa. E la sua diversità consisteva nell'avere una fortissima base religiosa.

In origine la medicina tibetana altro non era che l'ayurveda indiana e i testi su cui i tibetani studiavano erano le semplici traduzioni dei classici shastra in sanscrito. Ma l'ayurveda era arrivata in Tibet con gli stessi monaci che, fra il VII e l'VIII secolo dopo Cristo, avevano portato il buddhismo e, come il buddhismo, finì presto, adattandosi alle condizioni locali, per prendere un carattere profondamente tibetano. Il buddhismo, che stava per scomparire ed essere dimenticato in India dove era nato, divenne in Tibet una religione quasi a sé, recependo gli elementi essenziali del Bon, la vecchia fede animistica locale; la medicina ayurvedica invece, confondendosi sempre di più col buddhismo, si staccò dalla sua origine indiano-scientifica per diventare sempre più tibetano-religiosa.

Il Buddha storico era morto da oltre un millennio quando i tibetani si convertirono alla sua religione, ma la loro conversione fu totale, travolgente, e il buddhismo finì per influenzare ogni aspetto della società e determinare il carattere di ogni attività.

Anche in India l'ayurveda aveva avuto fin dalle sue origini una componente spirituale, ma quella era legata alla filosofia, non alla religione, e la pratica medica non era mai stata monopolio dei sacerdoti. In Tibet invece, dove il buddhismo si era impossessato di tutto, compreso il potere politico, i lama furono i soli a diventare medici.

Dimenticando che l'ayurveda aveva lontanissime origini storiche e una tradizione che risaliva ai rishi, i tibetani preferirono pensare alla loro pratica medica come a qualcosa che era venuto loro in tempi molto più recenti, ma dal cielo.

«La nostra scienza medica risale a Buddha», era scritto in tutti i libri che avevo comprato; ma avevo creduto fosse un modo di dire. Era invece un'affermazione da prendere alla lettera. Rilessi quei libri, e tutto ciò che prima m'era parso assurdo diventava logico una volta accettata la prospettiva esclusivamente buddhista di ogni fenomeno.

Da questo punto di vista buddhista il male, tutti i mali, quelli psichici come quelli fisici, hanno un'unica radice: l'ignoranza. L'ignoranza dell'Io causa la sofferenza che affligge l'uomo dalla nascita alla morte; la stessa ignoranza causa «i tre grandi veleni della mente» – il desiderio, la rabbia e l'ottusità – che scatenano le malattie nel corpo. Solo una continua pratica di moralità e di meditazione può condurre alla libertà da ogni male. In questo senso è vero che Buddha è il fondatore della medicina. Avendo identificato la causa ultima della sofferenza umana, e avendo scoperto l'antidoto contro ogni dolore Buddha è il «Grande Medico». Seguire la sua Via, il dharma, è la sola, vera cura di tutti i mali.

Nella visione tibetana non c'è differenza fra religione e medicina, e l'uomo, combinazione di corpo, mente e spirito, non ha che da essere pio per essere anche sano. La malattia è un disordine che nasce nella mente molto prima che nel corpo. Per questo per i tibetani la terapia è soprattutto spirituale e il recitare i mantra o l'eseguire un certo numero di prostrazioni è più importante della pillola da mandar giù con un po' d'acqua.

Era finalmente interessante per me capire come, adattando l'ayurveda al loro modo di essere e soprattutto alla loro religione, i tibetani avevano trasferito in contenitori buddhisti i concetti fondamentali della tradizione medica indiana. È così che fino a oggi la medicina tibetana è suddivisa grosso modo nelle stesse otto sezioni dell'ayurveda: malattie del corpo, dei bambini, delle donne, malattie provocate dagli spiriti, ferite provocate dalle armi, avvelenamenti, ringiovanimento, fertilità e afrodisiaci. È così che usa le stesse erbe medicinali dell'ayurveda con l'accento ovviamente su quelle che crescono nell'Himalaya; è così che traduce buddhisticamente nei «tre veleni della mente» la teoria ayurvedica dei tre diversi tipi di costituzione individuale (vata, pitta e kafa) i cui scompensi sono per gli indiani all'origine di ogni malattia, e finisce per identificare le quattro fasi della pratica ayurvedica (diagnosi, causa, prognosi e trattamento) con le Quattro Nobili Verità del buddhismo: tutto è sofferenza; la causa della sofferenza è nelle passioni; si può mettere fine alla sofferenza; per uscire dalla sofferenza è necessario prendere la Via.

Per completare la tibetanizzazione dell'ayurveda, i seguaci del

222

Dalai Lama hanno, secoli fa, aggiunto alle varie manifestazioni del Buddha quella del Sange Menla, il Buddha della Medicina, cui attribuiscono la stesura dei testi sacri, i *Gyu Shi*, i Quattro Tantra (che invece, si sa, sono traduzioni di testi sanscriti indiani), e il potere di guarire.

Col corpo dipinto di blu e per questo chiamato anche «il Signore della Luce di Lapislazzulo», in parte coperto da una tunica dorata, il Buddha della Medicina è rappresentato nella posizione del loto. Dinanzi ha un vassoio con tanti frutti fra cui l'arura, il frutto della perfetta salute: un frutto impossibile da trovare nella nostra era di decadenza, ma un frutto che tornerà a crescere quando un nuovo Buddha verrà sulla terra.

In uno dei libri lessi che, se si medita davanti a un tanka di quel Buddha, «il nettare della salute» sgorga dalla sua immagine. «Raggi di luce escono dal cuore di Sange Menla e sotto l'influenza di quei raggi l'uomo si sente liberato da ogni pensiero negativo e mondato da ogni ignoranza. Le malattie scompaiono e i tre veleni della mente si placano.»

Era esattamente quello di cui avevo bisogno. Nel corso della vita ho posseduto vari tanka, ma mai uno col Buddha della Medicina.

Con Jane andai dunque a chiedere a un vecchio pittore, che a Dharamsala lavorava quasi esclusivamente per il Dalai Lama, se poteva dipingermi un Sange Menla. Lui no, perché aveva da fare tutti i tanka per il monastero ancora in costruzione del Karmapa. Ma un suo discepolo mi avrebbe accontentato. Karma Sichoe, un giovane di ventisette anni, orfano, militante nella causa del Tibet Libero – aveva digiunato per quarantotto giorni davanti all'ambasciata cinese a Delhi –, promise di farmelo in un paio di mesi. Mi chiese solo se, prima di far montare il tanka sul fondo di broccato blu, doveva aprire sul retro del Buddha i tre centri del cuore, della parola e della mente.

Sapendo che i raggi di cui avevo bisogno dovevano sgorgare proprio da lì, risposi di sì.

Telefonai un'altra volta all'Istituto di Choedrak, ma mi dissero che il medico non si era rimesso.* A questo punto non era più

* Qualche tempo dopo il dottor Choedrak morì, all'età di settantasei anni.

così importante che lo vedessi. Dharamsala mi aveva già dato abbastanza. Ero stato benedetto dal Karmapa, avevo il suo nastrino rosso carico del potere di lunga vita, avevo ordinato un Buddha della Medicina che il pittore mi avrebbe fatto avere tramite Jane, e avevo comprato una buona riserva del migliore incenso che, a parte le inverosimili proprietà descritte sulla confezione, per me aveva quella di evocare col suo profumo ricordi di pace e serenità, di per sé «potenti» e forse anche terapeutici.

Scesi con una macchina fino a Pathankot e lì presi il treno della notte. All'alba entrammo nel meandro di binari che precede Delhi. Il treno rallentò e si mise a fischiare disperatamente per avvisare in tempo le decine e decine di uomini che, accucciati sulle verghe, defecavano.

Poi attraversammo la grande baraccopoli della periferia, una soffocante distesa di sporcizia, fetore e miseria. Bambini, capre, maiali e corvi raspavano su cumuli di plastica e spazzatura putrescente. Dall'interno del treno, fresco e pulito, la scena fuori pareva irreale. Il finestrino era come lo schermo di un televisore su cui passava un film dell'orrore. Così almeno doveva sembrare agli indiani benestanti che avevano viaggiato con me e si preparavano a scendere. La loro apparente indifferenza mi colpì, ricordandomi quello che mi è sempre sembrato il buco nero dell'induismo: l'assenza di compassione.

Capivo perché tanti indiani delle caste basse si fossero in passato convertiti al buddhismo; e perché in seguito molti, molti di più fossero diventati musulmani.

THAILANDIA

L'ISOLA DELLA SALUTE

NON BISOGNEREBBE mai tornare nel proprio passato, né – come dicono quei saggi degli indiani – cercare di ripetere oggi quel momento di gioia che già siamo stati fortunati d'avere avuto ieri.

Ma il passato è sempre stato per me un grande seduttore e l'occasione di tornare a Ko Samui, l'isola sulla costa orientale della Thailandia dove avevo passato dei bei giorni prima che fosse scoperta dal turismo e stuprata dal progresso, era irresistibile: potevo ripulirmi le budella di tutte le medicine, i veleni e le diavolerie più o meno radioattive che, per curarmi, mi ero messo addosso. Si trattava letteralmente di dare una grande risciacquata alle interiora. Leopold, che non avevo più visto dopo la nostra visita al medico del Dalai Lama, voleva celebrare con tutti gli onori il mio riapparire nel mondo e aveva prenotato due bungalow in un centro di salute specializzato in una attività diventata di grande moda fra il popolo new age: il lavaggio del colon.

Quante volte avevo sentito i reduci di questa esperienza raccontare estasiati dei risultati « visibili » – tutti insistevano sull'aggettivo – di questo lavaggio! Le descrizioni, sempre deliziate, di come durante una settimana di digiuno e di quotidiani clisteri uno vede uscire dalle proprie budella lunghe strisce di roba nera, « i resti dei veleni e delle tossine accumulate negli anni », mi avevano sempre divertito. Sentire degli adulti parlare della propria cacca in termini « scientifici », ma sostanzialmente con la stessa passione di un bambino che ci aggeggia dentro con le mani, m'era parso curioso. Eppure, i risultati di « disintossicamento, ringiovanimento e perdita di peso » che tutti dicevano di aver ottenuto con quel sistema sembravano fatti apposta per me.

Per giunta avevo appena letto che anche Ippocrate, oggi riscoperto come il grande precursore della medicina alternativa, curava i suoi pazienti in una sorta di luogo termale *ante litteram*, anche quello su un'isola, e questa « coincidenza » m'aveva incoraggiato ad accettare l'insolito regalo di Leopold.

Ippocrate era un genio. Faceva venire i malati sull'isola di Cos e lì, lontani dalla loro normale vita quotidiana, li sottoponeva a un trattamento, oggi si direbbe «olistico», che includeva una dieta a base di erbe, esercizi fisici, meditazione, lo studio dei propri sogni – considerati allora messaggi provenienti dagli dei – e una cerimonia iniziatica di guarigione senza la quale nessuno poteva tornare sulla terraferma. Un altro obbligo che Ippocrate imponeva ai suoi pazienti nel corso del loro soggiorno sull'isola era di assistere almeno a due delle tragedie e a una delle commedie che venivano messe in scena apposta per loro come parte della «cura». Che saggezza già nel IV secolo avanti Cristo!

I documenti di quel tempo non ci dicono se a Cos facevano anche il lavaggio del colon, ma non mi sorprenderebbe affatto. Molto di ciò che oggi ci sembra di scoprire è acqua calda, è qualcosa che l'umanità sapeva già. L'abbiamo solo dimenticato perché ogni nuova generazione rifiuta l'esperienza di quelle precedenti. E così, a fatica, riscopriamo che la ruota gira, che il fuoco brucia, che qualcuno ci parla attraverso i sogni e che per stare sani bisogna arrabbiarsi di meno, ridere di più e... tenere in ordine l'intestino.

Secondo me Ippocrate sapeva tutto del lavaggio del colon. Al suo tempo i greci avevano buoni rapporti con gli indiani e in India la pulizia delle budella, chiamata basti, era già una vecchia pratica fra gli yogi. Chiunque aspirasse al controllo del proprio corpo doveva innanzitutto ripulire l'apparato digerente. Le istruzioni, seguite ancor oggi dai praticanti ortodossi dell'Hatha Yoga, erano precise: l'adepto doveva entrare in un fiume fino a che l'acqua non gli arrivava alla vita, poi, lentamente, con esercizi quotidiani, doveva imparare a usare il proprio sfintere come fosse una pompa finché era capace di tirare su l'acqua e di riempirsi gli intestini. Dopo un po' di tempo, i praticanti più bravi riuscivano – si dice – a fare lo stesso con l'uretra e a ripulirsi così anche la vescica.

L'isola di Ko Samui, con la sua foresta tropicale, le cascate d'acqua, il mare color giada e le palme di cocco che arrivano fino alla spiaggia, era nei miei ricordi un posto ideale per rimettersi in forma. Potevo immaginarmi che la Cos di Ippocrate fosse stata così. Quel che non potevo immaginarmi è che a Ko Samui avrei fatto l'intera cura di Cos, comprese le tragedie e la commedia.

La prima tragedia – almeno per me – fu l'arrivo. Non più col lento traghetto di notte, dal Sud della Thailandia, ma in aereo; per giunta, un aereo stivato di una nuova razza di occidentali, ben diversi dagli hippy che per primi avevano scoperto l'isola e s'erano tenuti quel segreto tutto per sé. I nuovi viaggiatori erano soprattutto giovani dell'Europa dell'Est ex comunista – le donne con la pelle flaccida e bianca, gli uomini fumatori e tatuati – e vecchi australiani in pensione, già ubriachi alle sette del mattino: tutti impacchettati da qualche lontana agenzia di viaggio, tutti ora faticosamente in volo, poco felici, verso l'ultimo paradiso terrestre, nell'esercizio del loro sacrosanto diritto alle vacanze.

La strada che dall'aeroporto costeggiava Chaweng Beach, una delle più belle spiagge del passato, era diventata la strada maestra di un villaggio giapponese con una casuccia accanto all'altra, negozietti, ristoranti, cambiavalute, «affitta-una-jeep», «affitta-una-moto» e, tipici delle attrazioni turistiche della Thailandia, i saloni di massaggio e le saune con l'implicito «affitta-una-moglie-per-tutto-il-tuo-soggiorno». Il mare era quasi invisibile, irraggiungibile dietro i vari cantieri rumorosamente intenti a costruire altri alberghi, altre casucce, negozietti, cambiavalute, «affitta-una-jeep» e il resto.

Fortunatamente The Spa, il centro di salute prenotato da Leopold, era almeno sul mare e la capanna che mi aveva riservato era un po' appartata dalle altre, la più vicina all'acqua. Era un posto semplice, ma accogliente, gestito da un americano, Sam, originariamente di San Francisco, persosi per qualche ragione in Oriente, e da una efficientissima, simpatica donna mezza cinese, mezza laotiana con vari figli, non tutti di Sam, ma tutti ugualmente vestiti da principi, accanto a Sam vestito da re, nella grande foto di famiglia esposta sul bancone della reception.

Leopold era al suo terzo soggiorno nel centro e il suo arrivo provocò grandi effusioni di affetto da parte di Sam, la moglie e la schiera delle massaggiatrici che si precipitarono su di noi perché fissassimo con loro almeno un paio di appuntamenti al giorno. I massaggi venivano fatti sulle salà, piattaforme di bambù rialzate da terra, all'ombra delle palme di cocco e aperte al vento del mare. Una «musica da meditazione», diffusa da vari altoparlanti nascosti nel fogliame, aleggiava su tutto il nostro villaggetto.

Leopold e io non avevamo né mangiato, né bevuto dalla sera prima e così potemmo entrare direttamente nel «programma». Ore dieci: bevanda disintossicante. In un grande bicchiere di vetro col manico veniva messo un succo di frutta e in quello tre cucchiaiate di una farina biancastra, presa da un barattolo senza etichetta. Mi sembrò di riconoscere quella roba, ma non mi soffermai. «Presto, presto! Bevi, altrimenti diventa solida», disse, rimenando il cucchiaio, la ragazza incaricata della preparazione. A quella bevanda seguiva un bicchier d'acqua col quale andavano mandati giù gli «integratori»: una decina di capsule di plastica grigio-verdi con dentro una polverina più o meno dello stesso colore. Anche quelle non avevano nome, ma mi parve che fossero di quel concentrato di vegetali, Green Plus, che in America avevo visto in tutti i negozi di vitamine. Feci ogni cosa diligentemente, secondo le istruzioni.

L'idea di digiunare – anche quella, vecchia quanto l'umanità – mi piaceva. Inutile fare corsi di meditazione per controllare la mente, se non si impara a controllare anche il corpo! Digiunare mi pareva un modo per mettermi alla prova. L'uomo primitivo digiunava «per commuovere gli antenati» con lo spettacolo della sua forza di volontà. Solo in seguito, dopo essere stato recepito dalle varie religioni, il digiuno ha acquisito la sua veste moralistica di autopurificazione e autoflagellazione. È successo lo stesso con l'astenersi dagli altri piaceri dei sensi.

Ugualmente conosciuto fin dall'antichità era il valore terapeutico del digiuno. Un monaco cinese che nel VII secolo dopo Cristo visitò la grande università buddhista di Nalanda in India, racconta che quando uno studente si ammalava, prima di dargli qualsiasi medicina, gli veniva imposto di stare completamente a digiuno per una settimana e aggiunge: «Di solito in questo periodo il paziente guariva».

Oggi tutti quei vecchi significati sono andati perduti e il digiuno, come lo yoga e tante altre attività nate con un fine soprattutto spirituale, è diventato un atto puramente fisico, centrato sul corpo e intrapreso solo per «dimagrire», per «ripulirsi».

Del digiunare si dice che i primi tre giorni siano i più difficili perché il corpo cerca disperatamente di continuare a fare quello a cui è abituato. Al quarto giorno il corpo capisce, cambia ritmo e tutto diventa più facile. Ero molto curioso di vedere come avrei reagito e decisi di tenere un diario di quei giorni. Eccolo.

Primo giorno di digiuno

La capanna in cui sto è fatta come una grande A. Il tetto è di frasche di cocco, il letto è un ripiano di compensato con sopra una stuoia di paglia. Sul davanti ho la porta d'ingresso, un piccolo ballatoio e una scaletta che dà sulla spiaggia; sul retro ho un'altra porta, due scalini e uno spazio protetto da lamiere di ferro: il mio bagno con un cesso alla turca. Quello è il centro operativo di tutto ciò che qui si fa e di cui tanto si discute. Da quando siamo arrivati non ho sentito che storie di clisteri.

Siamo una ventina di ospiti, tutti stranieri, tutti in un modo o in un altro «on the road», sulla strada, come diceva Kerouac o «on the path», sulla via, come dicono quelli che si sentono... «spirituali». Ognuno qui è classificato a seconda del suo giorno di digiuno. Quelli al settimo sono guardati con rispetto. Quelli che restano oltre il periodo dovuto, solo per raccontare le loro esperienze ai novizi, sono antipatici come tutti i saccenti.

Mi diverte esser qui. Ho avuto un solo attimo di sgomento stamani. Dopo essermi buttato con grande entusiasmo in acqua – era la prima volta dopo i mesi a New York –, ho guardato dal mare la distesa di capanne della Spa e mi son chiesto dove finiscono i tubi di scarico di tutte le cloache di tutti i defecatoi che ci stanno. La risposta era ovvia: tutto attorno a me! Sono uscito di corsa. Se vorrò nuotare, dovrò andare molto più lontano.

Dopo la bevanda disintossicante delle dieci ce n'è stata una identica alle tre del pomeriggio. La roba collosa che ci mettono dentro mi ricorda qualcosa, ma non so cosa. Alle quattro il «programma» prevedeva una sorpresa. Una ragazza ci ha portati a vedere un video in cui Chuk, un americano biondo col codino, spiegava la procedura del clistere. Leopold e io ci siamo sbellicati dalle risate dal primo all'ultimo momento. Impossibile fare altrimenti, con tutti gli altri digiunanti seri seri, incollati al televisore a seguire Chuk che ci istruiva su quanta vaselina va messa sul dito mignolo, quanto tubo va infilato nell'ano e come non bisogna fare troppi sforzi a trattenere l'acqua in pancia. «Una volta un tedesco è riuscito a non rifarla per tre ore. È stato un record, ma non serve», ha commentato Chuk. Poi ha spiegato l'uso del piano inclinato che ognuno trova nel suo bagno – è lì che bisogna distendersi per il lavaggio – e l'importanza, «anche psicologica», del colino di plastica da sistemare sulla bocca del cesso per controllare bene (prima che scompaia in mare davanti alla mia capanna!) tutto quel che ci esce dalle budella.

Chuk esiste anche in versione reale. A conclusione del video si è presentato in carne e ossa dicendosi disponibile in caso di bisogno e ha consegnato a ognuno la sua dose di «integratori», di pasticche bianche per ristabilire la flora intestinale da prendere la sera prima di andare a letto, i beccucci usa-e-getta per il clistere, una bella brochure con l'orario delle varie attività e la spiegazione del programma «Alzati e Risplendi!» a cui ora siamo iscritti. Già il nome, che trovata! Pare un ordine divino. Il tutto per ottenere «più energia, più salute, migliorare la digestione, stabilizzare il peso, ma anche per liberarsi dei pensieri negativi e sentirsi più felici». E chi vorrebbe negarsele queste belle cose?

«Il lavaggio del colon», dice la brochure, «è inteso specialmente per te che sei stato soggetto alla tipica dieta americana, hai mangiato carne, cibi processati industrialmente, hai fatto uso di sale da tavola, di olio cotto o hai preso antibiotici.» Io, insomma, anche senza quella della dieta americana, ho tutte le ragioni per essere qui.

Al tramonto, dopo i clisteri, i massaggi e la sauna, la comunità dei digiunatori si riunisce sulla spiaggia attorno a dei tavoli, ognuno con la sua lucina galleggiante in un bicchiere d'acqua colorata. Fra i «colleghi» faccio la conoscenza di una signora di mezza età, ex bella ed ex segretaria delle Nazioni Unite a Ginevra, di una giovane giapponese che non parla una parola d'inglese, di una studentessa americana con enormi seni mostrati con giusto orgoglio e di una strana coppia: lui olandese della mia età, bell'uomo e culturista, abbronzato e meditatore, proprietario di una barca con cui gira il mondo; lei belga, giovane da poter essere sua figlia, carina, in crisi e in cerca di se stessa.

Tutti parlano di una ragazza australiana che al suo quarto giorno ha avuto grandi dolori di pancia e una emorragia. Chuk le ha consigliato di interrompere il digiuno e di andare all'ospedale, ma lei si rifiuta. Le pare un tradimento e per ora resta nella sua capanna.

Alle sette viene servita «la cena»: una lunga brodaglia con un vago odore di verdure, senza alcun grasso e senza sale. Quasi volessero consolarsi, tutti parlano di sé, raccontano le loro vite e spiegano come sono arrivati qui. Ho l'impressione che anche questo confessarsi con degli sconosciuti, col bel vento fresco che soffia dal mare, sia parte della purga, del lavaggio.

Nelle storie di ognuno si sente la convinzione, ormai data per scontata, che la vita moderna ci avvelena, che tutto quel che facciamo e mangiamo ci lascia addosso residui nocivi, e che solo questo radicale lavaggio fa uscire, dagli altrimenti irraggiungibili recessi dell'intestino, tutti «i veleni e le tossine» accumulati negli anni. La prova? Il colino. Guardando nel colino si scopre quello che abbiamo dentro di noi e che, senza questo lavaggio, continueremmo a portarci dietro.

Sam fa circolare fra i tavoli un pesante album dalle pagine plastificate. È il Libro d'Oro della Spa, con le foto di gruppo dei digiunatori del passato e i loro commenti. Tutti sono entusiasti della «ripulitura». Molti dicono di sentirsi «liberati». Alcuni descrivono la gioia nel sentire e nel vedere quel che è ancora uscito rumorosamente dalle loro budella al sesto e settimo giorno. Altri, invece che scrivere le loro impressioni, hanno preferito incollare le foto a colori di quel che hanno visto nel colino! Praticamente tutti la stessa roba.

Il mio «primo giorno» è passato senza sofferenza. Ho la lingua un po' impastata, la testa leggera, le gambe un po' molli, ma nessuna disperazione, né una grande voglia di mangiare.

Secondo giorno di digiuno

Dormo benissimo, senza zanzariera. Faccio sogni confusi, ma sereni, di posti in cui mi trovo a sistemarmi come ho fatto qui: con la teiera, il computer, i libri, la lampada per leggere.

Mi alzo presto e faccio una lunga passeggiata sulla spiaggia. Osservo i nuovi bungalow costruiti con le finestre a vetro fisso, così che non si possono aprire e nelle stanze si può stare solo con l'aria condizionata. Ma ho deciso di non crucciarmi. L'ho capito: tutto cambia. E poi, non sono cambiato io? La prima volta che sbarcai su quest'isola ero un bel giovane, asciutto, con gran baffi neri, i capelli corvini, abbronzato, pieno di energie, di certezze e di futuro. Venivo da Saigon per respirare aria pulita, lontano dalla guerra. E ora? Sono vecchio, pallido, ancora gonfio a causa delle iniezioni di steroidi, ancora spelacchiato dalla chemioterapia e debbo stare attento a coprirmi la pancia per non imbarazzare gli altri con tutte le ricuciture e la palla dell'ernia. Che dovrebbe dire Ko Samui a vedere me, cambiato così?

Alle undici, dopo la bevanda disintossicante, è l'ora del clistere. Acquattate per terra attorno a un gran bollitore d'acqua, le ragazze, armate di romaioli, preparano i secchi. Si sta in fila; si sceglie fra la miscela col caffè, quella con l'aceto di mela e quella con l'aglio, quest'ultima consigliata nel caso si pensi di avere dei parassiti. E poi si parte. Ognuno diretto alla sua capanna, ognuno col suo secchio di plastica da attaccare a un gancio nel soffitto del bagno, e litri e litri di acqua tiepida da farsi scendere in pancia in tre o quattro riprese.

Mi fermo, affascinato, a guardare tutti questi occidentali che camminano piegati dal peso del loro clistere: tutti venuti qui col sogno di defecare gli eccessi della vita, speranzosi di vedere nel colino tutto il «troppo» da cui siamo afflitti.

Quand'ero ragazzo la regola di casa mia era: non più di un uovo alla settimana, carne solo la domenica e, se potevamo permettercelo, ogni giorno un frutto di stagione. Eravamo poveri, ma quel che si mangiava era semplice e naturale. Oggi si può mangiare di tutto, ma non ci si può più fidare di nulla. Persino nella mia povera e ben amata India bisogna fare attenzione alle arance e ai mandarini perché i venditori, per aumentarne il peso, ci aggiungono siringate di acqua sporca. Ma sono migliori nei nostri supermercati le pulitissime fragole all'ormone che paiono patate dipinte di rosso? O le mele, tutte uguali, tutte lucidate a olio, che non hanno più nulla a che vedere con la mela del vecchio detto: «Una mela al giorno toglie il medico di torno»?

Istintivamente lo si sa: ci stiamo avvelenando. Quando però guardo nel mio colino non vedo né veleni né tossine. Vedo solo i resti delle trenta capsule di plastica che il «programma» mi fa prendere ogni giorno. E se «Alzati e Risplendi!» fosse tutto una turlupinatura? Comincio a sospettarlo.

Per il momento non ne parlo a Leopold e quando lui propone di affittare un motorino per fare il giro dell'isola prima che ci vengano a mancare le forze, accetto con piacere.

Lungo la strada ci fermiamo a un vecchio tempio che è stato ristrutturato. Nel parcheggio appena costruito, autobus e taxi scaricano frotte di turisti venuti a vedere «La Mummia». È quella di un vecchio monaco, grande meditatore, che, compiuti gli ottant'anni, ha annunciato pubblicamente la data e l'ora della sua morte. Arrivato quel giorno si è seduto nella posizione del loto e, davanti a un centinaio di seguaci salmodianti, se n'è andato, lasciando lì il suo corpo dritto in meditazione, la testa eretta, la bocca ancora con tutti i denti, leggermente socchiusa in un sorriso. La pelle è come di cartone. Solo gli occhi – spiegano le guide – sono diventati due buchi vuoti. Ma non si vedono. Sul naso gli hanno messo un bel paio di occhiali da sole, e lui sta lì, imperterrito, in una teca di vetro a farsi fotografare: un'attrazione turistica come le cascate nella giungla, i bordelli di Lamai Beach e le scimmie che a comando si arrampicano in cima alle palme a prendere le noci di cocco.

Resisto bene al digiuno. Ho fame, ma non troppa. Succede però che, se metto la testa fuori dalla Spa, mi pare che tutti mangino. Vedo solo bocche che azzannano cosce di pollo in salsa di papaia verde, e succulente fette di mango acerbo intinte in una mistura di sale, zucchero e peperoncino rosso. E la tentazione è grande.

Passo tre ore nelle mani del solo uomo massaggiatore della Spa. È un impiegato del governo mandato qui per alcune settimane a controllare la qualità del lavoro delle donne. Pretende, massaggiando, di sentire le malattie che la gente non sa ancora di avere. È indubbiamente bravo, ma non riesce a farmi cambiare una vecchia opinione: non mi piace essere massaggiato.

All'ora della cena – che non c'è – tutti parlano di nuovo di quello che hanno visto nel colino. Mi chiedo di che cosa parlassero i grandi signori d'Europa e le contesse russe che nell'Ottocento andavano a passare le acque a Baden-Baden.

Terzo giorno di digiuno

Dormo un sonno leggero con sogni che non ricordo. Mi sveglio presto. Seduto sulla spiaggia deserta cerco di concentrare la mia mente su un vecchio detto indiano che nel dormiveglia mi è entrato in testa e non se ne va: «L'uomo dice che il tempo passa. Il tempo dice che l'uomo passa».

Poi comincia a piovere e corro a ripararmi sotto il tetto della reception. L'occasione è buona per guardare con calma il «Libro d'Oro» che Sam tiene sul bancone. Il mio sospetto si rafforza. In tutte le foto lasciate dai digiunatori del passato la roba nei vari colini è sempre la stessa: una massa gelatinosa nero-verdastra. Le «tossine e i veleni della vita moderna»? Macché! Sono i resti delle capsule di plastica degli «integratori» che tutti prendiamo. E... improvvisamente mi ricordo che cos'è la farina collosa e biancastra che le ragazze mettono a cucchiaiate nella bevanda disintossicante e che bisogna bere di corsa altrimenti diventa soda. È uno dei migliori ritrovati della farmacopea indiana: Isabgol, la scorza di un cereale, una cosa naturalissima usata da tutti come regolatore intestinale. In India è più conosciuto dell'aspirina, costa poco e la marca più popolare è ancora quella del Telefono venduta nell'originale confezione verde con sopra il disegnino di un vecchio apparecchio a cornetta. Lo si prende sciolto nell'acqua sia nei casi di diarrea che in quelli di costipazione. E sì: svelti a berlo, altrimenti si appalla in bocca invece che nelle budella.

Allora? Si digiuna, è vero, ma quel che si produce non sono i resti delle diete sbagliate, bensì le capsule Green Plus e l'Isabgol ingoiati qualche ora prima. Ci si ripulisce non c'è dubbio, ma non nel modo che ci fa credere «Alzati e Risplendi!»

Convoco Leopold nella mia capanna per una «urgente riunione di gabinetto» e gli espongo il mio sospetto. È divertito, e allo stesso tempo seccato perché ha già fatto due volte l'intero programma senza mai dubitare di nulla. Per verificare la mia ipotesi decide di proseguire col digiuno, ma senza più prendere né le capsule, né la bevanda disintossicante. D'ora in avanti berrà solo acqua.

Io procedo normalmente. Invece di farmi massaggiare passo molto tempo nella sauna. Seduti in un rudimentale bunker di cemento, su caldissime mattonelle da latrina, si respirano i fumi fragrantissimi prodotti da una combinazione di erbe colte nella foresta vicina, tritate e buttate via via nell'acqua bollente. Spero mi facciano passare la vecchia sinusite che è tornata ad affliggermi.

I vapori della sauna sono a volte così densi da non vedere la persona che si ha seduta accanto. Questo crea una situazione da confessionale. È così che la ex segretaria delle Nazioni Unite a Ginevra oggi mi racconta una versione forse più verosimile della sua vita spesa ultimamente «dietro a maestri e guru». Ha cominciato con Osho Rajnish e l'amore libero nell'ashram di Puna, poi si è unita ad altri gruppi e altre sette di cui non avevo mai sentito i nomi. Ora è buddhista tibetana. Però... recentemente, viaggiando in Europa, è entrata in una chiesa e alla vista di una statua di san Francesco è quasi svenuta, si è sentita «portare via dalla enorme energia di quella figura». Al momento vive nelle Hawaii dove fa l'assistente sociale per giovani con problemi di droga. Mi racconta che alcuni hanno appena quindici anni e già vanno a trovarla con le foto dei loro bambini.

Fuori dalla sauna alcune massaggiatrici lavano le foglie di una strana pianta grassa che cresce fra le nostre capanne. L'interno è una massa gelatinosa come il corpo di una medusa. È aloe vera. Alcuni in Occidente pensano abbia grandi proprietà anticancro. Qui la frullano e la applicano sulla faccia di chi, oltre al «programma», voglia fare anche il trattamento cosmetico.

Noto un cartello con una citazione attribuita a Bernard Shaw: «Ogni cretino è capace di cominciare un *fast*, un digiuno, ma solo un saggio sa come *break the fast*, come romperlo». Da qui viene la parola inglese *breakfast* per colazione, il «rompi digiuno». Leopold, che ormai dubita di tutto, si chiede se sia davvero di Bernard Shaw.

Nel pomeriggio faccio una passeggiata di quasi due ore lungo la spiaggia. Il cielo è coperto da enormi nuvoloni neri. Sta per arrivare un tifone. Questo è il periodo dell'anno in cui gli alberghi chiuderebbero o sarebbero mezzi vuoti, ma grazie ai nuovi turisti dell'Est, attratti dagli sconti di bassa stagione, quasi tutti sono al completo.

La sera ci sediamo di nuovo attorno ai tavoli con le belle lucine. Tutti spiegano a tutti i grandi vantaggi del lavaggio del colon. La ragazza belga, compagna del meditatore culturista, li spiega a Leopold che fa finta di non sapere, la buddhista tibetana li spiega ai nuovi arrivati e Sam, dietro al bancone della reception, li spiega, con l'aiuto del Libro d'Oro, a due agenti di viaggio che lui spera gli procurino un regolare flusso di clienti e di contanti.

Resisto bene al digiuno. Un po' meno al ripetersi di queste chiacchiere sui vari «flussi».

Quarto giorno di digiuno

Mi alzo con le gambe tremelloni. Decido di non fare la mia passeggiata mattutina, né gli esercizi, né quel po' di necessaria concentrazione della mente. Scaldo l'acqua per il tè e invito Leopold. Arriva con una copia del *Piccolo principe* che qualcuno ha lasciato alla reception. Mi cita una frase: «L'essenziale non può essere visto dagli occhi». Ricambio con una storia dal libro che sto leggendo, di una giornalista americana diventata sanyasin in India.

Nel 1897 una bambina scrisse al *New York Sun* dicendo che i suoi amici le avevano detto che Babbo Natale era una invenzione. Non esisteva. Voleva che il giornale le dicesse la verità. E il *Sun*, con un editoriale che oggi nessun giornalista avrebbe più il coraggio di scrivere, rispose: «Cara Virginia, i tuoi amici si sbagliano. Sono vittime dello scetticismo dei nostri scettici tempi. Credono solo alle cose che vedono. Eppure, Virginia, Babbo Natale esiste. Esiste allo stesso modo in cui esistono l'amore, la generosità, la devozione. E tu sai che queste cose esistono, abbondano, e sono le cose che danno alla tua vita la sua bellezza e la sua gioia. Perché le cose più reali sono quelle che né i bambini né i grandi riescono a vedere».

Uno dei piaceri del viaggiare con Leopold è questo guardare il mondo a quattr'occhi, prendere atto del suo stato e sbizzarrirsi a rifarlo a nostro piacimento. In questi giorni lui rimugina sull'idea che ciò che l'uomo produce dovrebbe restare nel suo territorio, perché il trasferimento dei prodotti, la loro «deterritorializzazione», fa perdere ai prodotti stessi il loro valore intrinseco per dargliene uno esclusivamente commerciale. È quello che succede a un Buddha tolto alla devozione di un tempio birmano per arredare un salotto occidentale. Secondo Leopold la globalizzazione, portando gli oggetti di tutti dappertutto, crea la grande confusione che prelude alla catastrofe. Secondo me il turismo di massa che porta tutti dappertutto dà il suo contributo.

La «riunione di gabinetto» si conclude con la decisione di abolire globalmente i passaporti. D'ora innanzi si viaggerà solo con una lettera di presentazione, come succedeva ancora all'inizio del secolo scorso.

Prendo le bevande, le capsule; faccio il secchio con l'acqua tiepida al caffè; controllo il colino, e passo il resto della giornata fra la sauna e il mio pagliericcio a leggere.

Verso mezzogiorno dal mio balconcino vedo di spalle, sulla spiaggia, seduto nella posizione del loto, un bel giovane occidentale, con grandi ciocche di capelli ammatassati che gli cadono sulla schiena. È immobile con lo sguardo fisso dinanzi a sé. Perso in meditazione? Macché! Guarda nello schermo di un computer col quale, attraverso un telefono cellulare, controlla la sua e-mail. È un nuovo digiunatore arrivato con una ragazza biondina ed elegante, tipica della buona società della East coast americana. Mi incuriosiscono. Nel pomeriggio vado a parlarci. Per un po' lui ha fatto il sadhu, in India. Cinque anni fa si sono incontrati a un corso di «meditazione yoga». Da allora sono assieme e assieme hanno fondato una azienda che in Cina produce abiti diventati di grande moda, fatti esclusivamente di canapa. Lui disegna, lei si occupa della parte commerciale. Dicono di avere successo perché prima di entrare negli affari hanno sviluppato, grazie alla meditazione, «il necessario distacco da tutto ciò che è materiale». Il lavaggio del colon? Ne hanno sentito parlare a Pechino da altri viaggiatori. Partendo per il loro primo clistere, mi danno un elegante biglietto da visita col loro sito www.

Leopold è ormai convinto che i miei sospetti siano fondati. Da quando non prende più né le due bevande quotidiane, né i supplementi, il suo colino è vuoto.

Ora gli interessa solo capire se Sam è consapevole della trappola e cinicamente vende a caro prezzo il mito del «programma» che lava via i veleni del mondo. Certo che lo sa! Secondo me Sam è un bravissimo uomo d'affari. Ha il posto peggiore sulla spiaggia, con un mare dal fondale irto di scogli taglienti, ma è riuscito a trasformarlo in una miniera d'oro dove si paga per stare senza mangiare. In compenso, per lui la cucina prepara degli appetitosissimi, ricchi piatti thai e la sera, quando si stravacca in una enorme, soffice poltrona rotonda a guardarsi un video film su un maxischermo, le ragazze gli portano, con tutta la deferenza dovuta al padrone, una bottiglia di birra dietro l'altra. E la disintossicazione, Sam?

Nel pomeriggio credo di aver avuto una prima allucinazione, dovuta al digiuno. Sono seduto al solito tavolo a guardare il mare, quando vedo avvicinarsi un uomo piccolo piccolo. Mi tende una mano, anche quella minuscola. È Bill, australiano, incaricato della «parte spirituale» della Spa. Alla parola «spirituale» mi alzo in piedi e mi sento grandissimo, con la testa alta alta nel cielo, come nell'esercizio di qi gong insegnatomi da Master Hu. Bill diventa ancora più piccolo. Lo sento dire che, se sono interessato, lui tiene corsi di yoga e reiki. È anche esperto della Via Atzuki alla Salute. No. Non sono interessato. Ma, rimettendomi a sedere, mi viene da domandare:

«Bill, tu che lavori qui, dimmi, che cos'è quella sostanza che ci mettono nella bevanda disintossicante?»

«Quella è creta megalitica.»

«Cosa?»

«Una creta che, una volta nell'intestino, lavora al livello megacosmico del corpo...»

Vorrei saperne di più di quel livello, ma Bill deve correre via per dare una lezione di Atzuki alla ragazza australiana che è stata male, ma continua a rimanere nella Spa perché qui, dice, si sente fra amici.

In una teca accanto al bancone della reception c'è una piccola collezione di libri, alcuni sul lavaggio del colon e i suoi pregi, messi lì da Sam per dare una vernice «scientifica» alla attività della Spa, altri probabilmente lasciati dai digiunatori del passato per contribuire al progresso spirituale dei digiunatori del futuro. Mi colpisce un titolo: *La chiave all'Immediata Illuminazione*. Il libro è scritto da una vietnamita emigrata in Germania. Dopo aver lavorato per la Croce Rossa e sposato un medico cristiano, la donna ha capito che per alleviare le sofferenze dell'umanità bisogna innanzitutto raggiungere la totale realizzazione di se stessi. Così «con anni di tribolazioni, la pratica del metodo Quang Yin» (chi sa che diavolo è) e l'aiuto di «un grande maestro dell'Himalaya» (ce n'è sempre uno!), ha ottenuto il Gran Risveglio, è diventata lei stessa un «Maestro Supremo» e ora gira il mondo, vestita di bianco e giallo oro, a dare lezioni su come illuminarsi.

Dio mio, che pot-pourri: il Vietnam, la Germania, la Croce Rossa, il buddhismo, il cristianesimo, l'Himalaya... troppo! Che indigestione! È ovvio che c'è sempre più bisogno di «ripulirsi». Ho scoperto che i nostri clisteri sono di diciotto litri ciascuno. Un bel lavaggio!

Credo che abbiano ragione a dire che al quarto giorno di digiuno il corpo si abitua. Il mangiare quasi non mi manca più. Mi mancano piuttosto i sapori e stasera ho notato con grande piacere che la brodaglia della «cena» aveva, oltre a un lontano sapore di carota e di sedano, anche quello, molto più preciso, della citronella.

Le due saune mi hanno tolto molta energia. Sono appena le otto, ma penso di dormire. Ho anch'io una gran confusione in testa. Sono anch'io parte del pot-pourri? Che ci faccio, con tutta questa gente a giro per il mondo? I poveri europei dell'Est, spinti nella macina del consumismo; la ragazza giapponese, figlia di un fruttivendolo di Osaka, che viaggia senza neppure sapere bene dov'è; la belga, compagna del bellone olandese, che dice di non sapere dove sta andando, ma di tenersi semplicemente a galla per lasciarsi portare dalla corrente.

Nessuno mi pare bruciato da una vera passione, da un grande amore; neppure da una grande rabbia. I più sani mi paiono i due americani che producono vestiti di canapa in Cina. Almeno vedono uno scopo nella loro vita: risvegliare la coscienza della gente ai prodotti della natura. I vestiti che hanno addosso, semplici e comodi, sono certo più piacevoli di quelli, volutamente straccioni e automortificanti, degli altri giovani sulla spiaggia.

Quinto giorno di digiuno

Clistere: ho una leggera nausea e niente che esce dalle budella. Nella sauna mi sento debole, ma piacevolmente rilassato. Mi peso: ho perso cinque chili, uno al giorno.

In uno dei libri della bibliotechina della Spa sul lavaggio del colon trovo la solita teoria della malattia provocata dal modo innaturale in cui viviamo – e fin qui posso essere d'accordo. Ma poi l'autore, un americano, scrive: « E così come non vedrai mai delle mosche sulla spazzatura pulita, non vedrai mai una malattia in un essere completamente puro ».

Imbecille. Questa idea, in parte religiosa, che la malattia sia una punizione di dio, inflitta in ragione di un qualche peccato, è vecchia, ma anche pericolosa perché finisce per colpevolizzare i malati e togliere loro la voglia di vivere. E ora, messa in relazione anche ai clisteri!

E poi, non muoiono anche i « santi » di una qualche malattia? In India ad esempio sono morti di cancro Ramakrishna, Ramana Maharishi e Nisargadatta Maharaj.

Voglio capire fino a che punto può arrivare la follia. Mi iscrivo al corso di Bill sulla Via Atzuki alla Salute: 1500 bath, 30 euro per la prima ora. E tocco il fondo. Comincio facendolo parlare di sé.

Bill Sandenberg, cinquantun anni, è in Asia dal 1976 quando, anche lui attratto dall'amore libero all'ashram di Osho Rajnish a Puna, ci arrivò da Londra con un gruppo di amici. Rimase nell'ashram qualche anno, imparò un po' a suonare, poi si mise a girovagare, senza mai fermarsi a lungo in un posto. Anche a Ko Samui è precario. Il suo sogno sarebbe di suonare musica brasiliana e proprio ora una band di filippini che suona a Pukhet gli ha fatto un'offerta. Un altro pot-pourri! Ne parliamo e io gli consiglio di accettare. Poi mi rendo conto che sono io a pagare lui per la consultazione e riporto la conversazione ai ruoli iniziali: lui consigliere, io in cerca di consigli e spiegazioni.

« Che vuol dire Atzuki? » gli chiedo.

« Significa: le cose come stanno; il mondo com'è. Accettazione della vita. »

Andando da un guru all'altro, Bill ha sentito di « varie terapie per l'anima », ma nessuna gli piaceva davvero, così lui, Bill Sandenberg, se ne è inventata una tutta sua con la quale ora ci campa. Da una valigetta da medico tira fuori la brochure: *The Atzuki Way to Health: Spiritual Body Psychology for the Next Millennium.*

Chiedo se questa sua Via alla Salute per il prossimo millennio vuol dire la psicologia del corpo spirituale o la psicologia spirituale del corpo. Serio, risponde che si tratta della psicologia dello spirito e del corpo. Bene, almeno ci siamo intesi!

« Vedi », mi spiega guardandomi con studiata intensità, « quello che tutti vogliamo è provare, sentire qualcosa. Anche la serenità che tu cerchi è un sentimento. È come se tu dicessi di voler essere ricco. Quello che cerchi è il sentimento di essere ricco, non la ricchezza in sé. »

Bill mi prende i polsi per sentire il battito del rene, del fegato e delle cinque posizioni dello yin e yang (chi sa che sono!) Chiude gli occhi, si concentra. « Benissimo. Perfetto equilibrio. Sei in ottima salute », dice. Ha capito tutto! Poi aggiunge: « Solo il battito del rene è un po' stretto, ma sai, questo è un battito connesso ai sentimenti di pace e serenità. Come terapia ti consiglio un po' di agopuntura, ma non quella cinese. Piuttosto quella di tipo giapponese, ma con l'approccio omeopatico ».

Quest'uomo è matto da legare, ma continuo ad ascoltarlo.

Mi propone ancora qualcosa che, secondo lui, mi farebbe un gran bene: « Il rebirthing ».

« Cosa? »

« Mettiamo in scena, io e te, una tua rinascita. È una tecnica per il rilassamento delle emozioni. Ma va fatto in privato, da soli, perché forse avrai voglia di far esplodere tutte le tue emozioni. E questo può essere drammatico. »

Mi consiglia poi molti massaggi – ovviamente fatti dalla capa delle massaggiatrici di cui è l'amante – e di continuare con i bagni di vapore nella sauna. « L'umidità è ottima per i reni. »

Quanto alla dieta dovrei prendere molto ginseng; lui può procurarmene uno di ottima qualità. Dovrei smettere di essere vegetariano; lui ha uno speciale brodo di pollo cinese da vendermi. Comunque, per evitare una possibile deficienza di proteine dovrei mangiare molte noci e fave. « Le fave sono a forma di rene e per questo, secondo le leggi dello yin e yang, fanno bene ai reni. » Mi consiglia anche di bere tanta acqua.

Lui finora si è curato sempre da solo, con « una combinazione di meditazione, che è yin, e di musica brasiliana, che è yang ». Bill mette questo yin e yang in ogni salsa, e quando parla di cibo yin e yang, faccio il tonto e chiedo:

« Cibo yin e yang? »

« Prendi le carote. Si possono tagliare verticalmente o orizzontalmente. Tutto nella vita può essere preso verticalmente o orizzontalmente, come yin o come yang.»

L'ora è finita. Bill spera molto che lo consulti ancora. Lui può aiutarmi. E, guardandomi di nuovo profondamente negli occhi, spiega:

«Questa è l'età in cui bisogna impratichirsi a stare con Dio perché ci avviciniamo al momento in cui dovremo stare con Lui per sempre».

Sono appena tornato nella mia capanna a scrivere queste note. Poi andrò da Leopold a raccontargli l'incontro e ci faremo delle gran risate. Che altro fare contro questa follia?

L'America ci avvelena con la sua cultura globalizzata dell'ultramaterialismo, e l'America ci offre come antidoto la sua controcultura spirituale della new age. A noi tocca consumare: o l'uno o l'altro. Meglio ancora, tutti e due. L'irrazionale come soluzione allo strapotere della ragione elimina le ultime tracce di buon senso. E la fine del buon senso è la fine della libertà.

Forse tutto il parlare che qui si fa di «ripulirsi» esprime un desiderio inconscio di una «pulizia» che non è necessariamente quella delle budella.

Sesto giorno di digiuno

Mi sveglio all'una e mezzo di notte perché la pioggia batte forte contro il tetto della mia capanna. È arrivato il tifone. Ho sognato di avere un cancro agli intestini e di essere affidato in un ospedale di Firenze alle cure di una dottoressa piccola di cui non mi fido e dalla quale scappo via. Ovviamente ho riciclato l'incontro col «piccolo» Bill e tutti i pensieri che mi sono fatto sulle sue «terapie».

Durante tutta la mattinata il cielo rimane coperto da grandi nuvoloni neri gonfi di pioggia. La temperatura è perfetta per restare a sonnecchiare nella mia capanna o a leggere appoggiato alla finestra che sembra quella di una piccola prigione. Fra le poesie di Rumi che mi son portato dietro come silenzioso compagno di viaggio ne scopro una che sembra fatta apposta per questi giorni:

Un bel pasto
Appare attraente
Poi nella notte

Passa attraverso il corpo
E diventa repellente.
Cibiamoci d'amore!
Abbeveriamoci al pollice di un leone!

Sono debole, non ho allucinazioni, ma neppure la forza di andare a fare una lunga passeggiata. Non prendo più gli integratori e, stamani, solo l'acqua tiepida nel secchio. «Senza caffè, per favore.» Il colino è vuoto. Quello di Leopold lo è da giorni. Lui è ancor più debole di me perché da quando gli ho comunicato il mio sospetto, non ha messo in bocca assolutamente più nulla, a parte acqua e il «brodo» della sera. Siamo convinti che la mia ipotesi sia giusta: nel colino finiscono i resti delle trenta capsule di plastica e dell'Isabgol che prendiamo ogni giorno. Niente «veleni e tossine».

Un'altra figura si aggiunge al panorama della Spa: Ute, tedesca di Berlino, sui trentacinque anni, capelli di stoppa gialli e rosa. Un paio di anni fa è venuta qui in vacanza, ma tornata in Germania non è più riuscita a riadattarcisi. Ha fatto il Livello Uno di reiki, è stata, come dice, «iniziata» e ora viaggia per il mondo praticando questa «antica arte terapeutica giapponese». La sua prima vittima – a pagamento, s'intende – è la ragazza australiana che continua a star qui pur avendo finito il digiuno e su cui Ute agisce con le «energie dell'universo». Se la parola «energia» scomparisse dal vocabolario, un sacco di gente resterebbe disoccupata!

Leopold e io siamo senza fiato. Ci sediamo allora tranquillamente a uno dei tavoli davanti alla reception. Osserviamo le coppie col sacco in spalla che, attratte dal cartellone sulla strada: «Rilassamento – Meditazione – Centro di salute», entrano per avere più informazioni. È sempre lei che si fa avanti, guarda il menu e chiede i prezzi del «programma». Lui, sempre un po' timido, resta in disparte. Sam lascia che qualcuno del personale risponda alle prime domande, poi si avvicina, mostra il Libro d'Oro, fa vedere le famose foto con le misteriose tossine che vengono eliminate... I due si guardano. Lei decide. Programma venduto.

Se i passaporti fossero già stati abrogati, questi due li avremmo salvati!

Settimo giorno di digiuno

Ultimo secchio. Dopo di quello un liquido bianco con cui «ristabilire la flora intestinale». Il bellone olandese viene a dirmi che condivide i miei dubbi. La mia teoria comincia a serpeggiare fra la comunità dei digiunatori. Se arriva fino a Sam, quello potrebbe farmi avvelenare con un clistere.

Sulla salà Bill, il «falso profeta», si lavora due giovani vittime.

La «riunione di gabinetto» con Leopold è oggi tutta sull'economia. Leopold sostiene che così come la psicanalisi all'inizio del secolo scorso si è mangiata un'intera epoca proponendosi come un sistema per interpretare tutta la vita, l'economia sta ora facendo lo stesso. Con la sua pretesa scientificità, l'economia si sta mangiando la nostra civiltà creando attorno a noi un deserto dal quale nessuno sa come uscire. Meno di tutti gli economisti.

Ma il modo c'è, dico io. E, tanto per restare nel tema di questi giorni, ripropongo la mia vecchia idea: essendo fallite tutte le rivoluzioni, l'unico modo per non farsi consumare dal consumismo è quello di digiunare, digiunare da qualsiasi cosa che non sia assolutamente indispensabile, digiunare dal comprare il superfluo. Se venissi ascoltato sarebbe la fine dell'economia. Ma se l'economia continua a imperversare come fa, sarà la fine del mondo. Basta guardare questa piccola isola dove nel giro di pochi anni le foreste sono state tagliate e le spiagge cementificate in nome del progresso e dello sviluppo economico!

Per l'economia è una «buona notizia» che la gente compri di più, costruisca di più, consumi di più. Ma l'idea degli economisti che solo consumando si progredisce è pura follia. È così che si distrugge il mondo, perché alla fine dei conti consumare vuol dire consumare le risorse della Terra. Già oggi usiamo il 120 per cento di quel che il globo produce. Ci stiamo mangiando il capitale. Che cosa resterà ai nostri nipoti?

Gandhi nel suo mondo semplice, ma preciso e morale, lo aveva capito quando diceva: «La Terra ha abbastanza per il bisogno di tutti, ma non per l'ingordigia di tutti».

Grande sarebbe oggi l'economista che ripensasse l'intero sistema tenendo presente ciò di cui l'umanità ha davvero bisogno. E non solo dal punto di vista materiale.

Siccome il sistema non cambierà da sé, ognuno può contribuire a cambiarlo... digiunando. Basta rinunciare a una cosa oggi, a un'altra domani. Basta ridurre i cosiddetti bisogni di cui presto ci si accorge di non aver affatto bisogno. Questo sarebbe il modo di salvarsi. Questa è la vera libertà: non la libertà di scegliere, ma la libertà di essere. La libertà che conosceva bene Diogene che andava a giro per il mercato di Atene borbottando fra sé e sé: « Guarda, guarda, quante cose di cui non ho bisogno! »

Quello di cui oggi abbiamo tutti bisogno è la fantasia per ripensare la nostra vita, per uscire dagli schemi, per non ripetere ciò che sappiamo essere sbagliato.

Perché continuare a cercare soluzioni sociali o politiche in formule che si sono dimostrate fallimentari? Perché le scuole debbono essere come sono? Perché i malati debbono essere curati solo in luoghi chiamati ospedali? Perché il problema degli anziani deve essere risolto con le case di riposo? E già che quello degli anziani sia visto come un « problema » è il vero problema.

E le carceri? Come è possibile che in ogni parte del mondo, dall'Asia all'Europa, dalla Terra del Fuoco alla Lapponia, la soluzione per i criminali sia quella di chiuderli per un certo numero di anni in gabbie più o meno comode? Possibile che nessuno abbia l'ardire di inventare qualcosa di nuovo che non sia l'aggiunta della TV in cella o la visita della moglie una volta al mese?

La « riunione di gabinetto » si è chiusa con la mia proposta di lanciare un concorso mondiale in cui si chiede ai bambini sotto i dieci anni di tutti i continenti cosa fare coi ladri e gli assassini.

In India, nel cinquantesimo anniversario della morte di Gandhi fu fatto qualcosa di simile. Ai bambini delle scuole elementari fu chiesto: « Cosa faresti, se tu avessi il potere assoluto nel paese? » Le risposte più frequenti furono: darei casa ai poveri, farei pulire le strade, eliminerei i politici corrotti, pianterei più alberi, ridurrei la popolazione.

Il potere ai bambini, allora!

Ottavo giorno di digiuno

Dramma alla Spa. In mezzo alla notte vengo svegliato dai disperati urli di una donna. Sento del trambusto, poi i passi di qualcuno che scappa. Mi alzo. Piove a dirotto. La luce non si accende. L'intero villaggetto è al buio. Nel bagliore dei lampi intravedo Leopold con qualcuno. « Vieni qua, porta la pila », urla. Una ragazzina americana, appesa al suo collo, trema come una foglia e singhiozza. Leopold cerca di calmarla. Un uomo con una pistola è entrato nella sua capanna, voleva derubarla e violentarla. Leopold ha sentito, è uscito, e l'uomo è scappato via lungo la spiaggia. La ragazza è terrorizzata, non vuole restare sola. Leopold resta di guardia e dorme per terra nella sua veranda.

L'alba è grigia. Il cielo è ancora appesantito dalle nuvole nere del tifone che ogni tanto esplodono in grandi scrosci d'acqua. Il mio « programma » è finito. Oggi ho diritto a mangiare, ma è come se dovessi perdere la verginità e non mi pare ne valga la pena. Penso che a questo punto potrei continuare a digiunare per altri giorni. E mi piacerebbe farlo. Uno dei risultati del digiuno è che non si ha più voglia di rimpinzarsi, certo non si ha più voglia di mangiare cibo fasullo. Nello stomaco provo un bel senso di leggerezza e non vorrei perderlo.

Mi sento benissimo, la testa è chiara e stranamente mi son tornate le forze. Da dove non so. Quasi mi sento di fare una corsa sotto la pioggia. Vado invece a sedermi in un anfratto delle rocce e, a occhi chiusi, cerco di concentrare la mia mente su una noce di cocco arrivata ai miei piedi, e sul meraviglioso mistero della vita. Una noce di cocco, caduta chi sa da dove, portata via dal mare, sballottata dalle onde, magari per mesi, e ora approdata qui col suo ributto e rimasta sulla spiaggia a crescere, a diventare un albero! Sempre quella forza, quella energia dentro la materia! Questa è la vera magia del mondo.

Tutta la Spa discute e commenta i fatti della notte. Pare non sia la prima volta che succede. Cerco di non farmi coinvolgere. Cammino, girello, leggo e rimando la colazione che mi aspetta: pezzetti di papaia, yogurt di capra, miele e polline di api.

Alle dieci mi decido a mangiare: davanti al mare, da solo, seduto a un tavolino, come fosse un atto religioso al quale mi sono preparato facendo la doccia e mettendomi un kurta pijama pulito. Bello, il primo sapore in bocca!

Il giorno dopo

Ultima passeggiata, valigie, saluti. Nella fumosa atmosfera da confessionale della sauna la buddhista tibetana mi offre, in un sacchetto di plastica chiuso ermeticamente, dodici pasticche di LSD. Ora che torna in America e che si è fatta per giunta pettinare i capelli in tante treccine punteggiate di pallini colorati, dice che verrà certamente fermata alla dogana e non vuole rischiare. Le suggerisco di offrirle al bellone olandese.

Machiko-san, la ragazzina giapponese, regala a me e a Leopold una monetina da cinque yen. *Go hen* vuol dire cinque yen, ma anche buona fortuna. Ne ha tutta una riserva con cui ringraziare quelli che, strada facendo, l'aiutano.

Le strade di Ko Samui sono completamente allagate perché sono state costruite senza fognature. L'aeroporto è affollato. Gli aerei sono in ritardo, ma continuano, nonostante le nuvole basse e minacciose del tifone, a portare avanti e indietro passeggeri. Il turismo ha ritmi da catena di montaggio e non ci possono essere intoppi. Tra quelli che aspettano noto un signore della mia età, con una barbetta bianca, che cerca insistentemente di farsi dare un posto che non ha prenotato. Alla fine lo vedo salire sul nostro aereo. Ha l'aria di un professore, forse di uno psicanalista.

A Bangkok, aspettando che la mia borsa verde, ancora quella della Cina, arrivi sul nastro, gli parlo. Viene anche lui da un centro della salute. Anche lui ha fatto il lavaggio del colon. Nel suo centro, dice, «sono bravissimi, perché curano soprattutto il bambino interno».

«Il bambino interno?» ripeto io, senza mostrarmi troppo stupefatto.

«Sì. Il bambino che è in ognuno di noi», dice lui mettendosi la mano sul cuore e guardandomi con un sorriso dolce e complice. «Lì usano tecniche di meditazione adatte a parlare a quel bambino», mi spiega. «E poi, le cose che mi sono uscite dalla pancia! Nel colino ho visto cose incredibili, tossine, veleni e un verme solitario lungo, lungo. Ci tornerò presto. Vai lì, vedrai. Il gestore è greco, la moglie thai. C'è una grande energia. Vai lì la prossima volta. Arrivederci.»

«Arrivederci.»

FINO ALL'ULTIMO RESPIRO

ORIENTE e Occidente. Che ci facciamo noi europei qui in Asia? Cosa ci abbiamo imparato? Non è tempo di andarsene? Da un po' Leopold sollevava queste domande e le sere a Bangkok, nella sua vecchia casa di legno in mezzo agli ultimi alberi, erano un'ottima occasione per tornarci sopra. In cuor suo Leopold aveva deciso di partire. Da un quarto di secolo stava in Thailandia e tutto quello che aveva spinto lui e tanti altri giovani occidentali a venirci, era cambiato. L'Oriente diventava sempre di più una brutta copia di casa nostra e quel tesoro di diversità che ci aveva attratto stava rapidamente scomparendo soffocato dal progresso.

Non potevo dargli torto. Con la Thailandia in particolare io avevo chiuso anni prima e, non fossi andato a vivere in India, dove le forze dello spirito sembrano ancora fare quadrato contro quelle della materia, anch'io sarei arrivato alla conclusione che in Asia non c'era più niente da imparare, niente di cui nutrirsi.

Bangkok era mutata tantissimo nel suo aspetto fisico e di conseguenza anche nell'anima. Il suo fascino era finito. Da una città assolata, percorsa da canali, era diventata un agglomerato di cemento, rabbuiato dalle tante strade sopraelevate costruite su quelle con cui erano state ricoperte le vie d'acqua. La modernità aveva eroso la tradizionale serenità della gente e accelerato i suoi, un tempo sonnolenti, ritmi di vita.

Appena tornato da Ko Samui, ero andato a trovare un vecchio amico thai, filosofo buddhista. Stava ancora nella sua casa piccola e modesta, ma non aveva più un filo di sole con cui far crescere un fiore a causa dei grattacieli che gli erano spuntati attorno. Quando gli accennai al mio malanno, mi parlò di un bonzo che avrebbe potuto aiutarmi. Era un grande guaritore, disse. Andavano da lui da tutto il mondo. L'avremmo potuto chiamare subito per fissare un appuntamento. Aveva un cellulare. No, grazie.

Oriente e Occidente. Un tempo, più che due identità geografiche, erano state due diverse visioni della vita: una fondata sull'esplorazione del mondo interiore con poco o nessun riguardo per quello esterno, l'altra tutta diretta al dominio del mondo fuori

250

ignorando completamente quello dentro. Dalla fine dell'Ottocento in poi la speranza di tanti occidentali era stata di poter compensare l'una visione con l'altra, salvandole tutte e due e facendo così fare all'intera razza umana un importante salto di qualità. Speranza delusa. La forza materiale della visione occidentale ha travolto quella orientale e l'Asia, a cui noi dobbiamo dei e idee, ha perso la sua pace nel perseguimento di quello stesso tipo di felicità che ha già reso noi infelici.

Un giorno, telefonando a Dan Reid, vecchio amico, studioso della Cina e del taoismo, sentimmo che anche lui aveva chiuso con l'Oriente: aveva deciso di lasciare Chiang Mai e di emigrare in Australia. Per me fu una buona scusa per andarlo a trovare. Dopo il nostro scambio di e-mail a proposito degli «assassini in camice bianco», come lui chiamava i miei aggiustatori di New York, e il suo consiglio di tagliar corto con la chemioterapia per consultare invece, anche solo telefonicamente, una veggente californiana, non ci eravamo più sentiti. Volevo far pari con lui e anche imparare qualcosa in più sul qi gong di cui era un esperto.

Arrivare da lui fu un piacere: un cancello, un giardino, un percorso di sassi attraverso un piccolo stagno con dei bei fiori di loto e una costruzione tradizionale, bassa, su un rialzo del terreno che le dava il nome, La Collina Felice. La casa non aveva la grandiosità di quella sul fiume in cui Dan e sua moglie Yuki abitavano prima, ma aveva la stessa atmosfera di pace.

Sopra la porta dell'ingresso era incorniciata una sestina di Kipling, come a ricordare a chi passava da lì i tempi in cui l'Oriente era ancora un mistero e la lotta per conquistarlo pareva impari:

Di ogni battaglia il finale
È una bianca pietra tombale
Col nome del povero defunto
E l'epitaffio, appunto:
Qui giace un demente
Che provò a stuzzicare l'Oriente.

In verità il demente venuto dall'Ovest era sopravvissuto; anzi, aveva vinto e la bianca pietra tombale era piuttosto quella del mistero dell'Est.

All'inizio Dan era sulle sue, un po' risentito perché non avevo seguito il suo consiglio, ma riuscii presto a farmi «perdonare» raccontandogli che avevo appena fatto il lavaggio del colon di cui lui era stato da anni un grande profeta e che ogni giorno oramai dedicavo del tempo al suo ben amato qi gong. Avevo imparato alcuni esercizi da Master Hu a New York e ora volevo che lui mi aiutasse a migliorarli. E questo funzionò.

All'alba, dopo che ognuno aveva acquietato la propria mente, ci ritrovavamo in giardino e Dan mi dava lezione. Era bravissimo. Il solo osservarlo, col suo corpo asciutto e muscoloso, controllato in ogni minimo gesto, era un insegnamento. Mi corresse alcune pose e mi obbligò a fare, prima di ogni sequenza, un particolare esercizio, a ginocchi leggermente piegati e le braccia sciolte a roteare col torso, per «aprire i canali» e «far circolare l'energia».

Praticare qi gong con Dan mi convinse ancora di più che, a parte tutti i discorsi che ci si facevano sopra, c'è qualcosa di profondamente sano in quella vecchia pratica cinese di muovere lentamente gli arti, controllando allo stesso tempo il respiro. Davvero, col nostro tipo di vita non facciamo la minima attenzione al modo in cui respiriamo – non ci rendiamo neppure conto di respirare! – ed è logico che prima o poi ne paghiamo il prezzo.

Secondo Dan il qi gong è un ottimo sistema per prevenire tantissime malattie; in particolare il cancro. Il potere terapeutico del qi gong, secondo lui, è dovuto all'ossigenazione del corpo creata dagli esercizi.

Già nel 1931, diceva, un medico tedesco, Otto Warburg, aveva ricevuto il Premio Nobel per aver scoperto che in tutte le forme di cancro le cellule ammalate erano al tempo stesso affette da una grave mancanza di ossigeno, mentre le cellule sufficientemente ossigenate non venivano attaccate dalla malattia. Dan vedeva una qualche congiura nel fatto che quella scoperta era stata ignorata dalla scienza e che nessuno da allora ne aveva più parlato. Gli sviluppi successivi avevano ampiamente confermato, secondo lui, la validità di quella scoperta: il cancro è aumentato di pari passo alla diminuzione dei livelli di ossigeno e anche ora si espande molto più velocemente nelle regioni industrializzate del mondo dove appunto la percentuale di ossigeno nell'aria diventa sempre più bassa a causa dell'inquinamento.

Non so quanto Dan avesse ragione, ma mi piaceva l'idea che gli esercizi con cui mandavo l'aria pulita del suo giardino nelle varie parti del corpo mi facessero bene. Dan insisteva molto sull'armonia, sulla lentezza di ogni gesto, sul non fare alcuno sforzo e sull'essere consapevole che i vari movimenti esterni del corpo servivano anche a massaggiare gli organi interni. Quella lentezza, diceva, era anche il modo migliore per tenere sotto controllo le emozioni, causa, secondo lui, di tante malattie croniche.

Questo mi convinceva e mi bastava. Non avevo poi bisogno di credere alle sue storie di maestri di qi gong capaci di far sparire enormi tumori semplicemente con la trasmissione della loro energia o alle sue affermazioni, potenzialmente anche pericolose, secondo cui gli ammalati di cancro che si curano solo col qi gong finiscono per vivere più a lungo di quelli che si sottopongono alla chemioterapia e alle radiazioni. Sul potere dell'«energia» e sulla sua trasmissione, dopo l'esperienza col reiki, avevo i miei pregiudizi e mi veniva da ridere quando Dan, alla fine dei nostri esercizi, insisteva perché con le mani mi spazzolassi via, dalla testa ai piedi, «l'energia negativa» che mi era rimasta in superficie. Ridevo, ma facevo anche tutto, diligentemente.

Il libro che Dan aveva scritto sul qi gong era appena uscito; quelli precedenti sulle erbe cinesi e sul Tao del sesso, della salute e della longevità l'avevano reso famoso e la sua casa era ogni giorno meta di varia gente che veniva a prendere lezioni, a chiedere consigli o semplicemente per stare in compagnia. Per molti, Dan era diventato un guru della new age. Fra i tanti personaggi, tutti occidentali, che vidi sfilare dalla Collina Felice nei pochi giorni che rimasi lì c'era un afroamericano del Michigan, che insegnava a giocare a golf ai militari thai; un tedesco, ex impiegato della Bayer, diventato maestro della cerimonia del tè; una ragazza cresciuta in un sobborgo inglese che da undici anni aveva fatto voto di castità e ora insegnava yoga; un dirigente di un'azienda di pubblicità di Hong Kong che voleva dedicarsi alle scienze occulte, e un pateticissimo californiano di trentacinque anni, figlio di accademici, che, da quando, nove anni prima, si era fatto monaco buddhista, pur stando ai tropici, soffriva costantemente di freddo. Avrebbe tanto voluto consultare un medico o anche uno psicanalista, disse, ma i suoi «maestri» glielo sconsigliavano dicendogli che la meditazione era la migliore medicina a cui potesse ricorrere.

Seduto in veranda, Dan preparava il suo buon tè cinese, lo offriva in giro e teneva il filo delle strane conversazioni che si dipanavano a volte per ore. Col passare dei giorni ne sentii di tutti i colori: il rapporto di causa ed effetto fra HIV e AIDS non è stato provato e tutta la storia è un'invenzione delle case farmaceutiche; i sonniferi sono pericolosissimi perché per farti dormire paraliz-

zano parti del cervello e impediscono così che le cellule si rige-
nerino come fanno invece nel sonno normale; certe nuove, inesora-
rabili malattie come Ebola sono dovute ai virus creati dagli americani nel corso degli esperimenti di guerra batteriologica e poi
sfuggiti al loro controllo; gli ormoni di crescita animale dati alle
mucche perché producano più latte passano nei bambini che bevono quel latte con imprevedibili conseguenze sulla loro crescita.
E avanti di questo passo.

Non tutte le storie erano campate in aria. Una che venne fuori
e che, vivendo in India, sapevo essere autentica era quella della
società Monsanto. Poco dopo che a Bhopal un'esplosione chimica, causata da un'altra grande azienda americana, la Union Car-
bide, aveva provocato l'accecamento e la morte di migliaia di
persone, i rappresentanti della Monsanto erano andati dai sopravvissuti per fare loro un regalo: dei semi di soia. Grazie. Grazie.
Solo qualche tempo dopo i poveri contadini avevano scoperto
che quei semi erano geneticamente modificati e che le piante nate
da quei semi non producevano semi, così che il solo modo di continuare a coltivare soia era di andare dai rappresentanti della
Monsanto a ricomprare ogni anno i loro semi sterili e costosi.

Gli americani che passavano dalla veranda di Dan erano in
gran parte risentiti contro il loro paese. Lo giudicavano pericoloso e molti di loro non volevano più metterci piede. Dan era dello
stesso parere. Diceva che gli Stati Uniti stavano preparando la loro distruzione a forza di produrre armi chimiche e batteriologiche
sempre più sofisticate che alla fine si sarebbero rivolte contro di
loro. Per questo era contento di andare a vivere lontanissimo dal-
l'America: in Australia.

Leopold chiamava quella congrega di cani sciolti l'Accademia
dei Matti. Ma a me quei matti interessavano. Erano la cartina di
tornasole dell'inquietudine strisciante nella società occidentale;
erano l'espressione, pur esasperata, di una crisi che molti, specie
fra i giovani, sentono e che non è più possibile ignorare.

Mi interessava ad esempio il loro sospetto nei confronti della
scienza. Era un sospetto che, specie dopo New York, avevo anch'io. Come potevo contraddire Dan quando sosteneva che la
scienza, pur avendoci promesso più libertà dai bisogni, più benessere e più felicità, ci aveva in verità anche inquinato il mondo
rendendocelo sempre più invivibile? E sul piano personale potevo non dargli ragione quando lui, tornando a parlare degli «assassini in camice bianco», diceva che quelli, con la loro scienza,

avevano – forse – eliminato i sintomi del mio malanno, ma certo non il malanno in sé? Era così. Lo sapevo.

Sulle premesse di tanti loro ragionamenti ero d'accordo. È vero che la ricerca scientifica è ormai completamente dominata da interessi pratici, commerciali o militari che siano. È vero che la scienza è tutta orientata sulla materia, che descrive il mondo in termini solo matematici e che non riesce a capire la vita e le emozioni umane. Quello su cui non ero affatto d'accordo erano le loro conclusioni. La scienza non è «inutile» come dicevano alcuni e tanto meno è «il nemico numero uno dell'umanità» come sostenevano altri.

La scienza è un importante strumento della conoscenza. L'errore è ritenere che sia il solo. Se l'Occidente fosse meno ossessionato da ciò che crede essere «obbiettivo» e studiasse il mondo esterno più come l'Oriente ha studiato quello interiore, cioè come punto di incontro fra obbiettivo e soggettivo, forse finiremmo tutti per capire di più di tutto.

Voler provare scientificamente certi fenomeni umani, come quelli extrasensoriali, è semplicemente impossibile, perché nel fatto stesso di voler essere «scientifici», cioè obbiettivi, si nega quell'aspetto emotivo e spirituale che è esattamente la ragione di questi fenomeni. Non è un caso che il limite della grande scoperta di Freud sia stato il suo non aver tenuto di conto dell'aspetto spirituale dell'uomo, come se davvero il «bisogno di dio» fosse una funzione biochimica del nostro cervello; tesi questa oggi sostenuta da alcuni scienziati americani. Non è stato ugualmente un caso se Jung, che pur sentiva quel bisogno, era molto preoccupato di dare l'impressione d'aver saltato il fossato, di non essere più nel regno della scienza e con questo di non essere più preso sul serio.

Perché è così: gli scienziati pensano che lo strumento con cui operano dia loro un'autorità e al limite anche una moralità che nessun altro può reclamare. Ma la scienza di per sé non ha né questo né quello; la scienza non è né negativa, né positiva. Tutto dipende dall'uso che se ne fa. Gli orientalissimi cinesi scoprirono per primi il potere della polvere da sparo, ma la usarono per fare i fuochi d'artificio e per rischiarare l'oscurità della notte con fantasmagorici fiori di luce colorata. Noi occidentali arrivammo alla polvere da sparo un po' dopo i cinesi, ma ne facemmo subito uno strumento di guerra, un modo per uccidere, da lontano e senza sporcarsi le mani, più gente possibile.

«La scienza occidentale è un sapere ignorante», scrisse più di un secolo fa un tamil di Jaffna, in Sri Lanka. Forse aveva proprio ragione.

Certo non hanno ragione i seguaci della new age che pensano per questo di poter rinunciare alla scienza, alla ragione e di potere impunemente fuggire nell'occulto e nell'irrazionale prendendo acriticamente per buona qualsiasi sciocchezza o qualsiasi follia. È una reazione pericolosa, questa. Abdicare alla ragione, rinunciare alla mente significa esporsi a una forma di anarchia intellettuale che, invece di liberare l'uomo, finirà per farlo schiavo di una qualche nuova tirannide.

Ma anche questa è una reazione – una reazione diffusa nell'Accademia dei Matti – che va capita, se la si vuole ri-orientare in senso positivo. È una reazione dovuta a una deficienza spirituale di cui il mondo interiore è stato afflitto da almeno tre generazioni.

Gli ultimi ottant'anni sono stati dominati dalla competizione fra due ideologie, il marxismo e il capitalismo. Nonostante la loro apparente contraddizione e la lotta mortale nella quale erano impegnate, tutte e due erano fondate sulla stessa fiducia nella scienza e nella ragione; tutte e due erano impegnate nella dominazione del mondo esteriore senza alcun riguardo per quello interiore della gente e senza alcun riferimento a un ordine metafisico.

Sia il marxismo che il capitalismo si basano sulla fondamentale nozione «scientifica» che esiste un mondo materiale, separato dalla mente e dalla coscienza, e che questo mondo può essere conquistato e sfruttato al fine di migliorare le condizioni di vita dell'uomo. Bene, il sistema fondato sul marxismo è fallito; l'altro, pur vittorioso, sta mostrando segni di crisi.

Leopold tirò fuori una bella immagine per descrivere la situazione. Il marxismo è il *Titanic*; si è scontrato con un iceberg e in pochissimo tempo è colato a picco. I sopravvissuti del *Titanic*, nel buio della notte, hanno visto in lontananza le luci scintillanti di un altro transatlantico che passava; hanno nuotato disperatamente verso quello, sono saliti a bordo e si sono salvati. Ora tutti assieme ballano nel salone delle feste al ritmo della stessa orchestra. Ma anche quel transatlantico, il capitalismo, è un *Titanic* che, navigando nello stesso mare, finirà presto per schiantarsi contro un iceberg.

Per Leopold questo era inevitabile. Io speravo ancora che l'iceberg potesse essere aggirato, magari creando una nuova coscienza fra i naufraghi e gli altri, e rimettendo assieme, specie fra Occidente e Oriente, i resti della saggezza perduta di tutti e due.

È così difficile immaginare un mondo in cui la scienza sia al servizio dell'uomo? Una scienza che non sfrutti la natura, ma che ci aiuti a vivere in armonia con la natura? È davvero utopico immaginare una civiltà in cui le relazioni fra gli uomini siano più importanti dell'efficienza e del progresso materiale?

Secondo me il grande pericolo del momento è la rinuncia alla speranza, l'idea che i giochi sono fatti, che il mondo è già in mano «agli altri» e che non ci si può più far nulla. Questo è un altro degli aspetti inquietanti della new age che veniva fuori alla Accademia dei Matti.

«Vediamo che cosa hanno fatto oggi al mondo mentre noi dormivamo?», diceva Dan al mattino, aprendo il giornale che qualcuno aveva buttato nel giardino.

La malattia di cui oggi soffre gran parte dell'umanità è inafferrabile, non definibile. Tutti si sentono più o meno tristi, sfruttati, depressi, ma non hanno un obbiettivo contro cui riversare la propria rabbia o a cui rivolgere la propria speranza. Un tempo il potere da cui uno si sentiva oppresso aveva sedi, simboli, e la rivolta si dirigeva contro quelli. Si sparava a un re, si liberava la Bastiglia, si assaltava il Palazzo d'Inverno e si apriva così la breccia di un secolo. Ma oggi? Dov'è il centro del potere che immiserisce le nostre vite?

Bisogna forse accettare una volta per tutte che quel centro è dentro di noi e che solo una grande rivoluzione interiore può cambiare le cose, visto che tutte le rivoluzioni fatte fuori non han cambiato granché. Il lavoro da fare in questa direzione è enorme, ma non sempre siamo pronti a questa fatica. Per questo la new age ha tanto successo. Pur avendo in qualche modo identificato il problema, la new age offre soluzioni molto più facili e sbrigative, propone diverse scorciatoie e promette salvezza con una formula o un'altra da imparare in un fine settimana.

Anche da Dan ce n'era una: sua moglie. Una grande meditatrice, quando l'avevo vista l'ultima volta, Yuki era diventata un «canale», come la new age chiama ora quelli che un tempo erano i medium. I «canali» sono le persone che, mettendosi in contatto con gli spiriti, riferiscono i loro messaggi, giudizi e consigli, diventando così loro stessi «maestri di saggezza».

Yuki incanalava Kuan Yin, la dea cinese della compassione. Aveva scoperto questa sua qualità solo da poco. Si era sentita invadere da qualcosa di anormale, non riusciva più a mangiare e il suo corpo era sempre caldissimo. Non sapendo bene cosa fare, perché in fondo non si sentiva ammalata, si era rivolta a Khun Anusorn, un signore thai che abitava poco lontano, con fama di guaritore e lui stesso « canale », di Shiva il dio indiano. In trance, Khun Anusorn, cioè Shiva, aveva detto a Yuki di mangiare solo frutta e di bere solo acqua per quarantotto giorni. Lei lo aveva fatto. Al quarantanovesimo giorno si era ripresentata, e Shiva, cioè Khun Anusorn, le aveva detto: « Ora sei pura e Kuan Yin ti ha scelto per parlare al mondo ».

Da allora ogni mercoledì pomeriggio Yuki, tutta avvolta di veli bianchi, in una stanza semibuia della Collina Felice, con un buon profumo di incenso, andava in trance e, parlando in cinese classico che Dan traduceva, dava consigli alla gente fra cui anche alcuni membri dell'Accademia.

Dan e Yuki insistettero che anch'io andassi a trovare Khun Anusorn. Venivo dall'India, Shiva era un dio indiano e forse aveva qualcosa di utile da suggerirmi. Non resistetti alla curiosità e la spedizione fu divertente. Il posto in cui Khun Anusorn abitava era, come lui stesso ci spiegò, un santuario « ecumenico » appena finito di costruire. Tutti gli edifici erano dipinti di sgargianti rossi, verdi e azzurri. I gabinetti per la tanta gente che andava e veniva erano invece tutti in viola. L'ecumenicità stava nel fatto che, nei vari templi e tempietti, accanto alle statue di Shiva c'erano quelle di vari Buddha, degli Otto Immortali cinesi, una di Laotzu sul suo bue e tante apsara, le danzatrici celesti dei khmer.

Khun Anusorn, piccolo e tozzo, con capelli e barba nera, tutto vestito di rosso, riceveva in una stanza le cui pareti erano tappezzate di sue foto con i personaggi famosi che aveva incontrato. Aveva una bella voce, forte e cavernosa. Il suo inglese era buono, così potemmo comunicare direttamente e, invece che raccontargli di me, riuscii a farlo parlare di sé. Poveretto, anche lui aveva i suoi problemi. Una sua figlia soffriva da anni di un brutto eczema che nessuno era riuscito a toglierle.

« È karma di vite passate », disse. « E contro quello non c'è niente da fare. » Aveva sistemato la figlia in una stanza con l'aria condizionata da cui non usciva quasi mai. Disse che la sua pelle temeva terribilmente il sole, ma io ebbi l'impressione che era lui a temere quel che la gente avrebbe potuto dire delle sue qualità di grande guaritore.

258

«Sei sempre un giornalista, pronto a guardare nei cassetti degli altri», disse Dan mentre ce ne andavamo.

Poteva dirmi quel che gli pareva e da guru new age poteva dar di fuori quanto voleva, a Dan restavo affezionato. E poi gli ero grato per il suo impegno a insegnarmi il qi gong.

La mattina in cui dovevo partire, dopo gli esercizi ci sedemmo da soli in veranda a bere il suo buon tè. Sapevamo che probabilmente non ci saremmo più rivisti e Dan, parlando del qi gong che ci aveva accomunato, a mo' di viatico, mi disse:

«Mi raccomando. Fallo ogni giorno. Fallo religiosamente. Fallo fino al tuo ultimo respiro». Quello era un consiglio che accettavo volentieri.

Poi parlammo del nostro primo amore, quello che ci aveva fatti incontrare tanti, tanti anni prima: la Cina. Con la Cina avevamo avuto un rapporto completamente diverso. Io ci ero vissuto, mi ci ero scontrato, ne ero rimasto deluso. Lui, pur avendo passato anni a Taiwan, dalla Cina vera e propria era stato volutamente lontano.

«Solo così son riuscito a sopravvivere», mi spiegò. «La Cina di oggi fa spavento. L'incubo di Confucio si è realizzato: i mercanti sono al potere e non c'è più alcun rispetto per i sapienti o i sacerdoti. Ma la Cina è anche una grande civiltà. Se ne prendono i grandi contributi e si trapiantano dove si è. Io vivo in quella Cina da cui ho preso tutto quel che ho potuto: l'arte del tè, il qi gong, la medicina, l'erboristeria, il taoismo e anche una moglie. In fondo è sempre stato così: la Cina di cui parlo è stata la Cina di pochi mentre i contadini lavoravano, davano da mangiare a tutti e venivano ripagati con una vita piena di festival, di templi e di leggende.»

Quella Cina virtuale era il suo rifugio e ora si preparava a portarsela dietro in Australia, come una lumaca si porta dietro il guscio che è la sua protezione.

Non era una soluzione per me. Anch'io cercavo un rifugio, ma sentivo che non poteva essere nei libri, in un paese o in un tempo fittizio. Alla fine dei conti doveva essere qualcosa dentro di me, qualcosa che non era né orientale né occidentale, ma qualcosa che è di tutti.

L'eternità dei tre mesi stava per scadere. Era passata in fretta e presto dovevo ripresentarmi a New York per «le procedure», co-

259

me gli aggiustatori chiamavano una serie di esami intesi ad accertare lo stato delle riparazioni. Per loro si trattava di prolungarmi o meno il visto di soggiorno nel mondo dei normali, per me di avere un nuovo biglietto per un altro giro di giostra.

Quegli esami comportavano una strana anestesia dalla quale mi risvegliavo senza ricordare niente di quel che mi succedeva per almeno dodici ore. Per questo era indispensabile che qualcuno mi accompagnasse. Di nuovo toccava ad Angela.

Ci incontrammo a Bangkok e decidemmo di proseguire da lì per l'America facendo la rotta attraverso il Pacifico. Lei voleva far visita a una cugina che abitava su un'isola davanti alla costa occidentale degli Stati Uniti e io, prima di andare a New York, avrei potuto partecipare a un seminario per malati di cancro in California. Così, come polli in batteria, confinati in minuscoli spazi, rimpinzati in continuazione di mangiare plastificato e riscaldato al microonde, ci ritrovammo in uno di quei noiosissimi voli transoceanici che sembrano non finire mai.

Lummi non era un'isola particolarmente bella, ma un gruppo di giovani ambientalisti erano riusciti a salvare le sue grandi foreste di cedri centenari, a impedire che la terra venisse lottizzata e a far sì che il paesaggio mantenesse una sua aspra naturalezza. Quel che non avevano potuto salvare era il panorama umano e con quello l'America tornò a colpirmi.

Gli abitanti originari dell'isola, i pellirossa, non esistevano più, quelli venuti dopo di loro erano quasi tutti ripartiti e la popolazione era ora un'angosciante collezione di neoimmigrati: donne e uomini soli alla loro seconda, terza o quarta vita; coppie all'ennesima ricerca di felicità, omosessuali divorziati; vecchie miliardarie californiane che vivevano con pescatori di decenni più giovani di loro; barbuti ecologisti di Los Angeles improvvisatisi boscaioli e vari « artisti »; tutti col loro pick-up truck, il furgoncino col quale erano arrivati portandosi i resti di una qualche esistenza altrove e col quale erano pronti a ripartire rimettendo dentro quel poco che sarebbe loro rimasto dell'esistenza lì.

Quel furgoncino col cassone posteriore aperto, che vedevo davanti a ogni casa, divenne per me il simbolo dell'America in cui nessuno vive nel posto in cui è nato o muore dove è vissuto, in cui tutti sono indipendenti e sconosciuti in mezzo ad altri indipendenti e sconosciuti coi quali per un breve periodo di tempo giocano a essere in grande intimità. Il costante, inquieto muoversi degli americani, il loro sentirsi senza limiti in un paese immenso crea certo quella sensazione di libertà che è alla base del mito americano. Ma anche tanta infelicità, mi pareva.

Spesso davanti a una casa notavo due furgoncini: uno per lui, uno per lei, mi dicevo, ognuno dei due pronto ad andarsene in ogni momento. Un marito, una moglie, un amante non va più? Un posto diventa troppo stretto? Si mette tutto nel furgone, i resti del fallimento, la cassetta degli arnesi, qualche vestito e si riparte per un altro posto, un'altra isola, un'altra città dove si ricomincia tutto da capo: a lavorare, a fare l'amore, a dire di avere amici. La società del furgone non garantisce nulla, tranne la possibilità di scappare. Che differenza dal mondo della mia infanzia quando, pur poveri, tutti avevano ancora la famiglia, il mestiere, le amicizie su cui contare e in cui impegnarsi! La gente viveva e lavorava in un contesto sociale che era fatto di storia. Gli artigiani fiorentini traevano orgoglio e sicurezza dall'essere radicati, spesso da generazioni, nella stessa bottega, nello stesso quartiere. Anche questo è cambiato nel corso della mia vita e oggi, anche da noi, parole come «mobilità» e «flessibilità» vengono usate per mascherare la nuova situazione economica in cui sempre meno giovani hanno un lavoro fisso o la possibilità di scegliersi l'arte o il mestiere a cui si sentono portati.

Anche da noi oramai l'insicurezza è presentata come una forma di libertà. Una falsa libertà. Non siamo ancora arrivati alla logica del furgone, ma la tendenza è quella, perché anche da noi l'incertezza aumenta su tutti i fronti e i rapporti umani, da quelli di lavoro a quelli affettivi, si fanno sempre più instabili e meno impegnativi. La soluzione? Alcuni aspettano che cada dal cielo.

Ogni giorno, a Lummi, con Angela facevamo lunghe passeggiate, a volte di ore. Una mattina, all'alba su una di quelle strade deserte che vanno come un nastro ondulato verso l'orizzonte, ci superò un furgone che andò poi a fermarsi a una decina di metri sul bordo della strada avanti a noi. Scesero un uomo e una donna; ci vennero incontro, e lei rivolgendosi a me, chiese:

«Tu sei una persona spirituale, vero?»

«Non lo diventiamo un po' tutti dopo una certa età?» dissi io.

«Oh no, amico mio. Ti posso fare un lungo elenco di persone su quest'isola che non lo sono affatto», disse.

Il mio essere vestito da indiano, col kurta pijama e uno scialle del Kashmir sulle spalle li aveva fatti sperare d'aver incontrato il «maestro» che, secondo loro, Lummi aspettava. Dovetti deluderli.

Dopo alcuni giorni sull'isola ci spostammo a Seattle, capitale di Microsoft. Nonostante la vista sul mare e gli yacht dei ricchi parcheggiati nel porto, la prima impressione fu di un altro posto triste. A ogni angolo di strada c'era qualcuno a prendere il sole e a chiedere l'elemosina. Moltissimi erano giovani sporchi e barbuti, a volte con espressioni disperate o maniacali. Me li immaginavo tutti come i prodotti di scarto della catena di montaggio di Bill Gates. Erano i falliti che non ce l'avevano fatta a mettere assieme un qualche programma per i computer del mondo.

La notte non dormii e restai in ascolto delle voci di quelli la cui casa era una scatola di cartone nell'anfratto fra due negozi. Non sentivo attorno alcuna pace, nessun senso di comunità, di solidarietà. Sempre invece quell'atmosfera americana di conflitto. La mattina volli comprare dei francobolli per spedire una lettera. L'ufficio postale era affollato, ma la gente non si parlava. Finché quel pesante silenzio s'interruppe. Un barbone si avvicinò allo sportello e chiese qualcosa che l'impiegata disse di non poter fare.

L'uomo andò su tutte le furie e volle sapere il nome della donna. Quella chiamò il direttore dell'ufficio, anche lei una donna, che cercò di calmare il tipo. Ma quello insisteva.

«Sono un agente dell'FBI», disse, prendendo dal banco un pezzo di carta e scrivendo i nomi che le due donne gli avevano nel frattempo dato. «Questo va diritto alla Casa Bianca», urlò il barbone.

Dal fondo della fila di gente che aspettava e che s'era fatta impaziente, si alzò una voce: «Ehi, amico, dallo a me quel foglio, su. Io sono il presidente degli Stati Uniti. Così risparmi il francobollo».

Angela e io scoppiammo a ridere, ma eravamo i soli. Gli altri nella fila fecero finta di nulla e tutto finì lì.

Un'ora dopo nel riquadro della finestra di un puzzolentissimo ristorante vedemmo il «presidente degli Stati Uniti» mangiare da solo un piatto di riso e fagioli rossi, mentre poco lontano «l'agente dell'FBI» rifaceva la sua scena in una cartoleria.

Angela rimase a Seattle da un'amica. Ci saremmo ritrovati a New York. Io da Seattle volai a San Francisco per il mio seminario. Di nuovo quartieri pieni di poveracci, mendicanti e disperati. Di nuovo immagini di ingiustizia, ineguaglianza e umano squallore: l'altra faccia dell'America da cui passava la via della mia salvezza, ma la faccia che oramai vedevo sempre di più con inquietudine.

STATI UNITI

TERRA INCOGNITA

TUTTO si era svolto per telefono e e-mail, per cui non sapevo cosa aspettarmi. L'accordo era che un tale Jerry con una jeep rossa sarebbe passato alle nove del mattino davanti al mio albergo a San Francisco e mi avrebbe portato a destinazione. E già Jerry, quarant'anni, barba lunga e capelli a coda di cavallo, mi fece pensare che non dovevo aspettarmi granché. Mi ero appena seduto accanto a lui quando si mise a raccontarmi la sua vita. Sì, faceva l'autista, ma in verità quello non era il suo mestiere. Lui era attore. Ma «siccome Hollywood ormai fa solo film commerciali e impiega solo le grandi star», lui se ne stava fuori e recitava quando gli capitava in una compagnia teatrale di amici. L'ultima volta? Be'... un po' di tempo fa.

Jerry era alla terza moglie. Questa aveva un negozio di alimentari in un posto vicino a dove stavamo andando, ma anche per lei quello non era il suo vero mestiere. Lo faceva per sopravvivere. Lei era «a visual artist». Non chiesi che cosa volesse dire essere un'artista visiva. Ormai mi pareva di conoscere quella sottile e innocua forma di follia da cui tanti americani sono affetti: la dissociazione. Nessuno è mai a suo agio nella propria pelle, nessuno è contento di essere chi è, soddisfatto di quel che fa. Mai nessuno è felice di essere dov'è.

Jerry continuava a parlarmi, ma io non ci facevo attenzione. Il paesaggio era molto più interessante. Una volta attraversato il Golden Gate Bridge, prendemmo per una strada alta lungo una costa che diventava sempre più deserta. La mattina era tiepida, dai vetri abbassati entrava un bel vento, una lontana foschia cancellava la linea dell'orizzonte, mare e cielo apparivano un'unica infinità, e io ero felicissimo di essere chi ero, lì dov'ero.

Jerry doveva consegnarmi a Commonweal, il centro dove avrei passato una settimana in uno speciale ritiro per malati di cancro. Sapevo che Commonweal, il Bene Comune, era un posto isolato e che la località più vicina era Bolinas, ma quel nome non compariva da nessuna parte. Lungo la strada non c'erano cartelli; non c'erano indicazioni. «Questa è una battaglia che noi residenti abbiamo vinto», disse Jerry. «La segnaletica deturpa il paesaggio. E poi», aggiunse, «chi abita da queste parti sa come arrivarci. Gli altri... tanto vale che non ci vengano.»

Il paesaggio si faceva sempre più brullo e selvaggio. La zona era particolarmente bella: pur essendo vicina a una grande città come San Francisco, era rimasta pressoché intatta. A salvarla era stato un disastro. Nel 1971 una petroliera in avaria aveva vuotato in mare il suo carico e una mortifera poltiglia nera stava per soffocare ogni forma di vita lungo la costa. La società di navigazione responsabile dei danni offrì cinquanta dollari al giorno a chiunque si presentasse a dare una mano per ripulire la spiaggia e salvare la fauna, specie i tantissimi uccelli marini che, con le ali impastate di catrame, non riuscivano più a volare. Centinaia di giovani hippy e surfisti risposero all'appello, arrivando da tutta la California. Molti di loro, affezionatisi al posto, ci restarono. Per mantenersi alcuni s'erano messi ad allevare vacche e maiali, altri s'erano impegnati in coltivazioni biologiche. Coscienti che il grande valore di quell'area stava nel suo essere intatta, erano riusciti a proteggerla, facendosi eleggere nell'amministrazione locale. Gli ex hippy erano ormai in maggioranza: col loro arrivo la popolazione di Bolinas era passata da 600 a 2000 persone.

La strada ondeggiava in mezzo a grandi dune coperte d'erba verdissima e la jeep sembrava a volte diventare un ottovolante. A un certo punto Jerry rallentò, prese sulla destra una camionabile in terra battuta e nel giro di pochi minuti arrivammo in vista di un impressionante promontorio a precipizio sull'oceano. Era come se per miliardi di anni le onde avessero rosicchiato ogni possibile boccone di terra, lasciando solo l'ossatura della montagna. Alti, isolati sui costoni di roccia, contro cui giù in basso si accaniva ancora, spumeggiando, il mare, c'erano strani, massicci edifici in cemento come dei bunker. Attorno, tralicci di ferro e grandi antenne arrugginite. Da lontano il posto aveva l'aria abbandonata. Sembrava una vecchia base da cui i marziani, dopo un breve soggiorno sulla Terra, avevano deciso di ripartire per il loro pianeta, disgustati da quel che avevano visto.

«Chi sa! Potrebbero anche tornare», disse Jerry, divertito dalla mia ipotesi.

No. Jerry mi raccontò che quello strano complesso affacciato sull'oceano non era stato dei marziani, ma aveva ugualmente una sua storia interessante. Era stato della Marconi Corporation of America. Da lì, all'inizio del secolo scorso, erano stati inviati i

primi segnali radio attraverso il Pacifico e lì, durante la Seconda
Guerra Mondiale, erano state captate le trasmissioni in prove-
nienza dal Giappone. Con i nuovi metodi di comunicazione, quello storico complesso coi suoi trenta ettari di terra era diventato
inutile e nel 1975 era stato messo sul mercato. Un giovane, allora
di ventinove anni, l'aveva preso in affitto per cinquant'anni.

«Mi capitò proprio al momento giusto. Avevo appena divor-
ziato, mi era morto il cane e mio padre aveva il cancro», mi disse
qualche giorno dopo Michael Lerner. Con un gruppo di amici che
si erano stabiliti lungo quella costa, Michael aveva lentamente rimesso a posto un paio di edifici e ne aveva fatto un centro di studi, di riflessione e di pace. Quello era Commonweal, la mia destinazione.

Ne avevo sentito parlare da alcuni pazienti all'MSKCC, avevo
letto *Choices in Healing*, il libro che Michael aveva scritto sulle
varie scelte – anche di terapia – disponibili per un malato di cancro, e già durante la chemioterapia li avevo contattati chiedendo di
poter partecipare a uno dei loro seminari. Al telefono avevo fatto
delle gran risate con un tale Waz, incaricato del programma, e avevo avuto la fortuna d'essere ammesso all'ottantatreesimo ritiro.

Arrivarci fu come entrare in un incantesimo. L'assurdo edificio assiro-babilonese, che un tempo aveva ospitato i generatori
elettrici e che ora ospitava gli uffici e la biblioteca del centro,
era nascosto in mezzo a un boschetto di vecchi alberi contorti
da un vento che soffiava in continuazione dal mare. Poco più
in là c'erano le tre villette con i servizi, la cucina, le sale per i
seminari e le camere per gli ospiti.

La prima impressione fu piacevolissima. Tutti quelli che lavoravano a Commonweal parevano folletti usciti da una favola: uomini di mezza età con grandi baffi e occhi teneri, donne all'acqua
e sapone coi capelli cortissimi. Una, rapata a zero, era la cuoca:
una monaca buddhista che preparava solo piatti strettamente vegetariani, vegan, per cui senza uova e latticini.

Waz, di cui conoscevo solo la voce roca, era un afroamericano
alto, magro e dinoccolato, con una faccia da pirata buono, un pizzetto biondiccio, grandi orecchini d'argento e gli occhi verde
chiaro, accesi in una faccia olivastra. Aveva fatto anni di yoga
e scritto centinaia di poesie. Alcune veramente belle.

«E tu, di dove sei?» chiesi all'assistente cuoca che aveva una
faccia a luna piena impossibile da piazzare: forse coreana, forse
pellirossa.

«Io? In questa vita vengo dall'Ohio», mi rispose, «ma nelle vite precedenti dall'India.»

«Oh. E come lo sai?»

«Ora non posso spiegartelo», disse e scappò in cucina.

Non tutti i partecipanti al ritiro erano arrivati e il pranzo ci dette l'occasione per conoscere i membri fondatori di Commonweal. Quasi tutti avevano alle spalle una storia di malattia, di guarigione, di attesa. Alcuni, di ricaduta. Michael stesso, a cui erano morti di cancro il padre e una sorella, aveva avuto un brutto malanno muscolare dal quale si era rimesso lentamente. Le due animatrici del mio seminario avevano avuto drammatiche storie di cancro. Non è forse questa l'origine dello sciamano, il guaritore che è tale perché lui stesso è stato ferito? Chi ha superato la prova di un grande trauma, di una grave malattia ed è sopravvissuto, ha certo più facilità nell'aiutare gli altri a fare lo stesso percorso. Le cicatrici dello sciamano sono la prova della sua autenticità. Anche lì era così. Eravamo tutti «feriti» e questo rendeva estremamente facile il parlarsi.

Quelli dello staff si misero a raccontare storie di seminari passati, di amicizie nate e di funerali a cui erano andati. Qualcuno tirò fuori vecchie foto di gruppo, indicando chi c'era ancora e chi non c'era più. Mi colpì la naturalezza con cui tutti lì si riferivano alla morte.

Nel pomeriggio Michael presentò il corso: «Un processo inteso a rimettere lentamente in moto il corpo e a risvegliare gli aspetti sommersi e dimenticati della personalità». I mezzi: discussioni di gruppo, massaggi, meditazione, il vassoio con la sabbia, giochi con immagini, alcuni esercizi di yoga e di respirazione. Il fine: ridurre l'angoscia provocata dalla malattia, presentarci le varie possibilità terapeutiche e familiarizzarci con tutto quello che ognuno potrà poi fare da sé per migliorare la propria condizione sia fisica sia psicologica e soprattutto per guardare con equanimità a quella condizione.

«Guai a credersi responsabili del proprio cancro», disse Michael. «Nuotiamo tutti in un mare di prodotti chimici che cento anni fa non esistevano e non c'è alcun dubbio che la nostra salute è strettamente legata a quella della terra su cui viviamo.» Questo era il tema che gli stava particolarmente a cuore e su cui fondava gran parte del lavoro di Commonweal.

A proposito del nostro essere lì, Michael insistette molto sulla differenza fra la parola «cura» e la parola «guarigione». La prima ha a che fare con i medici, le medicine, il loro uso, il loro eventuale successo nello sconfiggere la malattia. La cura è una questione soprattutto fisica, viene da fattori esterni. La guarigione invece è il processo con cui si ristabilisce l'equilibrio generale della persona ammalata. Viene soprattutto da risorse interiori, da quel che di personale ognuno porta nel suo incontro con la malattia. Commonweal non aveva alcuna «cura» per il cancro, ma poteva aiutare con la «guarigione». Questo era il vero significato del ritiro.

Dopo la cena – sempre vegetarianissima – toccò a noi presentarci, raccontando la storia che ci aveva portati lì. Eravamo nove partecipanti, sei donne e tre uomini, tutti con facce giallastre, gli occhi impauriti e i capelli appena rispuntati dopo le recenti chemioterapie. Ero il solo straniero e, dal mio punto di vista, tutto quel che seguì fu un altro modo di guardare dentro a quell'America di cui a New York avevo sentito la insopportabile angoscia.

Un ortopedico, poco più giovane di me, era stato lasciato dalla moglie subito dopo che gli era stato scoperto il cancro. Quel che gli pesava di più, disse, era che la moglie, andandosene, aveva vuotato la casa di tutti i mobili. Una piccola, vivacissima donna sui trentacinque anni, disegnatrice di moda, s'era vista anche lei, poco dopo la diagnosi, presentare dal marito i fogli del divorzio. A tormentarla era il fatto che, malridotta com'era dalla chemioterapia, non poteva occuparsi del figlio ancora piccolissimo, e che il marito glielo stava portando via.

A parte una donna di San Francisco che aveva una situazione matrimoniale normale, con marito e due bambini, e quindi un grande sostegno affettivo, tutti gli altri erano in situazioni personali instabili e segnate da grandi delusioni e conflitti.

Molti si sentivano abbandonati dalla famiglia e capiti meglio da amici o colleghi di lavoro. Un'avvocatessa di Denver, anche lei divorziata, si commosse a raccontare come un giorno, per non farla sentire in imbarazzo per la sua testa pelata dalla chemioterapia, la sua segretaria e la sua assistente si erano presentate in ufficio con i capelli rapati a zero.

Stavamo seduti per terra, in circolo, noi nove più la persona incaricata di gestire la conversazione. Quella persona gestiva anche una scatola di fazzoletti di carta che veniva di volta in volta spinta dinanzi a chi si accingeva a parlare così che potesse asciugarsi le lacrime che, si sapeva, avrebbero accompagnato ogni racconto. Presto ci rendemmo conto di quello strano, ma appropriato girare della scatola e scoppiammo tutti in una grande risata. Rise anche la giovane disegnatrice di moda che raccontò di uno studio, fatto da una qualche università, che dimostrava come le lacrime che vengono quando si tagliano le cipolle hanno una composizione chimica completamente diversa da quella delle lacrime che ci venivano lì: «lacrime di tristezza o di rabbia», come le chiamò.

La tristezza e la rabbia che sentivo nelle storie dei miei compagni avevano a che fare col loro tipo di vita, con le loro relazioni con altri esseri umani molto più che con la malattia in sé. Ecco i criteri da prendere in considerazione nel valutare il livello di «sviluppo» di una società! Altro che prodotto interno lordo o reddito pro capite! Con quale metro si misura la «ricchezza» di avere nella propria vita una persona su cui poter contare, con cui guardare avanti e indietro, con cui spartire le gioie e i dolori del momento? Una persona magari incontrata da giovani, con cui si è cresciuti di pari passo e con cui sarebbe bello invecchiare assieme. Quale valore ha nel processo di guarigione di un malato la semplice esistenza di una persona così? Secondo me, enorme. Lo stesso vale certo per un bel rapporto di fiducia col proprio medico. I miei compagni erano d'accordo.

L'avvocatessa di Denver scoppiò in lacrime: aveva cambiato l'oncologo che le aveva detto di non poter fare più nulla per lei. La donna-giudice del Minnesota raccontò invece che il suo era il medico ideale. Non le aveva mai parlato di percentuali di guarigione, di anni o di mesi di prevedibile sopravvivenza. Le diceva solo cose positive e lei era determinata a «non far parte di una statistica».

Un uomo sulla cinquantina che lavorava a Washington per un'organizzazione dei diritti umani e aveva una lunga storia col cancro disse di aver cambiato due mogli e tantissimi medici per non sentirsi solo con la malattia.

Tutti erano arrabbiati con le loro società di assicurazione che ricorrevano a qualsiasi cavillo pur di non pagare i conti degli ospedali. L'ortopedico aveva scoperto che la polizza sulla vita fatta molti anni prima conteneva una clausola secondo cui l'assicurazione non avrebbe pagato alcun premio ai suoi figli se lui si fosse suicidato. La donna-giudice gli confermò che sarebbe andata esattamente così.

La grande «presenza» a Commonweal era l'oceano. Se ne sentiva la vastità anche non vedendolo. Se ne sentiva il respiro anche a non ascoltare coscientemente, al di là di tutti gli altri rumori, il suo ansimare profondo portato dal vento che soffiava in continuazione. Giorno e notte, notte e giorno. L'oceano c'era sempre e forse era lui il grande maestro di Commonweal. Lui era la medicina che tutti eravamo venuti a cercare.

Dormii benissimo. Mi alzai come al solito molto presto e al primo albeggiare, con la luce che bastava appena per vedere dove mettevo i piedi, imboccai il piccolo sentiero che dalla foresteria portava fuori dal bosco di alberi contorti, attraversava dolcemente le dune verdi d'erba carica di rugiada e precipitava poi, a volte quasi pericolosamente, giù per il dirupo e le rocce, giù fino a lui: l'oceano immenso, stupendo, che si rotolava sulla spiaggia, abbracciava gli scogli, giocava con vecchi legni prendendoli con sé per ributtarli poi sulla riva. Da miliardi di anni così, a cancellare in un attimo la traccia che qualcuno o qualcosa lasciava sulla rena, le mie orme, quelle di un granchiettino che usciva dalla sua minuscola tana, le impronte dei pezzi di legno.

Camminavo sulla spiaggia raccogliendo qua e là piccoli, strani sassi che avevo notato. Erano di color rosa, piatti e levigati. Al centro avevano un cerchio nero, come l'occhio fossilizzato di un qualche essere di tanto tempo fa. Godevo dell'antichità del mondo. Ero solo e mi sentii travolgere, commuovere dalla grandiosità della natura.

Lo spumeggiare delle acque teneva sospesa nell'aria una nebbiolina umida che mi nascondeva il sole, ma quel soffuso biancore senza contorni mi fece sentire ancora di più l'infinità dell'oceano e pensare all'eternità non come a un tempo senza fine, ma a un momento senza tempo. Come quel momento lì: un momento in cui anche a me parve di essere eterno, perché la grandezza da cui mi sentivo avvolto, la grandezza che era fuori di me, mi sembrò d'averla anche dentro.

Tornando mi accorsi che là dove il sentiero era di nuovo pianeggiante, alto e pacifico sulla costa, in mezzo all'erba c'era una sgangherata capannina fatta di vecchi legni ingrigiti alle intemperie. Un gancio di ferro teneva ferma la porta. L'aprii. Lo spazio era minimo, ma denso di presenze. Su un tavolino piccolo e basso, come su un altare, c'erano dei fiori secchi, delle conchiglie, e i resti di una candela lasciata da altri visitatori. Mi venne da aggiungerci il sassolino con l'occhio antico che avevo appena preso sulla spiaggia. Seduto sulla piccola stuoia di paglia che era per terra rimasi in silenzio ad ascoltare il respiro dell'universo e il mio.

L'incontro con l'oceano divenne un mio rito quotidiano. Al mattino, prestissimo, quando gli altri dormivano ancora andavo a camminare sulla spiaggia. La sera, prima di cena, andavo a sedermi al riparo dal vento in qualche parte isolata del grande prato che dominava la costa e da lì guardavo le acque prendere i colori del tramonto.

Una sera che il vento era fortissimo e le onde giù, giù in basso, si abbattevano con grande foga sulla spiaggia, ritmate, costanti come fossero il respiro di un immenso essere, mi fermai a osservare un vecchio tronco d'albero che l'oceano prendeva e lasciava, facendolo ora galleggiare, ora rotolare sulla spiaggia. Pensai a me stesso come quel tronco. Quel tronco era il mio corpo e dall'alto, con serenità, lo guardavo ballare e perdersi nelle braccia di quel benevolo gigante. Nel cielo comparvero due bellissimi pellicani. Grandi e silenziosi, ad ali spiegate, volavano lungo la costa lasciandosi portare dal vento: la mia anima? Il ricordo di me? Provai una grande pace e mi chiesi quanti altri partecipanti ai ritiri, in passato, avessero pensato a volare come quei pellicani, a planare giù per quelle meravigliose rupi verso il mare. Sarebbe stato bello farsi portare via dal vento. Mi sentii magnificamente solo, senza responsabilità, senza pesi, senza le lacrime di nessuno.

Poco dopo, a cena, scoprii che l'interessante mangiare vegetariano era in verità una grande noia. Cambiavano i colori, ma tutto restava senza sale e senza sapore. Era però sanissimo, diceva la monaca-cuoca che presiedeva su una cucina da cui non usciva né una tazza di caffè, né una di tè. Solo tisane.

Le mattine cominciavano con la meditazione e gli esercizi di rilassamento guidati da Waz. Era bravissimo a creare una bella atmosfera e a rincalzare le coperte sotto le quali ognuno si doveva distendere per dimenticare la testa, le braccia, le gambe e per ritrovare, nel silenzio, quello «spazio interno di pace» nel quale avremmo potuto sempre rifugiarci. Waz parlava anche di un «luogo sacro dove il finito e l'infinito si incontrano». Tutte quelle parole mi irritavano, ma gli esercizi erano ottimi e certamente da includere nella routine quotidiana per il mantenimento del corpo... e forse un po' anche del resto.

Dopo la colazione – anche quella «sanissima» – era la volta delle varie attività e discussioni di gruppo. Una che mi piacque era *imagery*, il gioco con le immagini. Sempre seduti per terra, ognuno con davanti a sé un grande foglio bianco e dei colori, dovevamo descrivere, in qualunque modo ci venisse naturale, la nostra vita in quel momento, l'«oggi», e quella che ci aspettavamo «poi». Una volta finito, ognuno presentava la sua visione agli altri spiegando a parole quel che aveva voluto dire col suo disegno. Trovai interessante che tutti i miei compagni esprimessero la speranza che il «poi» fosse un «meglio».

Io avevo diviso il foglio in quattro parti uguali. Al centro avevo messo un bel sole rosso che sorgeva – o tramontava? – sulla linea mediana, che era l'orizzonte di un mare dalle onde blu. Sul fondo del mare, nella situazione dell'«oggi», avevo disegnato il relitto di una barca sulla cui fiancata c'era l'ideogramma cinese di «vita». Banchi di pesci si muovevano fra le alghe, tanto nell'una quanto nell'altra parte del foglio, tanto nella situazione dell'«oggi» che in quella del «poi».

Quando venne il mio turno spiegai, un po' sul serio, un po' per far divertire gli altri, che sulla scala dell'universo il mio malanno non incideva granché; qualunque fosse stato il «poi» della mia storia, il sole sarebbe sorto e tramontato ancora e i pesci avrebbero continuato a nuotare sul fondo della coscienza cosmica.

Il più angosciante fu il disegno dell'uomo di Washington. Aveva disegnato se stesso davanti a una sorta di organigramma con tutti i suoi impegni: l'ufficio, i figli avuti dalle due mogli, l'ospedale, l'erborista, l'agopunturista, la massaggiatrice. Spiegò che per andare da un appuntamento all'altro gli toccava guidare anche un'ora e si chiedeva se tutta quella «medicina alternativa» valesse davvero la pena. Il «poi» lo vedeva col suo solito sé dinanzi a una scala che portava in alto: senza alcun impegno.

In tutta la vita ho sempre avuto un problema col «noi», con quel naturale tentativo che l'uomo è solito fare per sentirsi parte di una comunità. Quel «noi» mi ha sempre messo a disagio. Fra i momenti più orticanti dei cinque anni in cui – per fame – lavorai alla Olivetti, ricordo quelli in cui qualcuno, capo o collega, magari camminandomi accanto in corridoio, mi metteva una mano sulla spalla e diceva: «Noi della Olivetti...» Non mi sentivo affatto parte di quel «noi». Per trent'anni sono stato felicissimo di esse-

re giornalista, ma non sono mai riuscito a identificarmi con quel
tanto spesso usato «noi giornalisti».

In qualche modo provavo la stessa cosa lì, con gli altri partecipanti al ritiro, ma non per arroganza. Quasi per il contrario. Non
riuscivo a vedermi come gli altri, non riuscivo a sentirmi parte di
quella che Albert Schweitzer chiamava «la comunità di quelli segnati dalla sofferenza». Onestamente: gli altri erano segnati. Io
no. Non potevo paragonarmi all'ortopedico, rimasto senza moglie e senza mobili, che ora aveva una macchinetta incassata nella pancia per far funzionare il suo fegato: solo e abbandonato da
tutti. Non potevo paragonarmi alla signora di San Francisco che,
non ancora quarantenne e con due figli piccolissimi, doveva decidere se fare o non fare una seconda chemioterapia, comunque
con poche possibilità di sopravvivere a lungo. Quella sofferenza
marcava, lasciava un segno. La possibile morte di quella donna
era «ingiusta». Non la mia.

Avrei potuto morire tante volte prima: in Vietnam; in Cambogia, quando fui preso dai khmer rossi; nelle Filippine, quando mi
ostinai a salire sul Pinatubo, il vulcano che sputava soffocanti nuvole di cenere; o in un incidente aereo: quello predettomi dall'indovino di Hong Kong, o uno con quelle bare volanti che erano gli
Antonov dell'Aeroflot negli ultimi mesi dell'Unione Sovietica.
Era una fortuna che fossi ancora lì! E se ora delle cellule impazzite si riproducevano in malo modo nel mio corpo, non c'era niente di terribilmente innaturale, niente di inaccettabile in questo.

Qualcosa di profondo mi univa però a quei compagni. Come
tutti loro, anch'io non avevo mai seriamente pensato alla mia
morte. Sì, nei mesi di New York avevo sentito la morte come
possibile, vicina; ma non mi ci ero mai davvero, coscientemente
confrontato. Non era una colpa. L'uomo da sempre ha fatto così.

Nel *Mahabharata* c'è un episodio che riassume bene lo strano
rapporto che la razza umana ha con la morte.

I cinque fratelli Pandava, principi esiliati dal loro regno, vivono per alcuni anni nella foresta. Un giorno, dando la caccia a un
cervo che non si lascia prendere, i cinque si fermano, esausti e
assetati, in una radura. Il più giovane sale su un albero, vede in
lontananza uno stagno e dice ai fratelli che va a prendere l'acqua.
Il tempo passa, ma il giovane non torna. Il secondo fratello va a
cercarlo, e anche lui scompare. Lo stesso succede al terzo e al
quarto fratello. Il quinto, rimasto solo, si dirige allora verso lo
stagno e resta allibito: i suoi quattro fratelli giacciono morti al

bordo dell'acqua fresca e cristallina. Non ci sono tracce di lotta, non ci sono orme, tranne le loro. Si dispera ma, assetato com'è, mette una mano nell'acqua per bere.

« Fermo! » sente dire. « Questo è il mio stagno. Solo se rispondi alle mie domande potrai bere. Se bevi senza rispondere, morirai come sono morti i tuoi fratelli. » A parlare è una cicogna che ripete la sua sfida.

« Rispondi alle mie domande e potrai bere. »

Il giovane Pandava accetta. I primi quesiti sono facili e il giovane non ha difficoltà a rispondere. Poi viene la domanda chiave:

« Dimmi, qual è l'aspetto più sorprendente della vita? » chiede la cicogna.

« Che l'uomo vede la morte mietere innumerevoli vite attorno a sé, ma non pensa mai che la morte verrà anche per lui », dice il giovane toccando i cadaveri dei fratelli.

La risposta è esatta. L'incantesimo è rotto e i quattro fratelli, nessuno dei quali aveva pensato che la morte era lì anche per lui, tornano in vita.

In questo senso ero anch'io « segnato » come i miei compagni. La morte a cui ognuno di noi si riferiva non era astratta, teorica; non era la morte degli altri. Era la nostra. Era la mia. E il bisogno di prenderne atto mi legava a quelle otto persone che non avevo mai incontrato prima, che con ogni probabilità non avrei mai rivisto, ma con cui, col passare dei giorni, mi ritrovai in una insolita intimità. Presto mi accorsi che la vera ragione del mio essere lì era proprio quella di parlare della morte.

« Allora, come ci piacerebbe morire? » esordì l'animatrice del gruppo. E quello fu il tema della mattinata. A ruota libera, senza timore di offendere o di pesare su nessuno, ognuno disse la sua, a volte con la scatola dei fazzoletti di carta che doveva essere messa di corsa davanti a qualcuno, a volte con delle risate, come quando la parola passò all'ortopedico. Dopo la discussione della prima sera sul problema delle assicurazioni e sul fatto che la sua non avrebbe pagato il premio ai figli se si suicidava, lui aveva ben riflettuto sulla faccenda. Aveva deciso di non usare la pistola che si era già comprata, ma di ricorrere alla barca. Con quella avrebbe simulato un incidente di mare in cui il suo corpo non sarebbe mai stato ritrovato... e l'assicurazione sarebbe stata costretta a pagare! Più che una bella morte, a lui interessava raggirare l'assicurazione e già questo, secondo l'animatrice, era positivo, un segno della sua «volontà di vivere».

A me sorprese che il suicidio – con o senza il risvolto assicurativo – fosse una ipotesi presa in considerazione da quasi tutti i miei compagni e che specie quelli senza una famiglia contassero di andare a morire in una istituzione americana di cui io non conoscevo nemmeno l'esistenza: The Hospices. Questi sono ricoveri per malati terminali, dove, a detta dei miei compagni, è possibile essere aiutati a suicidarsi. «Si tratta di aspettare che arrivi una bella onda e di cavalcarla», disse l'animatrice che prima del suo incontro con la malattia era stata probabilmente una surfista lungo la costa californiana.

Io parlai della morte come l'avevo vista nella mia infanzia: non qualcosa di insolito, ma di sacro, di misterioso; qualcosa che incuteva rispetto, dinanzi al quale bisognava camminare in punta di piedi, parlare sottovoce. Mi ricordavo bene il malato nel suo letto, i parenti a bisbigliare in salotto e poi la veglia attorno al morto. Il cadavere stava lì e tutti lo guardavano con meraviglia e accettazione. La morte c'era.

A quei tempi, uno che era stato portato all'ospedale nella speranza di una cura, quando i medici dicevano che non c'era più nulla da fare, veniva riportato dai familiari a morire a casa. E così le sue ultime sensazioni di questo mondo erano quelle a cui era più abituato: la consistenza del suo materasso, l'odore dei lenzuoli e quello del cinabrese dato al pavimento di cotto, lo scricchiolio di una porta. Oggi si fa esattamente il contrario. La morte è un imbarazzo, è da nascondere, e il malato senza speranza viene mandato all'ospedale a morire dietro una tenda, immobilizzato da tubi e altri aggeggi, circondato da suoni e odori aggressivi, da facce estranee: già di là, quando è ancora di qua. Se potevo scegliere, dissi, avrei fatto di tutto per evitare l'ospedale e per morire come erano morti tutti e quattro i miei nonni: nel loro letto.

L'avvocatessa di Denver si fece passare la scatola dei fazzoletti di carta e mi ringraziò. La mia descrizione l'aveva convinta a non andare all'ospizio.

Il tema della morte – quella «terra incognita» di cui nessun viaggiatore ci ha mai raccontato – fu al centro di tante altre discussioni. Non so esattamente che cosa facevamo parlandone. La esorcizzavamo? Son sicuro che uno psicologo avrebbe saputo spiegarselo, ma non mi avrebbe aiutato quanto quel parlarne e riparlarne con chi per esperienza sapeva di che stavamo parlando.

E parlarne era possibile solo lì. Lo disse bene il solito ortopedico: una ragione del suo divorzio era che lui voleva parlare della
propria morte, mentre la moglie lo evitava citandogli in continuazione le percentuali della sopravvivenza media fra le persone della sua età col suo tipo di cancro. «Voleva farmi sentire bene a
forza di statistiche», disse.

La donna coi due figli piccoli disse che la sua malattia era già
di per sé un peso enorme per suo marito e non voleva certo aggiungerci anche il bisogno, che pur sentiva forte, di parlargli della propria morte. Avevo provato lo stesso nei confronti di Angela.
Per questo mi faceva piacere essere lì, con altri malati con cui potevo scaricare quel peso.

«D'accordo: accetto che debbo morire e forse anche presto.
Ma questo è in contraddizione col lottare per vivere?» chiese
l'avvocatessa di Denver.

Ero fresco di letture zen e credetti di poter contribuire alla discussione con una storia che dava una risposta. Un vecchio monaco sta per morire. Si mette a letto e annuncia che entro la sera
se ne andrà. Tutti i suoi discepoli accorrono al suo capezzale. Solo uno, il più devoto, invece che andare dal maestro corre al mercato. Cerca un dolce che sa piacere moltissimo al monaco. Il dolce non c'è e il novizio impiega una intera giornata per farne fare
uno. Di corsa, sperando di arrivare ancora in tempo, torna alla
cella del maestro. Appena si affaccia alla porta, quello apre gli
occhi e dice:

«Finalmente! E il dolce dov'è?» Ne prende un pezzetto e si
mette a mangiarlo con grande gusto.

I discepoli sono esterrefatti. Uno chiede: «Maestro, qual è il
tuo ultimo insegnamento? Dicci qualcosa con cui ti potremo ricordare».

Il maestro sorride. «Questo dolce è squisito», dice lento, sop-
pesando le parole.

La sua ultima lezione è semplice: vivete ora, vivete nel momento. Il futuro non esiste. Siatene coscienti. Ora, in questo momento, questo dolce è delizioso. Persino la morte non conta... ancora.

Con quella storiella mi pareva di essere stato abbastanza filosofico: in fondo diceva quel che aveva detto anche il gioielliere di
Delhi e che allora avevo trovato così saggio. Ma la simpatica madre dei due bambini ebbe un dubbio.

«Non vi pare che tutte queste storie, i massaggi, le medicine alternative, lo yoga, i disegnini e tutto il chiacchierare di 'guarigione' invece che di 'cura' son tutte delle fandonie?»

Ridemmo, ma lei scoppiò a piangere: «Io vorrei solo trovare una medicina che eliminasse il mio cancro. Vorrei guarire e vedere i miei figli crescere».

Raccontò che suo padre era stato un uomo terribilmente violento e che quando lei era piccola spesso la picchiava. Ora lei vedeva in uno dei suoi figli la stessa violenza e voleva continuare a vivere per poterlo aiutare a non distruggersi. Fino ad allora mi era sembrata la sola del gruppo ad avere una «normale» vita familiare. Invece, nemmeno lei. L'America!

L'animatrice concluse l'ora chiedendoci di restare seduti per terra, in circolo com'eravamo, ma a occhi chiusi, prendendoci per mano. In quel modo ci saremmo «passati l'energia». Trovai tutto questo un po' ridicolo, californiano, ma sentii che era il mio solito «io», europeo e altezzoso, a rizzare la cresta. Aveva qualcosa di meglio da offrire, lui?

Quella sera, durante l'incontro dopo una cena, sempre bella ma sempre noiosamente insipida, Michael disse che avremmo parlato delle esperienze di «quasi morte» e di ciò che c'è da aspettarsi dal morire, secondo quelli che dicono di essere stati sulla soglia dell'aldilà e di esserne tornati.

Non era un argomento che riuscivo a prendere molto sul serio. Nei mesi passati a New York mi ero interessato a queste storie perché, come quelle degli UFO, dei dischi volanti e di altre stranezze, mi parevano far parte della cultura americana. Ci si fa poca attenzione, ma secondo me giocano un ruolo importante nella psiche della nazione. Volumi e volumi continuano a essere scritti su queste stramberie; decine di convegni riuniscono ogni anno migliaia di persone che si raccontano le loro insolite esperienze, finendo tutte per ripetere le stesse cose con gli stessi dettagli. L'omogeneità di quei racconti viene poi usata come prova della loro veridicità. Avevo letto vari libri su questo argomento e, «stranamente», ero arrivato a Commonweal con in tasca uno che non avevo finito e il cui titolo diceva tutto: *Why People Believe Weird Things*, perché la gente crede in cose strambe.

Quando Michael, dopo aver parlato della letteratura sui fenomeni di «quasi morte», riferì la testimonianza di un signore che aveva fatto il viaggio di andata e ritorno dall'aldilà come fosse la cosa più ovvia del mondo, io non riuscii a star buono.

«... aveva avuto un terribile incidente d'auto. Era praticamente morto», disse Michael. «Si ritrovò in una galleria buia, poi vide una luce, una luce che diventava sempre più grande, che lo attirava a sé, e sentì una voce dirgli...»

«... in inglese, immagino», sbottai io. E tutti scoppiarono in una gran risata. Anche Michael.

La giovane disegnatrice, che era di origine tedesca, disse che anche Goethe, morendo, aveva fatto un'esperienza simile. Per questo erano rimaste famose le sue ultime parole: «Mehr Licht!», più luce!

«Macché», dissi. «Voleva solo che gli aprissero di più la finestra. Non gli piaceva morire in una stanza buia.»

La serata continuò in tono leggero. Parlando delle esperienze molto più reali di persone che erano state vicinissime alla morte, ma si erano salvate, Michael citò lo studio di uno psicanalista ebreo che, sopravvissuto ad Auschwitz, si era chiesto come avesse fatto. Di che tipo erano quelli che, come lui, erano usciti vivi dai campi di sterminio? Più robusti fisicamente? Niente affatto. Erano quelli che avevano avuto un senso più spiccato della propria vita e della propria morte. Questo mi interessava.

Per concludere la serata, Michael parlò di nuovo di uno «spazio interno di pace» che ognuno di noi ha e in cui ci si può sempre rifugiare. Per ritrovare quello spazio Michael pronunciò tre «OM» guidando poi una «trasmissione di compassione». Lui diceva «OM», chi gli stava a sinistra diceva il suo nome e si preparava a ricevere metta, la compassione, i buoni pensieri che tutti gli altri gli indirizzavano; un altro «OM» e quello immediatamente a sinistra diceva il suo nome, riceveva compassione... e così via.

Alla fine tutti erano contenti, dicevano di aver sentito calore, luce, energia. Io avevo solo sentito montarmi la rabbia. Ero stanco della ragione, ma anche orripilato dal suo contrario. Era il mio dilemma: quel che avevo scoperto da solo, quel che mi pareva di essermi conquistato, mi interessava e mi pareva avere un valore; quel che trovavo negli scaffali di un supermercato mi ripugnava. *Un indovino mi disse* era il libro di uno che «crede» nella riscoperta degli aspetti magici della vita, ma ora che ero fra «i credenti» tornavo a essere uno scettico inveterato.

Un pomeriggio, curiosando in un vecchio edificio, arrivai per una scaletta di legno in una grande stanza vuota. Il pavimento era coperto da un telone sul quale era dipinto in bianco e viola un labirinto. Era ovviamente fatto per camminarci sopra. Mi tolsi i sandali e a piedi nudi, passo, passo, sbagliando, tornando indietro e ripartendo, lentamente riuscii ad arrivare al centro. Ero solo. C'era silenzio e provai una bella sensazione. Ci tornai un paio di volte. Mi piaceva. C'era qualcosa di magico in quel perdersi e ritrovarsi, sempre puntando verso il centro.

Una collaboratrice di Commonweal che non avevo incontrato prima mi aveva osservato mentre facevo una delle mie camminate e venne a parlarmi. Si stava interessando al labirinto come mezzo per il risveglio della spiritualità. Era lei che lo aveva costruito per usarlo in uno dei prossimi ritiri.

Il labirinto, mi spiegò, è simbolico del cammino sacro che l'uomo deve percorrere per avvicinarsi al proprio centro. Lì poteva aiutare i partecipanti a ritrovare in sé qualcosa che era stato messo da parte, che rimaneva nascosto, ma che cercava di esprimersi: qualcosa che poteva aiutarci a vedere un senso in quel che ci succedeva.

A me succedeva, ad esempio, su un promontorio della California, durante un ritiro per malati di cancro, di scoprire il labirinto! E non è straordinaria la vita? In un libro sulla storia dei labirinti che quella donna mi fece prendere dalla biblioteca di Commonweal, scoprii che i primi labirinti risalgono a più di 4500 anni fa; che un labirinto del 2500 avanti Cristo, scolpito nella roccia, si trova... in Sardegna; che uno dei primi labirinti su muro è a... Lucca, sulla facciata della cattedrale! Era lì perché i fedeli, prima di varcare la soglia della chiesa, seguissero col dito quel percorso scolpito nella parete accanto al portone, calmando così la loro mente, lasciandosi dietro i pensieri quotidiani e preparandosi a entrare nello spazio sacro dove doveva avvenire il loro incontro con Dio.

Per secoli il sogno di tanti cristiani fu di andare in pellegrinaggio a Gerusalemme, ma a cominciare dal 1100, con le Crociate, il viaggio in Terra Santa si fece sempre più pericoloso. Alcune nuove cattedrali, concepite come fossero Gerusalemme, diventarono così la meta di un pellegrinaggio sostitutivo. Percorrere il labirinto intarsiato nel pavimento di queste cattedrali era per il fedele la conclusione del cammino simbolico che non aveva potuto compiere realmente. Al centro di questi labirinti c'era spesso una ro-

sa, l'equivalente occidentale del fiore di loto, simbolo dello spirito, dell'illuminazione. Il più noto e più bello di questi labirinti si
trova nella cattedrale di Chartres.

Un'altra sera dopo cena, sempre guidati da Michael, fu la volta
del poetare. Ognuno doveva scrivere dei versi che riflettessero
il proprio stato d'animo del momento. La mattina seguente ognuno avrebbe ricevuto le fotocopie delle poesie altrui e tutte assieme sarebbero state al centro della discussione di gruppo. Michael
ci incoraggiò a sentirci estremamente liberi, a buttar giù le parole
come venivano, poi finì con un avvertimento: «Non arrovellate-
vi: non c'è nessuna parola che faccia rima con cancro».
    Quand'ero ragazzo dipingevo. A sedici anni ho cercato di scri-
vere un romanzo, una volta provai persino a scolpire un pezzo di
legno, ma la poesia – se così la si può chiamare – che lasciai sul
tavolo di Commonweal credo fosse la prima della mia vita.

Nobody ever told me
I could fly.
Nobody ever promised
I won't die.
Yet without wings
I flew
And now without regret
For promises unkept
For things undone
Now without much pain
*I feel like flying yet... again.**

Michael era un bel personaggio. Aveva studiato psicologia infantile, poi, con la fondazione di Commonweal, s'era interessato di
medicina, di chimica e di ecologia, ma non sapevo se nell'anima
fosse davvero uno scienziato. Nelle discussioni di gruppo era
sempre rispettosissimo delle opinioni di tutti e non avevo ben ca-

---

    * Nessuno m'ha mai detto / «Volerai». / Nessuno m'ha promesso /
«Non morirai». / Eppur senz'ali / ho già volato tanto / e ora senza alcun
rimpianto / di promesse mancate / di cose incompiute / senza pena aggiunta
o tolta / mi preparo a volare un'altra volta.

pito quale fosse la sua. Non sapevo dove stava Michael. Lui però credeva di aver capito dove stavo io. Aveva visto un migliaio di persone passare da questi seminari ed era arrivato a una classificazione sommaria dei partecipanti: i mistici e i realisti.

«Tu non sei certo dei primi», mi disse, un giorno che m'ero seduto accanto a lui a pranzo. «Non che il misticismo sia una prospettiva superiore a quella del realismo...» Si fermò e aggiunse: «E poi, son tutte parole». Fece l'esempio della sua nuova moglie che non parlava mai di spiritualità, ma che, appena cominciava a piovere, andava in strada a raccattare le lumache perché non venissero schiacciate dalle automobili. «Lei non ha bisogno di cercare la spiritualità. Io invece ci debbo lavorare parecchio.»

E io? Ero davvero un realista e basta? O ero in mezzo al guado: da un lato, convinto che il realismo della ragione non mi bastava più; dall'altro con la paura che quello che Michael chiamava misticismo e spiritualità fossero concetti ambigui, senza criteri validi per tutti, privi di riferimenti comuni, per cui soggettivi e parziali. Mi pareva di camminare su un terreno scivoloso. A volte il solo suono di parole come «energia», «vibrazioni» mi faceva attorcigliare le budella.

Eppure, anch'io cominciavo a sentire che c'era dell'altro, che bastava guardare le cose da un diverso punto di vista e tutto quadrava: quella malattia era venuta per insegnarmi qualcosa, io stesso avevo avuto bisogno di percorrere il cammino del labirinto per avvicinarmi al mio centro, per dedicarmi a cose che prima non avrei neanche immaginato. Non era in fondo proprio quello che sentivo istintivamente di dover fare per affrontare, gestire, convivere col mio malanno?

Innanzitutto dovevo vincere la mia arroganza, le mie resistenze intellettuali, quel senso di «questa non è roba per me». Dovevo guardare il mondo con altri occhiali: quelli che avevo usato finora non erano necessariamente i migliori, né i meno deformanti.

Quanto alle varie terapie, Commonweal era sostanzialmente in favore della medicina classica, allopatica, ma lasciava spazio a tutto il resto, senza escludere niente. Michael insisteva molto sull'avere delle possibilità di scelta, sull'importanza della qualità della vita, specie quando si trattava di evitare l'accanimento terapeutico a cui i medici, e spesso anche i familiari, espongono e persino costringono i pazienti. Pur trovando aspetti positivi anche in varie pratiche complementari, era molto scettico su alcune cliniche, sorte ai confini con gli Stati Uniti, specie in Messico, che promettevano «cure» per i disperati.

Michael sosteneva che il coinvolgimento, anche psicologico, del malato al proprio processo di «guarigione» era importantissimo, ma rifiutava l'idea new age e della medicina alternativa secondo cui il malato è responsabile o, ancor peggio, colpevole della propria malattia. «Pensarlo è assurdo e pericoloso», diceva Michael. «Il cancro è essenzialmente una malattia epidemica e la stragrande maggioranza delle ragioni per cui è così non sono dentro di noi, ma fuori di noi.»

Michael e la sua gente si erano molto interessati al rapporto fra cancro e ambiente. Partendo da ovvie correlazioni erano arrivati ad alcune inquietanti conclusioni. Un loro studio recente dimostra ad esempio che il latte, il latte che la madre dà al suo neonato, è diventato uno degli alimenti oggi più tossici. Come ultimo anello della catena alimentare, gli esseri umani sono il ricettacolo di tutti i fattori inquinanti che a ogni passaggio si «bioaccumulano», aumentando da venti a cento volte, a seconda del cibo, il loro carico velenoso. Siccome il latte materno costituisce un ulteriore passaggio nella catena, i poppanti finiscono per essere gli ultimi destinatari delle tossine che le madri hanno accumulato nel corso della loro vita.

L'allattamento, certo una delle funzioni più naturali di ogni mammifero, sta quindi trasformandosi sempre di più in una sottile forma di avvelenamento indiretto.

«Da venticinque anni a questa parte», diceva Michael, «decine di milioni di americani, in centinaia di centri urbani, bevono dai loro rubinetti acqua che in varia misura è contaminata da insetticidi, defolianti e fertilizzanti artificiali. Non solo la bevono; ci fanno il bagno, ci fanno la doccia, finendo per inalare e assorbire, anche attraverso i pori della pelle, piccole quantità dei componenti chimici originariamente destinati ai campi.»

Secondo gli studi di Commonweal, allattare resta tuttora la migliore cosa da fare. Le madri scaricano così gran parte del loro carico chimico e i figli, pur ingerendolo, sembrano, nonostante tutto, crescere meglio di quelli tirati su col biberon.

Il rapporto fra la salute della Terra e quella degli uomini (e degli animali) era uno dei temi al centro delle altre attività di Commonweal. Da qui il loro impegno in vari progetti, da quello sulla biodiversità a quello per la protezione del mare lungo la costa della California. Quel gruppo di hippy venuti a salvare gabbiani e pellicani si era magnificamente riciclato: un aspetto positivo dell'America.

Michael continua col suo lavoro, ma le sue lettere più recenti riflettono una crescente preoccupazione per la salute della Terra. La sua esperienza coi malati di cancro gli ha dimostrato che la condizione psicologica, la coscienza di vivere con una malattia che mette a repentaglio la propria vita, può trasformarsi in senso positivo e si chiede se la stessa trasformazione non possa avvenire anche nell'ambito di un popolo, o dell'intera umanità. «Noi uomini», dice Michael, «abbiamo sferrato uno spaventoso attacco contro ogni forma di vita sulla Terra e questo massacro minaccia ora noi stessi. È venuto il momento di riconoscerlo e di correre ai ripari.»

Non potrei essere più d'accordo con lui. L'uomo deve sviluppare una nuova coscienza di sé, del suo essere al mondo, dei suoi rapporti con gli altri uomini e con gli altri esseri viventi. Questa nuova coscienza deve ritrovare una componente spirituale con cui bilanciare l'ossessivo materialismo del nostro tempo. Solo allora sarà possibile sperare in una civiltà globale nuova e sostenibile. Quella attuale è ormai una civiltà in fase di imbarbarimento, una civiltà che ci ha condotti in un vicolo cieco. Dobbiamo uscirne.

Michael suggerisce per questo di passare dalla cura degli individui alla cura del pianeta. La Terra, dice, è ormai affetta da una malattia che minaccia la sua sopravvivenza, come il cancro minaccia la vita di quelli che partecipano ai seminari di Commonweal. Dobbiamo creare un movimento che alzi, in ogni modo possibile, il livello della coscienza umana verso quella che Michael chiama la *interbeing consciousness*, la coscienza dell'interdipendenza di tutti gli esseri viventi.

Una mattina «l'ora dell'immaginazione» venne impiegata in modo inaspettato. In gruppo traversammo i prati verdissimi e andammo verso il capannone più grande, affacciato sul mare. Non era stato restaurato, e aveva un'aria spettrale. Dal tetto filtravano raggi di sole e il vasto spazio era ancora pieno della roba di cinquant'anni prima: resti scheletrici di generatori, antenne, cavi elettrici, apparecchiature radio. In un angolo c'era, ancora intatto, un vecchio carro rosso dei pompieri. Sembrava il posto adatto per girarci un film di guerra, il set per una esecuzione. E lo era. Appoggiato a una delle enormi pareti inverdite dall'umidità trovammo un grande quadrato di cartone bianco con al centro la parola «cancro». Davanti c'era un tavolinetto con dei pennarelli; per terra c'erano mucchi di vecchie bottiglie di vetro. Il tutto serviva per il tiro a segno. Il bersaglio era la nostra malattia, ma ognuno poteva aggiungere qualsiasi altra parola contro cui scaricare la propria rabbia, tirandoci addosso le bottiglie.

Qualcuno coi pennarelli scrisse «dolore», un altro «burocrazia», «medici insensibili». L'ortopedico scrisse «assicurazione». Il fracasso delle bottiglie che andavano a frantumarsi contro la parete fu liberatorio. Tutti ridevano, si complimentavano a vicenda per aver fatto centro e scaraventavano con foga altre bottiglie. C'era in tutti una grande gioia. Io non mi sentivo addosso alcuna aggressività e regalai tutta la mia razione di bottiglie all'avvocatessa di Denver. Poi, uscendo, presi un pennarello nero e andai a fare due baffi, due occhi e una bocca che rideva al centro del bersaglio, dove la parola «cancro» quasi non si leggeva più. Tornando, tutti erano felici, divertiti. Il gioco era piaciuto. Qualcuno disse che era stata la cosa più bella fatta fino ad allora. Non c'è dubbio che quella controllata violenza delle bottiglie sbatacchiate contro la parete aveva sciolto molti dei grumi di rabbia che ognuno si teneva in petto.

Nella discussione del pomeriggio l'avvocatessa di Denver raccontò un altro pezzo della sua storia. Era stata sposata, ma il marito se n'era andato quando il loro figlio aveva appena quattro anni. C'erano stati grandi litigi per decidere chi andava a stare dove e con chi, finché il ragazzino urlò: «Andatevene via tutti e due. Io me ne sto qui da solo». Partì il marito. A undici anni il figlio diventò problematico, violentissimo. A scuola picchiava i compagni e insultava gli insegnanti. Era intrattabile e spesso urlava cose orribili contro la madre. Uno psicologo suggerì alla donna di comprare uno di quei sacconi pieni di sabbia che i pugili usano per allenarsi. Lei lo attaccò con un gancio in camera del ragazzo e gli disse di farne quel che voleva. Ogni volta che ce l'aveva con qualcuno, il ragazzo scriveva il nome di quella persona sul saccone e con una mazza da baseball gli dava addosso con tutte le sue forze. Sul saccone comparvero i nomi di compagni di scuola, di insegnanti, del padre e anche quello di lei. «Quel saccone ha salvato la vita a tutti e due», concluse la donna.

Quando il figlio aveva ormai ventitré anni, dovettero cambiare casa. La rimozione del saccone fu una cerimonia vera e propria. Alla fine lo seppellirono in giardino come fosse stato un parente.

Una volta accettata l'idea che la morte è parte della nostra vita, ci si sente più forti, si ha l'impressione che nessuno possa più avere potere su di noi. È questo il senso di una vecchia storia giapponese.

Una giovane guardia del corpo dell'imperatore vuole imparare a combattere col katana, la spada dei samurai. Va da un grande maestro di questa arte e lo prega di prenderlo come discepolo. Il maestro vuol vedere che cosa il giovane sa già e i due si scambiano alcuni colpi.

«In quale scuola sei stato?» chiede il maestro, ammirato.

«In nessuna», dice il giovane.

«Impossibile. Tu hai già studiato con qualcuno. Tu sei già stato in una scuola.»

«No, no», insiste il giovane. «Ho imparato da solo. Da quando sono al servizio dell'imperatore, mi sono esercitato da solo a non aver paura della morte.»

«Ah, ecco quale è stata la tua scuola!» esclama il vecchio maestro.

Vincere la paura della morte è un grande passo di libertà per l'uomo. Lo aiuta a vivere meglio, così come lo aiuta a diventare un buono spadaccino.

La cosa strana è che l'uomo moderno studia, impara, si impratichisce con migliaia di cose, ma non impara niente sul morire. Anzi, evita in tutti i modi di parlarne (farlo è considerato scorretto come un tempo era il parlar di sesso); evita di pensarci e quando quel prevedibile, naturalissimo momento arriva, è impreparato, soffre terribilmente, si aggrappa alla vita e così facendo soffre ancora di più.

Eknath Easwaran, un mistico indiano morto nel 1999, che per quarant'anni ha insegnato prima letteratura inglese poi meditazione all'Università di Berkeley, raccontava come sua nonna, che era stata la sua guida spirituale, gli aveva dato una semplice, ma importante lezione. Quando, ancora bambino, era rimasto colpito dalla morte di un familiare, lei lo aveva fatto sedere su una grande sedia di legno e gli aveva detto di reggersi a quella con tutte le sue forze. Lui s'era aggrappato ai braccioli, ma lei era riuscita lo stesso a strapparlo via. Nel resistere lui aveva sentito male. La nonna gli aveva poi chiesto di sedersi di nuovo, ma questa volta senza fare alcuna resistenza. Lei lo aveva allora tolto dalla sedia gentilmente, prendendolo in braccio. «Così avviene con la morte. Sta a te scegliere come vuoi andartene. Ricordatelo.»

Nonne come quella sono sempre più rare. Certo lo sono in America dove il benessere, la longevità e il mito dell'eterna giovinezza stanno sconvolgendo tutti i ruoli tradizionali. Presto sarà così anche in Europa. Le nonne faranno sempre più «la loro vita», sempre più di frequente andranno in vacanza e sempre più preferiranno occuparsi dei loro «fidanzati» piuttosto che dei loro nipoti. Questa è la tendenza, a questo si è ridotta la nostra civiltà! Si cresce sempre più imbottiti di sapere pratico, di nozioni che ci servono a sopravvivere, ad avere successo, ma non possiamo più contare su quel sistema di trasmissione di saggezza, di esperienza della vita e della morte che era rappresentato dalla famiglia e dai vecchi. Dai nonni. Davvero, uno strano mondo il nostro: abbiamo le levatrici che ci aiutano a nascere, ma non abbiamo ormai più nessuno che ci aiuti, ci insegni a morire!

Non è sempre stato così. Quasi tutte le antiche civiltà vedevano nella morte un aspetto essenziale della vita e avevano per questo sviluppato una loro cultura della morte, un loro modo per affrontare questo mistero.

I tibetani, ad esempio, per più di mille anni hanno usato il loro libro sacro *Bardo Thodol*,* scritto, si dice, da Padma Sambhava per affrontare il momento del trapasso. Quando in casa qualcuno sta per morire, il lama che arriva per assisterlo caccia via tutti quelli che gli piangono attorno. Poi, rivolto al morente, lo prega di non resistere, di lasciar andare, di staccarsi dalle cose di questo mondo, dalle persone a cui è stato legato. Ogni legame sta comunque per finire, tutto sta per diventare «vuoto come il cielo senza nuvole». Perché resistere?

«Lascia andare, o nobile nato», dice il lama. «La primordiale luce ti sta venendo incontro, diventa uno con quella. Vai. Vai per la tua strada, o nobile nato, non resistere.» Queste sono le parole che il lama continua a sussurrare nell'orecchio del morente.

* Letteralmente «La liberazione attraverso l'ascolto», è stato tradotto come *Il libro tibetano dei morti*. È sostanzialmente un trattato sull'arte di morire.

Il ritiro, mi rendevo sempre più conto, voleva essere questo: un addestramento alla condizione di malato. Lo disse Michael una sera: tanti dovranno affrontare il cancro, ma nessuno ci arriva preparato. Quando ti dicono che hai il cancro è come se ti buttassero giù da un elicottero in una giungla, senza che tu abbia la minima idea di come sopravviverci. Se tu fossi stato addestrato, sopravvivresti meglio.

Michael insisteva ugualmente sull'importanza dei gruppi di sostegno. Un medico dell'Università di Stanford, che aveva seguito un notevole numero di donne col cancro metastatico al seno, aveva fatto una scoperta sorprendente: quelle che, oltre alla normale terapia, avevano partecipato regolarmente a riunioni con altre donne malate come loro, erano sopravvissute molto più a lungo di quelle che non ci erano andate. Un simile studio, fatto a Los Angeles su altri pazienti di cancro, era arrivato a un'identica conclusione.

«Ma queste notizie», diceva Michael, «non hanno fatto la prima pagina dei giornali come invece fanno le notizie di una nuova possibile medicina contro il cancro. È una questione di soldi; e nei gruppi di sostegno non ce ne sono. Magari ci vorranno altri vent'anni, ma un giorno sarà ovvio a tutti che il sostegno psicologico è una componente importantissima di ogni terapia anticancro.»

E il sistema funzionava. Col passare dei giorni, completamente tagliato fuori dal mondo, senza giornali, senza radio e senza televisione, il gruppo si era sempre più amalgamato; le discussioni si erano fatte sempre più disinvolte. Potevo trovare banale il parlare di «spazio interiore di pace», di «luogo sacro»; eppure, la settimana passata in quel posto appartato sul mare, lontano dalle famiglie o, per molti, da quel poco che ne restava, lontano dalla quotidianità degli impegni, dalle cose da fare, dai medici, dalle assicurazioni, era stata benefica, aveva forse ristabilito un equilibrio. A me pareva che ognuno ne avesse tratto vantaggio e che la consapevolezza della nostra situazione fosse in qualche modo... salita di un gradino. Questo era, dopo tutto, un «luogo sacro», come lo era la capanna sul dirupo (che scoprii si chiamava la cappellina di Jenipher) e i partecipanti cominciavano a pensare che lo «spazio interiore di pace» in cui rifugiarsi esisteva davvero. La paura della morte non era certo vinta, ma era diventata un tranquillo soggetto della nostra conversazione. Non più un tabù.

Una sera dopo cena si fece tardi nella sala comune a parlare di funerali, delle ultime parole da dire, delle cose da lasciarsi dietro. Su questo l'ortopedico fu di nuovo il più preciso. Si era già fatto un sito internet e stava mettendo assieme un CD multimediale in cui raccoglieva foto e spezzoni-video della sua vita, storie di quel che aveva fatto. I suoi figli non avevano un'idea di chi era stato, ma una volta scomparso avrebbero potuto, con comodo, scaricare dal computer il ricordo del padre.

Il discorso cadde poi sulle parole dette in punto di morte e io mi ricordai di Giuseppe Verdi che, aggeggiando con la giacca male abbottonata, disse: «Bottone più, bottone meno...»

Quando mi toccò scrivere quel che avrei voluto dire io, mi venne solo: «Ringrazio tutti quelli che mi hanno dato una mano. E Angela che me ne ha date due».

Se oltre al corpo siamo anche qualcos'altro, quel qualcosa non viene però nutrito bene, non viene annaffiato. Mentre i nostri sensi sono continuamente rimpinzati di tutto quel che possono desiderare – suoni, odori, cose da vedere –, l'anima, se esiste, fa la fame, è assetata.

Eppure – ognuno di noi lo sa per averlo provato – ci sono momenti, una scena di grande bellezza, una parola, un simbolo, in cui sentiamo l'eco di qualcosa che ci è familiare, ma che non ricordiamo. Sentiamo il bisbigliare di una voce a cui vorremmo prestare ascolto, ma dalla quale siamo presto distratti. La verità? Ci sfiora, ma preferiamo non farci caso.

Sempre nel *Mahabharata* c'è una bella immagine di questi incontri. Un uomo cammina nella foresta e sente una ragnatela sfiorargli il viso. Ha due scelte: può, con la mano, fare un semplice gesto, rimuoverla e andare avanti; oppure può fermarsi e osservare il centro di quella ragnatela, della verità.

Tantissime volte nella vita ci capitano di queste esperienze; sentiamo un'allusione a qualcosa che sta dietro le apparenze, ma nella fretta preferiamo, distrattamente, fare un qualche gesto e andare avanti.

Io, andare avanti ora? avanti dove? Tanto valeva che mi fermassi a guardare! Questo era il mio atteggiamento di fondo. Ma non mi era così chiaro, così ovvio. Niente è più duro del togliersi di dosso le vecchie abitudini, i soliti modi di reagire. Niente è più difficile del liberarsi da quel che conosciamo, da quel che siamo... o almeno crediamo di essere. E io avevo ancora le solite reazioni istintive, quella mal riposta vanità, a volte quasi superbia, quella pretesa di possedere una certezza di cui in verità non si è certi.

Non c'è dubbio che gli Stati Uniti hanno una vitalità, una varietà, anche una bella ingenuità, una freschezza, una spontaneità che io, da vecchio europeo, sentivo di aver perso. Ma quell'oceano mi riportava lentamente al semplice, al primitivo.

Lo vedevo bene. Pur partecipando, specie nei primi giorni, alle discussioni, pur approfittandone, come di quella sulla morte, io mantenevo le mie riserve; restavo col mio fondo di sussiego intellettuale ed europeo verso qualcosa che mi pareva poco sofisticato e che pensavo potesse funzionare con gli americani, ma non con me. Avevo l'impressione che in molti casi quel che gli americani avevano scoperto era l'acqua calda, ma forse era proprio quella a far bene e berne un sorso toglieva il gelo pretenzioso e arrogante della mia mente. Questa era la lotta dentro di me: resistevo, cercavo di non lasciarmi andare.

Tipica fu la mia reazione al *sand tray*, il vassoio con la sabbia. «È un mezzo straordinario per aiutare una persona a tirare fuori un qualche aspetto del suo mondo interiore», dicevano le note che ci erano state distribuite. «Ogni bambino sa giocare con la sabbia. Giocateci anche voi. Non fatelo con l'intenzione di ottenere o dimostrare qualcosa. Semplicemente giocateci, lasciandovi guidare dal vostro inconscio.»

Avevo visto due donne del mio gruppo tornare dall'esperienza entusiaste e già questo bastò a farmi pensare che non era fatto per me. L'idea di andare a giocare con la sabbia, sotto gli occhi di una signora della mia stessa età che mi avrebbe aiutato a guardarmi nell'anima, sinceramente mi ripugnava. In verità non riuscivo a scrollarmi di dosso i pregiudizi dell'intelletto che giudica, che interpreta, che sa di aver sfogliato qualche libro. Sempre quel controllo di sé! Mi pareva assurdo essere venuto fin là per sottopormi a qualcosa che in tutta la vita non avevo mai preso sul serio.

Quando misi piede nella stanza dove avrei dovuto «tornare bambino e lasciarmi andare all'inconscio» ero davvero contrariato.

La stanza era quadrata e piccola. Al centro c'era un tavolo con un grande vassoio di legno blu all'interno, bianco all'esterno. Sul fondo del vassoio c'era uno strato di sabbia fine. Le pareti della stanza erano completamente coperte da scaffalature su cui erano ammassate, alla rinfusa, le cose più strane e più varie: figurine di

plastica, cristalli, penne di uccelli, pezzi di ferro, fili, resti di so-
prammobili, nastri colorati, fiori secchi, sassi, maschere, ritagli di
cartone, carte da gioco, vecchie scarpe di bambini, e mille e mille
altri oggetti. Dal soffitto pendeva una grande lampada che illuminava il vassoio con la sabbia come fosse un palcoscenico sul quale stava per svolgersi qualcosa.

«Mi è difficile immaginare che cosa posso fare qui», dissi,
provocatorio, alla signora che gentilissima mi stava aspettando.
«Venendo ho pensato che la miglior cosa è di lasciare tutto co-
m'è... Anche questo vorrà dire qualcosa, non le pare?»

«Se si sente di fare così, va bene. Lei ha già finito», mi rispose con un sorriso: non offesa, non contrariata. Mi incuriosì. Aveva certo già avuto a che fare con dei galletti come me e non aveva
bisogno di alzare la sua cresta per far fronte alla mia, di gonfiare
il suo ego per resistere al mio, messo così scioccamente in mostra. Ridicola non era la situazione. Ridicolo ero io.

Mi sedetti e mi feci spiegare che cosa avrei dovuto fare. La
donna aveva dei bei modi. Pur parlandomi, era come si fosse ri-
tirata. L'ammirai. Era capace di scomparire. C'era, ma la sua presenza non mi pesava. Allora, come se fossi stato davvero solo su
una spiaggia, seguii le sue istruzioni. A occhi chiusi, meditando,
lasciando che le mani decidessero da sé cosa fare, «sentii» la
sabbia, poi, a occhi aperti, ma sempre «abbandonato al mio cuore
di bambino», mi misi a scegliere dagli scaffali le cose da mettere
in un cestino: un angelo dalle ali rosse, un pezzo di marmo azzurro, una piramide di quarzo, una vecchia pigna, un mazzolino di
fiori violetti, una piccola pagoda, un arcobaleno, alcuni tasselli
del gioco delle rune. Guardando uno speciale mazzo di carte da
tarocchi, mi sentivo attratto dal Guardiano delle Torce. Stavo per
aggiungerlo alle altre cose nel cesto, quando la donna disse: «In
questo caso sarebbe meglio lasciare che la mano scegliesse al
buio». Mi fece mischiare il mazzo. A occhi chiusi estrassi una
carta. Era il Guardiano delle Torce!

La composizione che finii per fare usando meno della metà
degli oggetti che avevo nel cestino era abbastanza semplice.
Con la sabbia feci un paesaggio di montagne con due laghi:
uno sul fondo aveva un occhio, l'altro era fatto col pezzo di marmo. Da un angolo del vassoio feci uscire l'arcobaleno, dall'altro i
fiori violetti. Nel paesaggio tracciai un «sentiero», prima con un
solo dito (io), poi con due (io e Angela). Sulla vetta di una montagna misi la piramide di quarzo; sul crinale che separava i due

laghi piantai le tre rune intarsiate con segni che non conoscevo. Su un lato del vassoio piazzai, ritto come a dominare l'intera composizione, il Guardiano delle Torce. Nel terzo angolo del vassoio misi una candela e appoggiai sul bordo di legno la scatola di fiammiferi mezza aperta con un fiammifero che sporgeva.

La donna mi chiese più volte se non volevo accendere la candela. Ogni volta risposi di no. «Se il fuoco comincia, deve anche finire. Così invece resta un atto da compiere e con questo sfugge al tempo», dissi.

«E che titolo dà al tutto?»

«Eternità», mi venne da dire.

«E quelle tre rune sulla collina sono dei totem?» chiese.

«No. Pietre tombali.»

«Mi indichi quella che preferisce.»

«Quella di mezzo.»

La donna aveva fatto due caffè. Stavamo seduti l'uno dinanzi all'altra, divisi dal vassoio con la sabbia. Lei mi fece ancora parlare, spiegare il perché di questa o quella cosa, mi lesse da alcuni libri il significato del Guardiano delle Torce e delle rune che avevo scelto. Poi, per una decina di minuti parlò lei, del mio rapporto col cancro, del mio desiderio di spiritualità. Avrei potuto prendere il tutto come ovvio, banale e californiano. Ma il suo discorso toccò una qualche corda che io non sapevo di avere e quella emise un suono. Quanto al suo «leggere» i segni che avevo lasciato nella sabbia, sentii un groppo venirmi in gola, mi alzai, la ringraziai e andai a fare una lunga passeggiata sugli scogli.

Tornando in camera trovai le fotocopie delle pagine che spiegavano il significato del Guardiano delle Torce e delle rune. La donna me le aveva mandate con una carissima nota di accompagnamento. «Se hai tirato il Guardiano, sei benedetto dalla presenza di una divina guarigione. Riconosci il potere che hai nelle mani di riattizzare la forza nella tua famiglia e fra i tuoi amici...» diceva la pagina del libro dei tarocchi. E quella sulle rune: «Quella che hai scelto è la runa della fine e di un nuovo inizio nel ciclo della tua auto trasformazione. Averla scelta indica che la vita, come l'hai vissuta finora, è esaurita. Lasciala morire così che la sua energia vitale possa liberarsi e passare in una nuova nascita... Preparati a una buona occasione che si presenterà nelle sembianze di una perdita... Quando sei in acque fonde diventa un nuotatore».

Tutto sembrava calzare. Ma ormai conoscevo questo tipo di

messaggi nei quali ognuno legge quel che vuole. Sono sicuro che avrei potuto leggere in chiave mia anche le pagine delle carte e delle rune che non avevo scelto. Eppure, a una parte di me la donna, il vassoio con la sabbia e tutto il chiacchierarci sopra erano piaciuti. Avevo imparato qualcosa? Almeno a essere meno arrogante e, forse, ad ascoltare quella voce, a toccare quella corda, a lasciarmi andare anziché restare all'interno di quegli assurdi margini che inconsciamente ci siamo imposti e che forse sono all'origine di tante nostre sofferenze. Abbiamo tracciato un cerchio attorno alle nostre vite, ci siamo detti che è stregato e facciamo di tutto per non uscirne. Ma dentro a questo cerchio ci sentiamo limitati e soffriamo.

Perché non tornare bambini? Senza limiti, senza paure, con curiosità per tutto; liberi, senza niente di già conosciuto, di scontato.

L'ultima sera, avvolti in grandi coperte bianche, andammo tutti sul bel prato, alto sull'oceano, a guardare il tramonto. Tirava un vento fortissimo e finimmo per stringerci gli uni agli altri. Così siamo nella foto di gruppo che ci facemmo e che circolerà, coi commenti che conosco, fra i partecipanti dei prossimi ritiri.

Quando Jerry, l'autista-attore, venne a prendermi per riportarmi nel mondo, avevo con me anche il cuoricino di peluche viola con cui «riconnettermi», quando ne avessi voglia, con quella gente e quel posto. E pensare che stavo quasi per lasciarlo lì! Ce l'ho ancora e ogni tanto, vedendolo su uno scaffale in mezzo ai libri, mi viene da sorridere.

CONCERTO PER CELLULE

«IL MAESTRO di yoga che fa per te abita a San Francisco», mi aveva scritto Amrit Stein, amica tedesca di Angela, grande frequentatrice dell'India e danzatrice di katak.

Non potevo più correre e lo yoga, dopo tutto, sembrava un buon surrogato per fare un po' di esercizi. Un indirizzo e-mail, uno scambio di messaggi, un appuntamento alla fine del mio ritiro a Commonweal e di nuovo il bandolo di una bella matassa di persone, posti e soprattutto esperienze che mi hanno portato piuttosto lontano dall'obbiettivo iniziale, lo yoga, ma che senza quella ricerca di un maestro non mi sarebbero mai capitate.

Basta fare il primo passo nella direzione giusta e il resto viene da sé. O quasi. Lo yoga non è diventato parte della mia vita ma, mio Dio, quante cose sono seguite a quel presentarmi una mattina alle dieci e mezzo nelle Avenues, un quartiere pulito di San Francisco dal quale la gente sembrava essere stata succhiata via e le cui case, dipinte di bianco o di celeste, mi facevano venire l'angoscia al solo pensiero che uno potesse essere condannato a viverci.

Suonai. La porta si aprì.

«Tiziano», disse un uomo pelato, sulla sessantina, con un pizzo grigio e i calzoncini corti, neri. Mi piacque, anche se immediatamente, nonostante il suo sorriso, sentii in lui una grande tristezza. Aveva una bella faccia pulita, un corpo asciutto e le spalle larghe. Solo le sue gambe mi parvero troppo magre e instabili e pensai: «Casa forte; fondamenta deboli». Salimmo per una scala stretta. La casa era una sorta di «comune» con alcuni suoi allievi che vivevano al primo e al secondo piano. Il terzo era il suo.

Ci sedemmo per terra. Tutto era ordinato e rassicurante... tranne una piccola foto di Sai Baba infilata nella cornice di uno specchio. I «santoni», specie quelli multimiliardari, mi insospettiscono; i loro adepti per lo più mi intristiscono a causa di quella loro cecità che non riesco a condividere.

Non volli imbarazzarlo chiedendogli, come per mettere alla prova la sua affidabilità, se era un seguace del santo di Puttaparthi a cui vengono attribuiti vari tipi di miracoli, compreso quello di materializzare dal nulla dei Rolex d'oro. Lo feci invece parlare di sé e questo è qualcosa che i più fanno volentieri.

Ramananda era indiano, ma era nato in Africa, a Dar-es-Salaam, dove il padre era emigrato e faceva l'insegnante. Il padre gli aveva dato le prime lezioni di yoga e fin da ragazzo, a casa, lo aveva imbevuto di quelle idee e di quei valori che da secoli fanno di ogni indiano un indiano. Lo aveva fatto con un abile espediente: gli recitava a memoria la *Bhagavad Gita** e Ramananda, libro alla mano, doveva controllare se il padre faceva errori. Per poterlo correggere, Ramananda doveva stare attentissimo e aveva finito per imparare a sua volta ogni riga del Canto Divino.

Seguendo il padre, che veniva trasferito nei vari insediamenti indiani dell'Africa, Ramananda era cresciuto nel mondo descritto da V.S. Naipaul in *Alla curva del fiume*; poi era andato in Inghilterra a studiare ingegneria. Un giorno, dalla sua università era passato B.K.S. Iyengar, il famoso yogi, e Ramananda era diventato suo allievo. Ramananda ammirava Iyengar; ne parlava come di un genio, ma quando gli chiesi se, visto che avevo casa in India e che Iyengar viveva nel Sud del paese, non mi consigliava di andare da lui, la sua risposta fu tagliente: «Se vuoi imparare lo yoga, fattelo insegnare da qualcuno che sorride», disse.

Parlammo del difficile rapporto fra maestro e allievo e di come questo rapporto in India sia ulteriormente complicato dal fatto che il discepolo deve «arrendersi», «abbandonarsi» completamente al guru. Questo mi pareva pericoloso, perché a volte i maestri – e pensavo a Sai Baba –, lusingati dalla assoluta devozione dei discepoli, finiscono per credersi divini e gli allievi per diventarne succubi.

Era d'accordo. Disse che all'inizio è utile che il guru prenda l'allievo sulle spalle per dargli fiducia e fargli fare i primi passi, ma che poi deve lasciarlo andare perché faccia la sua strada da solo. «Alla fine quel che conta è il metodo, non il guru», disse.

* La *Bhagavad Gita* è come un inserto nel grande poema epico indiano il *Mahabharata*, e descrive la situazione che immediatamente precede la battaglia di Kurukshetra. La *Bhagavad Gita* è attribuita al forse mitico Vyasa ed è collocabile, almeno nella versione che conosciamo, attorno al V secolo avanti Cristo. I diciotto capitoli della *Gita* sono un continuo dialogo fra Arjuna, il guerriero, e Krishna, apparentemente il suo cocchiere, ma in verità incarnazione di Dio.

Secondo lui il metodo Iyengar era il migliore. Il suo rapporto col maestro però non era stato ideale e ora che lui stesso era diventato maestro quel ruolo lo inquietava. A forza di insegnare, specie in America, si era accorto che gli allievi arrivavano da lui devoti e pieni di abnegazione, ma che poi, nel giro di qualche mese – «di solito sei», disse – cominciavano i conflitti, le tensioni: ognuno voleva essere l'allievo preferito. «Perché lo yoga», aggiunse, come volesse togliermi ogni possibile illusione, «lo yoga non migliora la gente. Mette solo più in evidenza il carattere di ognuno. Se sei ladro lo yoga raffina le tue qualità di ladro; se di natura sei invidioso, con lo yoga lo diventi ancora di più.»

Non mitizzava niente. A quel punto mi fu facile, indicando il santino di Sai Baba, chiedergli se era un suo seguace. Niente affatto, mi rassicurò. Glielo aveva portato uno studente che recentemente era stato a Puttaparthi. Se mai aveva un guru questo era piuttosto Swami Dayananda Saraswati, un insegnante di Vedanta, l'antica filosofia religiosa dell'India. Aveva un ashram anche negli Stati Uniti e Ramananda ci andava ogni anno a tenere dei corsi di yoga.

Ramananda mi piaceva. Non cercava di darmi a credere nulla, non che lo yoga guarisse le malattie, non che aprisse la porta ai poteri magici, come quello di levitare o di rendersi invisibili, cose che ancora negli anni Cinquanta alcuni praticanti di Hatha Yoga credevano possibili. Ramananda credeva nella perseveranza, nella forza di volontà, e con questo ero a mio agio. Gli raccontai che cosa mi aveva portato da lui.

«Il cancro. Hai paura?»

Dissi di no.

«Moriamo tutti. Si tratta di riuscire a godere del viaggio», commentò. «Lo yoga può essere di grande aiuto nel mantenere in forma sia il corpo che l'anima durante il cammino.» Poi, come volesse alleggerire il tono del discorso, mi raccontò una storia con cui cominciava volentieri i suoi corsi per principianti.

Un tale va dal dentista. Quello gli trova dei magnifici denti, ma vede che mangia la cioccolata.

«Se lei vuole avere dei bei denti per altri cento anni, deve smetterla con la cioccolata.»

«Smetto subito», dice quello. Dalla sua tasca prende un pezzo di cioccolata e lo butta via.

«Bravo. Per altri cento anni lei avrà dei denti perfetti», dice il dentista.

L'uomo esce, ma appena in strada viene investito da un camion. Nell'attimo prima di morire ha da scegliere fra due atteggiamenti. Può dirsi: «Accidenti a quel dentista che mi ha impedito di godermi l'ultimo pezzo di cioccolata della mia vita!» Oppure: «Meno male che prima di morire sono riuscito a fare quel che ho sempre voluto: smettere di mangiare la cioccolata».

Poi Ramananda aggiunse:

«Nel corso della vita tante cose possono andarci storte, e di solito lo fanno». Ebbi l'impressione che parlasse di sé.

Decidemmo di cominciare le lezioni il giorno dopo. Intanto Ramananda mi invitò a pranzo, poi per il tè e finii così per conoscere gli altri membri della comune, fra cui un anziano signore indiano, suo paziente. Era rimasto semiparalizzato in seguito a un incidente d'auto e Ramananda si era impegnato a farlo camminare di nuovo.

«Possibile?» chiesi, osservando come quel poveretto trascinava malamente la gamba sinistra, mentre il braccio sinistro gli ciondolava inerte.

«Certo. Tutto sta nel convincere la mente che è possibile», disse Ramananda e mi invitò ad assistere agli esercizi che gli faceva fare.

Ramananda era rigorosissimo, quasi crudele. Obbligava con durezza quell'uomo sofferente a fare piccoli passi e a bilanciare continuamente il proprio corpo portando avanti la mano destra assieme al piede sinistro, e viceversa.

Alla fine mi raccontò di come Iyengar era riuscito a far ricamminare il figlio ventiduenne, giocatore di cricket, di un amico che in punto di morte gli aveva fatto promettere che lo avrebbe rimesso in sesto. Anche quel ragazzo era stato vittima di un incidente ed era confinato in una carrozzella. Iyengar, con l'aiuto di Ramananda che lo sorreggeva, lo aveva costretto a mettersi in piedi; poi gli si era piazzato alle spalle e, puntandogli una canna nella schiena, insultandolo, urlandogli, minacciandolo al punto che sia Ramananda sia gli altri allievi pensarono fosse diventato matto, lo aveva spinto e spinto finché quello a piccoli passi aveva percorso l'intera stanza.

«Ho mantenuto la promessa», aveva detto il grande maestro e se n'era andato.

«Tutto sta nel liberare la mente dalla schiavitù delle verità scientifiche che la condizionano», spiegò Ramananda. Quanto a lui, contava in un paio di mesi di ridare al vecchio signore il piacere di camminare senza bastone.

La giornata che avevamo passato assieme era stata utilissima. Io m'ero fatto un'idea di Ramananda – mi piaceva, ma mi pesava la sua tristezza – e lui se n'era fatta una di me. Un'idea giusta, mi sembrò, perché quando il giorno dopo mi presentai alla prima lezione, esordì dicendo che ero profondamente teso, che giudicavo troppo e che avevo la testa sempre in frullo: il peggior modo per dedicarsi allo yoga.

Bravo. Ma che farci?

Innanzitutto dovevo imparare un esercizio di rilassamento da fare all'inizio di ogni sessione. Mi fece distendere sulla schiena, occhi chiusi, le mani aperte coi palmi rivolti verso l'alto. «Dio a volte lascia cadere dal cielo delle piccole pepite d'oro e non vuoi fartele scappare», disse, e quelle pepite mi vengono in mente ogni volta che mi distendo per terra a fare l'esercizio o semplicemente a guardare le nuvole.

Ciò che Ramananda mi insegnò sul modo di rilassarmi fu il suo grande contributo al mio benessere.

«Distenditi, vuota la mente di tutto quello che la occupa, rilassa i muscoli, sciogli tutti i nodi. Respira profondamente. Senti il tuo respiro, seguilo, dentro le braccia, le mani, le gambe; senti come pulisce, porta via, risana. Immagina il tuo respiro che spazza via tutte le impurità. Lascia che ogni parte del tuo corpo sprofondi nel pavimento, lascia liberi tutti gli organi, immagina che i reni si adagino sul pavimento, fai sì che la pelle sui fianchi si stacchi dalle ossa e nell'angolo interno del tuo occhio lascia che sorga una profonda gioia. Lasciati andare. Sei disteso sulle ginocchia di Madre Terra. Resta lì, nello spazio dell'universo, senza fare nulla, senza pensare a nulla. Sciogli quel groppo che hai in gola per qualcosa che non sei riuscito a fare. Via, via, ammorbidiscilo. Sei felice anche se nessuno ti capisce. Sei tu che, con tutta la tua energia, lasci andare tutto ciò che ha preso posto nel tuo corpo, ma che non appartiene al tuo corpo. Via, via...»

Dopo un quarto d'ora di questo quieto rilassarmi, mentre una parte della mia mente non rinunciava, nonostante tutto, a pensare e a giudicare, Ramananda cominciò a insegnarmi alcune asana, le posizioni dello yoga che, secondo lui, potevano aiutarmi innanzitutto con l'ernia. Mi ritrovai così per aria, a testa in giù, sospeso a una bretella che pendeva dal soffitto, poi a far la candela contro il muro e, mezzo contorto, seduto su una seggiola.

Mi accorsi subito che il metodo Iyengar, che a Ramananda piaceva tanto, non era fatto per me. La grande invenzione di Iyengar, mi spiegò Ramananda, era di aver portato gli attrezzi nella pratica dello yoga. Questo voleva dire che ogni asana richiedeva l'uso di cinture, bretelle, cuscini, sedie o blocchi di legno su cui appoggiarsi. Tutto il contrario di quel che desideravo. Immaginavo che fare yoga volesse dire aver bisogno solo del proprio corpo e d'un quadratino di terra piatta. Quegli attrezzi mi ripugnavano!

Per più di trent'anni ogni mattina avevo fatto una corsa di alcuni chilometri e quella era stata la mia forma di meditazione. Viaggiando, mi bastava mettere nella borsa un paio di scarpe, una maglietta, dei calzoncini e potevo correre dovunque fossi, a volte anche in maniera avventurosa, come a Pyongyang, nella Corea del Nord, dove le spie messemi alle calcagna dovettero inseguirmi in macchina sui sentieri di un parco.

Con tutti quegli attrezzi, non avrei potuto fare yoga dove mi pareva. Dunque non era per me. Ma mi ero impegnato a prendere lezioni per una settimana. E restai. Meno male! Avessi deciso di tagliar corto dopo quella prima ora, avrei perso tutto quello che mi è successo poi e anche il seguito di questo libro sarebbe stato completamente diverso.

Nel corso di quella settimana assistetti ad alcuni significativi miglioramenti fatti dal signore semiparalizzato, e questo rafforzò la mia convinzione che la mente, fonte per me di grande agitazione, era anche all'origine di una straordinaria forza nella quale credevo sempre di più: la forza di agire sulla materia.

Nel corso di quella settimana, poi, Ramananda mi parlò di uno speciale seminario su Yoga e Suono che lui avrebbe condotto, assieme a un musicista di Calcutta, nell'ashram del suo guru in Pennsylvania. Volevano studiare, mi spiegò Ramananda, i possibili effetti terapeutici della combinazione fra asana e musica classica indiana. Questo mi interessava, come mi interessava incontrare Swami Dayananda, esperto di Vedanta e di tutto quello che in anni di vita a Delhi mi era sfuggito: il pensiero indiano.

Il seminario si sarebbe svolto da lì a qualche settimana. Senza pensarci due volte, chiesi a Ramananda di iscrivermi.

Da San Francisco andai a New York per l'appuntamento con gli aggiustatori. I responsi ai vari esami arrivarono una settimana dopo: eternità prolungata. Dovevo farmi rivedere dopo tre mesi, più o meno alla fine del seminario di Ramananda in Pennsylvania. Le date tornavano.

Usai quel tempo per fermarmi, stare in pace e leggere un po' sullo yoga e soprattutto sulla musicoterapia, una pratica antica, recentemente riscoperta e diventata di moda, come tante altre, nell'ambito della medicina alternativa. Negli Stati Uniti ci sono già una cinquantina di scuole che la insegnano e centinaia di centri che sostengono di curare una serie di disfunzioni, dall'emicrania, all'obesità, alla costipazione con l'aiuto della musica.

L'idea che il suono abbia in sé un potere immenso e misterioso è vecchia quanto l'uomo e non è un caso che in vari miti della creazione, a cominciare da quello biblico, il suono venga indicato come la fonte di tutto. «In principio era il Verbo, e il Verbo era presso Dio e Dio era il Verbo», si legge all'inizio del Vangelo di Giovanni.

Per gli indiani quel suono era il magico OM, il primo di tutti i suoni,* il suono che riassume ogni suono, il suono con cui Brahman, il creatore, si manifesta ancor prima di manifestarsi nella forma. Anche per la scienza moderna l'universo è cominciato con un suono: il Big Bang, il Grande Botto.

La presunta natura divina del suono ha fatto sì che in tante antiche civiltà l'uomo abbia visto nel suono un legame con gli dei e che campane, campanelli e cimbali, tamburi e gong siano ancora oggi presenti nelle cerimonie delle varie religioni, e che conchiglie e corni siano ancora usati dagli sciamani di tutti i continenti per entrare in contatto con gli spiriti.

Nella cultura di differenti popoli ci sono leggende, molto simili fra loro, secondo cui il suono, usato da chi sappia controllarne il potere, può uccidere o risuscitare un uomo, può provocare la pioggia o una tempesta di fuoco, può creare immagini dal nulla o distruggere la materia; come avvenne con le mura di Gerico.

Nell'antica Cina si attribuiva alla musica il potere di rendere

* OM per gli indiani è formato da A (il primo suono emesso da chi apre la bocca), U (il suono delle labbra che si chiudono), M (il rimbombo nella bocca chiusa). Da questo A+U+M = OM, deriverebbe l'Amen delle preghiere cristiane.

fertile la terra e di cambiare il carattere di una persona. Nell'antico Egitto la musica era usata per alleviare il dolore delle partorienti. In India ci sono vecchi testi sanscriti che descrivono il valore terapeutico della musica. Trattati simili esistono anche in arabo. Lo stesso Ippocrate, si sa, ricorreva a volte alla musica per trattare i suoi pazienti sull'isola di Cos.

La teoria dell'effetto terapeutico del suono era in origine frutto di intuizioni mistiche che la scienza sembra oggi in qualche modo confermare. Secondo queste ipotesi ogni essere vivente e ogni oggetto, essendo un aggregato di parti in continuo movimento («in continua danza» dicevano gli antichi), produce un suono che riflette la natura di quell'essere o di quella cosa. Ogni disordine, ogni disarmonia in quel suono è causa di malattia. La malattia può essere curata se si ristabilisce l'armonia originale dell'uomo attraverso l'intervento di un «giusto» suono che produca appunto la necessaria assonanza.

Follia? Forse no. Se si pensa all'influenza che la musica può avere sul nostro stato d'animo, a come le marce militari aizzano i soldati sul campo di battaglia o a come ci inteneriscono le melodie d'amore, non è difficile immaginare l'effetto di una musica il cui suono vada al di là del nostro livello emotivo e magari ci penetri davvero nel corpo fino a farne vibrare, al ritmo giusto, le cellule.

Valendosi di queste teorie, alcuni musicisti indiani contemporanei stanno cercando d'identificare quali raga, le strutture musicali classiche, hanno il giusto ritmo per curare quali malattie. Una lunga serie di correlazioni è già stata stabilita per il trattamento di varie patologie che vanno dall'anoressia alle febbri reumatiche. Il raga adatto all'insonnia era già noto a Omkarnath Thakur di cui si racconta che, durante una sua visita a Roma, fece una grande impressione su Mussolini, essendo riuscito con la sua musica a far dormire regolarmente l'insonne Duce.

Fin dalle sue origini, al tempo dei rishi, lo yoga ha riconosciuto l'enorme importanza del suono, e una delle discipline per trascendere il corpo e far sì che l'individuo diventi Uno con l'Assoluto è appunto quella chiamata Nada Yoga, lo yoga del suono. Risalendo con la coscienza fino al momento in cui il pensiero di dio si fa verbo, cioè suono e creazione, lo yogi riesce a sentire, non con le orecchie fisiche, ma con quelle interiori dello spirito, il suono divino e a unirsi a quella realtà trascendente che è il fine ultimo della sua pratica.

La filosofia dello yoga era certo più interessante delle contorsioni che Ramananda aveva cercato di insegnarmi. Ero curioso di vedere come il seminario in Pennsylvania avrebbe combinato tutto questo e quanto io ne avrei approfittato.

Il posto mi fece subito pensare a Leopold e alle nostre chiacchierate sulla «deterritorializzazione». In un bosco di abeti, all'incrocio fra due autostrade, in mezzo alla pianura americanissima della Pennsylvania si ergeva, bianco e pulito, un tempio indù. Attorno c'erano file di bungalow prefabbricati di un motel fallito e riciclato in ashram. E lì, in quel recinto, fuori dal quale campeggiavano i venditori ambulanti di un mercato delle pulci del fine settimana, iniziava un seminario di yoga!

Lo yoga: una delle più vecchie e impenetrabili dottrine esoteriche dell'India, uno dei grandi segreti, tramandati dopo ardue prove e vari riti di iniziazione; e solo a chi davvero li meritava. Ancora negli anni Trenta, un viaggiatore europeo, andato a Benares da un grande yogi per convincerlo a dargli qualche lezione, si sentì rispondere: «Insegnare lo yoga a voi occidentali? Mai! Finireste solo per farne un commercio».

Una cinquantina di persone, la stragrande maggioranza donne, partecipavano al seminario. Tutti si conoscevano. Io ero il solo estraneo. Tutti erano stati, anni prima, allievi di Ramananda e ognuno, diventato a sua volta insegnante, aveva ora da qualche parte in America il suo «commercio»: una scuola di yoga. Erano tutti bravissimi nelle asana e bravissimi nell'uso dei vari attrezzi del metodo Iyengar. Non mi era mai capitato di ritrovarmi in mezzo a tanti praticanti di yoga così provetti, ma quell'esperienza non fece che confermare i miei pregiudizi. Mi guardavo attorno e non vedevo una faccia serena, non una persona con un bel sorriso, qualcuno che emanasse un sentimento di pace. Ognuno per conto suo era impegnatissimo nel fare gli esercizi, nel migliorare le proprie contorsioni, e il risultato erano tante espressioni di solitudine e di tristezza, tante donne magre e pallide con gli occhi infossati. Qualcosa non quadrava, ma non capivo cosa.

Certo, c'è una contraddizione di fondo fra la cultura indiana in cui lo yoga è nato qualche millennio fa e la nostra moderna società in cui lo yoga è stato appena trapiantato. La prima aveva come massima aspirazione il controllo di ciò che è più immateriale nell'uomo: la mente. A noi invece interessa proprio il contrario: il controllo della materia attraverso la scienza e la tecnologia. Lo yoga, che letteralmente significa «unione», era inteso a liberare l'uomo dall'illusione di essere un'esistenza individuale, separata dal resto dell'universo, per unirlo appunto con dio. Ma come può questo fine essere perseguito in seno a una società come la nostra, completamente dominata invece dal principio dell'individualità e della separazione? Forse il solo provarci crea conflitti, schizofrenie e quella tristezza che mi sentivo tutto attorno.

Ma niente è mai del tutto negativo. E la gioia arrivò alla sera, quando Ramananda indicò al gruppo riunito nel salone delle conferenze un indiano piccolo e magro in un kurta pijama bianco: il suo partner musicista, Mukesh Desai. Stava seduto su un podio davanti a una fisarmonica piatta. Alla sua destra aveva un giovane che lo accompagnava coi tabla, due piccoli tamburi. Si presentò dicendo che per noi ascoltare la sua musica doveva essere come bere da un fiume: potevamo prendere quello che volevamo e lasciare quando ne avevamo abbastanza.

«Io vendo acqua in riva al fiume», aggiunse ridendo, mentre ancora accordava la fisarmonica ai tabla. O forse già suonava? Perché quella musica che quasi non si interruppe per più di due ore sembrava non avere né inizio, né fine: semplicemente scorreva, scorreva come l'acqua, come la vita. Le parole che Mukesh Desai cantava non avevano senso, spesso non erano che l'equivalente del nostro do, re, mi, fa, sol ma la sua voce dalle mille modulazioni, dai mille colori riempiva di vita l'intero salone e penetrava nel petto di ognuno di noi. Lui, Mukesh Desai, era lo strumento e quel che usciva dalla sua bocca era il suono magico che avremmo dovuto combinare con le asana. La serata ci lasciò tutti in qualche modo elevati.

Nei giorni che seguirono Mukesh Desai venne ogni pomeriggio nella palestra e quando Ramananda era soddisfatto della posizione che ognuno aveva preso – io ero esonerato dall'essere preciso – lui intonava i suoi raga. E io mi convincevo che entravano nel mio corpo, arrivavano nelle mie cellule e le facevano vibrare in modo che non si riproducessero più nel loro modo pazzo. Potere del suono o potere della mente?

Ramananda era bravo. Non fece alcun tentativo di razionalizzare questo rapporto fra asana e musica o di spiegarlo nei termini mistici con cui veniva descritto in certi libri. In lui tutto era più intuitivo. Per esperienza «sentiva» i nostri corpi e sapeva che la musica aveva su di noi una qualche influenza. Conosceva i vari esperimenti del passato e quelli diventati ora di moda, ma faceva il suo personale esperimento con una cinquantina di allievi provetti.

Con me funzionò: uno degli ultimi giorni, durante la sessione di pranayama, l'esercizio per il controllo del respiro, dove non c'era da contorcersi né da usare attrezzi, ma solo da stare immobili e distesi, sentii le modulazioni suadenti della voce di Mukesh Desai entrarmi in ogni poro e tutto il mio corpo essere invaso da una grande gioia come non l'avevo mai provata prima a nessun concerto.

Era la musica a svegliare in me una forza latente che mi pareva potesse davvero essere terapeutica? o era la mente ad associare a quei suoni un potere che entrava in funzione, dandomi l'impressione di agire sulla materia? Non faceva alcuna differenza. Trovavo sorprendente il fatto in sé e una qualunque spiegazione non avrebbe aggiunto nulla.

L'altra sorpresa fu il Swami. Sulla settantina, alto, magro, leggermente curvo, avvolto in una tunica arancione, arrivò a metà della settimana, ma già col suo primo «discorso del tramonto» dette una nuova dimensione all'intero seminario. L'uomo era colto, intelligente, sveglissimo, ma si sentiva che non aveva alcun bisogno di dimostrarlo. Era sereno.

«La ricerca spirituale è la ricerca della conoscenza, e la sola conoscenza che vale la pena perseguire è la conoscenza di sé», esordì. «Noi crediamo di sapere, ma sappiamo solo quello che vediamo, quello che sentiamo, quello che proviamo coi nostri sensi. In verità tutto quello che ci appare come realtà non è reale. La materia non esiste; solo ci appare come se esistesse...»

Sapeva bene a chi parlava e presto affrontò, con notevole ironia, il tema per il quale eravamo tutti lì.

«Lo yoga? Certo, fa bene al corpo», disse, «ed è piacevole potersi chinare a raccogliere un foglio senza dover chiedere aiuto ad altri. Ma il fine dello yoga non è il corpo. Yoga vuol dire controllo della mente, unione fra corpo e mente: non per diventare atleti, ma per mantenere sano il corpo. Il corpo è un mezzo di trasporto, come l'automobile. Va tenuto bene perché si possa arrivare a destinazione. L'errore è confondere il fine con il mezzo.»

Era ovvio che non aveva molto rispetto per quello che lo yoga era diventato, né per chi oggi lo praticava. Lo fece chiaro parlando dell'ossessione occidentale col concetto di proprietà, con quel voler definire tutto in termini di « io » e di « mio ». Aveva un modo divertente di far capire le cose.

« Voi dite: 'Questo appartamento è mio'. Ma se guardate bene, il suo pavimento è il soffitto di quello di sotto, la parete è anche la parete del vicino. Nulla è davvero vostro. Assolutamente nulla... tanto meno il vostro corpo. Tanti possono rivendicarne la proprietà: vostra madre, vostro padre, il vostro coniuge in base al sacramento del matrimonio, lo Stato verso il quale il vostro corpo ha dei doveri di cittadino, la terra stessa, il fuoco che vi tiene alla giusta temperatura, l'acqua, le verdure che mangiate: tutti possono dire: 'Questo corpo è mio'... Voi non possedete niente. Non è vostro neppure quello che credete di sapere. Vi è stato dato dai libri o da un insegnante. Eppure voi continuate a dire: 'Questo è il mio corpo'. Il corpo vi pare così vostro che vi ci identificate. Dite 'io' e pensate al vostro corpo. Ma se l'io è colui che identifica il corpo, non può essere il corpo. Il soggetto che osserva l'oggetto-corpo non può essere il corpo. »

Diceva anche: « Yoga significa essere coscienti di se stessi in ogni momento, essere coscienti di ogni gesto, di ogni pensiero ». E chi non fa attenzione a ogni attimo della propria vita rischia di finire come l'uomo di una storiella che raccontò con una mimica meravigliosa.

Un uomo sa che al mondo esiste una pietra capace di trasformare, al solo contatto, il ferro in oro. È deciso a trovarla. Si lega attorno alla vita una catena e si mette in cammino. Ogni sasso che vede lo prende e lo batte contro la catena. Il ferro resta ferro e lui butta via il sasso. Ne prende un altro, lo batte e lo butta via. Avanti così per settimane e mesi, sempre più distrattamente. Finché un giorno un bambino lo ferma.

« Ehi, vecchio, dove hai trovato quella bella catena d'oro? »

L'uomo la guarda. Davvero è diventata d'oro! Ma quale fra le migliaia e migliaia di sassi che ha preso e buttato via era quello giusto?

Il Swami era molto critico nei confronti dei valori occidentali, specie di quelli americani. Diceva che in Occidente tutto deve essere utile e se non è utile non ha alcun valore.

« Questa è la mentalità dell'avvoltoio che vola alto, ma ha gli occhi puntati sempre verso il basso in cerca di qualcosa da ghermire con le sue grinfie. » In fondo parlava sempre dello yoga e voleva farci capire che c'era in quella pratica molto di più che le asana e il pranayama. Quelli erano solo due degli otto aspetti della disciplina di uno yogi e, come a sfidare la serietà dei partecipanti, parlò degli altri sei: rinuncia alla violenza, distacco dalle cose materiali, rinuncia alla falsità, ritiro dai sensi, concentrazione e meditazione. Solo la combinazione di tutto questo era yoga.

«Lo yoga è un mezzo, è la via con cui l'uomo unisce il suo sé limitato all'Essere Infinito. Il cammino è interiore. Il fine è quello di raggiungere uno stato di perfezione, ma uno stato che non è mai fisico. Lo yoga non è fatto per curare questa o quella condizione patologica, questa o quella malattia, ma per ottenere la liberazione da tutte le sofferenze del mondo materiale, sofferenze che nascono ogni volta che l'io si stacca dal sé per concentrarsi sui sensi e sugli oggetti dei sensi. Per questo lo yoga aspira all'unione dell'io con l'Assoluto, come cura di tutto, come liberazione da tutto.»

I praticanti di yoga del seminario non mi parevano molto interessati a questa visione di ciò che per loro era soprattutto un mestiere. Erano lì per imparare qualcosa di nuovo con cui reclamizzare un nuovo corso, con cui attirare nuovi studenti. Perché così è il mondo in cui viviamo. Quel seminario era per loro un «investimento».

Per me era diverso. Ero in cerca di qualcosa che non sapevo bene cosa fosse ed ero curiosissimo di quell'uomo che veniva chiaramente da un altro pianeta. Un giorno, durante la sua chiacchierata raccontò di come da bambino sua madre lo mandava nei campi a parlare col riso così che quello crescesse meglio. Si ricordava il piacere nel vedere come le piante, piegandosi leggermente al vento, gli rispondevano. Il Swami aveva una visione integrata della natura e dell'universo.

Il suo modo di pensare mi interessava e volevo saperne di più. Chiesi di vederlo. La risposta venne con un bigliettino scritto a mano: che lo andassi a trovare sabato mattina dopo colazione.

Il bungalow del Swami era prefabbricato come gli altri, ma era l'unico a due piani. Quando arrivai, notai ai piedi delle scale la catasta di scarpe, sandali e ciabatte di tutti quelli che erano già saliti da lui. I più erano indiani, residenti in America, venuti per chiedergli consigli, raccomandazioni, benedizioni o semplicemente per stargli davanti a guardarlo, estasiati. Lui era seduto in poltrona. Nel gruppo che stava per terra, sulla moquette, notai anche alcuni occidentali.

Mi misi da una parte a osservare l'andirivieni di tutta quella gente che gli si avvicinava con devozione, si inchinava ai suoi piedi, glieli toccava e poi si portava alla fronte o al petto la mano carica della sua «santità». Molti, nel momento in cui gli passavano davanti, gli parlavano. Lui era attento, ascoltava, rispondeva, sorrideva, e da un cesto che teneva accanto a sé dava a ognuno qualcosa da portar via: un chicco d'uva, una caramella, un mandarino.

A un certo punto si alzò e fece a me cenno di seguirlo, agli altri di aspettare. Entrammo in una piccola stanza disadorna in cui c'erano soltanto una poltrona e una sedia. Era ovvio cosa toccava a me, ma era già consolante che non dovevo sedermi ai suoi piedi.

Pensai non avesse molto tempo e in poche parole gli dissi chi ero, che ero andato a vivere in India pensando che lì esistesse ancora una civiltà in grado di resistere al materialismo occidentale, ma che mi erano venuti dei dubbi. Volevo capire se il suo paese era davvero una cassaforte di antica saggezza, come molti hanno creduto, e se alla lunga ce l'avrebbe fatta a rimanere diverso.

Era interessatissimo. Parlammo del mito dell'India come guru delle nazioni, propagato in Occidente più di un secolo fa da un grande personaggio come il mistico Vivekananda; e parlammo della bomba atomica che l'India aveva fatto esplodere da poco. Gli dissi che, dopo essermene occupato per anni, ne avevo abbastanza della politica. Ora volevo dedicarmi alla ricerca di ciò che poteva ancora esistere in India e di cui il resto del mondo avrebbe potuto profittare.

Era esattamente il compito che anche lui si era prefisso, disse. Per questo insegnava il Vedanta, la fonte di tutta la saggezza che io cercavo. Aggiunse che la spiritualità indiana non era legata a un popolo o a un paese; valeva per tutti perché aveva mantenuto la sua originalità e perché, al contrario delle religioni come il cristianesimo e l'islam, non s'era fatta strangolare dalla teologia.

Era sorpreso, divertito che fossi lì e mi chiese come c'ero arrivato. A ritroso gli raccontai la trafila: Ramananda, lo yoga, l'ernia, il cancro...

A quella parola mi fermò. Volle saperne di più, con precisione: dove, quando, quali cure? Mi accorsi che mentalmente faceva dei calcoli, poi disse che lui ogni anno a primavera, nel suo ashram nelle colline di Anaikatti vicino a Coimbatore nel Sud dell'India, teneva per tre mesi un corso di Vedanta. Se volevo, potevo andare a studiare con lui.

«Alla tua età, con la tua esperienza di vita potresti trarne vantaggio», disse. «Poi ti metterò in contatto con un medico ayurvedico che potrebbe aiutarti.» Si fermò, come avesse avuto un ripensamento. Prese un pezzo di carta, una penna: «Dimmi la tua data di nascita, il luogo e l'ora esatta».

Si accorse subito che dinanzi a quella domanda ero rimasto interdetto e aggiunse: «Non sono un vero astrologo, ma mi interesso alla astrologia spirituale».

«E cos'è?» chiesi.

Non ero contento. Col viaggio descritto in *Un indovino mi disse* avevo chiuso con quel mondo. Evitavo come la peste ogni sorta di veggenti e astrologi e non avevo alcuna intenzione di ricominciare daccapo.

«È un modo per capire la predisposizione spirituale delle persone», rispose il Swami. «Sai, non bastano le buone intenzioni. E visto che ti sei messo sulla via della ricerca, sarà bene che dia un'occhiata al tuo oroscopo spirituale.»

Ovviamente era una sorta di esame. Mi ricordai che anche Ramakrishna era stato meticolosissimo nella scelta dei suoi allievi e che lo stesso Vivekananda aveva dovuto superare varie prove prima di essere accettato. Era questa la tradizione: l'eventuale discepolo andava studiato bene, era necessario osservare il suo modo di camminare, di mangiare e persino di digerire. Il suo corpo andava esaminato per vedere se aveva o meno i segni divini di una predisposizione spirituale.

Il Swami ricorreva all'oroscopo, ma lo scopo era lo stesso: rendersi conto se valeva la pena investire le sue energie di insegnante su di me. L'idea che mi prendesse in considerazione come discepolo mi divertiva. Che cammino formativo il mio! Dal Collegio Giuridico della Scuola Normale di Pisa, all'Università di Leeds in Inghilterra, alla Columbia University di New York: e ora candidato a un ashram, questa volta sottoposto a un esame di ammissione astrologico!

Il Swami chiamò un assistente e gli dette il foglio con tutti i dettagli sulla mia nascita. Quando la porta della stanzina si aprì sentii il brusio della gente che era là per terra ad aspettarlo e mi alzai per andarmene. No, lui voleva continuare a parlare d'India, di politica, voleva sapere che cosa pensavo della Cina, del Pakistan, del conflitto in Kashmir. Ma io ero a disagio. Sentivo la pressione di quei suoi fedelissimi, delusi, e mi venne da chiedergli come faceva a essere sempre così paziente, così disponibile con tutti. Avevo osservato, dissi, come passava ore a riceverli, ad ascoltarli. Ognuno voleva la sua attenzione, il suo tempo.

Il Swami rispose con una frase che fu determinante nel mio rapporto con lui: «Io non ho più bisogno di tempo», disse. «Ho già fatto tutto quel che volevo fare. Il tempo che mi resta è tempo pubblico. Anche tu ti stai avvicinando all'età in cui il tempo che hai puoi dedicarlo agli altri.»

Dio mio, se mi sarebbe piaciuto! Ma ne ero così lontano...

Lo sentii ancora dire: «Vedrai, sarà così anche per te. È una questione matematica. Quando avrai scoperto che tu sei la totalità, niente più ti potrà essere tolto».

Lui poteva insegnarmi questo? Allora avevo davvero trovato «il mio maestro»!

Aggiunse ancora qualcosa sulla pace che va cercata dentro di noi, non fuori, e concluse:

«Stasera. Rivediamoci stasera dopo la lezione di musica».

Quando la attraversai, la stanza delle udienze era zeppa di gente. Era un fine settimana e molte famiglie indiane erano venute da lontano, facendo chilometri e chilometri di autostrada. Erano tutti sollevati che me ne andassi, ma anche curiosi di chi fosse questo straniero che era riuscito a stare così a lungo con il Swami.

La sera aspettai che i compagni del corso di yoga fossero tutti tornati ai loro bungalow per scivolare via dal mio, verso quello del Swami. Il bosco di abeti ronzava di ranocchi e grilli. Mi veniva da ridere al pensiero che in fondo andavo a vedere se ero stato bocciato o promosso.

Ai piedi delle scale di legno dove lasciai le mie scarpe non ce n'erano altre. Il Swami era solo, seduto nella sua poltrona. Stava leggendo in un pacco di fogli che aveva in mano.

«Perfetto. Perfetto. Questo è un bell'oroscopo», disse vedendomi e indicando il tabulato del computer in cui, anno per anno, era riassunta tutta la mia vita in relazione ai vari pianeti. Sorrideva. Era contento di darmi «la bella notizia»: «Tu sei nato senza ombre. Sei nato senza alcun peso delle vite precedenti e questo ti rende adattissimo alla vita spirituale. Puoi persino diventare una guida spirituale. Tutto torna. Non hai mai fatto nulla per fini materiali e così puoi ora perseguire la liberazione definitiva».

Era eccitato. Sfogliava avanti e indietro quelle pagine rifacen-

310

do la storia delle mie decisioni, delle svolte della mia vita, della malattia. Ma io non volli farci caso, non presi appunti. Disse che fino al marzo del 2006 sarei stato bene e che anche allora, forse, non si sarebbe trattato della mia morte. Mi rifiutai di prendere anche solo in considerazione quell'appuntamento. Preferivo quello che mi aspettava alcuni mesi dopo, in India, per l'inizio del corso di Vedanta nel suo ashram.

Quando uscii dal bungalow del Swami la notte era chiara e fresca e prima di tornare al mio feci un lungo giro del bosco fra le due autostrade.

HONG KONG

NEL REGNO DEI FUNGHI

LA STORIA, almeno da lontano, era di quelle che non potevo lasciarmi scappare. Un vecchio miliardario cinese di Hong Kong s'era impegnato a usare la sua ricchezza per fare all'umanità, prima di morire, un regalo d'eccezione: una cura contro il cancro.

Dopo anni di ricerche e sperimentazioni il farmaco era pronto. Si trattava dell'estratto di un fungo che i cinesi hanno sempre considerato miracoloso e che fin dall'antichità compare nelle raffigurazioni di alcuni dei, specie degli Otto Immortali.

Scrissi a Mangiafuoco per chiedergli cosa pensava dei funghi, e la sua reazione fu positiva.

«Occupatene. È un soggetto affascinante», mi rispose. «Siamo in tanti a considerare i funghi un regno a parte, nel senso che non sono veri e propri vegetali e non sono ovviamente animali. Sono appunto 'funghi', un mondo a sé, con grandi poteri terapeutici conosciuti da secoli. E ogni fungo ha le sue caratteristiche, le sue proprietà. Non dimenticare che la prima penicillina è stata estratta da lì.»

Hong Kong è stata per me una seconda patria. Ci ho vissuto otto anni. Conosco tanta gente, ho molti amici, ma arrivandoci decisi di concentrarmi sul fungo e di evitare tutto il resto. Non telefonai a nessuno, non mi feci vedere all'FCC, il Club dei Corrispondenti Esteri, e andai ad alloggiare in una cameretta per studiosi di passaggio alla Hong Kong University. Quella è una zona della città che ha subito meno cambiamenti del resto e conserva ancora un po' dell'atmosfera romantica della vecchia Hong Kong, l'atmosfera del romanzo e del film *L'amore è una cosa meravigliosa*.

La mattina, appena prima dell'alba, le stradine del quartiere in salita verso il Peak si riempivano di quel bel quieto popolo di anziani cinesi, uomini e donne, che sembrano aver trovato nelle varie forme del tai ji quan la lotta contro le ombre, la perfetta ginnastica per il corpo e l'anima. Era il grande momento di pace della giornata.

Vedere il miliardario fu facile. Mi fece andare in un suo ufficio in Central, il cuore commerciale dell'isola, da dove gestiva altri suoi affari. Il posto era spoglio quasi come la cella di un frate, senza alcun segno di quella pacchianeria a cui di solito i miliardari non sanno resistere. Lui, ottantenne, era alto e magro, con una faccia qualunque, ma una certa dose di sincerità.

« Non vogliamo fare i soldi, vogliamo solo curare la gente » mi disse come volesse ribattere a un'obiezione che non avevo fatto. « La vita è tutto un dare e un prendere. Io alla società ho preso tanto. Ora è il mio momento di restituire, prima di andarmene. »

Lo feci soprattutto parlare di sé, e i dettagli di quel che lui aveva preso alla società e di come lo aveva preso non fecero che abbellire ai miei occhi la storia del suo fungo. Il miliardario era nato povero nella regione del delta dello Yangtze, al tempo in cui la Cina era agitata da lotte intestine e dissanguata dai signori della guerra. Era cresciuto a Shanghai durante l'occupazione giapponese. Lì aveva lavorato durante la Seconda Guerra Mondiale e poi durante quella civile. Tutta la sua esistenza, come quella di milioni di altri cinesi, era stata una continua lotta per sopravvivere.

Lui aveva avuto fortuna. Aveva fatto i suoi primi soldi importando dalla Germania gli aghi per le macchine da cucire dell'industria tessile; poi le macchine stesse. Nel 1949, dinanzi all'avanzare delle truppe comuniste di Mao, era scappato con poco o nulla a Hong Kong e aveva puntato tutto su due prodotti che pensava avrebbero avuto un grande futuro: i detersivi e i vermicelli pronti. Era soprattutto grazie a questi ultimi, di cui parlava come se ne avesse sempre una ciotola fumante sotto il naso, che aveva fatto la sua considerevole fortuna.

Il vecchio miliardario nell'animo era un commerciante, ma non un imbroglione, e quando, parlando del fungo, gli chiesi come fosse possibile che, con tantissimi tipi di cancro, ognuno sensibile a un diverso trattamento, il suo estratto potesse essere la cura per tutti, la sua risposta fu netta. No. L'estratto non era una vera e propria cura. Era solo un coadiuvante; qualcosa che rafforzava il sistema immunitario, utilissimo da prendere durante la radioterapia o la chemioterapia.

Insomma, la storia della cura miracolosa, appena esaminata da vicino, si era già sgonfiata. Lasciai però che il vecchio me la raccontasse di nuovo e alla fine non risultò meno interessante, specie perché il miliardario aveva per il suo estratto di fungo lo stesso appassionato entusiasmo che aveva per i suoi vermicelli. In fondo erano due prodotti che facevano star bene l'umanità.

L'estratto era il risultato di due vicende parallele che a un certo punto si erano, per caso, incrociate. Una lo riguardava personalmente.

A metà degli anni Ottanta, la figlia del suo più grande amico, un altro dei grandi *tycoon* di Hong Kong, si ammala. La fanno vedere in vari ospedali del mondo, ma la diagnosi è sempre la stessa: una leucemia incurabile. Il nostro miliardario non si dà pace e promette all'amico di fare l'impossibile per aiutarlo. È convinto che nell'enorme farmacopea della millenaria tradizione medica cinese debba pur esserci, magari dimenticata, accantonata dalle medicine occidentali, un'erba, una pianta in grado di curare malanni come la leucemia. Manda in Cina alcuni suoi emissari; lui stesso ci va a varie riprese in cerca di quella risposta, ma non trova nulla.

Più o meno nello stesso periodo si svolge a Shanghai un'altra vicenda. Un anziano biologo, professore in un'università secondaria, viene ricoverato per un calcolo renale in un ospedale riservato ai quadri del partito. Le camere sono a due letti e lui si ritrova accanto a un importantissimo funzionario comunista operato di cancro. Quello gli racconta che i soli ad avere un rimedio contro il suo male sono i giapponesi. Usando un particolare fungo, che originariamente cresceva in Cina, i giapponesi hanno già preparato un'efficace medicina, ma le quantità sono ancora minime e la formula ancora segreta.

Un fungo cinese? Quale?

Uscito dall'ospedale, il biologo si mette al lavoro cercando di identificarlo. In Cina ci sono più di 1300 specie di funghi. Per arrivare a quella giusta occorrono anni di ricerche e grandi finanziamenti. Il biologo scrive alla sua università, al governo di Shanghai, a quello centrale di Pechino, ma nessuno gli dà ascolto, né tanto meno gli offre dei soldi... finché il miliardario di Hong Kong viene a sapere del suo progetto, lo incontra e gli mette a disposizione la sua ricchezza.

I risultati arrivano presto. Il fungo col più alto contenuto di una sostanza considerata anticancro viene identificato. È lo yun zhi, il Fungo delle Nuvole. Il miliardario, convinto di aver trovato la soluzione, spinge il biologo a produrne un primo estratto, lo dà alla figlia dell'amico, ormai senza altre speranze, e quella pare ne venga miracolata. Sopravvive.

Miliardario e biologo si impegnano allora in un progetto a lungo termine per dare all'estratto una credibilità scientifica, per produrlo su larga scala e metterlo a disposizione dell'umanità.

Parlandomi il vecchio insistette molto sul fine filantropico di quell'impresa che ormai andava avanti da quasi quindici anni, ma era chiaro che nel progetto Fungo delle Nuvole c'era anche un'importante componente nazionalistica. Sia il miliardario che il biologo sapevano che la millenaria tradizione medica cinese aveva sofferto moltissimo a causa dell'influenza occidentale e col loro estratto anticancro speravano di ridare orgoglio e forza a quella tradizione.

Alla fine dell'Ottocento erano arrivate in Cina frotte di missionari stranieri. Le grandi fondazioni americane, come la Rockefeller, avevano costruito e gestito sia a Pechino sia in altre città ospedali completamente loro, marginalizzando prestissimo quelli locali dove si praticava la medicina tradizionale. L'élite cinese era diventata sempre più dipendente dai medici occidentali e lo stesso governo di Chiang Kaishek aveva finito per mettere praticamente al bando la medicina locale, considerata troppo primitiva. Furono i comunisti a riscoprirla e fu Mao a dire, con una delle sue semplici e memorabili espressioni, che anche in questo campo la Cina doveva camminare « su due gambe ».

A Hong Kong, colonia per oltre centocinquant'anni, la medicina ufficiale è stata fin dagli inizi nelle mani dei medici usciti dalle università inglesi e il progetto Fungo delle Nuvole includeva certo anche il desiderio di ridare prestigio alla ricerca e al lavoro dei non « colonizzati ». Il vecchio miliardario sentiva forte questa necessità e non a caso mi parlò di un altro suo piccolissimo, ma significativo progetto: far mettere in musica alcune poesie della dinastia Tang così che i giovani avessero qualcosa di più sostanzioso e più cinese per le loro serate al karaoke.

Era chiaro che al vecchio non piaceva come stavano andando le cose, né a Hong Kong, né in Cina. Il suo stesso mondo degli affari era diventato, disse, senza scrupoli e per proteggere il suo estratto aveva dovuto creare un'Associazione della Salute a cui aveva dato formalmente il monopolio del prodotto. Quello che temeva era che degli speculatori facessero incetta dell'estratto per diluirlo, aumentarne le quantità e venderlo poi a prezzi esorbitanti. Al momento il solo modo per ottenerlo era diventare membri della Associazione – già 20.000 persone lo avevano fatto – e comprarlo attraverso quella.

L'Associazione aveva anche aperto tre centri di consultazione per i casi che la medicina occidentale considerava difficili o incurabili. Per i meno abbienti le consultazioni erano gratuite. Al fine di gestire questi centri il vecchio aveva cercato a Pechino un buon medico tradizionale, ma non era stato facile trovarlo. Anche in Cina, con la generale corsa al danaro senza riguardo per nient'altro, non c'era da fidarsi di nulla e di nessuno, disse. C'erano agopunturisti che si dicevano tali dopo solo un paio d'anni di studi, invece che, come avveniva un tempo, dopo almeno un decennio di pratica con un grande maestro. Quanto ai medici, molti avevano dubbie qualificazioni e pochissimi si dedicavano ai lunghi studi dei testi classici col solo atteggiamento possibile, quello del monaco. Lui però alla fine aveva avuto fortuna. Aveva trovato una donna che si era formata a Pechino secondo la vecchia maniera e l'aveva fatta venire a Hong Kong per due anni. Era lei che vedeva i pazienti e decideva le dosi di fungo necessarie a ogni singolo caso.

Gli dissi che l'avrei incontrata volentieri visto che il mio interesse per il fungo era anche molto personale. Il vecchio miliardario capì. Lui stesso ne prendeva una dose quotidiana, disse. Mi avrebbe fissato un appuntamento con la dottoressa per il giorno dopo.

Prima di salutarmi chiamò il suo segretario e mi fece membro a vita dell'Associazione. Con quella tessera avrei in ogni momento avuto la priorità sull'acquisto dell'estratto e uno sconto speciale del 10 per cento.

La sede principale dell'Associazione della Salute, mi aveva spiegato il segretario, era a pochi passi dalla fermata Tsimshatsui della metropolitana. Dovetti così affidarmi a quel moderno e per me poco ispirante mezzo di trasporto che in pochi minuti attraversa sott'acqua lo stretto di mare fra l'isola di Hong Kong e la terraferma, rinunciando alla ventosa e rinfrescante traversata con il traghetto, lo Star Ferry.

Per quelli della mia generazione, cinesi o stranieri, lo Star Ferry con i suoi battelli verdi e neri, i marinai all'antica con le uniformi blu e le golette bianche, le panche di legno dallo schienale aggiustabile a seconda della direzione della traversata, l'odore d'oceano, la vista sulla baia e sulle giunche dalle vele incerate resteranno il simbolo del fascino perduto della vecchia colonia inglese. La metropolitana che l'ha soppiantato è molto più veloce ed efficiente, ma è una metropolitana: soffocante, senza l'odore della natura e senza la vista sul mondo, uno dei mille esempi di come l'uomo si immiserisce la vita pensando di migliorarsela.

La metropolitana di Hong Kong è così perfetta che anche nel

tratto in cui il treno corre profondo sotto il mare i telefonini non perdono il segnale e mi venne un gran ridere quando quelli di tutta la gente pigiata attorno a me continuarono a squillare. Più che in una metropolitana alle due del pomeriggio, mi sembrò di essere in una grillaia nel pieno della notte.

Il segretario mi aveva detto di prendere la scala dell'uscita B2 e avrei visto l'edificio della clinica dinanzi a me. Seguii le istruzioni, ma la prima cosa che, uscendo all'aperto, mi vidi davanti furono tre grosse tartarughe che, legate per i piedi, penzolavano, vive, sopra un calderone fumante di un negozio di medicine cinesi.

Un tempo quella vista mi avrebbe lasciato indifferente, l'avrei trovata esotica. Vivendo fra i cinesi avevo imparato che si può mangiare tutto quel che si muove e, cercando di imitarli, non mi ero fermato dinanzi a niente, fosse la carne di un cane, di un serpente e una volta, durante un viaggio nella provincia dello Yunnan, persino quella di un bel pangolino che vidi scotennare dinanzi a me. Ma come si può cambiare nella vita!

Dopo anni d'India, dove, se non altro per osmosi, ero diventato vegetariano, ora trovavo indecente che quelle tre povere bestie venissero tenute lì a soffrire, solo per fare pubblicità al brodo nero di quelle già bollite, versato nei bicchieri di vetro allineati sul bancone del negozio. La gente passava, beveva, pagava e ripartiva. Un bicchiere l'equivalente di un euro. Non troppo per un ricostituente raro, un toccasana contro le emorroidi e certo, come ogni altra pozione cinese, un afrodisiaco.

L'edificio dove si trovava la clinica dell'Associazione era dall'altra parte della strada. Un minuscolo ascensore mi portò al quinto piano. Il segretario del miliardario mi aspettava per presentarmi alla dottoressa Li Ping.

La donna era un prodotto della vecchia Cina socialista. Uno degli ultimi. Semplice, senza trucco, testa tonda, capelli leggermente grigi tagliati alla maschietta, indossava maglione e pantaloni neri sotto un impeccabile camice bianchissimo e inamidato. Da studente aveva certo portato l'uniforme blu di Mao e le treccine. I conti grosso modo tornavano. Aveva circa cinquant'anni, per cui doveva essere stata un «piccolo diavolo rosso» durante la Rivoluzione Culturale e doveva essere entrata nel prestigioso Istituto di Medicina Tradizionale Cinese di Pechino quando il Grande Timoniere era ancora in vita e in quella scuola venivano ammessi solo i giovani bravi e di buona fede comunista. Qualcosa di quel mondo le era rimasto nel portamento e nella modestia del

suo apparire. All'anulare aveva una fede d'oro, al polso un orologio, non un gioiello, solo uno strumento per guardare l'ora.

Mi ricevette in un piccolo ambulatorio. L'aria era piacevolmente appesantita dall'odore balsamico delle erbe e delle cortec-
ce che tre giovani ragazze tagliavano e pestavano nei mortai della
farmacia dietro un divisorio di vetro.

Ci sedemmo su due sgabelli. L'uno dinanzi all'altra, vicinissi-
mi come se i nostri corpi dovessero comunicare. La donna mi
chiese cosa c'era che non andava, come mi sentivo. Prese appunti
di tutto quel che dissi. Si interessava molto a come avevo reagito
alla chemioterapia e alla radioterapia. Avevo avuto febbre, pruri-
to, vomito? Mi erano comparse delle macchie sulla pelle? Poi mi
prese la mano destra, l'appoggiò, rivolta verso l'alto, sulle sue ginocchia e con una lente di ingrandimento si mise a osservare con
grande accuratezza ogni dettaglio.

«No. Non leggo il suo destino» mi rassicurò. «Guardo lo stato della sua salute. Ogni variazione nel corpo produce una variazione nelle mani.»

Nelle mani?

«Sì. Guardi qui», disse indicando con una grappetta per la
carta il monte che c'è fra la linea della vita e il pollice. «Guardi.
Ci sono delle formazioni come dei minuscoli cubetti di tofu.*
Questo vuol dire che il suo stomaco è debole.»

Cercò ancora e mi fece notare che la linea della vita finiva in
un triangolo. «Ecco, questo vuol dire che lei ha avuto un problema coi reni» disse.

«Dove? A destra o a sinistra?» chiesi io, sorpreso di questo
dettaglio di cui non le avevo parlato.

«Questo non posso dirlo. Vedo solo che c'è un problema con i
reni» rispose.

«Ma come è possibile? Queste righe sono quelle con cui sono
nato, mentre il problema coi reni l'ho avuto solo di recente» insistetti.

«Ci sono mutamenti nelle linee della mano che avvengono nel
giro di sette giorni; altri, più lenti, che si rivelano nel giro di sette
mesi.»

Poi, sempre puntando la grappetta per la carta e guardando
nella lente, disse:

* Il tofu, una pasta fatta con i fagioli di soia, è un ingrediente base di
ogni dieta vegetariana e per questo viene chiamato «la carne dei campi».

«Se la linea della vita finisse in questo punto, vorrebbe dire che la sua vita è già stata tutta vissuta. Invece la linea continua, per cui lei ha ancora molto da vivere. Sì, ancora molto».

Girò la mia mano e guardando il dorso disse che cominciavo ad avere problemi con le coronarie. «Niente di grave per ora, niente che potrebbe essere reperito da un esame di tipo occidentale, ma qualcosa a cui prepararsi. Le sue coronarie stanno cominciando a indurirsi.»

Nell'indice notò un minuscolo porro che io non avevo mai visto. «Ogni volta che ci sono problemi con i denti, anche con un solo dente, ecco che compaiono questi segni.»

Mi prese i polsi e si concentrò a lungo. Disse che il battito era leggero e che il mio qi era debole. Mi guardò la lingua e disse che sotto il velo bianco c'erano due spaccature, altro segno di un «disequilibrio nello stomaco». Mi osservò a lungo le orecchie e anche lì, non so dove o come, vide «una stagnazione del sangue nello stomaco».

Mi esaminò il collo, seguì la linea dei linfonodi come avrebbe fatto un medico occidentale, e arrivò alla diagnosi: la mia condizione generale era buona, ma avevo una debolezza del qi e un disequilibrio che andava risolto.

Secondo lei, quel che i medici occidentali avevano fatto con me finora era giusto. Si trattava ora di integrare la loro terapia con delle medicine cinesi. L'estratto del fungo era ideale, disse, per alzare il mio qi. Potevo prenderne tre pasticche al giorno e continuare eventualmente anche per anni perché non c'era alcun pericolo di effetti secondari.

In bella calligrafia cinese scrisse una ricetta e la passò alla farmacia. L'intera visita era durata mezz'ora. Per quella e per la prima mandata di medicine, sufficienti per un mese, pagai l'equivalente di centoventi euro.

Rividi il miliardario ancora un paio di volte e lui mi fece incontrare due scienziati suoi collaboratori che lavoravano al progetto. Come sempre, imparai da ognuno qualche cosa, ma niente cambiò l'impressione di fondo che mi ero fatta, cioè che quella del fungo era una bella storia, specie se vista da lontano. Il miliardario mi presentò anche il giovane figlio del biologo di Shanghai e lui sì, a proposito del fungo, mi raccontò qualcosa di importante: una vecchia leggenda popolare.

Una volta, tanto tempo fa, c'era un serpente bianco che voleva diventare un bella donna. Per diventarlo bisognava che qualcuno se ne innamorasse e questo non era facile. Un giorno però un giovane vide il serpente, lo prese con sé e disse di amarlo. Immediatamente il rettile divenne la bella donna che voleva essere, i due si sposarono e vissero felicemente assieme. Ma un monaco buddhista, geloso di quella unione, decise di separare i due e si mise a raccontare in giro che la donna serpente era in verità un diavolo.

Quando il giovane marito rimase seriamente ferito in un incidente, il monaco disse che era stata lei a volerlo ammazzare. La donna era disperata, ma era la sola a poterlo salvare. Lei sapeva che in cielo cresceva un fungo miracoloso, chiamato appunto il Fungo delle Nuvole, capace di curare ogni male. Come donna però lei non poteva andare in cielo. Allora, per amore, tornò alla sua forma originaria e, come fulmine, il serpente del cielo, guizzando fra le nuvole, riuscì a procurarsi uno di quei funghi miracolosi che crescevano solo lassù e a portarlo in terra. Il giovane marito guarì immediatamente e il fungo, grazie alla donna serpente, si riprodusse restando a disposizione degli uomini.

Il monaco, più geloso che mai, tese un tranello alla donna. La fece prigioniera, la chiuse in una cassetta delle elemosine e la seppellì nella città di Hangzhou. Perché nessuno l'andasse mai a liberare, sulla cassetta costruì una pagoda, diventata poi famosa: la Pagoda di Lei Feng.

Quando l'Imperatore di Giada venne a sapere che il monaco si era occupato di cose che non lo riguardavano e della sua perfidia, ordinò che fosse arrestato. Il monaco andò allora a nascondersi là dove nessuno lo avrebbe mai trovato: nella pancia di un granchio che vive nelle risaie. E lì rimase, odiato da tutti i cinesi che ancora oggi, quando mangiano uno di quei crostacei, vanno a guardare dentro la corazza e, sotto la membrana che resta dopo aver tolto la carne, lo vedono in una piccola escrescenza che pare davvero l'immagine di un vecchio monaco impaurito.*

* Nel 1924 la famosa pagoda di Hangzhou crollò e Lu Xun, il grande scrittore di Shanghai, che si ricordava la leggenda raccontatagli da sua nonna, pubblicò un brevissimo commento dicendosi entusiasta che la donna serpente fosse finalmente libera mentre il cattivo monaco sarebbe restato prigioniero nella pancia dei granchi fino all'estinzione della loro specie. Ben gli sta!

Al tempo in cui mi occupavo di indovini e di veggenti, a Hong Kong avevo incontrato un cinese, agente di Borsa, che mi aveva spiegato come leggere il destino delle persone in base ai tratti dei loro volti. Il mio computer si ricordava il suo numero di telefono e provai a chiamarlo. Mi sorprese trovarlo e ancor più sapere che, come me, non si occupava più di fisionomie, ma di come curarsi un cancro.

E il fungo del miliardario? gli chiesi.

Sì, ne aveva sentito parlare. «Uno dei tanti», aggiunse.

Propose che ci incontrassimo per fare assieme un giro del vecchio mercato delle erbe e dei fiori nel quartiere di Mongkok. Fu un'esperienza illuminante. A ogni passo qualcuno aveva da offrire qualcosa di speciale arrivato dalla Cina e capace di guarire questa o quella malattia. Un tale, che vendeva soprattutto rose, aveva fra i tanti vasetti di plastica una strana pianta che faceva come delle piccole pannocchie di granturco, ognuna con una barba di fili verdissimi, ottima, disse, contro il diabete. Un altro offriva dei semi neri e lucidi come dei piccoli teschi di bufalo con tanto di corna, ottimi per il cancro ai polmoni. Un altro aveva una piantina dalle radici tonde a forma di alveare, ottime, disse, contro il cancro al seno. L'uomo disse che quella pianta cresceva solo vicino alle cascate d'acqua.

Ma la cosa più strana che l'amico mi portò a vedere era un mezzo verme, mezzo fungo, il cui nome in cinese significa «insetto d'inverno, erba d'estate». Nei mesi freddi, in una zona montagnosa della Cina, c'è un verme che va in ibernazione sotto terra. Un fungo gli nasce accanto, entra nel verme, si nutre della sua carne e a primavera germoglia con foglie verdi che danno sul nero. Quella combinazione parassitaria, disse l'amico, era ritenuta magica e le foglie erano, secondo lui, un'ottima medicina per il cancro ai reni. Lui era stato operato di questo; s'era poi messo a studiare i vecchi testi di medicina cinese e aveva scoperto che secoli prima quella pianta era considerata un toccasana per tutte le malattie dei reni. Il problema, disse, era il suo costo: un chilo di quelle foglie veniva a più di mille euro. E andava presa in grandi quantità per essere efficace. Lui era arrivato a cinquanta grammi al giorno, una trentina di piantine cotte a lungo al vapore in un recipiente di terra chiuso. Bisognava poi bere l'infuso e mangiare quel che restava. Disse che all'inizio quella pozione gli provocava una grande tosse, ma era solo «perché ripuliva i polmoni».

Lui aveva ormai tutto un giro di amici che faceva uso di quella pianta e si aiutavano a vicenda a farne arrivare regolarmente un rifornimento dalla Cina. Aveva sentito dire che la pianta cresceva anche nel regno del Buthan, che la stessa famiglia reale la usava e che qualcuno stava pensando di farne una piccola industria.

Una sera il vecchio miliardario volle che cenassi con lui e la sua famiglia e mi invitò in uno dei famosi ristoranti di Wellington Street, quelli coi maialini di latte arrostiti appesi all'ingresso a sgrondare il grasso e, esposte sulla strada come fossero acquari, le vasche di vetro con dentro, vivi, i migliori pesci, gamberi e aragoste ad aspettare che un cliente, passando, dica: «Quello! » e la bestia venga pescata e cotta secondo l'ordinazione.

Non è vero, come sostengono alcuni, che sia stata la Bibbia col suo divino invito all'uomo a moltiplicarsi nel mondo su cui lui, solo lui, ha « il dominio » a creare la violenza carnivora della razza umana. I cinesi sono arrivati alla stessa violenza senza la Bibbia, e per millenni questa di cucinare con raffinata tortura ogni animale è stata parte della loro cultura, una parte fra l'altro che nessun regime e nessuna ideologia politica hanno mai osato sfidare.

Guardavo quei bei pesci muoversi nell'acqua, guardavo i maialini appesi agli uncini e pensavo a come, a parte la miseria e la fame, l'uomo ha sempre trovato strane giustificazioni per la sua violenza carnivora nei confronti degli altri esseri viventi. Uno degli argomenti che vengono ancora oggi usati in Occidente per giustificare il massacro annuo di centinaia di milioni di polli, agnelli, maiali e bovi è che per vivere si ha bisogno di proteine. E gli elefanti? Da dove prendono le proteine gli elefanti?

L'argomento con cui un amico cercò di convincere Gandhi ad abbandonare la tradizione ortodossamente vegetariana della sua famiglia fu dello stesso tipo. Gli disse che gli inglesi erano capaci con pochi uomini di dominare milioni di indiani perché mangiavano carne. Questo li rendeva forti. Il solo modo di combatterli era di diventare carnivori come loro. Una notte allora i due amici vanno in riva al fiume e per la prima volta Gandhi mangia un boccone di carne di capra, tradendo così la fede dei suoi genitori e della sua casta. Ma sta malissimo. Non digerisce e ogni volta che cerca di addormentarsi gli pare di sentire nello stomaco il belare della capra mangiata, come racconta nella sua autobiografia.

In tutta la sua vita Gandhi non toccò più un pezzo di carne, neppure nei suoi anni da studente in Inghilterra dove tutti gli dicevano che senza carne non avrebbe potuto resistere al freddo.

Io, per cultura, non mi ero mai chiesto se ero vegetariano o meno. A casa mia, da ragazzo, mangiar carne era normale, se potevamo permettercela. Succedeva di solito alla domenica. Quando Angela e io arrivammo in India nel 1994 eravamo ancora tutti e due carnivori e per un po' continuammo a esserlo.

Una volta alla settimana un musulmano si presentava alla porta di casa con una impeccabile valigia dalla quale tirava fuori dei pacchi sanguinolenti con filetti e bistecche di manzo. Poi un giorno Dieter, l'amico fotografo tedesco, indicandomi per strada un branco di vacche attorno a un deposito di spazzatura, intente a mangiare sacchetti di plastica, scatole di cartone e giornali, disse: «Ecco quel che mangi con la bella carne del tuo musulmano. E pensa al piombo di tutta quella carta stampata!»

Aveva assolutamente ragione. Pur permettendosi di macellare le mucche che gli indù ritengono sacre, il nostro musulmano non aveva certo uno speciale pascolo di erba fresca dove mandare le sue vittime e quel che ci portava erano pezzi delle malaticce mucche di strada alimentate di rifiuti.

La molla a smettere fu quella. Poi, col passar del tempo, mi son reso conto che, non considerandoli più come cibo, cominciavo a guardare gli animali diversamente da prima e a sentirli sempre di più come altri esseri viventi, in qualche modo parte della stessa vita che popola e fa il mondo. La sola vista di una bistecca ormai mi ripugna, l'odore di una che cuoce mi dà la nausea e l'idea che uno possa allevare delle bestie solo per assassinarle e mangiarsele mi ferisce.

Il modo perfettamente «razionale» in cui noi uomini alleviamo gli animali per ucciderli, tagliando la coda ai maiali perché quelli dietro non la mordano a quelli davanti, e il becco ai polli perché, impazzendo nella loro impossibilità di muoversi, non attacchino il vicino, è un ottimo esempio della barbarie della ragione.

Ma anche la verdura è vita! mi sento dire dagli accaniti carnivori, sordi a ogni argomento, come se a cogliere un pomodoro si facesse soffrire la pianta come a strozzare un pollo, o come se si potesse ripiantare una coscia d'agnello nel modo in cui si ripianta il cavolo o l'insalata. Le verdure sono lì per essere mangiate. Gli animali no! Il cibo più naturale per l'uomo è quello prodotto dalla terra e dal sole.

Il miliardario non arrivava. Io guardavo i maialini e chiedevo, fra me e me, a chi li avrebbe mangiati: «Avete mai sentito le grida che vengono da un macello?» Bisognerebbe che ognuno le sentisse, quelle grida, prima di attaccare una bistecchina. In ogni cellula di quella carne c'è il terrore di quella violenza, il veleno di quella improvvisa ultima paura dell'animale che muore. Mia nonna era, come tutti, carnivora, se poteva, ma ricordo che diceva di non mangiare mai la carne appena macellata. Bisognava aspettare. Perché? Forse i vecchi come lei sapevano del male che fa mettersi in pancia l'agonia altrui. Perché quella che chiamiamo eufemisticamente «carne» sono in verità pezzi di cadaveri, di animali morti, morti ammazzati. Perché fare del proprio stomaco un cimitero?

Angela continua a mangiare carne, se le capita. Per me è impossibile. Ma non è più una questione di salute, di non ingurgitare il piombo dei giornali ruminati dalle vacche di strada. È un problema di morale. Ecco un piccolo, bel modo per fare qualcosa contro la violenza: decidere di non mangiare più altri esseri viventi.

Finalmente il miliardario con le due figlie e altri invitati arrivarono, interrompendo la mia solitaria e inutile difesa di quei poveri pesci che ancora per un po' avrebbero nuotato nell'acqua fresca.

Il direttore ci venne incontro guidandoci verso una saletta privata dove era stata già imbandita una larga tavola tonda. Bisbigliai nell'orecchio del direttore che ero vegetariano. Conosceva il caso: che non mi preoccupassi.

Sedendoci, la figlia minore del miliardario, che mi fu piazzata accanto, sembrò scontenta della apparecchiatura che era stata preparata perché alle bacchette d'avorio e al cucchiaio di porcellana aggiunse subito due telefonini accesi che ogni tanto parteciparono alla nostra conversazione. Mi accorsi che il vecchio, come me, non ne era molto contento, ma anche lui con tutta la sua ricchezza non poteva fermare l'ondata devastante delle novità.

Fu lui a dirmi che il giorno dopo si inaugurava in uno dei centri commerciali della Cina comunista a Hong Kong la prima grande fiera della medicina tradizionale. Mi suggerì di andare a dare un'occhiata mettendomi in guardia contro i prodotti non sempre genuini o sperimentati che sarebbero stati in vendita.

Ci andai. In un'enorme sala illuminata a giorno c'erano, allineati su varie file, decine e decine di piccoli chioschi con dentro vecchi quadri del partito riciclati, alcuni anche goffamente, in businessmen, giovani yuppie di Shanghai e ufficiali in servizio dell'Esercito di Liberazione, anche loro a presentare qualche nuovo prodotto farmaceutico delle forze armate e delle varie loro imprese commerciali. L'intera sala era un bell'esempio di tutto quello che la Cina è diventata: affarista, praticona e, come aveva suggerito il vecchio miliardario, poco affidabile.

Nel giro di un'ora avevo le tasche piene di biglietti da visita e di campioni di tante diverse medicine, tutte però grosso modo mirate su due problemi: curare il cancro e aumentare la potenza maschile.

Credetti di essere il solo straniero presente in quella sala, quando ne vidi un altro che collezionava tutto il materiale possibile. Disse di essere un esperto di medicina cinese e di insegnare in un'università inglese, ma secondo me era lì a spiare per conto di qualche grande società farmaceutica occidentale che non voleva perdere la possibilità di mettere le mani su un'eventuale vera scoperta.

Parlammo per un po' e alla fine gli chiesi se i cinesi avessero inventato qualcosa che fosse più vicino a una cura del cancro di quanto la medicina occidentale aveva a sua disposizione.

«Niente. Non c'è niente», mi rispose. «Ma ci sono ottimi integratori.»

Fu uscendo da quella fiera che, da un edificio vicino, vidi sciamare un gruppo di cinesi completamente diversi da quelli che avevo appena lasciato. Questi erano pallidi, magri e in qualche modo invasati.

«Chi siete?» mi venne spontaneo chiedere.

«Falun Gong. Falun Gong», risposero in coro.

Avevano appena concluso una riunione internazionale di due giorni per «la condivisione delle esperienze».

Avevo letto del Falun Gong, un movimento mistico, fondato nel Nordest della Cina da Li Hongzhi, un ex funzionario comunista, nel 1992, ma già con alcuni milioni di seguaci in tutto il paese. Sapevo che il governo di Pechino li aveva presi di mira per una delle più dure repressioni, che i servizi di sicurezza comunisti avevano accusato gli adepti di appartenere prima a una «organizzazione illegale», poi a «un culto diabolico», sapevo che decine di migliaia erano stati arrestati, che molti erano stati torturati, alcuni assassinati, altri fatti sparire nei manicomi criminali, ma non avevo mai avuto contatti diretti con loro. Chiesi di parlare con qualcuno che mi spiegasse la loro posizione.

Che andassi la mattina dopo al giardino pubblico di Kowloon a «fare gli esercizi» con loro, mi risposero.

Lasciai la mia camera all'università alle cinque e mezzo del mattino. Era buio pesto, ma nel silenzio si sentivano già le voci e ogni tanto le risate di quelli che andavano su per la collina a fare i loro esercizi: il bel popolo dell'alba che poi sarebbe scomparso nell'anonima folla del giorno che stava per incominciare.

Un taxi mi portò alla stazione della metropolitana e con quella, sfrecciando sotto terra e sotto il mare della baia, in quindici minuti ero all'ingresso del parco di Kowloon. I seguaci del Falun Gong si ritrovavano in uno spiazzo di cemento attorno a grandi vasi di fiori. Restai da una parte a osservarli. Arrivavano, si toglievano le scarpe, stendevano per terra un piccolo telo di plastica, dei giornali, ci si sedevano sopra nella posizione del loto e, a occhi chiusi, si concentravano.

Una donna, evidentemente incaricata dal gruppo, mise su uno dei vasi da fiori un registratore e fece partire una cassetta di musica cinese con una voce che, lenta e suadente, guidava i movimenti. La donna si accorse della mia presenza, mi fece entrare nel gruppo e si dedicò a insegnarmi i vari esercizi da fare prima in piedi, poi seduto. Erano molto simili a quelli del qi gong: mani sopra la testa, poi all'altezza degli occhi, poi davanti alla pancia a reggere l'immaginaria palla del mondo.

Gli esercizi durarono più di mezz'ora, poi i circa duecento partecipanti, fra cui molte donne e alcuni stranieri, si divisero in gruppi a leggere dalle opere del Maestro Li. Ogni gruppo una lingua: mandarino, cantonese, inglese. Un gruppetto leggeva in svedese. Erano i dodici delegati venuti da Stoccolma a «condividere le esperienze». Il responsabile era un meccanico di una centrale nucleare. Aveva sentito parlare per la prima volta del Falun Gong da un'agopunturista; si era convertito e aveva fatto tradurre tutti gli scritti del Maestro Li. Disse che in Svezia c'erano già alcune centinaia di seguaci.

Mentre i vari gruppi discutevano di quel che avevano letto, la donna che ovviamente era stata incaricata di aiutarmi a capire il Falun Gong venne a sedersi accanto a me. Era come tutti gli altri, semplice, modesta, non appariscente. La signora Hui aveva sui quarant'anni, il marito era un ingegnere impiegato dal governo di Hong Kong. Cominciò col regalarmi due libri del Maestro. Volli pagarli, ma fu impossibile. «Fra noi non può esserci scambio di danaro» disse.

La signora Hui era praticante da solo due anni. Aveva sentito parlare del Falun Gong da un'amica. Si era procurata un libro, lo aveva letto e con quello la sua vita era cambiata. Improvvisamente aveva più vitalità, più spirito. Prima era cristiana, ma non era mai riuscita, mi raccontò, a praticare quel che la religione predicava. Ama il prossimo tuo come te stesso. Impossibile farlo da cristiana, disse. Ora, col Falun Gong, le era facile.

E perché?

« Perché essere praticante del Falun Gong vuol dire innanzitutto assimilare le caratteristiche del mondo per entrare in armonia con quello » rispose. « Armonia è la legge dell'universo. La cosa più semplice è la più grande » e così dicendo, fece con le mani il gesto di una piramide e indicò la vetta, come un punto di arrivo, dove tutto si concentra. « La semplicità è la nostra forza. Per questo noi siamo capaci di progredire molto più rapidamente di quelli che perseguono altre vie. Non abbiamo una organizzazione, non una lista dei membri. Non abbiamo uffici, non abbiamo funzionari o sacerdoti. Il nostro modo di comunicare è il passaparola; al massimo il cellulare. Ognuno è libero. Tutto quel che facciamo è volontario. Il governo cinese dice che siamo già in cento milioni. Non so se sia vero, ma anche questo non conta per noi. Noi non siamo attaccati a nulla. »

Le chiesi come si spiegava la durezza con cui il regime di Pechino li trattava.

« I comunisti ci perseguitano perché hanno capito che non facciamo solo degli esercizi fisici. Hanno capito che ci interessa il mistero dell'universo, che vogliamo uscire dal tempo e dallo spazio. I comunisti credono solo in ciò che vedono e ci odiano perché hanno capito che noi vediamo al di là delle cose, che noi viviamo in altre dimensioni. »

La signora Hui mi spiegò che in tutte le loro dimostrazioni, spesso improvvise e silenziose anche nel centro di Pechino, quel che chiedevano era la libertà di fare i loro esercizi in pubblico e la libertà di stampare le opere del Maestro Li. Già avevano dovuto spostare da Hong Kong a Singapore la loro casa editrice dopo che la colonia inglese era tornata sotto il controllo della Cina comunista. Ma anche questo, disse, non li preoccupava. Niente, mi assicurò, li avrebbe fermati.

« La civiltà umana sta attraversando un momento di grande crisi. Il solo modo di uscirne è che più gente possibile pratichi il fa, la legge dell'armonia universale. Noi che già la pratichiamo pensiamo di raggiungere l'illuminazione in questa vita, così da non dover rinascere, ma questo è qualcosa che non diciamo in pubblico altrimenti la gente ci prende per matti. Eppure la verità è che se siamo qui oggi è perché in varie vite precedenti abbiamo cercato, abbiamo provato, e che finalmente siamo alla meta. Il nostro Maestro Li ci aiuta tantissimo in questo. È lui che ci ha dato gli strumenti e indicato la soluzione.»

Feci notare alla signora Hui che il Maestro Li era un ex funzionario comunista di basso rango, che, forse preoccupato da quel che aveva scatenato in Cina, nel 1996 era scappato in America dove ora con moglie e figlia viveva tranquillamente dei proventi delle sue opere, un'accozzaglia di antiche idee taoiste, vecchie pratiche esoteriche, di buddhismo e tanta ignoranza. Non si faceva vedere, non dava interviste, non mandava istruzioni ai suoi seguaci. Era come se lui stesso avesse chiuso col Falun Gong.

«Il signor Li in quanto uomo non ci interessa. Ci interessa in quanto maestro» mi rispose, per niente offesa. «Quanto ai libri sono un punto di partenza. Quel che conta è la pratica: regolare, quotidiana. Il fine è ripulirsi di ogni negatività» e così dicendo, fece il gesto di qualcosa di sporco che le usciva dalla pelle e saliva verso il cielo. «Il fine è alzare lo standard morale dell'umanità.»

C'era qualcosa di patetico, ma anche di commovente in quella donna. La signora Hui rifletteva un'inquietudine che ormai conoscevo, l'inquietudine di tutti quelli che, come l'anestesista di New York diventato sufi del Kashmir, vogliono aggiungere qualcosa di grande alle loro piccole vite, qualcosa che non si può comprare, ma solo conquistare, qualcosa che non è del mondo della materia, ma dello spirito.

Per giunta, nelle moderne società di oggi, in cui ognuno vive sempre più separato e diviso dal proprio vicino, diventa attraente appartenere, essere coinvolto assieme ad altri in un progetto di dimensioni globali. Nel fenomeno del Falun Gong c'è poi da considerare quella che a mio parere è una delle più grandi tragedie del nostro tempo: la fine della civiltà cinese, prima ferita a morte dal materialismo marxista, poi azzerata da quello ancor più devastante dell'attuale capitalismo di rapina.

La vecchia Cina era una complessa società tenuta assieme da valori confuciani di ordine e gerarchia dai quali però un uomo poteva sempre fuggire battendo i sentieri mistici del taoismo e del buddhismo. La nuova Cina di ora non conosce valori, tranne quelli del danaro e dell'egoismo. Persino quei pochi valori socialisti che il maoismo aveva cercato di seminare si sono seccati. Il

Falun Gong è anche la reazione a questo e non fu un caso che la signora Hui, per farmi un esempio di come lei stessa era migliorata praticandolo, mi parlò di qualcosa a cui la Cina non aveva rinunciato per millenni: l'amor filiale.

«Nella società cinese», disse, «i vecchi hanno sempre vissuto coi giovani, ma io, essendomi occidentalizzata, volevo la mia libertà e non volevo che mia madre, rimasta vedova, venisse a vivere con me. Pensavo che la mia vita privata fosse un tesoro da difendere. Ma un giorno, dopo aver cominciato a praticare il Falun Gong, mi sono resa conto che quel tesoro non valeva nulla, che non dovevo rimanerci attaccata e ho deciso di prendere mia madre con me. Questo mi costringe ogni giorno a rianalizzare me stessa.»

Fra le tante cose del Falun Gong mi interessava il rapporto dei praticanti col loro corpo e con la malattia, perché era da lì che anche loro erano originariamente partiti.

Li Hongzhi era diventato il Maestro cominciando a tenere corsi di qi gong per mantenersi in salute e durante le sue prime lezioni nel 1992 aveva «toccato e guarito» varie persone di diverse malattie. Poi però aveva annunciato che non l'avrebbe più fatto. Voler guarire, aveva detto, era il modo sbagliato di avvicinarsi al Falun Gong. Era una forma di «attaccamento» e come tale da superare.

«Sì. Il Maestro ci insegna a non dare importanza alle malattie», mi spiegò la signora Hui. «Anche se abbiamo dei sintomi ci insegna a trascurarli. In tutti i malati i sintomi sono gli stessi, ma il nostro atteggiamento nei confronti di quei sintomi è diverso. E questo è ciò che conta.»

Sette mistiche come il Falun Gong hanno da sempre fatto parte della vita cinese, specie in tempi di mutamenti e di disorientamento. Queste sette, solitamente esoteriche e segrete, hanno avuto spesso un importante ruolo politico, sono state all'origine di grandi ribellioni, come quella dei Taiping nell'Ottocento, e proprio per questa loro forza che non conosce ragione sono sempre state temute dalle autorità al potere. La setta del Fiore d'Oro, ad esempio, era diventata così influente che il governo imperiale di Pechino nel 1891 fece massacrare 15.000 adepti come monito agli altri di non immischiarsi negli affari di Stato.

Il testo sacro di quella setta, che interessò moltissimo lo psicologo Carl Jung e a cui certamente il Maestro Li si è ispirato per certe sue teorie, sarebbe stato portato originariamente in Cina dai primi cristiani nestoriani e si sarebbe arricchito in seguito di elementi confuciani, buddhisti e soprattutto taoisti. «Tutto è transitorio» veniva insegnato agli adepti, «tranne il Fiore d'Oro che cresce nel terreno interiore del distacco dalle cose del mondo.»

In ogni periodo di grande crisi i cinesi hanno fatto fiorire in mezzo a loro qualcosa che ravvivasse la speranza nel valore dello spirito. Il Falun Gong mi pareva avere lo stesso senso nell'attuale, confusa situazione del paese.

Li guardavo, i praticanti del parco di Kowloon, ripiegare i loro teli di plastica e metterli ordinatamente nei loro zainetti; li osservavo riaccendere i loro telefonini e ripartire per un'altra, normale giornata di vita nella Hong Kong di oggi. Erano semplici, forse un po' persi, ma erano determinati, disposti persino al martirio e per questo erano temuti dai comunisti che credono solo nella forza della materia.

Alla fine della visita a Hong Kong quel che più mi rimase sotto la pelle era quel che non avevo cercato: la gente del Falun Gong. Mi aveva commosso la loro determinazione, al limite la loro follia. Sul fungo avevo indagato troppo, avevo posto troppe domande e avuto troppe risposte, avevo troppo socializzato col miliardario e la sua gente e, visto da vicino, l'estratto miracoloso mi parve una delle tante, a volte ottime, cose cinesi che possono fare bene a tutto o a nulla.

Ma non avevo perso il mio tempo. Anche l'estratto del Fungo delle Nuvole era tutt'altro che inutile e, tornato a casa, detti la provvista di tre mesi, che avevo comprato con lo sconto di membro a vita dell'Associazione della Salute, a un amico che proprio in quel momento aveva bisogno di speranza.

Gli raccontai la storia come l'avevo sentita da lontano, più la leggenda della donna serpente e del suo amore, e sono sicuro che quelle capsule rosse, in tante boccettine ben sigillate, coperte di scritte cinesi, a lui fecero un gran bene.

Quanto a me ora ne avevo davvero abbastanza di cercare nuove medicine ed ero contento di dover stare per tre mesi fermo in un posto lontano da tutto.

L'appuntamento che avevo ora era col Swami nel suo ashram a Coimbatore.

INDIA

IL SENZANOME

SAPEVO che quando fosse toccato a me parlare, quella era l'occasione per scrollarmi di dosso un grande peso.

Non avevo nulla di terribile da confessare. Dovevo solo presentarmi, ma avevo deciso di farlo senza riferirmi in alcun modo all'«io» che ero stato e questo mi sembrò una liberazione. Il mio nome, il mio lavoro, la mia nazionalità, tutto quello a cui un tempo sarei ricorso per definirmi, non mi parevano più «miei». Non mi riconoscevo più in quei pezzi d'identità. Mi ci sentivo intrappolato. Certo: erano parte della vita che avevo fatto, la vita di cui avevo goduto, ma erano anche i pezzi della vita che mi aveva portato prima alla depressione, poi al resto, e il lasciarmi tutto alle spalle per avviarmi verso qualcosa di completamente nuovo era un vero sollievo.

Il «nuovo» era già cominciato e accidenti se era diverso da tutto quello che era stato «mio» fino ad allora!

Ero shisha (uno che merita di studiare) in un ashram (eremo) nel Sud dell'India; vivevo in una cameretta spartanissima con una branda, un tavolino e uno sgabello di ferro; mangiavo con le mani, seduto per terra in un grande refettorio, da un piatto di acciaio inossidabile in cui, da grandi calderoni, mi venivano messe un paio di romaiolate di una qualche pappa strettamente vegetariana; studiavo i testi sacri indiani; prendevo lezioni di sanscrito, la lingua originaria in cui da qualche millennio quei testi venivano tramandati, e, stonato come sono, cercavo di imparare a cantare gli antichi inni vedici e i mantra, le formule magiche con cui si invoca l'aiuto divino per superare gli ostacoli sulla via della Conoscenza.

Ora si trattava di spiegare ai miei compagni shisha come ero arrivato lì. Davanti a me ne avevo un centinaio: uomini e donne di tutte le età, i più vestiti completamente di bianco, immobili nella posizione del loto, a guardarmi, ognuno sul proprio tappetino, in tante file parallele. Accanto avevo un vecchio magrissimo, completamente avvolto in una tunica arancione che gli copriva anche la testa, incorniciandogli il viso scuro e la lunga barba

336

bianca: il Swami, il maestro, che avevo incontrato mesi prima al corso di Yoga e Suono in Pennsylvania. Stava raggomitolato su una poltrona e, rivolto verso la platea, sorrideva carezzandosi i piedi. Dalle finestre e dalle porte spalancate di quello stanzone-auditorio in cui noi shisha passavamo gran parte delle giornate, soffiava il solito bel vento caldo della sera e, per evitare che il fruscio quasi metallico delle palme coprisse le parole di quelli che il Swami chiamava a presentarsi, c'era un microfono.

Avevo riflettuto su cosa dire ed ero consapevole del fatto che è impossibile identificare con esattezza le cause di ciò che ci suc-cede – e di quel che facciamo – perché mille e mille sono le in-dispensabili, irrintracciabili coincidenze di ogni singolo avveni-mento. Certo, fra le ragioni immediate del mio esser finito in quell'ashram c'erano il mio malanno, la voglia di capire meglio l'India e quella di mettermi alla prova; ma soprattutto c'era la convinzione che la nostra vita è una continua costrizione, che ci muoviamo costantemente entro i limiti stretti di ciò che è scon-tato, lecito, decente; e che in fondo sul palcoscenico della società recitiamo solo delle parti, finendo per giunta col credere di essere i personaggi della commedia e non gli attori. Volevo provare qualcosa di diverso.

Anch'io, pur con un'esistenza più insolita e avventurosa del normale, ero vissuto, come tutti, entro i limiti autoimposti del previsto. Per trent'anni avevo fatto, da bravo, il figlio, il marito, il padre, l'amico, il giornalista, il viaggiatore e altro. Quelli erano stati i ruoli, le maschere con le quali mi ero anche divertito. Ma io? E poi, quale io? Quello giovane, timido, che arrossiva e com-batteva le lacrime e le emozioni? O quello poi maturo, «giorna-lista internazionale», sempre un po' stupito di essere preso sul serio dal mondo dei grandi a cui non mi è mai parso di appartene-re davvero? Tanti «io». Tutti per giunta mutevolissimi, imper-manenti. E nessun «io». Certo non più uno col quale mi sentissi a mio agio.

Ora volevo uscire da tutti quei ruoli, volevo saltare fuori dal cerchio stregato del conosciuto, scendere dal piedistallo delle cer-tezze convenzionali. Volevo respirare senza maschera. Quel che un tempo m'era parso importante non mi pareva più tale e l'es-serci corso dietro con tanta determinazione ora mi faceva sempli-cemente sorridere.

Come «attore» avevo avuto successo, ma per istinto sentivo di non potermi fermare a questo. Dovevo andare avanti, continuare a... cercare, come si dice, anche se non si sa esattamente cosa. Ma forse è proprio questo il punto, perché se si sapesse cosa cercare si rimarrebbe sempre nel conosciuto e non si scoprirebbe mai niente di nuovo.

All'epoca ne ero solo vagamente cosciente, ma la ragione profonda che mi aveva portato all'ashram era l'aspirazione a fare un nuovo tipo di viaggio: un viaggio dentro e non fuori; un viaggio la cui meta non era un luogo fisico ma un posto della mente, uno stato d'animo, una condizione di pace con me stesso e col mondo a cui agognavo ormai più che a qualsiasi altra cosa. E lì, in quella pace – lo sentivo istintivamente – stava anche la vera medicina per il malanno che mi affliggeva e forse anche per i diversi mali, fisici o meno, che affliggono oggigiorno tanti altri.

Presi il microfono in mano e in un paio di minuti riuscii a spiegarmi. Dissi che se il fiume in cui si entra con un piede non è già più quello in cui si mette l'altro – perché l'acqua scorre via –, anche l'uomo che avevano dinanzi non poteva più essere quello che solo qualche giorno prima era arrivato all'ashram, né tanto meno l'uomo di qualche mese, di qualche anno prima. Quell'uomo non esisteva più. Inutile allora cercare di parlarne.

Dissi che non volevo più ricorrere a chi ero stato come a una moneta di scambio, a quello che avevo fatto o non fatto come a una misura di grandezza o di semplice rispettabilità. Non volevo più parlare di me al passato, ma solo al presente. Avevo speso la vita a cercare di farmi un nome. Ora volevo viverne una senza. Cercavo di non ripetermi, di diventare un altro. Mi rendevo conto che questa non era una impresa da poco e che avrei dovuto lavorare duro su me stesso. Per cominciare mi impegnavo a mantenere il silenzio: per una settimana non avrei parlato. Contavo sul loro aiuto. Che mi chiamassero Anam, il Senzanome.

Restituendo il microfono al Swami, mi venne da ridere. Rise anche lui. Dalla platea degli shisha sentii venirmi addosso un'ondata di simpatia e questa non fece che aumentare il senso di leggerezza con cui lasciai la scena. Ebbi l'impressione d'essermi scaricato di dosso un sacco che per anni avevo portato sulle spalle e che solo ora scoprivo essere stato pieno di sassi e non di pietre preziose. L'Io, che inutile peso! Mi ero davvero stancato del mio, di quella figura che dovevo sempre portarmi dietro e ripresentare al pubblico. Quante volte in aereo, in treno, a una cena in casa di un diplomatico o al ricevimento di un qualche ministro avevo dovuto, con una obbligatorietà a cui non sapevo sottrarmi,

338

raccontare per l'ennesima volta i soliti, divertenti aneddoti della mia vita, spiegare perché da italiano scrivevo per un settimanale tedesco come *Der Spiegel*, perché ero stato arrestato in Cina o che cosa pensavo del paese in cui al momento vivevo! Il tutto per intrattenere qualcuno, per essere simpatico.

Avevo tanto riso dei giapponesi con il loro «io» legato a ciò che sta scritto sulle loro meshi, i biglietti da visita, in cui sotto al nome, e più importante di quello, sono indicati il titolo e la posizione che occupano nella loro azienda. Io mi ero comportato esattamente allo stesso modo: per essere preso in considerazione, per non essere messo da parte presentavo anch'io, recitato invece che stampato, il mio biglietto da visita: quella identità di me da cui sembravo così tanto dipendere.

L'identità poi, come fosse un congegno delicato, richiedeva manutenzione, doveva essere lucidata, bisognava cambiarle l'olio. Dell'identità andava curato ogni aspetto: la pettinatura, il vestito, il modo di presentarsi, di telefonare, di mantenere i contatti, di rispondere agli inviti. Nel mio caso... anche il modo di cominciare un articolo! «Vali quel che valeva il tuo ultimo pezzo», mi aveva detto ancora ai tempi del Vietnam l'amico Martin Woollacott, collega del *Guardian*, e quel dover essere almeno all'altezza dell'Io dell'articolo precedente era diventata sempre più una ossessione. Il tutto per mantenere un nome. Il nome, sempre il nome. Quante cose dipendono nella vita dal nome! Il nome nella lista degli ammessi, dei promossi, dei vincitori, dei passeggeri; il nome in prima pagina. Sempre quel nome, quella identità. Che fatica!

Via. Tutto questo, via! Un altro po' di inutile zavorra buttata a mare per affrontare meglio l'ultima traversata. A New York, per mano dei chirurghi avevo perso alcuni pezzi di me-corpo senza che io fossi scomparso. Ora io stesso mi toglievo altri pezzi: meno fisici questa volta. E che restava? Che restava di me senza il mio nome, la mia storia, senza quello a cui per una vita avevo così assiduamente lavorato?

Quella era la domanda di fondo per la quale eravamo tutti lì. E il Swami fin dalla prima lezione aveva detto che la risposta c'era e che l'avremmo trovata nel Vedanta, la parte finale dei Veda, dedicata al Sé che non nasce e non muore, il Sé che resta immutabile quando tutto cambia, il Sé la cui esistenza non dipende dall'esistenza di nient'altro.

Quando tornai al mio posto, l'uomo che stava seduto alla mia sinistra si alzò, spalancò le braccia e mi strinse a sé con grande forza, chiamandomi: «Anam-ji... Anam-ji».*

Era un tipo carinissimo. Sui cinquant'anni, piccolo, grasso, aveva una grande testa completamente pelata, occhi nerissimi e una lunga barba grigia, a punta, che gli arrivava sul petto. Come tanti altri brahmacharya, quelli che avevano preso i primi voti, era vestito tutto di bianco con un camicione e un dothi. Come me, sulle spalle portava un lenzuolo, anche quello bianco, da usare come scialle, cuscino, asciugamano o altro. Alla prima lezione, quando ognuno aveva dovuto scegliersi il tavolinetto di legno con le gambe pieghevoli di cui sarebbe stato responsabile, e il posto che poi sarebbe rimasto suo per i tre mesi del corso, io evitai le file al centro dell'auditorio dove non avrei avuto appoggio per la schiena e andai a sedermi contro il muro. Lui m'aveva seguito e s'era sistemato accanto a me. Ma non era tranquillo però, e dopo un po', gentilmente, mi aveva chiesto se potevo spostarmi di un metro.

«Vedi» disse con lo sguardo rivolto in alto, verso una delle travi di cemento che reggevano il soffitto dell'aula e che gli passava proprio sopra la testa, «le energie cosmiche negative battono tutte lì e mi cascano addosso... Qui non posso concentrarmi, non posso meditare.»

Matto? Non mi parve. Per spiegarmi meglio il problema mi fece notare che il Swami entrava nell'aula sempre dalla porta nord («dalla parte delle energie positive!»); che noi shisha usavamo la porta ovest («la parte delle energie neutre») e che non c'erano aperture sulla parete contro la quale noi due c'eravamo messi a sedere, quella est.

Naturalmente mi spostai e... grazie a quella storia di energie, Sundarajan divenne il mio «compagno di banco». Ci si aiutava con le traduzioni dal sanscrito e a volte, saltando qualche attività di gruppo, si andava assieme in cima al ripido poggio che stava al centro dell'ashram a goderci la vista.

La storia di Sundarajan era piuttosto insolita. Nato in Malesia da una famiglia di indiani del Sud, emigrati alla fine dell'Otto-

* In hindi, l'aggiunta di un «ji» al nome è un segno di rispetto. Quando in India ci si riferisce al Mahatma, ad esempio, si dice solitamente «Gandhi-ji» e nell'ashram ci si rivolgeva al Swami, o si parlava di lui, sempre chiamandolo «Swami-ji».

cento per costruire le ferrovie coloniali inglesi, Sundarajan, ancora giovanissimo, a Kuala Lumpur si era innamorato di una statua:
la statua di una dea nel tempio indiano del suo quartiere. Quello
era stato il suo primo e ultimo amore e a quello era rimasto sempre fedele. Fin da ragazzo aveva fatto voto di castità. Avrebbe
voluto diventare monaco, ma i doveri verso la famiglia glielo
avevano impedito. Aveva dovuto studiare ingegneria e poi, per
più di vent'anni, lavorare in una azienda specializzata nella in-
stallazione di impianti elettrici. Si era occupato persino di quelli
nell'edificio più alto del mondo, le Torri Petronas, ma adesso
aveva deciso «di dedicarsi a un altro tipo di luce», come diceva.
Dopo aver passato un anno in un centro di yoga nello Stato del
Bihar, ora aspirava a prendere sanyasa, i voti di totale rinuncia
al mondo, dal Swami.

L'India nella quale era venuto non era quella dei suoi antenati,
ma quella della sua dea. Non voleva rintracciare le proprie radici,
ma unirsi spiritualmente a lei e studiare il Vedanta, per tornare
poi in Malesia e insegnarlo ad altri.

Anch'io, entrando nell'ashram, ero arrivato in un'India particolare: non quella che i turisti vanno a fotografare, o quella che i
giornalisti descrivono, ma l'India di chi «cerca», l'India dei
grandi miti, l'India che ha dato all'umanità l'idea di dio e dello
zero e tanto di quel che sta fra questi due estremi. Ero vissuto per
anni a Delhi, ma, muovendomi nel giro della politica o al massimo della cultura, avevo sempre avuto la sensazione che mi mancasse qualcosa. E questo perché non mi ero mai seriamente interessato al fondo di tutto ciò che è indiano: la spiritualità. Ero come un marziano che fosse arrivato nella Firenze di Dante e avesse preteso di capirla visitando ogni tanto qualche chiesa e ignorando i Vangeli. Ora invece mi avvicinavo al nocciolo dell'India.
Non studiandolo da solo, sui libri; non leggendone le definizioni
di accademici occidentali ma nella maniera tipicamente indiana:
andando a vivere con un guru.

Guru* è una bella parola, purtroppo avvilita dall'uso che se ne
è fatto a sproposito in Occidente, dove ormai si parla dei guru

---

* Guru non è un titolo o una qualifica. Guru indica un rapporto. Per cui
una persona è guru per i suoi discepoli, non è guru per tutti. Solo i discepoli
si rivolgono a lui chiamandolo «guru-ji», così come solo il marito chiama
«moglie» sua moglie e non quella di un altro.

della moda, della salute o del sesso. *Gu* in sanscrito significa «tenebra», *ru* vuol dire «cacciare, disperdere». Per cui il guru è colui che scaccia la tenebra, colui che porta la luce nel buio dell'ignoranza. L'arancione del suo vestito ricorda appunto il colore della fiamma che risplende nell'oscurità, la forza del fuoco che consuma la materia.

L'India? Ora c'ero dentro. Il mio guru si chiamava Dayananda* Saraswati e io ero membro dell'Arsha Vidya Gurukulam, letteralmente «la famiglia del guru della vera conoscenza», la conoscenza che discende dai rishi, coloro che vedono.

Il posto era bello, a una trentina di chilometri da Coimbatore, la capitale dell'industria tessile nello Stato del Tamil Nadu. Ci ero arrivato con un taxi preso all'aeroporto. La giornata era splendida e tutto era stato di buon auspicio. Sulla via dell'ashram ero passato dal centro di Coimbatore per procurarmi penne, quaderni e un paio di kurta pijama di khadi bianco, il cotone tessuto ancora oggi a mano dagli ultimi seguaci di Gandhi. Sul marciapiede avevo visto un uomo accucciato davanti a due gabbie di bambù con dentro dei passerotti. Aspettava che qualcuno glieli comprasse per liberarli e guadagnarsi così del buon karma. Mi feci dare tutti quelli che gli restavano e detti loro il via, godendo del loro cinguettio e dei commenti della gente attorno.

Il tragitto verso l'ashram, conversando con l'autista, un laureato in matematica, fu il solito misto indiano di gioia e disperazione, bellezza e squallore. Per alcuni chilometri la strada traversò una pianura punteggiata da asfissianti discariche di spazzatura e fabbriche di mattoni attorno alle quali erano cresciute luride baraccopoli dove si aggirava una massa di gente magra e sporca. La terra era riarsa e cosparsa di cumuli di sacchetti di plastica. Persino le erbacce non riuscivano a sopravviverci.

In lontananza si stagliavano, nitide, azzurre, meravigliose, le Anaikatti Hills, le colline di Anaikatti. Un tempo tutta quella zona era coperta da una densa foresta. Nel poco che ne resta, mi raccontò il tassista, abita ancora un popolo primitivo che si veste solo di foglie e ha per capo un re. La tribù sopravvive raccogliendo le erbe selvatiche della foresta per conto di alcuni farmacisti ayurvedici. Il re è l'unico ad avere il diritto di parlare con la gente

---

* Il nome di tutti i sanyasin finisce in «ananda» per indicare che non hanno ormai altra meta che ananda, la completezza.

di fuori e se qualcuno entra nelle loro terre senza il suo permesso, viene cacciato via. Quelle zone, diceva il tassista, sono ancora piene di bestie selvagge e di tanti elefanti. Già, gli animali domestici erano imponenti: lungo la strada, che ormai saliva e scendeva di collina in collina, incontrammo branchi di bellissimi buoi dalle alte corna.

In una valle il tassista mi indicò una grande tenuta completamente brulla. Fino a poco tempo prima era stata una bella foresta e la fondazione intitolata al grande ornitologo indiano, Salim Ali, l'aveva comprata per farne un santuario degli uccelli. Ma il proprietario, appena riscossi i soldi, l'aveva rapata a zero, tagliando e vendendo ogni singolo albero che ci cresceva. Ah, l'India!

Passammo davanti a un collegio di medicina ayurvedica e a un istituto di ingegneria. Poi, isolato in mezzo a una bella valle verde circondata da montagne sassose e alcuni picchi, venne l'ashram: un complesso di casette bianche fra alberi di eucalipto, un auditorio, una mensa e un tempio ai margini di un grande prato. Il tutto era dominato da un poggio in cima al quale si stagliava la sagoma di un altro piccolo tempio.

La liberazione dei passerotti mi venne subito ricompensata. La camera che mi era stata assegnata era singola e la più lontana dal centro dell'ashram. Era al margine di un boschetto, con la vista sulle montagne e su una fornace di mattoni. Proprio davanti, fra due alberi, era teso un filo su cui potevo mettere i miei panni ad asciugare.

Mi abituai alla vita dell'ashram – e ad essere Anam – senza alcuno sforzo. L'impegno al silenzio mi aiutò moltissimo. Non avevo occasione di cadere nella trappola delle conversazioni casuali, non dovevo dire niente tanto per dire. Potevo concentrarmi ad ascoltare e osservare tutto e tutti lasciando che i pensieri restassero tali, senza la necessità di tradurli in suoni, in parole. Mi bastavano, alla sera, prima di addormentarmi, alcune frasi da scrivere nel mio diario.

La settimana senza parlare passò in un soffio, con i giorni tutti uguali, scanditi da un preciso ritmo che, con la sua regolarità, non lasciava spazio all'ansia delle scelte. Tutto era previsto, organizzato.

La sveglia era alle quattro e un quarto. Il tintinnare di un batacchio contro un triangolo di ferro appeso a un albero rompeva il silenzio della notte ancora fonda. Mezz'ora dopo, nel patio davanti alla mensa venivano sistemati due bidoni pieni di tè e latte bollente.

Alle cinque nel tempio cominciava la grande puja, la cerimonia del lavaggio rituale delle statue al canto dei mantra. Alle sei e mezzo, nell'auditorio al centro dell'ashram il Swami guidava mezz'ora di meditazione. Alle sette e un quarto c'era la colazione, di solito a base di ceci lessi. Alle otto cominciavano le lezioni di Vedanta, sanscrito, canti vedici e *Bhagavad Gita*. Sola interruzione l'ora del pranzo – di nuovo ceci lessi e riso – e due pause per il tè. Alle sei e mezzo di sera, quando il sole calava, glorioso, dietro le montagne, al tempio c'era arati, la cerimonia del fuoco.* Alle sette e un quarto la cena, coi soliti ceci lessi e riso, o semolino, a volte con l'aggiunta di yogurt.

Alle otto, sempre nello stanzone-aula, si svolgeva satsang, letteralmente «lo stare con la verità», la riunione in cui ognuno era libero di proporre il tema su cui discutere. Quella era l'unica occasione in cui il Swami non stava «in cattedra», cioè seduto sui suoi talloni su un piccolo podio, ma si sedeva, sempre sui talloni, su una poltrona messa in mezzo agli studenti.

Alle dieci il triangolo di ferro risuonava di nuovo. Tutte le luci si spegnevano e l'intero ashram piombava nel buio, nel silenzio e per lo più nel sonno. Era l'ora in cui, disteso fra le due finestre spalancate della mia cella, godevo dei fruscii e dei profumi che la brezza tiepida della notte indiana mi regalava.

Le presentazioni dei vari shisha – eravamo in tutto centodieci – durarono una decina di giorni e occuparono gran parte delle riunioni del dopo cena. Fu un modo per farmi un'idea di chi erano i miei compagni e delle ragioni che li avevano portati in quel posto isolato in mezzo alle colline di Anaikatti.

C'erano giovani fra i trenta e i quarant'anni, di buona famiglia e buona formazione accademica; c'erano ingegneri, un fisico nucleare e un pilota delle linee aeree indiane; c'erano assistenti universitari che essendo già brahmacharya, avendo cioè fatto voto di celibato e con ciò essendosi già liberati di ogni possedimento e desiderio materiale, aspiravano ora a indossare l'abito arancione

---

* Nel corso della cerimonia vengono simbolicamente offerti agli dei i cinque elementi di cui è fatto tutto l'universo: il fuoco, l'acqua, la terra, l'aria e l'etere.

dei sanyasin, i rinunciatari, i mendicanti spirituali. Dopo altri anni di vita e di studio nel Gurukulam, avrebbero potuto diventare loro stessi swami, insegnanti.

C'erano poi i vecchi, con alle spalle normali vite professionali, venuti all'ashram per familiarizzarsi con l'idea della morte, convinti com'erano che dopo questa vita sarebbero tornati a viverne un'altra non necessariamente umana, ognuno col proprio carico di meriti e demeriti – il karma – con cui fare i conti.

Altri, specie le donne, erano lì per dare un maggior senso alla propria esistenza spesa, in India ancor più che altrove, in una rete di riti e doveri familiari e sociali, o in professioni come quella del medico, che lasciavano loro poco spazio per altro, specie per la ricerca spirituale. I medici, mi accorsi, erano fortemente rappresentati come se l'essersi occupati dei fatti del corpo avesse reso ancora più forte il loro desiderio di andare a guardare al di là di quel velo. Un po' come era successo a me giornalista coi fatti del mondo.

Alcuni shisha erano lì invece di essere sul lettino di uno psicanalista (in India questi sono rari); altri c'erano perché il ritirarsi dalla vita è parte della tradizione e speravano, con l'aiuto del Swami, di fare il salto che avrebbe permesso loro di liberarsi dall'eterna ruota del nascere e del morire.

Questo lo spiegarono bene, presentandosi, vari shisha: uno che era stato direttore delle poste, un cardiochirurgo e un elegante, piccolo, compunto signore che era venuto nell'ashram con la moglie e che parlò anche a nome di lei. Lui era stato il primario pediatra di una città nello Stato dell'Andhra Pradesh, lei la direttrice della Scuola per Infermiere. Avevano tutti e due superato i sessant'anni e, dopo una vita dedicata al lavoro e alla famiglia, avevano deciso di rivolgere lo sguardo su se stessi e di «andare nella foresta» assieme, come sta scritto nei testi sacri.

Sempre «la foresta»! La foresta come cassaforte delle erbe, medicine del corpo; la foresta come luogo per la cura dell'anima. «Andare nella foresta»: un'idea vecchia come l'India e che ancora fa dell'India un paese a sé... finché anche qui non le avranno tutte tagliate, le foreste.

Secondo la visione tradizionale indiana, la vita di un uomo è divisa in quattro stagioni precise e distinte, ognuna coi suoi frutti, i suoi diritti e i suoi doveri.

La prima stagione è quella dell'infanzia e dell'adolescenza, il tempo dello studio in cui uno impara tutto quello che gli servirà poi. La seconda stagione è quella della maturità in cui l'uomo diventa marito, padre, assume il proprio ruolo nella famiglia e con questo contribuisce al mantenimento e alla continuazione della società. Questo è il periodo in cui è giusto e lecito perseguire desideri come la ricchezza, il piacere, la fama e la conoscenza del mondo. Dopo di questo, quando i figli diventano a loro volta mariti e padri, viene la stagione del distacco, dell'«andare nella foresta». Con questo ritirarsi l'uomo si lascia dietro gioie, preoccupazioni, successi, delusioni – tutto ciò che è passeggero, che è illusorio nella vita – per dedicarsi a qualcosa di più reale, qualcosa di più permanente.

Ultima, se così sceglie, viene la stagione in cui, ormai slegato da tutto, diventato un semplice mendicante, l'uomo si fa sanyasin e, vestito del colore del fuoco nel quale ha simbolicamente bruciato tutto quello che era dell'Io temporale, compresi i desideri, cerca ormai solo moksha, la liberazione definitiva dal samsara, il mondo dei mutamenti, l'oceano della vita e della morte.

Moksha è la destinazione finale del viaggio di un sanyasin. Niente più lo distrae da quella meta. Certo niente del suo passato, che viene simbolicamente dato alle fiamme in un «funerale» di cui lui stesso accende la pira per saltarci sopra e uscirne nuovo. Ora non è più legato a niente, assolutamente a niente: non alla sua casta, non alla sua famiglia, non al suo nome. Neppure alla religione e ai suoi riti. La tunica arancione con cui si copre dopo quel «funerale», non a caso, è fatta di un unico pezzo di stoffa, senza cuciture e senza nodi. Quando morirà, il suo corpo verrà buttato in un fiume anziché essere cremato come tutti gli altri, perché lui, il sanyasin, è già passato attraverso le fiamme.

Ogni passaggio dall'una all'altra stagione della vita è marcato formalmente da un rito nel corso del quale, come in ogni iniziazione, da una morte simbolica nasce la vita, dal vecchio nasce il nuovo.

A suo modo, anche la società occidentale moderna, perseguendo le *sue* mete – ormai tutte esclusivamente materiali – ha istituzionalizzato questo passaggio all'ultima stagione della vita: con la pensione. Dopo i sessanta o i sessantacinque anni uno smette di lavorare e viene pagato per andare a pescare, a dipingere o, molto più spesso, per annoiarsi nel rimpianto di non essere più quello che è stato: il direttore, il capo reparto, l'avvocato, il cassiere. A tanti capita così di essere vittime di un infarto e di smettere definitivamente di essere qualsiasi cosa.

Anch'io avevo smesso di lavorare – il giornalismo non mi diceva più nulla –, ma invece di «godermi la pensione» mi ero messo a cercare qualcosa che non era molto diverso da quel che cercavano i miei compagni: una qualche pace. Interiore. Il cancro mi aveva aiutato. Era stato la buona occasione. Finalmente potevo essere me senza il biglietto da visita. Potevo abbandonarmi senza ritegno alla mia vera indole e goderne. Perché non c'è dubbio: più ci avviciniamo a quel che veramente siamo, più siamo felici. A ogni età. Tutto sta nel sapere chi siamo.

Purtroppo la nostra cultura – o meglio l'industria che ormai determina la cultura – ha mitizzato la gioventù, ha trasformato l'età avanzata in una sorta di malattia e spinge i vecchi, poveretti, a essere diversi da quel che sono e a fare i finti giovani. Ma la vecchiaia non è necessariamente un male, né tanto meno il tempo dei rimpianti. Anzi.

Per molti l'assopirsi dello stimolo sessuale è una dolorosissima perdita, vissuta come un'umiliazione. Per me era parte del mio diventare più leggero. Quanto tempo ho perso a dibattere, a illudermi, a distinguere, a fantasticare, a dominare il dominabile, e alla fine a sublimare il tutto... in fondo non per moralità, ma per paura della banalità del «dopo». Tutto questo è ora superato, non è più un problema. Meravigliosa, la vecchiaia! Un'occasione per riflettere, per fare quello che non si è potuto fare prima, compreso il pensare alla vita. Il decadimento fisico, il rallentare del nostro corpo, i malanni, la morte stessa possono essere visti con occhi diversi, possono essere usati per capire nuove cose, per aprire altre porte, per scoprire, sperimentare.

Il mondo ci spinge continuamente a comportamenti standardizzati. Non dormi? Prendi il sonnifero! Ma perché? Forse è bello, forse è persino necessario, ogni tanto, stare svegli la notte e avere esperienze che chi dorme non ha. La notte è il momento degli incubi, ma anche delle visioni. La notte è misteriosa, ma proprio per questo è da conoscere, come volle fare persino il Sole in una vecchia storia indiana.

Un uomo della Terra va a trovare il Sole.

«Come vanno le cose laggiù?» gli chiede il grande astro.

«Bene, mio Signore, tutti ti adorano.»

«Tutti? Davvero?»

«Be', Signore... c'è una donna, solo una bellissima donna che non si rivolge mai a te con devozione.»

«E chi è?»

«Si chiama Notte.»

Il Sole è incuriosito.

«E dove sta questa donna?»

«In India, mio Signore», dice l'uomo.

Il Sole allora corre in India. Ma la donna, sapendo che lui sta per arrivare, scappa via, nell'altra parte del mondo. Il Sole la rincorre, ma lei è già tornata in India. Il Sole va in India, ma lei... Ed è così che il Sole continua ancor oggi a inseguire quella bella donna senza raggiungerla mai.

Ero matto, io? No. Ero solo vecchio, senza più obblighi, e volevo essere quel che ho sempre voluto essere: esploratore. Non più del mondo esterno – più o meno quello l'ho conosciuto –, ma del mondo che da sempre i saggi di tutte le culture dicono essere dentro ognuno di noi.

L'uomo moderno pensa sempre meno a quel mondo. Non ne ha il tempo. Spesso non ne ha l'occasione. La vita che facciamo, specie nelle città, non ci fa più pensare in grande, presi come siamo a correre in continuazione dietro a un qualche dettaglio, a una qualche piccolezza che ci fa perdere il senso del tutto. Me ne ero accorto, alla fine, nel mio stesso mestiere. Dovevo raccontare le guerre, ma non chiedermi perché, con tutto il progresso di cui l'uomo si vanta, le guerre sono ancora così parte della sua esistenza e perché, quanto più civili e progrediti sono i paesi, tanto più investono enormi capitali per studiare nuove armi capaci di uccidere sempre meglio e di più.

E poi, fino ad alcuni anni fa, raccontare una guerra poteva servire, la gente si ribellava; un massacro commuoveva ancora. Oggi anche raccontare non serve più. Ogni giorno ci sono nuove storie di massacri, ingiustizie, torture, ma ci si fa appena caso. Siamo sopraffatti. Pensiamo di non poterci fare nulla e così tutti diventiamo sempre più complici del più semplice dei crimini: l'indifferenza.

Nessuno ha più risposte che contano, perché nessuno pone più le domande giuste. Tanto meno la scienza, che in Occidente è stata asservita ai grandi interessi economici e messa sull'altare al posto della religione. Così è lei stessa diventata «l'oppio dei popoli», con quella sua falsa pretesa di saper prima o poi risolvere tutti i problemi. La scienza è arrivata a clonare la vita, ma non a dirci che cos'è la vita. La medicina è riuscita a rimandare la morte, ma non a dirci che cosa succede dopo la morte. O sappiamo forse davvero che cosa permette ai nostri occhi di vedere e alla nostra mente di pensare?

Eppure, grazie alla grande fiducia che abbiamo nella scienza, diamo ormai tutto per scontato. Si crede di sapere e non si sa. Ci si accontenta dunque di non sapere, convinti che presto si saprà. Qualcuno se ne sta certo occupando! La popolazione aumenta, esaurendo le risorse della Terra, l'acqua innanzitutto? Sicuramente la scienza risolverà anche questo problema. Milioni di esseri umani patiscono la fame in gran parte del mondo? Rimettiamoci alla modificazione genetica di certi semi che presto produrranno raccolti miracolosi e magari anche... nuovi tipi di cancro.

Viviamo come se questo fosse il solo dei mondi possibili, un mondo che promette sempre una qualche felicità. Una felicità a cui ci avvicineremo con un progresso fatto sostanzialmente di più istruzione (che istruzione!), più benessere, e ovviamente più scienza. Alla fine dei conti tutto sembra ridursi a un problema di organizzazione, di efficienza. Che illusione! Ma è così che ci siamo tarpati le ali della fantasia, che abbiamo messo il bavaglio al cuore, che abbiamo ridotto tutto il mondo al solo mondo dei sensi, con questo negandoci l'altra metà.

Per i saggi, specie quelli indiani, il mondo visibile non è mai stato l'intera realtà, ma solo una parte. E nemmeno la parte più importante, dal momento che è mutevole e sempre in balia del distruttivo scorrere del tempo.

Eppure, a volte basta poco per rendersi conto anche del resto. Tagore, il grande poeta bengalese, lo dice con una semplice similitudine. Una sera è a bordo di una casa galleggiante sul Gange e al lume di candela legge un saggio di Benedetto Croce. Il vento fa spegnere la fiamma e improvvisamente la stanza è invasa dalla luce della luna. E Tagore scrive:

> La bellezza era tutta attorno a me,
> Ma il lume di una candela ci separava.
> Quella piccola luce impediva
> Alla bella, grande luce della luna di raggiungermi.

La nostra vita quotidiana è piena di piccole luci che ci impediscono di vederne una più grande. Il campo della nostra mente si è ristretto in maniera impressionante. Così come si è ristretta la nostra libertà. Quello che facciamo è soprattutto reagire. Reagiamo a quello che ci capita, reagiamo a quello che leggiamo, che vediamo alla TV, a quello che ci viene detto. Reagiamo secondo modelli culturali e sociali prestabiliti. E sempre di più reagiamo automaticamente. Non abbiamo il tempo di fare altro. C'è una strada già tracciata. Procediamo per quella.

Nell'ashram non era così. Si aveva il tempo di vivere con attenzione ogni momento. Ci si esercitava ad agire, non a reagire; a tenere all'erta la mente, a essere consapevoli di ogni gesto. Delle zanzare mi ronzavano attorno agli orecchi? Facile reagire distrattamente, sovrappensiero, con una manata. Mi costringevo invece a non ucciderle. E mi piaceva.

Sì, l'ashram era, per tanti versi, uno strano posto. Strano certo per me che, abituato da una vita a stare in mezzo alla gente e a scorrazzare per il mondo per raccontarne le storie e i mille problemi, improvvisamente mi ritrovavo lì, isolato da tutto, senza radio, senza televisione, senza giornali, con un unico problema su cui riflettere, ora dopo ora, giorno dopo giorno, settimana dopo settimana: «Io, chi sono?»

I sassi non se lo chiedono. Non se lo chiedono le piante. E neppure gli animali, che per tanti versi sono gli esseri più vicini a noi nel creato, sembrano domandarsi: «Io, chi sono?» Una mucca non cerca di avere un'opinione di sé, un corvo non si arrovella a capire che cosa lo distingue da una rana. Ma l'uomo? L'uomo – disse il Swami per presentare il Vedanta –, l'uomo si è sempre interrogato sulla natura del suo essere. E da sempre è angosciato dall'incertezza della risposta.

La domanda nasce dall'esperienza. L'uomo si guarda attorno, vede il mondo e fa alcune considerazioni. La prima è che tutto ciò che vede è fuori da lui. Il mondo gli appare come distinto da sé, come qualcosa da cui si sente separato. Siccome tutto ciò che vede è infinitamente più grande di lui, l'uomo si sente misero, isolato, vulnerabile come una piccola onda che, intimorita dalla vastità dell'oceano, sogna solo di essere un'onda più grossa, più possente per non venire schiacciata dalle altre onde. In questa percezione di due entità distinte – colui che vede e ciò che viene visto, colui che conosce e ciò che viene conosciuto – è radicata la perpetua insoddisfazione dell'uomo. E la sua tristezza.

La seconda considerazione che l'uomo fa è che il mondo esiste già quando lui lo vede. Quel mondo poi è messo assieme in maniera così intelligente che lui non può esserne stato l'artefice. Non può esserlo stato suo padre, o suo nonno. Chi dunque? L'uomo si mette allora in cerca del Creatore, in cerca di un dio, anche quello necessariamente fuori da sé, capace d'aver fatto l'intero universo, compreso l'uomo stesso.

«È così che nascono le religioni», disse il Swami.

Essendo un sanyasin da oltre mezzo secolo, il Swami era fuori dal mondo e con ciò anche dalla religione. Lo stesso induismo – termine, disse, inventato arbitrariamente dagli inglesi – non era, secondo lui, una vera religione, ma piuttosto una filosofia di vita, per giunta non fondata da nessuno, senza un particolare libro sacro; una saggezza sedimentata attraverso i millenni. Tanto meno considerava il Vedanta una religione, ma uno strumento di conoscenza: la conoscenza della Realtà.

Nelle religioni, secondo il Swami, l'uomo finisce sempre per restare con una limitata visione di sé, appunto perché tutto ciò che l'Io percepisce è fuori dall'Io, e perché l'uomo prende per realtà indiscutibile quella distinzione fra sé e ciò che percepisce e conosce. Esattamente come fa l'onda, che vede l'oceano come una cosa diversa da sé. Eppure, appena l'onda si rende conto che è fatta d'acqua, che le altre onde sono fatte d'acqua e che l'oceano intero è solo acqua, il suo senso di inadeguatezza, di separazione svanisce.

Così è anche per l'uomo, diceva il Swami. Non appena l'uomo scopre che lui stesso è la totalità, che non c'è dualità – fra creatore e creato, fra chi vede e ciò che è visto, fra se stesso e dio –, l'uomo si accorge anche che ciò che gli appare come una esistenza separata, in realtà non è tale, perché niente esiste indipendentemente dalla totalità.

Il problema sono io, e io sono la soluzione. Capire questo è la vera liberazione: la liberazione dall'illusione di essere una esistenza individuale, a sé stante, per prendere coscienza della propria perfetta unità col tutto. Individualità significa solo limitazione.

Il punto importante – diceva il Swami – è che l'onda non ha bisogno di *diventare* l'oceano, deve solo rendersi conto di *essere* l'oceano. Si è quello che si è. Non c'è da cambiare, c'è semplicemente da capire chi si è.

Ma come può l'uomo fare questo salto di coscienza? Come può l'essenza dell'uomo, il Sé, riconoscersi nella Totalità? Ha bisogno di qualcuno che lo aiuti, che gli indichi la strada. Il Sé non può conoscersi da solo. Da qui la necessità di un guru, di uno che rompe l'oscurità dell'ignoranza. La classica storia con cui da secoli in India si è fatta capire questa necessità è la seguente.

In un Gurukulam ci sono dieci studenti. Un giorno decidono di andare in pellegrinaggio e uno di loro viene incaricato di essere il responsabile del gruppo. I dieci partono. A un certo punto devono attraversare un fiume. Il capo chiede se sanno nuotare. Sì, tutti. Arrivati sull'altra sponda, il capo li conta e con terribile sorpresa scopre che sono solo nove. Li conta di nuovo e la somma è sempre nove. Disperati, gli studenti si mettono a chiamare, a scrutare l'acqua. Dov'è il decimo? Di lui non ci sono tracce, non il cadavere, non i vestiti, non un urlo, niente. Piangono, non sanno più cosa fare, quando un vecchio che da lontano ha seguito la scena si avvicina al gruppo e dice:

«Non c'è ragione di essere tristi. Il decimo uomo non è andato perso. Il decimo c'è».

«Dove? Come?» chiedono gli shisha.

«Il decimo è qui, ora, fra di voi.»

Gli studenti sono increduli.

«È qui e potete trovarlo senza fare un passo», insiste il vecchio.

Il capo riprova. Puntando il dito al petto di ognuno dei suoi compagni, lentamente conta: «Uno, due, tre... otto, nove». Il vecchio punta il dito al petto del capo: «... e dieci! Il decimo sei tu!» dice.

I ragazzi capiscono e proseguono nel loro pellegrinaggio.

Il vecchio non ha fatto che indicare l'ovvio: colui che cerca è il cercato. Lui è il problema e lui è la soluzione. E la soluzione sta semplicemente nella scoperta di se stessi. Come nel caso dell'onda, il capo non deve *diventare* il decimo studente, deve solo riconoscere di *essere* il decimo.

Quando si nasce, si è ignoranti del Sé. Nel corso della vita accumuliamo tanta conoscenza, ma quella non ci aiuta a capire chi siamo perché è conoscenza che ci viene dai sensi, dalle deduzioni fatte in base alla percezione dei sensi. Tutta la conoscenza scientifica è così, derivata dai sensi. Quale scienza si è mai chiesta chi è l'uomo? Quale microscopio, quale telescopio ha mai guardato nei recessi della mente? Non potendo venirci dai sensi, e non potendo perciò essere l'oggetto di alcuna scienza, la conoscenza del Sé ci sfugge. Il vecchio della storia è il guru che indica come il Sé può riconoscersi.

Ma il guru non basta.

Fin dalla prima lezione il Swami chiarì che la questione al centro di tutto il Vedanta non è una questione religiosa. Non si tratta di trovare la soluzione con la fede, né tanto meno con l'intelletto.

Si tratta di capire che, come gli occhi non riescono a vedere se stessi e per vedersi hanno bisogno di uno specchio, così il Sé non può conoscersi senza un adeguato strumento di conoscenza. Questo strumento non può essere uno dei nostri sensi, perché quelli sono solo capaci di vedere, sentire, toccare, annusare il mondo della materia, il mondo dei sensi appunto, non il Sé.

Lo strumento di conoscenza, lo specchio con cui il Sé ha modo di vedersi sono i Veda,* o meglio la loro parte finale, il Vedanta, costituito dalle *Upanishad*** e dalla *Bhagavad Gita*, Il Canto di Dio, che riassume, in forma di dialogo, tutta la sostanza della questione.

Con una serie di ragionamenti che nascono dall'esperienza di se stessi e del mondo, gli shastra, le scritture, letti con l'aiuto di un guru dimostrano – così come gli occhi vedono e gli orecchi sentono – che non c'è dualità fra conoscitore e conosciuto, che non esistono varie entità – l'Io, il mondo, Dio. Tutto è una sola, unica esistenza e questa Totalità altro non è che coscienza: coscienza senza limiti, fuori dal tempo e dallo spazio, coscienza che pervade tutto, che sostiene tutto e che si manifesta in ogni forma. Questa Coscienza pura, testimone di tutto, è la Realtà che sta dietro alla coscienza ordinaria. È Atman, è Brahman, è Ishwara, è Bhagawan, è Dio, è Totalità, è Satchitananda, è quel che si vuol chiamarla, perché, come uno dei più citati antichi versi vedici dice: «Una è la Verità, anche se i saggi la chiamano con mille nomi».

* I Veda sono quattro: Rig il più antico, Sama, Yajur e Atharva. Sostanzialmente sono collezioni di inni e formule magiche, mantra. La tradizione attribuisce i Veda ai rishi, «coloro che vedono». La datazione è incerta, ma risalgono almeno al secondo millennio avanti Cristo. Per più di mille anni vennero tramandati oralmente; in seguito scritti. Secondo alcuni il Rig Veda sarebbe il primo libro della storia arrivatoci in forma completa. Certo è il libro più antico di tutte le lingue indoeuropee.

** *Upanishad*. La parola in sé significa «star seduti vicino» e si riferisce agli shisha che sedevano in ascolto ai piedi del guru. Le *Upanishad* sono un centinaio. Le principali sono dieci. La maggior parte sono in versi, altre in prosa. Molte sono in forma di dialogo: ad esempio fra un saggio e sua moglie, un re e un asceta o, nel caso di una delle più famose, *Katha Upanishad*, fra il giovane Naciketas e la Morte che lui si è scelta come guru.

Allora la risposta alla domanda «Io, chi sono?» è quella magica frase che pervade le *Upanishad*: «tat tuom asi», tu sei tutto questo. Tu sei Dio, tu sei il Creatore dell'intero universo, dove il *tuom*, il tu, non è ovviamente da intendere come la «personalità», l'io a cui siamo tanto attaccati, l'io nato un certo giorno, cresciuto in un certo posto, quell'io che ha fatto tante cose, che ha avuto tante esperienze, ma come quell'immutabile Sé che il Vedanta rende auto-evidente: il Sé, coscienza pura, il Sé che, non essendo mai nato, non può morire.

Da qui l'idea, tutta vedantica e per questo ormai parte del comune sentire indiano, che dio è in ogni forma, in ogni essere vivente, in ogni cosa, anche la più infima. Perché non ci sono vari dei, perché non c'è neppure un solo dio, ma perché *tutto è dio*.

In quel tutto il Sé, che ognuno di noi è, tende a confondersi perché l'uomo aspira a liberarsi dalle sue limitazioni, da quel suo senso di essere separato, distinto dal mondo. Come il fiume, che pure ha una sorgente, un alveo e un nome, tende inesorabilmente verso l'oceano per confondersi ed essere Uno con quello, perdendo con ciò la sua identità, la sua forma, il suo nome di fiume, così il Sé aspira a confondersi con la Totalità. Questa è la sua natura. Riconoscere quel Sé e la sua natura «divina»: questo è il vero fine della vita umana.

Il Swami sapeva che non sempre era facile seguirlo in questi suoi ragionamenti («Stretto», dicono le *Upanishad*, «come il filo di un rasoio, e difficile da percorrere è il sentiero che conduce alla Realtà»). E, come volesse alleggerirne il tono, renderli più familiari e fornirci un ponte d'asino con cui ricordarceli, raccontava le classiche storie della tradizione.

Sull'importanza del conoscere il Sé, una era questa.

Su una barca che attraversa un fiume c'è un pandit, un bramino, dotto in scritture sacre. Il pandit chiede al vecchio barcaiolo:

«Sai il sanscrito?»

«No», risponde quello.

«Senza il sanscrito un quarto della tua vita è perso», dice il pandit. «Conosci almeno la letteratura classica?»

«No.»

«Un altro quarto della tua vita è perso, perché ci sono libri bellissimi e il leggerli dà una grande gioia. Sai almeno leggere e scrivere?»

«No», dice il barcaiolo.

«Un altro quarto della tua vita è andato perso.»

354

In quel momento il pandit si accorge che la barca fa acqua e che le sue gambe sono già a mollo. Il barcaiolo cerca di tappare la falla, ma non c'è niente da fare. L'acqua continua a crescere e la barca sta per andare a fondo.

«Sai nuotare?» chiede il barcaiolo al pandit.

«No», risponde quello impaurito.

«Tutta la tua vita allora è persa», conclude il barcaiolo.

Morale: è inutile saper leggere e scrivere, conoscere il sanscrito e l'intera letteratura, se non si conosce se stessi.

Le lezioni cominciavano puntuali, dieci minuti dopo lo scoccare dell'ora, ma noi shisha prendevamo per tempo i nostri posti nel grande auditorio.

Aspettando il Swami, intonavamo innanzitutto l'inno al guru: «Om... Oh Signore, porgo i miei saluti reverenziali al mio guru e a tutti i suoi predecessori. Invoco la sua grazia affinché rimuova il velo della mia ignoranza e offro a lui le mie prostrazioni. Oh Signore, proteggici, dacci nutrimento, aiutaci a studiare e a capire le scritture. Fa' che non si disputi sui dettagli. Om... Pace, pace, pace».* A dirigerci erano due donne anziane, vestite completamente di bianco, forse vedove, che erano anche le maestre di canto e che io avevo ribattezzato le «sagrestane», perché vegliavano su ogni dettaglio della liturgia dell'ashram.

Poi, con la stessa intonazione, la stessa pronuncia, lo stesso ritmo usato da millenni, recitavamo alcuni dei mantra più belli e più famosi delle *Upanishad*. Uno che mi piaceva tanto cantare a squarciagola, attirandomi con le mie stecche gli sguardi severi delle «sagrestane» e i sorrisi divertiti del mio compagno di banco, Sundarajan, era il mantra della *Brihadaranyaka Upanishad*:

Asato ma sadgamaya, dall'irreale conducimi al Reale
Tamaso ma jyotirgamaya, dall'oscurità conducimi alla Luce
Mrityorma amritam gamaya, dalla morte conducimi
all'Immortalità.

* Tutte le *Upanishad* cominciano con Om, il suono dei suoni, e tutte finiscono con «Om shanti» – shanti è la pace – come un invito a quello stato di serenità che la conoscenza del Sé induce nell'uomo: uno stato di pace che supera ogni comprensione. Allo stesso modo cominciano e finiscono quasi tutti gli inni vedici.

E pronunciando quella parola «immortalità», fatta di una *a* privativa e di *mrityo*, la morte, sentivo la bellezza del sanscrito, che – mi rendevo conto – ci ha dato così la parola «a-more»: ciò che non muore.

Il Swami entrava dalla sua porta a nord, con un giovane brahmacharya che gli camminava accanto tenendogli un ombrello aperto sulla testa per proteggerlo dal sole. Si toglieva le ciabatte, montava sulla pedana di legno, saliva i tre scalini del suo piccolo podio, si accomodava il lembo della tunica arancione sulla testa e si sedeva a gambe incrociate dietro un tavolinetto coperto da una stoffa colorata, di solito azzurra. Da sotto quella coperta, nel corso delle lezioni, il Swami tirava fuori ogni bendiddio con cui, come hanno fatto per secoli tutti i guru nell'insegnare il Vedanta, faceva il punto dei suoi ragionamenti. Con una ciotola di creta spiegava come l'esistenza di quella ciotola dipende dall'esistenza della creta: senza creta non esisterebbe la ciotola (così come non ci sarebbe il creato senza la Coscienza); con una palla di cristallo e una rosa dimostrava l'apparenza illusoria del colore della rosa all'interno del cristallo (la stessa confusione prodotta dall'Io che distingue fra sé e ciò che percepisce); con una corda faceva il classico paragone vedantico fra quella e il serpente: prendere una corda per un serpente è esattamente come prendere per vero il mondo dei sensi. La confusione fra corda e serpente è una nostra invenzione. E poi, potrebbe una corda essere presa per un serpente se non esistessero i serpenti?

Quello di cui il Swami non aveva bisogno era una copia delle *Upanishad* o della *Gita*. Le conosceva a memoria e già anni prima aveva regalato tutta la sua voluminosissima biblioteca. Diceva di non averne più bisogno, di non dipendere più da niente di scritto. Così vuole da sempre la tradizione indiana, specie quando i testi erano ancora considerati un «mistero» che poteva solo essere tramandato dalla bocca di un guru all'orecchio di un discepolo.

Anche se con l'età (e aveva già più di settant'anni) avesse perso la memoria, il Swami diceva che avrebbe potuto continuare a insegnare ricordandosi solo un paio di versi.

E raccontò un'altra storia.

Alla fine dell'Ottocento un professore inglese arrivò a Calcutta, allora la capitale indiana dell'Impero Britannico. Si disse interessato a capire l'India e la sua filosofia e chiese di incontrare un famoso pandit, grande esperto di sanscrito. Voleva da lui, che parlava perfettamente anche l'inglese, alcune lezioni di Vedanta. Il pandit cominciò intonando le prime righe della prima *Upanishad*, l'*Ishavasya*:*

Om purnamadah purnamidam purnat purnamudacyate
Purnasya purnamadaya purnamevavasishiate
Om shanti, shanti, shanti-hiii

E tradusse:

Quello è Totalità, questo è Totalità
Da quella Totalità è venuta questa Totalità
Togli questa Totalità da quella Totalità
Ciò che resta è la Totalità
Om shanti, shanti, shanti-hiii

L'inglese chiuse il libro, si alzò e le lezioni finirono lì. Nel suo diario scrisse: «Le *Upanishad* sono i balbettii di una mente infantile». Secondo il Swami, invece, quei due versi riassumono l'intera visione del Vedanta e se anche tutte le *Upanishad* andassero in fiamme o fossero dimenticate, quell'unico mantra basterebbe a tener viva la tradizione e a far ragionare chi vuol capire.

Noi ci dovemmo ragionare sopra per settimane.

«In quei due versi c'è soggetto, oggetto, causa, effetto, esperienza e totalità. C'è, insomma, la verità di noi stessi», spiegava il Swami. «Io sono purnam, la completezza, un oceano gonfio che niente può turbare. Niente mi limita. Onde e cavalloni danzano sulla mia superficie, ma non sono che forme di me, brevemente manifeste. Onde e cavalloni sembrano molteplici e diversi, ma li conosco solo in quanto apparenze. Non mi mettono limiti; la loro agitazione non è che la mia pienezza che si manifesta come agitazione. Le onde sono la mia gloria che si risolve in me. In me, oceano gonfio, tutto si risolve. Non resto che io, purnam, completezza.»

Non sempre era possibile stargli dietro e a volte, pur avendo l'impressione d'aver capito, mi rendevo poi conto d'aver solo capito le parole con la testa, ma di non averle «vissute». La questione, il Swami lo ripeteva, non era né intellettuale, né di fede.

* Allo stesso modo comincia anche la *Brihadaranyaka Upanishad*.

Non si trattava di arrivare a delle conclusioni logiche, ma di fare, « passo, passo », come lo descrivono le *Upanishad*, un percorso di « realizzazione ». Si trattava di sottoporre la propria coscienza a una sorta di trasformazione alchemica attraverso le parole dei testi sacri. Ma anche quei testi, una volta che avessero fatto da specchio al Sé, potevano essere lasciati da parte, come si lascia, perché ormai inutile, la barca con cui si è attraversato il fiume.

Il Swami era nato in una tradizionale famiglia di contadini bramini del Tamil Nadu. Era stato uno studente brillante, aveva cominciato a lavorare come giornalista a Madras, ma aveva presto capito che quella non era la sua vocazione. Si era ritirato dal mondo, aveva preso sanyasa ed era stato discepolo di vari guru. Finalmente uno di questi, che viveva nella foresta vestito solo di ceneri, gli aveva fatto fare quel salto di conoscenza con cui si era sentito sicuro di affrontare un grande compito: quello di ristabilire la tradizione classica, orale, dell'insegnamento del Vedanta e rimettere quella visione della vita alla portata di tutti, non solo in India.

La tradizione era stata stabilita nell'VIII secolo dopo Cristo dal grande commentatore dei Veda, Shankaracharia, ma si era presto indebolita. Secoli di dominazione musulmana, con la conversione all'islam di intere popolazioni, avevano spinto l'insegnamento dei Veda sempre più nella clandestinità. La successiva colonizzazione inglese, durata due secoli, era stata ancor più distruttiva con l'introduzione, specie fra le classi alte, di nuovi valori sociali e soprattutto di un sistema scolastico inteso a sfornare piccoli funzionari a uso dell'impero e a diffondere la conoscenza dell'« utile » e non certo quella del Sé.

La fortuna degli indiani fu che la loro visione del mondo, radicata nei Veda, non era stata affidata a una chiesa. La sua trasmissione non era centralizzata – come lo era stata invece quella del buddhismo – e questo le permise di sopravvivere. L'induismo non aveva monasteri che potevano essere rasi al suolo, come quello di Nalanda; non aveva una capitale religiosa da espugnare. Un guru in un qualche eremo nella foresta passava, a voce, il suo sapere a cinque o sei shisha. E di questi guru ce n'erano tanti, sparsi per tutta l'India. La tradizione però voleva che solo i giovani della casta più alta, i bramini, venissero educati.

Il compito che il Swami si era dato era di rompere quel monopolio e di insegnare il Vedanta a chiunque fosse interessato, bramino o meno, indiano o meno. « Il desiderio di essere completi è comune a tutti gli esseri umani di tutti i continenti, di tutti i tempi. Il problema è universale. La soluzione è anch'essa universale», diceva.

Alla fine dell'Ottocento, specie sotto la spinta di Vivekananda, molti anche in Occidente pensarono che il Vedanta potesse diventare il «Vangelo Universale», come lo definì Romain Rolland. C'era, nella visione pur antica del Vedanta, qualcosa di profondamente moderno che sembrava rispondere al vuoto spirituale creato dalla nuova corsa dell'uomo verso l'individualismo e il materialismo.

Al contrario delle religioni che propongono obbiettivi metafisici, di solito rimandati a una prossima vita, magari una vita in paradiso, il Vedanta ha solo un obbiettivo spirituale: riconoscere la propria completezza. In questa vita. Ora.

Il Swami pensava che oggi più che mai questo dovrebbe essere l'obbiettivo principale dell'umanità intera e faceva quel che poteva perché la conoscenza vedantica circolasse. Aveva già istruito un centinaio di swami che a loro volta ne stavano istruendo altri, sia in India sia fuori. Un compito immenso perché, secondo la tradizione, il guru deve occuparsi personalmente di ogni suo studente. «Non c'è liberazione di massa, come non c'è educazione di massa», diceva. E lui non si stancava di rifare ogni giorno, «passo, passo», il cammino prescritto dalla tradizione.

«Il mio karma è di insegnarvi; il vostro karma è d'essere i miei shisha. Abbiamo bisogno l'uno dell'altro», disse una volta per alleggerire, come era solito fare con una battuta o una storiella, una lunga tirata filosofica.

All'inizio del corso, ad esempio, spiegò che il suo ashram non era uno di quelli che garantiscono «l'illuminazione». Poi aggiunse: «... né tanto meno un Rolex d'oro», facendo ridere tutti con quell'allusione a Sai Baba capace – si racconta – di far materializzare dal nulla orologi e bicchieri pieni d'acqua o di far piovere dalle sue dita vibhuti,* la cenere sacra, sulle mani tese dei suoi adepti.

---

* Vibhuti è sia la cenere che ci si mette sulla fronte (cenere del fuoco fatto con pagnotte di sterco di vacca), sia la gloria... perché tutte le glorie finiscono in cenere. Il vibhuti viene usato nelle puja e viene usato per farsi il segno di Shiva sulla fronte da chi non ha o non vuole usare la cenere della pira su cui è stato bruciato un cadavere.

«Anch'io ovviamente so fare miracoli e se proprio insistete, una volta finirò per farne uno», concluse, lasciandoci tutti col fiato sospeso. Ovviamente scherzava, ma i «miracoli» piacciono e ogni tanto qualcuno gli ricordò la sua promessa.

Il Swami era un grande raccontatore e usava ogni trucco retorico, ogni stratagemma per far ridere la platea e mantenerla attenta. Una volta salì sul suo piccolo podio con una lettera in mano. L'aveva appena ricevuta da un giovane che gli chiedeva di diventare suo discepolo. Solo che l'inglese di quel tale non era perfetto e la lettera si chiudeva con lui che, invece delle sue «prostrazioni», offriva al Swami la sua «prostata».

Un'altra volta arrivò alla prima lezione del mattino più lentamente del solito e, salendo a fatica gli scalini verso il suo podio, disse: «Qualcuno di voi deve avermi fatto uno scherzo. Sono pieno di dolori alle ossa», e raccontò una vecchia storia.

Un guru dà istruzioni a un suo discepolo: «Stasera medita pensando di avermi seduto sulla tua testa».

Il discepolo se ne va. Il giorno dopo trova il guru tutto indolenzito che riesce a malapena a reggersi in piedi.

«Allora, come è andata?» chiede il guru al discepolo.

«Bene, guru-ji. Ho meditato come mi hai suggerito, pensando che mi stavi seduto sulla testa. Ma dopo un po' mi sono stancato e ho meditato pensando che ero io a stare seduto sulla tua.»

Una sera, all'ora di satsang, il pilota delle linee aeree indiane che aveva preso tre mesi di aspettativa dal suo lavoro per decidere se voleva davvero diventare un sanyasin, ebbe da ridire su questa abitudine del Swami di raccontare storielle e gli chiese perché lo faceva.

«Non avete notato?» rispose. «Quando ridete, aprite la bocca. E quello è il momento in cui io posso buttarci dentro qualcosa di importante.» Poi, ridendo lui stesso a bocca aperta, aggiunse: «Quando una persona ride, manifesta una completezza che non viene fuori altrimenti... E questo succede anche se chi ride è un ritardato mentale, un ignorante o un swami».

L'ora di satsang, la sera dopo cena, era una delle più interessanti perché ognuno poteva porre le domande che voleva. Le domande dei giovani brahmacharya erano di carattere teologico, di esegesi dei testi, di finezze filosofiche; quelle della «brigata pensionati», come io chiamavo il gruppo di anziani guidati da un ex direttore di banca del Gujarat, erano relative alla morte, a come vederla, a come prepararcisi. Il modo di rispondere del Swami variava. Una volta citò semplicemente i versi di una *Upanishad*:

Come un bruco arrivato in cima a un filo d'erba
Si raccoglie su se stesso per passare al prossimo,
Così il Sé, arrivato alla fine di una vita
Si raccoglie e passa dal corpo vecchio al nuovo.

Un'altra volta disse: «Quando uno muore a Madras, la gente dice: 'È partito'. Quando uno nasce a Coimbatore, la gente dice: 'È arrivato'. Il viaggiatore è sempre lo stesso. È Atman, il Sé, la coscienza senza limiti, non soggetta al divenire, che senza mai partire o arrivare è sempre presente».

A chi gli chiese se era possibile arrivare a una vita senza problemi, rispose che non c'è vita senza problemi: il gioco è così. Chi vuole una vita senza problemi è come quel contadino che va per la prima volta a una partita di calcio e si arrabbia con l'arbitro perché ha dato ai ventidue giocatori un solo pallone e quelli sono costretti a corrergli sempre dietro. «Ma questa è la regola del gioco. E così è la vita. Senza problemi non ci sarebbe gioia. I problemi sono la molla della ricerca spirituale», aggiunse. «Se uno non si sentisse misero e limitato, non si chiederebbe cosa fare. L'uomo diventa adulto e matura nel conflitto. Una vacca no: la vacca diventa adulta, ma non matura.»

Lo osservavo, il Swami: era paziente, infaticabile, imperturbabile. Non giudicava mai nessuno. Faceva il suo dovere di insegnare senza aspettarsi nulla, neppure che capissimo completamente. Era convinto di appartenere a una grande tradizione, di avere una grande Verità da comunicare e che quella Verità sarebbe stata, prima o poi, evidente a tutti.

«La verità non è l'opinione della maggioranza. La maggioranza può votare un governo, ma non può decidere che cosa è la Verità.»

Era bravo a spiegare concetti complicati come jiva (l'individuo che è in ogni essere vivente, quello che passa di vita in vita, a volte umana a volte no); jagat (il mondo, manifestazione di Brahman, ma non separato da Brahman, così come la tela non è separata dal ragno che la produce); samsara (il mondo del divenire, dei desideri). Del dharma disse che era un concetto comprensibile a tutti: chi di noi vuole essere ferito, derubato, offeso, tradito da un altro? Allora: quello che io mi aspetto dagli altri è quello che io debbo agli altri. Questo è dharma, la giusta via.

La prima volta che ci spiegò il karma lo fece così: ogni azione ha i suoi effetti, alcuni sono visibili, altri no. Gli effetti invisibili delle nostre azioni coscienti costituiscono il nostro karma. Gli effetti di un'azione positiva, come l'aiutare disinteressatamente qualcuno, il salvare un animale o anche l'annaffiare una pianta – i meriti –, producono punya, un credito; quelli delle azioni negative – i demeriti – creano papa, un debito. Quando il jiva resta nel dharma, colleziona punya; quando ne sta fuori colleziona papa, con cui deve poi fare i conti nella sua vita successiva.

«Anche l'uomo primitivo», disse il Swami, «sapeva dell'esistenza del karma. Usciva dalla sua caverna per andare a caccia e la sera tornava dopo aver acchiappato solo un misero scoiattolo. 'Ahhafst annllsghahsnna?', gli urlava la moglie (traduzione: Cretino, è tutto qui quel che sei riuscito ad acchiappare?) E lui per giustificarsi rispondeva: 'Nggafsrggg snnsgshh' (traduzione: Non ho avuto fortuna). Un altro giorno invece tornava con una grossa bestia che avrebbe sfamato la famiglia. 'Naggafsargg sgrggrisas', sono stato fortunato, diceva. E che cosa sono fortuna e sfortuna se non karma? Tutti capiamo che c'è qualcosa che determina, in un senso o in un altro, la nostra vita. Solo che alcuni, come l'uomo primitivo, credono che quel qualcosa sia legato al caso o, peggio, a un qualche spirito maligno; altri invece sono convinti che noi, solo noi, siamo responsabili di quel che ci succede, perché 'fortuna' e 'sfortuna' sono il frutto delle nostre azioni in questa o nelle nostre vite precedenti. Questo è il karma.»

«Certe religioni», continuò il Swami, «attribuiscono ogni cosa a Dio. Un figlio muore e la gente dice alla madre: 'Dio te lo ha dato. Dio te lo ha tolto'. Ma Dio non c'entra. Dio non ha niente a che fare con tutto questo. È semplicemente una questione di karma. E il karma è una immensa rete in cui siamo tutti impigliati, ognuno con la propria libertà di scelta e quindi con la propria responsabilità.»

Sull'«io» era particolarmente ironico. Diceva che «io» è la parola che usiamo in continuazione, una parola in base alla quale giudichiamo l'intero universo, eppure è una parola che la nostra mente non è in grado di oggettivizzare; è una parola che non suscita in noi alcuna immagine precisa. «Se diciamo, ad esempio, 'ciotola' nella nostra mente si forma un'immagine. Più o meno come questa...», e da sotto il suo tavolino tirava fuori quella di creta. «Ma 'io'? Diciamo 'io sono alto' e pensiamo al corpo; 'io sono depresso' e pensiamo magari alla mente. Diciamo 'io sono padre, sono cugino, sono marito, sono moglie', ma anche con questo non diciamo granché, perché chi è padre è anche figlio. Allora, chi è questo 'io' presente in tanti ruoli? Il comune denominatore di quei diversi 'io' è l'io-consapevolezza di tutti quegli altri 'io'. Da quella consapevolezza dipende tutto, ma quella consapevolezza non dipende da nulla.»

Ritirava fuori la ciotola da sotto il tavolino e diceva: «Ora abbiamo tutti la consapevolezza di questa ciotola». Rimetteva la ciotola sotto il tavolo e mostrava la mano vuota. «E ora cosa abbiamo? La consapevolezza dell'assenza della ciotola! Bene: la ciotola c'è o non c'è, ma la consapevolezza c'è sempre.»

E così, avanti per ore. Quello era il cammino e l'idea era che a un certo punto tutto sarebbe diventato chiaro, ovvio... come nella bella storia che anche il grande Ramakrishna amava raccontare.

Una leonessa, partorendo, muore e il leoncino, rimasto orfano, viene adottato da un branco di pecore. Cresce con loro, con loro mangia l'erba, con loro impara a belare e a essere socievole come una pecora. Finché un giorno un vecchio leone, che lo ha osservato da lontano, attacca il branco con un gran ruggito. Il leoncino, impaurito come le altre pecore, scappa via, ma il vecchio leone lo raggiunge, lo prende per la collottola, lo porta a uno stagno e lo costringe a guardarsi nello specchio dell'acqua.

«Allora, chi sei? Una pecora?» chiede il leone.

E per la prima volta al leoncino viene da ruggire.

Quel piccolo leone siamo noi che non sappiamo chi siamo. Il vecchio leone è il guru. Lo specchio d'acqua è il Vedanta.

Senza il guru non c'è conoscenza. Da qui la sua enorme importanza. «Perché vai di città in città, di tempio in tempio alla ricerca di dio? Dio risiede dentro di te, tu sei dio. Allora non cercare dio. Cerca invece un guru che ti guidi alla scoperta di te stesso», scrisse Shankaracharia dodici secoli fa. Da qui il rapporto – per noi occidentali quasi incomprensibile – di assoluta dipendenza del discepolo dal suo guru.

Nell'ashram ero sconcertato dalle espressioni di adulazione nei confronti del Swami.

«Ogni rapporto umano ha i suoi limiti», disse una donna durante un satsang su questo tema. «Tra fratelli manca il rapporto col padre; tra figlio e padre manca il rapporto con la madre. Solo nel rapporto col guru non manca niente: lui è il padre, la madre, il fratello, il maestro, il vicino di casa, il medico. Non c'è problema dello shisha che il guru non faccia suo perché lui, il guru, è senza problemi. Questa è la ragione della mia devozione per lui.»

Un'altra disse: «Quando lo incontrai, per me fu come rinascere. I miei genitori mi hanno dato il corpo, ma Swami-ji mi ha dato l'anima».

Ero esterrefatto. Capivo si dicesse che «il guru non è un essere umano», e che ciò che si rispetta in lui è la conoscenza, non la persona; ma quella cieca devozione, quell'ostentato buttarsi letteralmente ai suoi piedi a ogni occasione mi ripugnava.

Dopo ogni lezione, gli studenti più devoti – ed erano alcune decine – si precipitavano a seguire il Swami nella sua kutia, la sua residenza, dove si piazzava in una bella poltrona e quelli gli sfilavano davanti per toccargli gli alluci e restare poi semplicemente a guardarlo.

Fin dall'inizio avevo deciso di non fare niente di tutto questo, e invece di seguire il Swami, tornavo nella mia stanza. Un giorno però Sundarajan mi fece notare che quelli che andavano a casa del Swami tornavano tutti con un regalo: il più delle volte una banana. Era un po' che il convento non passava frutta e fui tentato. Ma varcata la soglia mi resi conto che se mi fossi buttato ai suoi piedi avrei imbarazzato me, mentre se non lo avessi fatto avrei imbarazzato gli altri. Così feci marcia indietro dinanzi alla signora costernata che, in fila dopo di me, aspettava il suo turno.

Per il resto, la vita da monaco era piacevolissima: estrema pace, nessuna responsabilità, ogni giornata regolata da riti e scadenze, e la mente impegnata in temi insoliti. A volte straordinari. Che gioia alzarsi e pensare a Bhagawan, senza doversi perdere nei dettagli del quotidiano! L'ashram era un'isola fuori dal mondo, protetta dai suoi rumori, dalle onde dei suoi desideri. E questo era parte del suo fascino.

Capivo le grandi tradizioni, anche le nostre, degli ordini monastici. E capivo ugualmente come i comunisti cinesi a Lhasa avessero costruito un museo per illustrare ai visitatori come me gli «orrori del lamaismo tibetano». I monaci venivano descritti come fannulloni che sfuggivano alle fatiche della vita, alle responsabilità di una famiglia, al duro lavoro nei campi, per stare invece a salmodiare nei monasteri, «mantenuti dal sudore di chi stava fuori».

A volte avevo io stesso l'impressione di essere come loro, avendo lasciato gli altri a gestire i miei problemi. Pensavo ad Angela, agli amici che, lavorando, mandavano avanti il mondo anche per me. Me li vedevo andare in ufficio, fare telefonate, guardare nello schermo del loro computer, rispondere alle e-mail, firmare assegni... E io, niente di tutto questo. Io, dalla mattina alla sera... pensavo a Bhagawan.

«Lasciate fuori tutto quello che è esterno: la gente, le cose. Le circostanze sono quelle che sono. Quello che vi preoccupa è fuori dall'Io e l'Io non deve desiderare niente, non deve giudicare. L'Io non deve essere altro che un obbiettivo meditatore e lasciare a ognuno la libertà del suo destino», diceva il Swami nella meditazione dell'alba. «Ritiratevi dai vostri sensi, siate come la tartaruga che ritira le zampe e la testa nella sua corazza... Guardate il vostro corpo dal di fuori, guardatevi come una statua che respira. Restate in ascolto, notate quello che succede e prendetene coscienza...»

Seduto in alto, sul suo piccolo podio, nell'auditorio completamente al buio, il Swami dirigeva la meditazione con voce bassa e poche frasi. Uno dei temi ricorrenti era quello dell'obbiettività.

Meditare all'alba era come fare il piano per la giornata. Il fatto che tante persone fossero impegnate assieme, in silenzio, ad acquietare la loro mente creava intensità, concentrazione, quasi un senso di forza.

Meditare in fondo significa prendere coscienza di sé. Non è facile, perché la mente è per sua natura inquieta, a volte turbolenta, si distrae, e il cercare di non farla pensare è «come voler prendere il vento con le mani per farlo andare là dove si vuole», dicono le *Upanishad*.

Eppure la capacità di concentrarsi, di riportare la mente a se stessa mi pareva una questione di volontà, di forza di carattere, qualcosa in cui meritava investire ogni sforzo, perché controllare la propria mente significa in ultima analisi controllare la propria vita.

La mente è all'origine di tutti i problemi dell'uomo, ma è anche la sede delle sue soluzioni. La mente è un tesoro nascosto sul quale camminiamo ogni giorno senza renderci conto di quanto valga. Si tratta solo di entrarne in possesso, di dominarla esercitandoci a fare tutto quel che facciamo con consapevolezza, invece di farlo sempre più distrattamente.

Lo disse bene il Swami, una sera all'ora del satsang. Uno dei pensionati aveva chiesto: «Che cosa è la vita?» e lui rispose semplicemente: «La vita? È una serie di piccoli passi. Solo facendone uno alla volta, coscientemente, si può sperare di mantenerne il controllo».

Ero d'accordo: tanti piccoli passi – a volte anche uno più lungo della gamba! –, ma da fare non a caso.

L'ashram era un'ottima occasione per ripensare tutto, per passare in rassegna i giudizi del passato, per apprezzare il valore di vecchie cose e per aggiungerne di nuove a una visione del mondo che lì ogni giorno mi pareva sempre più senza limiti e senza tabù.

Da bambino mia madre mi costrinse – perché così si faceva – a diventare chierichetto e a servire messa nella chiesa vicino a casa nostra. Non ero molto dotato per quel ruolo e rifiutarlo dopo un po' fu la mia prima «ribellione». Da allora credo di non aver mai più preso parte a una cerimonia religiosa. Nell'ashram ci riprovai: un po' per curiosità, poi anche con un certo piacere.

Poco prima delle cinque lasciavo la mia stanza e, respirando a pieni polmoni, sorridendo al mio stomaco dove immaginavo l'aria dell'alba arrivare fresca e pulita, mi mettevo in cammino. La natura attorno era quieta e serena. Il fumo della fornace di mattoni si mischiava alla nebbia mettendo un velo di mistero fra me e le montagne ancora umide della notte. Il silenzio era rotto prima dai canti di galli lontani, dal gridare persistente di uno strano uccello che pareva urlare «Aiuto... aiuto», dal gracchiare petulante delle cornacchie, e poi dall'intermittente latrare dei cani forzatamente vegetariani dell'ashram che, assieme agli shisha, cominciavano a dirigersi verso il refettorio. C'era un gran sentimento di pace in quella lenta processione dei miei compagni che nella luce ancora incerta del giorno sfilavano, sagome bianche, solitarie e silenziose ai piedi delle palme, dei banani, dei grandi alberi della pioggia e di quelli dalle chiome arancioni, le fiamme della foresta.

Un bicchiere di tè senza parlare, poi al tempio. La costruzione era semplice, rialzata da terra e aperta a tutte le intemperie: una scalinata, una piattaforma di cemento e un tetto sorretto da una decina di colonne. Il centro di tutta l'attenzione – e della devozione – era un grande tabernacolo in pietra intarsiata, nel quale stava la statua della dea Dakshinamurti, incarnazione di Shiva, protettrice dei Veda. In un tabernacolo più piccolo, laterale, c'era invece Ganesh, il dio dalla testa di elefante che aiuta a superare gli ostacoli.

I primi arrivati si sedevano nelle file davanti al tabernacolo, gli altri, via via, in quelle dietro. La cerimonia del mattino consisteva nel fare le abluzioni alla statua e prepararla per la giornata. Tre sacerdoti, i pujari, si affaccendavano attorno e dentro al sancta sanctorum. Il più anziano cominciava col togliere alla dea i vestiti e i fiori del giorno prima; gli altri andavano e venivano con ciotole e secchi. Le due vedove-sagrestane intonavano gli inni che accompagnavano tutta la cerimonia e con occhiate imperiose facevano in modo che l'incenso, i fiori, i lumini a olio fossero al loro posto e che la campana, a volte affidata anche a me, fosse suonata nel momento giusto.

La statua, tutta in pietra nera, di grandezza naturale, veniva prima lavata con acqua, poi con olio di cocco, poi di nuovo con acqua, poi con latte, yogurt, una composta di banane, poi ancora con acqua e alla fine, dopo essere stata asciugata e lucidata, veniva cosparsa di una cipria profumata fatta di legno di sandalo. Era un incanto seguire quella precisa sequenza di gesti e di suoni, ritmata dalle invocazioni delle sagrestane e dei pujari a cui rispondeva il coro dei fedeli. Dopo una mezz'ora di formichesco lavorio, il capo pujari tirava la tenda della porta del tabernacolo e per alcuni minuti restava solo con la statua. Il coro continuava a cantare, la tenda si riapriva – lì c'era da scampanellare – e la statua, ora vestita di stoffe coloratissime e decorata di fiori, appariva in tutto il suo splendore.

Cominciava allora la seconda parte della cerimonia. Un grande cesto di vimini, colmo di petali di fiori, veniva portato davanti al tabernacolo, e il capo pujari, via via pronunciando i 108 nomi della dea,* ne gettava garbatamente una manciata ai suoi piedi: 108 nomi tutti ripetuti dal coro, 108 manciate di petali. La tenda si chiudeva di nuovo, ancora delle scampanellate e la cerimonia raggiungeva il suo apice. Al riaprirsi della tenda, col tempio completamente al buio, la statua, nella tremula luce di un unico lumino a olio che pendeva dal soffitto a rischiararle la faccia, sembrava ora avere una vita sua.

* 108 è un numero sacro in India: 108 sarebbero le *Upanishad* classiche, 108 sono le principali preghiere devozionali, 108 sono i chicchi di una mala, il rosario indiano.

Era il momento del darshan, parola sanscrita che vuol dire guardare, ma anche essere guardato. Ognuno si alzava dal suo posto, lentamente si avvicinava alla soglia del sancta sanctorum, si affacciava rispettosamente alla porta e, soffermandosi un attimo con le mani giunte sul petto, guardava la divinità e si sentiva da lei guardato.

Vedevo negli occhi di molti miei compagni una gioia che non conoscevo, e che invidiavo loro. Mi colpiva l'emozione con cui quelle persone di tutte le età e di tutte le condizioni sociali si avvicinavano, raccolte e desiderose, alla visione di una pietra in cui loro *sentivano* la presenza divina. I loro volti avevano la stessa espressione persa, estatica del piccolo toro in pietra inginocchiato davanti al tabernacolo, anche lui in adorazione della divinità. Un pujari, con un lezioso gesto della mano, andava a offrirgli cucchiaiate di latte che finivano sul pavimento.

Un piatto d'ottone, nel quale bruciava ancora la canfora che aveva illuminato la statua durante la vestizione, veniva fatto circolare fra i fedeli e ognuno, a due mani, si prendeva l'aria che aleggiava attorno a quel fuoco per portarsela sul volto e sulla testa. All'uscita dal tempio, un pujari ci benediceva tirandoci addosso con una conchiglia grandi spruzzate d'acqua (l'idea dell'acqua benedetta certo viene da qui), mentre un altro metteva nel palmo della mano destra di chi gli passava davanti una cucchiaiata della composta di banane che era passata sul corpo della dea e che era stata raccolta in un vassoio ai suoi piedi. Questo era il prasad, il cibo offerto agli dei e che, ora benedetto, potevamo mangiare. Per non offendere nessuno, io me lo mettevo in bocca come gli altri per poi, non visto, risputarlo.

Forse proprio perché mia madre mi ci aveva costretto da bambino, ho sempre provato una istintiva repulsione per gli inginocchiamenti, i segni della croce, le prostrazioni dinanzi alle immagini o, ancor peggio, ad altri esseri umani. Eppure sentivo che in quell'ora di *inutile* andirivieni per spogliare e rivestire una pietra, in quell'avvicinarcisi poi con una riverenza che avevo dimenticato, non c'era debolezza. Al contrario. Da quel rito i miei compagni sembravano attingere una forza di cui si caricavano. Io stesso ne sentivo il fascino. Mi accorgevo che c'era in quella incredibile sequenza di gesti qualcosa di profondamente riacquietante.

I riti. Quanti orrori, quanta desolazione e quanto vuoto hanno lasciato tutti i tentativi fatti per negare il loro potere. La Cina ha perso gran parte della sua bella anima antica nel tentativo comunista di reprimere e cancellare i vecchi riti. La Russia, dopo settant'anni di regime sovietico che aveva azzerato quell'aspetto della sua vita, è ora diventata un facile mercato di anime per tutte le sette protestanti americane e i loro riti.

E l'Occidente, il mio mondo? Nella spinta laica e iconoclasta verso un'idea tutta materiale di libertà individuale, abbiamo combattuto una lunga tradizione, abbiamo ridicolizzato ogni credo, eliminato ogni rituale, togliendo con questo il mistero, cioè la poesia, dalla nostra esistenza.

Si nasce, si vive e si muore ormai senza che una cerimonia, senza che un rito marchi più le tappe del nostro essere al mondo. L'arrivo di un figlio non comporta alcun atto di riflessione, solo la denuncia all'anagrafe. Le giovani coppie ormai convivono, non si sposano più e il solo rito a cui partecipano è quello del trasloco. Non marcano quell'inizio di una nuova vita neppure cambiandosi la camicia. E mancando la cerimonia-iniziazione, manca la presa di coscienza del passaggio; mancando il contatto simbolico col sacro, manca l'impegno. Spesso la comunione che ne nasce è solo quella del sesso e della bolletta del telefono. La morte stessa è vissuta ormai senza la consapevolezza e le consolazioni del rito. Il cadavere non viene più vegliato e il commiato, quando c'è, non è più gestito da sacerdoti o stregoni, ma da esperti in pubbliche relazioni.

La fine dei riti l'ho vista realizzarsi nel corso della mia vita e, ora che guardo indietro, mi pesa aver dato, allora entusiasticamente, il mio contributo a questa grande perdita. Quand'ero ragazzo, i neonati – anche quelli dei comunisti come me – venivano ancora battezzati, ai morti si faceva ancora la veglia e un vero funerale, e i matrimoni erano una festa corale officiata non solo dinanzi al divino, ma anche dinanzi a decine di parenti e amici che diventavano così implicitamente garanti di quell'unione.

Ma io ero ribelle. Non volli sposarmi e quando lo feci, soprattutto per ragioni di assicurazione malattia, fu in fretta, quasi di nascosto, alla sola presenza dei testimoni indispensabili e davanti a un sindaco che, non volendolo democristiano, dovetti andare a cercare lontano da Firenze, nel comune di Vinci, dove di buono c'era che vi era nato Leonardo. I figli, poi, non li feci battezzare e non fui presente né alla morte di mio padre, né a quella di mia madre.

Eppure, da piccolo i riti mi piacevano e ancora oggi ricordo come una delle grandi gioie della vita la vera e propria cerimonia con cui a quattordici anni, per marcare il mio «diventare uomo», i miei genitori mi consegnarono il primo paio di pantaloni lunghi che, poveri com'erano, avevano dovuto comprare a rate. Ma il vento dei tempi tirava in un'altra direzione e io semplicemente volai con quello, dando una mano a distruggere qualcosa che non è stato sostituito con nulla, lasciando un miserabile vuoto.

In India quel vento di mutamento è appena cominciato a soffiare e, specie nelle campagne dove vive la maggioranza della gente, i riti sono ancora una parte importantissima della vita. Un contadino non esce di casa al mattino senza piegarsi a toccare la soglia della porta, una donna non comincia la sua giornata senza offrire al sole qualche goccia d'acqua.

Per un indiano tutta la vita è un rito. Il primo viene celebrato ancor prima che lui venga concepito. Gli altri, a ogni «passaggio». C'è un rito per quando smette di poppare, uno per quando viene portato fuori di notte a vedere per la prima volta le stelle, uno per il primo taglio dei capelli, uno per quando diventa brahmacharya: mangia con la madre, poi esce di casa e torna indietro a chiederle la prima biksha,* la sua prima elemosina. E avanti così fino alla morte, quando il suo cadavere viene dato alle fiamme sulla pira accesa dal primo figlio maschio con lo stesso fuoco con cui il defunto è stato iniziato ai Veda, e con cui è stata fatta la puja per il suo matrimonio. Neppure la morte lo libera dai riti. Dodici giorni dopo la sua scomparsa c'è ancora un rito in cui si chiede al defunto di non aggirarsi più nella casa, di tagliare tutti i legami e di andare a prendere il suo posto, accanto al padre e al nonno,** fra gli antenati che debbono essere ricordati e rispettati. Il mantra recitato in quella occasione è molto bello e non più triste. Chi voleva piangere ha già pianto nei dodici giorni precedenti.

Riti, riti, riti. I riti sono il grande soggetto dei Veda. I Veda prescrivono i gesti, i tempi, le parole dei riti ed elencano i risul-

---

* Biksha è l'offerta di cibo fatta con rispetto a chi si sta dedicando a moksha, la liberazione. Non è paragonabile a quella che noi chiamiamo elemosina e che di solito è fatta senza alcun rispetto per la persona a cui la si fa. Una volta lo Swami raccontò di come ancora di recente una famiglia di ortodossi suoi conoscenti aveva rifiutato di far sposare la figlia a uno del villaggio che era diventato ricco ed era proprietario di un albergo in città. Il suo crimine era che «vendeva cibo» e il cibo è sacro: si offre e non si vende.

** Col suo arrivo è il bisnonno a perdere il posto.

tati che ci si possono aspettare se i riti vengono eseguiti esattamente secondo le regole. Ogni minimo dettaglio è previsto: dalla durata di un mantra all'offerta da fare al pujari che lo ha recitato, dai giorni da impiegare in un determinato pellegrinaggio al modo di pulire la casa. Il rito è un'azione da cui si intende ottenere un effetto. I Veda appartengono per questo al samsara, al mondo dei desideri, e sono intesi appunto per chi in quel mondo cerca dei risultati. Una donna desidera un figlio maschio? I Veda le dicono cosa fare e come. Un uomo vuole essere ricco o andare in paradiso? I Veda gli dicono esattamente come procedere. Causa ed effetto sono la logica dei Veda. La loro cioè è ancora la logica del divenire e del mutamento, la logica legata al tempo e allo spazio, la logica dell'Io.

Ma per chi cerca altro? Per chi vuol uscire dal divenire e liberarsi da tutto questo?

Qui è la grande trovata del pensiero indiano. Alla fine dei Veda, i Veda rivelano che il loro vero fine è il superamento dei Veda stessi. Questo superamento è il Vedanta, la parte finale dei Veda appunto. Col Vedanta l'uomo esce dai riti, dalle loro regole, dalla schiavitù imposta dai Veda.

I Veda sono la «religione», il Vedanta è la liberazione da tutto, anche dalla religione. Il Vedanta non è più nella sfera del divenire, ma in quella dell'essere. Il Vedanta non ha a che fare con l'avere figli o una moglie fedele, col diventare ricchi o l'andare in paradiso. Il Vedanta è tutto sul Sé, sulla coscienza illimitata, fuori dal tempo e dallo spazio.

Volete perseguire i normali desideri del mondo? Niente di male. Restate nei Veda. Ma sappiate, spiega il Vedanta, che anche il paradiso dei Veda, per meraviglioso che sia, è solo «un altro posto» e come tale è nello spazio e nel tempo; come tale non può durare in eterno. Ci si può arrivare in base al proprio punya, i propri meriti, ma quando quel capitale è esaurito bisogna tornare indietro e ricominciare tutto da capo.

«Non si può ottenere un permesso di soggiorno a tempo indefinito per il paradiso», diceva lo Swami. Lui ormai poteva assistere ai riti, ma dei riti non era più né soggetto né oggetto. Osservavo come lui lasciava che la gente si inchinasse ai suoi piedi, ma non faceva alcun gesto di devozione davanti alle statue delle varie divinità. Non aveva più niente da chiedere loro: era uscito dal mondo dei desideri.

C'era – mi pareva – una accattivante grandezza in questo pensiero.

Diventavo religioso? Certo non nel senso dei Veda!

Per un paio di settimane non mancai a una sola puja del mattino. Poi, quando tutto finì per ripetersi e mi parve di aver capito quel che volevo capire, preferii andare in cima al poggio che chiamavo «mio» a godermi il sorgere del sole invece che la vestizione della dea.

Anche il semplice mangiare nell'ashram era una cerimonia. A mezzogiorno e mezzo l'intera comunità, compresi alcuni gatti miagoloni e la solita banda di cani vegetariani, convergeva verso il refettorio formando una lunga fila che dal grande prato serpeggiava fino all'ingresso. La fila si muoveva lentamente. Arrivati ai piedi della scalinata, si lasciavano le ciabatte, si prendevano piatto e bicchiere dalle pile messe su due tavoli esterni e si entrava nella grande sala dove, da una batteria di calderoni fumanti, i cinque o sei shisha di turno ci servivano... cantando. E ognuno, porgendo a due mani il piatto e ringraziando, si univa al coro che aveva intonato il passo della *Gita* in cui Krishna dice di sé:

Io sono il fuoco nel corpo di chi vive
Regolo i respiri e digerisco il cibo
Risiedo nel cuore di tutte le creature
*Tutto viene da me: la memoria, la conoscenza e l'errore.**
Io sono quello da conoscere nei Veda
Io sono quello che li conosce
Io sono la fonte del Vedanta.

Sempre cantando, si cercava un posto libero su una delle lunghe stuoie di paglia distese per terra nel refettorio, e quei versi dal capitolo 15 continuavano a risuonare per la stanza finché tutti non erano serviti. Era bello il suono del sanscrito. Bella la cadenza dell'inno in cui Krishna, Incarnazione della Totalità, presenta ad Arjuna alcune delle sue forme. Ognuno metteva allora tre dita della mano destra nel bicchiere colmo d'acqua e con un gesto cir-

* Stupendo questo riferimento all'errore come parte della divinità, parte del tutto.

colare spruzzava alcune gocce sul mangiare che aveva davanti. Così il cibo diventava un'offerta ad agni, il fuoco, la divinità nello stomaco, un atto di devozione, di ringraziamento.

Mi piaceva. A casa mia ci si faceva il segno della croce quand'ero ragazzo, ma anche quella come tante altre abitudini è andata persa nella fretta di vivere. Diamo tutto per scontato. Ci pare di avere – chissà da dove ci viene e perché – una sorta di diritto a tutto. Tutto ci pare dovuto e non ci meravigliamo più di trovarci davanti qualcosa di piacevole, di necessario come il cibo: spesso senza che neppure ce lo siamo guadagnato.

Avere da mangiare in tavola è diventata una cosa ovvia, almeno in Occidente. Non è una sorpresa di cui ringraziare qualcuno. E così si mangia, si mangia, ci si rimpinza come degli automi, magari guardando la televisione o leggendo il giornale appoggiato al bicchiere.

Nell'ashram a noi shisha tutto era regalato. Il Swami insegnava non pagato da nessuno, perché quello era il suo karma, mentre il nostro vitto e alloggio era frutto delle offerte, biksha, di qualche ricco indiano che con questa «opera di bene» si guadagnava meriti per il proprio karma.

A volte un industriale di Coimbatore o di Madras per celebrare un avvenimento o una ricorrenza offriva qualcosa di speciale, della frutta o un dolce e allora il suo nome veniva scritto col gessetto fra quelli da ringraziare alla fine dell'inno. Una volta sulla lavagna comparve l'annuncio di una biksha fatta da Anam per celebrare il compleanno di sua moglie e così, prima di affondare le dita nella pappa di ceci e riso, l'intero refettorio rispose con alcuni versi vedici all'invito di un brahmacharya di augurare ad Angela ogni bene in questa e in tutte le altre vite.

Dio mio, se li meritava quegli auguri! Mi lasciava stare lì senza rimproverarmi nulla, senza darmi alcun peso, senza farmi sentire in colpa. Lei era certo una delle mie migliori medicine! E non solo da quando mi era capitato quel malanno. Fin dall'inizio la nostra è stata una comunione di vita, un istintivo accordo sul come guardare al mondo e sul dove andare. E ora, quale miglior cosa che invecchiare assieme? Ognuno a suo modo, anche distanti, ma sempre «non-due».

Quegli auguri però non bastavano a sdebitarmi. Un giorno il Swami spiegò che secondo i Veda il marito che lascia la moglie sola per molto tempo accumula papa, demeriti, sul conto del proprio karma. Saggi, gli antichi indiani! Il matrimonio era visto come un mezzo di crescita spirituale e non se ne poteva uscire, neppure per un po' e con buoni intenti, senza pagare un prezzo.

All'inizio ebbi una qualche riluttanza a mangiare con le dita – che erano poi da leccare –, ma anche a questo feci presto l'abitudine. Mi aiutò ricordarmi la battuta di una signora della buona società indiana: «Mangiare con le posate è come fare la doccia con l'impermeabile».

Il cibo che passava l'ashram non era un particolare piacere. Senza uova – perché sono «vita» –, senza aglio e cipolle – perché la tradizione vuole che stimolino i desideri sessuali –, e senza tante spezie – anche quelle imputate di favorire inutili distrazioni – le pappe di ceci, fagioli, cavolfiore e riso erano parecchio blande, ma per alcuni dei miei compagni erano già un'eccessiva concessione.

Un giorno notai che un brahmacharya, seduto accanto a me, non usava il piatto. Si faceva buttare le tre o quattro diverse pietanze che ci toccavano in un secchiello dove con la mano le mescolava «così da non distinguerne più i sapori». Era un modo, mi spiegò, per controllare i suoi desideri. Mangiare era necessario, ma non bisognava farne un piacere di cui poi essere schiavi.

«Quando tutti i desideri che dimorano nel cuore sono abbandonati il mortale diventa immortale e raggiunge Brahman, qui, ora», proclamò citando una *Upanishad*. Secondo lui era importantissimo vincere il nostro continuo distinguere fra ciò che ci piace e ciò che non ci piace.

A me di tutto questo «piaceva» soprattutto l'idea di mettersi alla prova anche nelle piccole cose. Decisi di farlo con una attività che proprio non mi piaceva: lavare i piatti.

In casa, quando era necessario, ho sempre fatto quel che mi toccava, ma il rigovernare l'ho sempre evitato. Lo odiavo. Lì, nell'ashram, dove, subito dopo mangiato, bisognava lavare quel che si era usato, mi imposi di farlo... con amore. Mi forzai cioè a rigovernare «coscientemente», a rigovernare per rigovernare anziché rigovernare pensando ad altro, come suggerisce di fare Thich Nhat Hanh, il monaco vietnamita zen, a chi vuole imparare a concentrarsi.

Funzionò. Anche l'odiato rigovernare dopo un po' mi parve un rito piacevole. In fila con tutti gli altri, davanti a una sorta di abbeveratoio con tante fontane, lavavo accuratamente con cenere e sapone il thali, il piatto di metallo dal bordo alto e il bicchiere di cui mi ero servito, poi li sciacquavo e risciacquavo accuratamente

374

nella speranza che ognuno facesse lo stesso visto che al pasto successivo quel che avevo rigovernato io sarebbe toccato a un altro e a me la roba lavata da chissà chi.

So che il mio cantare non piaceva agli altri, ma a me piaceva moltissimo. E da cantare ce n'era. Si cantava alla puja del mattino, si cantava all'inizio di ogni lezione, si cantava prima di mangiare, si cantava per una intera ora durante il corso di inni vedici, e si cantava la sera alla fine del satsang, prima di andare a letto.

Cantare era parte dei nostri giorni e mi resi conto che quel cantare influenzava il mio stato d'animo; forse alzava il mio livello di coscienza. Succedeva particolarmente a cantare i mantra. Possibile? Per il Swami era ovvio: «Il sanscrito degli inni vedici e dei mantra agisce sulla mente», diceva. E io non avevo ragione di contraddirlo. Anzi.

Sarà stato il loro ritmo, sarà stata la respirazione regolare che imponevano, ma il ripetere i mantra, intonati dalle due vedove-sagrestane, mi dava un senso di leggerezza che rasentava la gioia. Cantando mi pareva che il mio Io diventasse una cosa sempre più piccola e lontana; il suo destino sempre più irrilevante.

La guarigione viene...
Da una persona retta e santa
E dai mantra che uno canta.

Era il Swami la «persona retta e santa» che mi avrebbe guarito? Erano i mantra che cantavo quelli di cui parlava Zarathushtra nel frammento che, per caso, avevo tenuto per anni con me, quando ancora non avevo un'idea di cosa la parola «mantra» volesse dire?

Uno che credeva ciecamente nel «potere» dei mandddrram, come li chiamava col suo accento tamil-malese, era Sundarajan. Lui ne aveva alcuni segreti che gli erano stati dati da un vecchio sadhu quando era ragazzo e da cui, diceva, dipendeva la sua sopravvivenza. Li recitava ad alta voce appena si svegliava, li recitava in silenzio camminando, e su quei mantra concentrava la sua attenzione meditando. Secondo Sundarajan i mantra erano formule magiche che, come degli «abracadabra», avevano il potere di influenzare lo spirito e la materia. Le parole stesse creavano, secondo lui, una vibrazione che, entrando in sintonia con la vibrazione caratteristica di ogni oggetto e corpo, agiva in maniera curativa o distruttiva sull'oggetto o sul corpo in questione. Un po' come la musica agirebbe sulle cellule, insomma.

Lui su tutto questo ci giurava, dimenticandosi, come gli ricordavo, i suoi studi di ingegneria!

Io, per cominciare, mi accontentavo della spiegazione relativa al respiro. Fra il modo in cui respiriamo e la nostra mente c'è ovviamente un rapporto stretto: l'uno influenza l'altra. È facile accorgersene. Quando il nostro respiro è irregolare, la nostra mente è inquieta. Quando ci arrabbiamo, ci viene l'affanno. Se la nostra mente è assorta in bei pensieri, il nostro respiro diventa sempre più regolare e profondo. Succede così persino nel sonno.

Recitando sempre lo stesso mantra, legando l'ultima sillaba alla prima e così via (in sanscrito questo ossessivo salmodiare si chiama japa), il respiro acquista un ritmo particolare e determina il cambiamento della mente (o della coscienza) di cui parlava il Swami. Ovviamente un altro aspetto del mantra è che, dovendo pensare alla sequenza di quelle parole, la mente non può distrarsi. Il prossimo pensiero non è incerto e questo crea una distanza fra il Sé e la mente che permette al Sé di osservarla, di tenerla sotto controllo. Almeno così si diceva.

Senza dubbio c'era qualcosa di particolare in quei suoni tramandati per millenni, di generazione in generazione, con identica pronuncia, identico ritmo, identiche cesure. Fossero stati inutili, i mantra sarebbero stati dimenticati, messi da parte. Invece la tradizione continua. Il guru che ha completa fiducia nel suo discepolo gli dà, come fosse un prezioso regalo, un mantra che legherà i due per sempre. E fra i riti c'è ancora quello in cui al bambino di otto anni viene dato un mantra di cui potrà servirsi per il resto della vita.

Secondo me, quel che rendeva particolari quei suoni era la stessa cosa che pensavo rendesse particolari le medicine: il potere della mente. L'idea che quelle formule fossero magiche, che provocassero un qualcosa, una guarigione o altro, induceva la mente a contribuire a quel qualcosa. Io ero convinto che il liquido rosso della chemioterapia fosse potente e quindi quello finiva per esserlo, così come Sundarajan era convinto che era il suo mandddrram a tenerlo in vita.

Il potere non sta nella cosa in sé, ma nel potere della mente che crede nel potere della cosa. I tibetani lo spiegano con questa storia.

Un monaco, dopo anni di assenza, decide di andare a trovare la madre che sa poverissima e che immagina sul punto di morire di fame. Ma al villaggio lo aspetta una sorpresa: la madre sta benissimo. Un vecchio sadhu le ha dato un mantra grazie al quale lei mette dei sassi in una pentola e quelli, al suono del mantra, diventano patate. Quando la madre con quel suo sistema si mette a preparare la cena, il monaco, ormai espertissimo in cose sacre, si accorge che lei pronuncia male le parole sanscrite del mantra e la corregge. La madre, orgogliosa del sapere del figlio, intona subito la nuova versione, ma il risultato è deludente. I sassi nella pentola restano sassi e i due non hanno nulla da mangiare. Il monaco capisce, prega la madre di tornare alla sua versione del mantra e, miracolosamente, nella pentola compaiono delle fumanti patate.

Né mia madre né mia nonna, che viveva con noi quand'ero ragazzo, conoscevano i mantra, ma anche loro recitavano preghiere e cantavano inni che, se anche non trasformavano i sassi in patate – e ce ne sarebbe stato bisogno! – contribuivano però al ritmo delle loro giornate. Così era quand'ero ragazzo: i contadini cantavano nei campi, gli artigiani lavorando nelle loro botteghe e noi cantavamo a scuola. Se penso ai suoni che hanno accompagnato la mia infanzia – le campane ad esempio – e quelli di cui deve invece alimentarsi oggi mio nipote, mi viene da disperarmi.

Abbiamo smesso di cantare per ascoltare tutt'al più, con un sistema hi-fi, altri che cantano. E questo non è sano. Se ne accorsero negli anni Sessanta i benedettini di un monastero francese quando vennero tutti colpiti da una strana malattia. Improvvisamente cominciarono a sentirsi stanchi, depressi e distratti. Si riunirono e decisero di dormire di più. Ma questo peggiorò la situazione: erano più stanchi e più depressi che mai. Consultarono allora dei medici. Uno suggerì loro di mangiare della carne, cosa che non facevano da duecento anni. Nessun miglioramento. Infine un bravo medico di Parigi scoprì che in seguito alle nuove regole introdotte dal Concilio Vaticano Secondo, un intraprendente abate aveva ridotto notevolmente le ore di canto per aumentare quelle dedicate alle attività produttive. Questo aveva cambiato la routine del convento, disse il medico e come terapia suggerì semplicemente di ritornare alle abitudini di prima.

Dopo qualche mese i monaci erano di nuovo in ottima salute e di buon umore. Il canto sintonizzava la loro respirazione e quella sintonia induceva in loro un aumento di energia e di vitalità. Le alte frequenze prodotte dal cantare ricaricavano la corteccia cervicale, creando uno stato di euforia che permetteva ai monaci di sentirsi beati di giorno e di notte.

Qualcosa di simile succedeva a noi nell'ashram. Persino a me che ero stonato.

Una sera il Swami mi invitò a cena. Come tantissimi indiani della sua età, soffriva di diabete per cui la sua dieta era ancora più semplice e basilare di quella del refettorio. Mangiammo in cucina, accuditi dalle due « sagrestane ».

Non aveva dimenticato la sua promessa di farmi incontrare un medico ayurvedico di cui lui si fidava e che avrebbe potuto aiutarmi col mio malanno. Gli aveva appena parlato al telefono e aveva fissato che fossi ricoverato nel suo ospedale. Mi aspettavano.

IL TEATRO FA GUARIRE

LA COSA che più mi colpì arrivando all'ospedale fu l'elefante. Da lontano pensai fosse semplicemente dipinto sul muro bianco di cinta. Poi, lo vidi sbattere le orecchie, tentennare lentamente la sua enorme, patetica testa e mi resi conto che non solo era vivo e vegeto, ma che lui, in quel cortile su cui si affacciavano le camere dei malati, era di casa molto più di me. A lui nessuno faceva caso. A me erano rivolti tanti sguardi curiosi: ero straniero, venivo da lontano, non ero un turista di passaggio, ma anch'io un paziente.

La meta di un viaggio che si fa per la prima volta è sempre una sorpresa e per me quella fu grande. Ero arrivato a Kottakal, una piccola cittadina nello Stato del Kerala, diretto all'Arya Vaidya Sala – l'Istituto di Medicina Ariana –, il più vecchio e il più rinomato centro ayurvedico dell'India. Ma invece che in un tranquillo luogo di cura dove, annunciato da una telefonata del Swami, contavo di passare alcuni giorni in pace, mi ritrovai in una sorta di rumorosissimo circo equestre in via di allestimento. Attorno all'elefante, decine di uomini lavoravano a montare un grande tendone di paglia intrecciata; gruppi di musicanti a torso nudo accordavano i loro strani, striduli strumenti, ballerini dai coloratissimi costumi e attori, con le teste coperte da grandi diademi e le facce dipinte in maschere grottesche, si aggiravano attorno a un palcoscenico di legno che altri finivano di mettere assieme con pali di bambù e grosse corde. Dovunque c'era un grande viavai di gente e di cose. L'elefante – lo vidi avvicinandomi – aveva la gamba destra incatenata a un paletto piantato in terra e tutto un bell'arabesco di fiori pitturato sulla fronte.

L'ospedale? Uno degli uomini che mi guardava come fossi io un'apparizione mi indicò la porta delle « accettazioni ». Mi aspettavano. Non mi chiesero documenti, non controllarono che davvero fossi io l'Anam raccomandato dal Swami, né mi chiesero, come invece avveniva con sorridente freddezza all'MSKCC, di pagare un anticipo sugli esami e le cure che avrei fatto. I soldi non sembravano la principale ragione d'essere dell'Arya Vaidya

Sala. Dietro al banco delle accettazioni un cartello annunciava che ogni giorno dalle nove a mezzogiorno si svolgevano «consultazioni gratis» per chiunque si presentasse. Altri cartelli invitavano cortesemente, per il bene di tutti, a non fumare. Su un pannello di legno c'era la lista dei medici incaricati delle varie sezioni. Il cognome era quasi sempre lo stesso: Varrier.

La camera che mi era stata riservata era la 502 al piano più alto della nuova ala dell'ospedale, con vista sul cortile e il suo circo. Dietro svettavano le esuberanti chiome delle palme di cocco come fuochi d'artificio sopra la distesa dei tetti in lamiera ondulata. Tutto era modesto, ma ben fatto e razionale. Nonostante il clima tropicale non c'erano condizionatori d'aria, ma solo ventilatori che pendevano dai soffitti. Per i malati che non potevano prendere le scale, un corridoio esterno, leggermente in pendio, univa i vari piani.

La mia camera era pulita e spartana: un letto e un comodino di legno, un materasso sottile di kapok, un cuscino e due lenzuoli bianchi di cotone. Alla parete, la foto del fondatore: un signore dall'aria serissima con occhiali cerchiati di ferro, giacca nera, cravatta, una toga sulle spalle e un berretto giallo in testa. Un'immagine all'antica, come erano un tempo in Europa quelle degli inventori delle pomate contro i calli, o in Asia, ancora oggi, quelle sui barattolini del Balsamo di Tigre. La scritta diceva: «Vaidyaratnam P.S. Varrier 1869-1944». Feci un rapido calcolo: era morto a settantacinque anni. Non male come réclame per le sue medicine! Sotto quella foto ce n'era un'altra, più piccola, del suo successore, anche lui un Varrier. L'Istituto di Medicina Ariana di Kottakal, fondato nel 1902, era evidentemente nato come un'impresa familiare e tale era rimasto.

Un giovane sikh, vedendomi arrivare, si presentò alla porta per indicarmi la camera dirimpetto dove stava suo padre. L'avevano portato fin lì dal Nord dell'India con la speranza di una cura. Il tavolino del vecchio era pieno di boccette e boccettine. Il giovane si raccomandò: di qualunque cosa avessi bisogno, mi rivolgessi a lui.

Feci appena in tempo a depositare il mio sacco e ad affacciarmi alla finestra che un signore anziano, alto e distinto, entrò nella stanza. Era il direttore amministrativo dell'ospedale venuto a darmi il benvenuto.

«Lei è fortunato», disse. «Proprio oggi comincia la settimana dei festeggiamenti del dio Viswambhara.» Pensò che capissi e continuò: «Offriamo al nostro Signore musica, danze e rappresentazioni alla presenza dell'elefante. Lei lo sa, l'elefante ha un ruolo importante nella nostra mitologia, è il dio Ganesh che ci aiuta a superare tutti gli ostacoli. Vedrà... anche il suo cancro».

Non volevo imbarazzarlo mostrandomi sorpreso dall'insolita combinazione medico-elefantino-teatrale. Farfugliai che anch'io a casa avevo un Ganesh: una copia in cemento di quello famoso di Angkor.

«Lei approfitterà molto dei giorni che vengono», aggiunse il direttore. «Il festival è per noi tutti, medici e pazienti, un modo di avvicinarci alla realtà profonda, alla Realtà Ultima, a Brahman.»

Non era esattamente l'ospedale che mi ero immaginato, ma era certo un posto interessante.

Il viaggio era stato lungo. Dall'ashram il taxi aveva impiegato più di cinque ore, prima attraverso le colline dello Stato del Tamil Nadu, sporco e malridotto, poi giù verso la costa dello Stato del Kerala, anche quello povero, ma di una povertà dignitosa. Il giovane alla guida mi era stato presentato come uno che parlava inglese, ma la sola cosa che seppe dire poco dopo essersi messo al volante fu: «Urine... coming?» e le nostre comunicazioni non andarono molto più in là del decidere quando fermarsi a far pipì.

Passai così il tempo in silenzio a rimuginare sulle cose che vedevo, sui soliti paesini di case basse che si succedevano lungo la strada, col solito raspare rasoterra di uomini e animali. Povere le case, povera la gente, ricca la natura. Ogni mercatino sfoggiava montagne di frutta, banchetti carichi di verdure ed enormi caschi di banane che pendevano dai ghirigori dei loro fusti, belli come le lettere dell'alfabeto sanscrito che cercavo di imparare.

Il Tamil Nadu è una terra antica con una vecchia cultura, una grande letteratura e una popolarissima tradizione teatrale. Di questo ha fatto le spese la politica: dall'indipendenza in poi il Tamil Nadu è stato governato soprattutto da famosi attori. Questo è un fenomeno molto indiano. La gente qui non distingue fra l'attore e il suo ruolo e una volta che qualcuno recita sulla scena la parte di un re, di un eroe, o di un saggio, il pubblico lo prende per tale anche nella vita quotidiana, lo tratta come se davvero fosse Krishna, Shiva o Rama, e se poi alle elezioni quello si candida al posto di primo ministro dello Stato, tutti votano per lui. Dopo tutto chi, specie oggigiorno, non vorrebbe essere governato da un dio, un eroe o un saggio?

Tutto ciò non faceva che aumentare la mia crescente diffidenza nei confronti di questa cosiddetta democrazia che ormai riduce la partecipazione dei cittadini all'andare alle urne ogni quattro o cinque anni, e che, dovunque nel mondo, porta al potere soprattutto mediocri, corrotti o incapaci. La democrazia ormai è un sistema che premia soprattutto la banalità e le bugie pubblicitarie, non la saggezza e l'impegno morale. È l'assurdità di questo sistema che, ad esempio, fa oggi di Sonia Gandhi, una brava signora piemontese, il possibile prossimo primo Ministro della «più grande democrazia del mondo», come l'India si definisce. Un paese di oltre un miliardo di persone ha bisogno per essere governato di un'italiana che non parla neppure bene la lingua nazionale? Sì, perché sul libero mercato dei voti la sua «vendibilità» sta nell'essere la vedova di Rajiv Gandhi, diventato primo Ministro (e come tale assassinato) perché figlio di Indira Gandhi, che a sua volta era diventata primo Ministro (e come tale assassinata) perché figlia di Nehru. Lui almeno era diventato primo Ministro perché designato da Gandhi, il Mahatma. Sonia Gandhi parente di Gandhi? Niente affatto, ma nella memoria mitica della gente lo è perché hanno lo stesso cognome. Ma ce l'hanno perché Indira, nata Nehru, fece astutamente cambiare in «Gandhi» il cognome dell'uomo che aveva sposato e che, essendo un parsi, si chiamava... «Gandy».

Povero Gandhi, ormai completamente dimenticato! Si vestiva come un contadino, viveva di nulla e sognava un paese libero e indipendente, né capitalista né comunista, un paese che fosse l'espressione dei milioni di villaggi che per lui rappresentavano la vera, eterna anima dell'India. Era per il piccolo, non per il grande. Era per l'uomo, non per la macchina, per ciò che è naturale e non artificiale.

«Quando il trattore potrà essere munto, quando il suo sterco potrà essere usato come concime e come combustibile, lo preferirò alla vacca», diceva. Aveva viaggiato in lungo e in largo; conosceva bene il suo paese e la sua gente. Solo in India un buco in un muro può essere una «fabbrica» di sigarette; un cubicolo di legno su quattro gambe può essere di giorno la bottega di uno stiratore e la sera la sua camera da letto. Solo in India il gamcha, lo straccio colorato con cui un barcaiolo e un tiratore di risciò si asciugano il sudore, è anche una coperta quando fa freddo e un turbante quando il sole scotta.

Gandhi era convinto che «Piccolo è bello» e l'economista Fritz Schumacher, suo grande ammiratore, sviluppò quell'idea in una teoria economica che sembrava adattissima all'India. Schumacher sosteneva la necessità di proteggere le piccole imprese locali contro le grandi aziende e le multinazionali che altrimenti se le sarebbero mangiate come i pescecani mangiano i pesciolini. Schumacher diceva, come Gandhi, che l'economia si deve fondare su «ciò che conta per l'uomo», e non sul principio amorale del profitto. Gandhi e Schumacher: tutti e due finiti nel dimenticatoio.

La de-gandhizzazione dell'India cominciò con Nehru che lo stesso Gandhi, commettendo forse uno dei più grandi errori della sua vita, aveva scelto come suo successore. Nehru era il contrario di Gandhi. Era raffinato. Era elegante. Era contro il «piccolo» e per il «grande»: grandi industrie, grandi dighe, grandi fabbriche. Persino un grande amore: per Edwina, la moglie inglese dell'inglesissimo viceré dell'India, Lord Mountbatten, non per una semplice indiana.

Questa del «grande» è rimasta l'aspirazione politica di quasi tutti i governi di Delhi dopo l'indipendenza. E più passa il tempo, più l'India diventa, per molti versi, un paese come tutti gli altri: con un grande esercito, grandi armi (comprese quelle atomiche) e il sogno di essere una grande potenza. Sempre meno radicata nei villaggi la cui purezza era l'ideale di Gandhi, l'India sta coinvolgendosi sempre di più col villaggio globale che di puro ha solo l'ingordigia.

La diversità fra lo Stato del Tamil Nadu e il Kerala era evidente. Mi accorsi di aver varcato il confine quando, lungo la strada, tutto si fece un po' più curato, un po' più pulito. Il Kerala non è dominato da attori diventati politicanti, ma da due forze, i comunisti e i cristiani, che ne han fatto lo stato col più alto livello di scolarità dell'India.

Guardavo dal finestrino le risaie verdissime, le case di fango dipinte di rosso, le mucche con le collane di fiori fra le corna, gli uomini magri, ognuno col suo dothi, e continuava a venirmi in mente una parola: contento. Contento è meno di felice, ma sta per soddisfatto, per chi non agogna a niente di più. Ecco come sono gli indiani: contenti. Contento è chi si accontenta. In tedesco la parola è «zu-frieden» e significa darsi pace. E per darsi pace bisogna limitare i propri desideri, come suggeriscono le *Upanishad* e la *Gita*.

L'India è un paese povero, ma è anche un paese in cui la gente ha meno bisogni, meno desideri; per questo è in fondo un paese molto più «contento» di altri. Non per molto: la globalizzazione sta portando anche in India i desideri del resto del mondo e con questo ne erode la «contentezza», il suo darsi pace.

La macchina, una vecchia Ambassador, aveva le sospensioni malandate e ogni tanto, sulle buche, faceva dei salti che mi sballottavano terribilmente. Mi fosse preso un colpo, o scoppiata l'ernia, immaginavo il giovane tassista depositarmi in uno dei tanti «ospedali» e «case di cura» che vedevo ai bordi della strada. Avevano tutti l'aria poco raccomandabile: persino le lettere dei loro nomi, «Shakti Nursing Home», «Lord Krishna Hospital», erano cadenti. E poi, le cure che vantavano erano soprattutto «per emorroidi e fistole»!

Non mi successe nulla e l'esperienza di essere davvero un Anam, un Senzanome, in un luogo qualsiasi, senza la protezione della mia vecchia identità, mi fu risparmiata e arrivammo senza incidenti a Kottakal. L'Arya Vaidya Sala era notissimo. Tutti ce lo seppero indicare: era il solo ospedale con un elefante parcheggiato nel cortile.

Non riuscii a rimanere in camera. Ogni volta che arrivo in un posto nuovo ho bisogno di vedere dove mi trovo, di considerare che cosa ho attorno e di prenderne le misure. Forse è l'istinto, l'istinto di un animale che non entra da nessuna parte senza prima assicurarsi di poterne uscire.

Non era ancora buio, il circo era in via di allestimento e decisi di andare a piedi a fare un giro della cittadina che avevo visto solo dalla macchina. Niente di particolare: camion colmi di noci di cocco scaricavano la loro mercanzia sulla piazza centrale accanto alla stazione degli autobus e al bazar con i soliti negozietti di scarpe di plastica e vestitucci, piccole oreficerie foderate di velluto rosso, botteghe di tegami e ciotole e tante, tante farmacie, tanti ospedalini e case di cura. Kottakal viveva evidentemente dell'industria della salute.

In alto, al terzo o quarto piano di un edificio, vidi sporgere la scritta: «ICT computer» e pensai che lì avrebbero potuto indicarmi un posto con l'internet. Per arrivarci dovetti fare una sorta di percorso a ostacoli, passare su cumuli di calcinacci, salire per una scala buia e polverosa e poi camminare lungo un ballatoio di cemento sul quale si affacciavano varie piccole stanze. All'interno di una vidi il profilo di un uomo con una lunga barba nera e quello di una donna, tutti e due seduti per terra attorno a una candela accesa. «ICT computer» era lì accanto: un ufficio dipinto di bianco con aria condizionata, luci al neon e, dietro a una vera scrivania, su una poltrona manageriale, un giovane ingegnere elettronico.

«Qui lei vede i due estremi dell'India», disse e mi spiegò che il suo vicino con la barba era un «dottore locale»: uno che curava soprattutto donne venute dalla provincia a cui propinava rimedi legati alla magia.

Dissi che anch'io ero venuto a Kottakal per curarmi.

«Dai tangali?» chiese il giovane ingegnere.

«No, all'Arya Vaidya Sala.»

«La gente di qui non ci si avvicina nemmeno. È troppo elegante e costa caro. Più che altro ci vanno pazienti che vengono da fuori. Qui si va dai maghi, dai tangali.»

I tangali? Mai sentiti nominare.

Il giovane, un musulmano sveglio e cortesissimo – mi fece usare il suo computer per mandare un paio di messaggi e-mail –, si divertì a stupirmi. I tangali, mi spiegò, sono guaritori musulmani che operano fra il Kerala e il Tamil Nadu. Esorcizzano le malattie, i dolori e le disgrazie entrando in trance e prendendo su di sé tutto ciò che affligge gli altri. Di solito lavorano in gruppo: alcuni suonano, cantano e invocano Allah, mentre uno fa gli esorcismi, infilandosi aghi nelle guance, nelle braccia, ferendosi con dei coltelli e finendo coi vestiti imbrattati di sangue. Secondo lui, nel Kerala tutti ricorrono ai tangali, musulmani, cristiani e indù.

«Non c'è niente di strano», disse. «Anche Gesù Cristo si è fatto inchiodare sulla croce per prendere su di sé le pene del mondo, no?»

I tangali, certo, si facevano pagare, ma anche loro dovevano pur vivere!

Lui credeva nella magia? No davvero. Era ingegnere, era moderno, usava i computer. Ma non si meravigliava che molti ci credessero.

S'era fatto buio e già scendere le scale di quell'edificio con i suoi due «estremi» non fu facile. Ancora peggio fu ritrovare la via dell'ospedale. All'improvviso, come capita in continuazione in questo paese, era saltata la luce e l'intera cittadina di Kottakal era piombata nell'oscurità. Qua e là si accesero delle lampade a petrolio e dei lumini, ma la stradina che portava all'Arya Vaidya Sala, con le fogne aperte da cui uscivano zaffate del solito odore dell'India, era davvero buia e preoccupante. Lungo un muro vidi gente accucciata al lume di minuscole fiammelle. Erano chiromanti in attesa di clienti. Ebbi un attimo di sconforto. Mi parve d'esser finito in una medioevale corte dei miracoli. E io c'ero con la speranza d'essere miracolato!

Mi consolò la vista dell'ospedale. Lì erano entrati in funzione dei generatori, l'intero complesso era felicemente illuminato e l'Arya Vaidya Sala mi apparve come un'oasi moderna e rassicurante.

Il cortile si era riempito di gente. I medici con le loro famiglie erano gli ultimi a prendere i loro posti, tenendo su con le due mani le cocche dei loro dothi, come fossero ali che non dovevano toccare terra. L'elefante era stato agghindato con una coperta ricamata, una sorta di maschera dorata gli scendeva dalla testa giù lungo tutta la proboscide. Sul palcoscenico si muovevano attori e ballerini mentre dei suonatori davano un'ultima accordata ai loro strumenti. Lo spettacolo stava per cominciare, ma io andai dritto a letto.

Ero stanco. Non solo del viaggio, ma anche di questo ritrovarmi di nuovo in un posto di cui dovevo capire i rumori, la gente, le abitudini. Ero stanco di questo gettare le reti nel mare del nuovo per tornare a pescare qualcosa che in fondo conoscevo già. Nel 1993 giravo il mondo in cerca di indovini, ora di medici e di medicine alternative. Mi ripetevo. L'esplorazione del mondo fuori non mi incuriosiva più. Avevo forse sbagliato a lasciare l'ashram.

Dalla finestra aperta mi entrava in camera un gran frastuono di cembali, trombe, barriti e grida. Non capivo nulla, ma sapevo che sarebbe durato senza interruzioni fino all'alba.

A svegliarmi fu il silenzio. Avevo dormito tutta la notte in un costante fracasso a cui l'orecchio aveva fatto l'abitudine. Poi, improvvisamente, quella parte di noi che resta all'erta anche quando l'altra riposa si rese conto che stava succedendo qualcosa di nuovo e si allarmò. Il rumoroso, insolito spettacolo messo in scena dagli uomini per gli dei era finito e stava cominciando quello, quieto e quotidiano, offerto dagli dei agli uomini. Un magnifico sole arancione si levava dietro la frastagliata lontananza delle palme, facendo lentamente uscire dall'oscurità le case, le strade, i viottoli e la gente. Fumi bianchi si alzavano dai tetti della vicina fabbrica di medicine, portandomi il loro balsamico profumo.

Giù nel cortile il palcoscenico si vuotava, i gruppi si sbranca- vano, la gente portava via le seggiole, i musicanti riponevano gli strumenti. I pazienti, sorretti dai parenti, tornavano lentamente verso l'ospedale. Erano stati lì tutta la notte! Ne vidi alcuni pas- sare davanti all'elefante e, a mani giunte, inchinarsi leggermente a salutarlo come si saluta il padrone di casa alla fine di una festa. L'elefante non aveva più addosso i suoi paramenti dorati. Arro- tolato nella proboscide teneva invece un grande fascio di frasche e d'erba: la sua colazione.

Io andai a fare la mia alla mensa dell'ospedale. Un cartello av- visava che il cibo era strettamente vegetariano. Tutto era sempli- ce e pulito, ma anche lì qualcuno non aveva resistito alla tenta- zione della modernità e una perfida lampada fosforescente schioccava come una frusta ogni volta che una mosca ignara, at- tratta dalla sua luce azzurrina, ci si buttava dentro incenerendosi.

Puntuale, alle nove, un giovane medico mandato dal direttore venne a prendermi per portarmi poco lontano, alla clinica delle consultazioni gratuite: una fila di edifici bassi coi tetti rossi, le pareti celesti, i pavimenti di cemento e divisori in compensato verniciato di bianco. Le soglie delle porte erano annerite dallo strusciare di anni di malati e parenti in attesa dei responsi. Un vento tropicale soffiava attraverso le stanze aperte, facendo svo- lazzare le tende gialle alle finestre. Sul piazzale di terra battuta c'erano i soliti crocchi silenziosi di gente. Mi venne da pensare agli ospedali di provincia in Cambogia dove andavo a contare le vittime delle varie battaglie e dei bombardamenti americani: stesso caldo, stessa atmosfera, stesse facce scure, smunte e im- paurite. Solo il mio ruolo era cambiato. Me ne accorsi quando il giovane medico per farmi una prima visita mi fece distendere a torso nudo su un lettino coperto da un pezzo di plastica nera, e il riquadro della finestra si riempì di occhi sgranati che mi guar- davano.

Mi auscultò il torace, mi misurò la pressione, poi mi fece varie domande sulle mie malattie passate, specie quelle dell'infanzia. Io rispondevo e lui prendeva appunti. Alla fine mi chiese:

«Come ha reagito quando le hanno detto che aveva il can- cro?»

«Senza disperarmi.»

«E quali crede che siano le sue possibilità di guarire?»

«Di cancro si guarisce male», dissi. «Ma spero di trovare un modo che mi permetta di viverci assieme per qualche tempo. Per questo son qui.»

Sorrise, mi guardò come avessi superato un esame e citò, prima in sanscrito poi in inglese, un detto dell'ayurveda che mentalmente tradussi in italiano:

La durata della vita è dipendente
Dalla forza interiore del paziente
E da quanto ordinata
È ogni sua giornata.

Gli chiesi cosa l'ayurveda poteva sapere del cancro. Quella era una scienza vecchia di millenni e questa una malattia moderna.

Non era d'accordo.

«Il tempo non fa alcuna differenza. L'uomo è sempre l'uomo e i suoi mali son sempre gli stessi», disse. «Non ci sono malattie antiche e malattie moderne. Noi distinguiamo solo fra malattie curabili e incurabili e il cancro non appartiene a nessuna delle due categorie. I testi sacri lo definiscono adbhuta roga, una malattia eccezionale.»

Ero curioso, ma non volle dire di più. Non era un esperto di questo settore. Il solo responsabile era «il Primario», disse. La sua specializzazione erano le morsicature di serpente.

Anche questo mi interessava e lui fu felicissimo di portarmi a vedere il suo reparto, e di spiegarmi i nomi e le caratteristiche delle decine di cobra, vipere e altri rettili messi in formalina in tanti bei barattoli di vetro allineati su scaffalature di legno. Ognuno di quei serpenti, disse, poteva ammazzare un uomo in pochissimo tempo.

«Quanto tempo?» chiesi.

«Mezz'ora. Se il paziente viene portato qui entro mezz'ora da quando è stato morso, noi lo salviamo. Abbiamo dei preparati ayurvedici a base di erbe da mettere sulla ferita e da ingerire, capaci di neutralizzare il veleno di qualsiasi serpente.» Ogni anno trattavano una media di 1500 casi e di solito tutti sopravvivevano.

«Tutti arrivati entro mezz'ora? Tutti trattati solo con l'ayurveda?» chiesi.

«No. Ma... dove l'ayurveda non basta, c'è sempre la medicina allopatica», rispose con franchezza. Secondo lui le due medicine erano complementari. L'ayurveda era più semplice, più a buon mercato e più in armonia con l'ambiente. Ma lui e i suoi colleghi mandavano spesso dai medici allopatici i pazienti per i quali non vedevano una soluzione ayurvedica. Ce li mandavano sempre nei casi in cui ritenevano necessario un intervento chirurgico.

Originariamente, mi spiegò il giovane medico, la chirurgia era stata parte dell'ayurveda. Ci sono testi antichissimi in cui sono descritti con grande precisione strumenti chirurgici molto simili a quelli usati ancora oggi. La pratica era però caduta in disuso, disse, probabilmente per la mancanza, nella farmacopea ayurvedica, di veri e propri anestetici. Per questo l'ayurveda oggi non ha più una sua chirurgia.

Il giovane medico era attento e caloroso. Disse che fra italiani e indiani non c'erano tante differenze: «Krishna... Cristo. Stessa idea, stesso nome».

Finalmente venne il Primario, P.K. Varrier, ultrasettantenne, capelli bianchi, un grosso naso. Sordo. Era gentile, ma freddo. Guardando la mia cartella appena compilata dal giovane medico, disse che secondo lui il cancro era provocato da scompensi alimentari e dall'ambiente. Una dieta sbagliata preparava il terreno per tantissime malattie, comprese quelle come la mia.

«Per noi ayurvedici il cibo è una cosa importantissima», disse. «Una cattiva digestione può creare i problemi più svariati. Per questo consigliamo a tutti una dieta molto spartana. Il cibo più costa più fa male. Chi si ammala deve cambiare vita e soprattutto deve imparare a mangiare poco e regolarmente, se vuole guarire. La cena, ad esempio, deve essere consumata presto la sera, molto prima di andare a letto.»

L'idea di cambiar vita per guarire era stata mia fin dall'inizio e mi piacque che anche lui ci insistesse. Per il resto mi parve un po' troppo semplicistico, ma non ero lì per discutere.

«Non le promettiamo nulla. Faremo del nostro meglio. Certamente possiamo migliorare la qualità della sua vita» concluse.

Mi avrebbe prescritto una cura che era ancora in fase sperimentale. Veniva prodotta *ad personam* e l'avrei dovuta seguire per tre mesi. Dopo, voleva rivedermi.

Chiesi quali erano stati i primi risultati della sua cura sperimentale. Buoni, disse. Alcuni pazienti dati per spacciati erano vissuti ancora un paio di anni, quelli con dolori se li erano visti diminuire e in alcuni casi il cancro era scomparso. Al contrario delle medicine occidentali, queste non curavano questo o quel male; cercavano solo di ristabilire l'equilibrio perduto. Ma dovevo saperlo: non c'erano garanzie. Era un esperimento.

Ormai ero abituato agli esperimenti e questo, a confronto con La Ragna, mi pareva abbastanza innocuo. Lo disse lui stesso: le loro medicine non avrebbero avuto effetti secondari perché «non entrano nel sangue» e vengono assorbite attraverso il sistema digestivo.

Insistette molto sulla dieta. Nel mio caso era vitale: dovevo assolutamente essere vegetariano e non mangiare pesce. Secondo l'ayurveda, disse, tutti gli animali che vivono nell'acqua aumentano le infiammazioni. Dovevo evitare anche il caffè, il tè e tutti i cibi piccanti. Mi avrebbe fatto bene mangiare molta frutta e molta verdura, ma anche quella, attenzione, mai fritta. Ottimo il cavolo, sia quello bianco che la verza.

Alla fine il vecchio Varrier si rivolse al giovane medico che, come un cameriere, blocchetto e penna alla mano, aspettava di prendere l'ordinazione. Si parlarono in tamil. Disse delle parole che mi parvero nomi di erbe. Poi, rivolto a me, spiegò che la cura consisteva di due medicine: una gelatina, una sorta di marmellata intesa ad aumentare l'umidità nello stomaco; e un'altra, più specifica. La gelatina sarebbe stata sgradevole. Ne dovevo prendere un quarto di cucchiaino seguito da due cucchiaini da caffè dell'altra medicina diluiti in otto cucchiai di acqua calda.

Chiesi quali erano i componenti della cura che mi prescriveva. «Erbe, erbe» disse. Ma notai una certa reticenza nella sua risposta.

L'incontro era durato una ventina di minuti.

Dovetti aspettare due giorni perché le medicine fossero pronte. Ne approfittai per visitare i vari reparti dell'ospedale e per leggere alcune loro pubblicazioni. Fra queste c'era una biografia del fondatore. Mi incuriosì che P.S. Varrier venisse descritto non solo come un bravo medico, ma soprattutto come un «grande patriota». Mi interessò perché questo aveva molto a che fare con la storia e lo stato attuale dell'ayurveda.

L'ayurveda è, assieme alla medicina cinese, uno dei più antichi sistemi di sapienza medica che vengono ancora praticati e di cui ci sono rimaste importanti tracce documentali. Al contrario della medicina cinese, però, l'ayurveda nel corso dei secoli ha avuto lunghi periodi di declino e varie volte è stata addirittura sul punto di essere marginalizzata e di scomparire. La rinascita di cui oggi gode è frutto di una particolare operazione politico-chirurgica, di segno anticoloniale, che ha ricucito al corpo di questa antica conoscenza indiana uno dei bracci ormai quasi completamente reciso.

Come tutte le cose indiane, anche l'ayurveda ha le sue origini in un mito. Brahma, il dio della creazione, stabilì le regole con cui sarebbe stata conservata la vita. Questa sapienza, l'ayurveda appunto, attraverso i suoi assistenti semidei fu portata sulla terra dove venne raccolta dai rishi. Finalmente, attorno al VII secolo avanti Cristo – e qui il mito comincia forse a diventare storia – un personaggio di nome Atreya si mise a praticarla e insegnarla in tutta l'India. Un diretto allievo di Atreya sarebbe stato il primo a metterne per iscritto i principi fondamentali.

Il grosso di quegli scritti risale al VI secolo avanti Cristo, con aggiunte e commenti che arrivano fino al IV secolo dopo Cristo. Secondo alcuni storici, già con l'arrivo di Alessandro Magno, al cui seguito vennero in India alcuni medici greci, l'ayurveda subì la prima crisi. Le invasioni musulmane certo contribuirono alla sua decadenza, ma il colpo di grazia le fu dato dalla colonizzazione inglese.

Gli amministratori imperiali venuti da Londra, col loro complesso di superiorità e la loro convinzione d'essere coinvolti in una grande missione civilizzatrice, non avevano alcun rispetto per le pratiche «primitive» degli «indigeni», e presto gli «indigeni» stessi, specie quelli delle caste più alte, progressivamente anglicizzate – gli indiani diventati «inglesi di pelle scura» –, finirono con l'abbandonare molti aspetti della loro tradizione, prima fra tutte quella medica.

Il regime coloniale fu esplicito e costante nella sua politica di repressione. Nel 1805 gli inglesi proibirono in India ogni tipo di vaccinazione tradizionale contro il vaiolo. Nel 1835 chiusero tutte le scuole di ayurveda, misero al bando tutte le associazioni mediche che registravano i dottori indiani e vietarono ogni forma di aiuto governativo alle pratiche mediche e farmaceutiche tradizionali. Le medicine usate dagli indiani dovevano essere tutte importate dall'Inghilterra!

Ancora un secolo fa in India la stessa parola «ayurveda» era pronunciata con disprezzo mentre sempre più indiani erano affascinati dai «miracoli» della medicina occidentale. Nei villaggi, ovviamente, dove molte delle pratiche ayurvediche erano da secoli parte del buon senso della gente, e dove molte erbe e piante mediche erano entrate a far parte della dieta delle famiglie, l'ayurveda restò a suo modo in vita. Ma il grosso della tradizione si perse. La catena di trasmissione scientifica era stata interrotta.

La riscoperta dell'ayurveda avvenne alla fine dell'Ottocento nel quadro della rivolta indiana contro il potere coloniale. Il ritorno all'uso curativo delle erbe locali e a buon mercato, invece che delle costose medicine inglesi, divenne un simbolo del swadeshi, il grande movimento antibritannico per l'autosufficienza.

P.S. Varrier, il fondatore dell'Arya Vaidya Sala, fu uno dei promotori di questa rinascita in chiave nazionalista dell'ayurveda. Voleva aiutare i poveri della sua regione, capì che poteva farlo solo con mezzi locali e nel 1902 fondò il nucleo dell'attuale Arya Vaidya Sala.

Il fatto che la tradizione fosse stata interrotta e che il suo salvataggio sia avvenuto *in extremis* continua a pesare sulle sorti dell'ayurveda, specie in India dove, anche dopo l'indipendenza, questa pratica non ha avuto l'appoggio governativo che c'era da aspettarsi: solo il 5 per cento del bilancio indiano per la sanità è andato alla medicina ayurvedica, poco o nulla è stato investito nella ricerca e ancora oggi non esiste alcun controllo governativo sulla qualità delle medicine ayurvediche prodotte nel paese.

Ma il mondo è tondo e la vita è un'altalena. E così, mentre la stragrande maggioranza degli indiani si cura con la medicina occidentale e quelli che possono permetterselo vanno nei migliori ospedali di Londra o New York, molti occidentali, insoddisfatti della medicina moderna di casa loro, si rivolgono all'ayurveda e si avventurano nelle budella dell'India in cerca di una «cura antica».

Io ero uno di quelli.

Le fabbriche emanano di solito brutti fumi e cattivi odori. Quella attaccata all'ospedale era una eccezione e ventiquattro ore su ventiquattro – perché il lavoro lì non si fermava mai – riempiva l'aria d'un piacevole profumo di erbe aromatiche. Quando ci arrivai, guidato da un altro giovane medico – non era un Varrier, ma aveva sposato una delle figlie Varrier –, un gruppo di ragazze in bei sari gialli stava uscendo dal cancello principale alla fine di uno dei tre turni.

La fabbrica era stata la grande trovata del fondatore. Lui aveva capito che la pessima reputazione dell'ayurveda era in gran parte dovuta alla cattiva qualità delle medicine, visto che i medici non le preparavano più personalmente, come avveniva nell'antichità. I pazienti dovevano farlo da soli o affidare il compito a qualche inesperto erborista. Succedeva così che le medicine ayurvediche, messe assieme con molta approssimazione e in condizioni non igieniche, invece che guarire finivano per essere all'origine di altre malattie.

Con la fabbrica accanto alla clinica, P.S. Varrier era in grado di controllare la qualità dei suoi preparati, di sperimentarne di nuovi e di garantire la continuità della produzione.

Nata dall'osservazione della natura da parte degli eremiti e dei rishi, la farmacopea ayurvedica era fatta quasi esclusivamente di erbe e di piante, soprattutto selvatiche. La foresta era il grande serbatoio dei rimedi e il giovane medico che mi accompagnava conosceva la storia indiana che si racconta in proposito.

Un grande maestro disse ai suoi allievi: «Andate nella foresta e riportatemi tutto quello che credete possa essere inutile».

Ognuno di loro tornò con qualcosa: un'erba, una radice, una corteccia. Solo uno studente venne a mani vuote. Ma proprio lui fu elogiato dal maestro. Aveva capito che ogni cosa nella foresta era utile e che era impossibile riportare tutto. Quello studente diventò il medico di corte e uno dei grandi rishi dell'ayurveda.

Per garantirsi la buona qualità delle erbe di cui aveva bisogno, P.S. Varrier all'inizio del Novecento aveva creato una sua rete di raccoglitori – alcuni nelle montagne dell'Himalaya – responsabili di fornire alla fabbrica i quantitativi richiesti. Ogni famiglia si specializzava in certi prodotti della natura e il lavoro veniva trasmesso di padre in figlio.

Oggi, a cent'anni di distanza, quel sistema è ancora in funzione e la fabbrica è in grado di produrre circa cinquecento tipi di medicine, alcune composte da più di cinquanta diversi ingredienti.

Di ogni sacco accanto al quale passavamo il giovane medico mi diceva da dove veniva (dal Punjab, dalla valle di Kulu, dal Karnataka) e quanto costavano le erbe che conteneva. La più cara – 6000 rupie al chilo, più di 100 euro – era una particolare noce di cocco che cresce solo nello Sri Lanka.

Passammo da una stanza in cui una serie di grandi ruote, azionate elettricamente, trituravano erbe e altre rare cose che, diceva il medico, venivano dal mondo animale, fra cui corna di cervo e certe conchiglie marine.

Il posto più impressionante era lo stanzone dove le erbe venivano cotte in grandi calderoni. Davanti a ogni calderone – saranno stati una ventina – uomini a torso nudo, con i dhoti tirati su fino ai ginocchi, rimescolavano con lunghi mestoli di legno la brodaglia nera da cui si alzavano vapori densi e odorosi. Ogni intruglio era adatto a un tipo di malattia.

Le malattie che loro trattavano con maggior successo, disse il giovane medico, erano l'artrite, l'osteoporosi, la psoriasi, la spondilite, i postumi da infarto, le paralisi da trombosi, i problemi delle giunture e della pelle. In molti casi le medicine venivano somministrate assieme a speciali massaggi fatti con particolari oli, anche quelli prodotti nella fabbrica.

Camminando, il giovane medico mi spiegava che nell'ayurveda le medicine sono classificate in nove categorie, a seconda di come le erbe vengono trattate e di come si presentano all'uso: come oli, in polvere, come pomate o infusioni. Non facevo molta attenzione, ma fu a questo punto che lo sentii dire: «... perché alcune medicine sono diluite in acqua, altre in alcool, alcune in urina di vacca... »

«Anche la mia? » chiesi, scherzando.

Vidi un certo imbarazzo nel suo sguardo. «Le sue sono erbe, erbe » disse, come per tranquillizzarmi. Ma il sospetto mi rimase.

In ogni reparto, in ogni ufficio in cui entrammo c'era la foto del fondatore. Lui era l'eroe a cui tutti facevano riferimento. Le regole che lui aveva imposto a quest'istituzione cento anni prima valevano ancora. Se, ad esempio, uno dei 1600 impiegati sbagliava veniva immediatamente licenziato, ma al suo posto veniva assunta la moglie o un figlio perché la famiglia non avesse a soffrire.

Passammo dalla farmacia dove una lunga fila di pazienti, ognuno con la sua ricetta in mano, aspettava la consegna. Poi mi fecero entrare in una stanza più piccola dove venivano preparate le medicine speciali.

«Ecco, questa è parte della sua ricetta», disse il capo farmacista aggeggiando con una boccetta.

Era la gelatina. Chiesi di assaggiarla. Ne presi un cucchiaino e, istintivamente, prima di mettermelo in bocca, lo portai al naso. Disgustoso. Il sospetto era diventato un odore: l'odore di piscio.

Insistetti, volli sapere, ma non cavai un ragno dal buco. Tutti ripeterono che la gelatina era fatta di erbe, che era stata preparata apposta per me su ordinazione speciale del Primario e che non si trovava in commercio.

L'idea mi piaceva: una medicina fatta su misura, una medicina tutta naturale. Naturale come il piscio di vacca?

Finita la visita in fabbrica tornai a piedi nel centro di Kottakal per mandare ancora un messaggio e-mail ad Angela. Approfittai della gentilezza dell'ingegnere musulmano per scrivere due righe anche a Mangiafuoco e raccontargli quanta strada avevo fatto: questa volta per un rimedio a base di piscio di vacca!

Il giovane ingegnere era contento di rivedermi e volle raccontarmi altre storie del Kerala a cui si diceva molto attaccato. Mi parlò di una antichissima scuola di arti marziali che addestrava i guerrieri all'uso di una lunga spada flessibile con la quale un solo uomo era in grado di tenere a bada vari nemici sul campo di battaglia. Un'altra particolarità di quella scuola era la lotta corpo a corpo. Erano capaci di paralizzare un avversario col solo tocco di una mano o la pressione di un dito. Secondo lui era in quella scuola che, grazie ad alcuni studenti giapponesi di secoli fa, erano nati il karatè e il katana, la spada usata dai samurai. Purtroppo anche quella tradizione, un misto di arti marziali e magia, disse, era andata perduta con l'introduzione della polvere da sparo, i fucili e le pallottole.

Era un po' come me, il giovane ingegnere musulmano: moderno, ma con la nostalgia del passato. Parlammo per più di un'ora e prima che lo lasciassi mi fece ricontrollare i messaggi nella mia e-mail. Ce n'era uno di Mangiafuoco che, divertito, rispondeva ai miei dubbi.

«Non è bello?» m'aveva scritto. «Una semplice vacca una mattina piscia e ti fa stare meglio... e il piscio di vacca non è nulla: noi omeopati usiamo lo sputo dei tubercolotici, le secrezioni della gonorrea, le scaglie cutanee degli psoriasici, le gomme luetiche dei sifilitici, la saliva dei cani rabbiosi...!!! E tu credi ancora che siano più velenosi degli antibiotici?» Secondo lui dovevo fidarmi.

Tornai all'ospedale rimuginando su quel «Tu credi ancora che...?»

Già, il credere. Anch'io lo ritenevo importante e non ero... Niels Bohr. Il grande fisico, uno degli scienziati più importanti del nostro tempo, teneva sulla porta di casa un ferro di cavallo. Una volta, un collega che era andato a fargli visita gli chiese:

«Non crederai mica a questa roba?»

«Certamente no», rispose il grande fisico. «Ma dicono che porti fortuna anche a chi non ci crede.»

E si sbagliava. Da bravo scienziato avrebbe dovuto sapere che non è il ferro in sé a portare fortuna, ma il crederci. Questo, secondo me, è un fatto – diciamo – scientifico.

L'atteggiamento ha una incredibile importanza nel combattere la malattia, il cancro in particolare. Nessuno lo sa ben spiegare in termini scientifici, ma a me pareva possibile che la mente, una volta acquietata e serena, mandasse dei segnali al sistema immunitario perché quello facesse il suo dovere. A volte avevo avuto la sensazione che davvero funzionasse così. A New York avevo «sentito» che il liquido rosso fosforescente della chemio mi faceva bene. Ma il piscio di vacca?

Il giorno stava per finire e sulla spianata davanti all'ospedale ricominciavano i preparativi per le rappresentazioni della notte. Sotto al grande tendone di paglia una bella folla si addensava di nuovo attorno al palcoscenico: famiglie con bambini, vecchi che si tenevano a malapena in piedi, notabili cui qualcuno andava premurosamente a offrire una sedia. Alcuni commedianti provavano la loro parte; un uomo, immobile ai piedi di un muro, era perso in meditazione.

All'ingresso del piccolo tempio dedicato al dio Viswambhara erano stati messi, come stipiti, due bei tronchi di banano tagliati di fresco e ancora con tutti i loro caschi addosso.

Alcuni vecchi andavano a giro ad accendere i lucignoli di centinaia di lumi a olio sparsi per il cortile: quelli piccoli, di pietra, inseriti nei muri, quelli grandi, d'ottone, a forma d'albero con tanti rami, tipici del Sud. L'odore dell'olio di sesamo bruciato si mischiava alle zaffate dolciastre dei medicinali che continuavano a venire dalla fabbrica accanto. Sul rumoreggiare giocoso dei bambini si erano levati i gorgheggi di un piffero che un vecchio, lezioso e azzimato, suonava con maestria e perdizione, come fosse lui stesso incantato dalle proprie melodie in onore dell'elefante. Poco lontano, una donna avvolta in uno scialle scuro, accucciata contro un muro, leggeva nella mano di una giovane il suo destino.

Suoni, luci, odori, immagini: il mondo di un altro tempo. C'era, in tutto quello che avevo attorno, qualcosa di profondamente autentico, di vero; c'era una qualche forza che sentivo poteva davvero essere d'aiuto a qualcuno. Ma d'aiuto a me?

L'avere quel dubbio mi rattristava, come mi rattristava il non avere la fede e il rendermi conto che per me nel mondo fuori non c'era più molto da scoprire. Fare il cammino all'indietro, in cerca di una saggezza perduta, era inutile perché non esiste un passato d'oro in cui trovare la soluzione per i problemi della nostra vita di oggi, o una medicina per i nostri malanni moderni. Non c'è scorciatoia per risalire alla saggezza. La sola soluzione – ha ragione il Swami – è in noi e la sola scoperta ancora da fare è quella di essere... «il decimo uomo».

L'Arya Vaidya Sala era giusta per gli indiani: senza pretese, a buon mercato, offriva speranza e sollievo dalla sofferenza. Venivano da lontano, si ritrovavano in un ambiente pulito, dinanzi a un bravo medico, e alla fine, in certi casi persino senza pagare, ricevevano una cura in cui avevano fiducia perché era parte della loro vita. E se anche era piscio di vacca, la vacca per loro era dopotutto un animale sacro! Quello era il loro mondo, con le loro erbe, con i loro dei. Avrei tanto voluto crederci anch'io, eppure non riuscivo a convincermi che lì avrei trovato la mia medicina.

Il vecchio sikh, mio vicino di camera, pareva invece aver trovato la sua. La sera prima l'avevo visto immobile nel letto, dietro una cortina di boccette e boccettine. Ora era seduto, felice, col figlio accanto, in mezzo alla folla, a seguire come in trance la rappresentazione nella quale forse – beato lui – vedeva la Realtà Ultima.

Tornando in camera trovai un biglietto del direttore: mi invitava a cenare con la famiglia.

Venne a prendermi un nipote del Primario, anche lui un Varrier, anche lui medico. Per cominciare mi fece fare il giro della casa. Entrammo attraverso un portone dominato dai simboli delle varie religioni, fra cui la mezza luna dell'islam e la croce cristiana. Più che una casa, il complesso dei Varrier era una reggia medioevale con tante stanze, tanti cortili in cui abitavano, tutte assieme, tre generazioni. Il complesso era cresciuto nel tempo attorno a un corpo originario, in legno, costruito nel 1926 dal fondatore. Le sue ceneri erano in un tempietto al centro di un'aiuola piena di fiori; la sua statua di marmo era nel cortile, la sua presenza ovunque.

Il salotto comune della casa era pieno di bambini che giocavano attorno a due grandi tavoli. Le donne stavano sedute su un divano che correva lungo le pareti coperte di foto in bianco e nero del fondatore e dei suoi discendenti.

La cucina era un androne grigio e fumoso. Dodici cuochi, venuti di rinforzo ai soliti tre della famiglia, erano affaccendati attorno a vecchi calderoni di ferro in cui cuoceva la nostra cena. Il fuoco era fatto con grossi tronchi d'albero che dei giovani aiutanti spingevano nelle braci ardenti, man mano che si consumavano.

La stanza da pranzo si apriva sul cortile interno della casa in mezzo al quale, come su un altare, c'era in un grande vaso di ceramica un arbusto di tulsi, la pianta che tutta l'India considera sacra. Un tempo la veneravamo anche noi, ma ce ne siamo dimenticati!

Il tulsi è un parente del basilico. Nei testi ayurvedici è descritto come «la pianta che apre il cuore e la mente e sveglia l'energia dell'amore e della devozione». La tradizione vuole che il tulsi contenga mercurio, lo sperma di Shiva, e questo ne farebbe la pianta capace di conferire a chi la mangia il potere della pura conoscenza. In India il tulsi è parte della vita quotidiana. Ogni famiglia ne ha una pianta. Si dice che purifichi la casa e che porti fortuna alla donna che regolarmente l'annaffia.

Anche in Occidente, specie in Italia e in Grecia, il basilico era in tempi passati una pianta venerata. La leggenda vuole che crescesse sulla tomba di Cristo e che avesse proprietà occulte. Le donne lo mettevano negli armadi per tenere lontane le tarme e, come ancora fanno milioni di indiani, ogni giorno se ne mangiava una foglia per proteggersi contro le malattie. Anche nella tradizione della Chiesa greca ortodossa, il basilico era di buon auspicio. Una traccia della posizione speciale del basilico fra le altre piante sopravvive in alcune lingue europee: sia in francese che in tedesco il basilico è chiamato «l'erba reale».

Da qualche parte si alzò il tuonante rintocco di un gong. Era il segnale di sedersi. Gli uomini con gli uomini, le donne con le donne. Io venni messo accanto al Primario, al centro di un lungo tavolo in legno massiccio. I posti erano indicati non da piatti e posate, ma da foglie di banano e bicchieri di rame. Alcuni vecchi, vestiti solo di un dothi bianco, dignitosissimi e svelti, passarono con secchi lucidissimi in cui affondavano i loro romaioli per servire a ognuno una porzione di riso e lenticchie, di salsa di cocco e mango. Il cibo era vegetariano, da mangiarsi con le mani. L'acqua – mi rassicurò il Primario – era stata filtrata e bollita. In più c'erano state aggiunte delle erbe.

Attorno a me c'erano il passato e il futuro dell'Arya Vaidya Sala: i vecchi medici, pronipoti del fondatore, e i nipoti e pronipoti loro, molti ancora ragazzini, ma che a loro volta sarebbero diventati medici, nella stessa casa, nello stesso ospedale. Una invidiabile continuità.

Vicino alle cucine c'erano due file di tavoli riservati ai commedianti e ai suonatori, anche loro accuditi dai soliti inservienti con i soliti secchi.

Il Primario aveva sentito che ero stato molto insistente nel voler sapere la composizione delle mie medicine. Bene: tramite suo nipote mi avrebbe fatto avere i nomi latini di tutti gli ingredienti. Poi, come rispondesse a una domanda che gli avevo posto solo mentalmente, disse: «Sì, la gelatina è la combinazione di un'erba, la sahadevi, con i solidi disidratati di urina di vacca». Si fermò. Io potei solo sorridere e lui riprese spiegandomi che l'urina di ogni animale ha una sua caratteristica e che quella di vacca faceva esattamente al caso mio. Quanto alla qualità del prodotto non dovevo preoccuparmi. L'Arya Vaidya Sala aveva un suo allevamento di vacche, proprio per la raccolta dello sterco e dell'urina. Recentemente avevano avviato anche un loro erbario perché si erano resi conto che certe piante per loro importanti stavano per scomparire a causa dell'inquinamento e del taglio indiscriminato delle foreste.

P.K. Varrier era cortese, ma a suo modo burbero. Non l'avevo mai visto sorridere e non mi parve il caso di continuare a parlare di piscio, per giunta a tavola. Gli chiesi allora come lui vedeva l'ayurveda e con questo mi sembrò d'averlo messo a suo agio.

Più che una medicina, disse, l'ayurveda è una filosofia di vita perché ha una dimensione etica e perché il suo fine non è tanto quello di aiutare l'uomo a mantenersi in salute, quanto di aiutarlo a raggiungere la sua meta spirituale. Per questo l'ayurveda prescrive una disciplina che è allo stesso tempo fisica e morale. Secondo lui, la sola garanzia di una vita sana sta nella forza interiore del paziente.

Tornando al mio caso, insistette sulla assoluta importanza di «una giusta gestione del cibo, del sonno e del sesso». Dovevo fare tutto questo con grande disciplina e prestando attenzione alla qualità, al luogo, alla compagnia, all'orario e alla condizione mentale con cui mi dedicavo appunto a mangiare, a dormire e al resto.

Sapeva che venivo dal Gurukulam, che ero allievo del Swami – lì considerato con grande rispetto – e pensò di potermi parlare senza tema che lo fraintendessi.

«Qual è il fine della conoscenza», chiese, «se non quello di capire la natura per poterne seguire le regole e vivere meglio? Bisogna capire qual è il posto di noi esseri umani nell'universo, capire in che rapporto stiamo coi vari fenomeni cosmici, così da poterci comportare disciplinatamente, evitare disastri e contribuire al benessere di tutte le creature. Se non conosciamo noi stessi, è inutile conoscere il mondo.»

Non dissi nulla. Volevo solo che continuasse.

«In Oriente questo è stato da sempre il senso della conoscenza. Era così anche da voi, in Occidente. Ma solo fino a Michelangelo. Da allora la vostra scienza ha voluto capire il mondo solo per usarlo a fini esclusivamente materiali e lì vi siete persi. Sì, oggi si fa molta ricerca, ma a che scopo? Per scoprire le ricchezze nascoste nella natura, impossessarsene e trasformarle in merci. Questa è la ragione del progresso assolutamente squilibrato dell'Occidente e la causa del vostro decadimento spirituale.»

Era come non parlasse più a me, ma pensasse ad alta voce.

«È stata la società industriale», riprese, «con l'introduzione della catena di montaggio per produrre, alla svelta, sempre più cose, mettendone assieme le varie parti, a portare la medicina a considerare l'uomo come un agglomerato di pezzi e a non dare più alcuna importanza a quella misteriosa, invisibile forza che sembra entrare nell'organismo al momento della nascita e abbandonarlo in quello della morte. È solo con la rivoluzione industriale che è nata l'assurda pretesa di spiegare l'universo in termini meccanicistici.»

Bravissimo, il mio vecchio P.K. Varrier! Ero d'accordo con ogni sua parola. Ma potevo per questo bere il suo piscio di vacca?

E questo ero io, sempre in mezzo al guado. Da un lato, curioso, affascinato da quel modo di pensare e di vedere le cose; dall'altro con in testa un dubbio che già mi era venuto istintivo col «medico» di Kakinada: che in India le chiacchiere siano più efficaci delle medicine?

I vecchi inservienti continuavano a passare e ripassare, ossequiosi e precisi, a proporre altre romaiolate di cibo dai loro secchi lucidissimi. Il gran tremolare dei lumini a olio fuori dalle finestre, i suoni nel cortile e le zaffate di aromi che venivano dalla fabbrica creavano un'atmosfera d'altri tempi.

Finita la cena, uscimmo tutti assieme nel cortile per assistere allo spettacolo. Volevano farmi sedere in uno dei posti lasciati liberi nella prima fila, ma io preferii ringraziarli, salutarli e, con la scusa di andare a letto, aggirarmi in mezzo alla folla di tutti quelli che stavano in piedi.

Lo spettacolo era cominciato da un po'. Dopo alcune esibizioni di ballerini e cantanti, sul palcoscenico arrivò la troupe del Kathakali. Anche quella doveva la sua esistenza al patriottico fondatore. Dopo aver messo in piedi l'ospedale, P.S. Varrier si era preoccupato di come i suoi impiegati avrebbero passato il loro tempo libero. Per impedire che si dedicassero ad attività «viziose e di cattiva reputazione», come diceva la sua biografia, «e con ciò procurassero una cattiva fama all'Arya Vaidya Sala», pensò di ridare vita al Kathakali, la vecchia forma teatrale del Kerala, combinazione di balletto, opera, pantomima e commedia magica, nata dalle antiche danze con cui nei templi si raccontavano alla gente le storie di dei e di eroi.

Il Kathakali era stato nel Kerala uno dei classici veicoli di trasmissione della cultura popolare, ma era caduto in declino. P.S. Varrier contribuì alla sua rinascita: allevò giovani attori, finanziò scrittori perché ristabilissero i vecchi testi e ne scrivessero di nuovi, e mise assieme una troupe itinerante che coi propri spettacoli visitava ogni angolo della regione. Da quasi un secolo ormai, l'appuntamento annuale più importante della troupe era quello agli inizi di aprile nella spianata dell'ospedale per il festival in onore di Viswambhara, la divinità protettrice dell'ayurveda e della famiglia Varrier.

Sulla sinistra del palcoscenico stavano i tamburisti, capaci con le mani o le bacchette di ricreare il frastuono di una battaglia, lo scorrere di un torrente o il quieto tic-tic di una goccia d'acqua che cade su una foglia. Sulla destra stavano i cantanti. Con l'aiuto di cimbali, di un gong e di un'orchestra d'una ventina di uomini, tutti a torso nudo, allineati dietro, loro raccontavano la storia e pronunciavano le battute dei vari personaggi, perché nel Kathakali gli attori sono muti, al massimo emettono dei suoni gutturali. Gli attori «parlano» coi loro movimenti; comunicano pensieri ed esprimono stati d'animo coi gesti delle mani; «dicono» con le

smorfie e il roteare degli occhi che apparivano molto più grandi
del naturale nelle loro facce dipinte: di verde quelle dei personaggi dell'universo superiore, i deva, i divini (un altro esempio di
quanto dobbiamo al sanscrito!); di colore naturale quelle delle
donne e dei saggi; di rosso e di nero quelle dei personaggi venuti
dal mondo degli inferi, gli asura.

Ampie, coloratissime gonne, fatte ognuna con più di cinquanta
metri di stoffa, aggiungono peso e maestà ai movimenti degli attori, che hanno braccialetti intarsiati di pietre alle braccia e alle
gambe, collane dorate al collo e lunghi ditali alle dita delle mani
per prolungare i loro gesti.

Le storie messe in scena vengono tutte dal *Mahabharata*, dal
Ramayana, dalla *Gita* e dai *Purana*. Capitò che la storia rappre-
sentata quella sera fosse una che conoscevo: Shiva sposa Sita,
ma il padre di lei non è affatto contento di questo matrimonio.
Il genero gli pare un tipo poco rispettabile: un capellone che si
copre il corpo di cenere, che va a giro con un serpente al collo
e una mezza luna in testa. Lui, da suocero, si vergogna d'avere
un parente del genere e il giorno in cui organizza una grande fe-
sta-sacrificio per gli dei, non lo invita. La prima a offendersene è
Sita, sua figlia, e quando il padre rincara la dose con un discorso
in cui davanti a tutti gli invitati parla malissimo di Shiva, lei, non
potendo più sopportare l'onta, si uccide buttandosi nel fuoco sa-
crificale.

Shiva lo viene a sapere e va su tutte le furie. Accorre sul luogo
della festa, mozza la testa al suocero, prende il cadavere di Sita e
con quello in spalla si mette a correre all'impazzata per il mondo,
distruggendo tutto ciò che trova sul suo cammino. Preoccupati,
gli altri dei vanno da Vishnu, il cui compito è appunto quello
di mantenere l'ordine nell'universo, e lo pregano di intervenire.
Vishnu convince Shiva a calmarsi suggerendogli cosa fare col cadavere della sua amata consorte: con l'arma di Vishnu, il chakra,
il micidiale disco che vola e ritorna, Shiva taglia il corpo di Sita
in cinquantuno pezzi. Dove questi cadono sulla terra, là viene costruito un grande tempio.

È così che oggi ci sono in India cinquantuno santuari, ognuno
dedicato a una diversa parte del corpo della bella Sita. Qui uno
dedicato alla sua lingua, là uno dedicato ai suoi piedi. Quello alla
yoni, «l'organo riproduttivo femminile», come lo chiamano le
guide turistiche per stranieri, si trova a Guwahati, la capitale del-

l'Assam. Straordinario: il tempio alla vagina su una roccia in riva all'unico grande fiume maschio dell'India, il Brahmaputra!* Lo visitai assieme all'ultimo discendente dei maharajah a cui teoricamente apparteneva il tempio, il Kamakhya. Era il giorno di un festival e centinaia di fedeli erano venuti a fare le loro puja, portandosi dietro le capre da sacrificare, i bambini e le donne sterili da far benedire. La scena era dantesca: dall'interno del tempio – una bella struttura in pietra del X secolo – si scendeva, giù per una scala scivolosa e buia, fin nelle viscere della terra, verso di lei, la vagina, umida buca tenebrosa. Il suo monte di Venere era coperto da uno straccio rosso su cui la gente buttava acqua, soldi e fiori. L'odore era soffocante, la devozione quasi isterica, le litanie dei pujari dall'aria lubrica, ossessive e potenti.

La storia di Shiva e della sua consorte, che dopo essere stata fatta a pezzi torna a nuova vita come Parvati, figlia dell'Himalaya, e di nuovo diventa sua moglie, è una delle più conosciute in India e gioca un importante ruolo nella psiche collettiva del paese. Da questa storia se ne diramano decine di altre. Una riguarda il suocero decapitato: Vishnu, nel suo tentativo di rimettere un po' d'ordine nel mondo, comanda che gli venga rimessa la testa sulle spalle. L'ordine viene eseguito, ma all'ultimo momento qualcuno, distratto, si sbaglia e al povero padre di Sita riattacca invece che la sua testa quella di un caprone.

L'episodio in cui il suocero si accorge dell'errore era quello rappresentato in quel momento sul palcoscenico dell'ospedale. Una figura minuta d'uomo con la testa animale stava, tutta tremante, inginocchiata davanti a un dio dalla faccia verde e implorava di essere aiutata. La musica e i gesti comunicavano le emozioni, e il pubblico, rapito, pendeva dalle labbra dei due narratori. Seduti per terra, ai piedi del palcoscenico, c'erano file di bambini a bocca aperta; dietro a loro c'erano i notabili, poi tante donne e, giù fino al muro di cinta, la folla di quelli in piedi. Nei riquadri di tutte le finestre si affacciavano decine e decine di altre teste. Nessuno dormiva: medici e pazienti, suonatori e attori, servi e padroni, cuochi, infermieri, guardie, mamme e bambini, tutti assieme, tutti coinvolti nella stessa magica commedia di uomini e dei.

Anch'io ero preso dalla bellezza della rappresentazione e da quel mondo di favola col quale in Occidente abbiamo sempre

---

* Gli altri fiumi come il Gange e lo Yamuna sono considerati femminili.

meno rapporti. Nell'immediato dopoguerra, a Firenze, poco lontano da casa mia, in uno spiazzo che ora è diventato un parcheggio, la domenica si esibivano i saltimbanchi e i forzaioli. Ogni tanto ci piantava le sue tende un mago o un gruppo di teatro itinerante. Quegli spettacoli con le loro emozioni fecero per la prima volta vibrare le mie corde e lasciarono certo segni indelebili nei miei ricordi.

Ma anch'io, quanto ero cambiato strada facendo! Come ero diventato scettico, razionalista! Mi era piaciuto sentirmi vaccinato contro ogni credo, contro ogni superstizione! Ma ora non avevo più nulla. Non la capacità di provare quel che provava quella gente. A loro quei suoni e quelle immagini dicevano tanto. A me, nulla. Quel che loro vedevano e sentivano con gli occhi e gli orecchi interiori, quelli dell'anima, era molto più vero di quel che vedevano e sentivano con gli occhi e gli orecchi della testa. Ma io? Non avevo che quelli.

È una sensazione, questa, che si prova spesso in India. M'era capitato anni fa al Khumba Mela di Allahabad, dove la più grande folla che abbia mai visto di indiani e santoni si era riunita per bagnarsi all'incrocio sacro di tre fiumi: due veri, fatti d'acqua, il Gange e lo Yamuna; il terzo invece immaginario, il Saraswati, il fiume invisibile della sapienza che scorrerebbe sotto terra. Eravamo centinaia di migliaia di persone, su una striscia assolata di sabbia. La differenza era nel come ci eravamo: io ero lì, sotto il sole, e camminavo sulla terra cosparsa di escrementi; gli altri invece, invasati e disattenti a quel che succedeva attorno, erano altrove: aleggiavano in un'anticamera del paradiso.

Forse era così perché ogni cosa, ogni luogo, ogni avvenimento ha un suo significato psichico al di là di quello apparente; perché a ogni immagine esteriore corrisponde un'immagine interiore che evoca in noi una realtà molto più vera e profonda di quella vissuta dai nostri sensi. Questo è certamente il senso dei simboli, dei miti e delle leggende: ci aiutano ad andare al di là, a guardare oltre il visibile. Questo è anche il valore di quel capitale di favole e di racconti che uno mette da parte da bambino e a cui ricorre nei momenti duri della vita, quando cerca una bussola o una consolazione.

Di questi miti eterni, capaci di far strada all'anima, simboli di qualcos'altro, in Occidente ne abbiamo sempre di meno, rimpinzati artificialmente come siamo dei miti moderni dello spettacolo, della moda o dello sport che finiscono là dove cominciano e non hanno in sé alcun segreto.

Eppure, è solo guardando con quegli altri occhi che la realtà della vita quotidiana, la realtà della materia, recede per far posto a quella che non viene percepita dai sensi, ma che non è per questo meno vera: la realtà psichica, la sola in cui avvengono i «miracoli», in cui i chiodi riescono a entrare senza dolore nelle braccia della gente e le spade nelle loro lingue.

Così mi apparve l'ospedale di Kottakal quella notte. Era come se grazie alle storie sulla scena, alla musica, alla danza, alle luci, agli odori, all'essere lì tutti assieme, forse anche grazie alla stanchezza, quella gente fosse riuscita a sollevare dai propri occhi il velo che impedisce di vedere «il resto», fosse riuscita a varcare la soglia di un'altra dimensione e a entrare nel mondo di una diversa realtà.

A me mancava di fare quell'ultimo passo, ma ero felice di essere lì e non riuscivo a staccarmi.

Fui attratto da una strana musica che veniva dal tempio. Due uomini, in piedi in un angolo, accompagnandosi uno con un tamburo, l'altro con un grande piatto di bronzo, avevano intonato una struggente cantilena, e si dondolavano, scuotendo la testa, sollevandosi leggermente sui piedi, al lento ritmo della loro funebre ninna nanna. Erano tutti e due in trance, con gli occhi chiusi e le facce radiose a ogni ripresa del ritornello. Mi sedetti per terra, perso in quella melodia, e pensai a come sarebbe stato facile, lieve, lasciare il proprio corpo a quel ritmo, con quei meravigliosi accompagnatori che continuavano a suonare e a cantare senza interruzione, mantenendo intatto il filo a cui mi pareva di essere aggrappato.

Le donne, entrando nel tempio, si facevano con la mano destra un segno alla testa e al petto come fosse quello della croce (certo: Krishna, Cristo... stessi nomi, stessi gesti). Alcuni ragazzi si inchinavano posando la fronte per terra, davanti al sancta sanctorum nel quale un pujari, salmodiando i suoi mantra, continuava a gettare manciate di petali di rosa ai piedi della statua in marmo bianco di Viswambhara.

Cercai di tornare in camera, ma ogni dettaglio mi tratteneva: un nano che venne a posare due belle lampade a olio di bronzo, più grandi di lui, davanti al dio; l'elefante che a un comando si inginocchiò, a un altro porse la gamba e la coda perché, usandoli come scalini, sei uomini gli potessero montare sul dorso per andare a riportare nel tabernacolo, accompagnati dal tuonare di un'orchestra con più di cento fiati e decine di tamburi, una trapunta d'oro col ritratto del dio, che era stata tutta la notte sul piazzale.

Restai fino a che i primi raggi del sole non fecero lentamente assopire e infine tacere tutto, tranne la ninna nanna funebre che continuò, lontana e struggente, ad aleggiare sulla folla che si disperdeva e sull'elefante cui venivano tolti i bardamenti.

Mi sentivo sempre in mezzo al guado. Sempre un pendolare fra due mondi: uno vecchio, che non vorrei andasse perduto, e uno nuovo di cui mi pare assurdo fare a meno; uno magico, con le sue antiche pozioni, l'altro razionale, con la sua moderna chemioterapia.

Con altri pazienti andai a fare colazione nella mensa che era già aperta. La mia testa era in un gran rimenare. Non mi accorsi nemmeno di mangiare. Poi gli occhi mi caddero su una mosca che insistentemente volava sul mio piatto. Più furba delle altre, rifiutava di andare a incenerirsi contro la lampada azzurra e cercava la sua parte di un mio boccone di semolino con la salsa di cocco. Mi ricordai della Nur e del suo verduraio-coleottero. E se quella mosca fosse stata la mia dottoressa Portafortuna, venuta da New York a vedere come mi facevo curare col piscio di vacca invece che coi suoi liquidi fosforescenti?

Pensavo spesso a lei: dritta, forte, precisa, calorosa. Tutti, tutti i giorni della settimana in quell'ospedale, con gli stessi malati, gli stessi problemi, in quei cubicoli di uffici con l'aria condizionata e la luce al neon, il telefono che squilla, il computer, le lettere, le riunioni: un giorno dopo l'altro, un anno dopo l'altro, come se il tempo fosse fermo, mentre io, con tutti i miei malanni, ero di nuovo – grazie a lei – sul cavallo bianco di una giostra.

Chi di noi due era più «malato»?

Il nipote medico mi trovò lì che parlavo con la mosca. Era venuto a darmi i nomi latini delle erbe che componevano le mie due pozioni. La sahadevi della gelatina era la Vernonia cinerea. Nell'altra pozione, chiamata... *nimbamrithadipanchathikthan*, c'erano cinque erbe: Azadirachta indica, Tinospora cordifolia, Adathoda beddomei, Trichosanthes lobata, Solanum surattense.

Le medicine erano pronte. Passai dalla fabbrica e pagai il conto: in totale 610 rupie, circa dodici euro.

Partii da Kottakal a metà mattina con un taxi. Sul sedile posteriore di un'altra vecchia Ambassador, accanto a me, troneggiava una grossa scatola di cartone con dentro, ben impacchettati e protetti l'uno dall'altro con dei giornali, nove bottiglioni di quella specialissima medicina fatta su misura per me. La mia testa si chiedeva se l'avrei mai presa, ma dentro di me sapevo già che non l'avrei fatto. E non tanto a causa di quell'odore di cui ora sapevo con certezza l'origine, ma perché sostanzialmente non ci « credevo ». Perché quell'elefante, che ancora dondolava pateticamente la sua testa in un angolo del cortile, mi affascinava, mi attirava, ma per me – purtroppo, forse – sarebbe sempre stato un elefante e mai un dio.

UN MIRACOLO TUTTO PER ME

IL CANCELLO dell'ashram si richiuse dietro il taxi che mi riporta-va «a casa», e il mondo coi suoi rumori, problemi, desideri e gioie – tutta l'esteriorità di cui parlava il Swami – rimase fuori. Misi la scatola di cartone al fresco sotto la brandina di ferro e tor-nai a quel regolato, sereno ritmo di vita che mi piaceva così tanto: le lezioni, i pasti, le puja, gli inni del Gurukulam, e il gracidare, il frinire, il cinguettare, il pigolare della natura attorno.

A volte mi chiedevo come avrei fatto a lasciare quella bolla di pace e a vivere di nuovo in una famiglia che non fosse quella del guru, ma il problema alla fine non si pose. In qualche modo, forse semplicemente perché sapevo che quel momento doveva venire, quando venne ero più che preparato. Immagino che sia così anche col morire: il corpo si indebolisce, la mente comincia a pensare diversamente e quando è l'ora tutto appare più accettabile e meno drammatico di come era parso prima.

> *Come un uomo butta via un vecchio abito*
> *Per indossarne uno tutto nuovo,*
> *Così colui che sta in un corpo consumato*
> *Lo lascia per uno che non è mai stato usato*

dice Krishna, il dio, al giovane Arjuna nella *Gita* per spiegargli la morte. E a proposito di quel «colui», il jiva, che abita nel corpo, ma non è da confondere col corpo, aggiunge:

> *E quello, non c'è arma che lo tagli,*
> *Non c'è fuoco che lo bruci,*
> *Non acqua che lo bagni,*
> *Non vento che lo asciughi.*
> *... Impensabile, immutabile, non manifesto*
> *È il Sé, e Tu, sapendoti tale, non hai*
> *Ragione di soffrire.*

Su un verso, a volte su una sola parola, il Swami parlava per ore. Dopo aver presentato il Vedanta attraverso le *Upanishad*, la seconda parte del corso fu soprattutto sulla *Gita* che, venendo anche cronologicamente dopo, è il compendio, appunto in forma di dialogo fra Krishna e Arjuna, dell'intera visione vedantica.

Il semplice suono del sanscrito in alcuni passaggi mi dava una gran gioia. A volte, recitandoli in coro prima della lezione, avevo quasi l'impressione di levitare, come m'era successo solo fumando oppio a Phnom Penh o respirando storia dalla cima di un tempio in posti come Angkor o Pagan. La visione dell'universo che quei versi comunicavano mi era congeniale. E gli uomini? I grandi e i piccoli, i vigliacchi e gli eroi, tutti indistintamente presi dallo stesso destino:

> *Come miriadi di falene si buttano nel fuoco*
> *Solo per perire,*
> *Così l'umanità si getta nella bocca fiammeggiante*
> *Del tempo che lascia desolato il mondo...*

E questo non perché gli uomini sono marcati da un peccato, non perché un dio che sta altrove li condanna, ma perché:

> *Di tutto ciò che nasce, certa è la morte,*
> *Di tutto ciò che muore, certa è la nascita.*
> *Questo è inevitabile, e tu non hai ragione di soffrire.*

Il dio della *Gita* non ha un suo popolo eletto, non condanna nessuno per l'eternità, non riserva ad alcuni quello che nega ad altri. E un dio come quello mi piaceva: un dio che è tutto e ovunque, un dio che non ha bisogno di intermediari, uno che non manda sulla terra un suo rappresentante, figlio o profeta, sempre pronto a dire agli uomini: «Lui mi ha detto di dirvi». Un dio che ognuno può vedere a suo modo: in un semplice sasso o in una delle più alte e belle montagne dell'Himalaya, come il Kailash. Mi pareva una visione da uomini liberi, nata da una ricerca pura, cioè fatta senza interessi di razza, di classe, in nome di tutta l'umanità.

Nella visione della *Gita* mi piaceva che, diversamente dal buddhismo, ad esempio, il mondo dei sensi non fosse visto come maya, illusione, o come un ostacolo alla vera Conoscenza. Il Vedanta non nega il mondo. Nega solo che abbia un'esistenza indipendente. Ma è appunto partendo dalla propria percezione del mondo che ognuno può scoprire ciò da cui il mondo dipende. Una volta fatto quel passo, il mondo è superato, non serve più

– in questo senso è «illusione» –, così come non serve il diciottesimo elefante di una classica storia usata, appunto, per spiegare il significato di maya.

Un uomo muore lasciando in eredità ai suoi tre figli diciassette elefanti. Nel testamento ha scritto che la metà deve andare al figlio maggiore, un terzo al secondo e un nono al terzo. I figli non sanno come fare la divisione, pensano di dover tagliare in due un elefante e finiscono per litigare. «Nostro padre era un pazzo, non avrebbe dovuto lasciarci con un tale dilemma», dicono. In quel momento passa dal loro villaggio, sul dorso del suo elefante e diretto alla capitale, un ministro del re. Sente del loro problema e dice: «Non preoccupatevi. Prendete il mio elefante, aggiungetelo ai vostri diciassette e fate la divisione».

I tre non capiscono come il ministro possa essere così generoso, ma fanno come ha detto. Gli elefanti sono ora diciotto: il primo figlio ne prende la metà, cioè nove; il secondo ne prende un terzo, cioè sei; il terzo ne prende un nono, cioè due. La somma fa diciassette. I tre fratelli sono felici e ringraziano il ministro. Quello riprende l'elefante che resta, il suo, il diciottesimo, e si rimette in cammino verso la capitale.

Così è il mondo: non una illusione, ma qualcosa che ci aiuta a fare i nostri conti e a riconoscere che l'intero universo è sostenuto dalla Coscienza, da quella Realtà o Totalità, dal Sé, di cui tutto è parte. Per cui tutto – inferno, paradiso, felicità, tristezza, gioia, il mondo stesso – tutto è in noi.

Soprattutto mi piaceva che nella visione vedantica non ci fosse il concetto del peccato – tanto meno di uno originale – per cui non esistono i peccatori. I desideri? Non sono riprovevoli, sono parte della vita. Krishna, nella *Gita*, fra le tante belle definizioni che dà di sé* dice appunto: «Io sono il desiderio nel cuore degli uomini». Bisogna però essere coscienti che i desideri ci legano al samsara, al mondo del divenire, e che solo tagliando quei fili si può essere davvero liberi.

Il Vedanta è moderno perché, in quanto conoscenza, non è mai

* Ad esempio: «Io sono il sapore nell'acqua, la luce nel sole e nella luna, sono la parola 'OM' nei Veda, sono il suono nell'etere, la virilità negli uomini. Io sono la fragranza nella terra e ciò che splende nel fuoco. Sono la vita in tutti gli esseri e l'austerità negli ascetici... Sono il seme di ogni essere, l'intelletto negli intelligenti, l'eroismo negli eroi. Sono la forza nei forti».

in contraddizione con la scienza. La considera anzi come sacra, perché essendo tutto dio, non c'è distinzione fra sacro e profano. «Quello che gli scienziati fanno è guardare nella mente di Ishwara», diceva il Swami, che non era in alcun modo dogmatico o fideista.

Quando mi invitò di nuovo a cena per chiedermi come era andata a Kottakal, non si meravigliò che avessi i miei dubbi sulla efficacia del piscio di vacca e volle continuare ad aiutarmi. Disse che presto sarebbe venuto all'ashram un giovane medico, anche lui ayurvedico, di cui gli avevano detto un gran bene. Lui voleva consultarlo per il suo diabete e lo avrebbe fatto conoscere anche a me.

Il fatto che il Swami, pur vestito come un santone di duemila anni fa, avesse una mente estremamente razionale e moderna, mi piaceva, ma col passar del tempo proprio questo mi lasciò qualcosa da desiderare. Tutto per lui era una questione di logica. Non vedeva il valore dell'intuito, non dava molto spazio al cuore, e un giorno mi colpì che, in tutte le settimane in cui ero stato ad ascoltarlo, non avevo mai sentito la parola «amore» uscire dalle sue labbra. Ero d'accordo che c'è una Realtà che gli occhi non vedono, che gli orecchi non sentono, che la lingua non assapora, che le mani non toccano e il naso non fiuta. Ma alla fine quella Realtà, come la descriveva lui, mi appariva profondamente fredda. Una realtà tutta di parole. Parole sanscrite tradotte in inglese, ma sempre solo parole. Lui stesso aveva detto più volte che «la salvezza non viene dalle parole». Bisognava fare l'esperienza del significato delle parole, e io non avevo affatto l'impressione di farla. Ascoltavo le parole, ma non le «sentivo». Godevo della poesia dei testi, ma non mi pareva m'aprissero un terzo occhio.

In qualche modo ero entrato in crisi. Ne ebbi la sensazione – come fosse un avvertimento – una sera, sedendomi nel piccolo patio davanti alla mia stanza, dopo che si erano spente tutte le luci. Era una sera estiva, come quelle dell'infanzia a Orsigna, con le voci lontane di ragazze che ridevano, le stelle brillanti nel cielo senza luna e, ogni tanto, i fari di un camion che correva nel buio, diretto a Coonoor, la vecchia stazione climatica degli inglesi nelle Nilgiri Hills. Le montagne erano avvolte da un magico alone di luce blu. Lungo i costoni qualche fuoco divorava la poca macchia che ancora restava. Mi mancava il mondo. Dopo settimane e settimane, l'isolamento dell'ashram mi pareva forzato. Sentivo la mia concentrazione venire meno e crescermi dentro la voglia di sgattaiolare via, di andare a scoprire di che ridevano le ragazze, di andare a vedere se quei fuochi non erano magari quelli di un rito tribale.

Alla fine dei conti, pur con tutta la mia curiosità, la mia simpatia per l'«altro», io ero e restavo europeo. Sentivo crescere la bella e interessante contraddizione di fondo fra il nostro modo di essere al mondo e quello degli indiani: per noi il valore supremo della vita è la vita; per loro è la non-vita. Moksha, la liberazione dal rinascere, è la grande aspirazione di questa civiltà. Da shisha mi veniva proposta come aspirazione questa negazione della vita, mentre a me la vita così com'è continuava a piacere. Ci vedevo ancora tanta gioia. Capivo che alla gioia corrisponde la sofferenza, capivo il valore della battaglia contro i desideri. Mi piaceva il distacco, ma non l'indifferenza.

Ero convinto che, specie alla mia età, il miglior modo di godere un fiume è di stare fuori dalla corrente, ma dovevo almeno potermi sedere sulla riva, guardare l'acqua, sentirla scorrere. E tutto questo mi pareva lontanissimo dall'ashram.

Un giorno, durante il pranzo, uno degli shisha più anziani, il cardiochirurgo di Hyderabad, venne a sedersi accanto a me.

«Anam-ji, che ne sai delle piramidi?»

«Le piramidi?» La mia sorpresa lo incoraggiò. Quasi dimenticandosi di mangiare, mi spiegò che le piramidi – non solo quelle egizie, ma tutte le piramidi, piccole o grandi che siano, in pietra o in altro materiale, in qualsiasi parte del mondo – hanno una loro misteriosa forza che è ancora tutta da capire. Lui, ad esempio, si rasava da mesi con la stessa lametta che non perdeva mai il filo perché dopo averla usata la metteva sotto una piccola piramide di ferro. Aveva poi una piramide di plastica che si metteva in testa come un cappello quando meditava, e una speciale mascherina per gli occhi – tipo quelle che danno in aereo – fatta a piramide per dormire meglio.

Mi disse che a una quarantina di chilometri dall'ashram c'era una piramide «molto potente», costruita alcuni anni fa. Avremmo potuto andare a visitarla e dividere il costo del taxi. A lui, medico, interessavano soprattutto le forze curative della piramide.

Le forze curative? Quelle interessavano anche a me! Mi ricordai che Mangiafuoco mi aveva accennato a qualcosa del genere: era entrato in crisi con la medicina classica quando in Perù e in Colombia aveva visto le Facoltà di Agraria fare studi sui poteri delle piramidi nella lotta contro certi parassiti delle piante. Gli era parso uno scherzo, e invece funzionava: non era inquinante e costava molto meno dei fitofarmaci.

Dissi al cardiochirurgo che contasse su di me per quella spedizione. E lui, soddisfatto d'aver trovato un seguace aspirante piramidologo, tirò fuori dal sacchetto che teneva a tracolla un libro che dovevo assolutamente leggere per prepararmi alla visita. Il libro era a forma di piramide.

Passarono alcuni giorni. Una sera, a satsang, il Swami annunciò che l'indomani non ci sarebbero state lezioni. Doveva andare a Bombay a tenere una conferenza a un gruppo di industriali che contribuivano al nostro mantenimento. Il tema era: « Come evitare lo stress nella vita moderna ». Cogliemmo l'occasione per partire. Sapevo che qualunque cosa avesse a che fare coi « poteri » interessava moltissimo a Sundarajan e lo invitai a venire con noi. Così, in tre, di nuovo a bordo di una vecchia Ambassador che per me, col suo sedile posteriore alto e ricoperto di tela bianca, resta il simbolo del viaggiare di lusso in India, facemmo rotta verso la piramide.

Ma anche lei era... indiana! Miserina, sotto alcune palme che le erano state messe attorno per darle un'aria un po' più egizia, fatta di semplici sassi, al margine di una scuola privata dal nome inglese, Perks, la piramide si distingueva per due grossi tubi avvolti di luccicanti fogli di alluminio che, spuntando proprio sotto la punta, distruggevano tutto il suo naturale equilibrio e la sua struttura misticheggiante.

« Sono i tubi dell'aria condizionata che abbiamo dovuto installare in occasione della visita di Master Choa Kok Sui », disse l'uomo che ci ricevette.

« Chi? »

« Master Choa Kok Sui, il fondatore della pranoterapia. Un grande guaritore. Ha inventato un sistema curativo di enorme successo. Sta a Manila, nelle Filippine. »

Guaritore? Presi nota.

Il potere della piramide – ci spiegò la guida – stava nella sua capacità di raccogliere e conservare i « raggi cosmici ». Questi raggi rendevano possibile, all'interno della piramide, una serie di cose altrimenti inimmaginabili: dall'automatico affilarsi delle lamette, alla conservazione del cibo per lunghi periodi di tempo, alla perfetta concentrazione nella meditazione.

Venendo tutti e tre dall'ashram dove la meditazione era parte della nostra routine, volemmo subito mettere alla prova questa particolare qualità della piramide. I risultati non furono folgoranti. L'aria condizionata, installata per il famoso maestro pranoterapeuta passato di lì poche settimane prima, era già guasta e sul ripiano di legno, collocato esattamente al centro della piramide, sotto il vertice, faceva un caldo soffocante. I raggi cosmici, che secondo la letteratura piramidologica avevano avuto un grande effetto su tantissimi personaggi, a cominciare da Napoleone, se c'erano non ne ebbero alcuno su di me. Fui il primo ad alzarmi e ad andarmene.

Il costruttore della piramide, direttore della scuola e autore del libro a piramide che il cardiochirurgo mi aveva fatto leggere, ci aspettava, come fanno le persone importanti, nel suo ufficio, dietro la scrivania, intento a firmare delle carte. Sulla parete di fondo spiccava a lettere cubitali lo slogan della scuola: «Sono orgoglioso di studiare qui. Quel che questa scuola non può darmi me lo darà l'India. Quel che l'India non potrà darmi me lo darà il mondo».

«Fondata dagli inglesi?» chiesi per cominciare la conversazione.

Niente affatto, la scuola l'aveva fondata lui trent'anni prima, su un terreno della sua famiglia. Quanto al nome, Perks, erano le iniziali dei suoi cinque figli in ordine di nascita.

Anni settantatré, portati bene «grazie ai poteri della piramide», disse, Rama Ranganathan aveva lavorato nell'industria tessile. Durante un viaggio in Europa, la sua nave si era fermata per alcune ore a Porto Said, e lui era corso a vedere le piramidi. Da allora erano la sua passione. Ne aveva letto, ne aveva scritto, e nel 1992, per ricordare un avvenimento eccezionale, si era costruito una piramide sua. L'avvenimento eccezionale era stato una siccità durata sette anni, a cui lui aveva messo fine con un'apposita puja: per tre giorni e tre notti, ininterrottamente, centinaia di persone venute da tutta la regione avevano recitato i magici mantra che invocano la pioggia e alla fine del terzo giorno quella era arrivata a grandi scrosci. Nel punto esatto in cui era stata celebrata la puja, «il luogo più sacro della scuola», era sorta la piramide. Nelle fondamenta erano stati cementati, in appositi sacchetti di plastica perché si conservassero meglio, migliaia di foglietti di carta sui quali la parola Ram – «il nome del Signore», spiegò – era stata scritta un milione e duecentomila volte. «Io sono solo l'autista e lui, lui», disse alzando il dito verso il cielo a indicare Iddio, «mi dice dove portare la macchina. Dopotutto lui è il padrone di tutto.»

Il direttore era anche un esperto di vastu, la versione indiana del feng shui, l'arte cinese di orientare un edificio o arredare una stanza in armonia con le forze della natura e con ciò di renderne più propizio l'uso.

Era certo riuscito a rendere propizia e redditizia quella sua costruzione. Col passare degli anni la piramide era diventata una attrazione turistica, la fama della scuola era cresciuta – gli studenti da poche decine erano passati a più di duemila – e nel negozio-museo, che sembrava ormai essere più visitato della piramide stessa, erano in vendita vari tipi di piramidi «per uso personale». Quella che interessava particolarmente il mio compagno cardiochirurgo era di legno, smontabile in quattro pezzi. Era fatta per dormirci dentro... e con questo «curarsi di varie malattie», come disse il direttore.

Non pensai che potesse aiutarmi con la mia, ma il cardiochirurgo insistette. Quali malattie esattamente?

«Mio cognato, ad esempio, era già in lista per un by-pass», disse il direttore, «ma ha voluto provare la piramide. Si è sentito subito meglio e ora non vuole più farsi operare.» Per un attimo pensai fosse tutta una messa in scena: un cardiochirurgo visita la piramide e, guarda caso, gli raccontano della guarigione miracolosa di un cardiopatico.

«E dove sta questo cognato?» chiesi, con un tocco della vecchia arroganza di giornalista che crede d'avere il diritto di sapere.

Il cognato stava a un paio di chilometri da lì e come se davvero la messa in scena continuasse – ma era impossibile, tutto era successo per caso! – lo trovammo a leggere, disteso su un lettino, all'interno di una piramide che aveva piantato davanti al portico di casa sua. Una facciata era costruita in modo da poter essere tirata su e giù e fare da porta.

L'uomo, sui sessantacinque anni, non aveva affatto l'aria di star male. Raccontò la sua esperienza al cardiochirurgo, rispose a tante domande e alla fine, dicendosi «miracolato» dal potere della piramide, aggiunse che non si sarebbe mai messo in mano ai chirurghi. Per giunta aveva appena letto di uno studio americano secondo cui i pazienti operati di cuore dicevano di non saper più amare e di non sentire più l'amore degli altri. In altre parole, il by-pass avrebbe delle conseguenze negative sulla parte del cervello che registra quei sentimenti e lui voleva morire conservando la sua capacità di amare.

Potevo contraddirlo? Specie dopo che, affacciato alla porta-parete della sua piramide dove ormai passava giorno e notte, citò per salutarci una frase di qualcuno che si addiceva a tutti noi: «La misura dell'uomo non sta nella sua morte, ma nella sua vita».

Tornando verso l'ashram, Sundarajan e il cardiochirurgo non fecero che parlare e commentare la visita. Tutti e due erano entusiasti. Sundarajan, col suo grosso tondo di polverina rosso sangue e le tre strisciate di cipria di sandalo* in mezzo alla fronte, sgranava gli occhi, già enormi, per sottolineare il suo stupore. Era convinto del potere della piramide. Già conosceva bene quello dei mandddrram, come insisteva a chiamarli, e portò ad esempio la formula magica da recitare per far continuare a vivere per un po' un moribondo o quella da intonare nel corso di un matrimonio per far sì che il primo figlio della coppia sia maschio. Il cardiochirurgo obbiettava solo che l'efficacia dei mantra dipende molto da chi li usa. «Come gli antibiotici», disse, «non possono essere prescritti a tutti. E poi, servono solo in certi casi.»

Io ascoltavo e guardavo, fuori dal finestrino, il solito disperante scorrere dell'India. Pensavo a come, pur con tutto il potere dei mantra e delle... piramidi, questo è ancora un paese con una delle più alte mortalità infantili del mondo, con un'alta incidenza di tubercolosi, un paese in cui ogni anno, nonostante il potere delle puja di far cadere la pioggia o di fermarla, migliaia di persone muoiono a causa della siccità o delle alluvioni. Forse è proprio per questo che c'è bisogno dei mantra, delle puja e di tutta la poesia dei loro «poteri». O è vero il contrario? Che tutto è così disperante a causa dei mantra e delle puja?

Nel museo-negozio del direttore ci eravamo comprati ognuno la sua piramidina. La mia di plastica celeste, dopo che provai un paio di volte a mettermela sulla testa per meditare, finì sotto la brandina di ferro assieme alla scatola di cartone con le bottiglie della medicina di Kottakal.

Sempre più spesso saltavo la meditazione di gruppo per stare a guardare la natura che avevo attorno e a volte per dipingerla con modestissimi acquerelli che avevo trovato in una cartoleria

---

* Altri usano la cenere del fuoco fatto con lo sterco di vacca; altri ancora la cenere della cremazione dei cadaveri, considerata un'espressione di Ishwara.

di Coimbatore. Ho dipinto da quando ero bambino. Non sono mai stato bravo, ma il cercare di riprodurre sulla carta non tanto quel che vedevo, quanto l'atmosfera in cui mi sentivo è continuato a piacermi.

Una sera al tramonto ero sul «mio» poggio a dipingere i covoni di fieno sparsi nella pianura sotto. Credevo di essere solo. Ma mi si avvicinò una donna. Era una del corso. L'avevo notata, sempre in disparte, solitaria, magrissima, con un'aria elegante e sofferente.

«Ti dispiace se sto a guardare?» E presto sdipanammo una interessante matassa di coincidenze e di interessi comuni. Aveva sentito che ero stato a Kottakal e aveva immaginato che avessi problemi di salute. Anche lei ne aveva. Dieci anni prima le era stata diagnosticata una incurabile malattia degenerativa. La medicina occidentale l'aveva ridotta in fin di vita ancor prima della malattia stessa. Qualcuno le aveva parlato di un piccolissimo centro di naturopatia tenuto da una coppia in un paesino sperduto nello Stato dell'Andhra Pradesh e con le sue ultime forze c'era andata. Era il posto più primitivo e povero che avesse mai visto, ma quella coppia l'aveva aiutata a sopravvivere e lei c'era rimasta. Aveva chiuso con la vita e la famiglia a Delhi – benestante, era evidente –, si era stabilita in quel centro e cercava di aiutare altri con la naturopatia che era convinta fosse il miglior sistema di medicina al mondo.

La fase più importante nel trattamento – mi spiegò – è l'analisi dell'ammalato. Si tratta di parlarci a lungo, a volte per ore di seguito, per poter stabilire come applicare la sola vera terapia naturale: il digiuno.

«Il digiuno cura», disse, «ma è necessario stabilire bene quanto deve durare, quanta acqua va bevuta e con che cosa; ad esempio con miele o limone. Mai con succhi di frutta. Il digiuno costringe il corpo a consumare tutto quel che non è necessario, crescite, cose in più, cose maligne, riserve invecchiate, e mai cose utili. Il digiuno non toglie energia al corpo, anzi, gli fa risparmiare quella che altrimenti dovrebbe usare per digerire il cibo. Durante i periodi di digiuno deve esserci completa concentrazione. Non si deve né leggere, né scrivere. Soltanto meditare.»

Fondamentale, mi spiegò, è aver cura non solo del corpo del paziente, ma anche del suo stato psichico e in particolare del suo sviluppo spirituale. «Alla fine dei conti si tratta di credere in Dio. Tutte le malattie sono curabili, ma non tutti i pazienti», disse.

Le raccontai di Kottakal e le chiesi cosa avrebbe fatto lei con le medicine che tenevo sotto il letto.

«Prendile solo se hai fede che ti curino.»

Ero al punto di prima. E se poi non mi facevano nulla, o magari anche male, la colpa non sarebbe stata del piscio di vacca, ma mia che non avevo fede! Conoscevo il ragionamento.

Mi invitò ad andarla a trovare nel suo villaggio nell'Andhra Pradesh. Se poi quello era per me troppo lontano, potevo farmi un'idea della naturopatia in un centro, diventato famoso, disse, vicino a Bangalore.

Presi l'indirizzo.

Lentamente il mondo dell'ashram, che mi era sembrato così unico e particolare, cominciò ad apparirmi, nel fondo, non molto diverso dal mondo fuori. La gente, all'inizio interessata alla solitudine e tutta presa dal tema per cui eravamo lì, col tempo tendeva sempre più a socializzare, ad aggregarsi, a farsi reciprocamente compagnia. Uno della «brigata pensionati» che aveva saputo della nostra escursione alla piramide si era risentito perché non lo avevamo invitato, e avendo notato che per una settimana avevo mantenuto il silenzio, voleva portarmi, finito il corso, dal suo Muni Baba, un vecchio sadhu che non parlava da più di vent'anni.

L'ashram stesso era una società e dopo un po' ci vidi le stesse dinamiche della società fuori: un gruppo di donne si contendeva, pur gentilmente, il diritto di servire i swami in visita; altri facevano a gara per fare all'ora del satsang le domande più intelligenti.

Chi pensa che entrando in un ashram sfugge alle trappole della vita si sbaglia. Certo, lì non ti raggiungono le tasse, la bolletta del telefono, l'invito a cena di qualcuno che non hai voglia di vedere, ma anche lì impercettibilmente si creano obblighi e tensioni. Ti senti in dovere di essere presente alla puja o lotti per un posto il più vicino possibile ai piedi del Swami. Anche l'ashram poteva, a suo modo, diventare una trappola. Era un rifugio che offriva protezione e garanzia, ma con questo, come tutte le protezioni e garanzie, limitava anche la libertà.

Ci avevo imparato molto, tante nuove idee mi erano entrate in testa. Mi sentivo membro del Gurukulam, ma la vita dell'ashram, dei testi sacri da imparare e da passare ad altri non era per me. Al

Swami dovevo molto, ma non ero fatto per diventare un suo « seguace ».

Una mattina, facendo la doccia col bel semplice sistema di stare accucciato per terra davanti a un rubinetto basso e rovesciarsi in testa secchiate d'acqua fredda, sentii che cominciavo ad avere addosso l'odore di monaco, l'odore della castità, del cibo insipido, della vita ineccepibile. E mi preoccupai.

Poco dopo, in un momento di rabbia eretica, senza pensarci troppo sterminai tutta una schiera di formiche che si erano avventurate nella mia stanza e avevano attaccato la mia preziosa scatola di datteri. A colazione poi, invece di mangiare i tre grossi gnocchi di semolino che il brahmacharya di turno mi aveva buttato nella ciotola, li aggiunsi ai tre nel piatto del mio vicino che era andato a prendersi un bicchiere di latte. Era uno dei pensionati più silenziosi e perbene, e quando tornò era tutto confuso. Non capiva quel miracoloso moltiplicarsi del suo cibo, si guardava attorno, guardava me, che, fiero della mia birichinata, facevo finta di nulla. E alla fine mangiò tutto.

Un giorno, sul cemento ai piedi della scalinata che portava all'auditorio era stato tracciato un bel rangoli, una decorazione disegnata con la farina di riso così che le formiche venissero poi a cancellarla, mangiandosela. Era un disegno geometrico in cui tutto era in numero di otto: otto lati, otto angoli, otto linee interne che formavano otto triangoli, otto punti... e al centro, come fosse il sole attorno al quale rotea l'universo, o il nucleo dell'atomo coi suoi neutroni, un tondo bianco.

Era il giorno dedicato alle celebrazioni di Shankaracharia, il grande commentatore dei Veda dell'VIII secolo. Non ci sarebbero state lezioni, ma varie puja. Per me fu l'occasione di lasciare l'ashram e andare a respirare l'aria di fuori. Andai verso Coonoor, la vecchia stazione climatica dove gli inglesi si rifugiavano per evitare il caldo della pianura.

Il viaggio fu spaventoso. La strada era come una camera a gas. Camion carichi di benzina e autobus carichi di gente, inerpicandosi su per la montagna, sbuffavano soffocanti nuvole di fumi cancerogeni. Avevo sentito parlare di Coonoor come di un posto fra i più belli e tranquilli dell'India, ma quando finalmente ci arrivai credetti di aver sbagliato indirizzo. Era appena piovuto e la cittadina era tutta un pantano, invasa da gente fradicia e malandata. Avevo letto dell'YWCA, un ostello per giovani donne cristiane, come di un albergo all'antica. Era sì una vecchia costruzione dell'Ottocento, ma cadente e ammuffita, con le pareti colorate di quell'azzurro che dovrebbe coprire e disinfettare ogni magagna. Dai soffitti pendevano delle lampadine nude. Il pavimento era, qua e là, coperto da vecchi e umidi tappetucci. In un angolo c'era un pianoforte. Nell'altro un caminetto spento. A un tavolo erano seduti tre giovani viaggiatori stranieri che non risposero al mio « Namaste ».

Con la vecchia lena di chi crede d'aver ancora qualcosa da scoprire, scesi al bazar e Coonoor mi si presentò col solito disperante squallore. Nelle solite cloache a cielo aperto vidi nel giro di pochi minuti defecare un bambino, bere un cane, beccare un corvo, e una capra brucare dei rari fili d'erba. Il fondo della bolgia era il fiumiciattolo che scorreva sotto il ponte nel centro della cittadina, là dove le varie strade si incontrano davanti alla fermata degli autobus. Un rigagnolo d'acqua putrida e fetida passava fra cumuli di spazzatura che parevano vivi tanto brulicavano di ratti, cani, corvi, con vacche e bufali che pacificamente ci pascolavano sopra. Una banda di scimmie, magre e spelacchiate, coi loro piccoli attaccati sotto la pancia, aspettava sulla balaustra del ponte di poter traversare la strada fra il continuo scorrere dei camion. Sul marciapiede, un lebbroso con le mani coperte di piaghe rosa riparava ciabatte seduto su uno straccio di iuta.

La specialità del bazar erano gli oli. Nelle vetrine di decine di negozietti c'erano, allineate e polverose, le boccettine con l'olio di eucalipto, di citronella, di mandorla, di sandalo, di garofano: ognuno reclamizzato per le sue qualità contro questo o quel dolore.

L'ashram, col suo ordine braminico, la sua gente pulita, vestita di bianco e intenta a pensare al Sé, era lontanissimo e mi chiedevo a che cosa servissero alla fine dei conti tutte quelle belle idee, quando la società prodotta da quelle idee era così squallida. Il miglior modo di valutare una causa è guardare i suoi effetti. Allora: colpa dei Veda? O colpa del regime coloniale che ha distrutto i Veda e mortificato e inquinato la mente indiana? Mi pareva d'essere sempre più confuso, senza una di quelle belle, chiare idee che avevo quand'ero giovane ed ero convinto non solo di capire i problemi, ma anche d'avere le soluzioni.

Cenai in una bettola sporca, tenuta da un musulmano. Allo stesso tavolo c'erano giovani indiani che, bevendo chai, il tè

420

con tantissimo zucchero e latte, imparavano a usare la grande novità del momento, un telefono cellulare.

Dormii, con un gran mal di pancia, in un letto largo e squinternato, con la luce della camera accanto che illuminava la mia attraverso il lucernario di una porta in comune. L'unico modo di spegnere quella luce era un interruttore nel corridoio che però spegneva tutte le luci del piano.

Feci colazione davanti al pianoforte, col marito della donna che gestiva l'ostello venuto a farmi compagnia. Era laureato in letteratura tamil, ma si era riciclato in «dottore olistico», come lui stesso si presentò. Quello della salute è oggi uno dei mercati in maggiore espansione nel mondo e lui di quella torta, attorno alla quale si accalcano tantissimi farabutti e imbroglioni, cercava di ritagliarsi la sua fettina. Si occupava di yoga, siddha,* numerologia, magnetismo e una serie di altre diavolerie.

Per darmi una dimostrazione delle sue capacità, tirò fuori tutto un armamentario di aggeggi in plastica per curare il mal di schiena, l'attrezzatura per l'agopressione e una maschera a batterie per massaggiare gli occhi e ristabilire la vista. A Madras c'era stata una fiera di «medicina alternativa» e lui aveva fatto incetta di novità. Aveva già raccolto una serie di attestati di gente che si diceva guarita di questo e quello. La lista delle malattie che lui pretendeva di curare era impressionante. Stava per comprare un terreno su cui costruire un centro olistico della salute. I bungalow per i pazienti sarebbero stati a forma di piramide che, aggiunse, «ha di per sé un grande potere curativo». Aveva sentito parlare molto di una piramide con queste caratteristiche nella Scuola Perks, fuori Coimbatore, e contava di andarci presto per informarsene meglio.

Avrei potuto ridergli in faccia o saltargli al collo, specie quando mi chiese di aiutarlo mandandogli dei pazienti stranieri. Ma finii per non fare né questo né quello.

Avevo visto fuori dalla porta un giovane in pessimo arnese, dall'aria giapponese, e preferii parlare con lui. Lo invitai a mangiare. Non m'ero sbagliato: veniva da Tokyo, aveva trent'anni. Era inorridito dal modo di vivere dei suoi connazionali, «che lavorano tutta la vita per poi morire», e aveva deciso «di morire pri-

* Antico sistema di medicina del Tamil Nadu, simile all'ayurveda, ma – alcuni sostengono – influenzato da pratiche alchemiche cinesi.

ma di lavorare ». Per questo era venuto in India. Non aveva soldi, diceva di dormire nelle stazioni, nelle chiese e nei templi. Era sporco e malaticcio, e non sembrava molto lontano dalla sua meta.

Tornai all'ashram, bagnato come un pulcino. Erano cominciate le improvvise piogge torrenziali del monsone ed ero stato sorpreso da una di quelle. Ne approfittai per fare il bucato, cambiare i lenzuoli, dare il cencio in terra alla mia stanza prima di ripartire, rinfrescato, per la vita dell'ashram.

Le zaffate velenose dei camion o l'inquinamento di Coonoor avevano scatenato di nuovo la mia vecchia allergia: avevo una narice chiusa, gli occhi mi lacrimavano e spesso dovevo starnutire. Fu una ragione per non partecipare alla meditazione di gruppo che altrimenti avrei disturbato e per andare invece a sedermi, da solo, nel tempio sul mio poggio. Era aperto a tutti gli orizzonti e a tutte le brezze. Il mondo visto da lassù, con l'indifferenza di chi non si aspetta niente da lui e non ha il desiderio di cambiarlo, mi pareva bellissimo.

Ma il mondo aveva un modo suo di entrare nell'ashram. Un giorno arrivò un famoso industriale di Madras con la sua famiglia. Erano devoti seguaci del Swami e anche fra i suoi finanziatori più generosi. Dovetti cenare con loro. Un altro giorno vennero una decina di ex allievi del Swami che, diventati swami a loro volta, insegnavano il Vedanta in varie città indiane. Erano lì per discutere un argomento nel quale venni coinvolto anch'io: le conversioni. Questo era un tema, mi resi conto, che, nonostante il suo dichiarato distacco dalle cose del mondo, stava enormemente a cuore al Swami. Ne aveva scritto, ne parlava a giro per l'India e pochi mesi prima, in un discorso dinanzi a una commissione delle Nazioni Unite, aveva formalmente presentato una richiesta perché l'organizzazione internazionale intervenisse per congelare le conversioni al cristianesimo in India.

Il suo argomento era che le conversioni sono un atto di violenza in quanto trasformano la cultura locale, creando tensioni e conflitti che oggi sarebbe bene evitare. Secondo lui le religioni in genere sono di due tipi: quelle aggressive e missionarie, come il cristianesimo e l'islam; e le religioni che non cercano di fare proseliti, come l'ebraismo, lo zoroastrismo e lo stesso induismo. Le prime sarebbero le religioni « forti », le seconde quelle « deboli ». In un confronto le seconde sarebbero sempre perdenti. Questo sarebbe particolarmente vero per l'induismo che non ha una struttura centralizzata e che per principio riconosce la libertà di ognuno di adorare il dio che vuole col nome che preferisce.

Questa non era stata la posizione di altri vedantin prima del Swami. Nell'Ottocento, ad esempio, il grande mistico Ramakhrisna, che negli anni della sua formazione spirituale aveva passato del tempo in una moschea come musulmano e aveva per un po' abbracciato anche il cristianesimo, sosteneva che tutte le religioni erano uguali. Erano come l'acqua di uno stesso stagno messa in secchi diversi e chiamata in modi diversi con le parole che nelle varie lingue indicano l'acqua. Ugualmente tollerante era stato il suo discepolo, Vivekananda. Ma i tempi, secondo il Swami, erano cambiati.

Secondo lui, la Chiesa cattolica e varie sette protestanti, soprattutto quelle americane, stavano approfittando della naturale tolleranza dell'induismo per investire enormi capitali nella conversione di un numero crescente di indiani. Questo per lui era diventato inaccettabile. L'induismo era vittima di una vera e propria aggressione. Non chiedeva che i cristiani lasciassero l'India. Riconosceva che c'erano da duemila anni e potevano ben restarci altri duemila. Chiedeva solo che desistessero dal distruggere la cultura indiana, così come avevano distrutto in passato le antiche culture dell'Africa e dell'America Latina.

Gli dissi che il nostro era il tempo del libero mercato: mercato di beni, di idee e anche di religioni. Come poteva pensare di andare controcorrente? «Il mercato non è libero», mi rispose, «perché il debole non è libero dinanzi al forte. Le religioni non aggressive, non combattive come la nostra non possono competere con quelle ricche e aggressive. Per questo debbono essere protette. Qualcuno deve intervenire, magari le Nazioni Unite, ma è la Chiesa innanzitutto che deve mettere fine alle sue conversioni. Se non lo fa, in India si creano le condizioni per una reazione violenta.»

Mi pareva avesse ragione. Le conversioni sono una nuova forma di colonialismo. L'opporcisi era da parte del Swami un tentativo di ristabilire la tradizione indiana, come il riportare il Vedanta nella vita della gente; come il riportarci l'ayurveda e il Kathakali da parte di P.S. Varrier.

Fra i visitatori ci fu anche il giovane medico che doveva occuparsi del diabete del Swami. Al Swami piacque molto: conosceva a memoria gli shastra, le scritture sacre! Era indubbiamente un tipo particolare. Veniva da un paesino a pochi chilometri dalla punta più meridionale dell'India, dove gestiva una piccola clinica ayur-vedica ereditata da suo nonno. Fissammo un appuntamento. Lo sarei andato a trovare alla fine del corso.

Un altro visitatore che rimase per quattro giorni nell'ashram fu un noto psichiatra indiano che lavorava a un progetto internazio-nale, finanziato dall'Università di Harvard, sui «marginali». Al-cuni suoi colleghi in America e in Europa studiavano i drogati, i drop outs e i barboni; lui in India aveva il compito di studiare i sadhu e i sanyasin.* Quando seppe di me, volle assolutamente parlarmi.

Per lui ero forse un interessante caso di «marginale» a cavallo fra Occidente e Oriente. Non so come potei contribuire alla sua ricerca, ma lui contribuì alla mia. Mi disse d'aver passato molto tempo nell'Himalaya in cerca di personaggi con «poteri» e, da scienziato, dovette ammettere di non averne incontrato nessuno. Mi raccontò anche di essere stato, sempre per la sua ricerca, a ve-dere Sai Baba, il più famoso santone del momento con milioni di seguaci sia in India sia all'estero. Ne aveva avuto una pessima impressione: vanesio, incipriato e col rossetto sulle labbra. Disse che molti di quelli attorno a lui erano persone psicologicamente infantili, col bisogno di un padre e di qualcosa con cui giocare. E la magia è un magnifico passatempo!

Quel che lo preoccupava come psichiatra era che alcuni suoi pazienti erano diventati discepoli di Sai Baba. Il santone li aveva convinti ad abbandonare la sua terapia e a non prendere più me-dicine, e quando quelli tornavano poi da lui a farsi curare erano spesso in condizioni disperate.

Quanto ai «miracoli» di Sai Baba, lo psichiatra mi raccontò che una volta un famoso prestigiatore di Calcutta, P.C. Sorcar, era andato nel suo ashram e si era mischiato ai devoti per il dars-

---

* Sadhu sono coloro che, spesso da giovanissimi, hanno rinunciato al mondo e vivono da «santi mendicanti» a giro per l'India. Spesso sono per-sone di estrazione sociale semplice. Al contrario dei sanyasin, che di solito diventano tali in una cerimonia di iniziazione alla fine di una vita spesa nor-malmente, i sadhu non sempre prendono formalmente i voti. Anche loro ve-stono di arancione o di rosso. In India ce ne sono alcuni milioni. Tutti i sanyasin sono sadhu. Gli uni e gli altri possono essere swami, una volta che sono riconosciuti come insegnanti.

han. Quando Sai Baba gli era passato davanti per dargli, come faceva con tutti, un po' del vibhuti che gli pioveva «miracolosamente» dalle dita, il mago fece apparire dal nulla nel palmo della sua mano tesa un rasmalai, un dolce intriso di zucchero che, si sa, a Sai Baba piace moltissimo. Mago contro mago. Le guardie del corpo di Sai Baba lo presero di forza e lo cacciarono dall'ashram. Lo psichiatra mi disse che altri maghi avevano sfidato Sai Baba a una gara di «miracoli», ma che lui s'era sempre rifiutato.

«Forse dovrei andare a vederlo coi miei occhi», dissi fra me e me. E con questo mi resi conto che il vecchio desiderio di rimettermi in cammino non era morto. I desideri! Liberarsene era più difficile di quanto avessi creduto.

Una mattina, uscendo dalla mia stanza notai che al filo dove io stendevo i miei panni ad asciugare qualcun altro aveva appeso la sua biancheria. Erano cose da donna e distrattamente pensai che fossero della bella maestra di danza venuta per qualche giorno in visita all'ashram e che sapevo alloggiata poco lontano da me.

Andai alla puja, alla meditazione, a lezione, ma senza che io lo volessi, quasi senza che me ne accorgessi, quell'affascinante e incontrollabile parte di noi che è la mente si era scatenata. Sfuggendo completamente al mio controllo, la mente di me che volevo essere dov'ero tornava invece al filo della biancheria e alla maestra di danza; la mente di me che non volevo parlare con nessuno si immaginava invece tutta una conversazione, faceva domande, dava risposte, formulava desideri.

Certo – come diceva lo Swami – avevo da scegliere: potevo essere il me che desiderava, o il me che rideva del me che desiderava. Ma era più facile dirlo che farlo. Avessi potuto andare da lui con questo dilemma, l'avrei fatto... anche senza tagliarmi un braccio, come fece secondo la leggenda l'allievo del fondatore del buddhismo zen nel tempio di Shaolin in Cina secoli fa.

Il suo Maestro, un indiano di nome Bodhidarma, conosciuto in Cina come Da Muò e in Giappone poi come Daruma, era sempre in meditazione e nessuno riusciva mai a parlargli. Una volta l'allievo, esasperato, per attrarne l'attenzione, si mozzò netto il braccio sinistro, lasciando che il sangue facesse una grande chiazza rossa nella neve.

«Ma che vuoi?» chiede finalmente il Maestro.

« Calmare la mia mente. »

« Bene, portami la mente e te la calmerò. »

L'allievo parte. « Non l'ho trovata », dice tornando.

« Vedi? » gli fa il Maestro. « Te l'ho calmata. » E torna a meditare.

Ciò da cui l'allievo vuole fuggire è la rete dei suoi pensieri e il Maestro con la sua trovata gli fa capire che il pensiero stesso è il problema.

Ma potevo io andare dal Swami a dirgli quel mio pensiero? Sapevo bene qual era. Esattamente quello del monaco moralista di un'altra famosa storia zen.

Due monaci camminano per una strada allagata da un acquazzone. A un certo punto si trovano davanti una bella ragazza che, ben vestita com'è, non riesce ad attraversare una pozzanghera. Uno dei due la prende in braccio e la deposita all'asciutto. Lì per lì l'altro monaco non dice nulla, ma la sera, quando sono nel tempio dove passano la notte, non resiste:

« Noi monaci dobbiamo stare lontani dalle donne, specie se giovani e belle », dice con aria di rimprovero. « Toccarle poi è estremamente pericoloso. Perché l'hai fatto? »

« Io quella ragazza l'ho lasciata là dall'altra parte della pozzanghera », risponde l'accusato. « Tu invece mi sembra che te la sei portata dietro fino qui. »

Così ero io. Due cenci appesi a un filo avevano rimesso in moto un meccanismo dal quale pensavo di essermi definitivamente liberato. Più che il pensiero in sé, mi umiliava il non poter controllare la mia mente: e più cercavo di controllarla, più quella mi faceva nuovi scherzi... finché non mi ricordai di Sundarajan.

Una volta, sul poggio, parlandomi del suo amore per la statua, mi aveva detto di « non aver conosciuto donna » e aveva alluso a un certo « potere » con cui in tutta la sua vita aveva tenuto a bada i propri istinti. Lo andai a trovare e con grande franchezza gli posi il problema.

« Non conosci gli esercizi? »

No. Quelli davvero non li conoscevo. Lui li faceva ogni mattina appena alzato, assieme allo yoga. Erano efficacissimi, disse, a far risalire il seme, trasformarlo in energia spirituale, e con ciò a togliere alla mente quello stimolo che la sguinzaglia.

« Mettiti per terra, ti insegno », mi disse.

Mi fece inginocchiare, poi piegare in avanti, con la testa e le mani ferme sul pavimento. Mi spiegò come piegare la lingua il più possibile indietro, verso la gola, come respirare, cosa fare coi muscoli del basso addome e con lo sfintere. Mi confidò ancora un paio di cose, poi, perché non facessi errori, mi fece vedere come lui eseguiva ognuna di quelle mosse. Dovevo cominciare con pochi minuti al giorno e poi lentamente aumentarli.

La sola idea di quel «potere» mi affascinava. E il mondo non è bello? Da qualche parte c'è chi inventa il Viagra e da un'altra ci son quelli che studiano come mettere una museruola a quell'impertinente pezzo di sé che uno si porta dietro. L'uomo è davvero stupefacente!

Non so se gli esercizi di Sundarajan facessero davvero risalire il seme, come lui diceva; ma io, dopo averli inseriti nel pot-pourri della mia routine del mattino – un po' di yoga, un po' di qi gong, un po' di ginnastica per gli occhi, la prostata, la spina dorsale, i sorrisi allo stomaco e infine «la palla» di Master Hu – potei riferirgli, senza mentire, che il sistema funzionava.

Giorno dopo giorno, settimana dopo settimana: erano passati quasi tre mesi. Il tempo era cambiato. Era arrivato il monsone e il vento portava improvvisi, bellissimi e brevi scrosci di pioggia. Le montagne a cui guardavo ogni giorno per compagnia avevano cambiato colore. Erano diventate grigie e fumose di nebbia. E io ero tornato a essere tranquillo e sereno. Mi pareva d'aver capito un po' meglio l'India, avevo fatto un'esperienza molto insolita, e se mai fossi stato tentato da una vita di sola contemplazione, ora ero certo che quella non faceva per me. E il Vedanta? Alla fine mi sembrò qualcosa con cui ero già naturalmente in sintonia: non mi sentivo separato dal mondo, non mi prendevo per una piccola onda sopraffatta dall'oceano, e in fondo non avevo più paura della morte.

Quanto ai desideri, avevo deciso di dominare i più e di convivere con alcuni a cui, coscientemente, non volevo rinunciare. Quanto al jagat, il mondo, ero d'accordo col Swami che era stato messo assieme molto, molto intelligentemente. Allora tanto valeva goderne. I brahmacharya, negandoselo, mi pareva rinunciassero a qualcosa di meraviglioso.

Passavo sempre più tempo nella natura. Dalla cima del mio poggio stavo a osservare lo spumeggiante biancore di alcune cascate d'acqua e più giù, nella piana diventata verdissima, la lontana sagoma scura di un antico, maestoso albero solitario. Il Swa-

mi diceva che gli alberi sono come i sadhu: mentre tutti si muovono, loro restano magnificamente immobili, fermi, coscienti di
sé, senza il bisogno di correre in qua e in là in cerca di qualcosa.
Non sarei mai diventato così. Quella non era la mia indole. Non
sono nato per essere monaco. Potevo provarci. Mi piaceva anche.
Ma non era da me e la cosa più ridicola che poteva capitarmi era
che mi si prendesse per tale.

Ma successe anche questo. Un gruppo di contadini di un villaggio vicino era venuto nell'ashram, credo a chiedere un contributo per la ricostruzione del loro tempio. Io passavo e un vecchio, chiamandomi «Swami-ji», venne a toccarmi i piedi e poi
la punta della barba. Con le mani piene di quella benedizione
si carezzò la faccia, la testa e il petto, come per infondersi la
mia saggezza e «santità».

Il corso volgeva alla fine e con questo cominciarono le cerimonie
di chiusura. La più interessante, almeno per me, fu quella del
mantra japa in cui tutti assieme dovemmo ripetere centomila volte una formula di ringraziamento a Dakshinamurti, la divinità
dell'ashram, incarnazione di Shiva e protettrice dei Veda. Il testo
del mantra, in sanscrito, ci era stato dato, stampato su un foglet-
to, la sera prima perché lo studiassimo. Il significato delle parole
non era particolare: «Om... Le mie prostrazioni a te Dakshinamurti che vivi nelle radici dell'albero di baniano con piena concentrazione... Davanti al potere distruttivo di Shiva io mi inchino... Om». Ma il suono era, come al solito, bello; aveva un
suo «potere», specie per l'effetto circolare dell'Om che era l'ultima, ma anche la prima sillaba del mantra che riprendeva. A forza di ripeterlo per ore e ore, la mente si svuotava e si calmava.

La cerimonia si svolse nel tempio. Per l'occasione erano venuti da Coimbatore tredici speciali pujari, sacerdoti bramini, e almeno un centinaio di seguaci del Swami. Alcuni, per il darshan, per
guardarlo, per stare in sua presenza, la presenza di uno che ha conosciuto se stesso, erano arrivati addirittura da Madras. L'epicen-
tro della cerimonia era la buca quadrata per il fuoco sacro nel pavimento del porticato alla sinistra del tempio. Il Swami ci stava
seduto davanti nella sua poltrona. Formalmente lui, in quanto sanyasin, libero cioè da tutti i legami col mondo, compresa la religione e i suoi riti, non era coinvolto con la cerimonia. Quella era
presieduta, a nome di tutti noi shisha, dal segretario dell'ashram,

un anziano e distintissimo signore accanto al quale, come prescrivono i Veda, era seduta la moglie. I tredici pujari stavano in circolo attorno alla buca. Dietro c'eravamo noi, poi il pubblico di cui molti in piedi per poter seguire meglio quel che succedeva.

L'avvio fu un disastro. Si trattava, secondo le regole dei Veda, di accendere il fuoco alla maniera antica, cioè strofinando assieme due pezzi di legno. Ma per qualche ragione la scintilla non scoccava. Un brahmacharya intonò la preghiera: «Vieni, vieni presto... Non farci aspettare». Noi tutti in coro, diretti dalle vedove-sagrestane, ripetemmo in varie tonalità il mantra «Om Namashivaya...» Ma non ci fu nulla da fare. Sudati e ansimanti, i pujari, dandosi il turno, tiravano con forza una corda avvolta attorno a un legno che frullava su un altro coperto di piccole matasse di filamenti di cocco che avrebbero dovuto facilmente prendere fuoco. Gli occhi di tutti erano puntati lì. Si vedeva un po' di fumo, si sentiva l'odore del legno surriscaldato su cui un pujari soffiava con amore, ma la scintilla non scoccava.

«Avete qualcosa del genere nel tuo paese?», mi chiese un vecchio shisha della «brigata pensionati».

«No, abbiamo i fiammiferi» mi uscì di bocca, incontrollata e non molto gentile, la risposta.

Si andò avanti così per quasi un'ora. Il povero Swami, grigio in faccia, aspettava. Proprio alcune sere prima, durante il satsang, alla mia domanda se credeva che una puja potesse davvero far piovere aveva risposto di sì. Pur scettico, aveva raccontato d'aver assistito una volta a una puja per la pioggia e quella era venuta. E perché dunque non il fuoco, ora?

Avrei voluto averlo io quel potere di accenderlo per liberare tutti dall'attesa. E dire che quel potere stava semplicemente nel mettere fra i fili di cocco un po' di canfora o un po' d'alcool, come a un certo punto mi sembrò che qualcuno facesse passando discretamente un batuffolo bianco a uno dei pujari addetti allo strofinamento dei legni. Si vide un piccolo bagliore rosso, il fumo si fece più denso e finalmente belle lingue di fuoco si misero a divorare prima i legnetti, poi anche il burro, gli spruzzi d'acqua, il riso e tutte le altre cose che i pujari, accompagnando ogni gesto con una invocazione, offrivano agli dei.

Infine, con un ramoscello di mango inzuppato in un secchio d'acqua, benedissero anche noi e potemmo attaccare la grande litania, in mezzo a nuvole di fumo sempre più dense che il vento ci sbatteva sulla faccia: «Om hrim Dakshinamurtaye tubhyan... Om hrim Dakshinamurtaye...»

Il mantra durava circa dodici secondi. In un'ora ognuno poteva dirlo trecento volte ed essendoci un centinaio di shisha, qualcuno aveva calcolato che, tenendo conto di chi, ogni tanto, doveva assentarsi, in quattro ore tutti assieme lo avremmo recitato centomila volte. E così fu. Passammo quattro ore a ripetere e ripetere sempre le stesse parole... come un operaio che alla catena di montaggio ripete sempre gli stessi gesti per mettere assieme un qualche aggeggio inutile che altri comprano coi soldi guadagnati facendo cose altrettanto inutili.

E la vita passa – pensai – senza senso, fuori o dentro l'ashram. Passa in una sequela di attese, di riti il cui unico significato sta nel fatto che paiono dare un qualche senso all'inutile passare della vita. Dentro e fuori l'ashram, senza grande differenza. Fuori si va al lavoro, si dicono parole di circostanza, si gioca con cose che definiamo necessarie; lì si ripete migliaia e migliaia di volte una frase in onore di una dea che simboleggia la conoscenza. Fuori si trepida per un figlio che non torna, lì per un fuoco che non si accende.

Se invece di recitare quel mantra centomila volte avessimo investito il tempo a scavare un pozzo, forse l'India non avrebbe due terzi della sua gente senza acqua potabile. Ma questa era anche la follia dell'India che a me piaceva tanto!

E poi i bramini non scavano pozzi.

Guardavo le mani giunte di tutti quei begli uomini, i miei compagni vestiti di bianco e i pujari: unghie pulite, dita finissime. Nessuna di quelle mani aveva mai retto una zappa, un piccone, un'accetta.

C'era tanto da capire dell'India in quella cerimonia: c'era da capire la rivoluzione dei buddhisti che rifiutarono i riti; c'era da capire l'intelligente praticità dei tibetani che, per ripetere a iosa i mantra, inventarono la ruota della preghiera in cui mettevano centinaia di bigliettini con su scritta la formula sacra così che a ogni giro il suo effetto si moltiplicasse.

Tutto quel rituale ci ricordò almeno quanto era stato difficile un tempo accendere un fuoco e come fosse stato sacro il compito di mantenerlo.

Alla fine dell'ultima lezione del corso uno dei brahmacharya ricordò al Swami che ci aveva promesso il «miracolo» del vibhuti.

«Volete davvero che lo faccia?» chiese il Swami, ridendo.

Dall'aula si alzò un coro di «Sìì».

«Allora qualcuno venga qua.»

Ci fu un momento di esitazione. Nessuno osava. Allora saltai su dal mio posto contro il muro e corsi al podio. Gli tesi una mano aperta e lui, ridendo, dalle dita socchiuse della sua destra cominciò a versarmici dentro la cenere sacra. Prima un filo leggero, poi sempre di più. Stropicciava leggermente le dita e la cenere continuava a cadere. Ero esterrefatto. Mi voltai con la mano aperta per farla vedere ai compagni, e quelli a decine mi si buttarono addosso per prendersene un pizzico e metterselo in fronte. Ci fu una gran confusione, quasi tutta la classe si accalcava attorno a me, mentre il Swami, cercando di dominare la platea, diceva:

«È un bluff... è un bluff, non prendetelo sul serio!» Era sconcertato, ma nessuno lo stava a sentire. In fondo, l'idea che il Swami avesse fatto un miracolo come Sai Baba piaceva a tutti. Piaceva quasi anche a me, a me che ero certo il più scettico di tutti, a me che non avevo mai toccato i piedi del Swami, a me, figliol prodigo, cui era toccato l'onore del «miracolo».

Quando tornai al mio tavolino, la mia mano era stata completamente ripulita da decine di altre che si erano prese tutto quel che restava del magico vibhuti. A me restò di essere per quel giorno il più ricercato fra gli shisha.

Dopo pranzo, molti vennero a raccontarmi la loro versione di quel che era successo.

«Bello, bello. Non voglio sapere se è un vero miracolo o no... è comunque un prasad, un aspetto di Ishwara», disse la vecchia direttrice della scuola di infermiere. Una giovane dottoressa non aveva dubbi: «Chi è molto avanti sulla via spirituale acquisisce questi poteri. Non c'è niente di insolito». Il brahmacharya, invece, che aveva ricordato al Swami di fare il miracolo, raccontò come tutto era stato preparato e come il Swami gli aveva fatto nascondere quella polvere sotto il tavolino da cui tirava fuori i suoi vari oggetti. Ma non valse a nulla. I «credenti» non volevano abiurare. Li capivo: era più bello credere che non credere. Ma il tutto mi parve sempre più strano.

Quando il cardiochirurgo venne a chiedermi non del vibhuti, ma se stavo usando la piramide, ebbi l'impressione di essere finito in una gabbia di matti. Ognuno era matto a suo modo e chi quella sera mi avesse visto per terra, nella mia stanza a cuocermi un chilo di cipolle in un pentolino con uno scaldacqua a immersione per cercare di curarmi l'allergia che non andava via, avrebbe pensato lo stesso di me.

L'alba dell'ultima mattina fu di cristallo. Ci fu la foto di gruppo con le solite piccole lotte dei tanti «illuminati» per essere il più vicino possibile al Swami. Poi la consegna dei diplomi. Il Swami, inghirlandato per l'occasione come una delle statue nel tempio, con una grossa collana di fiori attorno al collo, stava seduto sulla poltrona. Uno alla volta, sfilammo davanti a lui. Una swamini, una sua allieva diventata a sua volta insegnante, dava a ognuno una manciata di petali di fiori da buttare ai piedi del Swami, e lui, pronunciando via via il nome di ogni shisha, gli consegnava il certificato e... una banana. Molti erano commossi.

«Questo è l'avvenimento della mia vita», disse Sundarajan.

Alcune donne non trattennero le lacrime. La devozione era commovente. I più vedevano davvero Bhagawan nel Swami. E io, alla fine di tre mesi, mi sentivo come una spia infiltratasi nel campo avversario per carpire un qualche segreto. Quando mi chiesero di fare un discorso mi rifiutai. Ne fece uno molto bello, anche a nome della moglie, il vecchio pediatra, tessendo le lodi del Swami con ironia e gratitudine, citando versi di grandi poeti indiani come Kabir. Altri lessero poesie che gli avevano dedicato.

Qualcuno chiese al Swami se non aveva un ultimo consiglio da darci e lui non si tradì:

«Vivete una vita in cui potete riconoscervi!»

Questo era lui, il Swami, come l'avevo conosciuto e come l'avrei ricordato.

E noi, dopo tre mesi? Ripartimmo, ognuno per la sua strada, ponendoci forse un po' più coscientemente di prima quella fondamentale domanda a cui non tutti, credo, avevamo trovato una risposta: «Io, chi sono?»

IL MEDICO PER I SANI

QUANDO arrivai, quella sulla destra della strada era una normale, lunga collina cosparsa di pietre che si stagliava con uno strano profilo contro l'orizzonte. Una settimana dopo, quando ripartii, quella era un gigante di donna, riversa sulle risaie a guardare il vuoto in alto. Ne riconoscevo le ginocchia, l'anca, i seni, il profilo del mento, delle labbra e del naso contro il cielo.

Il villaggio di Derisanamscope era un posto incantato: il più insolito, uno dei più interessanti, certo il più sereno e pacifico in cui sono stato in India. Ma che non ci vada nessuno, credendo di trovare quel che ci ho trovato io, perché ognuno fa di ogni cosa – un posto, una persona, un avvenimento – quello che vuole, quello di cui, in quel momento, ha bisogno. E niente, niente come la fantasia aiuta a vedere la realtà.

Il villaggio, tutto bianco, era in mezzo a una grande, verdissima distesa di risaie, punteggiata qua e là da file di palme. Già questi due colori inducevano un senso di pace. Una strada asfaltata, su cui saltuariamente passava una macchina, un autobus o una mandria di bufali, correva a un centinaio di metri dall'abitato; un'altra, fatta di bei lastroni di pietra usati anche per batterci il riso e farci seccare l'erba, si addentrava fra le case basse, tutte uguali a un piano fino a un grande, antico tempio dagli antri bui e rimbombanti, carico di una qualche misteriosa forza. Il tempio era sproporzionato rispetto al villaggio, come fosse appartenuto a un tempo precedente in cui gli uomini erano dei giganti.

Davanti al tempio c'era uno spazio di terra battuta. Al centro di quello si alzava vecchio, maestoso, largo e forte, un frondosissimo albero, un Ficus religiosa, circondato da una piattaforma in muratura su cui i vecchi sedevano a chiacchierare e i bambini giocavano. Stare sotto quell'albero a cantare dei mantra faceva bene a chi aveva problemi di respirazione, diceva la gente, perché l'albero era vivo, respirava lui stesso ed emetteva una grande forza. A pochi passi c'era anche un bel bacino d'acqua pulita racchiuso da un anfiteatro di scalini degradanti. Il villaggio finiva li. Poi c'erano altre risaie, altre fila di palme e alle spalle, come a proteggerlo, la collina di pietre.

Secondo la leggenda il tempio era uno dei due che Rama, l'eroe del *Ramayana*, aveva fondato sul suo cammino attraverso l'India. Stava andando nell'isola di Ceylon a riprendersi Sita, sua moglie, che il malvagio Ravana gli aveva rapito, quando era stato preso dal sonno. S'era fermato sotto l'albero per riposarsi, ma una donna-demonio, famosa perché era solita disturbare i rishi durante la loro meditazione nell'Himalaya, era venuta a importunarlo. Rama l'aveva riconosciuta, aveva imbracciato il suo arco e... zac aveva fatto partire una delle sue infallibili frecce. La demonessa, colpita al cuore, era caduta riversa nelle risaie e lì era rimasta, da allora pietrificata.

In memoria di quell'evento, Rama aveva fatto costruire quel tempio e aveva dato alla località quello strano nome Derisanamscope, che appunto vuol dire: «Il posto da cui è stata scoccata la freccia».

Era anche il posto in cui abitava il dottor L. Mahadevan, il giovane medico ayurvedico che avevo incontrato nell'ashram e nel quale il Swami aveva una gran fiducia non solo perché si era occupato, pare con qualche successo, del suo diabete, ma anche perché conosceva a memoria gli shastra, le scritture sacre.

«Venga a stare almeno per una settimana nel mio ospedale e assieme vedremo cosa fare», mi aveva detto quando gli avevo parlato del mio malanno. Ora c'ero.

Avevo un lettino da campo con una materassa fine fine rivestita di plastica in una stanza spoglia, dalle pareti azzurre, il pavimento di pietre nere e una finestra aperta su un piccolo patio, un muretto e dietro uno stagno ricoperto di fiori di loto, poi le risaie. In un cortile di cemento avevo un gabinetto alla turca e una cannella.

All'ora di pranzo e di cena un uomo in bicicletta mi consegnava una sghiscetta a tre piani con dei chapati, qualche cucchiaiata di dal, la classica zuppa indiana di legumi, e una porzione di verdura pepatissima.

L'«ospedale», di sole sei camere, era a una cinquantina di metri dalla strada asfaltata su cui si affacciava la clinica vera e propria dove Mahadevan riceveva i pazienti e dove, in una grande «cucina», come veniva chiamata, i famigli dalla mattina alla sera preparavano le medicine. Su fuochi fatti con la legna, come vuole la tradizione, c'erano i fumanti calderoni di bronzo ognuno con la sua pozione. Accucciati per terra una decina di uomini e donne tritavano le erbe, le mischiavano nei mastelli, filtravano gli oli o, recitando dei mantra, facevano palline dei composti che erano stati seccati al sole. Le pareti della cucina erano lucide di nerofumo, ma l'aria era carica di quegli effluvi balsamici che già di per sé parevano curativi.

« È proprio così », disse Mahadevan facendomi fare il giro del suo piccolo regno. « Quelli che lavorano qui non si ammalano mai. Non prendono neppure un raffreddore. »

Avrei dovuto starci io per un po' in quella cucina. Forse mi sarebbe passata la vecchia sinusite allergica che da settimane era tornata ad affliggermi con grondamenti di naso, occhi lacrimosi, starnuti e mal di testa.

In strada, davanti alla clinica c'era un banchetto che faceva il chai, il tè per i crocchi di pazienti che aspettavano di vedere il medico e quelli che l'avevano già visto e aspettavano l'autobus per ripartire soddisfatti coi loro sacchetti di carta pieni di polveri, pasticche e boccettine.

Non fosse stato per un paio di paloni della luce, che comunque non c'era quasi mai, per l'autobus e per il piccolo generatore, che faceva muovere il ventilatore nella minuscola stanza dove Mahadevan riceveva sotto un quadro del dio dell'ayurveda e la foto in bianco e nero del nonno fondatore della clinica, uno poteva avere l'impressione d'essere entrato in una di quelle cartoline color seppia del primo Novecento. Mai avevo visto prima un'India così genuina, semplice e intatta. E poi c'era lui, il medico, davvero particolare: alto, magro, chiaro di pelle, coi capelli neri e folti, e l'aria invasata di un vero credente. Aveva solo trentacinque anni, ma già la sicurezza di chi sa d'avere una soluzione per tutto.

« Conosco le scritture e le scritture mi dicono cosa fare in ogni situazione. Per ogni paziente ho una cura, anche se a volte non so come funziona », mi rispose quando gli chiesi se non era mai in dubbio su qualcosa. « Ma, sia chiaro: io non curo, io mi prendo cura. Il guaritore è quello che ognuno ha dentro di sé, e soprattutto è lui », aggiunse, indicando il dio che stava, benevolo, nella cornice dorata alle sue spalle.

Passai i primi due giorni dalla mattina alla sera nella sua stanzetta. Stavo in un angolo e lo osservavo mentre vedeva uno dopo l'altro i suoi pazienti: alcuni solo per pochi minuti, altri molto più a lungo, ma dando a ognuno la sensazione che in quel momento era la persona che più lo interessava al mondo. A tutti, dopo alcune domande, sentiva il polso. «Alle donne quello di sinistra, quello di destra agli uomini», mi spiegò. Poi si raccoglieva su se stesso, piegava la testa, chiudeva gli occhi ed entrava come in uno stato di meditazione. «Se riesco bene a concentrarmi, sentendo il polso scandaglio tutto il corpo del paziente e sono in grado di dire molto su di lui», aggiunse.

Molti pazienti si meravigliavano che alla fine fosse lui a dir loro quello che provavano, i sintomi che avevano e che non erano riusciti a esprimere. Per ognuno aveva un sorriso, un consiglio... e una medicina da ritirare nella farmacia annessa alla «cucina».

La clinica era nota in tutta la regione e la gente veniva lì a volte da molto lontano. Due donne dissero d'aver fatto nove ore di autobus per vedere Mahadevan. I casi che gli sfilavano dinanzi erano i più vari. Nel corso di una giornata vidi, fra i tanti, una donna con un'enorme tiroide, una con problemi mestruali e una più anziana con un sospetto tumore allo stomaco; un uomo che diceva di essere diventato impotente dopo un'operazione in un ospedale governativo per farsi sterilizzare, e un giovane tornato a fare vedere come gli era guarita una gamba che era andata quasi in cancrena per le tante schegge di vetro rimastegli dentro dopo un incidente stradale; un diabetico, un vecchio coi postumi di un infarto, uno con la pressione altissima e due casi di psoriasi.

Fra l'andare e il venire dei pazienti facevo delle domande e Mahadevan rispondeva, ma non era così, disse che avrei capito la sua «scienza». Lui teneva moltissimo che non mi facessi delle idee sbagliate e così alla fine del primo pomeriggio si prese del tempo per farmi una vera e propria lezione introduttiva sull'ayurveda. Io presi appunti.

«L'ayurveda non è una medicina alternativa e non è in concorrenza con quella occidentale. È semplicemente una medicina diversa, con diverse basi filosofiche, cioè con una diversa visione del mondo e della vita stessa», esordì.

Mahadevan sapeva che avevo appena passato tre mesi col Swami e che quella visione indiana «del mondo e della vita» non mi era più estranea. Ma volle comunque ripeterne alcuni punti fondamentali.

«Innanzitutto noi siamo convinti che il mondo dei sensi non è la sola realtà e che i nostri sensi non sono il solo mezzo di conoscenza. Per noi gli shastra, le scritture sacre, lasciateci dai rishi, sono uno strumento di conoscenza. E gli shastra ci dimostrano l'esistenza di un'unità al di là di tutto ciò che ai nostri sensi appare separato. Noi guardiamo il mondo e ci pare fatto di parti; noi stessi pensiamo di essere delle parti, ma la verità è che l'universo è un tutto, unico e indipendente e non certo la somma delle sue parti. Le parti riflettono la totalità, ma è assurdo pensare che la realtà possa essere ridotta alle parti.

«In termini di medicina questo vuol dire che io e lei e tutti gli altri esseri viventi, umani o non umani, siamo piccoli universi integrati nella totalità dell'universo. Siamo microcosmi niente affatto separati dal macrocosmo e con ciò siamo sottoposti agli stessi influssi, alle stesse leggi cosmiche. L'ayurveda, in quanto scienza della vita, vede l'uomo nella sua totalità, non come un insieme di parti, e afferma che il mantenimento della sua salute non può essere indipendente dal suo contesto sociale e spirituale, né separato dalla sua connessione cosmica.

«Questo approccio, che ora voi occidentali chiamate 'olistico', è esattamente opposto a quello della medicina cosiddetta moderna che vede invece la malattia come una disfunzione di uno dei meccanismi che fanno l'uomo.

«Certo: si possono fare paragoni fra l'ayurveda e la medicina occidentale, si possono confrontare le condizioni cliniche di un paziente, ma dopo un po' dobbiamo fermarci perché, secondo noi, è impossibile trovare le risposte ai problemi umani esclusivamente nella scienza, così come la definite voi.

«So bene che anche la scienza moderna ammette di non capire certi fenomeni di cui dice che è sconosciuta la causa. Noi diciamo che quella causa sconosciuta è il karma. Il karma non è visibile al normale microscopio, e per questo voi occidentali concludete che non esiste, ma basta guardare attraverso il microscopio della saggezza per vederlo con grande chiarezza.

«Prendiamo il problema della malattia. Perché una malattia colpisce me e non un'altra persona? Al momento la scienza occidentale spiega tutto con i geni e in questo c'è della verità. Ma io le chiedo: qual è la causa della differenza dei geni? Non lo sappiamo. E se anche un giorno lo sapessimo dovremmo ancora chiederci qual è la causa di quella causa. Possiamo andare avanti all'infinito a cercare la causa della causa della causa. Ma qual è la causa ultima? I rishi l'avevano capito: è il karma.

«Bene: là dove la medicina moderna si ferma, lì comincia l'ayurveda. La medicina moderna comincia e finisce nel corpo fisico; l'ayurveda va oltre il corpo perché, guardiamo bene, io e lei siamo più di un corpo; siamo una mente, siamo un io, abbiamo un'anima e soprattutto abbiamo karma. »

Ascoltavo Mahadevan con piacere. Sembrava fosse stato con me nei mesi di New York a condividere i miei dubbi e i miei ripensamenti sulle terapie dell'MSKCC. Sembrava che lui avesse le risposte a tutte le domande con cui avevo divertito e provocato i miei aggiustatori. Ma era davvero così? Una parte di me gioiva a sentirsi capita, ma l'altra, come al solito, restava scettica: sì, i rishi la sapevano lunga sulla natura umana, ma potevano quei bei discorsi tradursi in una medicina per me più efficace dei liquidi fosforescenti della chemio? in qualcosa di meno devastante della radioterapia? Tutto sommato quel che gli aggiustatori avevano usato con me era frutto di lunghi studi, di ricerche, di verifiche nella pratica.

« Anch'io ammiro certi aspetti della medicina occidentale », rispose Mahadevan quando gli feci quell'obbiezione, « e anch'io, come ogni medico occidentale, imparo dalla pratica, ma imparo più che altro quanto i rishi avessero ragione, come avessero visto giusto. A volte sono davvero sorpreso dalle grandi intuizioni degli shastra e sono felice di averli e di poterli rispettare. Pensi, erano arrivati a predire le conseguenze ereditarie di certe malattie, avevano classificato vari tipi di diabete, conoscevano il concetto oggi così di moda dello stress, erano capaci di descrivere quelle che chiamiamo le malattie psicosomatiche e avevano un'idea precisa del concetto d'immunità a cui davano una grande importanza. I rishi sapevano della trasmissione delle malattie attraverso i rapporti sessuali, la vicinanza fisica, l'uso degli stessi vestiti. Sapevano di malattie che nascono dall'inquinamento dell'acqua, della terra; conoscevano le epidemie. Incredibile! Se si pensa che erano arrivati a questo senza alcuno strumento.

« Negli shastra ci sono versi meravigliosi che descrivono le malattie mentali. Molto meglio di quanto facciano i trattati della medicina moderna... », disse e per rafforzare il suo punto recitò in sanscrito alcune di quelle descrizioni.

Poi Mahadevan, parlando sempre delle malattie mentali, ma ovviamente riferendosi a quel che avevo detto a proposito di « una medicina per me », mi spiegò che quando gli shastra parlano di terapie, non si riferiscono solo a quella che agisce al livello fisico, come fa la scienza moderna, ma includevano la terapia psicologica e soprattutto quella spirituale. Le tre vanno di pari passo.

«Curarsi non vuol dire ingoiare una pillola ogni sei ore», disse. «Vuol dire purificare la propria mente e usarla per sostenere il processo di guarigione, può voler dire fare il bagno in un fiume sacro, andare in pellegrinaggio, partecipare a certi riti, recitare certi mantra. Curarsi vuol dire orientarsi verso un giusto stile di vita. Ai rishi questo era chiarissimo. Capirono che la cosa più importante non è curare le malattie quando insorgono, come fa sempre di più la medicina occidentale, ma prevenire le malattie vivendo una vita in cui il corpo è in armonia e la mente è in pace.»

Mi guardò e, come per sfidare amichevolmente la mia «occidentalità», aggiunse: «... e le pillole che lei mi vede dare ai pazienti non sono una questione di chimica, come le vostre, ma di pranashakti, di forza che dà vita. Sono pillole per il corpo e per l'anima».

Di nuovo citò in sanscrito dei versi dagli shastra, poi mi spiegò che certo le medicine ayurvediche erano fatte di erbe, di piante, a volte di qualche minerale, polvere di pietre preziose o certi specialissimi prodotti animali, ma erano anche impregnate di mantra e, in certi casi, andavano prese tenendo di conto dell'oroscopo del paziente.

«Sì, è vero», continuò, «le nostre medicine non hanno effetti immediati, anzi per loro natura agiscono lentamente, dando così al paziente il tempo di fare i conti col suo karma. Quando quello è esaurito attraverso la sofferenza, la malattia passa. La medicina occidentale, lo riconosco, è molto più efficace della nostra nei casi acuti, nelle situazioni in cui c'è urgenza di intervenire, come con la chirurgia. Ma la medicina occidentale non capisce tutto il resto, soprattutto non afferra l'aspetto spirituale della vita.»

Mahadevan era un uomo di grande fede. Secondo lui la sua «scienza», l'ayurveda, veniva da Brahman, il divino onnisciente creatore; i rishi tre o quattro millenni fa l'avevano recepita durante la meditazione e alcuni loro seguaci l'avevano trascritta negli shastra qualche secolo prima di Cristo.

Forse perché io non ho mai avuto una fede, istintivamente ho una certa simpatia per chi ce l'ha, ma...

«Dottor Mahadevan, lei è un uomo del mio tempo. Come può pensare che qualche migliaio di anni fa uomini come lei e me, pur con una connessione divina, siano riusciti a capire tutto quello che l'uomo ha bisogno di sapere? Come può credere che negli shastra ci sia un capitale di conoscenza, anche scientifica, che non muta e che non ha bisogno di aggiornamenti?»

«È così. L'ayurveda è una scienza eterna proprio perché non dipende dalla ricerca. La scienza cambia in continuazione, l'ayurveda no. L'ayurveda è frutto di una visione e quella visione è eterna: non è da modificare, non è da aggiornare. Noi medici siamo come gli uccelli che vanno e vengono, ma l'ayurveda è l'albero che rimane. La logica di quella visione dei rishi è stata usata da millenni. L'ha usata mio nonno e la useranno i miei nipoti.»

«E le nuove malattie?» chiesi. «Il mondo in cui viviamo cambia in continuazione e la medicina deve adattarsi, rispondere alle nuove esigenze. Non le pare?»

«No. Le circostanze possono cambiare, ma la teoria di base non cambia perché ha a che fare con la natura. E nessuno ha il potere di cambiare la natura. E poi, le malattie. Il mio compito di medico è quello di eliminare la sofferenza provocata dalle malattie, non le malattie in sé. La gente mi chiede se noi ayurvedici curiamo l'AIDS, la leucemia o il diabete. E la mia risposta è che noi non curiamo le malattie, vecchie o nuove che siano, ma le persone. A volte i pazienti guariscono di malattie di cui io non so neppure il nome. Lei deve capire: il fine dell'ayurveda è di creare un modo di vivere sano in cui tutti gli esseri viventi, animali compresi, siano sani. E quel sano non si riferisce solo al corpo ma, specie nell'uomo, alla sua totalità.»

Gli chiesi come definiva un uomo sano e fu come invitarlo a nozze. «Swasta! Swasta!», disse. Poi sciorinò, sempre a memoria, dei bei versi sanscriti. Erano di un famoso medico vissuto a Benares nel VI secolo prima di Cristo e tradotti da Mahadevan dicevano:

«La persona è sana quando è in stato di swasta, quando tutti gli elementi vitali, il fuoco e le funzioni sono in equilibrio; quando le escrezioni sono regolari; quando la mente, i sensi e l'anima sono tranquilli».

«Stupendo, non le pare?», esultò Mahadevan. «La salute non sta nella normalità delle varie analisi che fa la medicina occidentale: TAC normale, esame del sangue normale, colesterolo normale. Una persona può avere tutto questo normale e non stare affatto bene. E questo è particolarmente vero quando la mente è instabile. Swasta significa armonia, stabilità nella realizzazione del Sé. Questa per noi è la vera salute.

«Come vede allora, nell'ayurveda il concetto di salute va molto oltre il normale livello di coscienza, va oltre, diciamo, la salute nel senso della medicina occidentale. I rishi erano davvero 'veggenti', hanno visto al di là dell'apparenza, hanno visto dentro l'uomo. Hanno capito che la sofferenza umana non è solo fisica e che la più grande fonte di infelicità è l'ignoranza spirituale, il sentirsi separati dalla totalità. Lei lo sa: solo la conoscenza del Sé risolve tutti i nostri problemi.

«Ed è solo in questo senso che anche noi ayurvedici ci interessiamo alla salute fisica perché anche per uno yogi che volge la propria mente sulla Realtà Ultima della Conoscenza, la salute fisica è importante.»

E giù di nuovo dei bellissimi versi: *Dharma patana mokshanam*..., se devi fare il tuo dovere nel mondo, se vuoi arricchirti, se vuoi godere dei piaceri sensuali o se vuoi conoscere il Sé, sempre il tuo corpo deve essere sano.

«Questa visione è alla base del sistema ayurvedico. Un medico deve entrare nella mente del paziente con la luce della sua conoscenza ed eliminare l'ignoranza che è la ragione ultima di tutte le malattie. La conoscenza è quel che conta perché solo la conoscenza è in grado di soddisfare la mente. Come vede», concluse Mahadevan, «l'ayurveda non è un sistema di medicina con un fine pratico, materiale: la salute fisica. È un sistema spirituale il cui fine è moksha, la liberazione dal rinascere... Continuiamo domani?»

La mattina dopo, Mahadevan fece aspettare la fila dei pazienti perché volle darmi la sua seconda lezione all'inizio della giornata così che potessi poi capire un po' meglio come trattava i vari casi che si sarebbero presentati.

«Quando un paziente è nuovo e non ho ancora una cartella con gli appunti presi durante le visite precedenti e la sua classificazione, la prima cosa che debbo fare è osservarlo attentamente, sottoporlo a una serie di domande e decidere qual è il suo modello costituzionale. Da questo dipende poi tutto il resto», cominciò.

La questione dei «modelli» mi interessava perché anch'io sono convinto che il buon Dio non può fare tutti gli uomini l'uno diverso dall'altro e che si serve di forme, dei modelli da cui escono persone estremamente simili. Ognuno di noi poi scopre che nella vita si tende a essere amici o ad avere simpatia per persone che si assomigliano fra loro, che sono cioè state fatte con lo stesso stampo anche se variano le taglie e persino il colore della pelle.

«Secondo l'ayurveda», disse Mahadevan, «l'intero universo, con tutti gli oggetti e tutti gli esseri viventi, compreso l'uomo, è composto da cinque elementi: terra, aria, acqua, fuoco ed etere. Questi cinque elementi sono la base della realtà fisica del cosmo per cui sono dentro e fuori di noi, sono nel cibo che mangiamo, nelle piante, nelle erbe; sono in tutto quello che lei vede o tocca.

«Nel corpo umano questi cinque elementi si manifestano nei tridosha, i tre principi funzionali – vata, pitta e kafa – che governano tutte le nostre funzioni fisiche e mentali.

«Etere e aria sono elementi privi di forma per cui nel corpo rappresentano ciò che è instabile, inquieto. Questo è vata. Dal fuoco viene pitta; dall'acqua e dalla terra viene kafa. Questi tre principi si manifestano in maniera diversa in ogni organo, ogni cellula del corpo. Nel corpo un elemento finisce generalmente per prevalere sugli altri due, oppure due assieme prevalgono sul terzo. Bene, quell'elemento predominante per noi ayurvedici è importantissimo perché determina il modello costituzionale di una persona. Per cui diciamo che una persona è vata quando l'elemento etere-aria domina sugli altri. Una persona è pitta quando il suo elemento prevalente è la manifestazione del fuoco. E così via. Questo modello costituzionale ci viene con la nascita e rimane praticamente costante per il resto della vita. I fattori che determinano quel modello sono tanti, da quelli ereditari a quelli astrologici, da quelli legati alla fisiologia di una persona, al suo karma.

Fattori astrologici?

«Certo», rispose. «L'influsso dei pianeti determina il carattere di una persona anche dal punto di vista della salute.»

Non riuscivo a capire come, con tre soli «stampi», fosse possibile stabilire chi era stato fatto con quale stampo e chiesi a Mahadevan di descrivermi un vata.

«Una persona vata», disse, «è magra, non ha grasso, non ha molti capelli e questi sono secchi e forforosi. I suoi occhi sono piccoli e torbidi. Vata è una persona che può mangiare quanto vuole, ma non ingrassa; è di solito alta con lunghe estremità. Il suo sistema immunitario è debole. A volte ha molto appetito, a volte no. A volte è regolare di intestino, a volte no, appunto per la natura instabile di vata. L'instabilità è la costante della persona vata che è inquieta, non sta mai ferma, è indecisa; ha difficoltà a dormire e parla molto. Alcuni suoi arti possono essere storti. Sogna, ma spesso ha incubi. La sua prima reazione dinanzi al nuovo è la paura. Ha una cattiva memoria. Guadagna molto, ma non riesce a risparmiare. Spende immediatamente quel che ha. Non tollera il freddo e vuole essere protetto. Crede in un mondo immaginario. Può sedere per lunghi periodi in meditazione.»

Non mi ci riconoscevo. «E pitta?»

«Pitta è una manifestazione di agni, il fuoco. Per cui pitta è una persona piena di energia, calda, oleosa, intellettuale. Ha grande appetito e difficoltà a dormire. Suda molto, ha capelli grigi già in giovane età, non sopporta il caldo, non sta volentieri al sole, va matto per i gelati, è irascibile, si arrabbia facilmente, ma tutto gli passa presto.»

Anche qui non c'ero completamente.

«Kafa è il tipo opposto di vata», continuò Mahadevan, «è grasso, spesso obeso, molto stabile, si muove lentamente, ha la faccia rossa e capelli oleosi, il bianco degli occhi molto nitido. Kafa è un perfezionista, calmo e tollerante.»

Ovviamente, almeno secondo me, non ero neppure kafa.

«Quando uno di questi elementi aumenta rispetto agli altri insorge la malattia», continuò Mahadevan. «La malattia è la rottura dell'equilibrio originario dei tre elementi costitutivi. Le cause possono essere tante, soprattutto una dieta o uno stile di vita sbagliato, un trauma, un fattore esterno o uno legato alle forze soprannaturali. Secondo noi le emozioni sono spesso responsabili della rottura di questo equilibrio. Le emozioni, come il cibo, hanno i loro sapori che influenzano i tre elementi costitutivi forzando l'aumento di uno rispetto agli altri. Il dolore è amaro, il desiderio è dolce, la rabbia è piccante, l'ingordigia è salata e con questo aggrava il kafa.»

Mi fece pensare a Dan Reid che, citando la tradizione medica cinese, diceva di fare attenzione alle emozioni che sono causa di malattie: rabbia, paura, odio, gelosia contribuiscono alla cattiva salute, mentre altre come la carità, la compassione, la gioia, o – come aveva scoperto Norman Cousins – le matte risate, contribuiscono a stare bene. Mi tornava.

E da piccolo, mia nonna, non mi obbligava a fare la pipì subito dopo che mi ero preso per qualche ragione un gran spavento? Era ovviamente un vecchio modo di eliminare dal sistema i residui negativi di un'emozione che si pensava potesse avere brutte conseguenze. Lo raccontai a Mahadevan e lui mi disse che in India si fa esattamente la stessa cosa. Anche con gli adulti. Se una persona a cui è morto qualcuno di caro non piange, i familiari ricorrono alle cipolle, al fumo negli occhi e se ancora non piange, arrivano addirittura a picchiarla pur di farle sciogliere quel nodo di emozioni.

«Anche le malattie», continuò a spiegare Mahadevan, «hanno una loro natura legata alle tre categorie, per cui ci sono malattie vata, pitta e kafa. Una malattia non è di per sé grave, curabile o incurabile. Tutto dipende dal contesto in cui insorge. Una malattia kafa, ad esempio, è grave in una persona kafa. Da questo lei capisce che in ayurveda non c'è un trattamento generalizzato per la stessa malattia. Neppure per il raffreddore. La stessa malattia in persone di costituzione diversa deve essere trattata diversamente, così come è vero che l'eccesso di un elemento costitutivo in persone diverse si manifesta in malattie diverse che però vengono trattate allo stesso modo. Questo perché la terapia consiste nel ristabilire nell'ammalato l'equilibrio fra vata, pitta e kafa, qualunque sia la malattia. Questo trattamento è, per intenderci, allopatico, nel senso che la cura è di segno opposto – e non di segno simile come nell'omeopatia – alla costituzione della persona. Ad esempio, una persona kafa, in cui predomina l'umido e il freddo, viene trattata con una terapia a base di caldo e secco e di sapore piccante. Una persona pitta, invece, focosa e calda, viene trattata con erbe rinfrescanti. Il cibo, con i suoi diversi sapori, è di per sé un'importante medicina.

«Una volta stabilito il modello costituzionale del paziente e capito cosa possa aver causato la rottura del suo equilibrio, dove sia cominciata la sua malattia, in quale stagione, quale sia la sua immunità, la sua forza di volontà, la sua dieta, il suo stile di vita, il resto è facile perché per ogni caso ci sono solo due forme di trattamento: quel che è aumentato va diminuito, quel che è diminuito va aumentato.»

Con che cosa?

«Tutto può servire, perché niente nell'universo è inutile. A noi può sembrare che potremmo fare a meno degli scorpioni o dei serpenti velenosi, ma non è così. Ogni cosa ha un valore unico ed esiste per nutrire tutte le altre in cambio di esserne nutrita. Niente è completamente buono o completamente cattivo. Tutto nell'universo può essere usato come medicina, anche un veleno, se vi si aggiunge la saggezza. E in certe situazioni non diamo niente, perché anche niente può essere qualcosa.»

Potevo non essere affascinato da questa visione dell'universo?

Il giorno prima avevo visto un uomo che portava alla clinica delle sanguisughe e volli sapere a cosa servissero, visto che la medicina moderna le ha scartate come esempio di una passata barbarie terapeutica.

Le sanguisughe, disse Mahadevan, erano di due tipi: uno velenoso, da lui usato in certi casi di artrite; l'altro, più comune, da usare per le cisti negli occhi. Tutti e due i tipi venivano dallo stagno coi fiori di loto davanti all'ospedale in cui alloggiavo io.

Sentivamo tutti e due aumentare fuori dalla porta il numero dei pazienti che aspettavano e, per tirare le fila della nostra conversazione, Mahadevan ricorse ancora una volta alle sue amate scritture:

«Sukarta sarva butanam... Creare condizioni di salute per tutti gli esseri viventi è il fine della mia scienza. Il modo migliore non è curare le malattie, ma prevenirle. Il compito del medico ayurvedico è d'insegnare alla gente a vivere con equilibrio, giudizio e coscienza».

Fino a duecento anni prima, disse Mahadevan, la saggezza degli shastra era stata parte della vita quotidiana della gente, specie nell'India meridionale. La cucina di ogni famiglia era attrezzata con erbe e spezie da usare nella preparazione del cibo. Ognuno sapeva, sulla base della propria costituzione, cosa doveva evitare e cosa gli faceva bene: per stare in salute, l'uomo vata ad esempio stava naturalmente lontano dai cibi secchi e freddi. Ma il colonialismo prima e la modernità poi avevano allontanato la gente, specie quella cittadina, dalla propria tradizione ayurvedica vecchia di millenni.

Oggi, secondo Mahadevan, l'ayurveda era ancora una volta minacciata da un pericolo: il commercialismo, come lo chiamò. L'aggettivo «ayurvedico» veniva ormai usato liberamente per reclamizzare ogni sorta di prodotti e in particolare quelli cosmetici che con l'ayurveda non avevano niente a che vedere. Nel Kerala l'ayurveda era diventata un fatto turistico con vari centri che offrivano massaggi di ogni sorta. Un ashram che si diceva ayurvedico era diventato di grande moda, specie fra gli stranieri, perché praticava il sesso libero come mezzo per «staccarsi da tutti i desideri».

Ero già da tre giorni a Derisanamscope, quando Mahadevan annunciò di volersi dedicare al mio caso. Gli sarebbe stato impossibile farlo all'interno della clinica, dove qualcosa richiedeva sempre la sua attenzione e solo a casa sua saremmo stati tranquilli. Passò quindi tutti i pazienti del pomeriggio a suo cugino, anche lui medico, e mi invitò a seguirlo.

La famiglia Mahadevan – il nome vuol dire Grande Dio, un sinonimo di Shiva – era una delle più importanti del villaggio, ma la sua casa, una di quelle basse lungo la strada lastricata, non si distingueva in alcun modo dalle altre. Come le altre aveva sul davanti un piccolo portico con un piano in muratura, rialzato da terra, sul quale, al riparo dalle intemperie, potevano fermarsi a riposare o a trascorrere la notte i sadhu di passaggio. Era quello un antico modo di dare ospitalità ai santi mendicanti: al mattino, prima che ripartissero, mi spiegò Mahadevan, le donne della casa potevano portar loro da bere e da mangiare senza doverli fare entrare nell'abitazione vera e propria.

Anche la casa dei Mahadevan era costruita attorno a un cortile sul quale spiovevano i tetti delle varie stanze circostanti in cui, senza quell'obbligatoria distinzione fra soggiorno, camera da letto e cucina data così assurdamente per scontata in Occidente, viveva la famiglia. Il cortile serviva per raccogliere la pioggia, per lavare e lavarsi. Solo tornando da un funerale, mi disse Mahadevan, bisognava fare le abluzioni nel portico esterno, fuori dalla porta. Il gabinetto doveva essere ad almeno duecento metri da casa e quello non lo vidi.

Nel modo in cui Mahadevan mi spiegava le varie abitudini della sua famiglia e del villaggio sentivo una punta di orgoglio: l'orgoglio dei bramini che, restando fedeli alle tradizioni, erano riusciti attraverso i secoli a mantenere «stabile e sana» la loro vita. Le scritture sacre erano state la loro guida. I Veda infatti stabilivano con estrema precisione le regole per ogni attività, le soluzioni per ogni circostanza. Nei Veda stava scritto quel che andava fatto e detto, quando e come. Attenersi a quel codice di condotta significava garantirsi l'ordine, l'armonia e appunto la salute.

Le giornate dei Mahadevan erano ancora ritmate alla vecchia maniera. L'intera famiglia si alzava alle quattro e mezzo per le puja, i riti religiosi del mattino. Il primo gesto era quello di guardarsi i palmi delle mani prima di congiungerli in segno di saluto, per ricordarsi che l'Io, simbolizzato appunto dalle mani, non è colui che fa, colui che decide.

«Chi si ritiene l'autore di un'azione non ha capito nulla», disse Mahadevan, parafrasando un verso della *Gita*. «L'Io non va represso, va solo messo dinanzi al fatto che tutto è Ishwara, dio, che quel che facciamo è Ishwara, e che l'unica cosa a cui aspirare è moksha, la liberazione dal rinascere.»

Il padre di Mahadevan, un avvocato andato in pensione e incaricato della gestione della clinica, volle mostrarmi l'angolo della casa in cui facevano le puja, e il vecchio tamburo che da generazioni era nella famiglia e con cui si davano il «la» per cantare i mantra. Mi parve l'unica cosa preziosa che avessero. Per il resto, in tutta la casa c'era solo grande ordine e pulizia.

Fu il padre a spiegarmi che nel Kerala alcune famiglie bramine avevano tenuto viva la tradizione ayurvedica anche durante il periodo del declino, tramandando di generazione in generazione le scritture sacre imparate a memoria. Essendo l'ayurveda divisa in otto sezioni, ogni famiglia era responsabile di conoscerne una. Avevano fatto così fino a suo padre, che aveva fondato la clinica nel 1924. Suo figlio, il mio medico, aveva avuto la fortuna di nascere con una memoria formidabile. Fin da piccolo aveva imparato col nonno, poi era andato a studiare in una delle grandi scuole di ayurveda, e ora i testi li conosceva praticamente tutti.

Quando il vecchio avvocato andò alla clinica, Mahadevan e io, ognuno col suo quaderno per prendere appunti, ci sedemmo davanti al ritratto del dio protettore della famiglia, una incarnazione di Krishna.

Mahadevan disse che nel corso degli ultimi giorni mi aveva osservato, ma che non era riuscito a classificarmi. Non era sicuro del mio modello costitutivo da cui dipendeva però il modo di aiutarmi. Cominciò allora a farmi un vero e proprio interrogatorio su ogni aspetto della mia vita, i miei gusti, le mie preferenze nel cibo, le mie abitudini – specie quelle delle mie budella –; sul mio modo di dormire e di sognare, la mia spinta sessuale, la mia memoria, la mia capacità di stare seduto a lungo in meditazione o no; sul mio modo di sudare e di reagire agli stimoli esterni. Mi piaceva più star zitto o parlare? ero curioso? se mi veniva la rabbia, mi passava subito? E avanti, avanti così.

L'interrogatorio si estese poi alla storia medica della mia famiglia, alle malattie ereditarie, e io raccontai quel che da bambino mi aveva tanto impressionato: i funerali delle mie zie, morte tutte e due di tubercolosi, poi quello del mio nonno materno, finito allo stesso modo. Mi ricordavo come, tornati dal cimitero, per strada davanti a casa avevano fatto un gran falò, bruciando tutto quello che era stato suo perché l'infezione non passasse ad altri; e come subito dopo la nonna, la meravigliosa nonna contadina, era venuta a stare da noi con solo i vestiti che aveva addosso. E poi sempre quella paura che mi ammalassi anch'io e quegli esami del sangue che mi facevano bruciare il braccio. Erano state fra le esperienze più drammatiche della mia infanzia, ma Mahadevan non pareva interessarsene minimamente. Invece le... emorroidi! Ah, quelle sì che lo interessavano.

«Come! Operato due volte? A distanza di venticinque anni?» Di quelle volle sapere tutto il possibile.

Secondo lui, le emorroidi sono una maharoga, una grande malattia. E qui sciorinò in sanscrito i versi delle scritture sull'argomento, come per confermare con la loro santità quel che diceva. Poi guardò le note che aveva preso, si concentrò e disse che l'80 per cento delle mie risposte erano di una persona vata, il resto era pitta con alcuni segni di kafa, che però secondo lui erano insorti con la malattia e non appartenevano al mio modello. Dunque ero una via di mezzo, ero vada-pitta.

Da questo sarebbe derivato tutto il resto.

«Tenendo conto di tutta la sua storia», concluse, «penso che i suoi elementi vitali non sono stati in equilibrio fin dall'infanzia. Il suo sistema di difesa è sempre stato debole. C'è sempre stato un disturbo di kafa che le ha dato problemi ai polmoni; poi ci sono state le emorroidi che per noi sono un segno importante di qualcosa di molto grave nella parte inferiore dell'addome, dove appunto è concentrato vata. Nel suo caso, vata non scorreva nella direzione giusta, per cui ha preso per un'altra strada, è cominciato a salire verso l'alto, ha prodotto un amalgama di kafa e pitta nello stomaco e questo ha dato luogo alla grande malattia di cui lei ora soffre. Questa è la patologia.»

La gravità della mia situazione stava nel fatto che avevo uno scompenso fra tutti e tre gli elementi vitali, vata, pitta e kafa. A peggiorare ulteriormente le cose c'era, secondo lui, anche una mia seria carenza costitutiva di agni, il fuoco interno da cui dipende l'intero metabolismo.

«Aham vaishvanaro bhutva praninam deham asritaha... Io sono il fuoco e mi manifesto nella digestione...», declamò.

«Gita, capitolo 15, sloka 14», dissi. Ero fresco di studi e potevo darmi delle arie. A lui fece piacere. Allora lo capivo!

«Agni è Krishna», continuò Mahadevan. «È una divinità a cui noi offriamo devotamente il cibo, come durante una puja si offrono al fuoco acqua, burro, riso e altro. Noi facciamo offerte alla divinità e la divinità ci protegge. Ma quando l'agni di una persona è per molto tempo anormale, nel corpo si crea un grosso accumulo di tossicità. »

« Dove? » chiesi. « In quale organo? »

« No, no, questo tipo di tossicità non è dimostrabile », rispose Mahadevan. Poi mi spiegò che tutte le patologie del sistema gastrointestinale hanno a che fare con agni e che, avendo io un kafa patologico e un agni debole, ero destinato ad avere una grave malattia: poteva essere una leucemia o una qualsiasi altra forma di cancro.

Si poteva farci qualcosa?

Sì, disse Mahadevan. La soluzione consisteva nell'aumentare il fuoco digestivo per aumentare la mia resistenza e invertire così la tendenza allo scompenso. La terapia era semplice: si trattava di prendere agni, fuoco, dalle erbe e dalle piante, e di mettermelo nel corpo con una pozione che lui mi avrebbe preparato.

« Mischierò tutte le erbe che hanno dentro il fuoco, più una piantina che in sanscrito si chiama appunto agni. Quando lei prenderà questa medicina dovrà evitare tutti i cibi in cui ci sia zucchero e ghee, burro chiarificato, mentre dovrà mangiare più frutti aspri possibile, come melograni, limoni e arance. »

Secondo lui sarei riuscito così a risolvere il problema di fondo, anche perché, come disse, la malattia non è una condizione naturale dell'uomo. Io avevo una forte volontà di vivere e il guaritore in me si sarebbe messo in moto per aiutarmi.

Gli chiesi che cosa pensava dell'evidente aumento del cancro nelle popolazioni dei paesi industrializzati. Secondo lui era dovuto a quello che chiamava « l'uso perverso » del proprio tempo, della propria intelligenza – fece l'esempio di tanti lavori stupidi che la gente è costretta a fare – e del diventare sempre più schiavi degli oggetti percepiti dai sensi.

« Più la gente si allontana dalla natura, più si ammala. Oggigiorno l'uomo è sempre più egoista, pensa solo a divertirsi, a godere, a indulgere nel mangiare e nel bere. Molte malattie sono causate dal mangiare eccessivo che consuma troppo agni. Mangiare poco non causa alcuna malattia. Le vecchie regole del comportamento sociale e personale vengono seguite di meno in meno... »

Secondo Mahadevan, col giusto modo di mangiare lo stomaco deve riempirsi solo per metà di cibi solidi, per un quarto di liquidi e per un quarto d'aria. Mentre si mangia bisognerebbe bere, ma assolutamente non parlare, appunto per non aumentare la quantità d'aria che ingeriamo.

Addio ai pranzi di lavoro, allora!

E, tanto per concludere nel modo che ormai conoscevo, Mahadevan citò il solito grande medico ayurvedico di Benares che, paragonando il corpo umano all'asse di un carro aveva scritto già nel VI secolo prima di Cristo:

«Come l'asse si logora e alla fine si spezza se il carro è sovraccarico, la strada sconquassata, il guidatore inesperto e le ruote deboli, così la durata della vita umana si riduce o anche si dimezza se il corpo è sottoposto a troppo sforzi, la dieta non gli è congeniale, i pasti sono irregolari, se non si tiene nelle posizioni giuste, se indulge troppo nel sesso, se prende vento o fuoco velenoso, se non sopprime i desideri che possono essere soppressi e cerca di reprimere quelli che non possono essere repressi, e se sta in compagnia di ignobili persone».

«Vede», continuò Mahadevan, «è da questi comportamenti contrari alla morale della vita che nasce la malattia. Ma la medicina occidentale ignora tutto questo, non va alla ricerca della vera causa del male e finisce per spazzare il sudicio sotto il tappeto.»

M'era parso un po' troppo sbrigativo. Pensai ai miei aggiustatori di New York che, tutto sommato, avevano fatto tanti esami e tanti ragionamenti prima di sottopormi alle loro pozioni, e mi venne da difenderli.

«Coi suoi metodi, dottor Mahadevan, lei non avrebbe mai scoperto ad esempio il cancro che avevo nel rene. Per farlo ci voleva un esame sofisticatissimo.»

«E allora? Mi capita spesso di vedere pazienti con cisti congenite nel rene. Non sanno di averle e vivono felici.»

«Ma la mia non era una ciste. In laboratorio hanno visto che era cancro», e così dicendo, mi venne da tirarmi su la kurta per fargli vedere quanto lavoro era andato nel togliermi quell'aggeggio.

«Ma se una persona vive felicemente, perché mandare un pezzo del suo corpo in un laboratorio? Secondo me quei medici l'hanno disturbata inutilmente. Guardi lì», disse puntando il dito sull'ernia.

Mi piaceva la parola «disturbato»: tolto dallo stato di pace.

Forse lui non era poi così folle. In fondo i bravissimi aggiustatori non avevano saputo dirmi da quanto tempo quel corpo estraneo si trovava nel mio rene, né con quale velocità cresceva. Forse me lo sarei potuto tenere fino al resto dei miei giorni senza sottopormi a tanti tagli, a tanti traumi, e senza dover avere quell'ernia che ora mi sbuzzava pericolosamente dalla pancia.

Il giovane Mahadevan non aveva forse tutti i torti. Avevo letto, quand'ero ancora a New York, dello studio commissionato dal Senato americano, secondo cui quasi la metà delle operazioni chirurgiche fatte negli Stati Uniti sono inutili e costano in media la vita a più di diecimila persone all'anno. Che la mia fosse stata una di quelle?

In fondo, che cos'è la malattia? chiesi.

«La malattia è una forma di disarmonia con l'ordine cosmico», rispose, convinto, Mahadevan.

Mi parve un po' esagerato che il mio malanno avesse una tale dimensione, ma l'idea era certo attraente, anche perché in quel caso non avrei avuto più bisogno di affidarmi ai ferri dei chirurghi, ai liquidi fosforescenti o di tornare nelle braccia della Ragna.

Era passato l'intero pomeriggio e il padre di Mahadevan, tornato dalla clinica, suggerì che, invece di mandarmi l'uomo in bicicletta col mangiare, mi fermassi da loro.

Seduti ad aspettare che la madre e la giovane moglie di Mahadevan preparassero la cena, il padre volle parlarmi del tempio. Era una sua grande preoccupazione. Stava cadendo, non c'era più un pujari, e se non facevano presto dei lavori di restauro la pioggia avrebbe sfondato il tetto.

Mi raccontò che per molte generazioni era stata la famiglia dei re del posto a occuparsene, ma quella era decaduta e il tempio era passato nella custodia dei bramini del villaggio. Trattandosi purtroppo di gente senza molti mezzi, lui si era ora accollato il compito di raccogliere fondi per rimetterlo a posto e pagare almeno un pujari che ci facesse quotidianamente le dovute cerimonie.

A distanza mi fu presentata la giovane moglie di Mahadevan. Erano sposati da pochi mesi. Come avviene ancora secondo la tradizione, la ragazza gli era stata scelta dai genitori e lui ne pareva felice.

La cena fu semplicissima e noi uomini mangiammo per primi, serviti dalle donne. Quando Mahadevan ebbe finito, vidi che porse il suo thali sporco alla moglie la quale, senza lavarlo, ci mise la sua porzione di cibo e andò a sedersi accanto alla suocera che, a sua volta, mangiava dal piatto sporco del marito. Non l'avevo mai visto fare prima.

«Per loro è un onore», mi spiegò Mahadevan. Un'altra delle antiche usanze.

Immaginai che una femminista europea o americana assistendo alla scena avrebbe reagito con disgusto e si sarebbe sentita in dovere di «liberare» le due donne dall'oppressione maschilista dei rispettivi mariti. Poi pensai che la stessa femminista si sarebbe interessata moltissimo alla medicina di Mahadevan, perché proprio queste donne occidentali sono oggi le più aperte al nuovo, quelle meno rigide e più pronte a vedere il mondo in chiave «alternativa». Ma era possibile accettare un aspetto di una civiltà, rimasta uguale a se stessa per secoli e secoli, e rifiutarne un altro? Non sarà il tutto intimamente legato da fili che non si possono tagliare a piacimento secondo criteri tutti nostri? Prendere o lasciare, immagino.

Mahadevan volle assolutamente riaccompagnarmi all'ospedale. Era buio e non c'erano luci. Temeva che cadessi. Ne approfittai per chiedergli strada facendo cosa pensasse di un corso come quello di Ramananda su Yoga e il Suono. Poteva la musica essere utile alle mie cellule impazzite?

«Senz'altro. Anche le cellule hanno una coscienza», rispose. «Due sole cose del nostro corpo non ce l'hanno: le unghie e i capelli. Per questo si possono tagliare senza dolore.»

Quella sera non mi addormentai come un sasso. Avevo il naso intasato per la sinusite, la bocca secca e la testa piena dei discorsi del pomeriggio. La mia mente tornava alla domanda: che cos'è la malattia? L'avevo fatta anche a Lucio Luzzatto a New York e ricordavo come lui si era schernito dicendo che preferiva parlare di cancro. Su quello almeno aveva un paio di idee chiare. Chi sa, da scienziato, come avrebbe preso la risposta di Mahadevan che la malattia è uno stato di disarmonia con l'ordine cosmico? Eppure...

Quando ancora ero paziente-cliente dell'MSKCC, mi ero interessato alla storia di una piccola comunità di rifugiati cambogiani finiti in America dopo essere sopravvissuti ai massacri del regime di Pol Pot e dei khmer rossi. Abitavano in una cittadina nei dintorni di Los Angeles quando venne fuori che molti di loro, specie le donne, erano improvvisamente diventati ciechi. Il fenomeno era incomprensibile. Centocinquanta donne vennero sottoposte agli esami più dettagliati da cui risultò che erano tutte clinicamente sane: i loro occhi trasmettevano al cervello i normali impulsi di luce e movimento. Ma le donne non «vedevano»! Forse avevano visto già troppo. Avevano assistito alle torture e alle esecuzioni di tanti loro famigliari in Cambogia e ora, in America, si trovavano a vivere in un ambiente completamente estraneo. Pur avendo gli occhi a posto, non volevano vedere più nulla.

In India, poi, mi aveva colpito una storia raccontata da Jim Corbett, un cacciatore inglese diventato leggendario per i suoi libri sugli animali della giungla e le battute di caccia contro le tigri mangiatrici di uomini. Una notte, mentre Corbett bivacca ai piedi del Trishul, uno dei più alti picchi dell'Himalaya, gli uomini della sua spedizione si mettono a ballare e a far festa al lume dei falò. Con loro c'è il suo più vecchio servo e assistente di caccia. Improvvisamente quello si sente male, cade a terra e perde conoscenza.

«Lo spirito del Trishul è entrato in lui quando ha aperto bocca per cantare», dicono gli altri servi e portatori. Corbett rimanda l'uomo al suo villaggio, lo fa visitare in un paio di ospedali, poi da un medico militare inglese; ma non c'è niente da fare.

«Per far uscire lo spirito dal suo corpo deve morire», dice la gente. E l'uomo lo fa. Si lascia morire. Per tutti i medici era sano. Che malattia era, allora, la sua?

Dal punto di vista del corpo tutto era a posto, ma dal punto di vista dell'uomo come totalità, di cui parlava Mahadevan, era finito un equilibrio, s'era rotto appunto il rapporto cosmico. Quell'uomo aveva perso, a causa di qualcosa che probabilmente non era lo spirito del Trishul, il contatto con la coscienza universale che, secondo il Swami, tiene tanto intelligentemente assieme l'intero universo e si manifesta nell'uomo come forza vitale, come istinto a sopravvivere.

Per la scienza questo modo ayurvedico di ragionare, di vedere salute e malattia in termini di equilibri e squilibri, di armonie rotte e ricostituite, è assurdo. A me pareva invece che avesse un fondo di verità. La malattia non è mai un fatto oggettivo; è soprattutto un'esperienza personale e come tale è per ognuno di noi diversa. Ogni malattia è il frutto della nostra vita, è la *nostra* malattia, ed è assurdo non rendersene conto e pensare, come fa la scienza, che basta prendere delle medicine perché quelle mettano obbiettivamente fine a tutti i nostri mali.

Mi piaceva l'idea dei rishi secondo i quali per tenersi in salute bisogna soprattutto fare una vita giusta. Ma noi, siamo pronti a cambiare la nostra vita che nella maggior parte dei casi giusta non è? Cambiare è una delle cose più difficili da fare. Il cambiamento ci fa paura e nessuno vuole davvero correggere il proprio modo di vivere. Per questo siamo più favorevoli alla terapia oggettiva; per questo preferiamo curarci l'asma con l'aerosol, l'allergia con gli antistaminici e il mal di testa con l'aspirina. Questo è molto più facile, e molto più sbrigativo, che mettersi a capire che cosa provoca in noi questi malanni. Se scoprissimo poi che sono dovuti all'abitare in una casa che ci è poco congeniale, alla compagnia di gente insulsa, al mangiare cose sbagliate e al fare un lavoro privo di significato, saremmo disposti a cambiare?

Cambiare, come si fa? Questo senso di impotenza aumenta la nostra predisposizione al mal-essere.

Quando la mattina andai alla clinica, Mahadevan mi portò in cucina a vedere i suoi famigli indaffarati attorno a un calderone in cui preparavano la pozione per mettermi il fuoco addosso. Non volli rifare l'esperienza di Kottakal e non chiesi con che cosa le erbe erano impastate. Avevo deciso di prenderla e il solo vedere la devozione con cui ci lavoravano mi faceva star bene. L'odore, poi, non aveva niente di sospetto; era pepato, forte, per niente spiacevole.

Quando dissi a Mahadevan che avevo dormito male a causa della sinusite, dalla farmacia mi fece arrivare degli involtini d'erbe aromatiche, come dei piccoli sigari che dovevo bruciare per respirarne il fumo.

Passai il resto della giornata a occuparmi del mio naso. Stavo disteso sulla mia branda, leggevo, facevo i fumi e godevo degli odori e dei suoni che la brezza mi portava attraverso la finestra: voci di bambini, grida di uccelli, il latrare lontano di un cane, rumori di pentole e canti di preghiere che arrivavano dalle case del villaggio.

Ormai avevo l'impressione di conoscerlo, quel villaggio: semplice, ordinato, senza grandi ricchi o grandi poveri, ritmato da vecchie, provate scadenze e in armonia con gli dei a cui ognuno ogni giorno rivolgeva a suo modo il pensiero. Fra le varie conoscenze che avevo fatto c'era un insegnante in pensione che si era preso l'impegno di occuparsi di un piccolo tabernacolo dedicato a Ganesh, all'inizio della strada lastricata. Regolare, ogni mattina alle sei e mezzo ne apriva il cancellino, sciacquava le ciotole e cambiava i fiori. La sera richiudeva il cancellino e accendeva una piccola lampada a olio. Era il suo contributo alla comunità, mi aveva detto.

Questo, immaginavo, era il mondo in cui erano nati i Veda. Questo era l'ambiente in cui agiva ancora Mahadevan con la sua medicina per poveri. Qui, in queste condizioni di vita, l'ayur-veda aveva senso, qui lui poteva parlare di prevenzione, di vita giusta e di connessione cosmica. Ma in una città moderna, dove ognuno vive per conto suo, da sconosciuto fra sconosciuti? dove la salute sta semplicemente nel reagire alla malattia nel tentativo di ristabilire una qualche normalità che permetta all'ammalato, ruzzola nella macchina produttrice, di ripartire la mattina, pigiato nella metropolitana, fare il suo lavoro, e tornare la sera nel suo bicamere a guardare la televisione? In quelle condizioni è indispensabile avere degli aggiustatori, è inevitabile affidarsi alla chimica, ai tranquillanti, ai liquidi fosforescenti e al resto.

Inutili per me, allora, Mahadevan e la sua scienza? Niente affatto. Mahadevan è il medico ideale da incontrare quando si è sani. Un medico che si dovrebbe conoscere presto nella vita, perché ci insegni a mangiare e a digiunare, a camminare e a stare fermi, a stare in piedi e a star seduti (fa tanta differenza come ci si sta!); ci insegni a respirare usando i nostri polmoni in pieno e non solo in parte, a far l'amore non come esercizio ginnico, ma come atto yogico, visto che oggi siamo in tanti a saper di yoga, come atto di unione. Un medico che ci insegni a vivere una vita giusta.

Guardavo me. In fondo, con tutta la mia simpatia per questa cultura e il mio ascoltare chi me ne parlava, anch'io altro non ero che un pirata occidentale partito all'arrembaggio di quest'ultima nave d'Oriente per cercare di portarle via... una medicina. L'avrei ottenuta e l'avrei anche usata, ma potevo onestamente sperare che avesse su di me, malato dell'altro mondo, lo stesso effetto che avrebbe avuto su chi, in questo mondo, ci avrebbe aggiunto il bagno nel fiume sacro, la fatica di un pellegrinaggio o il semplice canto dei mantra?

In altre parole: possiamo affidarci a una medicina olistica senza fare una vita olistica? Per farla ci vuole ben altro che meditare, bere tisane, fare yoga e curarsi con le erbe, tanto per dirsi olistici al trentasettesimo piano di un grattacielo di New York, o magari in un appartamento elegante al centro di Milano!

Non era, questo dell'ayurveda, un altro caso di quella deterritorializzazione – e qui anche di detemporalizzazione – di cui parlava Leopold?

Una delle mie ultime sere a Derisanamscope, tornando dal tempio che era diventato la meta delle mie passeggiate del tramonto, mi aspettò una sorpresa. Nella camera accanto alla mia c'erano due nuovi ospiti: il vecchio pediatra e sua moglie, miei co-shisha all'ashram. I due mi erano sempre piaciuti e vederli lì fu una gioia. Lui, piccolo, forte e compunto – il suo discorso d'addio al Swami era stato un gioiello di intelligenza e di devozione –; lei, più alta, dritta, sempre affettuosamente di appoggio al marito.

Aspettando che l'uomo in bicicletta ci portasse la cena, ci sedemmo nel patio davanti alle nostre camere. Ricordammo alcune esperienze nell'ashram, poi lei cominciò a parlare della sua famiglia, cosa che gli indiani fanno con la stessa facilità degli italiani. Solo che il paragone si fermò lì perché la conversazione che seguì non avrebbe mai potuto aver luogo in Italia né in nessun'altra parte del pianeta.

Le donna mi stava ancora dicendo quanti figli e quanti nipoti avevano e cosa ognuno di loro faceva, quando lui la interruppe per raccontare che, poco prima di lasciare casa per andare al corso di Vedanta, avevano convocato tutti, figli, nuore e nipoti, per annunciare che da quel giorno il nonno e la nonna, dopo una vita in cui nessuno dei due aveva mangiato carne, e solo lui aveva una volta bevuto l'alcool, ora avevano deciso di comune accordo di rinunciare anche al sesso. Lui a sessantadue anni, lei a sessanta avevano fatto voto di castità per meglio concentrarsi sul loro cammino spirituale. Figli, nuore e nipoti si erano complimentati per quella decisione e avevano fatto loro una gran festa.

« Il senso di potenza che viene da una decisione come questa è quasi pari al piacere in sé », disse lui per concludere la storia. Poi ricordò come suo padre, quand'era bambino, gli diceva sempre che l'uomo, se è determinato, può fermare una tigre e mungerla.

« La nostra mente è potentissima e con quella possiamo fare di tutto », aggiunse la donna. Era stata infermiera, poi per anni aveva diretto una scuola di infermiere e ora, assieme al marito, non aveva che un ultimo obbiettivo: raggiungere moksha in questa vita.

Erano venuti nella clinica di Mahadevan per sottoporsi ai cinque trattamenti di purificazione, i panchakarma, a base di oli e massaggi, secondo il principio classico yoga di rafforzare il corpo per dedicarsi meglio alla liberazione.

«Quando, come la tartaruga che ritira i suoi arti, colui che medita ritira i sensi dagli oggetti, la sua visione si fa ferma e stabile», disse il vecchio pediatra, citando i versi della *Gita*.

Ero affascinato; e dentro di me li ammiravo per la loro determinazione. Non c'era niente di moralistico in quel che facevano. C'era solo la convinzione, ovvia del resto, che chi vuole perseguire un obbiettivo deve mandare tutte le sue energie in quella direzione, non nella direzione opposta. Il fine dei due era di staccarsi dal corpo, quindi non c'era più ragione che continuassero a dar retta ai sensi di quel corpo.

L'astinenza è sempre stata considerata dalla tradizione indiana come una condizione indispensabile alla conoscenza. L'adolescente che andava a vivere in un Gurukulam prendeva i voti di brahmacharya perché in quel momento la sua meta era di conoscere il mondo interiore, il Sé, non il mondo esteriore, quello appunto percepito dai sensi. Una volta finito il periodo col guru, però, finiva anche l'impegno di brahmacharya, e da allora in poi era assolutamente giusto che il giovane perseguisse ogni sorta di piaceri.

Il sesso di per sé non è mai stato visto in India (almeno non fino alla conquista musulmana) come riprovevole o come strumento del diavolo. Il Kamasutra è scolpito da secoli nella pietra di uno dei più sorprendenti templi del paese, quello di Kajurao. E fino a oggi nei mercati di campagna si vendono raffigurazioni erotiche incise su foglie di bambù perché le madri possano insegnare alle figlie come essere buone amanti, una volta sposate.

Col pediatra e sua moglie ricordammo come il Swami si divertiva ogni tanto a paragonare l'atteggiamento indiano nei confronti dei genitali con quello degli occidentali. Lui stesso ne parlava senza alcun ritegno e diceva quanto saggi erano stati gli antichi a mettere il lingam e la yoni al centro della loro religione. Avevano capito che niente era più perfetto e più sacro di quei due organi a cui tutti dobbiamo la vita. Gli occidentali, diceva, li coprono con un foglia di fico; noi indiani li ricopriamo di fiori!

Mi sorprese con quanta naturalezza riuscii anch'io a parlare di sesso col pediatra e sua moglie. C'era saggezza in quel loro prendere le distanze da qualcosa che nella vita richiede di solito tanta attenzione e tanto tempo. Vedevano il loro impegno all'astinenza come parte del nuovo equilibrio che cercavano. L'idea di fondo era che nell'universo tutto è armonizzato e che basta seguire la natura per fare quel che è giusto. Frutta e verdura vanno mangiate nella stagione in cui maturano perché la terra produce cose calde nei tempi freddi e cose fredde nei tempi caldi. La stagione di loro due non era più quella dei sensi. Li capivo.

E noi, in Occidente, che mangiamo ormai quel che ci pare quando ci pare? Il cavolo a primavera, le ciliege d'inverno? Che facciamo l'amore a ottant'anni, grazie al Viagra? Con quali conseguenze? Alla lunga sono imprevedibili. A breve scadenza, nel caso del Viagra almeno, col rischio dell'infarto.

Il vecchio pediatra quello se lo sarebbe risparmiato. Il giorno dopo, assieme alla sua cara moglie con cui, dopo averci spartito la vita, spartiva ora l'ultima avventura dello spirito, avrebbe cominciato la serie dei massaggi purificatori.

Dopo una settimana d'una vita così serena e ordinata, lasciare «Il posto da cui è stata scoccata la freccia» fu un vero distacco.

Quando, assieme a un gruppo di altri pazienti, salii sull'autobus che andava verso Nord, vidi, allineati a salutarmi sui gradini della clinica, Mahadevan, suo padre, il cugino, alcuni dei famigli e il pediatra con sua moglie; ma soprattutto, alle spalle di tutti loro, imponente e sorniona, vidi lei, la donna-demone, immobile a guardare il cielo. In vita aveva disturbato i rishi e Rama; ora, da morta, come per riequilibrare i suoi misfatti, proteggeva – ne ero convinto – quella bolla di sapone della tradizione e quei pochi seguaci fedeli dei grandi, vecchi maestri di vita, i rishi.

Mi bastò fare alcuni chilometri di strada asfaltata per rendermi conto quanto unica e fortunata fosse Derisanamscope. Presto cominciammo a passare attraverso villaggi dove, sopra le palme, svettavano le croci al neon della nuove chiese, costruite dalle aggressive sette protestanti di cui aveva parlato il Swami. Erano grandi e fuori luogo, con la loro ostentata opulenza. Erano per giunta chiuse, perché non era domenica.

Sarebbe riuscito il padre di Mahadevan a trovare abbastanza soldi da riparare il vecchio tempio di Rama e farlo vivere ancora per un po', in fondo al villaggio?

FILIPPINE

SALVI PER MAGIA

IL BAMBINO è immobile, a torso nudo, disteso per terra. Un uomo impugna un coltello e gli taglia la gola da un orecchio all'altro. O almeno, così pare. Il sangue gli gronda sul petto.

«È mio figlio», urla l'uomo rivolto alla folla. «Ma lo debbo sacrificare. Me lo ha chiesto la dea Kali. Non ho scelta.» E si appresta a dare un ultimo colpo per staccare al bambino la piccola testa che già appare mezza mozza.

Dalla folla inorridita si alzano delle grida:

«No... No... Aspetta».

Il bambino è ancora vivo e sgrana gli occhi. L'uomo sembra indeciso.

«Volete davvero salvarlo?», chiede.

«Sì... sì...», grida la folla.

«Un modo c'è», dice l'uomo. «Kali accetterebbe la testa di una capra invece della sua, ma io sono povero e una capra costa tanti soldi. Aiutatemi a salvarlo. Datemi qualcosa. Ognuno di voi, qualcosa.»

Dal pubblico cominciano a piovere tante monetine che cadono attorno ai due.

«Grazie. Grazie», sussurra l'uomo e lentamente stende una vecchia coperta su quel corpicino. Poi alza le mani al cielo e, rivolto alla dea Kali, la prega di ridargli il figlio sano e salvo. La folla ammutolisce: sotto la coperta qualcosa si muove. L'uomo d'un colpo la tira via e il bambino tutto d'un pezzo, con la testa intatta sulle spalle salta su e corre a raccattare i soldi per terra. Il padre, sorridente, si mette platealmente con un cencio a pulire il coltellaccio insanguinato.

Sulle piazze dell'India lo spettacolo si ripete e la gente, pur sapendo come va a finire, torna, ogni volta con nuova curiosità, a farsi impaurire, divertire e alla fine a pagare. È successo così da secoli – non solo in India – e la reazione del pubblico, la nostra reazione, è sempre la stessa perché ha a che fare con qualcosa di profondo nell'animo umano che non cambia coi tempi, né coi luoghi: il desiderio di guardare al di là, di vedere un mondo diverso da quello che conosciamo.

Quello che istintivamente ci piace nei maghi, che ci affascina nei prestigiatori è il fatto che ogni volta sono capaci di sorprenderci. Il loro potere è irresistibile. Sappiamo bene che è impossibile tirare fuori da un cappello vuoto conigli e piccioni, che non si può segare in due una donna e poi farla miracolosamente riapparire tutta intera, eppure siamo pronti a guardare e riguardare la stessa scena, ogni volta contenti di farci ingannare.

Certo, tutto è dovuto a un trucco, ma quasi non lo vogliamo scoprire per non toglierci il piacere dell'illusione. Sappiamo che il mago non cambia la realtà; cambia solo il modo in cui noi la percepiamo. Ma già questo ci lascia a bocca aperta e spesso ci lascia persino con un filo di inconfessata speranza che il mondo possa essere miracoloso come il mago ce lo fa apparire e non com'è.

Sui guaritori filippini e la «chirurgia psichica» con la quale toglierebbero dal corpo della gente tumori e altre diavolerie senza lasciare alcuna traccia di tagli, come nel classico caso indiano del bambino decapitato, sapevo più o meno tutto quello che c'era da sapere. Una quindicina d'anni prima me n'ero occupato da giornalista, ero stato per due settimane alle calcagna di alcuni famosi guaritori del momento, li avevo osservati operare, avevo parlato coi pazienti miracolati e quelli no, e le conclusioni a cui ero arrivato erano quelle comuni ai più che se n'erano occupati prima di me: i guaritori sono maghi; i loro «miracoli» sono frutto di abilissimi trucchi che, a occhio nudo, pur da distanza ravvicinata, non è facile scoprire.

Anch'io non c'ero riuscito. Avevo visto occhi tolti dalla loro orbita «risanati» e rimessi a posto (un altro classico di magia indiana in cui erano specializzati i fachiri, ho poi scoperto); avevo visto grumi di sangue e pezzi di carne uscire dalla pancia e dalla gola della gente, ma onestamente non potevo dire d'aver capito con esattezza come i guaritori creavano quella illusione. Un'illusione così realistica che aveva fatto raggelare anche me.

Durante quelle due settimane era successo questo. Folco, mio figlio allora sedicenne e interessato al paranormale, mi aveva accompagnato nelle Filippine. Un giorno a Manila, quando uno dei guaritori che seguivamo, alla fine di tante operazioni, chiese se qualcun altro aveva bisogno di aiuto, Folco, che da giorni scalpitava «per provare», si fece avanti. Il suo problema era quello di tanti giovani della sua età: credeva d'avere un'incipiente acne sulla faccia.

Il guaritore gli fece togliere la camicia, lo distese sul lettino, gli mise un crocefisso nella mano destra e gli disse di chiudere gli occhi. Poi con una mano coprì la gola di Folco e con l'altra aggeggiò sotto. Io ero vicinissimo, alzai la macchina fotografica, misi il fuoco a meno di un metro e cominciai a scattare, quando... un fiotto di liquido rosso zampillò da sotto il mento di Folco, gli riempì l'incavo della gola, gli colò sul petto. E io fui terrorizzato. Come avevo potuto permetterglielo? Come potevo mettere a rischio la sua vita tanto per soddisfare la sua curiosità giovanile o, ancor peggio, la mia giornalistica?

Il panico durò poco. Nel giro d'un minuto, forse anche meno, tutto era finito. Folco si rialzò divertito e sorridente, e io, tornato giornalista, raccolsi di nascosto uno dei fazzoletti di carta con cui gli assistenti del guaritore avevano asciugato il suo «sangue». Ma non feci però in tempo a mettermelo in tasca, per poi farlo esaminare come pensavo. La mano di uno di quei pii giovanotti guardaspalle del maestro bloccò fermamente la mia, quasi me la storse finché non lasciai la presa e la... prova dell'inganno.*

Da allora erano passati molti anni. La buona e cattiva fama dei guaritori filippini non era cambiata. Ma certo ero cambiato io. Sapevo qualcosa più di prima sui meccanismi della mente, ero meno scettico su tutto ciò che può contribuire a «guarire» una persona, e soprattutto ero io un ammalato che, dopo aver usato tutti i mezzi a disposizione della medicina normale, si interessava al resto.

Così, quando sentii che il reverendo Alex Orbito, il più grande guaritore filippino del momento, inaugurava nella sua cittadina natale, a Nord di Manila, la Piramide dell'Asia per farne il Centro Mondiale della Salute decisi di unirmi alla carovana.

Ho sempre avuto un debole per i filippini, per il loro ironico fatalismo, la simpatica prosopopea con cui imbellettano la loro miseria, il loro essere calorosi e di cuore aperto: i meno asiatici degli asiatici, i più latini d'Oriente. Umanamente li ho sempre sentiti molto affini, forse perché, come a me, anche a loro piace poco stare nel seminato.

---

* Folco non ha poi avuto l'acne, ma, secondo me, non ce l'aveva neppure allora.

La jeepney, versione allungata e filippinizzata della vecchia jeep militare americana, usata come taxi collettivo è tipica del paese. Ridotta strutturalmente all'osso, coi sedili più scomodi che ci si possa immaginare, la jeepney è però un'esuberante dichiarazione di gioia con tutte le sue bandierine svolazzanti, una vera tromba per clacson e le fiancate dipinte con immaginari paesaggi, le facce dei divi cinematografici e i più strani messaggi. Sulla prima jeepney che mi capitò di vedere uscendo dall'aeroporto, a caratteri cubitali c'era scritto: «Preparati. Gesù sta per arrivare».

Il centro operativo della grande kermesse legata alla Piramide dell'Asia era in un grande albergo sul Rochas Boulevard. Degli striscioni verdi davano il benvenuto alle delegazioni straniere. Nell'ingresso c'era un bancone per registrarsi, poi ognuno andava a ritirare una borsa da congressi, quelle con su scritto le date e il luogo dell'avvenimento e con dentro il materiale da leggere, il programma, il blocco per gli appunti e la penna ricordo.

Bastava guardarsi attorno per capire che Alex Orbito era oramai una sorta di multinazionale, con una sua agenzia di viaggio, la Orbitours, a disposizione di tutti per organizzare «escursioni, servizi di guarigione e shopping», come diceva il dépliant nella borsa, un ufficio di pubbliche relazioni e tante «filiali» in varie parti del mondo dove ogni anno Orbito andava a operare a catena centinaia di persone.

Attorno a lui c'era di tutto: in prima fila la famiglia, a dividersi le spoglie della sua fama, poi i rappresentanti dei differenti paesi con un loro interesse e una partecipazione al suo successo, i veri ammalati, i malati immaginari, i solitari in cerca di qualcosa o qualcuno a cui attaccarsi e tanti fedelissimi seguaci, alcuni che si dicevano salvati da cancri terminali o altro, convinti d'avere dinanzi un «uomo di luce», una sorta di dio in terra.

Lui, come persona, era quasi invisibile. Non fosse stato per la devozione e la reverenza di chi gli stava attorno, non lo si sarebbe notato: un uomo di mezza taglia, vestito come un viaggiatore di commercio, magro, dall'aspetto insignificante, con una faccia che a me, istintivamente, ispirò subito poca fiducia, come il fatto che si tingesse i capelli per mascherare – chi sa perché – la sua naturale canizie.

Alex Orbito, reverendo degli Espiritualistas, una setta cattolica tutta filippina, era nato nel 1940, ultimo di quattordici fratelli, quasi tutti guaritori o veggenti, da una madre lei stessa medium. Le storie agiografiche sulla sua vita, parte del materiale nella borsa, spiegavano che Pangasinan, la regione in cui Orbito e tanti altri guaritori prima di lui erano nati, era caratterizzata da un'unica concentrazione di energie dovuta alla avanzatissima civiltà di un antico continente, Lemuria, scomparso in mare da quelle parti centinaia di migliaia di anni fa.

« Alex raccoglie nelle sue mani, specie sulla punta delle dita, quella energia eterica e ciò gli permette di penetrare la materia a livello cellulare e anche sub-atomico dove materia ed energia sono intercambiabili. Questo è un fatto accettato anche dalla fisica quantistica, lei lo sa. L'energia non è di Alex, è di un'entità superiore. Alex è solo il canale. »

Era il tipico linguaggio che mi faceva attorcigliare le budella, ma mi trattenni. Il responsabile delle pubbliche relazioni di Orbito, un anziano ex giornalista, avendomi visto a giro nella hall e avendomi subito identificato come un non-delegato, si era molto abilmente presentato citandomi Kierkegaard: « Ci sono due modi di farsi ingannare: uno è credere in qualcosa che non è vero; l'altro è non credere in qualcosa che è vero ». Poi s'era molto diligentemente dedicato a « vendermi » in ogni modo possibile « Alex », la sua fede (« Alex vede le Filippine come il ponte fra Oriente e Occidente della new age: una luce cristiana che illuminerà spiritualmente il mondo intero ») e i suoi miracoli.

Non ero ben disposto a quelle chiacchiere, ma lo ascoltai perché alla fine si impara sempre qualcosa. A me interessò, specie detto da lui, che Orbito non sapeva niente di anatomia e non voleva vedere radiografie o altri esami medici dei pazienti da guarire. Il suo modo di affrontare la malattia e il malato era completamente diverso.

Dopo un po' lo salutai e andai a trovarmi una camera in un piccolo albergo che conoscevo a Pasay City.

Il giorno dopo, mentre le delegazioni in mano alla Orbitours facevano escursioni e shopping, andai a giro per le strade di Manila. Lo spettacolo di miseria era a volte così disperante da farmi venire una sorta di simpatia per Orbito e quei malandrini dei suoi accoliti e parenti, che tutto sommato avevano trovato un modo di uscirne. Altri filippini continuavano a cercare un modo loro.

Nel quartiere di Mabini, davanti agli uffici di collocamento per disoccupati, chiamati filippinamente «Centri per lo sviluppo delle risorse umane», c'erano le solite file di quelli che sperano di imbarcarsi o di essere assunti in un qualche paese del Medio Oriente. Una giovane donna, invece, accarezzava gentilmente un vecchio europeo un po' brillo sulla via di incassare l'assegno di una qualche pensione d'elettricista. Ogni cartello che leggevo era una speranza: «Cercasi Infermiera. URGENTE». Era stato forse «urgente» vent'anni fa a giudicare dalla scritta scortecciata e stinta, come quelle che annunciavano: Ginecologia, Pediatria, Raggi X. Allora quasi meglio i guaritori!

Eppure nessuno rinunciava a sperare. Non quelli che facevano la fila per un visto e un lavoro, non quella donna che mi faceva grandi cenni e sorrisi con una bocca sdentata, fingendo una mossa di danza davanti a una baracca di cartone, non i malati all'ultimo stadio che venivano da Orbito sapendo che solo uno dei suoi miracoli poteva salvarli.

Ma esistono davvero? Cosa sono i miracoli? Certo. Esistono e sono miracoli perché capitano una volta ogni tanto, perché sono qualcosa di insolito, qualcosa che non capiamo, perché sono un'eccezione alla regola del non-miracolo. Si dice che a Lourdes avvengono i miracoli. Sono sicuro che avvengono. Quel che è assurdo è dire che l'acqua di Lourdes fa camminare gli storpi e vedere i ciechi. L'acqua di Lourdes è come tutte le altre acque, non fa nulla, non guarisce nessuno; al massimo toglie la sete. Succede però che, fra le migliaia di persone che vanno a Lourdes al costo di grandi sacrifici, lì in mezzo ai canti, alle implorazioni, ai lamenti e alle preghiere, un cieco veda e uno storpio cammini. E l'acqua acquista così la fama di essere «miracolosa». E in fondo lo è perché il berla fa guarire qualcuno. Se guarisse tutti sarebbe come l'aspirina che nel giro di mezz'ora fa passare il mal di testa a tutti quelli che la pigliano.

In questo senso ero sicuro che Orbito faceva dei miracoli. Ma anche a gente come me? No. Questo mi era chiaro, così come mi era chiaro che dovevo lasciare agli altri il diritto di sperarci.

Nel pomeriggio ripassai dall'albergo della kermesse. C'erano stati nuovi arrivi specie di ammalati. I più commoventi erano i bambini, quelli che conoscevo dall'MSKCC, gialli, con gli occhi spauriti e le teste completamente glabre dalla chemio. Evitai l'uomo delle pubbliche relazioni, ma mi fermai a parlare con alcuni membri della delegazione tedesca, poi con gli italiani.

Le storie di guarigioni miracolose che mi sentii raccontare erano sempre le stesse fino nei minimi dettagli: pazienti portati ormai come pacchi inerti che Orbito rimetteva in vita, tumori al cervello che sparivano facendo poi esclamare ai normali medici: «Ma questa è magia nera!» In tutte le storie veniva sottolineato un punto: guarisce chi è pronto. Non è indispensabile avere la fede, ma uno non deve essere negativo. A forza di ascoltare, avevo io l'impressione di diventarlo sempre di più. E mi preoccupavo perché una delle storie che tutti ripetevano è che Orbito fiuta immediatamente quando attorno c'è qualcuno che «porta negatività» e lo fa cacciar via perché altrimenti le operazioni non riescono. Già mi sentivo scoperto.

Fra gli italiani ce n'era uno abilissimo nel presentare il punto di vista dei fedeli. I guaritori, diceva, sono una combinazione di induismo (pensava alla magia?), tradizione sciamanica e carità cristiana. I guaritori indicano il futuro perché l'umanità ha raggiunto il limite e ha bisogno ora di un nuovo strumento di conoscenza... Anche Virgilio che è stato con Dante durante il suo viaggio, si ferma dinanzi alle soglie del paradiso e gli dice: «Tu ora hai bisogno di una guida che non sono io». A quel punto la ragione non basta più, ci vuole il cuore... I guaritori filippini indicano la nuova via per capire il mondo. Loro sono in una posizione unica per farlo perché hanno la tecnologia per canalizzare l'energia spirituale... Alex è la punta di diamante di questa scuola... Altri guaritori come Sai Baba non rimuovono la negatività. Alex invece dinanzi a quella si congela, fa il vuoto nella sua mente, diventa il canale del Grande Angelo e la rimuove... Quando Alex dà consigli a qualcuno su cose che non sa, mentre parla ascolta un suono nei suoi orecchi. Se il suono è piatto vuol dire che dice la verità e continua, se il suono è acuto sa che quel che dice non è giusto e deve correggersi... Non bisogna dirlo a giro, ma a volte quando Alex vede che una persona non ha scampo dice: «Ti benedico» e con quello gli dà l'energia che lo spinge più svelto verso la morte, una morte armoniosa... La mano di Alex penetra nel corpo dei pazienti con la stessa facilità con cui una mano affonda nell'acqua perché lui entra in risonanza col corpo. Tutto nel mondo è risonanza...

Passai un paio d'ore così e mi sentii male. Ebbi l'impressione che, a forza di ascoltare quei discorsi da matti, diventavo matto

468

anch'io. Forse era proprio questo influenzarsi a vicenda a creare le condizioni del miracolo, ma io non potevo rientrare in quel «noi».

Prima di lasciare l'albergo, andai all'ufficio della Orbitours a chiedere come potevo arrivare alla piramide. Era già tutto previsto: non ero un delegato, ma ero stato assegnato a uno degli autobus italiani. L'idea di passare ancora sei o sette ore con quei fedeli a sentire di nuovo il loro punto di vista mi spaventava, ma ebbi fortuna. Due telefonate che feci in serata mi salvarono. Una fu a Frankie, un vecchio amico scrittore (partiva lui stesso per il Nord e mi avrebbe volentieri accompagnato fino alla piramide); l'altra fu al più grande studioso dei guaritori, un professore dell'Ateneo di Manila, la prestigiosa Università cattolica delle Filippine. Era libero e disposto a vedermi. Che andassi l'indomani.

Padre Jaime Bulatao, ottantenne, gesuita, fondatore della prima Facoltà di Psicologia delle Filippine e da quarant'anni lui stesso psicoterapeuta, mi aspettava seduto nella poltrona del suo studio pieno di libri. A causa di una paralisi, riusciva a mala pena a muovere il suo corpo, aiutandosi con un lungo bastone di alluminio, ma la testa gli frullava benissimo, libera, in ogni direzione e, dopo tutti i discorsi fideisti e miopi dei «credenti», la sua bella dose di intelligenza senza pregiudizi, combinata alla saggezza e alla curiosità, mi fece un gran bene.

Per decenni padre Bulatao aveva esplorato l'animo filippino; si era occupato da osservatore e da protagonista del fenomeno guaritori, e aveva risposte per tutte le mie domande e i miei dubbi.

Incominciò, molto discretamente, con l'accertarsi se ero venuto da lui come giornalista, solo per tiragli fuori un paio di citazioni tanto per smascherare i guaritori. Questo, nel frattempo, era già stato fatto da vari settimanali internazionali e soprattutto da un documentario della televisione tedesca, ma non serviva granché, disse. Esporre i trucchi dei guaritori, dimostrare che il sangue non è sangue o che i «tumori» che vengono fuori dalla pancia della gente sono interiora di pollo, non era il punto importante della questione. Secondo lui bisognava capire se i trucchi servono a qualcosa e perché.

«... e se servono a curare la gente, ben vengano!» concluse.

Sentii subito che aveva una certa simpatia per i guaritori, specie per alcuni grandi del passato. I guaritori erano filippini, lui era filippino e gli stranieri, che arrivavano lì a dare sbrigativamente una risposta semplice a un fenomeno complicato, non gli andavano forse a genio. In fondo i guaritori erano anche suoi colleghi. E non fece mistero della sua reputazione di esorcista. Usava altri mezzi, soprattutto l'ipnosi, ma anche quei mezzi potevano essere considerati come una forma di magia da una mente scettica.

Lo rassicurai. Venivo dall'India, patria della magia e avevo studiato il Vedanta, lo zoccolo ideologico di una civiltà che vede l'intero universo come maya* – una illusione –, dio come il mago in cielo e il prestigiatore del bazar ancora oggi un po' come dio in terra. Mi pareva d'aver capito, dissi, quanto erano state vicine, specie alle origini, magia e religione, e quanto era facile far confusione fra maghi e sacerdoti, fra spettacolo magico e rito religioso. Gli raccontai che nei Jataka, le storie delle vite precedenti di Buddha, ci sono tanti episodi di magia e che negli Annali Cinesi del II secolo dopo Cristo c'è la storia di un mago indiano che alla corte dell'imperatore del tempo impressionò tutti facendosi, apparentemente con le proprie mani, un buco in pancia per poi tirar fuori da lì metri di budella... esattamente come i suoi « colleghi »!

Padre Bulatao era divertito e i suoi occhi sorrisero dietro le lenti spesse. Poi, come per dare una base teorica alla nostra conversazione, disse che dovevamo convenire sul fatto che la nozione di realtà è molto relativa e che ogni cultura ha la sua definizione di ciò che è reale. « Quando una credenza è radicata nella cultura di un popolo, quella credenza diventa realtà », disse. Ero d'accordo.

Secondo lui, ad esempio, per i filippini il mondo degli spiriti è reale quanto quello della materia e ogni fenomeno che non ha una normale spiegazione viene con estrema naturalezza attribuito appunto « agli spiriti ». I medici non riescono a curare una malattia? Bisogna identificare lo spirito responsabile e pacificarlo. Per proteggersi dagli spiriti ci sono gli anting-anting, gli amuleti, e le preghiere. Esistono poi persone che hanno speciali poteri sugli spiriti, come il classico herbolaryo, l'erborista-mago-guaritore dei villaggi, o come certi sacerdoti. Lui era uno di quelli.

« Gli spiriti sono parte della vita filippina come voi europei non potete immaginare », disse. « Pensi al Pantheon di Roma.

---

* Da questa parola sanscrita, « maya », verrebbe appunto la parola « magia ».

Era un tempio dedicato agli dei romani, ma bastò la benedizione di un papa per farne una chiesa. Gli antichi dei scomparvero e non si fecero più vivi. Nelle Filippine questo sarebbe stato impossibile. Qui gli spiriti degli alberi, dei fiumi, delle montagne di secoli fa continuano a vivere e a entrare nei corpi della gente di oggi.»

Era in questo contesto, secondo padre Bulatao, che andavano visti i guaritori in genere e il fenomeno più recente della chirurgia psichica. Dalla libreria tirò fuori un libro con le lettere scritte nel 1603 da un suo collega gesuita, padre Pedro Chirino che, appena arrivato, descrisse come i filippini del tempo proprio lì dove ora stava l'università organizzavano grandi e cruente cerimonie per placare gli spiriti e far guarire la gente.

Gli spagnoli fecero di tutto per sopprimere quelle pratiche, ma non ci riuscirono mai completamente e alla fine dell'Ottocento, con gli Espiritualistas, influenzati da un missionario francese, quelle pratiche tornarono a essere diffuse e popolari. Il capo di quella rinascita era stato un tale Terte della regione di Pangasinan. Lui aveva re-introdotto la tradizione del sangue e da lui, o dai suoi allievi, avevano imparato tutti i famosi guaritori. Uno di questi era stato un grande amico di padre Bulatao e con lui non aveva fatto mistero dei trucchi: per simulare il sangue umano usavano vesciche piene di sangue animale o di un liquido che faceva pensare al sangue.

«L'importante», disse padre Bulatao, «è che le persone si aspettano qualcosa e quel qualcosa avviene. Si aspettano di guarire e guariscono. Il sangue e l'illusione che il chirurgo entra con le sue mani nel corpo fanno parte di quell'aspettativa. L'inganno è necessario.»

Anche a lui nella sua pratica capitava di dover inscenare una «operazione» per far guarire un paziente e mi raccontò il caso di una donna incinta che non mangiava più. Improvvisamente era diventata anoressica. Dentro di sé sentiva dei giudici che le dicevano: «Non sei degna di diventare madre». Lui la ipnotizzò, le mise un sacchetto di carta all'orecchio e cominciò a dire: «Fuori un giudice... fuori un altro». Ogni volta le tirava l'orecchio. Lo fece sei volte e si fermò. La donna, uscita dall'ipnosi, disse di stare meglio. Ma lui la mise in guardia. Non era finito. Doveva tornare l'indomani per togliere il settimo giudice.

«Perché è così», mi spiegò padre Bulatao. «Culturalmente si dice che uno è posseduto da sette diavoli. E lei inconsciamente lo sapeva.»

La donna tornò e, dopo la rimozione dell'ultimo giudice, riprese a mangiare ed ebbe una normale gravidanza.

Di solito il metodo usato da padre Bulatao non richiedeva alcuna messa in scena. Metteva il paziente in ipnosi e gli parlava. Mi riferì il caso di una bambina con una leucemia oramai incurabile che dall'ospedale era stata rimandata a casa a morire.

«I valori del suo sangue erano bassissimi. La misi in trance poi mi rivolsi al suo midollo spinale e gli dissi di come nasce il riso. Quando lo si semina i grani scompaiono nella terra, poi vengono le piogge, le piantine germogliano, crescono e quando tira vento piegano la testa. Poi sotto le foglie compaiono i chicchi, tanti, tanti chicchi. Il riso era un modo di parlare all'inconscio. La bambina si addormentò e in dieci giorni i valori del suo sangue erano tornati quasi normali.»

La bambina era vissuta ancora tre anni. Poi si era riammalata e anche lui non aveva potuto farci nulla.

Mi spiegò che i bambini per tutti i guaritori, e anche per lui con l'ipnosi, erano i più difficili da trattare perché era molto più difficile rivolgersi al loro inconscio che a quello degli adulti.

«Tutto comincia e finisce nella mente», continuò. «Mente e corpo non sono due entità separate, come ha creduto Cartesio. Quello è stato un errore madornale di cui ancora oggi paghiamo le conseguenze. Mente e corpo sono integrati e la mente controlla la materia. Su questo non ci sono dubbi. Pensa a una bella donna e il tuo corpo reagisce. Taglia un mango fresco e ti viene l'acquolina in bocca.»

Secondo padre Bulatao tutta l'abilità del guaritore sta nell'usare della magia per far funzionare quel meccanismo. La mente soggettiva, spiegò, non ha una sua lingua e deve prendere in prestito la lingua del mondo obbiettivo; in altre parole ha bisogno di vedere «il sangue» e «il male» che viene portato via. Questo, disse, è particolarmente vero con gli stranieri la cui mente, anche nella parte inconscia, è molto più legata alla materia della mente filippina.

L'operazione che i guaritori come Orbito fanno è comunque simbolica. Quello che viene tolto dal corpo è solo una «materializzazione», ad esempio del tumore, non il tumore in sé. Per questo le operazioni sono quasi tutte uguali e avvengono tutte nelle parti molli del corpo qualunque sia la malattia di cui il paziente si lamenta. «I guaritori dicono di togliere 'tumori' e 'negatività'», concluse padre Bulatao, «ma nessuno di loro è mai stato in grado di togliere precisamente un'appendice o le tonsille.»

Il primo passo del processo di guarigione di cui stavamo parlando, consisteva, secondo lui, nel portare il paziente a uno stato alterato di coscienza, cioè a farlo rompere col normale modo di percepire e di reagire al mondo.

«In ognuno di noi esiste una riserva inconscia di esperienze passate e di poteri che non sono raggiungibili dalla nostra mente razionale», continuò. «Quando abbiamo un problema, una malattia ad esempio, la nostra mente razionale cerca una soluzione, spesso non la trova e si blocca. Finito qui? No. Se in qualche modo la mente razionale viene messa da parte, allora il potenziale del subconscio si mobilita per rimediare al problema e trovare la sua soluzione.» E qui padre Bulatao tirò la conclusione di cui io stesso ero sempre più convinto: «Il nostro corpo ha un suo sistema di autocura. Va semplicemente attivato. Occorre uno stimolo».

Gli stimoli, ammise, potevano essere i più vari: dalla imposizione delle mani, alla meditazione, lo yoga, la fede in un santo, in una persona, un guaritore, le preghiere o – e l'aggiunta mi piacque – gli esercizi di contemplazione insegnati da sant'Ignazio di Loyola, il fondatore del suo ordine, i gesuiti.

Ho sempre avuto un debole per loro. Più spregiudicati, più colti, e in fondo con una fede più solida di tanti altri perché messa alla prova dell'intelligenza.

A un certo punto nella conversazione, quando lui ripeté che è la mente a controllare la materia e che certi stimoli semantici producono gli effetti che noi chiamiamo «miracolosi», lo sfidai:

«Allora, non esistono i miracoli?»

Si fermò e mi guardò fisso con i suoi occhi immensi dietro le lenti spesse. Non poteva accettare la mia conclusione perché sapeva bene quanto importanti sono i miracoli per la Chiesa.

«Ma non è il mondo un intero miracolo? E chi ha fatto la mente e il suo potere? Quello è il vero, grande miracolo», disse e mi fece pensare al Swami che parlava sempre del jagat, il mondo, «così intelligentemente messo assieme». Due uomini di culture, di tradizioni completamente diverse, ma in fondo in fondo non tanto lontani.

Come vedeva la Chiesa questo fenomeno dei guaritori?, gli chiesi.

Mi rispose raccontandomi la storia di Jonny Mezzanotte, una storia che aveva occupato i filippini per mesi e mesi.

Jonny Mezzanotte era un guaritore che faceva i suoi miracoli per radio. Aveva un programma che andava in onda alle quattro del mattino. All'inizio, a quell'ora pochi lo ascoltavano, ma presto il suo successo divenne tale che a Manila stavano alzati a migliaia per lui. La tecnica di Jonny Mezzanotte era semplice. Chiedeva ai suoi ascoltatori di mettere accanto all'apparecchio radio un bicchiere d'acqua. Lui con dei suoni trasmessi via radio avrebbe sintonizzato l'acqua e portato la gente in un diverso stato di coscienza. Dopo un po' chiedeva ai suoi ascoltatori di bere l'acqua lentamente, molto lentamente.

Tantissimi ascoltatori dicevano di essere guariti così. Il solo problema di Jonny Mezzanotte era che, parlando alla radio, diceva: «Io sono Dio» e questo non andava bene alla Chiesa che per un po' gli fece la guerra. Poi il capo della Chiesa filippina, il famoso cardinale Sin di Manila, invitò Jonny Mezzanotte a colazione, lo ringraziò per il bene che faceva alla gente e gli chiese di lasciar perdere quella frase. Jonny Mezzanotte accettò e il suo programma continuò con grande successo. Poi anche lui, col tempo, era passato di moda.

Secondo padre Bulatao, al momento restavano praticamente due tipi di guaritori popolari presso il grande pubblico: quelli che praticavano la chirurgia psichica, sempre più dedicati agli stranieri e per questo appoggiati dal governo per il contributo che davano al turismo; e i guaritori tradizionali, quelli che non ricorrevano alla teatralità delle operazioni, ma si rivolgevano «agli spiriti».

Molti di questi, disse, appartengono a un gruppo chiamato I Nuovi Mistici. Vivono da poveri in mezzo ai poveri, non si fanno pagare, ma accettano piccole offerte che vengono lasciate in una scatola all'ingresso delle loro modestissime abitazioni. Questi guaritori curano la gente di solito entrando in trance, qualcosa che nella cultura filippina è sempre stato visto come un regalo divino, un modo per andare al di là del velo che ci separa dall'altro mondo.

Padre Bulatao mi raccontò il caso di un bambino, di quattro anni, sofferente di una rinite allergica. La madre, un medico lei stessa, dove aver provato ogni tipo di medicina allopatica, lo aveva portato da una mistica. Quella, in trance, aveva preso un calamansi, un piccolo frutto locale mezzo limone e mezzo mandarino, e gli aveva strizzato tutto il succo nelle narici, pregando. Dopo due di questi «trattamenti» il piccolo era guarito.

La madre aveva raccontato la storia ai suoi colleghi medici e uno di loro avevo provato a trattare alcuni suoi pazienti allo stesso modo. Il risultato era stato disastroso con infiammazioni e irritazioni della mucosa nasale a causa del succo acido. Il medico era allora andato dalla guaritrice per capire cosa aveva sbagliato. E quella gli aveva risposto: «Hai dimenticato le preghiere».

«C'è una dimensione psicologica nella medicina che oggi viene completamente ignorata. In queste condizioni la medicina è una cosa troppo seria per essere lasciata ai medici», disse ridendo.

Era convinto che le future generazioni troveranno primitivo e barbaro il modo con cui oggi si affrontano la malattia e il malato. Pensava che il prossimo millennio non si sarebbe interessato tanto allo studio della realtà fisica che è stata finora al centro delle nostre scienze, quanto allo studio di quella che lui chiamava la realtà soggettiva, ossia la coscienza.

Le ore erano passate senza che nessuno dei due se ne fosse accorto e quando io gli dissi che non ero mai stato ipnotizzato e che mi avrebbe fatto piacere provare con lui, lui si preparò ad accontentarmi. Ma solo a quel punto ci accorgemmo che i bidelli stavano chiudendo ogni stanza e se non andavamo via in fretta saremmo rimasti bloccati nell'università tutta la notte.

Lentamente, lo accompagnai alla macchina che lo aspettava per riportarlo nella sua residenza. Peccato, perché quel desiderio di essere ipnotizzato – e da un gesuita! – mi è rimasto inesaudito.

Puntuale, alle cinque del mattino, Frankie era con la sua macchina, guidata da un giovane nipote, davanti al mio albergo. Manila era ancora avvolta in un funereo grigiore di umidità e inquinamento. I semafori erano spenti, i mendicanti dormivano ancora abbracciati gli uni agli altri per scaldarsi sotto le loro coperte bagnate di guazza sulle aiuole spartitraffico di Rochas Boulevard e noi senza fermarci strisciammo sul bel lungo mare punteggiato di grandi palme.

Frankie era loquace. Ci conoscevamo da un quarto di secolo, da quando io, arrivato per la prima volta a Manila, mi ero presentato alla sua libreria, Solidaridad, in cerca di consigli e di aiuto. Frankie Sionil José, il più famoso scrittore in lingua inglese delle Filippine e un aperto oppositore della dittatura Marcos, aveva sedici anni più di me e questo mi aveva permesso di farmi «adottare». Da allora non c'era stato nelle Filippine un importante avvenimento, un colpo di stato fallito o una rivoluzione mancata che non avessimo vissuto assieme e in cui io non avessi approfittato delle sue idee. Ora, tutti e due delusi dalla politica – la soluzione ai problemi dell'uomo doveva venire da qualche altra parte –, facevamo i conti con le nostre aspettative di un tempo, partendo dal ritornello di tutti i vecchi: «Ti ricordi?»

Frankie indicò la faraonica struttura del Film Center. Certo che mi ricordavo! Nel 1981 il presidente Ferdinando Marcos e sua moglie Imelda – quella con le centinaia di scarpe – avevano deciso di organizzare a Manila un grande Festival Internazionale del Cinema. Per questo avevano ordinato la costruzione, in riva al mare, di un modernistico, imponente edificio con cui volevano essere ricordati dai posteri. Ma i lavori presero più tempo del previsto, e poco prima dell'inaugurazione a cui i Marcos avevano invitato mezzo mondo, una parte del tetto cedette, intrappolando un numero imprecisato di persone. Mettersi a cercare i possibili sopravvissuti avrebbe rimandato l'apertura. Venne così deciso di coprire la parte crollata con colate di cemento e di tirare avanti. Si disse che dai trenta ai centocinquanta operai erano stati sepolti in quella tomba, alcuni ancora vivi che gridavano aiuto. Il Centro venne inaugurato in tempo, ma un disastro seguì all'altro e nessuna istituzione, a cominciare dal Ministero degli Esteri cui venne poi offerto come sede, volle trasferirsi in quel posto spiritato.

La novità del momento, disse Frankie, era che un centinaio di laureati e studenti delle tre grandi università di Manila, alcuni ex allievi di padre Bulatao, avevano costituito un gruppo di volontariato per risolvere i problemi degli spiriti che avevano conti aperti con questo mondo e per aiutare i viventi con trattamenti gratuiti di psicoterapia e medicina alternativa. Si facevano chiamare i Cercatori degli Spiriti. Uno dei posti in cui erano intervenuti con successo, officiando messe e altri riti, era stato il Film Center. Gli spiriti erano stati finalmente rappacificati, il Film Center era tornato a essere normale e un libro era stato appena pubblicato su tutta questa faccenda.

Per Frankie gli «spiriti» erano una quotidiana, accettata presenza nella vita dei filippini della sua generazione e in tutti i suoi romanzi, intesi a lasciare un documento di quella vita, gli spiriti sono protagonisti quanto gli esseri umani. Nella serie di racconti Rosales, dedicati al mondo contadino della sua infanzia, Frankie descrive i suoi primi incontri con i duendes, gli gnomi che abitano in ogni casa e che, spesso per rammentare agli uomini la propria esistenza, fanno sparire delle cose quando più servono e le fanno ricomparire dopo essersi fatti tanto pregare. *Sin* (Peccato), il suo ultimo romanzo, tratta di un'isola nel Sud delle Filippine, Siquijor, considerata da secoli un posto stregatissimo perché i galeoni spagnoli, provenienti da Haiti, ci portarono degli spiriti che, nel bene e nel male, si sono rivelati i più potenti del paese. Ancora oggi, ogni Venerdì Santo le donne dell'isola si riuniscono in una caverna per comunicare con loro.

Andando verso Nord, costeggiammo il Luneta Park, il grande spiazzo pubblico al centro di tanta storia delle Filippine. Lì il 30 dicembre 1896 venne fucilato dagli spagnoli Rizal, il poeta ed eroe nazionalista oggi al centro di un culto che lo vede sulla croce al posto di Cristo. Lì nel 1986, Cory Aquino, vedova di Ninoy, assassinato qualche tempo prima dai seguaci di Marcos, aveva promesso davanti a un milione di persone – Frankie e io eravamo fra quelle – di diventare presidente delle Filippine per riportare la democrazia, combattere la corruzione e dare alle masse povere del paese una giusta fetta della sua ricchezza.

«Non è cambiato nulla», disse Frankie.

I poveri sono sempre poveri e molti di quelli che mangiavano due volte al giorno ora mangiavano una volta sola, ma chiamano quel pasto «altanghap», una contrazione delle tre parole in lingua tagalog per colazione, pranzo e cena.

Ma Luneta continuava ad avere le sue grandi manifestazioni di massa. Niente di politico o di rivoluzionario però. Ora erano i seguaci di un ex agente immobiliare fallito, diventato predicatore, a riunirsi ogni sabato pomeriggio su quella piazza. Ogni volta circa un milione. In stragrande maggioranza cattolici. «Mostratemi il vostro passaporto, mostratemi il vostro portafoglio», urlava il predicatore dal podio. «Presto in quel passaporto troverete il visto per il paese in cui volete andare. Presto nel portafoglio troverete i soldi di cui avete bisogno.» Con quella promessa più la benedizione a distanza delle tre uova che, avvolte in un fazzoletto, la gente portava alla riunione, quel tale aveva un gran successo.

Passammo davanti alla vecchia, barocca chiesa di Quiapo dove Frankie anni prima mi aveva regalato il mio primo anting-anting per proteggermi contro gli spiriti maligni del paese. La piazza si stava riempiendo della solita colorata e sorridente folla di poveri e dei banchetti carichi di fiori, candele, amuleti e false reliquie.

Appena lasciata Manila e la sua interminabile periferia di misere baracche affollate di gente che lascia le campagne in cerca di lavoro, le Filippine tornavano a esser piacevoli e ordinate. Possibile che nessuno abbia escogitato un sistema meno assassino di quelli provati da Mao e Pol Pot per convincere i contadini a restare poveri sui loro campi, invece che diventare mendicanti sui marciapiedi delle metropoli?

Le risaie verdissime e inondate d'acqua andavano piatte fino ai piedi delle montagne azzurre in lontananza. Gli abitanti dei villaggi dalle case coperte di paglia lungo la strada sembravano avere di che vivere e di che ridere in un continuo gioco senza drammi.

Ci fermammo a fare colazione in un ristorante lungo la strada. Frankie era diabetico, e mise davanti a sé tutta una batteria di pillole da prendere prima di mangiare, ma mi rassicurò: anche i guaritori lo avevano aiutato. Il più bravo era stato un tale Juan Blanche, morto nel frattempo. Lo faceva andare alle quattro del mattino perché diceva che quella era l'ora in cui i suoi poteri erano al massimo (la stessa ora in cui i rishi meditano nell'Himalaya!) Gli pigiava un cucchiaio contro la sua pancia, sotto l'ombelico, e dalla pelle Frankie vedeva uscire del liquido marrone, «come zucchero bruciato».

«Proprio zucchero, Frankie?»

«Certo. Io poi stavo meglio.»

Ne era assolutamente convinto.

Chiesi a Frankie cosa era successo ai guaritori che avevo seguito durante la mia inchiesta giornalistica. Uno era morto alcolizzato, un altro praticava ancora a Manila, ma era passato di moda. Il più famoso, invece, Jun Labo, era diventato il sindaco della sua città, aveva sposato una giapponese, poi era andato in Russia e lì era finito in galera per pratica illegale della professione medica e per truffa. La moglie lo aveva lasciato, era tornata in Giappone, s'era messa a fare la guaritrice, ma presto anche lei era finita in prigione.

Avevo sentito che qualcosa del genere era successo anche a Orbito durante un suo giro in Europa. Per questo i suoi organizzatori italiani programmavano ormai le sue visite solo nella Repubblica di San Marino. Il mondo ufficiale e quello degli spiriti erano destinati a scontrarsi. Burocrati e guaritori non possono intendersi e i normali medici non possono accettare la sfida dei chi-

478

rurghi psichici. Figurarsi le varie polizie dinanzi al sangue e a tutto il resto! Da qui i sospetti, le accuse e alla fine le manette «per proteggere i cittadini».

Ma non dovrebbe uno Stato, che volesse davvero proteggere i suoi cittadini, proibire la vendita indiscriminata delle sigarette di cui si sa per certo che provocano il cancro invece di proibire a dei maghi che danno la speranza di curarlo – e a volte anche ci riescono – di praticare la loro «arte»?

Frankie mi dette ragione. Poi ebbe un ripensamento.

«Be', se quand'ero bambino la polizia avesse impedito all'herbolaryo di fare il suo mestiere non mi ritroverei questa enorme testa», disse.

Frankie era piccolo e tozzo e la sua testa, completamente calva e un po' a pera, era davvero sproporzionata rispetto al suo corpo.

«L'herbolaryo passava dal villaggio al tempo del raccolto», disse. «Il più potente era uno gobbo. Tutta la famiglia si metteva in fila e lui a uno a uno ci guardava, ci esaminava come ci facesse una radiografia, poi ad alcuni dava dei consigli ad altri delle erbe. Una volta, credo di aver avuto sei o sette anni, quando venne il mio turno l'herbolaryo mi appoggiò una mano in testa e io me la sentii diventare caldissima e poi sempre più grossa. Da allora sono brachicefalo.»

Avvicinandosi al Pangasinan passammo dei villaggi con al centro ancora intatte le case dei padroni costruite col primo piano di legno su colonne di pietra e le finestre coi piccoli quadrati di madreperla al posto dei vetri. Una tradizione che si stava perdendo, disse Frankie.

Uno dei mutamenti che lo facevano più disperare era il progressivo sparire di quella diversità che faceva delle Filippine, grazie alle sue tante isole abitate da varie etnie, un posto unico. E mi raccontò una di quelle storie che è poi impossibile dimenticare.

In una delle ultime grandi foreste primarie nell'isola meridionale di Mindanao era sopravvissuta una piccola tribù di indigeni primitivissimi, i Teduray, che da secoli erano riusciti a tenersi lontano dalla «civiltà». Ma quella era arrivata da loro. Un giorno, nel corso di una guerra civile tutta filippina che va avanti da decenni, un gruppo di guerriglieri musulmani indipendentisti, inseguiti dalle truppe governative erano entrati nel villaggio dei Teduray e li avevano massacrati. Di loro non restavano che gli appunti di un antropologo che qualche tempo prima aveva passato due anni a studiarli. Loro sì, una civiltà! I Teduray avevano un grande rispetto della natura e tante belle favole con cui spiegare i suoi fenomeni. Eccone una con cui rispondere a un bambino che chiede perché i pipistrelli volano solo di notte.

Una volta un uccello, senza rendersene conto, offese un animale di terra e fra uccelli e animali scoppiò una grande guerra.

I pipistrelli pensando che gli animali, molto più grossi degli uccelli, avrebbero finito per vincere andarono dagli animali e dissero loro: «Guardateci bene: noi non siamo uccelli. È vero che voliamo, ma non abbiamo le piume; anzi abbiamo il pelo come voi. Allora prendeteci dalla vostra parte».

Gli animali acconsentirono.

Gli uccelli, vedendosi traditi dai pipistrelli e rendendosi conto che gli animali erano davvero più grossi e più potenti di loro, si rivolsero alle vespe.

«Voi non siete proprio degli uccelli come noi, ma volate... allora schieratevi con noi, aiutateci.»

Le vespe accettarono e in grandi nugoli si buttarono sugli animali pinzandoli dove potevano fino a metterli tutti in fuga.

I pipistrelli allora tornarono dagli uccelli e chiesero di essere riammessi fra di loro visto che volavano.

«Va bene», dissero gli uccelli, «ma per scontare la vergogna del vostro tradimento d'ora in avanti volerete solo di notte.»

I Teduray erano una società in cui uomini e donne erano considerati alla pari e in cui l'elemento femminile, conciliante, non violento era apprezzato molto più di quello aggressivo, maschile. Le malattie erano per loro reazioni di un qualche spirito che era stato offeso e uno dei compiti dei loro sciamani era appunto quello di identificare lo spirito in questione, parlargli e arrivare con lui a una soluzione che ristabilisse la salute del malato.

I Teduray poi erano caratterizzati da qualcosa che è sempre stato raro nelle comunità umane di tutti i tempi: non avevano paura della morte.

«Quando si nasce non si è mai soli», dicevano, secondo gli appunti presi dall'antropologo. «Ogni nascita è la nascita di due gemelli, uno il corpo, l'altro il cordone ombelicale. Il gemello-corpo, avendo i polmoni vive, il gemello-cordone ombelicale non potendo respirare muore, ma prima di separarsi i due gemelli si parlano e il gemello-cordone ombelicale chiede all'altro quando e come vorrà morire. 'Di vecchiaia, al tempo del monsone, dopo la nascita del primo nipote?' Per il giorno e l'ora che stabiliscono i due si danno appuntamento. Poi, mentre l'uno va a fare la sua vita nel Regno della Foresta, l'altro va nel Regno dei Morti a preparare una bella casa. Poco prima dell'appuntamento fissato il gemello-cordone ombelicale attraversa il ponte cosmico che divide i due regni, si presenta al villaggio dove vive il gemello-corpo, aspetta qualche giorno finché non siano finiti i riti funebri e il corpo sepolto per i Mangiatori di Cadaveri. A quel punto tutti e due partono per fare assieme una vita felice, senza lavorare e ciucciando in continuazione il betel più pregiato.»

I Teduray non si facevano né spaventare, né tanto meno sorprendere dalla morte perché ognuno di loro aveva deciso come e quando la sua sarebbe avvenuta.

L'umanità forse non saprà neppure che i Teduray sono mai esistiti, ma in qualche modo pagherà per la loro scomparsa, perché se la biodiversità è necessaria alla vita della terra, la diversità culturale è indispensabile alla salute psichica dell'uomo.

Chiacchierando così, le cinque ore di viaggio da Manila passarono in un soffio e presto entrammo nel Pangasinan, una regione che, disse Frankie, è sempre stata al centro di miti e misteri. La gente locale è assolutamente convinta che lì era la capitale di Lemuria e che le decine di isolotti al largo della costa sono le vette delle montagne di quel grande, avanzatissimo continente sprofondato nell'oceano alcuni millenni prima di Atlantide. Certi cattolici sono persuasi che la prima messa della storia è stata celebrata lì, mentre alcuni cercatori di tesori sperano ancora di trovare nascoste in quella regione alcune delle più favolose ricchezze del mondo.

Ce n'era abbastanza insomma per dare credito e «poteri» alla Piramide dell'Asia, Centro Mondiale della Salute, voluto dal reverendo Alex Orbito a Manaoag, una quieta e ordinata cittadina di case basse e modeste dominate da una strana, inaspettata struttura di muraglioni e contrafforti di pietra: la Chiesa della Madonna dei Miracoli.

Frankie volle assolutamente farmela visitare e aveva ragione. Era impressionante: una chiesa-fortezza dalle enormi navate, dalle mura ciclopiche fatte con blocchi di tufo tenuti assieme da un impasto di terra e di quella melassa collosa che resta dopo che la canna da zucchero è stata strizzata. Costruita dai frati domenicani spagnoli attorno al 1600, la chiesa poteva ospitare tutti i cristiani della regione in caso di un attacco musulmano. C'era un pozzo d'acqua fresca e vaste cantine sempre piene di cibo. Il suono di una campana dava l'allarme e migliaia di persone potevano rifugiarsi lì e resistere per settimane. La Madonna dei Miracoli, una statua coperta di perle, col Bambin Gesù in braccio, alta in una teca sull'altare principale, li proteggeva.

Con Frankie guardai uno a uno i tanti vecchi quadri naïf che, ai muri della chiesa, ricordavano i drammatici episodi, dai terremoti agli incendi, in cui la Madonna aveva fatto la sua parte miracolosa. Quella parte, la faceva ancora, a detta della gente.

Una continua fila di fedeli entrava nella chiesa, baciava i piedi insanguinati di un Cristo crocefisso all'ingresso, si segnava e andava a pregare. Le candele che ognuno accendeva e metteva devotamente in omaggio alla Madonna, assieme a foglietti con le richieste di grazia e di intercessione, creavano nella semioscurità della chiesa l'impressione di uno stagno luccicante. Un tetto di bandone era stato aggiunto per far posto a migliaia di ceri che non stavano più nell'interno. Il posto aveva indubbiamente una sua magia, era appunto «miracoloso» come i cristiani filippini dicevano da più di tre secoli; molto prima di Lourdes o di Fatima.

Frankie mi raccontò come, da bambino, una volta all'anno tutta la famiglia partiva dal suo paese per venire qui in pellegrinaggio. Viaggiavano per tre giorni sui carri tirati dai buoi, attraversando fiumi e foreste. Ricordava come era impressionante, dopo il buio dell'ultima notte, arrivare in questo posto animato dalle mille luci delle candele, coi canti, il profumo degli incensi e quella Madonna su in alto, dalla faccia bianca e leggermente sorridente, capace di miracoli. È ovvio che in quella atmosfera qualche cieco vedeva e qualche zoppo camminava.

Toccava ora a me andare al mio posto dei miracoli. Frankie mi aiutò a trovare una camera in una piccola pensione per pellegrini, poi mi portò alla piramide. Era appena fuori dall'abitato e fu facile arrivarci.

Davanti al cancello c'era un tavolino con un cartello che diceva: «Le armi da fuoco vanno depositate qui». Un altro cartello specificava i prezzi del biglietto d'ingresso: 50 pesos per adulti, 200 pesos per le macchine. Attraverso la staccionata vedemmo che all'interno fervevano ancora i lavori. I giardinieri stavano stendendo le pellicce quadrate d'erba, gli imbianchini erano sui tetti di lamiera a dare una mano di vernice rossa e la piramide era ancora coperta da un'impalcatura di bambù. Ma già da fuori era chiaro che il posto era un centro turistico con tanto di grande piscina tonda e azzurra, un ristorante e bungalow per gli ospiti-pazienti-clienti.

«Chi non riceve il miracolo dalla Madonna può provare qui», disse Frankie. «Sarà solo un po' più caro.» Non volle entrare e mi scaricò al cancello.

Gli autobus con le varie delegazioni sarebbero arrivati nel pomeriggio e io ebbi tutto il tempo di fare un giro del complesso e soprattutto di conoscere Dieter Loewer, ingegnere tedesco, settantasette anni, sudatissimo e su tutte le furie. Era un esperto di piramidi e quella l'aveva concepita e disegnata lui, ma in sua assenza Orbito aveva cambiato l'intero progetto. Dieter aveva previsto che al centro della piramide ci fosse una piccola vasca con il piano dell'acqua esattamente a un metro e mezzo dal pavimento. Si era invece ritrovato con un pozzo in cui l'acqua era sottoterra e per giunta collegata con quella della piscina.

«Orbito vuole fare un commercio di quest'acqua benedetta e carica dell'energia della piramide, ma non ha capito che l'acqua si carica solo se sta a mezz'aria nella piramide e non in fondo al pozzo», diceva arrabbiatissimo. «E poi, che acqua benedetta è quella in cui tutti fanno il bagno?»

La piramide, mi spiegò, doveva essere isolata dall'esterno e non avere alcun collegamento che ne scaricasse la forza. Invece, oltre ai tubi che univano il pozzo alla piscina, aveva scoperto che, per alimentare quattro riflettori, gli operai avevano steso dei fili elettrici tutto attorno alla costruzione e che questi avevano finito per succhiar via tutta l'energia che la piramide accumula nel corso della notte.

«Sono entrato qui stamani e la piramide era morta», diceva, agitando una bacchetta d'acciaio, una sorta di antenna radio lunga circa un metro con cui misurava i campi magnetici. «Morta. Capisci?»

Non capivo esattamente. Quel poco che sapevo sulle piramidi l'avevo imparato a Coimbatore, ma questo Dieter mi pareva più convincente del direttore della Scuola Perks.

«Si può studiare quel che si vuole, ma alla fine tutto torna alla piramide, al suo concetto, alle sue proporzioni, al suo potere», disse.

La sua teoria era che le linee fra i punti cardinali, nord-sud ed est-ovest creano dei campi magnetici in cui si concentrano le energie. La piramide le raccoglie e aumenta il potere di chi ci va dentro: il potere di curare come nel caso di Orbito o semplicemente il potere di meditare.

Dieter mi piaceva. Era un credente. Credeva nella piramide, credeva in Orbito e nella chirurgia psichica, ma credeva allo stesso modo nella sua professione. Non voleva essere manipolato e certo non voleva lasciare la sua firma su una piramide che non fosse come lui l'aveva concepita, con tutti i possibili accorgimenti, compreso quello di essere leggermente più a punta di quelle egiziane in ragione del fatto che oggi la densità della terra non è più quella di allora: è diminuita!

Aveva ripreso in mano i lavori. Aveva ordinato agli operai di tagliare i tubi dell'acqua fra il pozzo e la piscina e di togliere tutti i fili elettrici che erano già stati interrati. L'indomani mattina avrebbe controllato se la piramide si era nottetempo ricaricata. Anzi. Ero io uno che meditava? Che venissi subito dopo colazione. Avremmo assieme aperto la piramide e io potevo essere il primo a provarla. Voleva fare un esperimento.

Dieter aveva incontrato Orbito in Germania quando cercava una cura per una misteriosa malattia che aveva colpito lui e la figlia. Orbito li aveva guariti e Dieter per riconoscenza si era offerto di aiutarlo col progetto della piramide. La malattia misteriosa? Aveva a che fare coi campi magnetici e con l'energia statica prodotta dalle onde radio e dalle nuove linee per la trasmissione dei dati, mi disse. Secondo lui al momento le influenze più nocive per la nostra salute sono quelle prodotte dalla televisione via cavo. L'energia statica induceva nella figlia una depressione che nessuna medicina alleviava, a lui invece «chiudeva il cuore», specie la notte – mi spiegò – quando il nostro organismo, come fanno i fiori, si ripiega su se stesso. Orbito con varie operazioni li aveva liberati di tutta quella «negatività» che dal terreno dove era situata la loro casa si era trasferita nei loro corpi.

Lo ascoltavo e me lo immaginavo nella veranda di Dan Reid a partecipare alle discussioni dell'Accademia dei Matti. Ma forse quei suoi discorsi non erano del tutto campati in aria. Siamo proprio sicuri che le linee ad alta tensione che passano sulle nostre case, i tanti cavi che ci passano sotto, le antenne di trasmissione piazzate in cima alle colline vicine, i cellulari che ci appoggiamo per ore al cranio e tutti gli aggeggi che usiamo in cucina o in ufficio... siamo proprio sicuri che non ci «chiudano il cuore», che non ci diano un qualche orribile malanno?

A pranzo chiesi a Dieter quali altri lavori aveva recentemente fatto in Germania e di nuovo mi sorprese. Si era specializzato in case di riposo per i vecchi. Aveva elaborato un suo modello fondato sull'idea di abitazioni semplicissime, ma ben aerate, con attorno più verde possibile e soprattutto dipinte con combinazioni vivacissime di colori.

A Lipsia dove, su ordinazione dell'amministrazione locale, aveva costruito un complesso di questo tipo, c'era stata una mezza rivoluzione perché tantissimi giovani operai, che trovavano quelle case destinate ai vecchi in attesa di morire molto più piacevoli e accoglienti di quelle pensate per loro, erano andati a occuparle.

Tutto il pomeriggio Dieter si dette un gran daffare sotto il sole attorno alla sua piramide. Arrivarono gli autobus coi delegati e i malati che presero posto nei vari bungalow. Verso le sette, corse voce che Dieter s'era sentito male. La parte destra della faccia gli si era paralizzata e non riusciva a parlare bene. Orbito l'avrebbe operato assieme ad altri nella saletta accanto alla cappella.

La stanza era spoglia, senza finestre, senza un lavandino o altro. Al centro c'era un tipico lettino da infermeria coperto da un telo di plastica nera e accanto una seggiola di ferro con una di quelle bacinelle di acciaio per gli strumenti chirurgici. Dentro vidi però solo dei batuffoli di cotone. Sotto il lettino c'era anche un bussolotto della spazzatura, di quelli col pedale. Era chiuso. In una trentina di persone c'eravamo sistemati, in piedi, lungo le pareti, ma quando Orbito fece il suo ingresso, seguito da alcuni fedelissimi, fummo tutti cacciati via. Lui doveva concentrarsi e pregare. Notai che con lui rimase un suo nipote che era il suo più stretto assistente. Aspettammo per una ventina di minuti nel corridoio. Nel frattempo arrivò anche una troupe televisiva della Agenzia Reuters. La porta si riaprì e tutti corremmo a riprendere un posto attorno al lettino. A me capitò di finire appoggiato proprio là dove i pazienti avrebbero messo la testa.

Il primo fu Dieter. Aveva la faccia un po' intirizzita, ma non stava male. Camminava e si accomodò da solo sul lettino. Nel giro di pochi secondi Orbito gli mise le mani sulla carotide, sotto l'orecchio destro, vidi del liquido rosso uscire, poi qualcosa come un pezzo d'intestino di un pollo. Il nipote, seduto nella seggiola, porse a Orbito la carta igienica con cui lui ripulì la « ferita » che non c'era. «Fatto», disse. «A chi tocca?» Dieter si rialzò tutto sorridente. L'operazione era durata meno di un minuto.

Il flusso dei pazienti era regolato da un fratello di Orbito. Il successivo era una ragazza spagnola sui trent'anni che disse d'avere un problema con le ovaie; forse un cancro. Si sdraiò, si slacciò i pantaloni e mise a nudo la sua pancia. Orbito prese dalla bacinella un batuffolo di cotone intriso di qualche liquido e glielo strofinò tutto attorno come per disinfettarla; poi con le due mani le cui due prime falangi erano piegate fece il gesto di entrarle in pancia.

Si sentì un breve suono come lo scoppio di una di quelle vesciche di cui m'aveva parlato padre Bulatao, ma che io, pur vicinissimo, non vidi. Vidi invece del «sangue», prima rosso acceso, poi più scuro colare sui fianchi della donna e riempirle l'incavo dell'ombelico. E lì, in quella piccola pozza le due mani di Orbito affondarono, le dita scomparvero e, accompagnate da un realissimo rumore flaf... flaf... flaf sembrò che cercassero e finalmente trovarono qualcosa: un pezzetto sanguinolento di carne nerastra grande quanto un fegato di gallina.

Orbito lo alzò in aria, lo mostrò per un attimo alla donna che sembrava in trance, poi lo buttò nella bacinella. Il nipote porse la carta igienica per la ripulitura e la donna si alzò. Eran passati forse due minuti da quando si era distesa.

Orbito aveva la platea in mano. Tutti – io compreso – eravamo impressionati. «Io non faccio nulla. È Dio che opera attraverso di me», disse Orbito rivolto alla telecamera della Reuters che non cessava di filmarlo. «Avanti il prossimo.»

Toccava a me. Mi ero messo in lista col fratello e forse, grazie alla barba, quello mi aveva fatto passare avanti ad altri. Mi sentii gli occhi di tutti puntati addosso. Mi parevano spilli. Più c'era quell'occhio nero della TV che ora mi riprendeva in primo piano.

«Qual è il problema?», chiese Orbito.

Forse ero entrato anch'io in una sorta di trance o forse no, forse fu il pudore, forse la presenza degli italiani e la mia innata aversione per il «noi», ma stendendomi sul lettino, non parlai del mio malanno, ma dissi soltanto: «Ho una sinusite cronica».

Orbito ordinò che gli portassero dell'olio di cocco. Intanto passò con le sue mani sulla mia fronte e sul naso, ma senza toccarmi. «Chiudi gli occhi», disse. Sentii un suo dito, finissimo, forse il medio, entrarmi in una narice poi nell'altra... e il puzzo delle interiora di pollo fu quasi insopportabile. Suggestione?

Non credo. Le dita di Orbito, infilate nel mio naso, avevano quell'odore. Un odore inconfondibile, l'odore di quel che era uscito dal collo di Dieter e dalla pancia della spagnola, un odore che non era andato via perché Orbito non aveva potuto lavarsi le mani. Nella stanza non c'era acqua.

«L'olio di cocco non c'è», disse qualcuno. «C'è di lavanda.»

«Va bene lo stesso.»

Sentii Orbito aggeggiare con una bottiglia, poi qualcosa come dei piccoli rotoli di cotone idrofilo entrarmi fondi nel naso. L'odore era ora quello fortissimo dello spigo. Sentivo male, mi agitai un po', ma Orbito, tenendomi con una mano ferma la testa, con l'altra ripeté l'operazione quattro o cinque volte nelle due narici, su, sempre più in su. Pareva volesse entrarmi nel cervello. Aveva «sentito» che non avevo detto la verità? che ero di quei «negativi» che sciupavano tutto? Mi massaggiò un attimo la fronte e mi fece soffiare il naso più forte che potevo. Mi uscì del muco e il nipote mi asciugò. Gli occhi mi lacrimavano. «Avanti il prossimo.»

Nel corridoio una anziana signora tedesca della Namibia, che nel 1982 Orbito aveva salvato da un cancro ai polmoni, venne a stringermi la mano e a complimentarsi per la mia guarigione. Se lo diceva lei!

Mi immaginai come avrebbe poi raccontato di un italiano, di nome Anam a cui Orbito, in due minuti, aveva fatto passare una sinusite vecchia di anni.

Le operazioni continuarono, ma io andai a fare due passi con Dieter. Lui stava bene. Io, sinceramente, no. Tutto quell'aggeggiare nel naso mi aveva irritato le mucose ancora di più e non facevo che starnutire.

«Aspetta. Domani, vedrai, ti sarà passato tutto», mi promise il caro piramidologo.

La sera nella mia cameretta di pellegrino separata da quella accanto da una parete di compensato, dovetti riflettere su quel che mi era successo. Avevo perso un'occasione a non chiedere a Orbito di guarirmi dal mio malanno? No. Se era come diceva padre Bulatao e il guaritore porta via la «negatività» che uno ha addosso e non questa o quella malattia, allora ci rientravo: Orbito mi aveva «operato».

Ma era inutile mi illudessi. Io non ero fatto per essere miracolato. Questo almeno mi pareva d'averlo capito. Potevo ripartire in pace.

Se poi davvero pensavo, come padre Bulatao, che la mente umana è capace di miracoli e che ognuno di noi, nei limiti della natura, ha il potere di mettere in moto nel proprio corpo il suo meccanismo di autocura, allora dovevo occuparmi di più della mia mente e farle fare quel passo. Per questo non avevo bisogno di stimoli esterni. Tanto meno della teatralità del finto sangue e delle budellina di pollo.

E il trucco?

Neppure questa volta l'avevo capito ma, al contrario di quindici anni prima, avevo capito che, qualunque esso fosse, non andava svelato. Il trucco, con l'illusione che crea, resta affascinante e può sempre essere di grande utilità.

Certo, di utilità ai maghi nel mettere in mezzo la gente, mi si dirà.

E che male c'è se, per il piacere della loro arte, i maghi si fanno pagare con la scusa di dover comprare una capra o altro?

Alla fine di quella intensa giornata, ancor più che Orbito e le sue operazioni mi restava nella mente il mito della morte dei Teduray raccontatomi da Frankie e le case per i vecchi di cui mi aveva parlato Dieter. Che belle idee tutte e due!

Questo è davvero qualcosa su cui in Occidente dovremmo riflettere di più. Il nostro concetto di morte è sbagliato. Leghiamo troppo la morte alla paura, al dolore, alla tenebra, al nero: esattamente il contrario di quello che succede nella natura in cui il sole muore ogni giorno in una gioiosa esplosione di luci, in cui le piante d'autunno muoiono al meglio di sé, con una grandiosa esuberanza di colori. Dovremmo forse dirci, alla maniera dei Teduray, che moriamo solo quando abbiamo deciso noi, o dovremmo, alla maniera dei tibetani, considerare la morte non come il contrario della vita, ma semplicemente come l'altra faccia della nascita, come una porta che, vista da una parte, è l'ingresso, dall'altra è l'uscita.

Da bravo pellegrino mi alzai appena prima del sole e a piedi mi diressi verso la Chiesa della Madonna. In cielo c'era ancora la luna piena che velava d'un riflesso azzurrognolo gli spalti neri delle fortificazioni. I miei passi allertarono gli uomini che avevano passato la notte raggomitolati nei loro tricicli.

«Piramide? Piramide?», si misero a gridare con la speranza ancora assonnata di portare un primo cliente alla nuova grande attrazione del posto. Delle donne che stavano aprendo i loro banchetti cercarono, con poca convinzione, di vendermi delle medagline con l'immagine della Madonna e dei rosari.

Nella chiesa era appena cominciata la prima messa della giornata. Mi aggirai per le varie cappelle, nei corridoi, nei vecchi camminamenti. Arrivai al famoso pozzo e mi sedetti su una panca di pietra ad ammirare le bellissime magnolie che svettavano al di sopra del cortile. Da qualche parte comparve un vecchio sacerdote che mi si sedette accanto.

Avevo fatto colazione? No. E venni invitato a mangiare nel salone-refettorio del seminario. Su un grande piatto che girava al centro del tavolo tondo c'erano pentole e vassoi con riso, pesci fritti, uova sode, gamberetti, caschi di banane e pansit, i finissimi spaghetti filippini, ma il mio ospite, padre Raphael, settant'anni, priore della chiesa, pensò che questo non fosse di mio gusto e si mise a prepararmi una ciotola di fiocchi d'avena col latte a un forno a microonde. «E debbo seguire bene le istruzioni», esclamò. «Dicono che questi forni, se non usati attentamente, fanno diventare sterili!» E scoppiarono tutti a ridere, i vecchi sacerdoti insegnanti al nostro tavolo e i giovani seminaristi alle due fratine lungo i muri. A parte i filippini, ce n'erano che venivano dall'Indonesia e dallo Sri Lanka.

Parlammo presto di guaritori.

«Se non usano mezzi del demonio e fanno star bene la gente, non c'è niente di male», disse padre Raphael, ma quel che lo interessava era la piramide. Gli Espiritualistas, di cui Orbito era una sorte di sacerdote col suo titolo di «reverendo», erano una setta al margine della Chiesa, ma ancora dentro. Cosa c'entrava però la piramide?

Gli detti la brochure preparata dalla Orbitours e immediatamente padre Raphael mi fece notare una cosa che mi era sfuggita: la piramide raffigurata sulla copertina emanava una luce... a forma di croce. «Vede? Tutto a posto», disse soddisfatto. «E se la piramide porta qui dei turisti stranieri è bene per tutti. Se poi anche guariscono, tanto meglio.»

Gli chiesi allora della Madonna e dei suoi miracoli. La statua, mi raccontò, era stata alla prua di un galeone spagnolo arrivato dal Messico. La reputazione di essere miracolosa le era venuta poco dopo, quando, durante un incendio nella cittadina di Manaoag, il priore della chiesa aveva ordinato che la statua fosse portata per le strade e il fuoco era improvvisamente cessato.

«Magari era solo il vento che aveva cambiato direzione, ma la gente credette al miracolo», aggiunse.

«Perché lei non crede ai miracoli?»

Non mi rispose direttamente, ma avvicinando la sua bocca al mio orecchio, come volesse rivelarmi un segreto che dovevo però tenere per me, disse: «Sa, anche noi siamo costretti a ricorrere a qualche trucco con la Madonna». Davvero non capivo.

«La statua è tutta d'avorio», continuò. «Ma è bene non farlo sapere in giro. Sa, coi tempi che corrono... gli antiquari. Allora ne abbiamo una copia ed è quella che portiamo nella processione annuale attraverso la città. Noi chiamiamo La Calleira, quella che va per strada, ma per la gente è miracolosa come quella vera!»

Uscii che il sole cominciava a esser alto e caldo, le bancarelle erano tutte aperte e le donne cercarono di nuovo di vendermi qualcosa. Una però si avvicinò con una diversa richiesta.

«Ti prego, aiutami col mio collo. Lo so che sei un guaritore», disse e mi mostrò un bubbone che aveva sotto l'orecchio.

Ero imbarazzatissimo. La mia barba e i capelli bianchi avevano creato l'illusione che la potessi aiutare, come un liquido rosso crea l'illusione del sangue.

Riuscii solo a metterle una mano sulla spalla e a scappar via, mentre le altre donne, ridendo, dicevano alla poveretta:

«Quello non è un guaritore. È Babbo Natale».

Non avevo dimenticato l'appuntamento alla piramide. Un triciclo mi depositò al cancello. Quello era il giorno della grande inaugurazione. Il fatto che la luna fosse piena era di buon auspicio.

L'impalcatura era stata tolta e la piramide si ergeva elegante sul prato d'erba. Dieter mi aspettava e aveva preparato tutto per l'esperimento. Mi dovetti togliere l'orologio e qualsiasi altro metallo che avevo addosso. Dieter mi misurò la pressione, contò i battiti del mio cuore, mi puntò addosso la sua bacchetta magica che si mise a frullare, poi con un aggeggio tipo un metal detector o un contatore Geiger mi esaminò dalla testa ai piedi, annotando una serie di numeri.

Finalmente aprì la porta della piramide, mi ci fece entrare e richiuse. Da dentro la piramide era ancora più bella, con una luce leggera che filtrava dalle fessure lasciate in alto nella costruzione.

Mi sedetti per terra contro una parete e rimasi in pace. Una grande pace. Dopo una quindicina di minuti la porta si riaprì e Dieter con tutti i suoi strumenti corse a riprendere tutte le sue misurazioni.

Era soddisfatto: la mia pressione, prima di entrare, era stata 110 la massima e 68 la minima, il polso 56. Ora la pressione era 92 e 65, il polso 61. Giusto. Le altre misurazioni però rivelavano qualcosa di strano. Di solito, disse Dieter, gli europei hanno sempre più elettricità che magnetismo. Con me, sia prima che dopo la meditazione, la situazione era inversa.

« Forse è perché vivi in India », disse.

I valori dei due erano comunque aumentati moltissimo e questo era l'importante: prima di entrare avevo elettricità 31 e 58 di magnetismo, uscendo aveva 60 di elettricità e 120 di magnetismo. Questo dimostrava che la piramide si era ricaricata e che parte di quel potere si era trasferito su di me. La piramide era di nuovo viva e Dieter felice. Anch'io.

Qualche ora dopo la piramide sarebbe stata inaugurata alla presenza di funzionari del Ministero del Turismo, generali e politici, fra cui anche quel Fidel Ramos che era stato presidente dopo Cory Aquino. Ci sarebbero stati tagli di nastri, discorsi e foto ricordo.

A me bastava, grazie a Dieter, averla « sperimentata » per primo.

Affittai un vecchio taxi e tornai a Manila. Ci arrivai in tempo per godermi il tramonto sulla baia: struggente come se la natura volesse ripagare la gente della baraccopoli fra il Rochas Boulevard e la riva del mare della loro miseria. A ogni semaforo venimmo circondati da ragazzini che vendevano « One stick », una sigaretta sola, elicotteri di plastica, collanine di conchiglie e manciate di noccioline calde.

Restai a Manila ancora un paio di giorni. Forse non ci sarei mai più tornato e non volli mancare Master Choa, il fondatore della Pranoterapia, per il quale nella piramide di Coimbatore avevano messo l'aria condizionata. Ma non ebbi fortuna. Master Choa Kok Sui, uomo d'affari di origine cinese, ingegnere chimico, accanito lettore fin da bambino di libri esoterici, era appena tornato da un congresso di suoi seguaci in Canada, sarebbe ripartito il giorno dopo per un altro congresso in Australia e nelle poche ore in cui si trovava a Manila si doveva occupare di un altro business di cui era proprietario: una compagnia di autobus a Quezon City.

C'era però la sua organizzazione, l'Istituto per la Pranoterapia e per gli Studi Interiori, al primo piano di un palazzotto modesto all'angolo di Pasay Road e Anmorsolo, di quelli con la guardia armata in basso che sconsiglia di prendere l'ascensore perché spesso si guasta e ci si rimane intrappolati. Quando aprii la porta, una ragazza stava correggendo le bozze di un ennesimo libro del Maestro, un'altra rispondeva alle decine di e-mail che il Maestro riceve ogni giorno da tutto il mondo. Due uomini a un banco facevano dei pacchi. Il posto era minuscolo e zeppo di carte, libri e tante scatole di fazzoletti di carta. La formula era brillante: da quell'ufficetto, con pochissimi costi, il Maestro gestiva il suo impero intercontinentale di gente che segue corsi, prende diplomi e a sua volta poi dà corsi, diplomi e «guarisce», spillando soldi in cambio di speranza.

Raccontai della foto del Maestro vista a Coimbatore, dissi che venivo da lontano per risolvere il problema di una sinusite cronica e, visto che il Maestro non c'era, chiesi chi di loro aveva fatto i corsi e sapeva guarire. Tutti, ma la più brava era la ragazza dell'e-mail.

Mi fece sedere su uno sgabello con le mani sulle ginocchia, palme rivolte in alto e gli occhi chiusi. La sentii agitare l'aria attorno alla mia faccia e cercai di vedere quel che succedeva. Teneva la mano sinistra sul suo cuore, avvicinava lentamente la mano destra alla mia fronte, poi alla svelta la ritirava. Fece così varie volte. Poi si fermò, aprì una bottiglia di alcool, si lavò le mani, se le asciugò con dei fazzoletti di carta (a questo servivano!) e riprese la manovra che mi resi conto era quella di avvicinarsi a qualcosa di invisibile nell'aria, vicino alla mia faccia, acchiapparlo e buttarlo via.

Il tutto durò una decina di minuti. Per sdebitarmi e mostrare la mia riconoscenza comprai alcuni libri e li salutai.

La sera a letto lessi le opere del Maestro: era la stessa pappa del reiki con nomi diversi e diverso pedigree. Come tutte le soluzioni della new age, anche quella di Master Choa era appetibile perché facile e veloce. «Non c'è bisogno di studiare dieci o venti anni per essere capaci di guarigioni paranormali. Né uno deve nascere coi poteri di guaritore o di veggente. Basta essere determinati ad aiutare gli altri e seguire le istruzioni di questo libro», prometteva il Maestro.

Durante la notte, però, ebbi l'impressione che la sinusite mi era passata e la mattina mi parve di respirare davvero meglio. Era stata la ragazza pranica dell'e-mail? o la chirurgia psichica di Orbito? o erano stati gli effetti a scoppio ritardato della sauna di Ko Samui? Oppure i fumi aromatici dei bastoncini del dottor Mahadevan?*

Prima di ripartire andai a salutare Frankie e a fargli un riepilogo della mia visita. Ci sedemmo in un caffè. Frankie non toglieva gli occhi di dosso a un gruppo di giovani vivaci e spigliati, impeccabilmente vestiti da businessmen, seduti a un tavolo vicino al nostro. Osservava i loro gesti, il loro modo di parlare. Mi confessò che il suo prossimo romanzo era su di loro: gli yuppie di Manila. Sapevano tutto sui vini francesi, disse, ma niente sugli gnomi che abitano le loro case. Come avrebbero potuto essere dei veri filippini?

Assieme al caffè ordinò per tutti e due una ensaimada.

«È un lascito degli spagnoli, ma oggi la si fa meglio qui che in Spagna.» Per Frankie quel dolce era il simbolo delle Filippine.

«Guarda, di fuori è bello, cremoso e zuccherato», disse. Poi, pigiandoci sopra la forchetta che affondò nella pasta frolla, aggiunse: «Ma dentro è solo aria calda».

Tutti e due ci mettemmo a ridere da matti, anche perché, proprio in quel momento, ci accorgemmo che davanti alla finestra del caffè stava passando una coloratissima jeepney sulle cui fiancate, a grandi caratteri bianchi, c'era scritto: «Non avere dubbi. Dio regna. Ha sempre regnato e sempre regnerà. Fine della trasmissione».

* Sarei vissuto a lungo con questo dubbio. Dopo poco però la sinusite mi tornò e da allora, a suo piacimento, va e viene.

HIMALAYA

POLVERE DI MERCURIO

UNA TIGRE aveva due seguaci: un leopardo e uno sciacallo. Ogni volta che la tigre azzannava una preda, lei mangiava quel che poteva e lasciava i resti al leopardo e allo sciacallo. Un giorno successe però che la tigre uccise tre animali: uno grosso, uno medio e uno piccolo.

«E ora come li dividiamo?» chiese la tigre ai suoi due seguaci.

«Semplice», rispose il leopardo. «Tu prendi il più grande, io prendo il medio e quello piccolo lo diamo allo sciacallo.»

La tigre non disse nulla, ma con una zampata sbranò il leopardo.

«Allora, come li dividiamo?» chiese di nuovo la tigre.

«Oh, Maestà» rispose lo sciacallo. «Il pezzo piccolo lo prendi tu per colazione, quello grande lo tieni per pranzo e quello medio lo mangi a cena.»

La tigre era sorpresa.

«Dimmi, sciacallo, da chi hai imparato tanta saggezza?»

Lo sciacallo per un po' esitò, poi con l'aria più umile che riuscì a metter su rispose:

«Dal leopardo, Maestà».

Per farmi compagnia mi ero portato dietro una copia dei *Pancatantra*,* e la sera, in un alberguccio sul Gange a Rishikesh, prima di addormentarmi, mi ero messo a leggere alcuni testi da questa divertente collezione di storie di animali scritte, secondo la leggenda, più di mille e cinquecento anni fa da un vecchio eremita per dare ai tre figli ignoranti e svogliati di un re alcune fondamentali lezioni di vita e prepararli così alla successione.

Venivo da Delhi e la mattina dopo avrei proseguito il mio viaggio fino a Dehra Dun dove avevo un appuntamento con un noto medico ayurvedico, al centro di tante polemiche, che diceva di avere una sua particolarissima cura per il cancro.

---

* Secondo alcuni dietro il leggendario autore Vishnu Sharma si nasconderebbe Chanakya, il «Machiavelli indiano», autore del trattato *Arthashastra*, sull'arte di governare.

Ciò che mi colpì in quelle antiche storie di animali era che non avevano, come le nostre favole, una morale nel senso buono del termine. Al contrario: il loro scopo era di impartire alcuni insegnamenti pratici sull'arte di sopravvivere, partendo da una obbiettiva e spassionata osservazione della vita. Le conclusioni a cui il vecchio eremita faceva arrivare i tre principini recalcitranti allo studio potevano non essere ispiranti, ma indubbiamente contenevano una loro pragmatica saggezza.

E io? Non avevo tirato qualche saggia conclusione dalla mia vita degli ultimi anni? Andando a giro per il mondo a incontrare medici, maghi e maestri avevo certo capito che era inutile continuare a viaggiare, che la cura delle cure non esiste e che la sola cosa da fare è vivere il più coscientemente, il più naturalmente possibile, vivere in maniera semplice, mangiando poco e pulito, respirando bene, riducendo i propri bisogni, limitando al massimo i consumi, controllando i propri desideri e allargando così i margini della propria libertà. Allora, che ci facevo lì, sulle tracce di un ennesimo medico?

Quel che mi aveva spinto a mettermi in viaggio per Dehra Dun non era la speranza del paziente, ma la vecchia passione del giornalista, quel piacere di andare a verificare cosa c'è di attendibile in una storia di cui si è solo letto o sentito dire. E qui la storia era interessante.

Al contrario del «medico» di Kakinada o del giovane Mahadevan, Vaidya Balendu Prakash era famoso. La stampa si era interessata a lui, era stato insignito di un'importante onorificenza nazionale, godeva della protezione dell'allora presidente dell'India e fra i pazienti che erano ricorsi alle sue cure c'era stato anche il multimiliardario inglese, Sir James Goldsmith, che l'aveva fatto venire in Europa e aveva mandato il suo elicottero privato a prenderlo. La fama di Vaidya Balendu Prakash era cominciata nel 1987 quando era riuscito a curare di leucemia un bambino pakistano di due anni e mezzo dato per spacciato da un grande ospedale di Londra, e la storia era finita su tutti i giornali.

L'eccezionalità della sua terapia stava nel fatto che Vaidya Balendu Prakash non usava erbe o piante, ma esclusivamente metalli. L'idea che i metalli abbiano un ruolo importante nel mantenimento del corpo è stata di tutte le civiltà, e le mezzine di rame usate ancora dalle nostre nonne per l'acqua, come la padella di ferro per farci le frittate, erano certo la testimonianza di una vecchia saggezza che l'industria moderna ha spazzato via, proponendo prodotti molto più pratici, ma anche molto meno sani.

Un conto però è fare uso dei metalli per il pentolame, un conto è ingerirli. E questo, considerato dalla medicina occidentale una sicura forma di avvelenamento, è esattamente ciò che Vaidya Balendu faceva fare. Con un complicatissimo sistema, descritto in alcuni testi di ayurveda, riduceva i metalli in polvere e li dava da bere ai suoi pazienti. Avevo letto che di tutti i metalli quello a cui lui ricorreva di più era il mercurio, e questa era stata un'altra ragione del mio volerlo incontrare. Il mercurio secondo la mitologia indiana è lo sperma di Shiva, «il seme della coscienza pura». Che ci fosse nella medicina praticata da Vaidya Balendu Prakash qualcosa che trascendeva le apparenze? Come nell'alchimia?

Già millenni fa sacerdoti e maghi di civiltà tanto lontane e diverse fra loro come quella maya e quella cinese, quella egizia e quella indiana, hanno cercato di trasformare i metalli di poco valore, come il piombo e il rame, in metalli preziosi, come l'argento e l'oro. Questa misteriosa arte, chiamata poi alchimia, era parte dell'eterno tentativo dell'uomo di sapere qualcosa di più su se stesso. La pretesa trasformazione materiale di un metallo in un altro era molto probabilmente un modo per celare il segreto di una trasformazione spirituale, quella dell'anima, il cui procedimento era legato a una conoscenza esoterica accessibile solo attraverso lunghi e impegnativi processi di iniziazione. Non a caso il linguaggio in cui questa arte si esprimeva era pieno di doppi sensi. Si parlava ad esempio di «uccidere» il metallo vilio per farlo poi «rinascere» nobile come l'oro, ed era come dire: uccidere l'Io per far nascere il Sé della coscienza pura.

In Cina l'alchimia entrò a far parte della tradizione taoista, dove ovviamente la pretesa di produrre quello che veniva chiamato «l'oro dell'immortalità» mascherava un fine tutt'altro che metallurgico. In Europa l'alchimia divenne l'arte di preparare una «medicina» attraverso un misterioso mezzo, identificato poi come la pietra filosofale. Una medicina per il corpo o per l'anima? Mantenere questa ambiguità fu essenziale per i mistici medioevali, i quali evitarono di essere perseguitati dalla Chiesa per la loro ricerca di un rapporto diretto con Dio barricandosi dietro a una massa di alambicchi e mortai, e nascondendo dietro il loro lavoro apparentemente materiale di alchimisti il loro vero lavoro di ricercatori spirituali.

Possibile che qualcosa di simile si nascondesse dietro la pratica del medico di Dehra Dun che sosteneva di trasformare il «seme di Shiva» in una medicina?

La mattina dopo, nella solita Ambassador, arrivai a destinazione:
non l'ambulatorio di un medico, ma una fattoria fuori città, alla fine di una strada sterrata in mezzo ai campi. Un muro di cinta bianco, un cancello, un paio di edifici, una grande tettoia sopra file di
buche nere nella terra rossa, e tanti animali – polli, anitre, pavoni e
vacche – che pacificamente pascolavano attorno a un laghetto.

«Benvenuto nel centro di ricerca sul cancro più piccolo e più
povero del mondo», disse il medico venendomi incontro sorridente, piccolo, vestito all'occidentale. Mi salutò con una stretta
di mano invece che con un «Namaskar». No, non c'era niente
di santo in lui. Niente di mistico. La sua marcata affabilità era
piuttosto da pubbliche relazioni. Non era certo un alchimista.
Non era neppure vegetariano, e quando, indicando i polli, gli
chiesi se li mangiava, mi rispose «Certo!», con convinzione, come considerasse il non mangiarli una sciocchezza.

Quando gli avevo parlato al telefono non mi ero presentato come un possibile paziente. Gli avevo solo detto che intendevo scrivere di medicina alternativa e lui si era lasciato libera l'intera
giornata per spiegarmi il suo lavoro. Così, non c'erano pazienti
a far la fila, ma il telefono nell'ufficetto in cui ci sedemmo squillava in continuazione con gente che lo chiamava da mezzo mondo per consultazioni e richieste di appuntamenti. Nella maggior
parte dei casi la sua risposta era «no».

Non era più interessato al trattamento dei singoli casi, mi disse. La sua priorità ormai era la ricerca. Voleva che la sua terapia
fosse accettata dalla comunità scientifica che per il momento insisteva nell'ignorarla. I medici di formazione occidentale la consideravano un anatema, mentre quelli formati nella tradizione
ayurvedica volevano, secondo lui, evitare che la loro pratica fosse
sottoposta a verifiche e sperimentazioni di tipo scientifico.

Balendu Prakash stesso aveva fatto gli studi regolari di ayurveda e aveva preso la laurea che gli permetteva di aggiungere al
suo nome il prestigioso titolo «Vaidya», dottore, ma con i suoi
colleghi era da tempo ai ferri corti.

«Gli ayurvedici sono fondamentalmente conservatori e contrari
alla modernità. Continuano a trattare la loro medicina come fosse

una religione e a parlare degli antichi manuali come delle 'scritture sacre'. Così impediscono che questi testi vengano criticati e messi in discussione », diceva. « Quanto a me, mi ritengo molto fortunato a poter vivere in India e molto sfortunato a essere indiano. L'India è piena di saggezza, ma oggigiorno c'è più aiuto per la religione che per la scienza. Le nuove idee non sono benvenute, non vengono finanziate. La ricerca ayurvedica è più o meno inesistente e da anni non è stata prodotta una singola nuova medicina. »

Prima di andarlo a trovare avevo letto dei suoi attacchi pubblici contro le scuole di ayurveda che, secondo lui, sfornano « dottori » che poi finiscono per praticare, illegalmente, la medicina allopatica occidentale per la quale non sono preparati. Avevo visto che si era anche scagliato contro tutti i prodotti che, sfruttando l'appellativo « ayurvedico », ingannano gli acquirenti e arricchiscono i ciarlatani.

Vaidya diceva che certi ricostituenti, famosi in India e sempre più di moda anche all'estero, dove sfuggono ai controlli sulle medicine perché vengono venduti come « integratori alimentari », sono solo delle pappe piene di zucchero e che i cosmetici « ayurvedici » sono delle pure e semplici truffe.

« Gli oli cosiddetti vegetali sono sintetici e gli shampoo che si dicono a base di erbe sono fatti con normalissimi detergenti. L'ayurveda è di moda e la gente le corre dietro. Siccome questi prodotti non costituiscono una minaccia per l'industria farmaceutica non vengono tolti dalla circolazione. Con le medicine per il cancro è diverso. Con quelle l'industria farmaceutica fa immensi profitti e siccome una cura come la mia costa al massimo un paio di dollari al giorno è vista come una minaccia. Lei sa quanto costa una terapia anticancro al Memorial Sloan-Kettering di New York? »

La sua domanda era retorica e non gli risposi che lo sapevo. Eccome se lo sapevo!

Vaidya mi fece l'esempio di un ex ufficiale dell'esercito indiano che, dichiarato incurabile a Delhi, era venuto da lui e lui l'aveva rimesso al mondo al costo di dodici rupie, circa venti centesimi di euro al giorno. E qual era stata la medicina miracolosa? Una combinazione di metalli!

La sua terapia si basava su una teoria molto semplice. Una malattia come il cancro è causata da uno squilibrio – una deficienza o un eccesso – dei metalli essenziali: il rame, l'argento, il piombo, l'oro, il ferro, lo stagno, lo zinco e il mercurio. La cura consiste perciò nel ristabilire il loro equilibrio nel corpo.

«So bene che i metalli sono tossici, che quelli dei tubi di scappamento delle auto uccidono, ma i metalli possono anche ridare la vita, se vengono dalle mani di un vaidya», disse. «È scritto nei vecchi testi: 'Il mercurio mille volte raffinato può curare ogni malato, se il paziente si astiene dal sesso, dal mangiare sale e qualsiasi cibo aspro'. Io l'ho sperimentato e ho visto i risultati coi miei occhi.»

Dalla sua scrivania tirò fuori un pacco di carte. Erano più di cinquanta cartelle cliniche di pazienti che lui aveva recentemente trattato con successo. Passandomele, disse una cosa che mi colpì. «So che la cura funziona, ma non so esattamente come e perché. Non sono sicuro delle dosi, non sono sicuro sulla durata del trattamento.» Pareva sincero. «Per questo ho bisogno di aiuto, di finanziamenti per portare avanti questo lavoro.»

Era venuto il momento di vedere le famose «medicine». La tettoia che avevo notato arrivando riparava la fornace dove i metalli venivano «raffinati mille volte». Le buche in terra erano di diverse dimensioni: alcune erano profonde un palmo di mano, altre due palmi, alcune erano fonde fino al gomito di un uomo. Quelle erano le unità di misura descritte nei vecchi testi. Su ogni buca la sera veniva messo un contenitore di terra refrattaria sigillato col fango. Dentro c'era la giusta quantità di metallo che col fuoco si liquefaceva eliminando via via le sue impurità. Al mattino il metallo veniva versato in mortai di pietra e per tutta la giornata macinato a mano. Alla sera la mistura veniva di nuovo messa sul fuoco nelle buche e al mattino di nuovo nei mortai. Dopo mesi di questa procedura il metallo era ridotto a una polvere finissima, una sorta di cenere chiamata bhasma.

Vaidya mi portò nella «farmacia». Seduti per terra, file di uomini spingevano lentamente avanti e indietro delle ruote di acciaio nella poltiglia nera sul fondo dei mortai. Sugli scaffali stavano tanti barattoli, ognuno con l'etichetta di ciò che conteneva e la data di produzione. Vaidya disse che, al termine della procedura, le polveri dovevano restare intoccate per almeno due anni prima di essere somministrate. Ogni medicina richiedeva quindi almeno tre anni di preparazione.

In una ciotola mi fece vedere del mercurio allo stato puro. Presi la ciotola in mano. Era pesantissima. Poi con la punta di un cucchiaino Vaidya tirò fuori da un barattolo il bhasma di quello stesso mercurio: una polvere nera, finissima, quasi eterea. «Nell'acqua resta a galla perché il mercurio ha perso la sua natura di terra che affonda e ha preso quella del fuoco che vola», disse Vaidya citando un verso dei vecchi testi.*

Li aveva studiati, i testi; li conosceva bene ormai, ma non era da quelli che era partito per la scoperta della sua medicina. Tutto era cominciato col padre e la storia, come Vaidya me la raccontò, pareva una favola indiana.

La famiglia era di Meerut, una cittadina a nord di Delhi; gente semplice, ma molto religiosa, e vari vecchi, alla fine della loro vita, erano diventati sanyasin. Quando il padre di Vaidya aveva appena dodici anni qualcuno gli fece bere dell'alcool. I genitori inorriditi lo cacciarono di casa. Un sadhu di nome Maharaj, uno di quelli che vivevano esclusivamente di banane e di latte, l'aveva preso come discepolo, lo aveva introdotto allo studio dei testi sacri, dell'ayurveda e gli aveva passato il segreto di una strana polvere nera che Maharaj teneva sempre con sé, in un sacchetto, e con cui curava le malattie ossee della gente.

Fattosi adulto, il padre di Vaidya era diventato un guaritore. Grazie a un complicato processo di purificazione di alcuni metalli, imparato da Maharaj, manteneva una sua riserva di polvere nera e con quella trattava vari tipi di pazienti. Nel 1960 gli capitò un funzionario governativo che all'ospedale locale era stato dichiarato incurabile a causa di una malattia già infiltrata nel midollo osseo. Il padre gli dette la polvere di Maharaj e quello guarì. Era il suo primo caso di cancro. A quello ne seguirono tanti altri e il padre divenne noto come uno che curava gli incurabili. Il padre era morto nel 1984 e Vaidya, che nel frattempo, su consiglio di Maharaj il sadhu, aveva fatto gli studi di ayurveda, gli era succeduto. Per avere più spazio per i suoi esperimenti si era trasferito nella fattoria di Dehra Dun dove aveva stabilito il suo centro di ricerca.

Il bambino pakistano guarito dalla leucemia con una mistura di mercurio, arsenico e argento era stato il suo primo grande successo. Da allora Vaidya diceva di essere riuscito a guarire almeno trentacinque diversi tipi di cancro. Sapeva benissimo che il suo sistema non funzionava in tutti i casi, ammetteva di aver fatto degli errori e non ebbe problemi a parlarmi dei suoi detrattori.

* I testi ayurvedici relativi all'uso dei metalli vanno sotto il nome di *Rasashastra*, letteralmente «la conoscenza del mercurio». Risalgono grosso modo all'VIII secolo dopo Cristo e sono molto più recenti di quelli classici dell'ayurveda. Alcuni ritengono che questo uso dei metalli sia giunto in India dalla Cina.

Fu lui stesso a raccontarmi che le autorità mediche in Australia erano arrivate a fare degli annunci alla televisione per mettere in guardia, contro i rischi di avvelenamento, alcune decine di australiani che stavano prendendo la sua medicina. Alla parete del suo ufficio mi indicò la foto di una ragazza occidentale, bionda. Era Catherine, un'inglese andata da lui a curarsi di leucemia. Era rimasta con la famiglia alcune settimane, ma non era riuscito a salvarla.

« A quel tempo c'era qualcosa che non andava nelle medicine della mia riserva », ammise Vaidya. Era già successo a suo padre. Dopo anni di buoni risultati con la polvere di Maharaj, improvvisamente nessuno più guariva. Ci volle del tempo per scoprire che era colpa della qualità del rame: quello ricavato dalle nuove monete non era più puro come quello delle vecchie monete e solo dopo che il padre si mise a usare il rame ricavato dai fili elettrici, la medicina tornò a essere efficace.

E il caso di Goldsmith? gli chiesi.

Disse che quando era stato chiamato era già troppo tardi e che poi c'erano stati conflitti col gruppo di medici francesi e inglesi che si occupavano di lui.

Vaidya sapeva benissimo che oltre ai successi aveva avuto anche tanti fallimenti. Quello che non capiva era perché la comunità scientifica non si interessava ai casi in cui il suo sistema aveva funzionato e perché non lo aiutava a scoprire per quale motivo in altri casi questo non era accaduto. Dopo il caso del bambino pakistano alcuni medici inglesi erano andati a trovarlo per studiare la sua terapia, ma poi nessun altro. Ora i soli dottori che si rivolgevano a lui erano quelli che non sapevano più cosa fare con i loro pazienti.

Lui intanto continuava a fare i suoi esperimenti e a registrare ogni caso che trattava. « Continua a dar da mangiare agli sciacalli e un giorno arriverà anche il leone », gli diceva sempre il padre. E Vaidya era convinto che prima o poi qualcuno si sarebbe fatto avanti ad aiutarlo.

Andando a giro per la fattoria ci avvicinammo allo stagno attorno al quale raspavano dei bei polli e delle anitre, mentre coppie di piccioni tubavano sugli alberi.

« Immaginiamo d'essere nell'antichità e di vivere in una foresta », disse Vaidya. « Osserviamo la natura, gli animali e impariamo un sacco di cose. Vediamo che un gallo becca una certa cosa in una stagione e un'altra cosa in un'altra stagione. Vediamo che di certe piante l'elefante mangia solo la corteccia. Vediamo che un animale malato va a nutrirsi di una certa erba. Copiamo gli animali, facciamo quel che fanno loro, ma non sempre abbiamo gli stessi risultati. Scopriamo che l'erba nata in un posto non ha le proprietà della stessa erba cresciuta in un posto diverso, magari vicino a una roccia. Allora si capisce che quella roccia contiene qualcosa che entra nella pianta e le dà quelle proprietà.

«Si prende la pietra, la si scalda, e ne esce un metallo. Si mangia quel metallo, ma si muore. Poi si scopre che nella terra ci sono i lombrichi che assorbono quel metallo, il rame ad esempio, e si scopre che il colore delle penne del gallo, così nero-violetto, è dovuto proprio a quel rame che il gallo ingerisce mangiando i vermi. Il ciclo è quello: il verme mangia e ricicla il rame, il gallo mangia i vermi e assorbe il rame. I rishi avevano capito tutto questo. Certo: il rame allo stato naturale è un veleno, uccide, ma il rame è anche un antinfiammatorio e, ridotto allo stato di cenere, è capace di bloccare la crescita di un certo tipo di cancro.

«Lo stesso succede col mercurio. Quando la gente moriva avvelenata dal mercurio si è scoperto che il mercurio era arrivato fino nelle loro cellule staminali. Da questo si dedusse che poteva essere usato come veicolo per arrivare nel più profondo del corpo. L'ayurveda questo lo sapeva da secoli, come sapeva delle proprietà dello zinco e del ferro che la medicina occidentale ha scoperto solo di recente. Ma l'ayurveda è nata senza la conoscenza della chimica, della fisica, dell'elettronica. Il mio fine è portare queste scienze nell'ayurveda per raffinarla, per spiegarla, per migliorarla e andare avanti.»

Vaidya pensava modernamente, ma aveva anche i suoi dubbi sulla modernità. Ad esempio era molto sospettoso nei confronti di tutto quello che l'industria, specie quella alimentare, produce; era convinto che la terra, soprattutto a causa dei fertilizzanti, sta perdendo molte delle sue antiche proprietà e che il cibo prodotto oggi non ha più le sostanze di cui noi umani abbiamo bisogno, soprattutto quelle minerali. Per questo era molto orgoglioso del suo ecosistema, come chiamava la sua piccola fattoria, dove era in grado di produrre nel modo più naturale possibile quasi tutto quello di cui lui e la sua famiglia avevano bisogno. Lì ogni cosa veniva riciclata, compreso lo sterco delle mucche e del toro usato per alimentare la fornace.

Passammo l'intera giornata a discutere assieme. Lui era molto contento di aver qualcuno con cui condividere le sue riflessioni e io di prenderne nota.

Poco prima del tramonto, sotto la tettoia si svolse la quotidiana cerimonia dell'accensione dei fuochi a cui tutta la famiglia partecipò. Anch'io venni invitato. Si trattava di mettere in ogni buca un tizzone ardente che, senza soffiarci su, facesse bruciare, a fuoco lento e costante le pagnotte di escrementi secchi sotto i contenitori.

Un uomo sarebbe rimasto di guardia tutta la notte. Al mattino i metalli sarebbero stati fatti freddare, versati nei mortai, pestati lentamente per ore e ore, e la sera di nuovo messi a cuocere. Per settimane, per mesi avanti così.

« Solo in India, dove la mano d'opera costa poco, ci possiamo permettere di produrre medicine di questo tipo. Ma forse è perché sono indiane che queste medicine non vengono prese sul serio da quelli del Memorial Sloan-Kettering », aggiunse.

Durante il giorno aveva fatto vari riferimenti al mio benamato ospedale e io, senza ancora dirgli niente di me, gli chiesi perché si riferiva sempre a quello. Disse che non conosceva personalmente l'ospedale di New York, ma che aveva avuto molti pazienti che erano stati lì e che, dopo essere stati dichiarati incurabili, erano venuti da lui. Sapeva che all'MSKCC stavano puntando tutto sulla ricerca genetica, ma non pensava che la soluzione al problema del cancro stesse lì. Aveva visto molti pazienti a cui all'MSKCC avevano fatto il trapianto del midollo, ma non credeva che servisse granché.

« A me vanno bene anche i pazienti che hanno già il midollo infiltrato », aggiunse ridendo, a mo' di sfida.

« Allora non sono ancora pronto per essere un suo paziente », mi venne a quel punto da dirgli. E in poche parole gli raccontai la mia storia clinica.

Vaidya non disse nulla, ma con quella mia « confessione » si era stabilita fra di noi una maggiore intimità. Mi invitò a cena.

Vaidya sedeva a capotavola, alla sua destra la moglie, poi i tre figli, due ragazze e un maschio, tutti quanti decisi a seguire le orme del padre e del nonno e a diventare medici ayurvedici. Vidi che, prima di mangiare, Vaidya inghiottì, con acqua bevuta da un bicchiere d'argento, varie pasticche: zinco, oro, perle, corallo e mercurio, mi spiegò. Più una dose di pepe nero perché « per fare un fuoco occorre sempre del combustibile ».

I roti, le pagnotte di farina, che mangiammo non erano fatti di grano, ma di una pianta comunissima che cresceva nei suoi campi. « È la farina che costa di meno, la farina che mangiano i poveri », disse Vaidya. « E i poveri si ammalano di meno se restano fedeli alla loro dieta tradizionale. Purtroppo stiamo tutti diventando più ricchi e con ciò più stupidi e meno sani.»

Fu solo quando ci sedemmo nel suo salottino per bere un tè alle erbe che riprese il mio discorso.

«Un giorno dovrà venire da me come paziente perché quelli dell'MSKCC falliranno con lei, come hanno fallito con tanti altri prima di lei. Loro non sono in grado di rispondere alla sola, vera domanda: che cosa ha provocato il suo cancro?»

Conoscevo quell'argomento. Era stato il mio durante tutti i mesi di New York. Ma lui ne aggiunse uno che centrava meglio la questione.

«Un malato di cancro è destinato a morire di cancro se viene trattato nel modo occidentale, cioè combattendo il cancro e non le sue cause. Alcuni ce la fanno perché cambiano vita.»

«Be'... questo è quel che ho cercato di fare.»

«Sì, poi quelli dell'MSKCC diranno che è stato merito loro! Comunque lei sa come fanno: prendono cinque anni di sopravvivenza come un successo. Poi lei muore al sesto. Un successo, questo?»

Secondo lui una delle principali cause del mio tipo di malanno era uno scompenso nel contenuto metallico del mio corpo. Questo era in parte dovuto all'inquinamento, al fatto che la terra è sempre più povera dei suoi componenti naturali e sempre più intrisa di quelli artificiali, chimici.

Ero d'accordo.

Mi chiese di tornare la mattina dopo a digiuno. Voleva controllare lo stato del mio sangue. Per farlo usava uno speciale tipo di microscopio che fa l'esame «in campo scuro». «Le stelle si vedono solo di notte, quando il cielo è buio», mi spiegò. «Ma le stelle ci sono anche di giorno. Lo stesso avviene coi segni del cancro. Guardo il suo sangue e posso vedere meglio e prima dei medici occidentali i segni di come il suo cancro si svilupperà.»

Quel discorso non mi piacque. Un ciarlatano?

La sera, di nuovo in un alberguccio questa volta nel centro di Dehra Dun, prima di addormentarmi lessi altre divertenti, ma poco edificanti storie di animali dei *Pancatantra*. Una era questa.

Un vecchio leone andava ogni giorno dopo pranzo nella sua tana a fare un sonnellino, ma veniva regolarmente disturbato da un topo che gli entrava nelle orecchie e gli rosicchiava il pelo. Il leone era grande e grosso e forte, ma non riusciva ad acchiappare quel minuscolo animale. Chiese allora a un gatto di fargli da guardiano. In cambio gli avrebbe dato da mangiare. Tutto filò liscio. Il topo, vedendo il gatto, non usciva dal suo buco, il leone dormiva tranquillo e il gatto mangiava a volontà da quel che il leone gli metteva generosamente a disposizione. Il leone era così contento che elogiava e ringraziava continuamente il gatto per il suo aiuto. Un giorno però il topo, ormai affamato, uscì dal suo buco e il gatto, senza pensarci due volte, gli balzò addosso e lo ammazzò. Quando il leone si svegliò dal suo sonnellino, il gatto, orgogliosissimo, gli raccontò quel che era successo. Lì per lì il leone non disse nulla, ma il suo atteggiamento nei confronti del gatto cambiò completamente. Non gli parlò più e non gli dette più una briciola da mangiare. Il gatto non capiva.

«Ho fatto il mio dovere. Perché mi tratti così?» osò finalmente chiedere, dopo giorni di digiuno.

«Misera, piccola bestia. Sei un servo che non serve più. Vattene via e lasciami dormire», rispose il leone.

La mattina dopo, senza aver mangiato nulla dalla sera prima, arrivai a casa di Vaidya. La famiglia stava ancora facendo colazione con lui a capotavola e la porta della stanza aperta sull'ecosistema piccioni, polli e anitre che reclamavano la loro parte.

Vaidya mi affidò a una giovane microbiologa addetta al microscopio. La ragazza mi prese una goccia di sangue, la mise su un vetrino e pochi minuti dopo, su un grande schermo televisivo, assistetti al bellissimo spettacolo di tante forme di diversi colori che si muovevano, si toccavano, si abbracciavano, si fagocitavano, cambiavano di forma e di colore. Un'incredibile vita si agitava in quella proiezione della mia goccia di sangue!

Secondo la ragazza andava tutto bene. Poi venne Vaidya e lui trovò che nel sangue c'erano ancora le tracce del mangiare di dodici ore prima, segno di cattivo assorbimento; che le mie cellule non erano perfettamente tonde, segno che mancavano di ferro; che le mie resistenze erano basse e che quelle, invece di sopravvivere per cinque ore, dopo un'ora erano già morte; che...

Pensai che l'intero spettacolo, con quel tocco di modernità dovuto al grande schermo televisivo, fosse tutta una messa in scena per rendere credibile la somministrazione dei metalli. Una trappola? Come, fra le varie telefonate che cominciarono ad arrivare, quella della madre del ragazzo pakistano che chiamava da Dubai per salutare Vaidya? Mi ci fece parlare. Il ragazzo ora aveva sedici anni e stava benissimo. Erano eternamente grati a Vaidya per quel che aveva fatto.

Un caso? O lui aveva organizzato quella telefonata per impressionarmi? Optai per il caso. Vaidya istintivamente mi piaceva. E il suo sistema era certo servito a ridare speranza a tanta gente che non ne aveva più e forse anche a curare qualcuno. Ma in fondo il suo atteggiamento di medico dinanzi alla malattia non era diverso da quello degli aggiustatori di New York che criticava. Anche lui vedeva me solo come corpo, un corpo a cui mancava qualche metallo e nient'altro. Nel migliore dei casi, anche lui voleva introdurre in me un po' di materia per accomodare la materia. E a questo non ero più interessato.

Quando mi disse che avrei dovuto cominciare a prendere una sua combinazione di metalli per rafforzare il mio sistema immunitario, risposi che al momento non volevo più medicine e che ero venuto da lui pensando magari di incontrare un alchimista. A quell'idea rise divertito. Ma credo che mi capì e alla fine ci salutammo molto cordialmente. Gli promisi che avrei scritto di lui e dei suoi esperimenti il più onestamente possibile.

Avevo sette o otto ore di macchina dinanzi a me per tornare a Delhi e mi distesi sul sedile posteriore della vecchia Ambassador. La strada era piena di buche e non potevo leggere. Così, per addormentarmi, mi raccontai una storia di animali. Non una di quelle dei *Pancatantra*, intese solo a insegnare qualcosa di materialmente pratico, ma una di quelle molto più antiche e semplici dei Veda, intese a suggerire un fine più alto della vita.

Un falco un giorno, volando sulla campagna, vede un pesce venire alla superficie di uno stagno. Si butta giù in picchiata, lo prende nel suo becco e vola via. Una banda di corvi, che ha seguito la scena, si precipita su di lui e cerca di portargli via il suo boccone. Sono in tanti, petulanti e rumorosi. A quei corvi se ne aggiungono altri. Il falco cerca di alzarsi in aria, ma i corvi gli sono addosso, lo attaccano, lo beccano, non gli danno tregua.

Quando il falco si rende conto che tutto questo gli succede perché lui resta attaccato alla preda, la lascia andare.

I corvi si precipitano dietro al pesce e il falco vola via, leggero. Niente, nessuno lo disturba o lo distrae più. Finalmente può salire, salire sempre più in alto, verso l'infinito. È libero. È in pace.

UN FLAUTO NELLA NEBBIA

... e la foresta mantenne le sue millenarie promesse. Bastò incamminarsi. A ogni passo si animava di più, diventava più misteriosa, più sacra. Gli alberi parevano le navate di un'immensa cattedrale, il sole filtrava obliquo tra le fronde come attraverso magiche vetrate. Presto attorno a noi non c'era più niente che ci ricordasse il nostro tempo. La sola traccia umana era il sentiero che ora saliva, ora precipitava in una forra oscura per poi salire di nuovo, sempre più su, sempre più in alto.

Gli alberi erano antichi: i lecci, barbuti di muschio e licheni che pendevano dai rami contorti; i rododendri giganti dalla corteccia di infinite sfumature di grigio, rosa e violetto; ogni pianta aveva la sua personalità, la sua storia, cicatrici di fulmini e incendi impresse nei tronchi secolari.

Quella sulle pendici dell'Himalaya era la foresta di tutte le leggende. Ogni erba poteva essere una medicina, ogni anfratto il rifugio di un sant'uomo, ogni buca la tana di un orso o di un leopardo. Non siamo più abituati a tanta naturale maestà e lo stupore, assieme a una leggera inquietudine, ci tolse la parola. Camminammo in religioso silenzio, attenti al frusciare delle foglie, allo scalpicciare lontano di un animale, al grido di un uccello. La foresta bisbigliava di mille vite e tutte assieme di una sola.

Salendo su per una montagna si pensa spesso alla ricompensa che se ne avrà; se non altro quella di guardare il mondo dall'alto. Per noi la sorpresa venne prima. In mezzo al bosco vedemmo un muro di grosse pietre coperte di borraccina, poi un cancello di ferro, arrugginito e chiuso.

Lo aprii. Passammo fra due imponenti alberi che stavano come di guardia ai lati del sentiero; facemmo ancora una cinquantina di passi; la foresta finì, il sentiero curvò e, inaspettato, in piena luce, ci apparve un anfiteatro di prati verdissimi, a terrazze; in alto, come sull'ultimo spalto, in sella al monte, la sagoma di un camino, di un tetto, di una casa acquattata all'ombra di alti cedri.

Tutto divenne improvvisamente immobile e silente come non fosse più vero, ma dipinto su una grande tela in cui noi, per incantesimo, stavamo per entrare. Era una visione fuori dal tempo, la rappresentazione di una pace che non conosciamo più.

Abbaiò un cane e un vecchio che dormiva al sole si alzò.

Dovemmo salire ancora un po' per raggiungere quelle due sagome nere che si stagliavano contro il cielo. Quando arrivammo sul crinale, quel che ci si parò dinanzi ci tolse l'ultimo fiato: lungo l'intero orizzonte, al di sopra di un oceano di monti e valli, al di sopra di banchi di nuvole, ancor più in alto, là dove il mondo sembrava ormai finito, svettavano a perdita d'occhio montagne impervie d'un bianco che quasi luccicava sullo sfondo azzurro. Immateriali, inverosimili come quelle di un quadro.

«Dica la verità, quelle sono dipinte!» dissi rivolto al Vecchio che ci aspettava, fermo, davanti al portico della casa.

Fece una gran risata.

«Certo. È il Divino Artista a farle. E ogni giorno me le dipinge diverse», disse. Poi, guardandomi fisso, aggiunse: «La verità? Perché, voi siete in cerca della verità?»

Come potevamo dire di no?

«La verità è come la bellezza. Non ha limiti», continuò. «Non può essere imprigionata nelle parole o nelle forme. La verità è senza fine.»

Angela e io ci guardammo. A questo punto non c'era più bisogno di presentarsi.

Il Vecchio ci invitò a sedere su due poltroncine di vimini e ci offrì dell'acqua.

«Viene da una sorgente, qui sotto nella foresta», ci rassicurò.

Asciutto e rugoso, il Vecchio pareva lui stesso un legno del bosco che avevamo appena lasciato. Portava pantaloni marroni, un maglione verde marcio e un berretto di lana, anche quello del colore delle foglie. Un paio di occhiali poggiavano sul suo grosso naso e una barba bianca gli incorniciava la faccia scura di indiano, a cui anni di sole avevano aggiunto una profonda abbronzatura. Dal soffitto del portico pendevano corde, ceste e mazzi d'erbe secche.

Era dicembre, ma il sole era caldo, l'aria cristallina e le montagne alle nostre spalle erano presenti come un altro invitato, o, forse, come il vero padrone di casa. Il cane si calmò e si mise a dormire ai piedi del Vecchio che lentamente cominciò ad arrotolarsi una sigaretta. Dai cespugli di salvia selvatica davanti al portico spuntavano lunghi diti di piccoli fiori viola e bianchi; i rosi, non potati da tempo, erano pieni di roselline spampanate. Sembrava che ogni filo d'erba e ogni pietra si godesse la sua pace e il sole.

Appena tirammo fuori il pane e il formaggio che ci eravamo portati dietro, due corvi nerissimi calarono, gracchiando, dalla cima di un cedro e vennero a reclamare la loro parte. Il Vecchio disse che da anni erano i suoi regolari commensali.

« Maschio e femmina? » chiesi.

« È un problema che riguarda loro, non me », rispose con una risata divertita.

Angela e io continuavamo a guardarci. Che cosa ci aveva portato lì? A prima vista la solita casuale catena di piccoli passi, coincidenze, decisioni che solo poi sembrano gestite da qualcuno che non siamo proprio noi.

In tanti anni d'India Angela aveva visto l'Himalaya solo da lontano, a Dharamsala, e avevamo deciso di passare i giorni di Natale ad Almora, una vecchia cittadina nella grande barriera montagnosa, là dove l'India confina a nord col Tibet e a est col Nepal. Stavamo in un bungalow ottocentesco, diventato pensione, che porta il nome dei maestosi cedri che un tempo coprivano tutta la zona, The Deodars, gli alberi degli dei.

Almora ha una lunga storia. Se ne parla già nei *Purana*, le antiche leggende, e per secoli è stata la porta d'accesso ad alcune delle più sacre vette dell'Himalaya e ai loro « segreti ». Ad Almora facevano tappa i sanyasin che avevano deciso di « andare nella foresta » e i sant'uomini che si ritiravano ancora più in alto, nei ghiacciai. Ad Almora si sono fermati poeti come Tagore e mistici come Vivekananda, che ci fondò uno dei suoi ashram. Gandhi, dopo averci passato alcune settimane, disse che era il luogo ideale per la salute dell'anima e del corpo.

In termini di geografia sacra, Almora si trova al centro di un triangolo tantrico – altri dicono di una svastica – e questo ha contribuito alla sua fama di posto particolarmente adatto alla concentrazione e alla vita spirituale.

Nel secolo scorso Almora, con l'Himalaya su tutto il suo orizzonte e le sue foreste ancora pressoché intatte, aveva attratto anche un piccolo numero di stranieri sulle cui tracce mi ero messo. Erano tutti andati ad abitare lungo uno stretto crinale che, a cavallo fra due profonde valli, si estendeva dai Deodars per alcuni chilometri oltre l'antico tempio di Kasar Devi. Proprio per la presenza di quei particolarissimi stranieri venuti a rifugiarsi lassù, col tempo aveva preso il nome di « Cranks Ridge », il Crinale degli Strambi.

Fra questi eccentrici personaggi c'era stato Evans-Wentz, un americano di origine tedesca, teosofo, a cui dobbiamo la prima edizione del classico *Libro Tibetano dei Morti* e *La vita di Milarepa*. C'era stato Lama Govinda Anagarika, nato nella Germania orientale, arrivato sul Crinale dopo aver studiato il pali, la lingua dei primi testi buddhisti, a Napoli, e dopo un lungo soggiorno a Capri dove qualcuno lo aveva preso per la reincarnazione di Novalis, il primo poeta romantico tedesco. Novalis era morto di tubercolosi a ventinove anni nel 1801, lasciando a metà un piccolo romanzo. Lama Govinda, ancora giovanissimo, ne aveva stranamente scritto la fine, senza sapere né di Novalis, né della sua opera incompiuta.

Un altro personaggio, anche lui arrivato lassù passando per Capri, era stato Earl Brewster, un pittore americano, amico di D.H. Lawrence e di Aldous Huxley. Un altro ancora era un danese, Sorensen, venuto in India attratto da Tagore. Per alcuni anni aveva fatto il giardiniere nella sua accademia di Shantiniketan, poi s'era spostato sul Crinale ed era diventato sadhu col nome di Baba Sunyata, Padre Zero.

Anch'io cercavo un rifugio e l'idea di passare un po' di tempo sul Crinale, magari in una delle vecchie residenze degli Strambi, mi attirava. Ma anche lì tutto era cambiato. La proprietà che era stata di Wentz, e poi per quarant'anni di Lama Govinda, era stata lottizzata e delle brutte case di cemento erano sorte là dove i due studiosi avevano con amore ricreato un piccolo Tibet. Al posto del bungalow in cui Brewster era vissuto per quasi mezzo secolo e in cui era morto nel 1959, all'età di ottantun anni, c'era una villa moderna; e proprio alle spalle di Kasar Devi, uno dei templi più sacri della regione, al centro del triangolo tantrico, era stato installato un ripetitore per i telefoni che col suo enorme traliccio di ferro dissacrava l'intero panorama.

Nella più grande democrazia del mondo ognuno è libero di fare quel che vuole, soprattutto il proprio interesse. E così il Crinale, un tempo coperto da una densa foresta, è ormai disboscato e punteggiato da bianchi cubicoli di cemento che vengono affittati ai nuovi Strambi: non più gli eccentrici e colti personaggi di qualche decennio fa, ma frotte di hippy occidentali, attratti principalmente dalla buona qualità dell'hashish che qui cresce selvatico lungo tutti i muri, compreso quello della stazione di polizia.

Ero andato a vedere se potevo affittare uno di quei cubicoli, ma ero scappato via disperato. Finché una mattina Richard Wheeler, il proprietario dei Deodars, mentre facevamo colazione sulla sua terrazza assolata che si affaccia come la tolda di una nave sul mare di nebbia delle valli, mi indicò, dietro le catene di montagne che sfumavano via azzurre, un'ultima, lontana vetta più scura delle altre.

«Vedi, lassù non è cambiato niente. La foresta è quella di sempre e in cima, credo ci abiti ancora un vecchio indiano», disse.

E quella vetta si mise a parlarmi. La guardavo e la sentivo sussurrarmi i versi di Kipling:

Qualcosa è nascosto. Vai a cercarlo
Vai e guarda dietro ai monti
Qualcosa è perso dietro ai monti
Vai! È perso e aspetta te.

Una mattina ci mettemmo in viaggio. La macchina andò su e giù per poggi e valli, poi prese per una stradina tutta in salita attraverso una foresta prima di pini, alla fine di lecci. In meno di due ore arrivammo a una radura nel cui ventre umido era accucciato, bianco e arancione, un mandir, un tempietto indù. Era dedicato a Shiva ed era accudito da una vecchia sanyasin. Lì lasciammo la macchina e ci incamminammo per il sentiero che si addentrava nella foresta. Su, su per più di un'ora, fino al cancello arrugginito, al Vecchio e alla sua casa.

«Questo è il posto ideale per chi vuol digiunare dal mondo», dissi al Vecchio.

Lui ci digiunava da quasi mezzo secolo. Anche lui era vissuto sul Crinale, ma quando la vecchia generazione degli Strambi aveva cominciato a sparire e a essere rimpiazzata dai nuovi venuti, quando la vecchia strada sterrata che correva lungo il Crinale venne prima allargata e poi anche asfaltata, aveva deciso di andare «più su». Gli Strambi di un tempo, disse, erano «venuti nell'Himalaya alla ricerca di qualcosa al di là di se stessi»; i nuovi cercavano «solo illusioni». Timothy Leary, il guru americano dell'LSD, ex psicologo di Harvard, era arrivato sul Crinale agli inizi degli anni Sessanta. Lui e le sue pasticche erano stati il simbolo della svolta.

I personaggi a cui io mi interessavo, il Vecchio li aveva conosciuti tutti. Era arrivato sul Crinale da giovane pittore e il suo primo contatto era stato Brewster, a quel tempo già avanti con gli anni. Brewster, un americano di famiglia benestante, aveva scritto a Capri, nella Casa dei Quattro Venti, un libro sulla vita di Buddha e aveva fatto un po' di scultura. Da Capri s'era spostato a Colombo, sull'isola allora chiamata Ceylon, da lì a Pondicherry, nell'ashram di Sri Aurobindo, e verso la fine degli anni Venti ad Almora dove si era messo a dipingere. Secondo il Vecchio, Brewster era riuscito a cogliere lo spirito delle montagne meglio di chiunque altro: costante fino alla fine.

Il Vecchio ci parlò poi di Rudolf Ray, conosciuto sul Crinale solo come «Ru», un ebreo di origine russo-polacca. A Vienna s'era fatto un nome come ritrattista, ma poi, influenzato da Freud, aveva smesso di dipingere «ciò che è visibile» per dedicarsi invece alla rappresentazione dell'inconscio, e così era finito fra gli Strambi. Dipingeva al buio, a volte per ore di seguito, senza neppure essere sicuro che i colori finissero sulla tela. «Ru», disse il Vecchio, era «intossicato dalla bellezza». Per lui tutto era bello. Non vedeva mai una cosa a sé stante, vedeva il legame fra tutte le cose, e questo per lui era *la* bellezza.

Anche la moglie di Lama Govinda, Li Gotami, una ricca parsi di Bombay, era pittrice. Lei voleva vedere il mondo «da una diversa prospettiva» e per ottenere questo dipingeva guardando le cose a testa in giù, fra le sue gambe. Il danese Padre Zero, secondo il Vecchio, era il più strambo di tutti. Come tutti gli altri anche lui cercava «di superare l'Io» e non parlava mai di sé in prima persona. Su questo scrisse un libretto intitolato *Perché ci chiamiamo Noi*. Padre Zero aveva un cane a cui era molto affezionato. Lo chiamava Wu, che in cinese è un privativo, significa «quel che non c'è». «D'estate è il mio guru. D'inverno la mia borsa d'acqua calda», diceva.

Il Vecchio, pur avendo passato gli ottant'anni, aveva una memoria formidabile. Si ricordava nomi, date, conversazioni, dettagli. Era come se la sua mente fosse continuamente a fuoco. Gli chiesi com'era possibile. E fu lì che per la prima volta accennò al «trucco della candela». «Nella vita non ho fatto altro», disse ridendoci su, e declamò due famosi versi della *Gita*:

> Come una fiamma che non tremola al vento
> Tale è la mente concentrata su Brahman.

Raccontò che poco dopo essere arrivato sul Crinale aveva preso la più importante decisione della sua vita: invece di «diventare» pittore, voleva «essere» se stesso. Aveva bruciato tutti i suoi quadri e si era dedicato a mettere a fuoco la mente, «ad andare al di là». Non usò mai la parola «meditazione». Disse però che ogni notte si alzava per stare due o tre ore in silenzio, immobile davanti a un cero acceso. Quell'esercizio era «il trucco della candela».

Gli chiesi quali altri indiani erano vissuti sul Crinale. Uno di cui era stato amico era Boshi Sen, un bengalese, sposato a una americana, nipote di Waldo Emerson. La sua passione era la botanica. Fin da giovane, a Calcutta, aveva cercato di dimostrare che anche le piante hanno sentimenti. Era convinto che esiste un altro mondo al di là di quello materiale e che l'intero creato è pervaso da una coscienza dello stesso tipo di quella umana.

Parlando della gente che aveva conosciuto, il Vecchio finiva spesso per descrivere il loro modo di ridere. La risata di una persona era, secondo lui, un importante criterio di giudizio. Un «ridere intellettuale» era negativo; un ridere «ingenuo» o «semplice» era positivo. Quelli che sapevano ridere anche di sé, come Brewster, avevano un sorriso «puro».

Lui stesso, mi accorsi, aveva un bel modo di ridere, pur con l'enfisema dovuto alle sigarette che da decenni continuava ad arrotolarsi e a fumare con passione.

La risata più particolare, perché profondamente «sincera», era stata secondo lui quella di Krishna Prem, un inglese nato col nome di Roland Nixon, pilota nella Prima Guerra Mondiale e poi professore all'Università di Lucknow in India. Nel 1929 era arrivato ad Almora per fondare assieme al suo guru, una donna, l'ashram di Mirtola, ad alcuni chilometri dal Crinale. Il Vecchio aveva frequentato quell'ashram senza però diventarne mai membro. Per la propria ricerca lui aveva preferito la solitudine di casa sua.

Parlando, il Vecchio notò il mio orologio sovietico con l'immagine di Buddha che con la mano destra tocca la terra per prenderla a testimone del suo aver raggiunto l'illuminazione.

«Ah, l'eternità intrappolata nel tempo... E che tempo!» disse. «Almeno fosse quello dell'esperienza. No, è il tempo dell'orologio con le lancette che escono dal cuore del Risvegliato!» Lo trovava orribile.

Non gli raccontai dove l'avevo comprato. Quella era una storia del repertorio a cui avevo rinunciato. Dissi solo che in tutta la vita non avevo fatto che viaggiare e che ora volevo fermarmi.

«È il solo modo per conoscersi», commentò e, per spiegarsi,

sempre indicando nel quadrante del mio orologio il Buddha avvolto nella sua tunica arancione, raccontò una storia.

Un giorno Buddha è in viaggio e vuole attraversare una foresta. Tutti glielo sconsigliano. La foresta è pericolosissima. Ci si nasconde un bandito malvagio che si diverte ad assaltare i viandanti, derubarli e tagliare loro le dita per aggiungerle alla collana che tiene sul petto. Il suo nome è, appunto, Angulimal: *anguli*, le dita, *mala*, la collana. Buddha non si fa distogliere dal suo intento e da solo si avvia. Appena il bandito lo vede, si getta al suo inseguimento, ma non riesce a raggiungerlo. Angulimal va da una parte e Buddha è dall'altra, corre dall'altra e Buddha è altrove. Esausto, Angulimal urla:

« Ma chi sei? Uomo o superuomo? Dio o diavolo? Ti corro dietro e non ti raggiungo mai. Come puoi essere così più svelto di me? »

« Sei tu che corri. Io non mi sono mai mosso » risponde Buddha. « Eccomi qua. »

Angulimal allora si ferma e finalmente « raggiunge » Buddha. Capisce, si getta ai suoi piedi e diventa suo discepolo.

« Il punto della storia », concluse il Vecchio, « è che bisogna fermarsi per conoscersi, per essere se stessi. »

Se lo capivo! Da anni avevo sentito questa necessità e avevo cercato di fermarmi da qualche parte. Arrivato in India, avevo chiesto a giro se non c'era un posto dove potevo ogni tanto ritirarmi a scrivere. A Delhi alcuni conoscenti mi avevano parlato di una vecchia casa isolata nelle montagne del Nord in cui Nehru era stato tenuto prigioniero dagli inglesi.

« Ma se scrivi col computer, non fa per te », avevano poi detto. « Non c'è elettricità. » E il discorso s'era chiuso lì.

Raccontai al Vecchio d'essere stato per tre mesi da Swami Dayananda a studiare il Vedanta, ma che l'ashram non era il posto in cui potevo fermarmi.

« I swami credono troppo nelle parole », disse. Era come se avesse letto nei miei pensieri e, prima che io dicessi quanto però il Vedanta mi aveva aiutato, aggiunse: « Il Vedanta è un ottimo punto di partenza, ma troppo intellettuale. La vera conoscenza non viene dai libri, neppure da quelli sacri, ma dall'esperienza. Il miglior modo per capire la realtà è attraverso i sentimenti, l'intuizione, non attraverso l'intelletto. L'intelletto è limitato ».

Non capivo esattamente dove stava; quale fosse la sua posizione. Non vestiva di arancione come i rinunciatari, non aveva sulla fronte il tocco rosso degli indù; non c'era niente nel suo aspetto, né in quel che aveva detto, che indicasse la sua appartenenza a una particolare fede. Allora?

« Vedanta, buddhismo, induismo, jainismo: l'uno non esclude l'altro », rispose. « Questa è l'India; una civiltà fatta di varie religioni, tutte però fondate su alcune idee di fondo che nessuno, da Buddha in poi, ha mai messo in discussione. »

Si fermò; e, guardandomi come per esser sicuro che capivo e che magari le condividevo, si mise a elencare quelle idee:

« Questo non è il solo mondo », disse, indicando con un ampio gesto del braccio l'intero orizzonte.

« Questo non è il solo tempo », e puntò il dito contro il mio orologio.

« Questa non è la sola vita », e indicò se stesso, Angela, me, il cane e tutto quel che c'era attorno.

Si fermò come per farci riflettere.

« E questa non è la sola coscienza. » Toccandosi il petto concluse: « Ciò che è fuori è anche dentro; e ciò che non è dentro non è da nessuna parte ».

Poi, come volesse alleggerire l'atmosfera, scoppiò in una bella risata e, rivolto a me, aggiunse: « Per questo viaggiare non serve. Se uno non ha niente dentro, non troverà mai niente fuori. È inutile andare a cercare nel mondo quel che non si riesce a trovare dentro di sé ».

Mi sentii colpito. Aveva ragione.

A forza di parlare erano passate le ore. D'inverno le giornate sono corte. Col sole che si abbassava all'orizzonte, l'aria si era raffreddata e il Vecchio ci invitò a entrare in casa. Passammo da una cucina tetra e primitiva in una stanza da pranzo spartana, con un tavolo ovale, quattro sedie e un otre in un angolo, ed entrammo in una stanza che era come la volta di un tesoro. E il tesoro era bene in vista sulla parete di fondo dove una grande finestra incorniciava un quadro eccezionale: in primo piano i tronchi e le braccia scure di due cedri; dietro, la catena delle montagne con al centro il massiccio del Nanda Devi, che il sole calante cominciava appena a tingere di rosa. Non una natura « morta », ma una gloriosa natura vivente che mutava sotto i nostri occhi esterrefatti.

Il soffitto della stanza era alto, di legno annerito da anni di fumo, le pareti color ocra, il pavimento di vecchie travi. Nel cami-

no era sistemata una stufa di ferro, tonda come una mezza damigiana, da cui veniva un calore profumato. Sulla mensola meditava un piccolo Buddha di bronzo. Un vecchio divano marrone, come fosse il palco d'onore di un teatro, stava sul fondo della stanza, dinanzi alla finestra dove lo spettacolo delle montagne non
smetteva mai. Ai lati c'erano due poltroncine di legno intarsiato;
su un piccolo mobile la foto in bianco e nero di un vecchio indiano e un vaso di ottone da cui spuntava un fiore giallo.

Mi voltai. Sulla parete dirimpetto alla finestra stava, incorniciato di grigio, un quadro con le stesse montagne, viste dalla stessa finestra, alla stessa ora, con gli stessi colori. Mi avvicinai. Nel-
l'angolo destro, in basso, c'era una firma blu: E.H. Brewster.

Il quadro aveva una sua forza silenziosa; emanava una luce
che pareva il riflesso di quella fuori dalla finestra. C'era qualcosa
di stregato, di inafferrabile, quasi d'inquietante in tutto questo: il
quadro del quadro nel quadro in cui fin dall'inizio mi era sembrato di entrare. E per un attimo mi sentii quasi perdere in questo
strano gioco di specchi in cui la coscienza pareva rimbalzare.

«Questa è la casa più bella che abbia visto in vita mia», mi
venne da dire per rompere il silenzio, ma anche per accertarmi
che tutto quel che succedeva non fosse un'allucinazione.

«Amo questa casa, ma sono anche corrisposto», rispose il
Vecchio. «Perché questa casa ama me.» Disse che era stata costruita ai primi dell'Ottocento da un funzionario coloniale inglese. E poi aggiunse:

«Durante la Seconda Guerra Mondiale gli inglesi ci tennero
prigioniero Nehru».

Angela si ricordava come me della storia e ci guardammo increduli. Com'era possibile? In un paese immenso come l'India,
con centinaia di milioni di case, questa era la casa di cui avevo
sentito parlare anni prima, prima del malanno, prima delle medicine!

Ebbi l'impressione di qualcosa, di qualcuno che giocava con
me, di una forza davanti alla quale non potevo, non dovevo resistere. Era come se tutto fosse già successo.

Nell'atmosfera che si era creata, mi sembrò che tacere su un
dettaglio che mi riguardava equivalesse a mentire. Così, in poche
parole raccontai al Vecchio del viaggio incominciato a Bologna,
passato per New York e che mi aveva portato ad Almora in cerca
di un rifugio.

«Ah, il cancro!» disse, di nuovo accompagnandosi con la sua

roca risata da fumatore, e mi fece una domanda che da allora – penso – dovrebbe esser posta a tutti gli studenti di medicina il primo giorno di università: «Sono le malattie a causare la morte, o è la morte a causare le malattie?»

Poi continuò. Volevo davvero smettere di viaggiare? Cercavo davvero un rifugio? Ce n'era uno poco lontano da lì. Era nato come ripostiglio, ma da qualche anno era stato reso abitabile.

Andammo subito a vederlo. Era una modesta casetta di pietre col tetto coperto di lastroni. La porta era bassa, una scala stretta e ripida portava a un soppalco di legno con un piccolo camino. Le pareti erano intonacate di fango e sterco di vacca, la finestra era grande, con la vista sul Nanda Devi, la montagna più alta dell'India.

«Puoi venirci a stare quando vuoi», disse il Vecchio.

Ammutolii.

La vita è un mistero ed è bene che rimanga tale. Qualcosa, qualcuno teneva in mano il filo della mia come tiene un sonnambulo in bilico sul cornicione di un tetto e lo guida, impedendogli di precipitare.

«Quando l'allievo è pronto il maestro compare», dicono gli indiani a proposito di un guru, ma lo stesso è vero di un amore, di un posto, di un avvenimento che solo in certe condizioni diventa importante. Inutile cercare le ragioni, andare a caccia di fatti e spiegazioni. Noi stessi siamo la riprova che c'è una realtà al di là di quella dei sensi, che c'è una verità al di là di quella dei fatti e se ci ostiniamo a non crederci, perdiamo l'altra parte della vita e con quella la gioia, appunto, del mistero.

Si era fatto tardi. Angela e io dovevamo attraversare di nuovo la foresta fino al mandir e finimmo per partire così in fretta da risparmiarci tutti i ringraziamenti.

«A presto, a presto», urlai, avviandomi. Prima di scendere nella conca dei prati gettammo ancora uno sguardo alle montagne. Il sole era già scomparso, ma il Divino Artista stava dando un'ultima pennellata di rosa caldo alle cime dei ghiacciai, dopo aver coperto d'un velo scuro e gelido le gole e i crepacci in basso. Facemmo la strada di ritorno quasi di corsa, leggeri, come fossimo un po' ubriachi o appena scesi da un ottovolante. Non smettemmo mai di parlare.

Ne avevamo di cose da dirci e da decidere, Angela e io! E lei fu generosissima. Per quarant'anni avevo spartito con lei le esperienze più varie e quasi tutte le più belle. L'avventura che stavo per intraprendere, però, era diversa; era un viaggio che non potevamo fare in due. Lei lo sapeva. Come me, era stata colpita dai versi di Attar* che il Vecchio, salutandoci, aveva citato a mo' di viatico:

> *Il Pellegrino,*
> *Il pellegrinaggio e il cammino:*
> *Nient'altro che me*
> *Verso me stesso.*

Tornammo a Delhi e lei partì per Firenze. Per tanti versi fu una separazione. Angela tornava alla vita che conoscevamo, io andavo verso una di cui non ero neppure sicuro che esistesse. Ma dovevo provare. Senza limitazioni di tempo, senza scadenze. Medici, medicine, guaritori e miracoli non mi interessavano più. Con le cure più o meno efficaci del corpo avevo chiuso. Cercavo altro. Come Padre Sogol nel *Monte Analogo*, il racconto allegorico di René Daumal, «non volevo morire senza aver capito perché ero vissuto». O, molto più semplicemente, dovevo trovare dentro di me il seme di una pace che poi avrei potuto far germogliare ovunque.

La normale vita quotidiana era diventata per me una piovra dai mille tentacoli. Non riuscivo a sfuggirle. La mia testa, costantemente occupata da un pensiero di difesa, di organizzazione, da un progetto o una speranza, non era mai vuota e con ciò mai pronta a qualcosa di più grande. A Firenze Anam era un personaggio ancora più ridicolo di quello che aveva sostituito. E ancor prima che agli altri sembrava ridicolo a me, a me che sentivo di non essere né questo né quello. Ma chi ero?

I sanyasin, quando lasciano il mondo tagliano tutti i legami, «muoiono» nei confronti del loro passato e vanno per questo a vivere il più lontano possibile da tutto ciò che è stato loro: famiglia, lavoro, amici. Io non ero ancora a quel punto, né volevo sinceramente arrivarci; ma dovevo staccarmi, prendere distanza. Dovevo provare quel solitario viaggio di cui sentivo il bisogno

---

* Farid Addin Attar, «il Profumiere», sufi persiano del XII secolo, autore del poema filosofico religioso *Mantiq ut-Tahir*, *Il verbo degli Uccelli*.

e di cui quel cancello arrugginito nella foresta era forse la porta visibile all'invisibile.

Restai a Delhi una decina di giorni. Comprai un pannello solare, una batteria e un convertitore che avrebbero alimentato il piccolo computer con cui contavo di scrivere. Feci riserve di cibo e di incenso. Da Chiang Mai mi feci arrivare un chilo del migliore tè ulong. Poi, feci varie volte il giro della casa per scegliere, fra le tante cose e i libri accumulati in una vita, quel poco che mi avrebbe ancora fatto piacere avere attorno.

Presi il tanka col Buddha della Medicina che mi era stato dipinto a Dharamsala, un piccolo bronzo moderno di Milarepa e quello antico, cinese, del Buddha da viaggio, come lo chiamavo, che era stato sul davanzale della mia finestra a New York. Non mi dimenticai la vecchia teiera fatta a Yixing in Cina, almeno un centinaio di anni fa, e due piccole ciotole di porcellana bianca, finissima. Fra i libri scelsi una copia delle *Upanishad*, una della *Gita* e qualche raccolta di poesia, soprattutto indiana.

Ad Almora, dove mi fermai un'ultima notte nel vecchio lusso ex coloniale dei Deodars, comprai un contenitore di rame per filtrare l'acqua e, per poter dormire sul pavimento di legno, dei tappeti e delle spesse coperte di lana tessute dai bothia, i pastori di ceppo tibetano che vivono sul versante indiano dell'Himalaya.

Quando il mio bagaglio venne scaricato al mandir e dei portatori se lo misero in spalla, avviandosi davanti a me nella foresta, mi venne in mente l'immagine di Lao-tzu che, seduto di traverso sul suo bufalo, varca la Porta di Giada per scomparire nell'Himalaya.

Da che l'uomo è uomo e abita le terre che oggi conosciamo come India, Tibet, Nepal, Cina e Pakistan, quelle remote, immacolate montagne col loro nome sanscrito «dimora delle nevi» (*hima* è la neve, *alaya* la dimora) sono state il simbolo dell'aspirazione umana al divino.

Lassù, in quei picchi impervi, coperti di ghiaccio, avvolti di nuvole, irraggiungibili ai comuni mortali, gli uomini hanno sentito la presenza di tutto quello che mancava alle loro vite. La lontananza di quelle montagne, la loro purezza hanno fatto sognare che lassù si trovasse quel che non c'era nelle pianure: la risposta ai naturali desideri dell'esistenza. Soma, l'erba dell'immortalità, cresceva nei dirupi dell'Himalaya. Parvati, la perfetta consorte di

Shiva, ma simbolicamente di tutti noi, nasceva lassù «figlia della montagna». Lassù erano nascosti i tesori del creato, i segreti della potenza, della saggezza, della serenità che solo ad alcuni uomini, a costo di grandi fatiche e dopo un lungo cercare, era dato di capire e a loro volta di passare ad altri ugualmente impegnati nella ricerca.

L'Himalaya era la sede di tutti i miti, la fonte della vita e della conoscenza. Lì nascono tutti i grandi, sacri fiumi dell'India. Lì vissero i rishi, che concepirono i Veda. Ai piedi dell'Himalaya Vyasa scrisse la *Gita* e il *Mahabharata*, il compendio di tutto l'antico, ma ancora oggi attualissimo, sapere filosofico, politico e psicologico non solo dell'India, ma dell'umanità.

Nel salire verso quelle spoglie vette di ghiaccio, non con l'idea tutta occidentale di conquistarle, ma di esserne conquistati, i sanyasin che per secoli hanno intrapreso quel viaggio sapevano che era un viaggio senza ritorno. Avevano chiuso col passato, bruciato tutti i loro ponti col mondo. Non avevano più nulla a cui tornare, tranne che al Sé.

Quel salire, forse anche il mio, era un allegorico rito di rinuncia al mondo della materia e di iniziazione a quello, se non altro vagheggiato, dello spirito.

Camminando dietro ai portatori su per la foresta, avevo solo un timore: che qualcosa non fosse più come lo avevo lasciato. Varcai il cancello, passai fra i due grandi alberi guardiani. No. Tutto era là, immobile e silenzioso. Vidi la sagoma del Vecchio, ma non sentii abbaiare il cane.

«È stato mangiato dal leopardo», disse venendomi incontro. «Ne ho persi già tanti così. Questo almeno era sopravvissuto quattro anni. È un peccato, ma anche il leopardo deve mangiare.» Non sembrava particolarmente turbato.

Presi possesso del mio rifugio, andai a godermi il tramonto dal punto più alto del crinale e al lume di una lampada a petrolio, invitato dal Vecchio, divisi con lui una zuppa di verdura nella sua bella stanza.

Le montagne nella cornice della finestra si erano già spente, ma quelle nel quadro di Brewster continuavano a emanare un loro tenue bagliore nella cornice grigia sul muro. Il Vecchio riprese il discorso del nostro primo incontro. Era un grande raccontatore, e cominciò con una storia.

Un discepolo va dal suo guru e gli dice che vuole la verità più di ogni altra cosa. Il maestro non risponde. Lo prende per il collo, lo trascina al vicino torrente e gli tiene la testa sott'acqua finché il poveretto sta per soffocare. All'ultimo momento lo tira fuori.

«Allora, che cos'è che volevi più di ogni altra cosa quand'eri sott'acqua?»

«L'aria», dice quello con un fil di voce.

«Bene. Quando vorrai la verità come un momento fa volevi l'aria sarai pronto a imparare.»

Ero pronto io?

Mi sarebbe piaciuto rispondergli con una risata, ma preferii essere sincero. No. Non sapevo se ero pronto. E poi, la Verità mi pareva ancora una cosa un po' troppo grossa perché io, da solo, mi mettessi a cercarla.

Fu lui allora a fare una delle sue risate enfisematose.

«Certo», disse. «Non siamo noi a trovare la Verità. È la Verità a trovare noi. Dobbiamo solo prepararci.»

Poi spiegò. «Si può invitare un ospite che non si conosce? No. Ma si può mettere la casa in ordine, così che, quando l'ospite arriva, si è pronti a riceverlo e a conoscerlo.»

E lui, in che rapporti stava con la Verità?

Disse di averla intravista alcune volte, per un attimo. Ma quell'attimo era bastato a dargli una certezza che non gli veniva dalla fede, ma dall'esperienza. Non l'esperienza di altri, ma la sua. Era quella certezza a tenerlo legato alla ricerca. Quanto all'ordine in casa, gli restava ancora molto da fare. C'erano sempre dei vecchi mobili in soffitta che andavano buttati via, disse. «L'Io pretende di avere bisogno di tante cose, ma io so che è una trappola.»

Indicò la piccola foto in bianco e nero sul mobile. Quello era stato il suo primo guru, Swami Sathyananda, l'uomo che gli aveva aperto la testa. Da un cassetto tirò fuori un'altra foto, anche quella in bianco e nero, di un vecchio. Era l'uomo che gli aveva aperto il cuore, Krishna Prem, l'inglese diventato sanyasin di cui mi aveva già parlato. Era morto di cancro nell'ashram che aveva fondato.

Anche lui di cancro. Com'è possibile? In Occidente, dissi, si pensa che il cancro abbia a che fare con lo stress, ma in India molti dei sant'uomini dell'ultimo secolo, tutti vissuti in santa pace, lontani dalle tensioni della vita moderna, sono morti di cancro: il mistico Ramakrishna e Nisargadatta Maharaj, l'uomo che faceva i *bidi bidi* per strada a Bombay, di cancro alla gola; Ramana Maharishi di un dolorosissimo cancro a un braccio; e J. Krishnamurti, pur già vecchio, di un cancro alla cistifellea...

«Lo stress può essere anche interiore», disse il Vecchio. «Chi cerca la Verità ha spesso moltissimo da soffrire. Krishna Prem riuscì a integrare la malattia nella propria vita, a vederla come parte del tutto e a raggiungere, proprio grazie alla malattia, un più alto livello di consapevolezza.»

«Vuol dire che aveva accettato la malattia?» chiesi.

«Non si tratta di accettare o non accettare, ma di rendere la malattia parte di sé. Lui c'era riuscito e alla fine era diventato per tutti noi la prova di ciò che non si può provare.»

In ogni generazione, in ogni continente, disse il Vecchio, ci sono personaggi come Krishna Prem o Ramana Maharishi che con la loro vita dimostrano che è possibile andare al di là. Basta essere determinati, perseveranti e senza paura.

Era chiaro che, discretamente, mi stava dando dei consigli. Avevo tanti libri nelle borse con cui ero arrivato? «Attento», disse. «Quella dei libri è tutta conoscenza di seconda mano, conoscenza presa in prestito. Non vale granché.» E mi raccontò un'altra storia.

Un uomo entra in una grande biblioteca e, dopo tanto studiare e cercare, sceglie tre libri da portar via. Va al banco per registrarli e all'impiegato chiede:

«Quanti sono i libri in questa biblioteca?»

«Varie decine di migliaia.»

«E quanto tempo ci vorrebbe per leggerli tutti?»

«Oh... varie vite.»

«Allora non voglio neppure questi», dice l'uomo. «Ci deve pur essere un'altra via.» E parte.

L'altra via, secondo il Vecchio, è quella dell'esperienza. L'esperienza fatta su se stessi. Il vero capire non avviene con la testa, ma col cuore. Si capisce davvero solo quello che si è provato, quello che si è sentito dentro di sé. Le vie per arrivare a quella esperienza possono essere varie. La sua era «il trucco della candela»: praticato regolarmente, senza mai stancarsi, senza perdersi d'animo. «Almeno dieci minuti al giorno», disse.

Il suo primo guru l'aveva costretto a quei dieci minuti e, se ci pensava bene, forse quello era stato il più grande aiuto che avesse mai ricevuto. Col passare degli anni quei dieci minuti erano diventati ore, ma non aveva dimenticato l'importanza di quel primo passo. Che lo facessi anch'io!

«Almeno dieci minuti, per cominciare. Costringiti.»

Era l'incoraggiamento di qualcuno che pensa di aver fatto una scoperta e non la vuole tenere tutta per sé. Io ero molto interessato a quella scoperta. Il Vecchio lo sentiva e continuò:

«Innanzitutto devi calmare la tua mente. Solo allora potrai ascoltare la Voce che hai dentro di te. Non devi essere impaziente perché l'intuizione che ti apre la coscienza arriva raramente. Magari è soltanto una goccia, ma quella goccia, quando viene, è come l'oceano. Quella che allora ti parla è la Voce dell'Uomo Interiore, dell'Uomo Cosmico, del Sé. Chiamalo come vuoi. Chiamalo l'Amato, come fanno i sufi; chiamalo la pietra filosofale, come gli alchimisti; chiamalo Dio, Buddha, Purusha; chiamalo Lui, Lei. Ma sappi che *c'è* e che *Quello* è il vero te. Perché tu e Quello non siete due. Tu sei Quello», concluse e la sua risata profonda era piena di calore e simpatia.

Tornai al mio rifugio senza accendere la pila con cui ero arrivato. La luna non era ancora sorta, ma lo scintillio del firmamento bastava a farmi vedere dove mettevo i piedi. Prima di entrare in casa mi fermai. Era freddo, ma la terra era asciutta. Mi distesi nell'erba a guardare le stelle. Mi parve di vederle per la prima volta. E forse era davvero così, perché le guardavo senza pensare ai loro nomi, senza cercare la Stella Polare o l'Orsa Minore. Immaginai d'essere un uomo delle caverne che non ha letto nulla, che non ha studiato, che non «sa». E, libero da tutta quella «conoscenza», mi persi nella meravigliosa, consolante immensità dell'universo. Non la guardavo più. Ne ero parte.

Fra i vari propositi che avevo fatto partendo c'era quello di tenere un diario dei miei sogni. Sapevo che il solo modo di farlo è di prendere appunti appena ci si sveglia. Così, misi dei foglietti e un lapis per terra, accanto alla bella cuccia che mi ero preparata. Da qualche parte avevo letto che, per sognare di più e con ciò «essere testimoni del viaggio notturno dell'anima», bisogna mangiare poco la sera, dormire sul duro, e soprattutto addormentarsi coscientemente e non lasciarsi andare al sonno. Anche il Swami diceva che la sola esperienza paragonabile alla morte è quella del passaggio dal normale stato di veglia al sonno e che ognuno può farsene un'idea prestando attenzione a quell'attimo, restando fino all'ultimo cosciente. Ci provai, ma ero così stanco e la stanza così gelida che caddi sotto le pesanti coperte tibetane come un sasso. Un sasso felice.

Feci due sogni e mi costrinsi a prenderne nota. Nel primo ero con degli amici sul tram a cremagliera che sale sul Peak di Hong Kong. Cercavo un ospedale di cui in tasca avevo l'indirizzo. A una fermata però, facendo finta di essere arrivato, saltavo giù dal tram, lasciando gli altri proseguire. Dalla pensilina facevo loro cenni su come rincontrarci, ma dentro di me sapevo che ero riuscito a sbarazzarmi di loro e che non li avrei mai più rivisti.

Nel secondo sogno ero in una città dell'Asia Centrale. Anche lì cercavo un ospedale di cui la dottoressa Portafortuna dell'MSKCC mi aveva dato l'indirizzo. Attraversavo una piazza in cui combattevano due grossi tori, uno nero e uno bianco. Interveniva un uomo, una sorta di mago con una bandana rossa sulla fronte. Con un machete separava le due bestie, tagliava la testa al toro bianco, gli strappava la lingua e ne offriva un morso a un bambino che, mi rendevo conto, era il vero capo e mago di quella cerimonia. Quel bambino aveva «risolto il problema» e poteva insegnare anche a me i segreti del suo potere. Io sapevo di non avere tempo, di dover andare all'ospedale, ma pensando che in seguito sarei andato a trovarlo, gli chiedevo nome e indirizzo. Il bambino lo scriveva, sorridendo, nel mio blocchetto degli appunti, e io sentivo d'avere in mano qualcosa di importante, di essermi avvicinato a un potere inspiegabile, ma misteriosamente efficace.

Di solito è Angela ad aiutarmi a decifrare i miei sogni. Chissà quali risvolti mi avrebbe fatto notare in quei due. Ma lei non c'era, era lontanissima, e in fondo era anche di questo che mi sembrò di aver sognato. Mi alzai con addosso un'impressione positiva. Quei sogni erano di buon augurio. Ci vidi la conferma che volevo stare solo, che avevo «l'indirizzo» di dove stavo andando e che quell'avvicinarmi al «potere della magia», cioè a qualcosa fuori dal campo della ragione, era per me, in quel momento, la cosa giusta da fare.

Albeggiava. Mi avvolsi in una coperta e salii sulla punta più alta del crinale a salutare le montagne. Non c'erano ancora. Un velo di caligine opaca velava l'intero orizzonte. Lentamente da quella semioscurità affiorarono delle ombre impercettibili, quasi evanescenti; poi dei profili bianchi e freddi. E improvvisamente le vette si accesero di rosa, di arancione. Nelle valli la caligine si fece viola, poi dorata e i ghiacciai presero fuoco contro il cielo di lapislazzulo. Il mondo divenne un'apoteosi di luce e di gioia. In bilico sulle punte più alte dei cedri, gli uccelli cominciarono a cinguettare. E il mio cuore con loro.

La semplice, distaccata bellezza delle montagne suscitava in me un sentimento simile solo a quello che nasce dall'amore: un senso di completezza, di invincibile forza, quasi di immortalità. Mai prima mi ero sentito così in presenza del divino. Il Cielo era a portata di mano e quelle montagne parevano la scala per arrivarci.

Non avevo bisogno di pensare ai miti, non ai saggi nelle caverne di ghiaccio, non ai tesori nascosti nello Shangri-La. Non avevo bisogno di sperare in nessun miracolo. Tutto era lì, nella vita attorno. Niente più mi pesava, mi preoccupava; niente più mi mancava, mi faceva paura. Anche la mia morte mi sembrò parte di quella infinita perfezione.

I giorni cominciarono a scorrere, l'uno come l'altro in assoluta pace: senza programmi, senza aspettative, senza scadenze, tranne quelle consolanti del sorgere e tramontare del sole.

Avvertivo la discretissima presenza del Vecchio nella sua casa, ma anche lui voleva stare solo con se stesso e a nessuno dei due veniva la tentazione di farci compagnia. In seguito scoprii che lui passava comunque parte del suo tempo a ricevere degli strani visitatori.

A me interessava innanzitutto digiunare. Volevo vuotarmi di tutto quello con cui nel mondo giù a valle ci si ingozza e ci si distrae: le notizie, i desideri, le speranze, le chiacchiere. Lassù, senza elettricità, senza telefono, senza giornali, senza niente e nessuno di cui tener di conto era facile fare un po' di vuoto. Appena ci si stacca dalla routine, ci si accorge di quanta poca libertà, anche interiore, si ha nella vita di tutti i giorni e di come quel che solitamente facciamo e pensiamo è spesso frutto di semplici automatismi. Diamo per scontati i ragionamenti della ragione, le nozioni della scienza, le esigenze del nostro corpo e quelle della logica e con ciò ci impediamo di vedere il mondo e noi stessi in modo diverso dal solito.

Anch'io, quante idee e convinzioni, quanto «sapere» avevo accumulato nella mia vita! E non sarebbe stato bello tornare a essere un foglio bianco su cui scrivere qualcosa di completamente nuovo? È un problema questo che il buddhismo zen ha affrontato fino dai suoi esordi in Cina, e uno di quei semplici, ma azzeccati aneddoti usati da secoli per indicare la via ai nuovi adepti fa proprio questo punto.

Un colto professore va a trovare un monaco.

«Dimmi, che cos'è lo zen?» gli chiede.

Il monaco non risponde. Lo invita invece a sedersi, gli mette dinanzi una tazza e comincia a versarci del tè. La tazza si riempie, ma imperterrito il monaco continua a versare. Il professore è interdetto, per un po' non dice nulla, poi, vedendo che il monaco continua, lo avverte:

«È piena, è piena!»

«Già», risponde il monaco. «Anche tu sei pieno di opinioni e pregiudizi. Come posso io dirti cos'è lo zen se prima non vuoti la tua testa?»

Il monaco della storia non spiega come vuotarla. Ma io trovai che la notte era di grande aiuto. Tutti gli oggetti che nella luce del giorno stimolano i nostri sensi di notte recedono, scompaiono nell'oscurità e il soggetto resta l'unico protagonista. La notte è il suo momento: di notte il soggetto è il solo osservatore e il solo osservato.

Forse perché dormivo nelle condizioni ideali per sognare o forse perché, avendo deciso di registrare i miei sogni, una parte di me restava all'erta, non ho mai sognato tanto come lassù. Ogni notte era uno spettacolo. Per lo più non piacevole. Mentre nel corso delle giornate mi sentivo disteso e sereno, appena mi addormentavo venivo preso da angosce, conflitti, ossessioni. Il me-sveglio, che aveva l'impressione d'aver preso distanza dalle ansie del mondo, veniva provocatoriamente contraddetto dal me-addormentato dalle cui recondite fogne uscivano, come ratti appestati, le più sfrenate passioni.

Avessi ancora dubitato che quella dei sensi non è l'unica realtà, di notte mi ritrovavo dinanzi a un'altra con cui dovevo fare i conti. Come le lumache prima di essere mangiate sono costrette a nutrirsi solo d'insalata e a restare nell'aceto, anch'io mi spurgavo, mi ripulivo. E molto più sostanzialmente che a Ko Samui. Il lavaggio non era più quello del colon, ma dell'intestino profondo della memoria dimenticata dove finiscono gli strascichi emotivi di una vita. Nel colino della mia concentrazione trovavo tossine e veleni molto più veri e pesanti dei resti delle pasticche di plastica propinateci da Sam. E avevo tutto il tempo e l'agio per rifletterci su.

Il Vecchio si dedicava al «trucco della candela» nel mezzo della notte e io cercai di fare lo stesso. Faceva molto freddo, ma mi costringevo ad alzarmi. Accendevo il mio lucignolo e, avvolto in una grossa coperta, con in testa un berretto di lana tirato fin sugli orecchi, mi sedevo per terra, con la schiena dritta, davanti a quella piccola fiamma arancione dall'anima azzurra. Chiudevo gli occhi e osservavo con indifferenza, senza intervenire a cambiarli, a dirigerli, a cacciarli, i pensieri, i ricordi, le immagini, i resti dei sogni, a volte solo una o due parole che affioravano nella mente come bolle d'aria dal fondo di uno stagno. Li osservavo senza identificarmi con loro, come non avessero niente a che fare con me: io non ero quei pensieri.

Restavo così per molto più di dieci minuti e in quel modo mi pareva di fare ordine.

C'era qualcos'altro lassù che col passare del tempo divenne per me sempre più importante: il silenzio. È un'esperienza a cui non siamo più abituati. Lassù faceva da sottofondo a tutte le esperienze.

C'erano vari silenzi e ognuno aveva le sue qualità. Di giorno il silenzio era la somma del cinguettare degli uccelli, del gridare degli animali, del soffiare del vento su cui non compariva mai un suono che non venisse dalla natura: non il rumore di un motore, né quello prodotto da un uomo. Di notte il silenzio era un unico, sordo rimbombo che usciva dalle viscere della terra, attraversava i muri, entrava dappertutto. Il silenzio lassù era un suono. Un simbolo dell'armonia dei contrari a cui aspiravo? I miei orecchi, mi accorgevo, non sentivano assolutamente nulla, ma quel rimbombo era fuori e dentro la mia testa. La voce di Dio? La musica delle sfere? Stando in ascolto, anch'io cercavo di definirlo e immaginavo solo un enorme pesce che cantava sul fondo del mare.

Meraviglioso, il silenzio! Eppure noi moderni, forse perché lo identifichiamo con la morte, lo evitiamo, ne abbiamo quasi paura. Abbiamo perso l'abitudine a stare zitti, a stare soli. Se abbiamo un problema, se ci sentiamo prendere dallo sgomento, preferiamo correre a frastornarci con un qualche rumore, a mischiarci a una folla anziché metterci da una parte, in silenzio, a riflettere. Uno sbaglio, perché il silenzio è l'esperienza originaria dell'uomo. Senza silenzio non c'è parola. Non c'è musica. Senza silenzio non si sente. Solo nel silenzio è possibile tornare in sintonia con noi stessi, ritrovare il legame fra il nostro corpo e tutto-quel-che-ci-sta-dietro.

Da tempo predicavo, a chi mi voleva ascoltare, la santità del silenzio, finché tra le vecchie storie indiane ne avevo trovata una che in poche parole spiega tutto.

Un re va da un famoso rishi nella foresta.

«Dimmi, qual è la natura del Sé?» chiede.

Il vecchio lo guarda e non risponde.

Il re ripete la domanda. Il rishi non risponde. Il re chiede di nuovo la stessa cosa, ma il rishi resta muto.

Il re s'arrabbia e urla: «Io chiedo e tu non rispondi!»

«Tre volte ti ho risposto, ma tu non stai a sentire», dice, calmo, il rishi. «La natura del Sé è il silenzio.»

Ramana Maharishi, il mistico indiano morto nel 1950 nel suo ashram ai piedi dell'Arunachal, la montagna che lui si era scelta come guru, era solito dire: «Ci sono vari modi di comunicare con qualcuno: toccandolo, parlandogli, ma soprattutto col silenzio».

Il silenzio di Ramana era «potente» e tantissimi visitatori erano sopraffatti dalla sua semplice presenza. Somerset Maugham, lo scrittore inglese, entrò nella stanza dove Ramana sedeva e svenne.* Lo psicologo Carl Jung, pur avendo già preso accordi per incontrare il grande mistico durante il suo soggiorno indiano, all'ultimo momento rifiutò di andarci. Forse temette che il semplice silenzio di Ramana facesse crollare la sua teorica visione della psiche.

Col passare dei giorni avevo l'impressione che al silenzio fuori dal mio rifugio nelle montagne corrispondesse sempre di più un silenzio dentro di me e questo, unito alla solitudine, mi dava momenti di vera esaltazione. Senza distrazioni, senza stimoli esterni, la mente era libera di seguire i suoi fili, di uscire dai suoi limiti e alla fine di calmarsi. Una mente silenziosa non vuol dire una mente senza pensieri. Vuol dire che i pensieri avvengono in quella quiete e possono essere meglio osservati. Possono essere pensati meglio.

Mai come oggi il mondo avrebbe bisogno di maestri di silenzio e mai come oggi ce ne sono così pochi. Bisognerebbe averli

---

* Di quell'avvenimento Somerset Maugham scrisse nel suo libro di saggi *Points of View*. Da quella esperienza nacque uno dei suoi famosi romanzi, *Il filo del rasoio*.

nelle scuole: ore dieci, lezione di silenzio. Una lezione difficile
perché, sintonizzati come siamo sulla costante cacofonia della vita nelle città, non riusciamo più a «sentire» il silenzio. Eppure,
varrebbe la pena provare. Se da ragazzo mi avessero insegnato la
filosofia cominciando col farmi star zitto a chiedermi chi ero,
avrei forse finito per capire qualcosa: se non altro che tutte quelle
teorie avevano un rapporto con la mia vita ed erano meno noiose
di come me le facevano apparire.

L'altra grande esperienza del mio stare lassù era la natura. Capivo perché certi popoli non abbiano avuto bisogno di scritture sacre, di messaggi portati da qualcuno venuto da un qualche aldilà.
Quello davanti ai loro occhi, aperto a tutti, era il libro da leggere.
Tutti i messaggi erano lì. C'è qualcosa di intimamente sacro nella
natura in cui l'uomo non ha ancora messo le mani per sfruttarla e
piegarla ai suoi fini.
    La natura, nella sua primitiva purezza, è in equilibrio, ha quel-
la completezza a cui noi umani aspiriamo. Semplicemente osservandola, avevo l'impressione di ritrovare una patria; sentivo
un'assonanza che avevo dimenticato. Rimettere la mia vita al
suo ritmo mi pareva in sé una medicina. Nelle città non ci facciamo più caso. Il giorno finisce e automaticamente si accendono le
luci. Si continua a leggere, a camminare, a lavorare lo stesso. Si
potrebbe – e molti, costretti dai loro mestieri, lo fanno – capovolgere tutto: star svegli di notte e dormire di giorno. Ma con questo
capovolgiamo noi stessi. Più ci inciviliamo, più ci allontaniamo
dalla natura, compresa la nostra natura che è quella di essere parte del tutto.
    Seduto su un'alta roccia del crinale, a volte per ore, senza più
l'angoscia dello scorrere del tempo, imbacuccato contro il freddo,
dinanzi all'orizzonte traversato da catene e catene di montagne
bianche e azzurre, avevo momenti di estasi. Lo stesso vento
che carezzava me piegava i fili d'erba ai miei piedi, spingeva
le nuvole nel cielo, e la vita che sentivo tutta attorno nelle piante,
nei fiori, negli animali era la stessa che scorreva nelle mie vene.
La natura aiuta a espandere la coscienza e la mia sembrava improvvisamente capace di percepire la totalità. Nella natura non
c'è niente di piccolo, di meschino; niente che ci angustia, che
ci immiserisce. Al contrario, nella natura ci si sente portati alla
grandezza e, come volessimo far entrare dentro di noi quella

che è fuori, allarghiamo istintivamente i polmoni e respiriamo profondamente.

Ero solo, ma dovunque posassi lo sguardo c'erano decine, centinaia, infinite altre esistenze. Dovunque c'era vita, in varie forme, in vari stadi: vita in continua creazione. Il Ragno Cosmico in quel momento stava tessendo la tela dell'universo, ogni parte tenuta assieme dallo stesso filo, come le perle della collana di Indra, ognuna capace di riflettere tutte le altre.

E il Ragno non aveva bisogno d'un settimo giorno per riposarsi. Lui continuava a tessere. O era Vishnu che, in un altro bel mito, stava dormendo e l'intero universo altro non era che il suo sogno? Attenti a non svegliarlo, perché tutto svanirebbe nel nulla!

Stupende queste visioni della Creazione! Una creazione che avviene ora, che avviene continuamente. Non una creazione persa nel tempo, fatta in sei giorni. Non l'uomo creato prima della donna! E non l'uomo fatto a immagine e somiglianza del creatore! Perché è vero esattamente il contrario: è l'uomo che ha concepito il creatore a sua immagine e somiglianza. Che altro è, se non una proiezione dell'Io e delle sue passioni, quel dio delle religioni, geloso degli altri dei, selettivo in chi ama e vendicativo al punto da condannare per l'eternità chi, nel breve spazio d'una vita, può averlo offeso? Di tutto il creato solo l'uomo è fatto così. E solo umane sono quelle passioni che le religioni attribuiscono al creatore. Nel resto della natura non esistono. Il leone non è arrabbiato quando azzanna una gazzella. Ha semplicemente fame.

Che piacere osservare i propri pensieri! Per giunta circondato da una bellezza di cui potevo godere liberamente, senza dover cercare di farla mia. Questo è un altro aspetto rasserenante della natura: la sua immensa bellezza è lì per tutti. Nessuno può pensare di portarsi a casa un'alba o un tramonto.

Il Divino Artista era inesauribile con le sue sorprese: una nuvola nera che parava il sole e creava una colata d'oro sui ghiacciai; un'improvvisa parete di pioggia dietro la quale le montagne luccicavano come fossero di metallo; o il sempre diverso emergere del mondo dal buio cosmico della notte.

Solo a guardare il palmo di terra verso il quale mi chinavo per raccogliere qualcosa da mettere ai piedi di Milarepa sul mio tavolino c'era da perdersi di meraviglia. I colori, le forme, le venature delle foglie sembravano non avere fine, così come la varietà dei fili d'erba e dei fiori, a volte minuscoli. Il piccolo e il grande; un arbusto e l'intera catena dell'Himalaya erano espressione della stessa bellezza, parte dello stesso inesauribile spettacolo.

Una mattina mentre facevo i miei esercizi con le spalle al sole mi vidi riflesso in un banco di nebbia che saliva dal baratro sotto il costone. La nebbia si muoveva a gran folate e improvvisamente tutto attorno all'ombra della mia testa si formò un'aureola con tutti i colori dell'arcobaleno. Ma non ebbi il tempo di prendermi per santo. Dalla cima di un albero vicino gracchiarono i corvi. E la loro era ovviamente una risata.

I due commensali del Vecchio si erano imposti di forza nella mia vita solitaria e presto mi resi conto che erano dei terribili curiosi. Quand'ero nella mia stanza si sporgevano dal tetto per sbirciare attraverso i vetri della finestra. Non potevo uscire a dipingere senza che i due si piazzassero sopra di me e si mettessero a commentare, mi pareva, il mio acquerello. Un pomeriggio li sentii urlare come forsennati. Mi affacciai alla finestra. Loro erano su un albero, ma una grossa scimmia, seduta sulla stecconata, sbarbava uno a uno tutti i miei fiori. Mi avevano avvisato!

Se, dopo una lunga camminata, arrivavo in cima a una montagna vicina, me li ritrovavo a svolazzare e a chiamarmi dall'alto. Loro c'erano arrivati con pochi battiti di ali, spinti dal vento. Mi guardavo coi loro occhi; ero così pesante, così attaccato alla terra! Loro, invece, leggerissimi. Quando si alzavano in volo e si lasciavano cadere nel vuoto del baratro sotto il mio costone, non potevo che invidiarli.

Quel baratro nascondeva tutta una vita che mi sfuggiva. Da laggiù arrivava il roco abbaiare dei kakar, i caprioli himalayani; laggiù al minimo rumore dei miei passi saltavano via le capre selvatiche. Anche loro! Riuscivo appena a vederne l'ombra. Avevano ragione gli antichi cinesi a dipingere i cavalli di Fergana con le ali. Come altro rappresentare quell'improvviso, leggero alzarsi da terra?

Da quel baratro, un pomeriggio che la nebbia della valle si era alzata fitta fitta e io camminavo lungo il crinale come su una passerella sospesa nel vuoto, sentii venire, finissimo, il suono di un flauto. Mi fermai. Quel suono mi parlava. E io che non sono mai stato particolarmente commosso dalla musica mi sentii sul punto di piangere. Quel flauto, forse di un pastore lontano, faceva vibrare una mia corda. Rimasi in ascolto. Poi, come tutto, forse solo perché il vento aveva cambiato direzione, anche quel suono cessò. Mi mancò moltissimo.

Allora usai la mente per risentirlo.

A volte quel flauto suona ancora dentro di me. Lo sapeva Basho, il samurai diventato eremita e poeta di haiku, che scrisse:

Il gong del tempio
S'è taciuto
Ma il suono continua
A venire dai fiori.

Senza che ci fossimo messi d'accordo, il Vecchio e io lasciavamo che i nostri incontri fossero determinati dal caso. Ci incrociavamo sul sentiero durante le nostre passeggiate nella foresta o ci facevamo visita con qualcosa da chiedere o da scambiare. Senza regolarità, senza alcun senso del dovere, non cadendo nella routine.

Quel vedersi, parlare o sedersi nel mio soppalco a bere il tè cinese che io gli versavo dalla bella teiera di Yixing diventava allora un avvenimento di cui lui dava tutto il credito «alle forze dell'universo: quelle visibili e invisibili, tangibili e intangibili, maschili e femminili, negative e positive» che si erano unite per rendere possibile il miracolo di quel momento. Scherzava, ma non tanto.

Per lui tutto era legato. Era convinto che tutto quel che ci succede ha un suo senso, anche se il più delle volte noi siamo incapaci di vederlo. Secondo lui anche il mio malanno ne aveva uno. L'importante era che me ne rendessi conto e questo voleva dire intraprendere un ultimo viaggio: il viaggio di ritorno, come lo chiamava, il viaggio di ogni uomo che si svegli dal sonno della vita dei sensi.

«Capisci? È il momento di tornare a casa, di risalire alle tue origini. E quelle, sappi, sono divine perché sulla scala del tempo noi discendiamo dalla scimmia, ma sulla scala dell'essere noi veniamo da Dio. Tornare indietro significa reclamare la nostra discendenza divina.»

Come?

«Scavando dentro di te, eliminando via via tutto il belletto della tua personalità, della tua conoscenza per arrivare all'essenza del tuo essere. Ci vuole coraggio», diceva, «perché si tratta di buttare via una cosa dopo l'altra finché non hai più nulla a cui tenerti e scopri che c'è qualcosa che tiene te. Solo allora capisci che quella cosa è tutto ciò che cercavi.»

Un'altra volta, indicandomi uno dei grandi cedri attorno a casa sua, disse:

«Vedi? In tutte le culture l'albero della vita è rappresentato come quel cedro: le radici nella terra e le fronde per aria. Così è la vita: nasce dall'oscurità e cerca la luce. Ma c'è un altro albero, descritto dai rishi nelle *Upanishad*. Ha le radici in cielo e le fronde che vanno verso la terra. Quello è l'albero della vita spirituale che parte dalla materia, per risalire al cielo, appunto alle sue radici divine».

Il Vecchio parlava sempre molto lentamente, facendo lunghe pause come per dare tempo a quel che diceva di entrarmi non solo nelle orecchie.

«È quella vita, la vita spirituale, che conta. E il primo passo è il più difficile. Si tratta di staccarsi dalla terra, dalle certezze che abbiamo. Si tratta di evitare la trappola dell'intelletto. All'intelletto dobbiamo molto. Ci aiuta ad analizzare, selezionare, giudicare e a estendere il campo del conosciuto. Ma alla fine? L'uomo può fare grandi scoperte, avanzare enormemente nella conoscenza, ma qualunque sia il suo progresso, all'orizzonte del conosciuto troverà sempre lo sconosciuto. E lo sconosciuto sarà sempre più vasto di tutto ciò che potrà mai conoscere. Allora? Tanto vale affrontarlo, questo sconosciuto. Ammettiamolo: esiste un mistero e la nostra mente non è capace di risolverlo.»

Una sera era già buio pesto quando lo sentii arrivare alla mia porta. Era venuto a chiedermi qualcosa ma, entrando, vide per terra una ciotola con una mezza mela e si distrasse.

«Ah... sì, è per il topo», dissi io, avendo finalmente l'occasione di esporgli un problema per il quale da giorni cercavo una soluzione.

Ogni notte compariva in casa un topo che andava a giro e rosicchiava qua e là quel che poteva sciupandomi tutte le mie preziose provviste di frutta, patate e pomodori. Non volevo ammazzarlo e stavo cercando di convincerlo a mangiare quel che gli offrivo nella ciotola senza andare a toccare il resto.

Il Vecchio rise da matto ai miei buoni propositi e raccontò cosa era successo a Lama Govinda quando era suo vicino sul Crinale degli Strambi. Anche a lui un topo entrava continuamente in casa e la gente del posto gli diceva:

«Lama-ji, lo devi ammazzare, non c'è altro da fare».

Ma a Lama, che era buddhista, ripugnava l'idea di uccidere un essere vivente. Così fece comprare una di quelle gabbiette con la porta a molla che intrappolano il topo, ma lo lasciano vivo. Funzionò benissimo. In pochi giorni Lama acchiappò vari topi. Ognuno venne portato nel bosco e rimesso in libertà.

«Ma non capisci? È sempre lo stesso topo», gli diceva la gente. «Lo devi ammazzare. Dovunque tu lo porti, quello torna.»

Lama non poteva crederci. Però, quando un altro topo finì in gabbia, Lama con un pennello della moglie pittrice gli dipinse la coda di verde. Poi, uscendo per una passeggiata, andò molto più lontano del solito a liberarlo. Quando tornò a casa con in mano la gabbia vuota, un topo era già sulla soglia ad aspettarlo. «Aveva la coda verde e mi sorrideva», diceva Lama Govinda quando raccontava quella storia.

Secondo il Vecchio la mia soluzione non violenta poteva funzionare. «In fondo è tutto una questione di psiche», disse.

Di psiche?

«Sì. La psiche non è dentro di noi, siamo noi dentro alla psiche. La psiche è dappertutto, la psiche è tutto quel che ci circonda. Non è né occidentale né orientale. È universale. La psiche è una: per animali, piante, sassi e uomini. È tutta la stessa psiche. Guarda un rampicante, un piccolo rampicante: trova un posto a cui attaccarsi e poi sale su verso la luce. Guarda le api, tenute tutte assieme da una regina, o le cicogne che ogni anno passano da qui nel loro volo dal lago Manasarovar in Tibet verso il Rajasthan. Che cosa rende possibile tutto questo? La psiche! La coscienza che sta sotto tutte le coscienze, la coscienza cosmica che tiene assieme l'intero universo e senza la quale non esisterebbe nulla. Il fine dello yoga è esattamente quello di mettersi in contatto con la coscienza cosmica. Una volta che ci riesci non c'è più tempo, non c'è più morte.»

Ma il topo?

«Anche lui è in quella coscienza di cui la mia, la tua, la sua coscienza non sono che un riflesso.» E rise. Poi come per sfidarmi aggiunse:

«E queste non sono idee indiane! In Occidente, i vostri rishi hanno detto le stesse cose dei nostri, le stesse cose del Vedanta. Solo che voi i vostri rishi li avete dimenticati, li avete messi nei musei, nei libri dei professori. Per noi invece i rishi sono sempre presenti, sono compagni, maestri di vita. Questa è la differenza».

Rishi occidentali?

La lista dei nostri «veggenti» per lui era lunga: da Eraclito a Pitagora a Boezio, da Giordano Bruno a Bergson. Platone era di gran lunga il suo preferito.

«Prendilo come guru e vedrai che lui ti accetta come discepolo e ti parla.» Era quello che il Vecchio faceva. Confessò che da un po' di tempo la notte riceveva Platone nella sua bella stanza dinanzi alle montagne e passava ore, in silenzio, a discutere con lui. Secondo il Vecchio, Platone era uno che era andato molto più «al di là» di tanti altri; la sua *Repubblica* restava per lui una delle più belle e ispiranti visioni della «repubblica interiore», la repubblica del Sé. Il fatto che Platone l'avesse descritta così bene, diceva, doveva essere di grande incoraggiamento perché anche altri la cercassero.

Per il Vecchio c'era un filo comune che legava, attraverso i millenni e i vari continenti, personaggi così diversi come Platone e Gurdjieff, Plotino e Sri Aurobindo, i maestri sufi, Meister Eckhart, Ramana Maharishi e Krishna Prem. «Sono tutti sulla stessa via, alcuni sono più avanti, altri più indietro, alcuni si sono persi, alcuni sono arrivati, ma tutti sono alla ricerca delle nostre radici. Questo è il senso della domanda: 'Io, chi sono?' Quelli che non se la pongono non possono capire e magari pensano che siamo matti, ma noi dobbiamo continuare. Stiamo tornando a casa... Avanti, vieni anche tu», disse.

Forse gli sembrò d'essere stato troppo personale con quell'invito e tornò sul tema del topo. Voleva raccontarmi «un'altra di quelle storie che la mente non capisce» ma di cui lui, disse, era stato testimone. Io misi dell'altra acqua a bollire per il tè; lui si arrotolò una nuova sigaretta e...

Nell'ashram di Mirtola, Krishna Prem aveva con sé una decina di discepoli. C'era anche un grosso cane tibetano che la notte non veniva mai lasciato fuori perché un leopardo aveva preso l'abitudine di fare il giro dell'ashram e fermarsi a guardare nella grande finestra. Il leopardo ruggiva, il cane abbaiava e tutti dovevano alzarsi dal letto e mettersi a urlare per mandare via il leopardo. Ogni notte la stessa musica, e nessuno riusciva più a dormire.

«Proverò a farci qualcosa», disse Krishna Prem. Andò nel tempio e ci rimase per una decina di minuti. Quella sera il leopardo non si fece vedere. La sera dopo neppure, né quella di poi. Il leopardo era svanito.

«Ma cosa hai fatto?» chiese uno dei discepoli al vecchio professore inglese che era diventato sanyasin e aveva fondato quell'ashram dedicandolo a Krishna a cui tutti lì si riferivano chiamandolo semplicemente «Lui».

«Io non ho fatto niente», rispose Krishna Prem. «Ho solo parlato con Lui e gli ho detto: 'Il tuo leopardo disturba il tuo cane'.»

«Tutto lì», concluse il Vecchio. «La psiche è dovunque, e noi, il leopardo, il cane e il tuo topo siamo tutti dentro alla psiche. Negarlo significa voler essere ciechi, voler restare al buio.»

Ciechi, buio. Quelle parole gli ricordarono perché era venuto così tardi da me. Voleva dei fiammiferi. Non gliene era rimasto neppure uno per il «trucco della candela», come chiamava il suo regolare appuntamento notturno col Sé.

Gli detti una scatola e lui ripartì nella notte, verso casa sua, appoggiandosi al bastone.

Ogni due o tre settimane scendevo ad Almora a fare provviste. Il bazar, lungo una strada stretta, in salita, lastricata di pietre è ancora uno di quelli all'antica. Alcune case sono ancora di legno con le finestre intarsiate; le botteghe, a volte minuscole, una in fila all'altra, sono ognuna un piccolo palcoscenico col suo attore solista, mercante e filosofo. Il vendere e il comprare paiono attività marginali. Ovunque regna una grande pace. Persino i cani non sono proprio cani: non abbaiano, non si attaccano e si dividono il selciato con le solite vacche e capannelli di uomini accucciati a scaldarsi attorno a piccoli falò.

I bazar sono lo specchio di una comunità e quello di Almora aveva tutta l'aria di possedere una sua speciale carica di saggezza e serenità accumulata in secoli di esistenza all'ombra dell'Himalaya. Molti degli uomini seduti nel riquadro delle loro botteghe parevano aspettare solo un'occasione per parlare dei destini del mondo e dell'anima.

Uno dal quale mi fermavo a fare due chiacchiere era Said Ali, un musulmano magro e spettinato, con un calorosissimo sorriso. Riparava orologi in un piccolo buco nel muro a cui aveva dato il nome Un milione di Tic-Tac.

La vita era stata dura con Said Ali, ma lui non gliene voleva. I suoi due figli erano improvvisamente diventati schizofrenici, e né maghi né medici erano riusciti a farci nulla, tranne rendere Said Ali ancora un po' più povero di prima. La moglie si disperava per quella disgrazia e passava ore della giornata a pregare Allah perché li facesse guarire. Anche Said Ali era un devoto musulmano e non mancava nessuna delle cinque preghiere giornaliere, ma sulla questione dei figli non era d'accordo con lei.

« Non si può chiedere ad Allah di intervenire nelle faccende umane. Quando io ho da riparare un orologio posso pregare quanto voglio. Lui non può fare il mio lavoro per me. Ha già fatto tanto: mi ha dato gli occhi, gli orecchi, le mani, la mente. Le riparazioni almeno le debbo fare io », diceva.

Un giorno gli chiesi come faceva a non farsi mai prendere dallo sconforto.

« Ogni mattina, dopo le preghiere, mi siedo per terra con la schiena dritta. Seguo il mio respiro, ascolto il sangue che mi circola nelle vene, vuoto la mia testa di tutti i pensieri e mi concentro su di Lui: Lui che è senza tempo e senza spazio. Lui che non lascia traccia, che non è umano, ma è sempre presente. Per un po' sto con Lui. Poi vengo al lavoro », mi disse.

A parte la sua devozione per Lui, Said Ali aveva un altro segreto che lo teneva in vita: la musica. Componeva ghazal e, cantandoli, dimenticava i suoi guai. Una volta all'anno andava persino in scena. Ogni febbraio arrivava ad Almora un italiano di genio, mistico e pratico, musicista e poeta che sotto il nome di Krishna Das, il Servitore di Krishna, risiedeva per un po' nel vecchio e cadente Savoy Hotel e guidava un gruppo di suoi adepti in cerca di pace. Ogni sera allora Said Ali aggiungeva la sua bella voce a quella con cui Krishna Das faceva cantare il suo sitar e la poesia dei vecchi inni sufi lo ricaricava di gioia e voglia di vivere, fino al febbraio successivo. Passavo dal suo negozio ed era sempre sorridente.

Il bazar era una riserva di sorprese. Un giorno, avvicinandomi al negozio di Balbir, notai che il droghiere mi faceva tutti i suoi grandi gesti di « Namaskar », ma non diceva una delle tante parole con cui di solito mi accoglieva. Sorrise e mi porse un cartello su cui era scritto: « Sei settimane di silenzio ». Balbir aveva fatto col suo dio il voto di non pronunciare una sola parola per un mese e mezzo! Continuava però a lavorare e comandava i suoi due commessi con grandi grugniti e gesti delle mani.

« Lo farà per scontare qualche grossa bugia o qualche imbroglio», commentò il Vecchio, quando lo andai a trovare per dargli notizie del mondo.

Mi invitò a dividere la sua cena e così gli raccontai degli «orfani» che erano comparsi sul Crinale. Erano per lo più stranieri di mezza età che avevano passato anni come discepoli di Osho a Puna e poi di Babaji a Lucknow e che da quando questi loro guru avevano «lasciato il corpo» erano rimasti al perso. Due di loro mi avevano portato nel loro cubicolo bianco sul Crinale per farmi ascoltare una cassetta in cui Osho parlava della morte come di «un enorme orgasmo con dio». A sentire per l'ennesima volta quella voce, i due erano caduti in deliquio e io ero rimasto colpito dalla dipendenza psicologica di questa gente dai loro guru. Valeva la pena vivere per anni in un ashram, seguire un «maestro» se non era per liberarsi, ma per diventarne schiavi?

Il Vecchio, divertito, mi rispose nel modo che gli piaceva di più. Con una storia.

Un uomo si sveglia una mattina in catene e non sa come togliersele. Per anni cerca qualcuno che lo liberi. Poi un giorno passa davanti alla bottega di un fabbro, vede che quello forgia il ferro e gli chiede di aiutarlo. Il fabbro con due colpi rompe le catene. L'uomo gli è gratissimo. Si mette a lavorare per lui, diventa il suo servo, il suo schiavo e per il resto della sua vita rimane... incatenato al fabbro.

«Il guru è importante», continuò il Vecchio. «Esprime a parole quel che tu senti come vero dentro di te. Ma una volta che hai fatto l'esperienza diretta di quella Verità non hai più bisogno di lui. Il guru ti indica la luna, ma guai a confondere il suo dito con la luna. Il guru ti fa vedere la strada, ma quella la devi percorrere tu. Da solo.»

Poi, come fosse arrivato il momento di dirmi una cosa che poteva davvero aiutarmi, aggiunse: «Il vero guru è quello che sta dentro di te, qui», e mi puntò uno dei suoi diti ossuti contro il petto. «Tutto è qui. Non cercare fuori da te. Tutto quello che potrai trovare fuori è per sua natura mutevole, impermanente. Ti puoi illudere di trovare stabilità nella ricchezza, poi quella finisce. Puoi pensare di trovarla nell'amore di una persona, che poi se ne va. O nel potere, che facilmente cambia mano. Puoi affidare la tua vita a un guru e quello muore. No, niente di ciò che è fuori ti appagherà mai. La sola stabilità che può aiutarti davvero è quella interiore. E i guru che si rendono indispensabili servono il proprio Io e non la ricerca dei loro discepoli.»

Il Vecchio volle dare peso a quel che aveva detto e mi ricordò le ultime parole di Buddha. Quando era per morire, circondato dal gruppo ristretto dei seguaci in lacrime, Ananda, suo cugino e discepolo, gli chiese:

«E ora, chi ci guiderà?»

«Siate la luce di voi stessi. Rifugiatevi nel Sé», rispose Buddha.

Il Sé di cui parlava Buddha era, secondo il Vecchio, lo stesso Sé del Vedanta. «E senza la conoscenza di quel Sé», concluse, «non c'è conoscenza. Solo informazione.»

« ... E IL BICCHIER D'ACQUA? »

COL TOPO c'eravamo intesi. Lui mangiava quel che ogni sera gli mettevo nella ciotola e non toccava il resto. Credo però che raccontò di quel mio paese di Bengodi ad alcuni suoi amici o parenti topi perché uno di loro si installò nel soffitto della mia stanza e ogni mattina, prima dell'alba, faceva il diavolo a quattro... per ricordarmi che era l'ora di alzarmi per il «trucco della candela». O almeno a me piaceva pensare che fosse così.

Anche il tavolino di pietra che avevo organizzato davanti a casa per i due corvi era diventato col passare del tempo una mensa popolare a cui si serviva tanta, diversa «gente» e io non avevo che da restare fermo alla mia finestra a osservare il viavai: ogni animale con la sua personalità, i suoi colori, i suoi modi di fare, le sue abitudini.

Una mattina stavo sul prato al sole a ricaricarmi di caldo quando comparve un uccellino minuscolo, grigio, con striature bianche e rosse e una crestina di penne nere. Rimasi immobile. Lui si guardò attorno, volò sul mio piede e si mise a beccare senza alcun ritegno i miei grossi calzini di lana. Quando ebbe la bocca piena di fili per il suo nido partì e tornò subito dopo a fare un altro carico.

Ovviamente mi fece pensare al maestro zen che, con tutti i discepoli allineati davanti a sé, sta per incominciare il sermone del tramonto quando un uccellino si posa sul davanzale della finestra aperta. Si guarda attorno, cinguetta per un po' e vola via.

«Per oggi il sermone è finito», dice il vecchio monaco e se ne va anche lui.

Quante lezioni hanno imparato gli asiatici osservando la vita degli animali! Molte più di noi occidentali. I monaci di Shaolin, per non soccombere ai banditi che infestavano la foresta attorno al loro tempio, inventarono il kung fu, combinando i sistemi di difesa di vari animali. Gli indiani svilupparono l'Hatha Yoga per il controllo del corpo, copiando quattro importanti attività degli animali: lo stiramento, la pulizia, la respirazione e il riposo. Il comportamento degli animali è determinato dall'istinto, non dal pensiero, e così la loro vita è in assoluta sintonia con la natura. La nostra lo è sempre di meno. Noi non « sentiamo » più la natura, non la prendiamo sul serio, non la usiamo più come maestra. Eppure è lì, un grande museo senza orari e senza guardiani, un'università aperta a tutti, con lezioni a ogni ora del giorno e della notte.

« Quando tocchi una pietra, tu provi qualcosa. Cerca di immaginare cosa prova la pietra. Anche quella ha una coscienza », mi disse un giorno il Vecchio. Poi, forse perché non lo prendessi per matto, mi spiegò che secondo gli shastra, le scritture sacre, il mondo minerale non è diverso da tutto il resto, e che mai uno scultore indiano dell'antichità avrebbe fatto la statua di un dio usando una pietra femminile o quella di una dea usando una pietra classificata come maschile in base alla sua consistenza, il suo colore e la sua venatura.

Ero andato da lui per raccontargli un sogno. Volevo che mi aiutasse a interpretarlo, ma il sogno non lo interessava. Il contenuto dei sogni, disse, era roba per gli psicanalisti che considerano loro compito riadattare i pazienti alla società invece che cambiare la società per adattarla ai bisogni dell'umanità in generale. Quel che lo interessava era se avevo scoperto chi sognava.

« Perché, se tu sei nel sogno, chi è allora quello che sogna te nel sogno? Continua a scavare. Scava in un posto solo e vai giù, giù. Vedrai che prima o poi trovi l'acqua », disse.

Erano giorni che avevo problemi con la candela. Tutto andava bene finché fuori era buio, ma appena faceva giorno, sentivo il sole, la mia mente immaginava le montagne e preferivo andare a guardare a occhi aperti il mondo fuori invece di stare a occhi chiusi a cercare un mondo dentro che a volte mi pareva davvero campato in aria. Non ne feci mistero col Vecchio. Lui rise e, invece di rispondermi direttamente, mi raccontò un aneddoto della vita di Rabia,* una grande santa del sufismo.

Rabia stava gran parte del tempo chiusa in casa, in contemplazione. Un giorno un amico passò sotto le sue finestre e gridò:

« Rabia, vieni fuori a vedere la bellezza del creato ».

Da dietro le persiane chiuse venne la risposta:

« Vieni dentro a vedere la bellezza del Creatore! »

Bella storia. Ma il mio spirito di bastian contrario era tornato a farsi vivo con forza e istintivamente la mia reazione fu:

---

* Rabia vuol dire « la Quarta », perché il padre aveva già tre figlie quando lei nacque nell'anno 717 a Bassora, in quello che oggi è l'Iraq.

«Sempre questo 'dentro' e 'fuori'. Ma dov'è il benedetto 'dentro'?»

«Certo non *dentro* il tuo corpo. Lì puzza come fuori», ribatté il Vecchio. Poi continuò: «C'è un *dentro* che non è da nessuna parte, come il silenzio, come l'*aldilà*. Dov'è l'aldilà? Se tu fossi un pesce riflessivo e portato alla metafisica, diresti: 'Ci deve pur essere qualcosa al di là dell'acqua'. Ecco: il *dentro* è da quelle parti».

Presto venne la neve. Cominciò di notte e già quando mi alzai, al buio, per stare davanti alla candela, sentii che fuori il silenzio non rimbombava più. Era un suono ottuso. All'alba guardai dalla finestra e tutto era bianco, i cedri erano diventati ancora più grandi coi rami congelati, l'anfiteatro dei prati era più marcato che mai, e l'orizzonte era coperto da una tenda tremolante di fiocchi che continuavano a cadere. A metà mattina, per pochi minuti, venne il sole e le montagne apparvero vicinissime. La neve dava loro una leggerezza che non avevo mai visto. Ma lo spettacolo durò poco. Una grande nuvola soffocò tutto, si fece scuro e la neve riprese a cadere. Continuò tutto il giorno e la notte e il giorno dopo e quello dopo ancora. La mia finestra era per metà coperta, la porta era bloccata. Gli animali erano tutti scomparsi. Restava solo un immenso silenzio.

Da un villaggio giù nella valle in fondo allo strapiombo venne qualcuno ad accertarsi che il Vecchio stesse bene e a portare la notizia che la donna sanyasin del mandir era morta. L'avevano trovata nella foresta con una gamba che le era stata strappata via. La polizia stava cercando di stabilire se era finita assiderata e gli animali l'avevano poi azzannata, o se era stato il leopardo ad attaccarla e mangiarla. In questo caso avrebbero dovuto organizzare una battuta perché, una volta che il leopardo diventa un mangiatore di uomini, niente lo ferma più: e si avvicina anche alle case in cerca di una preda. Deve essere abbattuto. Era già successo l'anno prima, quando un leopardo così di notte s'era portato via un bambino da un casolare di pastori pochi chilometri sotto a noi.

Due giorni di sole cominciarono a far sciogliere la neve e col Vecchio decidemmo di scendere ad Almora per i nostri rifornimenti. La camminata attraverso la foresta fino al mandir fu faticosa. Nessuno era passato sul sentiero e in certi punti la neve ci arrivava a mezza gamba. C'erano tante impronte di animali e lui mi indicò quelle del leopardo.

544

«Sarebbe bello vederlo. Magari da lontano», dissi.

«Prima che tu veda un leopardo tre leopardi hanno visto te tre volte», ribatté.

Tutti e due, senza dirlo, pensavamo ovviamente alla donna sanyasin del mandir e il Vecchio, un po' per ridere e un po' per far scappare via i leopardi che dai loro nascondigli ci stavano forse a guardare, cominciò a gran voce a recitare i versi di una famosa poesia di William Blake:

Tiger! Tiger! Burning bright
In the forest of the night,
What immortal hand or eye
Could frame thy fearful symmetry? *

Mi unii a lui e tutti e due, a gran voce, con passo più baldanzoso, riprendemmo: «Tiger! Tiger! Burning bright...»

La luce nella foresta, riflessa dal biancore della neve, era quasi abbagliante. Gli alberi erano immobili, congelati. Alcuni rododendri avevano cominciato stranamente a fiorire e i grappoli di bocci rossissimi erano come manciate di rubini sparsi sul ghiaccio.

Divertiti urlammo: «Tiger! Tiger! Burning bright...» fino al mandir dove ci aspettava una jeep. Facemmo la spesa al bazar e la sera, carichi di verdure, riso e farina, tornammo sani e salvi a casa. Celebrammo il successo della nostra spedizione cenando assieme nella sua stanza col bel caldo profumato della stufa di ferro infilata nel camino.

Da un armadietto il Vecchio tirò fuori una vecchia edizione di William Blake, una di quelle con le lettere dorate sulla copertina blu, e rileggemmo la poesia che ci aveva «salvato». Davvero bella. Specie perché alla fine Blake si rende conto che la mano responsabile d'aver creato la feroce fiera è la stessa che ha fatto anche il timido agnello.

«Vedi? Un inglese del Settecento aveva capito il fondo delle cose, come i rishi», disse il Vecchio, entusiasta. «Aveva capito che il divino è ciò in cui gli opposti coesistono: tutto e il contrario di tutto; la bellezza e l'orrore; l'odio e l'amore. È tutto lì. Non

---

* La traduzione che riuscii a farne fu questa: «Tigre! Tigre che ardi di luce / Nella foresta della notte truce / Quale occhio o quale immortale maestria / Ha incorniciato la tua feroce simmetria?»

c'è dualità. I *rishi* ebbero il coraggio di vedere il male come parte di Dio. Ma non sono stati gli unici. In India questa visione è solo più esplicita: Kali, la dea della distruzione, quella con la lingua che gronda di sangue e una collana di teschi attorno al collo, è anche la Madre dell'universo, appunto perché non c'è creazione senza distruzione. Capisci? La dualità è una nostra illusione. Siamo noi a voler distinguere fra felicità e infelicità, gioia e dolore, vita e morte, ma quella distinzione è falsa. La verità è che sono tutt'uno.»

Citò un verso dei Veda: «Il giorno è l'ombra della notte, la vita l'ombra della morte». Poi aggiunse: «Arrivare a questa esperienza vuol dire entrare in contatto con Quello, lo Spirito, Lui, o come lo vuoi chiamare».

«E se fosse Lui un'illusione?» dissi io. «Se la vita spirituale fosse solo un sentito dire? In fondo, dov'è questo spirito?»

Mi guardò divertito.

«Dimmi tu, dove *non* è, Tiger?»

E da allora quel Tiger diventò il suo modo di rivolgersi a me.

Passarono i giorni, le settimane, i mesi; quietamente, in una armoniosa sequenza di pensieri, passeggiate, silenzi, qualche conversazione e soprattutto tanto tempo dato al tempo. Dovetti anche andare a New York per i soliti appuntamenti con gli aggiustatori – una volta toccò a Folco accompagnarmi, un'altra a Leopold – ma fu davvero come se, a forza di vivere da solo e star davanti alla candela, fossi riuscito nell'esercizio di dividermi. Il mio corpo viaggiava, veniva anestetizzato, ispezionato, risvegliato e rimesso su un aereo, ma la mia mente rimaneva lassù, nella pace della casa di pietra a quasi tremila metri, per cui ci ritornavo senza che in fondo fossi mai partito.

Con New York e col mondo giù a valle in generale volevo avere sempre di meno a che fare. Mi sembrava d'aver capito come funzionava e non mi piaceva. Persino il mio benamato ospedale, a cui ero ormai legato da un certo affetto, mi accorsi che era soprattutto un grosso business e che era gestito con la stessa logica di un supermercato o una miniera di diamanti. Quando il pagamento anticipato dell'operazione che dovevo subire ebbe un ritardo a causa dei soliti rigiri delle banche, mi fu detto che il mio nome sarebbe stato tolto dalla lista del giorno previsto per me.

In compenso però anche il rispettato e tradizionalista MSKCC in mia assenza si era messo al passo coi tempi. Aveva aperto una sezione di Medicina Complementare, aveva adottato il reiki, studiava una terapia anticancro a base di arsenico e mandava per le corsie dei giovani con la chitarra a tirare su il morale dei degenti e a parlare loro di guarigione olistica. Gli aggiustatori non avevano alcuna fiducia in quella « roba », ma l'ospedale evidentemente aveva ceduto alle richieste di tanti pazienti e soprattutto non aveva voluto perdere una fetta di mercato a favore dei guaritori e i loro simili.

Alla fine della seconda visita il permesso di soggiorno nel limbo fra malattia e guarigione mi venne esteso da tre a sei mesi, ma feci attenzione a non dare troppa importanza a quella notizia. Ero arrivato, mi pareva, a un mio modo di star bene, e il silenzio, la vista delle montagne e l'essere con me stesso erano ormai tutto quello che davvero volevo.

Se un tempo il viaggiare era stato una sorta di droga da cui dipendevo, ora potevo dire di essermi completamente disintossicato. Non c'era più storia di una possibile medicina o di un guaritore che potesse indurmi a rimettermi in cammino. Di tutti i viaggi possibili ormai il solo che mi incuriosiva ancora era quello « di ritorno », di cui parlava il Vecchio e di cui avevo trovato in Laotzu una perfetta descrizione, a cui, come sempre capita, in circostanze diverse non avrei mai fatto caso.

La leggenda vuole che quando il vecchio filosofo cinese, vissuto nel VI secolo avanti Cristo, arrivò in groppa al suo bufalo al limite estremo della Cina per avviarsi verso l'Himalaya, da dove non tornò più, il guardiano del Passo Han gli disse che lo avrebbe lasciato passare solo a condizione che, prima di scomparire, scrivesse quelli che erano i suoi più importanti pensieri. È così che sarebbe nato il classico del taoismo, il *Tao te Ching*, che comincia con i famosi versi: « Il Tao* che può essere descritto non è il vero Tao... »

A un certo punto in quel libro Lao-tzu dice che il fine dell'uomo è allineare la propria vita col Tao senza fare alcuno sforzo, senza voler raggiungere alcunché, ma semplicemente riconoscendo ciò che è. Chi pratica il Tao non ha che da essere in pace con se stesso, perché...

---

* Tao, in cinese, vuol dire « la via » ed è più o meno la stessa idea del dharma dei Veda e del buddhismo.

Senza uscire dalla porta
Conosce tutto quel che c'è da conoscere
Senza guardare dalla finestra
Vede le vie del cielo
Perché più lontano si va
Meno si capisce
Il Saggio arriva senza partire
Vede senza guardare
Fa senza fare.

A Benares mi ero fatto ancora incoraggiare dall'esortazione di Indra, il dio dei viaggiatori, al giovane Rohita perché si mettesse in viaggio. Questa era la perfetta esortazione a un vecchio che si era già fermato a restare fermo.

Venne la primavera, poi venne il monsone e con ogni cambiamento di clima vennero nuovi uccelli, nuovi animali, nuovi colori nella foresta e nel cielo. La strada per Almora mutava col passare dei mesi. Prima fu infiammata dalla fioritura dei rododendri, poi diventò vaporosa e gialla con l'esplosione delle mimose, poi punteggiata di blu dai grappoli dei jacaranda.

Una mattina, chinandomi a prendere un fiore che non avevo mai visto, mi accorsi che l'erba attorno era piena di maggiolini. In hindi, chi sa perché, si chiamano ramkigai, le vacche di Ram. Quanti salti deve aver fatto la fantasia di chi arrivò a quel nome. La mia fece i suoi. Mi misi a osservarne uno e mi persi. Scalava un filo d'erba, passava a un altro, scendeva, infaticabile risaliva su un altro filo, avanti e indietro ancora su uno, finché a un certo punto, abbracciato alla punta finissima di un filo che si piegava leggermente al suo peso, lui, da sotto la sua corazza lucida e rossa, punteggiata di tondini neri, tirò fuori delle minuscole ali trasparenti e volò via: non lì accanto in un altro cespuglio, ma via, via in alto, nel cielo, verso le montagne, senza sapere nulla delle leggi di gravità, senza chiedersi se la sua mente avrebbe potuto pensare l'infinito, semplicemente facendo quello per cui era nato, seguendo la sua natura.

Varie volte qualcuno, sapendo che ho passato gran parte della mia vita in Asia, mi ha chiesto se m'è capitato di vedere dei «miracoli», delle cose insolite, tipo uno yogi che levita, che cammina sull'acqua o sa rendersi invisibile. No. Non ho mai visto niente del genere. Ma il ramkigai? il minuscolo maggiolino che volava libero nell'infinito? Non era, quello, un miracolo? Non occorre andare a cercare lo straordinario quando l'ordinario, se osservato davvero, ha in sé tanto di sorprendente. Di divino.

Le mie saltuarie visite al mondo, specie quelle a New York, dove non solo il benamato ospedale, ma anche tutto il resto rappresentava la punta più avanzata di quel che la civiltà occidentale era capace di produrre, mi avevano rafforzato nell'idea che la soluzione ai problemi umani non può venire dalla ragione, perché proprio la ragione è all'origine di gran parte di quei problemi.

La ragione è dietro all'efficienza che sta progressivamente disumanizzando le nostre vite e distruggendo la terra da cui dipendiamo. La ragione è dietro alla violenza con cui crediamo di metter fine alla violenza. La ragione è dietro alle armi che costruiamo e vendiamo in sempre maggiore quantità per poi chiederci come mai ci sono così tante guerre e tanti bambini che vengono uccisi. La ragione è dietro alla cinica crudeltà dell'economia che fa credere ai poveri che un giorno potranno essere ricchi mentre il mondo in verità si sta sempre più spaccando fra chi ha sempre di più e chi ha sempre di meno.

La ragione, che pur ci è stata di grande aiuto e ha contribuito al nostro benessere, soprattutto quello materiale, ci ha ora messo in catene. Dopo aver negato qualsiasi ruolo alle nostre emozioni e all'intuito, dopo aver fatto dei sogni una lingua morta, la ragione ci impone ora di pensare e di parlare esclusivamente a suo modo.

La ragione ha tagliato via dalle nostre vite il mistero, ci ha fatto dimenticare le favole, ha reso superflue le fate e le streghe che invece servivano tanto a completare il nostro altrimenti arido panorama esistenziale.

Ma le alternative? Io stesso ne sentivo i limiti. Parole come «cuore», «intuizione», «energie» mi avevano sempre lasciato molto freddo eppure, visto il disastro prodotto dalle verità obbiettive della ragione, mi pareva giusto esplorare il terreno, pur insicuro, delle verità soggettive. Per cercare non un'alternativa alla ragione, ma, come nel caso della medicina, qualcosa di complementare.

Se la ragione coi suoi prodotti, come le ideologie e le religioni, operando nel mondo fuori, era fallita nel compito di migliorare la condizione umana, sempre più dominata da sentimenti di separazione e dalla violenza, era sensato guardare dentro all'uomo stesso per cercare una soluzione diversa. Forse stiamo seduti sulla soluzione. Forse noi siamo la soluzione purché si sia capaci di sfuggire alla schiavitù del pensiero prestabilito, dell'esperienza, di ciò che crediamo di sapere, per poter riconquistare la libertà dell'immaginazione e uno spazio in cui esercitare la nostra fantasia.

A volte pare, e certo pareva così anche a me, che lasciare la terra ferma della ragione per quella incerta della non-ragione sia un rischio, ma è un rischio che, a pensarci bene, già conosciamo, anche se tendiamo a dimenticarcelo. Che cos'è l'amore se non la negazione della ragione?

Allora perché non provare a sragionare come si fa nell'amore? Perché non rifiutare gli automatismi della mente razionale che sono alla base di tutto il nostro modo di vedere il mondo?

«Dimmi cos'è la Verità», chiede un monaco al suo abate.

«Prima devi bere tutta l'acqua del fiume in un sorso», dice quello.

«Ma l'ho già fatto.»

«Bene, allora io ti ho già risposto.»

Ecco un esempio di sragionamento tipico dei buddhisti zen che a questa attività, quella appunto dello «sragionare», si sono dedicati con passione, perché anche loro sentivano che senza uscire dal solito modo di pensare non potevano arrivare in un balzo, come sognavano, a cogliere la Realtà Ultima.

Sono stati i meditatori zen, prima in Cina, nel monastero di Shaolin, poi in Giappone, dove la tradizione è sopravvissuta fino a oggi, a sviluppare l'idea del koan: un paradosso con cui la mente razionale non riesce a fare i conti, una domanda apparentemente assurda a cui sembra impossibile rispondere logicamente. Ma proprio quello è il senso.

La storia del più noto koan è questa.

Un giovane monaco vede i suoi colleghi più anziani entrare ogni mattina e ogni sera nella stanza del capo abate, Mokurai, il cui nome è già di per sé un paradosso: vuol dire Tuono Silenzioso. Il giovane monaco è geloso perché capisce che Mokurai dà agli altri monaci delle speciali istruzioni sulla meditazione. Una mattina si fa coraggio ed entra anche lui da Tuono Silenzioso.

«Tu, no. Sei troppo giovane. Vai via», dice l'abate vedendolo.

Il ragazzino insiste e il vecchio cede: «Torna stasera».

Alla sera il giovane monaco arriva alla porta di Mokurai, batte tre volte il gong ed entra nella cella. L'abate gli dice soltanto:

«Tu sai ascoltare il suono di due mani che applaudono? Bene, qual è, allora, il suono di una sola mano che applaude? Torna quando hai la risposta».

Il ragazzo è perplesso e ogni giorno torna dal maestro con una diversa risposta: è il suono d'una goccia d'acqua che cade sulla pietra; è la musica di una geisha; il canto di una locusta; il soffio del vento. Tanti diversi suoni, ma ovviamente tutti sbagliati. Nessuno è il suono di una mano che applaude. Il giovane monaco soffre, pensa, si dispera. Il suo patire dura più di un anno. Ogni giorno ripassa tutti i suoni, finché una mattina li trascende tutti e corre da Mokurai.

«Maestro, ho trovato: è il suono che non ha suoni, il silenzio.»

Bravo, il giovane monaco. Quello è il suono di una sola mano che applaude.

La soluzione è ovvia, ma arrivarci è stato difficilissimo e questo è il vero scopo del koan. Il segreto non sta nella soluzione, ma nel processo che ha occupato la mente. In cerca della soluzione, il giovane monaco ha dovuto affrontare varie emozioni, dall'arroganza alla rabbia, alla disperazione, all'odio verso il Maestro, fino ad arrivare alla serenità che ha spinto la sua mente al di là del solito, lineare modo di ragionare, le ha permesso di pensare diversamente, di... non pensare e di guardare le cose come sono: una sola mano che applaude non fa alcun suono.

La mente è frutto del tempo. È un magazzino di esperienze; opera con quello che conosce e per sua natura non va al di là di quello che le è noto. Per questo la mente, arrivata al suo limite razionale, non trovando la soluzione dentro di sé, in quello che ha accumulato, si ritira e lascia che l'apprendista meditatore vada al di là e faccia quel salto di coscienza che gli permette una diversa visione. Oggi è la visione del non suono, domani sarà la visione della Realtà Ultima, del mistero che è «al di là», dello sconosciuto sempre più vasto di tutto ciò che può mai essere conosciuto, come lo chiamava il Vecchio.

Si fa spesso questa esperienza anche nella vita: quando un problema sembra senza soluzione, la soluzione improvvisamente compare fuori dalla logica delle soluzioni a cui si è abituati.

Fu pensando ai koan che una sera finalmente capii che la domanda con cui mi ero arrovellato per tre mesi nell'ashram e che mi portavo ancora dietro lassù, «Io, chi sono?», era il koan dei koan. Nonostante le parole delle *Upanishad* e della *Gita*, quel che la domanda innescava non era un processo intellettuale da concludersi con una risposta – neppure con la risposta del Vedanta: «Tu sei tutto questo» –; quel che innescava era il processo di dubitare della propria identità.

La risposta sta nel porsi la domanda, nel rendersi conto che io non sono il mio corpo, non sono quello che faccio, non sono quello che posseggo, non sono i rapporti che ho, non sono neppure i miei pensieri, non le mie esperienze, non quell'Io a cui teniamo così tanto. La risposta è senza parole. È nell'immergersi silenzioso dell'Io nel Sé.

Capii che parte del mio istintivo tentativo di cambiare identità, rinunciare al passato, andare nell'ashram e diventare Anam veniva da questo bisogno di scappare dal conosciuto, di vedere le cose in un altro modo, senza il peso di tutto il «sapere» accumulato in una vita.

Avevo passato ore dinanzi alla candela, cercando di far sedimentare l'acqua torbida attorno al problema dell'Io e un giorno chiesi al Vecchio cosa pensava di quelle pratiche intese a distruggerlo. A volte con risultati disastrosi.

Come al solito, la risposta mi venne in forma di storia. Questa era una che Ramakrishna stesso usava per rispondere proprio a quella domanda sull'Io.

Fuori da un villaggio vive un terribile serpente che assale e morde chi gli va vicino, e che anche da lontano terrorizza la gente col suo sibilo. Il villaggio non sa cosa fare. Fortunatamente un giorno passa da lì un sadhu e gli viene chiesto di intervenire. Il sadhu va dal serpente e molto gentilmente gli parla.

«Devi lasciare in pace quei contadini. Non sono il tuo cibo. Non ti minacciano. Perché allora tu minacci loro?» dice il sadhu. «Capisco che tu debba mangiare i topi e le piccole bestie della foresta, ma perché terrorizzare questi poveri contadini? Fallo per me: smettila.»

Il serpente si commuove e acconsente.

Un anno dopo il sadhu nel suo vagabondare ripassa nei pressi del villaggio e rivede il serpente. Davvero male in arnese: un occhio gli ciondola dalla testa, sanguina dalla bocca e ha tutto il corpo coperto di ferite.

«Che ti è successo?» chiede il sadhu.

«Le tue parole, Maestro, mi hanno davvero cambiato. Ho fatto esattamente come mi hai detto e ora tutti vengono qui a darmi bastonate e persino i bambini si divertono a tirarmi addosso i sassi che trovano. Ma io, Maestro, continuo a fare come tu mi hai detto. »

« Cretino! » sbotta il sadhu. « Non ti ho mai detto di smettere anche di sibilare! »

Quel che Ramakrishna voleva dire, concluse il Vecchio, è che l'Io può essere utile. Poi di suo aggiunse: « Meglio farlo maturare che distruggerlo. Per stare nel mondo un po' di Io è indispensabile per proteggersi. Basta però che l'Io non si prenda troppo sul serio e che tu sappia che è solo una maschera ».

Ogni medaglia ha due facce, e anche la vita solitaria, in pace, tutta ripiegata su se stessa, per giunta lassù, illuminata dalle gioie della natura, aveva un suo lato oscuro. Nel mio caso furono le allucinazioni.

Cominciarono una notte. Ero seduto davanti alla candela nel solito esercizio inteso a calmare la mente e osservare spassionatamente la danza dei pensieri sullo sfondo del silenzio, quando improvvisamente sentii una voce di donna: non la voce di qualcuno che conoscevo, non la voce di Angela, ma una voce chiara e netta che non veniva da nessuna parte in particolare e che in italiano disse: « Continua così. Io ti aiuterò ».

Non mi mossi. Aspettai che parlasse ancora, ma la mia mente era già distratta e rideva degli scherzi che era capace di farsi e di farmi. Sorrisi anch'io al pensiero che è così che i santi sentono la voce del Signore e gli invasati quella del Diavolo, ma non mi sembrò che nel mio caso si trattasse della voce di uno dei due. Non era nemmeno la Voce di cui diceva il Vecchio, perché quella non « parlava »; quella faceva solo « sentire » le risposte ai problemi con cui uno si presentava « con devozione e gratitudine », come aveva aggiunto una volta.

Quella voce era il risultato della situazione in cui mi ero messo. La prolungata solitudine e il silenzio creano un vuoto che dà psicologicamente le vertigini. Senza più distrazioni, la mente si concentra, diventa una lente d'ingrandimento in cui delle piccole cose appaiono enormi. La mente allora ha l'impressione di capire tutto, di vedere più chiaro e di fare esperienze altrimenti fuori dall'esperienza: una sensazione simile a quella prodotta da certe droghe, credo, quando anche il tempo perde il suo ritmo e diventa una sorta di fisarmonica in cui presente, passato e futuro entrano l'uno nell'altro.

Sentii ancora un paio di volte la voce di quella donna, ma non drammatica e chiara come la prima. Ero ovviamente io che giocavo con me stesso.

Poi mi successe qualcosa che certo era legato all'esercizio che facevo di staccarmi dal corpo, di non identificarmi con quello ma con la coscienza. Cominciai ad avere l'impressione che dentro di me ci fosse un seme che voleva sbocciare, ma che era soffocato da strati di conoscenza, di certezze, di nozioni, di regole legate alla mia vita passata: qualcosa che era prigioniero e che ora voleva liberarsi dal peso della materia.

Poi una sera, al tramonto, andai giù in una parte della foresta dove non ero mai stato e vidi una strana, alta roccia in cima alla quale cresceva, inaspettato, un leccio nano, un naturale bonsai che si stagliava contro la calligrafia rosa delle montagne. Scalai la roccia, mi sedetti accanto al leccio e mi accorsi che ai miei piedi si apriva il vuoto dello strapiombo. Pauroso e attraente. In cielo, altissimi, comparvero i miei due corvi e cominciarono a chiamarmi. Risposi e vennero a volarmi vicino. Che meraviglia, il loro aleggiare nel vento freddo che s'era alzato col calare del sole! Si lasciavano cadere nello strapiombo e l'attimo dopo erano di nuovo su, in alto. Che bello, seguirli! Il tempo non si ripete, il tempo è solo presente, perché solo al presente se ne fa l'esperienza. Mi chiamavano e la risposta mi sembrò semplice: fare un balzo e raggiungerli. Dietro di me sentii una presenza che mi incoraggiava, una mano che mi spingeva, una mente che mi ripeteva che il tempo è solo al presente, che il corpo è un peso di cui è facile sbarazzarsi per diventare leggeri e volare come i corvi. E mi voltai impaurito. Non vidi nessuno, ma ero sicuro di non essere solo. Feci uno sforzo per rimanere calmo, concentrarmi, indietreggiare dal baratro e poi, lentamente, tornare sui miei passi.

Salire su una roccia è sempre più facile che scenderne e dovetti fare grande attenzione a dove mettevo i piedi. Avevo l'impressione di lottare con qualcuno, mentre i corvi in alto se la ridevano, vedendo me-corpo ancora così tenacemente aggrappato alla terra.

Non avevo visto il Vecchio da alcuni giorni, quando un pomeriggio lo incontrai al cancello che andava, anche lui, a fare la sua passeggiata nella foresta.

«Tiger, come sta il tuo amico?» mi chiese.

Pensai parlasse del topo e incominciai a dirgli che c'eravamo intesi, ma lui aggiunse: «Pensi sempre a una cura?» e capii che si riferiva al mio cancro.

«Devi arrivare a un punto in cui la cura non è più ciò che desideri, perché hai capito che c'è una cura più profonda delle medicine. Se tu potessi entrare in contatto con l'unità della vita, allora sentiresti che la cura non significa più nulla», disse. «Vedi, ci sono due tipi di salute. La salute bassa, che è l'essere in forma come gli atleti; e una salute alta, che è l'integrazione della malattia.»

Camminammo ancora per un po' senza dire nulla, ma lui continuava ovviamente dentro di sé a fare il suo ragionamento, perché a un certo momento si fermò e mi chiese: «Hai scoperto chi muore quando si muore?»

A parole potevo dare tutte le risposte giuste, dissi, perché ultimamente avevo letto tanto sull'argomento e ci avevo riflettuto sopra. Mi erano interessati gli esercizi suggeriti da varie tradizioni per impratichirsi a morire, a «morire vivendo», alla maniera dei sufi, ma sinceramente non ero sicuro che tutto questo avesse cambiato qualcosa dentro di me. Alla mia testa era chiaro che, nascendo, si incomincia a vivere, ma si incomincia anche a morire e che, come diceva lui, vita e morte sono due aspetti della stessa esistenza. Intellettualmente capivo che, morendo, muore tutto quello con cui ci identifichiamo, il corpo, i pensieri, i nostri rapporti umani, la nostra esperienza e quell'Io a cui diamo così tanta importanza. Per cui è giusto dirsi ogni giorno: «Io non sono questo. Io sono coscienza» ed esercitarsi così a non essere troppo attaccati a ciò che non siamo. Ma bastava tutto questo a togliermi la paura di morire?

E lui, quella paura non l'aveva mai avuta?

Sì, da giovane, disse. Ma non più. Anzi, ora era piuttosto curioso della morte. E avevo ragione io, disse: non si trattava di capirla con la testa. Il solo modo di conoscerla davvero era di morire.

Continuammo ancora a camminare lentamente, sempre con quel tema in testa, e io gli dissi che una delle più belle letture che avevo fatto recentemente era stata la *Katha Upanishad*, quella in cui il giovane Naciketas va da Yama, la Morte, si siede davanti alla sua casa e per tre giorni la implora di insegnargli cos'è la Verità. La Morte non vuole saperne, si nasconde. Poi, cercando di togliersi dai piedi quel ragazzo, gli offre oro e ricchezze. Gli offre persino un regno e una vita lunghissima, ma Naciketas rifiuta tutto. Lui vuole solo ciò che è fuori dalla portata della Morte stessa.

La Morte allora si commuove. Accetta di prendere Naciketas come suo discepolo e, diventata il suo guru, gli insegna ciò che, una volta conosciuto, «scioglie tutti i nodi del cuore e rende inutile qualsiasi altra conoscenza». La lezione è la stessa di tutte le *Upanishad* e della *Gita*. È la lezione del Vedanta: tutto ciò che nasce muore, tutto ciò che muore rinasce. Solo il Sé, la coscienza pura che non è mai nata, che è fuori dal tempo, resta.

Mi ricordavo dei versi di quell'*Upanishad* e li declamai:

> *Come il grano*
> *L'uomo matura,*
> *Come il grano*
> *Egli di nuovo rinasce.*

Il Vecchio era divertito. La *Katha* era stata l'*Upanishad* preferita anche dal suo vecchio guru, Krishna Prem.

«Vedi? La morte non è negativa. Può essere la Grande Maestra. È infatti grazie a lei che ci poniamo le grandi domande sulla vita», disse. «E se ci pensi bene... è stata lei a portarti quassù.» Aveva ragione.

Tornando a casa, passammo vicino a dove, qualche sera prima, avevo lasciato il sentiero per scendere verso la strana roccia col leccio nano e mi venne da raccontargli quel che mi era successo.

«Ah, sì! Avevo dimenticato di dirtelo. Quello è un posto in cui non metter mai piede», disse il Vecchio. «Vibra di tutti gli assassinii che ci sono stati commessi. Gli inglesi, quando abitavano quassù, stavano su quella roccia a sparare sugli animali nella foresta. Ci hanno fatto delle carneficine. Un pastore poi ci ha portato la moglie e l'ha buttata giù nello strapiombo. Un posto da evitare, credimi.»

Dopo mesi e mesi di isolamento, si trattava di tornare a casa. In estate la famiglia si sarebbe riunita a Orsigna nell'Appennino tosco-emiliano e io non potevo mancare. L'idea di andarci mi faceva un gran piacere. La nostalgia di Angela era a volte quasi un male fisico e volevo stare anche con i figli che non avevo visto da tempo; ma non era semplice. Abituato com'ero ormai al silenzio, a vivere da solo e ad avere la testa tutta impegnata in un senso e senza nessuno dei necessari pensieri che la occupano nella vita normale, temevo moltissimo il ritorno alla routine del quotidiano, il telefono che squilla, il far benzina, l'andare alla posta, gli amici che passano a salutare, quelli che si fermano a pranzo, i discorsi sugli altri amici o sulla politica del momento.

Dopo vari alti e bassi, da solo nella mia casa di pietra, ero sulle tracce di qualcosa che mi stava a cuore, di qualcosa che mi pareva più importante di tutto il resto e non volevo assolutamente abbandonare quel filo. In fondo avevo paura. Paura di perdermi come il Narada di un'altra, antica storia indiana.

Narada è un fedelissimo seguace e discepolo di Vishnu. Un giorno va dal suo maestro e gli chiede la differenza fra maya, il mondo dell'illusione, e la verità. Vishnu non ha nessuna voglia di mettersi a spiegarglielo. È un giorno caldissimo e ha sete.

«Senti», dice a Narada. «Intanto vammi a prendere un bicchier d'acqua.»

Narada corre via. Arriva a un villaggio, bussa a una porta e una bellissima ragazza viene ad aprirgli. Narada chiede dell'acqua, la ragazza lo invita a entrare e i due incominciano a parlare. Narada si innamora, sposa la ragazza e da lei ha vari figli. Passano dodici anni e un giorno sul villaggio si abbatte un terribile uragano. Il fiume straripa, le case vengono trascinate via e Narada vede scomparire nei flutti la moglie e, uno dopo l'altro, tutti i figli. Gli resta solo il più piccolo che cerca di salvare tenendolo alto sulla testa. Ma l'acqua continua a salire, a salire, gli arriva già alla gola, Narada è disperato, non sa più cosa fare e con gli occhi rivolti al cielo, implora: «Ti prego, Signore, aiutami!»

E subito, fra i tuoni e i lampi, sente una voce:

«... e il bicchier d'acqua?»

Il senso della storia è che, mandando Narada a prendergli da bere, Vishnu ha dato al suo allievo la risposta che quello cercava: il villaggio, la ragazza, la famiglia, i figli... tutto quello è maya, il mondo del divenire, del mutamento. Non è la Verità, ciò che non cambia. E l'esperienza, più di ogni spiegazione, ha fatto capire a Narada la differenza fra i due.

Orsigna era un villaggio, ma io non riuscii neppure a farci bene la parte di un bravo Narada. Passai, sì, l'estate in famiglia. Ma questo non fece piacere a nessuno. Ero costantemente di cattivo umore. Volevo star solo. Tutto e tutti mi davano noia. Nei giorni di Ferragosto, la sera in piazza ballavano il liscio. Un tempo la musica che saliva su per la valle e la voce di qualche cantante di provincia sotto il cielo stellato erano una gioia. Ora disturbavano « la mia pace ». Ce l'avevo persino con le campane della chiesa che, ormai senza più un campanaro, suonavano automaticamente, grazie a un marchingegno elettronico. Trovavo tutto inutile, un peso. Non avevo tempo per nessuno: esattamente il contrario di quello a cui aspiravo.

Se i tanti mesi di solitudine e di concentrazione erano solo serviti a rendermi così insopportabile, non erano davvero valsi la pena. Mi rendevo conto che questo dipendere dalla solitudine per essere in pace era una forma di immaturità, ma esserne cosciente non bastava. Capivo che la solitudine in sé non è la soluzione. È solo un punto di partenza da cui io però non mi ero mosso. Nell'Himalaya avevo trovato il silenzio fuori, ma non avevo ancora fatto pace dentro di me. Pensavo solo a tornare lassù per rimettermi « al lavoro », come lo chiamava il Vecchio.

La goccia che fece traboccare il mio vaso fu il carrello del supermercato di Maresca, il più vicino a Orsigna. Ero andato a fare la spesa, mi trovavo tra gli scaffali. Lentamente con gli occhi scorrevo lungo i ripiani per prendere quello di cui avevamo bisogno e buttarlo nel carrello. Guardavo gli altri fare come me, poi stare in coda per pagare, sentivo il rumoreggiare dei registratori di cassa, sentivo il richiamo a comprare di tutte quelle scatole, dei bussolotti, dei colori, delle figurine, e non ce la feci più. Ero pazzo io o il mondo? Lasciai il carrello mezzo pieno lì dov'era e tornai alla macchina. Nel giro di ventiquattr'ore ero su un aereo diretto a Delhi. Due giorni dopo nella mia casa di pietra.

Passai un nuovo inverno di solitudine con tanta neve, poi ancora una bella primavera. Questa volta senza allucinazioni, anzi, con l'illusione che stavo facendo davvero qualche progresso. Presto fui messo alla prova. Angela, con anni di lavoro, aveva organizzato, dopo quella a Palazzo Pitti, una grande esposizione commemorativa di suo padre alla Zitadelle di Berlino. Hans-Joachim Staude, nato a Haiti da una famiglia di tedeschi di Amburgo, era arrivato, ancora giovanissimo, a Firenze e lì, dove gli amici lo chiamavano Anzio, aveva passato l'intera vita a dipingere.

Quella mostra marcava il suo ritorno postumo, da pittore ormai noto, in Germania. Era un grande avvenimento. C'erano tutti i parenti tedeschi, la famiglia, la stampa, la televisione, i miei ex colleghi di *Der Spiegel*, tantissimi amici e conoscenti, e a me parve di essere stato catapultato in una commedia di cui avevo dimenticato la mia parte. Stavo imbambolato sul palcoscenico senza ricordarmi le battute da dire. Le poche che dissi erano fuori posto e spesso imbevute di quella arroganza che solo l'austerità e l'ascetismo della vita solitaria sanno a volte indurre. Chi fa sacrifici e rinuncia ai piaceri del mondo sviluppa, come per compensazione, un senso di superiorità e, se non è nel fondo umile, finisce anche per credersi santo.

Gli indiani conoscono bene questo meccanismo e per mettersi in guardia raccontano la storia dello yogi che, dopo anni di dure prove e privazioni, sente finalmente di aver acquisito i «poteri» a cui aspirava. Si prepara a lasciare il suo eremo nella foresta, quando un uccellino che sta su un ramo proprio sopra di lui... pluff, gli caca in testa. Il santone è furioso, rivolge il suo sguardo alla povera bestia e quella piomba a terra, incenerita. Lo yogi è soddisfatto. Ha la prova che è riuscito nel suo intento. Pieno di sé, scende a valle e al primo villaggio bussa a una porta per chiedere da mangiare. Da dentro, la voce di una donna gli dice di aspettare. Il santone si irrita e quando finalmente la donna apre per offrirgli del riso lui la guarda male. «Ehi, io non sono come quell'uccellino che hai appena incenerito», gli dice la donna. E lo yogi, esterrefatto, si rende conto che ci sono vari modi di ottenere i «poteri».

Me ne accorsi anch'io. Angela, senza essersi isolata in nessuna Himalaya, senza aver tagliato con nulla e con nessuno, era di gran lunga più serena, più equilibrata e più in pace di me. Questo non faceva che aumentare la mia frustrazione. Avrei dovuto prendere lei come guru. Invece, arrivai a vedere in lei, che con la sua presenza nel mondo mi ci tirava dentro, un ostacolo al mio «lavoro», l'ultima tentazione che mi impediva di spiccare il volo. E con la cattiveria con cui si è capaci di distruggere ciò che si ama, pensai di tagliare anche quel legame. Ero già riuscito a mettere sotto controllo tantissimi desideri; potevo certo eliminare anche gli ultimi.

In quarant'anni di sodalizio quello fu il momento più difficile del nostro rapporto.

«Il fiume non va spinto, scorre da sé», dicono gli indiani.

Angela lo aveva capito e mi lasciò ripartire senza farmene una colpa. Avevo ancora bisogno di tempo da solo? Che me lo prendessi senza scadenze, senza condizioni. Tornai nella casa di pietra sapendo che dovevo trovare una soluzione alla mia inquietudine che non fosse legata a quello o a qualsiasi altro posto. Tutti i posti appartenevano al mondo di fuori per cui erano impermanenti, mutevoli.

Cercai di concentrarmi sui temi che in quel momento mi assillavano. L'amore, il distacco, la libertà. Che cos'è l'amore? È semplice desiderio, per cui dipendenza? O una delle massime espressioni di libertà, perché è un legame che non lega, e per questo è forte, come se un elefante accettasse di farsi tenere da un filo di seta?

Riuscire a staccarsi dalle cose del mondo vuol dire diventare indifferenti? O vuol dire solo non esserne schiavi? Nel primo caso non avrei più voluto aspirare al distacco. Nel secondo mi ci sarei riconosciuto.

Una volta chiesi al Vecchio se la famiglia poteva essere un ostacolo alla vita interiore.

«Per Buddha lo fu», rispose. Poi, quando capì che parlavo di me e che il paragone con l'Illuminato non calzava, mi raccontò una storia di Tagore intitolata *L'aspirante asceta*. «Questa fa più al tuo caso», disse.

Un uomo decide di lasciare la famiglia per farsi sanyasin. Una notte quando, di nascosto, sta per partire, getta un ultimo sguardo alla moglie e ai figli addormentati e, rivolto a loro, dice: «Chi siete voi che mi tenete qui incatenato?»

Una voce nel buio bisbiglia: «Loro sono me, sono Dio».

L'uomo non fa attenzione. Non ascolta e parte. E a Dio non resta che concludere:

«Ecco uno che, per cercarmi, mi abbandona».

No. Alla lunga io non ero fatto per l'ascetismo, per la rinuncia. La vita era per me ancora qualcosa di meraviglioso, un richiamo forte. Il mio stesso sentirmi così bene nella natura ne era una riprova. Un giorno mi colpì vedere come alcuni fiorellini crescevano, commoventi, nelle fessure fra le pietre della mia casa. Tenaci e fantasiosi. Quella loro determinazione a vivere godendo del sole era anche la mia.

Trovavo che era molto più nel mio carattere includere che escludere come invece avevo fatto di recente. Al limite trovavo l'includere anche più saggio.

Lentamente, senza che succedesse niente di particolare, mi accorsi che la bocca mi rideva sempre più spesso. Anche lo stare davanti alla candela divenne più rilassato. A distanza, senza la complicazione delle parole che finiscono sempre per dire troppo o troppo poco, il rapporto con Angela si appianò e quando, dopo due mesi, ci incontrammo per andare di nuovo a New York, ritrovarsi fu la cosa più naturale. Non ci fu da fare i conti di nulla. Solo delle gran risate.

Gli aggiustatori mi trovarono bene e dissero di volermi rivedere dopo un anno. A quel punto ne sarebbero passati cinque. Io avrei potuto morire subito dopo, come aveva detto il medico ayurvedico di Dehra Dun, e gli aggiustatori avrebbero comunque potuto classificare il mio caso come un successo. Così funzionano le statistiche.

Passai l'estate in famiglia a Orsigna. Ricominciai a vedere gente, alcuni amici, e mi coinvolsi in un progetto per salvare un vecchio mulino ad acqua nel fiume. A volte rispondevo persino al telefono, segno che la mia nevrosi era in qualche modo sotto controllo.

Il piano era di tornare in autunno nell'Himalaya e di aspettare lassù Angela che sarebbe venuta per Natale, ma, come diceva il Swami: «Vuoi far ridere Bhagawan? Digli i tuoi piani!»

Bhagawan per me ne aveva ben altri.

L'11 settembre fu uno spartiacque nella vita di tutti e certo anche nella mia. Tornare in montagna mentre l'umanità affrontava scelte di enorme portata storica mi era impossibile. Dinanzi a quel che succedeva, e ancor più dinanzi a quel che sentivo forte sarebbe successo – è angosciante essere Cassandra –, tornare a fare l'eremita mi pareva indecente. Nella solitudine, nel cercare me stesso, sentivo ormai qualcosa di profondamente arido, come nell'amore predicato dai sacerdoti. Non dovetti pensarci due volte: mi sentivo ancora parte del mondo, non volevo esserne schiavo; volevo cercare di viverci meglio. Se in quegli anni di solitudine avevo imparato qualcosa, a non giudicare troppo, a non reagire secondo i meccanismi soliti della ragione, a essere libero dal «conosciuto», a sentire l'umanità come un tutto unico, a non accettare le divisioni di religione, di razza, di nazione che ci stanno portando alla rovina, questo era il momento di rendere un po' di quel che avevo preso. Se mai mi si era accesa in cuore una piccola luce che non tremava al primo vento, questo era il momento di accendere con quella altre luci, perché quelle ne accendessero altre, affinché il mondo fosse un po' meno nell'oscurità.

A ispirarmi fu mio nipote, Novalis: due anni, curioso e inconsapevole, pieno di entusiasmi e ancora senza quel sentimento che

presto soffoca tutti gli altri, la paura. Volevo lasciargli qualcosa
che non fosse solo il ricordo di un nonno con la barba. Ne nacque
l'idea di andare a rivedere coi miei occhi la causa delle cause di
tutte le paure: la violenza. Le *Lettere contro la guerra* sono dedicate a lui.

Nei tre mesi in cui rimasi a giro fra il Pakistan e l'Afghanistan
ogni tanto pensavo alla mia casa di pietra e al Vecchio. Lo immaginavo sorridere al mio ardore per la causa della non violenza. Lo
sentivo dire che tutto quel che facevo non serviva a nulla, che
questa civiltà non è degna di essere salvata e che non è certo correndo di qua e di là a tappare i buchi che si salva una nave che
affonda. Lo so, lui era convinto che l'umanità, ormai tutta impegnata solo nel perseguire i piaceri dei sensi, era alla vigilia di una
grande nevrosi e vedeva tutto quel che succedeva sulla scala del-
l'eternità in cui il mondo è già nato sette volte e sette volte è già
stato distrutto.

Nel fondo aveva forse anche ragione – le forze in ballo sono
più grandi di noi – ma non potevo accettarlo. Sono sicuro che se
mi avesse avuto dinanzi mi avrebbe citato qualche santo o magari
anche quel malandrino intelligente e mistico di Gurdjieff, secondo cui sarebbero bastate duecento persone illuminate a cambiare
la storia dell'umanità. Meglio quindi cercare di diventare una di
quelle. Lo sentivo dire che l'essere è di gran lunga più importante
del fare, ma io pensavo che ci sono momenti nella vita in cui bisogna anche fare per poter essere. In quelle circostanze l'inazione
era un'azione che mi pareva immorale.

In fondo, nel suo elogio dell'inattività c'era qualcosa di profondamente indiano che non mi piaceva, che non era nella mia
natura. Se il mio tetto pisciava acqua, dovevo andare a ripararlo.
Il Vecchio, lo so, riusciva a essere indifferente.

Tornando da Kabul, passai da Delhi e andai nella casa di pietra
a scrivere l'ultima lettera. Quando vidi il Vecchio, fu come se tutti i discorsi che mi ero immaginato con lui li avessimo fatti davvero.

«Se devi proprio scrivere, sii almeno sincero», mi disse. In
questo cercai di dargli retta. Poi mi pose una domanda a cui
non mi fu facile rispondere con sincerità.

«Con questo libro lavori per Lui o per te?» mi chiese, guardandomi fisso. In altre parole: mi dedicavo a Quello, alla Coscienza, a Bhagavan, alla Voce o facevo tutto per il mio Io? Scrivevo perché pensavo con questo di avvicinarmi alla Verità o per-

ché mi piaceva vedere il mio nome nei giornali e avere della gente che veniva ad ascoltarmi?

Era una domanda giustissima e con quella il Vecchio mi mise alle spalle un guardiano che sento ancora seguirmi dappertutto. Utilissimo per non perdere il controllo di quel che mi succede e tenere a bada l'Io. Secondo il Vecchio sarebbe stato molto meglio se fossi rimasto a «scavare in un posto solo invece d'andare a giro a raccogliere ciottoli credendo che son pietre preziose». Ma il suo non era un giudizio definitivo.

«Finirai per trovarla la Via... se prima hai il coraggio di perderti», concluse, citando un poeta urdu.

Dovevo molto al Vecchio. Mi aveva indicato la direzione del viaggio di ritorno. Soprattutto mi aveva fatto capire che non dovevo dipendere da nessuna idea altrui, da nessun guru, tanto meno da lui, e che di ogni cosa dovevo fare io direttamente, sulla mia pelle, l'esperienza. Dovevo io mettermi in ascolto della Voce, non farmela riferire da altri.

Lui e l'India sono stati per me una grande occasione, ma quello che alla fine mi pare di aver imparato non è *indiano*. È parte di quella filosofia perenne che non ha nazionalità, che non è legata a nessuna religione, perché ha a che fare con l'aspirazione più profonda dell'animo umano, con quell'eterno bisogno di sapere come mai siamo al mondo e come entrare in contatto con quello che ci ha messo qui.

In India, dove niente viene mai buttato del tutto, le varie risposte a queste domande sono ancora sulla bocca della gente, sono nel loro modo di vivere, come lo erano un tempo anche nel nostro. Ma non occorre andare fisicamente in India, non occorre viaggiare lontano, fuori da sé, per capire. Chi muore davvero di questa sete di sapere non ha che da riscoprire la fonte, la propria fonte. L'acqua è sempre la stessa.

ARRIVO

NELLE NUVOLE

ALLA FINE tutto va messo alla prova: le idee, i propositi, quel che si crede di aver capito e i progressi che si pensa di aver fatto. E il banco di questa prova è uno solo: la propria vita. A che serve essere stati seduti sui talloni per ore e ore a meditare se non si è con questo diventati migliori, un po' più distaccati dalle cose del mondo, dai desideri dei sensi, dai bisogni del corpo? A che vale predicare la non violenza se si continua a profittare del violento sistema dell'economia di mercato? A che serve aver riflettuto sulla vita e sulla morte se poi, dinanzi a una situazione drammatica, non si fa quel che si è detto tante volte bisognerebbe fare e si finisce invece per ricadere nel vecchio, condizionato modo di reagire?

Finché stavo nel mio rifugio a tremila metri sulle montagne la contraddizione fra quel che pensavo e quel che facevo, fra chi ero e chi volevo essere non si poneva mai. Non ce n'era l'occasione. Vivevo da solo, praticamente nell'unica dimensione della coscienza e non ero mai costretto a fare grandi scelte. Ma anche per me il momento della verifica venne e venne nel modo che m'ero immaginato: durante una visita a New York.

Avrebbe dovuto essere una visita di routine. Erano passati più di cinque anni dall'inizio del mio viaggio, stavo bene e gli aggiustatori avrebbero potuto classificare il mio caso fra quelli di successo, anche se poi, come aveva detto il medico del mercurio di Dehra Dun, avrei potuto morire un anno dopo senza che questo però andasse a sciupare le statistiche dell'MSKCC. Contavo di rimanere a New York non più della solita settimana necessaria e di essere di ritorno a Firenze in tempo per partecipare al Social Forum e alla grande manifestazione per la pace. Ma Bhagawan a cui, come a me, non deve piacere la routine, si fece delle gran risate a quei miei piani e predispose, forse per darmi un'altra lezione, che tutto andasse storto. A cominciare dallo stesso arrivo a New York.

Nella fila che si fa all'Immigrazione, Angela era immediatamente avanti a me. Il suo passaporto era già stato stampigliato con un visto di tre mesi quando il funzionario prese il mio, lo guardò pagina per pagina, guardò me, introdusse il mio nome nel computer e in qualche modo arrivò a una conclusione che lo spinse a riprendersi immediatamente anche il passaporto di Angela, a uscire dal suo stabbiolo e a dirci: «Seguitemi».

La barba? I miei vari visti pakistani? Quello per l'Afghanistan? O una segnalazione dell'ambasciata americana a Roma che, a proposito di certi passaggi delle *Lettere contro la guerra*, aveva pubblicamente registrato la sua protesta?

Finimmo presi in consegna da un altro funzionario e fatti accomodare in una saletta dove su file di poltroncine di plastica, in silenzio, aspettavano preoccupati gli altri sospetti. Sospetti di terrorismo, ovviamente. Come me, molti degli altri uomini avevano lunghe barbe; le mogli però avevano la testa coperta da scialli neri. Erano musulmani pakistani, sauditi, yemeniti.

Aspettammo per una mezz'ora, poi un ufficiale mi chiamò a un bancone in cui lui sedeva in alto e io dovevo parlargli a naso in su. Disse che quello di entrare negli Stati Uniti non era un mio diritto e che toccava a lui decidere se negarmi o accordarmi un visto di ingresso. Spiegai che era l'ennesima volta che venivo lì, mostrai le e-mail con la conferma dei miei appuntamenti all'MSKCC e il biglietto col volo di ritorno confermato. Domande, risposte, una lunga trattativa, poi alla fine:

«La prossima volta però lei deve chiedere un visto prima di partire», disse restituendomi il passaporto finalmente stampigliato. Tirammo un respiro di sollievo. Mi era andata bene. O forse male?

Se quel funzionario, invece di farmi entrare, m'avesse rimesso sul primo aereo e m'avesse rimandato a casa, allora mi sarebbe parso un disastro. Ma oggi? È sempre così difficile giudicare il senso di quel che ci capita nel momento in cui ci capita e bisognerebbe imparare, una volta per tutte, a dare meno peso a quella distinzione – bene o male, piacere o dispiacere – visto che il giudizio cambia col tempo e spesso il giudizio stesso finisce per non avere alcun valore.

Ora guardo all'indietro e vedo che se mi fosse stato impedito di entrare negli Stati Uniti e di andare all'ospedale mi sarei almeno risparmiato tutto quel che seguì. E anche quello, sarebbe stato un bene o un male? una fortuna o una sfortuna?

Ma il visto l'avevo e la mattina dopo, puntuale, all'ospedale ci andai. Rividi gli aggiustatori, dissi loro che mi sentivo in gran forma, ero pieno di energie, avevo un grande appetito, non avevo

dolori da nessuna parte, potevo fare lunghe passeggiate senza
stancarmi, e soprattutto ero in pace. Anche loro, dopo avermi visitato, parvero d'accordo. Ma non le loro macchine! Specie quel
serpentaccio con una luce in testa che lo Speleologo manovrava
nei recessi più oscuri del mio corpo anestetizzato. Secondo le
macchine stavo tutt'altro che bene: il mio amico interno aveva
cominciato a occupare uno dei miei organi e quel pezzo di me
andava tagliato via e presto (cattiva notizia). Ma ero fortunato:
il miglior chirurgo dell'ospedale era libero e poteva occuparsi
del mio caso (buona notizia).

Era quella un'operazione di cui Mahadevan, il medico del
«posto da cui è stata scoccata la freccia», avrebbe detto che
mi «disturbava» inutilmente? Forse sì. Era una di quelle decine
di migliaia che, si sa, vengono fatte ogni anno ingiustificate negli
Stati Uniti? La pressione a sottopormici fu forte. In un mese e
mezzo mi sarei ristabilito e lentamente mi sarei abituato a vivere
anche senza quell'importante pezzo, mi venne detto. Accettai.

Fortunatamente un'amica fiorentina ci offrì uno studio, alto
sui tetti della città, in un residence a Gramercy Park e così potemmo lasciare l'albergo. Ma anche quella fu un'avventura di cui
c'era da disperarsi o semplicemente da ridere. Quando il taxi
con cui ci trasferimmo si fermò davanti al vecchio, elegante edificio dove, secondo le complicate regole delle cooperative di
New York, dovevamo essere accettati come «ospiti temporanei
e affidabili» della nostra amica proprietaria, la porta della vettura
si richiuse improvvisamente sbattendo sulla mia testa e io mi presentai mezzo svenuto e grondante di sangue al sussiegoso portiere. Gli lasciammo le valigie per correre via al più vicino ospedale, dove poi scoprimmo venivano trattati soprattutto i casi urgenti
di drogati, e lì il buco nel cuoio capelluto mi fu ricucito con sei
punti da un giovanissimo apprendista medico che, mi confessò,
faceva quel lavoro per la prima volta.

Tornati dal portiere, rimanemmo di stucco a vedere che nel-
l'ingresso di quel vecchio residence per artisti, scrittori e attori
smessi c'era una bara bianca da cui usciva, in dimensioni umane,
la morte secca avvolta in un mantello nero, con in mano la falce e
due lampadine rosse intermittenti, a mo' di occhi di fuoco, che le
uscivano dal teschio. L'America celebrava Halloween! Cattivo o
buon auspicio?

Incontrai il chirurgo e mi piacque. Gli dissi di togliere pure
tutti i pezzi che riteneva necessario e, già che c'era, di togliermi

anche quella brutta ernia che mi portavo dietro. Rise. Non poteva farci nulla.

Quel che seguì – la preparazione per l'operazione, le preghiere, i tubi, l'anestesia – procedette nel modo che già conoscevo. Non ero più neppure curioso. Quando mi risvegliai però, ancora nella confusione prodotta dalle droghe, chiesi per prima cosa quanti pezzi mi avevano tolto e sentii una voce rispondere: «Nessuno». Nessuno? Allora, tutto per nulla? Esattamente.

Una volta apertami la pancia, il chirurgo si era così sorpreso e preoccupato di quel che aveva visto che aveva preferito lasciare tutto com'era e richiudere con cinquantotto punti il taglio appena fatto.

La sua, una decisione giusta o sbagliata? Un bene o un male?

I vecchi aggiustatori che mi avevano tenuto in vita per cinque anni e che forse con le loro cure avevano anche contribuito alla nuova situazione – di quel rischio ero sempre stato consapevole –, erano dispiaciutissimi e in qualche modo toccò a me consolarli quando mi vennero a trovare. Oramai non ero più un caso loro. Di me si doveva occupare un loro collega esperto della nuova combinazione di malanni.

Il tipo era antipatico. Mi si presentò stravaccato sulla sedia del suo ufficio, con in bocca la gomma da masticare e ai piedi le scarpe da ginnastica. Lo vidi e capii che con lui non volevo aver niente a che fare. Così quando, dopo aver letto cartelle e referti, mi propose di cominciare immediatamente, il giorno dopo, una nuova, potentissima chemioterapia, la conversazione fu breve.

«Con quali vantaggi?», chiesi.

«Eventualmente sei mesi di vita in più», disse.

«Altrimenti?»

«Altrimenti lei non ce la farà.» E aggiunse una di quelle frasi che un bravo medico si dovrebbe sempre risparmiare, ma che specie negli Stati Uniti, ora anche per ragioni giuridiche, vengono sempre più frequentemente dette: «Se fra un anno lei è ancora a giro, entra nella storia della medicina».

Quella di entrare nella storia della medicina non era mai stata una mia aspirazione, ma lì per lì lo divenne e quando gli risposi: «No. Grazie. Non faccio più alcuna chemioterapia», mi sembrò che il Masticatore di Gomma ci rimanesse male come uno che deve cedere un cliente alla concorrenza.

E la concorrenza non era un medico simpatico o una medicina alternativa. Era la pace invece di una nuova guerra. Non mi arrendevo. Non rinunciavo affatto a curarmi. Volevo solo curarmi in un modo diverso. E il mio modo questa volta era decisamente quello di tornare in armonia... con l'ordine cosmico.

La mia pancia era un campo di battaglia, ma la mia testa no e la decisione fu netta e senza ripensamenti. Non avevo rifiutato i medici e la loro scienza, ma non mi sentivo più così dipendente da loro come cinque anni prima. I medici possono essere dei buoni consiglieri, ma la decisione finale sul che fare o non fare tocca al paziente perché quella decisione, in ultima analisi, non è né scientifica, né pratica. È esistenziale. E a ognuno spetta decidere come vuole ancora vivere.

Le medicine? Col medico di Dehra Dun avevo davvero smesso di cercarne e non volevo ricominciare da capo. Cinque anni prima avevo fatto tutto quel che mi era stato suggerito. Allora volevo vivere fisicamente di più e l'America con la sua scienza d'avanguardia m'era parsa la giusta soluzione. Ci avevo creduto. Ora non più.

E poi. Una nuova chemioterapia in America? Mai. Dovunque non si parlava che di guerra. Con l'America del dopo 11 settembre, del dopo Afghanistan, con l'America che si preparava ad invadere l'Iraq mi sarebbe stato impossibile avere lo stesso rapporto di un tempo. L'ospedale stesso era cambiato. Così l'atmosfera di New York. La violenza che prima avevo sentito scorrere sotterranea, ora esplodeva apertamente dovunque e non volevo più avere a che fare con le guerre americane. Ne avevo abbastanza delle loro bombe intelligenti che uccidono civili innocenti, del loro uranio impoverito che per cominciare ammazza di cancro i loro stessi soldati; ne avevo abbastanza dei loro potenti cocktail di chemioterapia, della loro cancerogena radioterapia. Volevo la pace.

Tutta l'esperienza che avevo accumulato negli ultimi anni sulla strada e poi nel mio rifugio nell'Himalaya, tutto quel che avevo pensato o intuito veniva ora a un nodo. Questa era la grande sfida a cui mi ero preparato. Il resto era letteratura.

I vecchi maestri sufi consideravano la morte improvvisa una disgrazia, una maledizione d'Iddio, perché impediva loro di prepararcisi e di apprezzarla. Io non avevo questo problema. Ci avevo pensato, mi ci ero esercitato e niente come quella «condanna» del Mangiatore di Gomma serviva ora a mettermi alla prova e a stabilire quanta verità c'era nel mio preteso distacco.

I pazienti tendono a ricordare quel tipo di «condanna» e ad arrendersi come se la sentenza fosse irrevocabile. Spesso quelle poche parole diventano una profezia che il paziente stesso finisce per rendere vera perché gli toglie quell'ultima forza da cui, ancor piú che dalle medicine, dipende la sua salvezza: la volontà di vivere. Ovviamente anch'io mi ricordai la previsione del Masticatore di Gomma, ma la misi insieme ad altre che avevo sentito sul mio futuro e non me ne feci un'ossessione. La misi assieme alla previsione del Swami secondo cui sarei vissuto almeno fino al 2006 e a quella della dottoressa cinese di Hong Kong che aveva sentito dentro di me ancora tanta vita da vivere. E se si erano sbagliati loro? Poco importa. Dopotutto, fra i vari esercizi fatti negli ultimi tempi m'ero dedicato alla riduzione dei bisogni e alla rinuncia ai desideri. Tutti i desideri. Certo anche quello di una lunga vita!

In famiglia, Angela e i figli mi capirono. Mi capì Leopold a cui scrissi che ora volevo vivere con ancor più gioia di prima. Da Odessa, dove ora abita, mi rispose con un'e-mail: «Non c'è niente che io ti possa consigliare, perché i consiglieri sono raramente quelli che pagano, ma sento forte dentro di me che fai bene a preferire una pace vigile alla guerra, chimica o chirurgica che sia. Non c'è niente da aspettarsi dalla guerra e tutto dalla pace».

Mi capì persino il chirurgo che mi aveva aperto e richiuso. Prima di lasciare New York volli ringraziarlo. Era stato bravissimo. Aveva dominato il suo Io, era andato contro il suo orgoglio di chirurgo capace di tagliare tutto il tagliabile. Si era messo contro l'organizzazione. Tutto era previsto per un intervento di ore e ore; medicine, assistenti e infermieri erano schierati. Tutto, compresa la sua parcella, era stato pagato in anticipo e lui all'ultimo momento, con uno dei miei vecchi, cari aggiustatori che lo chiamava sul cellulare chiedendogli di andare avanti e di «provare il tutto per tutto», aveva deciso di non farne di nulla.

Andai a dirgli che gli ero grato, che sarei tornato a vivere nell'Himalaya e che mi sarei curato vivendo in pace e in solitudine. Mi guardò con curiosità come intravedesse qualcosa che lo interessava e, stringendomi la mano, disse: «Ah, la mente che controlla la materia!? Mi faccia sapere».

Tornammo a Firenze. Avevo perso tutto quel che di bello e di nuovo c'era successo durante il Social Forum, ma fui almeno in tempo a partecipare alla grande fiaccolata per la pace. In quella occasione feci il primo e ultimo comizio della mia vita dalla scalinata della chiesa di Santo Spirito con due ubriachi che cercavano di togliermi il microfono per dire la loro sullo stato del mondo. Era notte e la piazza era una tremolante distesa di luci e di bandiere multicolori con su scritto PACE. Commovente.

Se quella mia vecchia città, un tempo dignitosa e austera, ma diventata sciatta e bottegaia, era in grado di mettere in strada così tanta gente, soprattutto tantissimi giovani spinti dal comune rifiuto della guerra, la speranza che l'umanità potesse fare un qualche passo avanti non era del tutto morta. Avevo visto qualcosa di simile succedere in altri posti d'Italia dove ero andato a parlare di non violenza, nelle scuole, ai giovani prima che anche il loro cervello diventi irreversibilmente globalizzato. Poteva succedere ovunque. E non solo da noi, non solo in Europa.

I segni di quella rivoluzione, non politica, ma interiore, che mi sembra ormai la sola possibile e di cui vorrei ancora esser parte, mi parevano manifestarsi in vari modi, ovunque. E sempre di più. Si manifestano all'interno delle stesse religioni istituzionalizzate – persino nell'Islam –, nei movimenti no-global, nei gruppi per i diritti umani, in quelli di volontariato ed ecologisti. Si manifestano fra i giovani che non intendono rinunciare a sognare, fra le donne decise a riportare l'elemento femminile nella gestione delle cose umane. Sono convinto che ormai a giro per il mondo, fra la gente più diversa, sta crescendo una nuova coscienza di che cosa è sbagliato e di che cosa va fatto. Questa nuova coscienza è, a mio parere, il grande bene del nostro tempo. Va coltivata.

Da lì, da quella coscienza e non da una nuova religione, un nuovo profeta, un nuovo dittatore o liberatore, verrà la guida spirituale del futuro. La soluzione è dentro di noi, si tratta di conquistarla facendo ordine, buttando via tutto ciò che è inutile e arrivando al nocciolo di chi siamo. Più che assaltare le cittadelle del potere, si tratta ormai di fare una lunga resistenza. Bisogna resistere alle tentazioni del benessere, alla felicità impacchettata; bisogna rinunciare a volere solo ciò che ci fa piacere. Bisogna non abbandonare la ragione per darsi alla follia, ma bisogna capire che la ragione ha i suoi limiti, che la scienza salva, ma anche uccide e che l'uomo non farà alcun vero progresso finché non avrà rinunciato alla violenza. Non a parole, nelle costituzioni e nelle leggi che poi ignora, ma nel profondo del suo cuore.

La strada da percorrere è ovvia: dobbiamo vivere più naturalmente, desiderare di meno, amare di più e anche i malanni come il mio diminuiranno. Invece che cercare le medicine per le malattie cerchiamo di vivere in maniera che le malattie non insorgano. E soprattutto, basta con le guerre, con le armi. Basta coi «nemici ». Anche quello che faceva impazzire le mie cellule non era tale. Al momento siamo noi i nemici di noi stessi.

Bisogna riportare una dimensione spirituale nelle nostre vite ora intrappolate nella pania della materia. Dobbiamo essere meno egoisti, meno presi dall'interesse personale e più dedicati al bene comune. Bisogna riscoprire il senso di quel meraviglioso, lapidario messaggio sulla facciata del duomo di Barga in Garfagnana che lessi da ragazzo durante una gita scolastica e che da allora m'è rimasto impresso nella memoria.

«Piccolo il mio, grande il nostro.»

Poco prima di Natale partii per l'India e il mio eremo himalayano. L'idea era di andare a vivere sanamente, scrivendo questo libro e respirando in silenzio, a pieni polmoni, l'aria pulita e la grandezza delle montagne. Aggiunsi altri pezzi di me a quelli a cui dovevo internamente sorridere al mattino durante i miei esercizi e passai varie ore al giorno seduto dinanzi al piccolo computer alimentato dall'energia del sole. Alla mia dieta, sempre vegetariana, aggiunsi anche una pozione di erbe che Angela, meno scettica di me sui «miracoli» era andata a procurarsi prima ad Hong Kong, poi nel Nord della Cina dove viene prodotta. Secondo me non era molto diversa dalla pozione del Fungo delle Nuvole, ma questa era in più carica del suo affetto e della sua determinazione ad aiutarmi. Così la presi regolarmente, senza discutere. E continuo a farlo.

La neve, le prime piogge, il monsone, l'autunno, poi di nuovo la neve. Il tempo volò via e, senza che me ne accorgessi, senza che mi sentissi diverso da prima, finii per entrare «nella storia della medicina». Non posso sapere quanto ci resterò. Né mi interessa particolarmente. Al momento ho altri problemi cui dedicarmi.

Uno è che non sono ancora riuscito ad avere un rapporto giusto col tempo e a considerare il mio tempo come tempo per gli altri al modo in cui faceva il Swami. Mi piacerebbe tanto arrivarci!

L'altro problema è che continuo a identificare la pace interiore con la solitudine, la mia armonia col vivere in un eremo in montagna. La lontananza dal mondo è ancora una condizione necessaria del mio stare in equilibrio. E questo è un segno che ho ancora molto da lavorare. Per questo ho cominciato da poco a fare un esercizio che i tibetani, i sufi e tanti altri hanno fatto per secoli.

Disteso per terra guardo il cielo. Contro l'azzurro si muovono, leggere, delle nuvole. Ne fisso una, la seguo, mi ci identifico.

Presto divento quella nuvola e, come quella nuvola, senza peso, senza pensieri, senza emozioni, senza desideri, senza resistenza, senza direzione mi lascio andare nell'immenso spazio del cielo. Non ci sono sentieri da seguire, non una meta da raggiungere. Semplicemente vagare, aleggiare, vuoto come la nuvola. E come la nuvola cambio forma, prendo tante forme, poi divento evanescente, mi disfaccio, scompaio. La nuvola non c'è più. Io non ci sono più. Resta solo la coscienza, libera, senza legami, una coscienza che si espande.

Ho cominciato a fare quest'esercizio sul mio crinale sopra lo strapiombo. Ora debbo imparare a farlo dovunque: su un prato nell'Appennino, sulla terrazza della casa a Firenze o al margine di un'autostrada. Se riesco a immagazzinare quel senso di vuoto della materia, così come credo di aver finalmente capito che il silenzio è una dimensione interiore e non fisica, avrò fatto un passo avanti, smetterò di considerare il quotidiano come una piovra dalle mille braccia, il tempo come «mio» e a dover scappare nell'Himalaya per sentirmi in pace. Ci lavoro.

Un lieto fine questo?

E che cos'è lieto, in un fine? E perché tutte le storie ne debbono avere uno? E quale sarebbe un lieto fine per la storia del viaggio che ho appena raccontato? «...e visse felice e contento»? Ma così finiscono le favole che sono fuori dal tempo, non le storie della vita che il tempo comunque consuma. E poi chi giudica ciò che è lieto e ciò che non è? E quando?

A conti fatti anche tutto il malanno di cui ho scritto è stato un bene o un male? *È stato*, e questo è l'importante. *È stato*, e con questo mi ha aiutato, perché senza quel malanno non avrei mai fatto il viaggio che ho fatto, non mi sarei mai posto le domande che, almeno per me, contavano.

Questa non è un'apologia del male o della sofferenza – e a me ne è toccata ancora poca. È un invito a guardare il mondo da un diverso punto di vista e a non pensare solo in termini di ciò che ci piace o meno.

E poi: se la vita fosse tutto un letto di rose sarebbe una benedizione o una condanna? Forse una condanna, perché se uno vive senza mai chiedersi perché vive, spreca una grande occasione. E solo il dolore spinge a porsi la domanda.

Nascere uomini, con tutto quel che comporta, è forse un privilegio. Secondo i Purana, le antiche storie popolari indiane, persino le creature celesti a cui tutto era dato e che conoscevano solo il bello, il bene, la gioia, dovevano a un certo punto nascere uomini, appunto perché anche loro potessero scoprire il contrario di tutto questo e capire il significato della vita. E la prova non può essere che su se stessi. Bisogna personalmente fare l'esperienza per capire. Altrimenti si resta solo alle parole che di per sé non hanno alcun valore, non fanno né bene né male.

Gandhi conosceva questa verità e la praticava.

Un giorno una madre gli portò suo figlio. Aveva quindici anni e il medico gli aveva ordinato di non mangiare più zucchero altrimenti la sua vita sarebbe stata in pericolo. Il ragazzo non sentiva ragione, continuava a rimpinzarsi di dolciumi e la madre sperava che Gandhi la potesse aiutare. Gandhi ascoltò, poi disse: «Ora non posso farci niente. Tornate fra una settimana».

Quando tornarono, Gandhi prese il ragazzo da parte e gli parlò. Da allora il ragazzo non toccò più niente di dolce. «Gandhi-ji, come hai fatto?», gli chiesero i suoi seguaci. «Semplice», rispose la Grande Anima. «Per una settimana io stesso non ho toccato zucchero e così, quando ho parlato a quel ragazzo sapevo cosa voleva dire non mangiarlo e sono stato convincente.»

Ah, Gandhi!

Poco prima che fosse assassinato qualcuno gli chiese quale fosse il messaggio della sua vita. E lui rispose: «La mia vita è il mio messaggio».

Pochissimi possono dire così, eppure ognuno di noi, a suo modo, può aspirare a qualcosa con cui riassumere la propria. A me a volte viene in mente un cerchio. Vedo un pittore cinese con un grande pennello intriso di inchiostro di china che si concentra davanti a un grande foglio di carta di riso e che poi, ispirato, con la mente assolutamente quieta, con un unico, ampio gesto della mano fa e chiude un gran cerchio. A volte invece penso a quel monaco zen che rise e rise fino all'ultimo respiro così che persino i suoi più stretti discepoli non riuscirono a piangere quando se ne andò.

E poi, perché piangere? La morte non è sempre, necessariamente una brutta notizia.

Sulla via da Delhi ad Almora, una volta che la strada, lasciata la pianura, comincia a inerpicarsi lungo le gole dei torrenti himalayani, acquattato in una valle c'è un ashram dai tetti rossissimi, famoso per aver ospitato un grande sadhu, Nim Karoli Baba. Un omone corpulento e caloroso, Baba con la sua semplicità e i suoi «poteri» aveva attratto attorno a sé alcune decine di hippy occidentali fra cui Richard Alpert, un americano, professore di psicologia cacciato nel 1963 da Harvard perché sperimentava col suo amico e collega Timothy Leary gli effetti delle droghe psichedeliche. Si racconta che una volta Leary per sfidare il «potere» del Baba nel controllare il suo stato di coscienza gli dette una manciata di pillole di LDS – pare fossero una decina – e quello le mandò giù senza che gli facessero assolutamente nulla. Alpert divenne un fedelissimo seguace di Baba e, col nome di Ram Dass, il servitore di Ram, scrisse della sua esperienza con lui in vari, popolarissimi libri che hanno cambiato la percezione dell'India e della sua spiritualità fra tanti americani. Una delle storie che Ram Dass racconta sul suo guru è questa.

Un giorno venne di corsa all'ashram un uomo e implorò Nim Karoli Baba d'andare con lui a casa di un suo parente. Quello stava malissimo e solo Baba poteva farci qualcosa. «No. Non ci vengo», rispose secco Baba, «ma quando torni, dagli questa banana e vedrai che tutto andrà bene.» L'uomo corse a casa, fece mangiare la banana al malato e quello, appena finito l'ultimo boccone, serenamente morì.

Era andata «bene», come aveva detto il Baba. Era morto in pace. Eppure noi insistiamo a pensare che «bene» avrebbe dovuto voler dire che quello guariva e viveva tanti anni ancora. Ma perché? È proprio in questo continuare a distinguere fra ciò che ci piace e non ci piace che nasce la nostra infelicità. Solo accettando che tutto è Uno, senza rifiutare nulla riusciamo forse a calmare la nostra mente e ad acquietare l'angoscia.

L'ashram di Nim Karoli Baba è ancora oggi meta di migliaia di pellegrini nonostante lui abbia «lasciato il suo corpo» nel 1973. Anche questa, che bella espressione per togliere tristezza alla morte! Ci proviamo anche noi dicendo «è andato nel mondo dei più», «è passato a vita migliore», ma in fondo noi continuiamo ad addolorarci.

Certo anch'io non sono indifferente a quel che mi succede. Cerco solo di non esserne schiavo e vorrei davvero arrivare a quel distacco che un grande poeta ha descritto con questo famoso haiku:

L'ombra del bambù spazza gli scalini di pietra
Ma la polvere resta.
La luna si riflette sul fondo dello stagno
Ma non tocca l'acqua.

La storia di questo viaggio non è la riprova che non c'è medicina contro certi malanni e che tutto quel che ho fatto a cercala non è servito a nulla. Al contrario: tutto, compreso il malanno stesso, è servito a tantissimo. È così che sono stato spinto a rivedere le mie priorità, a riflettere, a cambiare prospettiva e soprattutto a cambiare vita. E questo è ciò che posso consigliare ad altri: cambiare vita per curarsi, cambiare vita per cambiare se stessi. Per il resto ognuno deve fare la strada da solo. Non ci sono scorciatoie che posso indicare. I libri sacri, i maestri, i guru, le religioni servono, ma come servono gli ascensori che ci portano in su facendoci risparmiare le scale. L'ultimo pezzo del cammino, quella scaletta che conduce sul tetto dal quale si vede il mondo o sul quale ci si può distendere a diventare una nuvola, quell'ultimo pezzo va fatto a piedi, da soli.

Io provo. Sto bene, ho forze, ma non me ne vanto, né me ne rallegro. Continuo a fare quel che ora mi pare giusto fare, senza aspettarmi risultati, senza sperare in ricompense, senza formulare desideri... tranne quello di arrivare a non aver più bisogno di tempo per me e dedicare quello che mi resta agli altri. Avevo molto invidiato nel Swami questo suo atteggiamento e mi piacerebbe davvero, pur essendo ancora lontano da moksha, farne la meta del mio prossimo viaggio. A volte anche una sola parola, un gesto possono bastare a far cambiare direzione a una vita e tanti, tanti, specie fra i giovani cercano quest'occasione.

Angela, venuta a trovarmi nel mio eremo, si divertiva a vedere come acchiappavo con un fazzoletto le mosche entrate nella mia stanza per poi liberarle dalla finestra. Divertiva anche me, non perché pensassi che fossero la reincarnazione di qualcuno, ma perché mi pareva un modo per essere in armonia con gli altri esseri viventi, un'occasione per non togliere vita alla vita. Solo un'intuizione, visto che non ho bisogno di credere, di avere fede, di essere sicuro di nulla. Vivo ora, qui, con la sensazione che l'universo è straordinario, che niente, mai ci succede per caso e che la vita è una continua scoperta.

E io sono particolarmente fortunato perché, ora più che mai, ogni giorno è davvero un altro giro di giostra.

INDICE

TIZIANO TERZANI

LETTERE CONTRO LA GUERRA

Questo libro è la prima tappa di un pellegrinaggio
di pace compiuto da un uomo che, *prima*
dell'11 settembre 2001, ha sempre avuto una
profonda consapevolezza dell'abisso culturale,
ideologico, sociale aperto (e spesso ignorato)
tra l'Occidente in cui è nato e l'Oriente in cui ha
vissuto per trent'anni. Un uomo che, *dopo*
l'11 settembre 2001, ha capito di non poter più
tacere di fronte alla barbarie, all'intolleranza,
all'ipocrisia, al conformismo, all'indifferenza.
Tiziano Terzani, con queste « lettere », assolve
a un dovere verso il futuro di tutti noi,
comincia un pellegrinaggio che tutti noi
dovremmo compiere, per credere che l'unica
via d'uscita possibile dall'odio, dalla discriminazione,
dal dolore è la non-violenza.

LONGANESI & C.

TIZIANO TERZANI
UN INDOVINO MI DISSE

Nella primavera del 1976, a Hong Kong,
un vecchio indovino cinese avverte Tiziano Terzani:
«Attento! Nel 1993 corri un gran rischio di morire.
In quell'anno non volare. Non volare mai».
Dopo tanti anni, Terzani non dimentica
la profezia, ma la trasforma in un'occasione
per guardare il mondo con occhi nuovi:
decide davvero di non prendere più aerei,
senza per questo rinunciare al suo mestiere
di corrispondente. Spostandosi per l'Asia
in treno, in nave, in macchina, a volte anche
a piedi, il giornalista può osservare paesi
e persone da una prospettiva spesso ignorata
dal grande pubblico. Il documentatissimo
reportage si trasforma così in un'appassionante
avventura e in un racconto ora ironico
ora drammatico, in cui s'intrecciano
vagabondaggi insoliti e incontri fortuiti.

LONGANESI & C

TIZIANO TERZANI

IN ASIA

Tiziano Terzani e l'Asia, una storia lunga
una vita. Ma è Terzani a raccontarci l'Asia
o è l'Asia che ci racconta Terzani? Difficile
dirlo, tanto forte è il legame che quest'uomo
ha deciso di stringere, fin dal 1965, con il più
contraddittorio dei continenti. Leggendo
In Asia ci si trova a rivivere gli eventi
determinanti della storia asiatica degli ultimi
trent'anni (dalla guerra in Cambogia e nel
Vietnam alla rivolta di piazza Tienanmen,
dalla morte di Mao al « ritorno » di Hong
Kong alla Cina), a ripensare ai grandi ideali
che hanno attraversato questo continente, ai
protagonisti che l'hanno formato. E al tempo
stesso Terzani ci invita a prestare ascolto
all'*altra* voce, quella dell'Oriente *vero*, non
condizionato dagli stereotipi, non osservato
dall'esterno, bensì vissuto nella sua
quotidianità. Terzani, dunque, è sì in Asia,
ma anche l'Asia è « dentro » Terzani...

LONGANESI & C.

TIZIANO TERZANI

BUONANOTTE, SIGNOR LENIN

Nell'agosto del 1991 Tiziano Terzani si trova lungo il
corso del fiume Amur, in Siberia, quando apprende
la notizia del golpe anti-Gorbačëv appena avvenuto a
Mosca. Decide di intraprendere subito un lungo
viaggio che in due mesi lo condurrà, attraverso la
Siberia, l'Asia centrale e il Caucaso, fino alla capitale.
Un'esperienza eccezionale, fissata negli appunti, nelle
riflessioni e nelle fotografie che compongono questo
libro, una testimonianza in presa diretta di eventi
epocali: il crollo del partito comunista, il definitivo
fallimento del socialismo reale, lo svilupparsi
dell'opposizione, i primi passi verso l'autonomia
delle varie repubbliche, le pericolose spinte
nazionalistiche e la rinascita dell'Islam.

LONGANESI & C

Fotocomposizione Editype s.r.l.
Agrate Brianza (Milano)

Finito di stampare
nel mese di marzo 2004
per conto della Longanesi & C.
dalla Mondadori Printing S.p.A.
Stabilimento N.S.M. - Cles (TN)
Printed in Italy